王锦贵 著

中国纪传体文献通论 上

中华书局

图书在版编目(CIP)数据

中国纪传体文献通论/王锦贵著. —北京:中华书局,2022.4
ISBN 978-7-101-15583-9

Ⅰ.中… Ⅱ.王… Ⅲ.纪传体-文献-研究-中国 Ⅳ.K062

中国版本图书馆 CIP 数据核字(2022)第 016384 号

书　　名　中国纪传体文献通论(全二册)
著　　者　王锦贵
责任编辑　陈　乔
出版发行　中华书局
　　　　　(北京市丰台区太平桥西里 38 号　100073)
　　　　　http://www.zhbc.com.cn
　　　　　E-mail:zhbc@zhbc.com.cn
印　　刷　北京新华印刷有限公司
版　　次　2022 年 4 月北京第 1 版
　　　　　2022 年 4 月北京第 1 次印刷
规　　格　开本/920×1250 毫米　1/32
　　　　　印张 25　插页 4　字数 600 千字
印　　数　1-1500 册
国际书号　ISBN 978-7-101-15583-9
定　　价　110.00 元

目　录

序

中国史学百花园里姹紫嫣红,争奇斗艳。放眼于传统文献园地,编年体、纪传体、纪事本末体分外引人注目。这"三大史体"具有一个明显的共同规律:不仅都具有直追先秦的悠久历史,都具有以自身特点形成的系列丛书,而且都具有从某些方面由远而近地原原本本地反映中华数千年文明的特殊功能。当然,如果以全方位、系统反映中华文明作为唯一的考评标准,则遑论以上所谓"三大史体",即使包括"三大史体"在内的所有类型的历史文献中,名列榜首者亦非纪传体莫属。从一定意义上说,纪传体文献尤其是"正史"丛书系列,既是炎黄子孙在特定时空背景下的一部民族演进史,也是中华民族五千年文明发展轨迹的一块活化石。

基于"正史"是纪传体文献中显而易见的典范,本书遂以"二十五史"作为系统研究的主线;基于中华民族五千年历史的完整性,本书便自然地将反映清代 295 年历史的《清史稿》也纳入研究范围;基于"二十六史"内涵之富与外延之广,故而本书不单涉及"正史"以外具有一定影响力的《东观汉记》《通志》等纪传体名著,同时也将"三大史体"中与纪传体关系极其密切的编年体、纪事本末体,一并纳入了本书视野。

毋庸置疑,在由《史记》到《清史稿》的"二十六史"系列中,确实存在着良莠不齐的客观现象。然而,小疵终不足掩其大醇。"二十六史"规模惊人,上起中华民族始祖轩辕黄帝,下止 1911 年孙中山先生领导的辛亥革命,数千年历史一以贯之。"二十六史"包罗万象,上自天文,下至地理,中及社会人物、鸟兽虫鱼,洋洋洒洒而从无间断。不可否认,"二十六史"是全世界唯一能够连续反映一个民族五千年历史的特例。从这个意义上说,在正式的《清史》尚未问世前,将包括《清史稿》在内的"二十六史"视为反映中华民族五千年的"通史",并非没有一定的道理。

不言而喻,编撰"二十六史"是一项伟大工程,系统地学习、研究和利用"二十六史",也同样是一个大工程。事实上,自从第一部纪传体通史《史记》和第一部纪传体断代史《汉书》相继问世后,诸如注疏、校勘、考证、评论、辑佚、增补等有关纪传体文献的一系列研究工作,早在一千年前就已经陆续拉开了序幕。由古代而近代,由近代而现代,由现代而当代,以上所说的各种研究工作从来没有停止过。迄今为止,经过历代学者的辛勤耕耘,纪传体文献的研究工作业已取得了令人惊叹的辉煌成就。

然而以上所说的各种研究工作,虽然已经取得了"辉煌成就",但是这不仅并不意味着研究工作的终结,恰恰相反,接下来的路程还很长很远。1995年著名历史文献学家、中国历史文献研究会会长刘乃和先生,曾为敝人拙著《中国纪传体文献研究》作序。刘先生在序文中忆及往事,有一段论述堪称精当:"历代史家,对纪传体史书研究,做过不少努力,但多为对纪传体正史的研究,正史以外,则注意较少;在对正史的研究中,以致力于前四史者居多,对其他各史的研究也相对较少;而且往往多注意正史中的局部,或某一侧面的问题的探讨,或则就事论事,或仅涉及其中的一枝一节的个别问题。当然,应当说有些论述还是很深入、很有见地,对后世是很有帮助的。但是,把纪传体文献看成为一个整体,全面系统地加以剖析,进行深入研究,尚未见有专著。"

说到撰写《中国纪传体文献通论》的缘起,就不仅要追溯到先师王重民先生的教诲,还必须要追溯到 20 世纪 70 年代参与修订《新华字典》、编纂《新华词典》时的特殊环境(见"跋"文)。由于当时特定文化氛围的特定影响,使我与纪传体文献研究结下了不解之缘。自兹以降,纪传体概念简直如影随形般不离左右。或许正是由于这冥冥之中的缘分,更或许是由于当年不自量力的勇气,使我于 20 世纪 90 年代出版了拙著《中国纪传体文献研究》(北京大学出版社 1996 年)。从该书问世到今天,已经四分之一个世纪过去了。在此期间,本人虽然从来未对拙著进行过任何形式的修订或再版,但相应的通盘思考和艰辛的劳动却从来没有停止过。之所以一直悄无声息地从事着"地下工作",一方面固然是对这项工作始终抱有"战战兢兢,如履薄冰"的敬畏之心,同时也想通过日积月累的不懈劳作,能够在以后重新撰写时,尽量达到提高质量、减少讹谬的初心。

《中国纪传体文献通论》是一部系统研究我国纪传体文献的专著。撰写这部著作,虽有原著为起点,又有后来长期教学、科研的积累与反思,但是任务毕竟异常艰巨。念兹在兹,当年拙著"自序"中发自肺腑的几句话,仍可用来反映敝人当今之心境:"以我之浅陋而欲问津这一工程,个人确曾一度汗颜。然而,每当想到有古代众多前辈的著述为基石,又有当代名家的研究作营养,身上便多了一分勇气;想到高山不拒抔土,大海不捐细流的道理,面前便犹春风送来清爽;特别是想到就正于方家的契机和抛砖引玉的古训,心里终于有了些释然。而所有以上这些因素,最终也就促成了这部拙著的问世。"

为了撰写这部"通论",不单拜读了纪传体文献特别是许多正史原著,汲取了许多前人的研究成就,同时也参考了当代许多专家、学者的劳动成果。虽然如此,以个人水平所限,疏漏、乖舛之处在所难免。适值本书即将付梓之际,不仅要诚惶诚恐地对前人的劳动成果

表示由衷敬意,对当代学者的研究成就表达由衷谢忱,同时也真诚欢
迎学界前辈、同仁的不吝赐教和广大读者们的批评指正。

著者谨识
二〇二〇年七月

导　论

　　放眼人类文明发展史,中国传统文化不仅有极其鲜明的重要性,而且有极其鲜明的特殊性。所谓"重要性",系指无论在迄今为止的任何宏观文化概念中,不论是"两大文化"、"三大文化"也好,还是"四大文明古国"也好,中国传统文化都是赫然其中的重要成员。例如在"两大文化"体系中,以中国文化为主体的东方文化与西方文化双峰并峙;在"三大文化"体系中,中国文化与古印度文化、西洋文化三足鼎立;在"四大文明古国"序列里,中国文化与古埃及文化、古印度文化、古巴比伦文化并驾齐驱。所谓"特殊性",系指在以上任何宏观文化概念中,除了中国传统文化具有连绵不绝的五千年记载外,其他许多具有悠久历史的国家或地区,无不存在着一个重大缺陷:即它们或是由于不可抗拒的自然灾害的袭击,或是由于外部势力的入侵,都曾由此导致了历史上大幅度的文化断层。例如美洲地区的"玛雅文明",堪称文化断层的一大典型。玛雅文明在公元前已经高度发达,从9世纪便开始衰落,更令人惊讶的是,自10世纪以后便莫名其妙地消失于茫茫丛林之中了。又如举世闻名的"四大文明古国"里,尼罗河流域的古埃及建国于公元前3000年,后来灭亡于波斯帝国;两河流域的古巴比伦建国于公元前18世纪,后来灭亡于亚述帝国;恒河流域的古印度建国于公元前2500年,后来灭亡于雅利安族入侵,近代则沦为英属殖民地。是故今人提及史上诸国,无不加一"古"字——古埃及文明,古巴比伦文明,古印度文明。唯独早在公元前30世纪之前即发源于黄河流域的中国文明，虽历经艰难坎坷而一以贯之，是故世界人民无不认同历史悠久的"中国文明"，而并非所谓"古中国文明"。

文化是一个民族的血脉和精神家园，中国传统文化是中华民族的血脉和精神家园。作为世界上唯一延续了五千年历史的中华文化，岂止是系统地记录了炎黄子孙在历史长河中丰富的社会实践，同时也系统地积淀了中国历代先哲先贤们的文明和智慧。例如在人与自然层面，关于"天人合一"的先进理念；在人际关系层面，关于"和为贵"、"仁者爱人"的思想；在治国理政层面，诸如"民惟邦本"、"居安思危"的悠久传统；在人文素质层面，例如"自强不息"、"厚德载物"之类的至理名言等等。中华五千年历史文化蕴含了极其丰富的宝贵思想和智慧，堪称是一座含金量极高的巍峨大山。

当然，若从更深层次说来，连续五千年的中华文化，并不单单体现于那些举世瞩目的物质文化。例如横亘东西的万里长城，贯通南北的大运河，气势恢宏的明清故宫，动人心魄的敦煌石窟、龙门石窟和云冈石窟，美轮美奂的苏州园林，名扬四海的孔府、孔庙和孔林，以及被今人誉为"世界第八大奇迹"的秦代兵马俑……

连续五千年的中华文化，也并不单单反映于一般层面的精神文化。例如中国的汉字，既是全世界唯一一种由古至今一直使用的最古老的文字，还是具有"古今对话"功能兼具书法魅力的神奇文字；又如传统哲学领域，次第涌现出先秦诸子、两汉经学、魏晋玄学、隋唐佛学、宋明理学、明清实学六座高峰，这些高峰无不内涵丰富，源远流长；又如传统文学领域，从先秦诗歌、诸子散文、汉赋、魏晋诗文、唐诗、宋词、元曲到明清小说，可谓五彩缤纷，星汉灿烂；再如中国古代科学技术领域，除了"四大发明"泽及全球外，算学、天学、农学、医学、地理学等领域也曾长期走在古代世界最前列……

连续五千年的中华文化，还深刻地渗透并表现于揭示物质文化和精神文化的史学园地中。中国是世界上历史记录最完整的国度，古代史学家前赴后继,角力争先,拓荒不止,屡辟新绿。根据清代《四库全书总目》中的史部著录,中国最常见的历史文献就有正史(纪传)、编年、纪事本末、别史、杂史、诏令奏议、传记、史钞、载记、时令、地理、职官、政书、目录、史评等15大类。

放眼种类繁多的中国史学园地里,最惹人瞩目的要数自成体系、被誉为"三大史体"的纪传体、编年体、纪事本末体。"三大史体"中的任何一种体裁的文献,都可以由远而近地原原本本地反映中国数千年历史,而纪传体文献位居"三大史体"之冠,在全面反映中国传统文化方面独领风骚、腾誉学林,具有最大的典型性。因此,在中国五千年文化发展史上,我们应当而且必须将纪传体文献的辉煌成就大书特书一笔。

纪传体文献有悠久的历史。汉人司马迁(前145—约前90)是纪传体的创始人,他的泣血之作《史记》成书于自己生命的最后一息。也就是说,当东方这位史学巨匠完成了他的中外历史上规模空前的著作40年左右,西方的风云人物、一代史家儒力斯·恺撒(Julius Caesar,前101—前44)写于公元前52年的八卷名作《高卢战记》(郭圣铭《西方史学史概要》,上海人民出版社1983年)才杀青。而当罗马帝国最负盛名的史学家李维(Livy,前59—公元17)于公元前29年开始编写西方第一部通史《罗马史》的时候,中国的第一部纪传体通史《史记》业已问世大约60多年了。《罗马史》上起罗马建城初期的公元前742年,下终公元一世纪初叶的奥古斯都时代,反映了前后约800年的历史。而《史记》上起黄帝,下穷汉武,将3000年历史冶于一炉。纪传体文献的悠久还在于,两汉以下,代不绝书。从《史记》到《清史稿》,每一朝代都有相应的纪传体文献来反映。"二十六史"问世时间各异,上下相比,距离遥远。最后一部史书《清史稿》完成于20世纪20年代,而第一部正史《史记》的撰写,距今则有两千多年的历史了。

　　纪传体文献有丰富的内容。无论是纪传体通史，还是纪传体断代史，都有极其广泛的涉猎。它既不像编年体那样内容错综杂陈而主线难觅，也不像政书体、纪事本末体仅仅侧重于特定文化领域那样顾此失彼，而是多角度、全方位透视，把以往的社会当作一个立体的历史舞台来研究。可以说上自天文，下至地理，举凡社会政治、经济、军事、民族、文化，纪传体文献中应有尽有，无所不包。相比之下，与《史记》大体同一时期的国外历史著作就并非如此了。西方的名著，无论是稍在其前的古希腊史学家波里比阿（前200—前118）的《通史》，还是稍在其后的罗马恺撒的《高卢战记》、《内战记》，抑或是李维的《罗马史》，都有一个明显的倾向，即反映的内容往往集中于战争，而并非及于社会全貌；重视政治、军事，而忽视经济、文化；强调个别英雄人物，而忽略不同层面的典型。两相对照，纪传体文献广博的内容更显得可贵。

　　纪传体文献有严谨的体例。司马迁参酌古今，发凡起例，创建十二本纪、十表、八书、三十世家、七十列传。皇皇巨著，体大思精，五种体例，各有区域。至班固《汉书》，体例更为严谨。故而，史事虽然纷乱如丝，反映在纪传体中却是井然有序。如果说产生于两千年前的《史记》体例堪称难能可贵的话，更加令人惊叹的是系统反映中国数千年历史的"二十六史"，悉以纪传体同一体例上下相接，浑然一体，有如一气呵成。纵观人类世界之古代史林，像中国纪传体文献这样体例严整而又始终如一者，绝无仅有，委实是举世罕见的一大奇迹。

　　纪传体文献有惊人的规模。从留存至今的著作来看，无论是通史还是断代史，不乏鸿编巨制。纪传体通史如司马迁《史记》有130卷，郑樵《通志》有200卷。"二十六史"中的断代史除姚思廉《陈书》仅有36卷外，其余起码在50卷以上。如《旧唐书》、《新唐书》、《元史》、《新元史》、《明史》等都在200卷以上，《宋史》则有496卷，更有《清史稿》多达529卷。至于洋洋大观的整个"二十六史"系列则有

数千卷之巨。如此规模的历史文献设若出自现代,当然说不上什么
"之最",而出自中国古代,特别是出自两千多年来有条不紊、默契配
合的连续编纂,其中有些史书的编纂还是出自当时条件下的个人之
手,这就不能不令人刮目相看了。

　　纪传体文献(特别是其中的正史)在古代史学领域中地位之高,
影响之大,是其他任何类型的史书都无法比拟的。因为无论是历朝
的组织编纂,还是各个时期的学术研究,抑或是历代的大力宣扬与流
传,所谓"正史"无不突出于其他史书之上。就历代的组织编纂而言,
封建社会的统治阶级对这种文献可谓高度重视。他们绝非一般地停
留在史书具有"垂训鉴戒"作用的理解上,而是实实在在地动员国家
人力、物力,认真组织编纂。特别引人瞩目的一个现象是,历代封建
帝王几乎都毫无例外地表现出了异乎寻常的政治热情。历史上的统
一王朝如此,并立的政权也如此;立国长久者如此,短命王朝者也如
此;诸如汉、唐、宋、明等汉族建立的政权如此,有如北魏、元、清朝等
少数民族建立的政权亦如此;治世安邦如唐太宗一代雄主者如此,卑
躬屈膝如后晋石敬瑭甘当儿皇帝者也如此。出现这一带规律性的社
会现象,表明了"国可灭,史不可灭"(《金史》附录《进金史表》)的共
识,早已像参天大树一样在中国传统文化的土壤里深深地扎下根来。
就各个时期纪传史书的研究而言,不仅代不乏作,而且形式多种多
样。有文字注释,有资料增补,有内容考证,有篇章辑佚。近代以降,
各种各样的工具书更是为正史的研究再辟新径。就社会的宣扬与流
传而言,纪传体文献也有很大的优势。特别是自唐代以降,《史记》、
《汉书》、《后汉书》等纪传体文献一直以"正史"名义雄居诸史首位;
在引人注目的科举考试中,测试内容也每每与正史有缘;治国安邦,
正史是封建王朝"明得失"的一面镜子;学术研究,正史是学者引经据
典的重要依据。正是在这样的背景下,纪传体历史文献的流传版本
之多,也是其他类型的史书无法相比的。在印刷术发明以前,社会上

究竟有多少种正史的手抄本流行于世,现已无法查考。印刷术发明以后,官刻、私刻和坊刻三大刻书系统竞相镂版印行,就中尤以官刻活跃,则是有案可稽的。正史的版本,除最早的宋刻本外,诸如明代南监、北监本,清武英殿本、金陵书局本,以及影抄本、活字本、影印本、石印本等等,不胜枚举。正史的版本之多,数量之大,在传统历史文献中是绝无仅有的一大奇观。

纪传体文献特别是其中的正史,有很多影响深远的名著。《史记》和《汉书》,堪称其中最突出的两部代表作。这两部著作的作者,不仅是古代史苑上空的两颗巨星,也是古代文学领域乃至整个古代文化领域中颇具影响的大家。仅就文学成就而言,便很有必要将其卓越贡献略述一二。

司马迁的《史记》,代表了汉代文学的最高成就,揭开了封建文学的新篇章,堪称中国文学发展史上一块永不磨灭的里程碑。司马迁在叙事文学上的伟大成就,具有承上启下的重要意义。他的皇皇巨著是历代文人竞相阅读、欣赏和研究的典范。作者表现于《史记》中非凡的文学天才和文学造诣,可谓遗泽历代,是滋养后世文坛的重要源泉。汉代以后,数不尽的文学名著都从司马迁的《史记》中受到过启迪。唐代以来的传奇文,乃至后世的《聊斋志异》等小说中,便极易发现《史记》的余痕和影响。即便一代代著名散文和论著的写作,也大都受惠于司马文风。号称"文起八代之衰"的韩愈就十分钦慕司马迁,在他的眼里,《史记》乃是作文的最好榜样:"汉朝人莫不能文"(《答刘正夫书》),而"汉之时司马迁、相如、扬雄最其善鸣者也"(《送孟东野序》)。他甚至直言不讳地介绍自己习作文章的成功之道:"上规姚姒,浑浑无涯","下逮庄骚,太史所录"(《进学解》)。他的《张中丞传后序》、《毛颖传》等文章,便是由《史记》人物传记中脱胎而来的作品。与韩氏并称的柳宗元,也颇与《史记》之文有缘。柳氏论议事物的峻洁特点便可导源于司马迁。犹如他自己所说,"参之太史以著其洁"(《答韦中立论师道书》),"太史公甚峻洁,可以出入"(《报袁君陈秀才书》),"峻如马迁"(《与杨凭兆书》)。至于宋代散文大家欧阳修,其文笔简炼酣畅,雍容闲雅,素有一唱三叹,韵律和谐的特征,溯其源头,同样会追踪到《史记》文章的神韵。特别是欧公的《新五代史》,其中许多传记的序论,刻意追求司马文章的风范。例如《伶官传序》,其格调韵味,与《史记·伯夷列传》相比,何其相似乃尔! 无怪乎苏轼说其"记事似司马迁"(《宋史·欧阳修传》),方苞也指出其碑志铭文"摹《史记》之格调,而曲得其风神"(《方望溪先生集·集外文》)。要之,《史记》对于唐宋文学诸大家的重要影响,有如清人刘熙载《艺概·文概》中所论:"太史公文,韩得其雄,欧得其逸。雄者善用直捷,故发端便见出奇;逸者善用迂徐,故引绪乃觇入妙。"为司马迁文学匠心所驱动,明代以下,直至民初,临摹、研究《史记》文章者前赴后继。诸如归有光、方苞、林琴南辈,均以不懈努力而登堂入室,最终都领悟到了一代文宗的神韵。

无独有偶,《汉书》在古代文坛上也有崇高地位。班固是东汉最杰出的辞赋家之一,他的《两都赋》、《幽通赋》、《答宾戏》不胫而走,许多警句脍炙人口。《汉书》文章详赡严密,凝炼简净,句多排偶,典雅高华。魏晋六朝以来,社会上的文章崇尚整饬华藻,追根溯源,班固文章的巨大影响不可低估。从一定意义上说,《汉书》实为后世骈体文之滥觞。班固也善于描绘和塑造不同类型的历史人物,其中许多人物形象不独成为封建社会民间景仰和崇拜的英雄,也是文人学者经常讴歌和描写的题材。以文笔相比,"《汉书》叙事较《史记》稍见繁细,然其风趣之妙,悉本天然"(林纾《春觉斋论文》)。《汉书》中有不少人物传记写得婉而成章,纡徐有致。自从问世那天起,《汉书》始终吸引着一代又一代的文人学者。特别是从东汉到南北朝阶段,由于这一时期骈文之风日渐流行,故而以近骈对偶见长的《汉书》适逢其会,一时间成为封建文人竞相习颂的楷模。而以近散、单行见长的《史记》则因不合时宜,地位反而屈居其下。隋唐以后,随着文风改革,《史记》的影响逐渐扩大开来。虽然如此,《汉书》也像《史记》那样,一直是后世文人们喜爱、必读的佳作。唐代文学家独孤及、梁肃都曾醉心于《史》、《汉》而推崇班、马,他们以为荀(卿)孟(轲)之文质朴无华,屈(原)宋(玉)之文华而不实,后世能取长补短者,当数贾谊、司马迁和班固(梁肃《毗陵集后序》)。唐代的柳宗元,宋代的苏东坡、黄庭坚等一代文学巨匠,也无一不推尊班固而精读《汉书》。恽敬评《司马公神道碑》中明确指出,苏东坡为文,"变化则窃取子长,严正则窃取孟坚"(《大云山房文稿》二集卷二)。黄庭坚对《汉书》更是崇拜得五体投地。他以为,《汉书》乃是文人不可或缺的精神食粮,阅读班氏文章堪称真正的精神享受。倘若久不读此书,必定会滋生俗气。"照镜,则面目可憎;对人,亦语言无味也。"(凌稚隆《汉书评林》)汉代以降,人们常以《史》、《汉》并称,以"迁、固"或"班、马"连举,这是对两位文史大家辉煌成就的高度概括和赞扬。

纪传体文献是中国封建社会的历史产物,它固然是随着封建社会的发展而发展,也必然随着封建社会的终结而退出历史舞台。今天编写中国的历史书籍,已经再也用不着纪传体了。但是毛泽东主席的谆谆教导言犹在耳:"今天的中国是历史中国的一个发展;我们是马克思主义者,我们不应当割断历史。从孔夫子到孙中山,我们应当给以总结,承继这一份珍贵的遗产。"(《毛泽东选集》[合订本]第499页,人民出版社1966年)

毋庸置疑,研究纪传体文献显然起码具有以下四方面的重要意义。

第一,研究纪传体文献,可以领略文明古国的悠久历史。与尼罗河文明、恒河文明和"两河"文明出现大块"文化断层"不同,华夏文明就像孕育、滋养它的黄河、长江之水那样,一泻千里,奔腾不息。中国文明这一悠久的特征在纪传体文献中有系统的体现。"二十六史"

以《史记》的《五帝本纪》为先导，由中华民族的始祖黄帝、颛顼、帝喾、唐尧、虞舜拉开中国文明序幕，直至《清史稿》反映宣统朝廷在辛亥革命的隆隆炮声中并不情愿地退出历史舞台，其间轰轰烈烈，气象万千，展示了中华民族长达五千多年的历史。从涉及的社会形态看，纪传体文献重点反映了封建社会由萌芽、形成、发展、兴盛、衰落，直到灭亡的全过程，同时也以一定篇幅反映了远古时期的原始社会和奴隶社会的状况。从揭示的民族成分看，纪传体文献不仅描述了作为中华民族主体的汉民族的形成和发展，也记述了历史上的匈奴、契丹、回鹘、女真、鲜卑、蒙古、藏、满、苗、彝等少数民族，以及后来完全与汉族融合的其他古老民族的情况。正因为如此，纪传体文献反映的政权既有中央王朝，又有地方割据政权；既有汉民族政权，也有少数民族政权。特别需要指出的是，早在两千年前的《史记》和稍后的《汉书》中，就已经明确地规定了中国历史是"人史"而非"神史"的基调。在纪传体文献中，无论是帝王将相，还是士农工商，他们都是实实在在的"人"，而不是虚无缥缈的"神"，这与西方情况相比大相径庭。希腊史学家希罗多德（前484—前424）被西方称为"历史之父"，在他的代表作《希波战争史》中，神话传说充斥其间，全书九卷，卷名悉以女神缪斯名字命名。由古代到中世纪，西方史学一直没有离开神学迷信的怪圈，总以为有一个超越自然的力量主宰着人类的命运，甚至以为历史是上帝旨意的体现。当然，中国纪传体文献中也不乏宗教色彩和冥冥世界的幻影，但其分量毕竟是极其次要的，占主导地位的始终是生机勃勃的人的社会。或许正是基于此点，与人事大有关系的时间概念在纪传体文献中显得非常重要，并且呈现出日益明晰、精确的趋势。"三代"以前，人事渺茫，"学者多称五帝，尚矣"，"百家言黄帝，其文不雅驯，缙绅先生难言之"（《史记·五帝本纪》）。而到夏商周三代时已有世系可查（《史记·三代世表》）。至周代，以共和行政（前841）为分水岭，共和以后、战国以前发生的一切大事均有准确纪年可系(《史记·十二诸侯年表》),秦代以后更是逐月可详了(《史记·秦楚之际月表》)。

第二,研究纪传体文献,可以了解古代中国的灿烂文化。纪传体文献是以人物为中心的历史文献,它通过本纪、世家和列传,不仅再现了历史伟人的丰采,还反映了他们对当代和后世产生重大影响的思想、著述或业绩。他们中有像秦始皇、汉武帝、唐太宗、清康熙那样的政治家,有像老子、孔子、孟子、荀子那样的思想家,有像孙武、孙膑、曹操、诸葛亮那样的军事家,有像张衡、蔡伦、祖冲之、郭守敬那样的科学家,有像屈原、李白、杜甫、苏轼那样的文学家,有像司马迁、班固、范晔、司马光那样的史学家。

尤其值得一提的是,纪传体文献还通过"书志"这一体例,使古代许多有关自然和重要的典章制度尽收眼底。例如看《地理志》,可以了解古代政区的宏伟及沿革变迁;看《河渠书》,可以洞悉重要的河防水利工程;看《食货志》,可以了解社会经济的发展;看《礼乐志》,可以了解中国礼乐制度的丰富;看《选举志》,可以了解古代"审官取士之方";看《百官志》,可以了解职官制度和官僚体系的严密;看《兵志》,可以周知历代军事组织变迁之迹;看《天文志》,可以了解当时自然现象及节令时序的变化;看《舆服志》,可以了解古代车马服饰的概况;看《艺文志》,可以了解中国文化典籍的丰富和伟大……

第三,研究纪传体文献,可以了解中国先人的光荣传统。中华民族既有刚健有为、自强不息的精神,又有厚德载物、兼容并包的美德。如果说这些卓越的思想和优良传统在各种类型的史书中都有所反映的话(例如诸子百家的精彩学说、历代先哲先贤关于人伦关系、人与自然关系的智慧理念,以及古代中国在国际领域不尚暴力、"协和万邦"的思想和实践等),那末,纪传体文献则通过大量人物传记的立体形象,将中华民族刚健有为、自强不息的精神揭示得更为充分。试看:

在纪传体文献中,有许多高风亮节、坚贞不屈的伟人志士。为了追求光明和正义,他们顽强斗争,宁为玉碎,不为瓦全。"作辞以讽谏,连类以争义"的屈原虽死犹生,他的品德与《离骚》一样长驻人间(《史记·屈原贾生列传》)。《汉书·李广苏建传》中的苏武光彩照人,为后世树立起富贵不能淫、贫贱不能移、威武不能屈的伟大形象;谭嗣同虽然只活了34岁,但他与刘光第、康广仁等"戊戌六君子"在中国近代史上留下了悲壮的一页(《清史稿》卷四百六十四)。

在纪传体文献中,有许多致力事业、百折不回的杰出楷模。司马迁曾无端遭受腐刑摧残,"交手足,受木索,暴肌肤,受榜箠",所以能坚强地生活下来,是因为有一个精神支柱——史家的天职(欲使其作品"藏之名山",传于后世)。为达其目的,"虽万被戮,岂有悔哉!"(《汉书·司马迁传》)唐代的杜佑"位极将相,手不释卷",为了资治当代,用30年时间完成了中国第一部系统的典章制度史《通典》(《旧唐书》本传)。明代李时珍研讨医学、执着其间,"历三十年,阅书八百余家,稿三易而成书,曰《本草纲目》"(《明史·方伎列传》)。上述这些人物固然没有秦皇、汉武那样惊天动地的壮举,但是,为了一个平凡而伟大的目标,他们生命不息、追求不止的执着精神永远令后人感奋。

在纪传体文献中,有许多斩木为兵、揭竿而起的农民领袖。由于残酷的经济剥削和政治压迫,曾迫使封建社会中的广大农民举行多次起义。这种为推翻地主阶级统治而进行的斗争,总计不下数百次。中国的农民起义,规模之大固然是世界历史上仅见的,其不屈的革命精神更使后人震惊。陈胜、吴广"揭竿为旗",浴血奋斗,前赴后继,终于推翻不可一世的暴秦(《史记·陈涉世家》)。唐末农民军领袖黄巢藐视封建统治,自号冲天大将军,一举攻入长安,毅然建立大齐政权(《新唐书·逆臣传》)。洪秀全领导的太平天国革命风暴席卷大半个中国,与清廷对峙10余年之久,沉重打击了中国封建统治阶级和外国资本主义侵略者,在中外农民起义斗争史上写下了壮丽的篇章(《清史稿·洪秀全列传》)。当然,纪传体史书的大多数作者出于敌对的立场,多有污蔑不实之辞,但农民起义的宏伟场面和斗争锋芒依然在字里行间清晰闪光。

　　在纪传体文献中,有许多为反抗其他民族征服而进行英勇斗争的爱国英雄。例如名将岳飞"尽忠报国",矢志抗金,虽屡遭奸人暗算,后有种种酷刑加身,仍念念不忘收复河山,至死无改初衷(《宋史》本传)。又如文天祥兴兵抗元,进行一系列殊死斗争,兵败被俘后,坚贞不屈。面对软硬兼施与百般利诱,他大义凛然,断然拒绝。当元人索要招降书时,他递过去的竟是掷地有声的千古名篇《过零丁洋》:"人生自古谁无死,留取丹心照汗青。"(《宋史》卷四百一十八本传)当然,由于当时特定时代背景的局限,岳飞、文天祥式的人物不免于狭隘的民族主义思想,但在历史条件下,其斗争精神依然伟大闪光,应该给予辩证合理的评判。

　　在此尤需提及一点,中华民族自古有崇尚和平的美德,即使在国力强盛时也不炫耀武力。例如万里长城的修筑,并不是为了侵略而是出于防御;又如郑和下西洋的要义,其基本宗旨仅限于宣扬中华文化。然而,历史上的中华国门一旦出现了外来侵略势力的威胁,国内便不乏拿起刀枪保家卫国的热血男儿。例如明代嘉靖间,倭寇肆虐于东南沿海,烧杀劫掠、无恶不作,戚继光身先士卒,率领"戚家军"大小80余战,"飙发电举,屡摧大寇"(《明史》卷二一二本传),狠狠打击来犯之敌,保卫了中国沿海人民生命财产的安全。又如清朝道光间,英国等西方殖民主义者向中国大量倾销鸦片,残害中国人民。林则徐大义凛然,置各种威胁利诱于不顾,毅然收缴"烟土二万余箱",并"亲莅虎门验收,焚于海滨,四十余日始尽"(《清史稿》卷三百六十九本传)。不止如此,他还亲自布防,组织战备,沉重打击西方强盗,大长了中国人民的志气。

　　上述英雄人物尤其是各个领域中熠熠生辉的时代伟人,堪称为古代中国的脊梁。诚如文学大家鲁迅先生所说:"先前,听到二十四史不过是'相斫书',是'独夫的家谱'一类的话,便以为诚然。后来自己看起来,明白了:何尝如此。""历史上都写着中国的灵魂,指示着将来的命运。"(《华盖集·忽然想到》)如今,时代发生了很大变化,中国也早已今非昔比,但中华民族的许多优良传统仍需要在新的历史条件下,进一步发扬光大起来。

　　第四,研究纪传体文献,还可以加深理解中外文化交流的重要意义。中外文化交流具有悠久的历史。很早以前,中国文化就通过种种渠道输往世界其他国家,西域、南洋及周边邻国都曾受到中国传统文化的重要影响。姑且不论西方文明如何得益于中国文化的发展,仅以东方两个近邻日本和越南为例,即可略窥一斑。日本与中国隔海相望,但海洋隔不断中国文化的频频东传。据《旧唐书·东夷传》记载:唐代"开元初,(日本)又遣使来朝,因请儒士授经。诏四门助教赵玄默就鸿胪寺教之","所得锡赏,尽市文籍,泛海而还"。日本偏使朝臣仲满"慕中国之风,因留不去"云云。至于越南,影响更深。越南独立前,人材选举同于中州,独立后仍仿中国科举制以诗文取士。据《明史·安南传》记载:越南黎太祖"置百官,设学校,以经文、诗赋二科取士,彬彬有华风焉"。典制之外,诸如医学等科技亦复如此。《明史·安南传》中还记载:直到明代时,越南的药物仍靠中国供给。黎仁宗曾委派使者百余人来华,请求用土产香料换取中国的药材和书籍。

　　文化交流是双向的。在中国文化输出的同时,其他民族文化亦输入中国。在物质方面,诸如玻璃、琥珀、香料、水晶、石榴、葡萄、苜蓿、蚕豆、胡萝卜,以及天马、驼鸟、狮子等等,皆来自域外各国。在纪传体文献中,从《史记》中的朝鲜、大宛等列传为起始,直至《清史稿》中的缅甸、暹罗、阿富汗,设立了数以百计的"外国传"。我们可以从中查到有关外国文化输入的具体记载。试以大宛(古代中亚国名)、大秦(罗马帝国)、缅甸为例。《史记·大宛列传》中记载,中国的葡萄、苜蓿源于大宛:"宛左右以蒲陶为酒","马嗜苜蓿。汉使取其实来,于是天子始种苜蓿、蒲陶肥饶地"。《后汉书·西域传》中记载:大秦国"有夜光璧、明玉珠、骇鸡犀、珊瑚、虎魄、琉璃、琅玕、朱丹、青碧"。汉桓帝延熹九年,"大秦王安敦遣使自日南徼献象牙、犀角、玳瑁,始乃一通焉"。在《清史稿》中记载,乾隆五十二年,缅甸王孟云派使来华,携带"金塔及驯象八、宝石、金箔、檀香、大呢、象牙、漆盒诸物,绒毡、洋布四种"等等。与物质文化输入的同时,精神文化也随之而来。尤其是印度文化为中国输入了一个全新的宗教,并对中国整个学术领域产生重要影响。以史学园地为例,即使堂而皇之的"正史"中也不乏印度寓言和传说的痕迹。如果说《后汉书·方术列传》中所记的郭宪、樊英喷酒灭火酷似当年佛图澄行事,《三国志·魏书》中的曹冲称象亦雷同印度故事;那末,《三国志·蜀书》中的刘备双手过膝、两耳垂肩、目能自顾其耳的形象,以及《晋书》、《陈书》、《魏书》、《周书》、《北齐书》、《宋史》等史书中所写的开国君主的一系列超常的生理现象,则都或多或少地受到了佛教夸大其辞的影响。当然,影响不止于史学,例如《新唐书·西域传》中还记载了唐太宗派专人到印度学习制糖技术,结果是"色味愈西域远甚"云云。

　　人类的生命在于运动,文化的生命在于发展。人类没有运动就不可能生存,民族文化没有纵向传递固然出现"断层",而没有内外交流则意味着失去活力。中国古代文化能够由古而今地纵向传递、继承发扬,与不同区域的内外交流、取长补短有重要关系。从纪传体文献反映的情况看,无论是"文化输出",还是"文化输入",文化交流本身都是对人类文化发展作出贡献。世界上本来不存在纯而又纯的文化,民族文化正是在彼此交流中互相学习、互相促进。试看我国正史等文献中的中、印两国:中国文化因为移植了印度文化而注入了活力,而佛教从中国的倒流,特别是中国纸和中国丝绸的输出,亦使印度获益匪浅。研究古代纪传体文献,目睹历史往事,对于当下自觉维护和执行我国的改革开放政策,对于加深理解我国在政治、经济、文化方面的一系列举措,乃至努力参与 2018 年 3 月第十三届全国人民代表大会倡导的"发展同各国的外交关系和经济、文化交流,推动构建人类命运共同体",都具有极为重要的现实意义和深远的历史意义。

惟其如此,以"二十六史"为代表的中国纪传体文献,不仅是中华民族弥足珍贵、引以为傲的一座文化大山,也是全世界绝无仅有的一座拥有五千年历史的文化"金矿"。

亦惟其如此,面对这座极为罕见的"文化大山",不独应该引起炎黄子孙的高度重视,也应该引起海内外一切有识之士的格外珍惜。我们不仅应该对其进行更全面更系统的了解,更应该通过持之以恒的研究和探讨,最终能够充分发掘和利用蕴含于这座深山之中的各种宝贵资源。

第一章　纪传源流

放眼百花竞放的中国古代史学园地中,纪传体文献在诸类史籍中不单具有悠久的历史,而且地位极为显赫。所谓"极为显赫"从何说起呢?肇始于西汉以来的两千多年历史可以作证。自从传体文献随着古代史学的发展应运而生后,大有"忽如一夜春风来"之势。尤其从唐代贴上中国"正史"的标签后,纪传体文献诚可谓史运亨通,发展得风生水起,社会影响与日俱增,以致其他各种类型的史籍均难望其项背。

考察纪传体文献一路走来的身后轨迹,可谓广阔、传奇的基本特色分外清晰。从一定意义上说,这条"清晰"的轨迹,是包括编年体、纪事本末体在内的任何一类史籍,都无法与之比拟的"幸运"之路。

纪传体的这条"幸运"之路,究竟是怎样形成的? 在这里,值得探讨的问题实在太多。譬如当其孕育萌生的初始时期,究竟度过了怎样一些不为人知的漫漫长夜? 当其破土萌芽的数百年间,又是经过了怎样坎坷曲折的艰难历程? 在两千年前的西汉时期,司马迁究竟通过何种手段将《史记》塑造为后人仰慕的纪传体丰碑? 在古代种类繁多的文献中,何以唯有纪传体最终成为中国"正史"毫无疑义的历史体裁? 在中国传统文化领域里,纪传体文献特别是其中的正史文献,为何具有青春永驻的巨大魅力? 它究竟为中华民族储存了哪些弥足珍贵的文化遗产?

如此等等,上述一系列深层次的疑问,确实都是值得认真思考和认真研究的大问题。而所有这一切,首先都应该从事物的发展源流说起。

第一节 纪传溯源

学术界似乎有一个约定俗成的共识,《史记》是纪传体的开山之作,司马迁是纪传体文献的奠基人。这样说自然有其道理,因为司马迁发凡起例,对纪传体文献的确立和建设确实做出了异乎寻常的重大贡献。不过要历史地、追踪溯源地认真考察,则纪传体仍然有一个孕育、萌芽的逐渐发展的过程。从这个意义上说,就像纪事本末体确立于南宋而并非根源于宋人袁枢之《通鉴纪事本末》,政书体崛起于唐代而并非根源于杜佑的《通典》那样,纪传体文献虽勃兴于西汉,也决不能说它是由司马迁一人独自发明创造的。纪传体文献的初始和雏形,不仅在司马迁之前已经确确实实存在了,而且还经历了一个极其漫长的发展过程。

人们有理由认为,在司马迁《史记》问世以前相当长的历史时期,都可以看作是纪传体文献的幼年时期。而这一时期,又可区分为两个阶段:夏商周的孕育时期,春秋战国的萌芽时期。

一、孕育时期

夏商周时代是中国史学的童年时期,也是纪传体文献的孕育时期。客观事实昭示后人,在纪传体文献尚处于相当原始的这个"孕育"阶段,当时的整个文献资源明显存在着以下两个突出的特点。

(一)史料奇缺

夏商周时期距今太过久远。当时文献原本有限,加上保管不善之人为因素,尤其是不可抗拒的战争动乱和自然灾害等客观原因,导致流传下来的典籍少之又少,今人能够直接目睹者何止百不及一、千不及一，甚至于万不及一。譬如《左传》里记载：楚国史官倚相博览群书，曾经读过《三坟》、《五典》、《八索》、《九丘》（《左传》昭公十二年）。何谓《三坟》、《五典》、《八索》、《九丘》呢？它们全都是相当遥远的古代文献，遑论21世纪的今人，即使与司马迁同一时代的西汉学者，也并不一定都能亲眼目睹过。好在经过后世学界研究后，有一种渐趋一致的说法：所谓《三坟》者，乃"三皇"时期之书；《五典》者，乃"五帝"时期典籍；《八索》者，乃远古"八卦"书名；《九丘》者，系大禹时期文献。无独有偶，在古文献《尚书·多士》篇里，也出现过周公于新都洛邑训示殷商旧臣的场景："惟殷先人，有册有典，殷革夏命。"这句话表明，殷商时代不仅已经存在"册"和"典"那样的历史文献，而且还有殷商推翻夏桀的相关记载。以上所涉之种种文献，对于那些极欲目睹遥远古代著作的后人来说，大抵只能是唯闻其名而不见其书地抱憾终生了。

根据近现代以来诸多专家学者的深入研究可知，古代业已存在、今人仍然可见或可知的各种"文献"，依其基本载体形式，主要可区分为以下三大类。

其一，甲骨文献。这主要是盘庚迁殷以后的商代遗物，也是反映殷商历史的第一手原始资料，经过后人认真研究整理的甲骨文成果，现在已为数不少。早期以来比较有代表性者，例如刘鹗的《铁云藏龟》，商承祚的《殷契佚存》，胡厚宣的《甲骨六录》，尤其是号称"甲骨四堂"的罗振玉、王国维、郭沫若、董作宾的相应研究成果，以及胡厚宣的《甲骨文与殷商史》、潘岳的《三千未释甲骨文集解》等一大批学术专著。

其二，青铜文献，又称"金文"文献。这种文献同样是反映古代历史的极其宝贵的原始资料。在金文文献系列中，属于商代者较少，多系两周遗物。其中极具代表性者，当推"后母戊鼎"（即本世纪以前曾长期称为"司母戊鼎"者）。由于后人的不懈整理，古代金文史料研究成果业已陆续问世。其中早期较为知名研究成果,例如吕大临的《考古图》、薛尚功的《历代钟鼎彝器款识法帖》、阮元的《积古斋钟鼎彝器款识》、吴大澂的《愙斋集古录》;现代以来陆续问世的代表性成果,例如罗振玉的《三代吉金文存》、中国社科院考古所的《殷周金文集成》、郭沫若的《两周金文辞大系图录考释》,以及与《十批判书》并称为姊妹篇的《青铜时代》等一批学术著作。

其三,竹木简牍典籍。与甲骨文、金文相比,"竹木简牍"这种文献优点明显,一是易于记录,二是具有一定伸缩性的容量。但是,难以长久保存则是其致命弱点。在长期使用这一点上,竹木简牍倒不如甲骨与金文之恒久。《汉书·艺文志》云:"古之王者,世有史官,君举必书","左史记言,右史记事,事为《春秋》,言为《尚书》,帝王靡不同之"。所遗憾者,古代条件太过简陋,先秦距今又相当遥远,彼时之"竹木简牍典籍"实难再现。当年孔夫子"读《易》,韦编三绝"(《史记·孔子世家》)的故事,理应是探索这个问题的一把钥匙。虽如此,也不能完全排除仍会有极少量典籍,历经极为特殊的形式保存下来。1972年2月山东临沂银雀山汉简中再现战国时代《孙膑兵法》的摹写本,尤其1975年12月在湖北云梦睡虎地秦墓中,发现大批反映战国晚期至秦始皇时期有关秦律的竹简,即属"万不有一"的幸运例证。

当然,除了以上三类"文献"外,出现时间较晚、使用范围有限之帛书,大体亦应列于这一时期文献中。

然而,就总体而言,反映这一漫长时期的史料毕竟少之又少,是故一直成为困扰后学探究古代历史的一大憾事。

(二)内容极简

夏商周时期的各种史料局限性很大。不止是数量少,其内容也突显出简略晦涩特点。难得一见的简牍典籍固然如此,后人仍可目睹之甲骨文、金文更加突出。

首先是甲骨文。这种文字自从 1899 年被国子祭酒王懿荣确认为殷商文字后，后人搜集、整理与研究的成就颇为可观。迄今已有甲骨文 10 多万片，其中不同之单字达到 4500 多个，可以明确识别者已超过 1700 多字。然而，所有这些以甲骨文书写的内容全都极其简单：少则一字、数字，多则数十字，最多者不过百字左右。

其次是金文。试以周代为例，无论是侧重记言的器物盂鼎、毛公鼎、大克鼎，还是侧重记事的器物宗周鼎、散氏盘、舀鼎等，其文字内容虽然比甲骨文已有较大进步，但是依然存在诸多缺憾。譬如其中最负盛名之毛公鼎，这是目前已知西周时期青铜器皿中铭文最多的国之重器。检点其文，无非两个主要人物：一是周王，一是毛公。文中既无细节描绘，更无形容夸张成分，前后唯记一事：周王忧国，寄望毛公辅佐，毛公铭文以纪之。这篇铭文虽然叙述了事由梗概，但是具体问题实难考证。此鼎尚且如此，至于其他青铜器皿中的文字，其记载之简、辨识之难就更是可想而知了。

著名史学家杨翼骧先生认为："探究我国史学的起源，应当从文字出现的时候谈起。"殷代是已经被认定为确有文字的朝代，所以中国史学的初始时起码"应当从殷代开始"（《我国史学的起源与奴隶社会的史学》，载《中国史学史论集》，上海人民出版社 1980 年）。其实商周时期不但是中国史学的初始时期，也是纪传体文献的孕育阶段。所遗憾者，由于存在诸多不利因素，要想看到这一时期所谓的纪传体文献自然是不可能的。

关于历史记载的基本常识，史学领域素有时间、地点、人物和事件的所谓"四要素"说。这里所说的"四要素"，既是撰写纪传体文献的基本要素，也是编写一切史籍的基本条件。恩格斯就曾明确说过："一切存在的基本形式是空间和时间，时间以外的存在和空间以外的存在，同样是非常荒诞的事情。"（《反杜林论》，《马克思恩格斯选集》第三卷，第 91 页）由此可见，"四要素"对编纂历史文献、特别是对编纂比较复杂的以人物为纲的纪传体文献是何等的重要。

在中国史学这个"初始"时期里,由于受到周围文化土壤的滋润,纪传体幼小种子亦渐渐显露出胚胎之形。放眼当时零星的多种多样的史料,不仅能够显示出"四要素"的存在,而且还能够明显地呈现出日益完善的发展态势。

1. 时空概念

关于时间概念,自然要提到具有中国特色的以十天干与十二地支排列组合的干支纪时法。这种传统的纪时法历史久远,在以往陆续发掘的殷商甲骨文里并非罕见。例如"甲午卜,其又岁于高祖乙,三牢"(《殷契粹编》163),又如"庚午卜贞,禾有及雨,三月"(《殷虚书契前编》4·29·3)等等。当然,在甲骨文的这些传统纪时法里,为后人熟知的年、月、日、时的排列顺序,乃是在以后漫长的发展过程中逐渐形成的。

单就商代的干支纪时法而言,则主要是用以纪日。从甲骨文之甲子日到癸酉日十天为一旬,从甲子日到癸亥日是六旬,"与此有关,商王多有日名,如上甲、太乙之类,名甲就在甲日受祭,以此类推。值得注意的是夏代的王,据文献记载,也有用日名的,如胤甲、孔甲、履癸(桀),因此,在夏代很可能就已经存在干支了"(李学勤《失落的文明》,上海文艺出版社1997年)。

关于地点概念,情况也大抵如此。如果说在殷商甲骨文中已有不少具体的地名,在两周金文中的反映就更为普遍了。例如大克鼎铭文中所谓"易女田于野,易女田于渒","易女田于康,易女田于匽,易女田于溥原,易女田于寒山"云云,这里的"野"、"渒"、"康"、"匽"、"溥原"、"寒山"等等,皆是当时的地名。

很显然,时间和地点概念的逐渐明晰,为以后纪传体文献中反映各类历史人物、历史事件规定了明确发生的时间和空间范围。

2. 历史人物

殷代甲骨文中固然已有人物的记载，但多系笼统的泛指，而少见特定的个体。例如其中每每出现的"王"，许多时候并未特意指示具体是哪一个"王"。再如其中涉及史学领域里的"作册"、"史"、"尹"等名词，这些概念仅仅是指当时记录史事、起草公文、掌管某事的一批官员的职业和官位，也并未准确显示出是张三或是李四的具体人物来。

至周代，有关文献中不仅表明了具体的人物，而且还揭示出人物的身份地位、个性特点乃至语言风格，这不能不说是一个进步。例如《尚书·康诰》："（成）王若曰：'孟侯，朕其弟，小子封。'"其大意是，成王这样说：康叔，我的弟弟，年轻的封啊。又如《尚书·康王之诰》："太保暨芮伯咸进，相揖。皆再拜稽首曰：'敢敬告天子，皇天改大邦殷之命……'"大意是说，太保召公和芮伯一起走向前，互相作揖。共同向王叩头说：恭敬地禀告天子，伟大的上帝更改了大国殷的命运……阅读上述这些文字，不仅可以从中了解到相关人物表面上的言行动止，甚至还可以由此体会到他们的内心感情来。即此可见，由于这种文学色彩的出现，实为以后纪传体文献中的人物描写开启了先河和模式。

3. 历史事件

从目前可知的商代甲骨文献中，极少有历史事件的记述，即或有，亦极简略。至周代，关于历史事件的记载已有明显进步。例如，在以上所说具有497字的毛公鼎铭文中，叙述了周王为了中兴周室、革除积弊，免遭亡国之祸，昭示重臣毛公努力辅佐朝廷，并赐给他大量物品。毛公为了感谢周王，特铸此鼎以纪之云云。

至于《尚书》里的记载，就更进一步了。例如其中的《金縢》篇，以"金縢"（周代金属档案柜）为线索，记述了周公赤诚报国的事情：武王重病，周公祈祷上天保佑他早日康复，随后将悼辞放入金縢中。

后因"三叔"叛乱而是非混淆,年幼成王一度听信谗言,周公由此蒙受不白之冤。然而当成王发现金縢中的祷词后恍然大悟,周公的忠诚终于大白于天下。

在《尚书·周书》里具有类似性质的文字记载,起码还有《顾命》和《康王之诰》诸篇。《顾命》篇叙述了周成王丧礼及康王即位事宜,《康王之诰》则是康王即位后宣示的第一篇诰词。这两篇内容相连,曲尽其意,所叙内容实为一个完整的事件始末。从事件的记述情况看,虽然还远不及以后史书叙事之详备,但记史不离记事,记事则首尾兼具的思想意识和写作技巧,为以后纪传体文献记述诸多历史事件提供了经验,指示了具体途径。

毋庸置疑,夏商周时期的史料散佚严重,少之又少。然而,正是由于这些留存下来的以及当时尚存的其他宝贵史料,不仅为以后中国史学的形成提供了一方热土,也为纪传体文献胚胎雏形的培育奠定了一定的物质基础。

二、萌芽时期

涵盖于东周时期的春秋时代和战国时代,是我国古代由奴隶制向封建制发展转变的时期。这一时期既是中国传统文化奠基和形成时期,也是纪传体文献基于特定文化背景下的萌芽时期。

这一时期,发生于社会政治上的大动荡和大变革,在意识形态层面也得到了鲜明的反映。当是时,文化领域里派别林立,各是其是,沸沸扬扬,最终形成"百家争鸣"局面。参与"争鸣"的学术流派,名曰"诸子百家",其实尚不止此,《汉书·艺文志》云:"凡诸子百八十九家。"其中之佼佼者,例如儒家、墨家、道家、法家、名家、阴阳家、纵横家、农家、医家等等。当此之时,学术空前活跃,传道讲学之风极盛。

这一时期,地处齐国都城临淄的稷下学宫名满天下,这里汇集了诸子百家，四方学人纷至沓来，成为当时议学、议政的中心。根据史书记载："宣王喜文学之士，自如邹衍、淳于髡、田骈、接予、慎到、环渊之徒七十六人，皆赐列第，为上大夫，不治而议论。是以齐稷下学士复盛，且数百千人。"（《史记·田敬仲完世家》）

　　正是在上述这一文化背景下，以往已经出现的三大史料系列（甲骨文、金文和竹木简牍）中的后两种史料，在春秋战国时期获得了很大的发展。由于距今久远，许多成果业已散佚严重，但经过历代学人特别是近现代学者的整理、研究和发掘，仍然可以从诸多方面折射出这一时期的文化信息。换言之，当时之基本情况，仍然可以通过后人的研究成果得到一定程度的历史还原。

　　在此，很有必要提及以上所说"三大史料系列"之"金文系列"。从考古发现的实物看，这一时期金文的发展已经达到了惊人程度。1978 年在湖北发现的战国时代曾侯乙编钟，令人印象极为深刻。这是由六十五件青铜编钟组成的庞大乐器，规模恢宏，总重 2500 多公斤，其音域跨五个半八度，十二个半音齐备。编钟上有关记事、标音、律名关系的错金铭文竟有 2828 字，加上其他部位的铭文，总计达到 3775 字。无论是着眼于编钟制作之精妙，还是从诸多文字内容中直接释读，均可由此捕捉到许多宝贵的历史信息。

　　在此，更有必要提及以上所说"三大史料系列"之"竹木简牍典籍"系列。与前两个系列相比，这一系列获得了更大的进步。所谓"竹木简牍典籍"，实则是历经"竹木简牍"这种特定载体，于艰难环境中辗转流传下来的古代著作系列。依据其内容性质，可以将这一系列区分为儒家、诸子、一般著述三大类。关于儒家系列的著述，例如《尚书》、《诗经》、《周易》、《春秋》、《春秋左氏传》、《春秋公羊传》、《春秋穀梁传》、《论语》、《孟子》、《荀子》等；关于诸子系列的著述，例如《墨子》、《老子》、《庄子》、《商君书》、《韩非子》、《列子》、《孙子》、《孙膑兵法》、《吴子》、《尉缭子》、《公孙龙子》、《黄帝内经》、《管子》、《吕氏春秋》等;关于一般著述系列,例如《穆天子传》、《国语》、《战国策》、《山海经》、《竹书记年》、《世本》等。

春秋战国时代毕竟距今已有两千二百多年了,所以粗看上述所列之一组组书名,很容易给人留下毫无声息和冷冰冰的感受,其实也不尽然。假如我们认真阅读了上述文献,并且采用了多维度镜头进行历史回放的话,则另一番迥然不同的场景或许就得以再现。试以"金文系列"史料为例,当你研究了相应的金文内容,再来领略现代发掘的曾侯乙编钟的演奏,则战国时代宫廷乐舞的动人场景就会形象逼真地再现于眼前。又如以"诸子系列"的著作为例,当你认真阅读了流传至今的诸子史料,或许就不难感受到在当时的稷下学宫里,各家领袖人物慷慨陈词、激烈争辩的场面。换言之,只要对上述文献内容认真考证和复原,或许一场场生动活泼的文化盛宴就会映入后人眼帘。

当然以上所说,乃是从广义视角考察纪传体"萌芽时期"的文化背景。如果从狭义的史学视角考察,则其中最具影响力者,首先是陆续问世的一系列编年体文献,其次便是刚刚露出纪传体嫩芽的《世本》。编年体文献之所以引人瞩目,因为它是当时称霸史坛的主流;《世本》之所以引人瞩目,则因为它是"主流"以外从未出现过的另类。

(一)编年文献

春秋战国时期是编年体文献独霸史坛的黄金时代。在很长一个时期里,"春秋"曾是"国史"或"史书"的代名词。追溯"春秋"之源,唐代刘知几认为"其先出于三代",而且认定"《汲冢琐语》记太丁时事",理应被视为《夏殷春秋》(刘知几《史通·六家》)。进入春秋战国时代,名曰"春秋"之类的史书,几乎遍及当时的各个诸侯国。有关编年体文献流行于当时的盛况,由韩宣子的亲眼目睹及墨子、孟子所说之中,即可其窥一斑(详见第六章第五节之"传统编年")。至于当时编年文献重要影响,尤其是催生纪传体问世的重要作用方面,更可以说是显而易见(参见本章第二节"先秦资源"之《春秋》《左传》)。

于此无法回避一点,即后学们大都由此关注并质疑一事:既然编年文献大量流行于春秋战国时期,何以其中之绝大部分皆一一消失了呢? 析其原因,大约四端。其一,载体制约。竹木简牍是古代典籍重要载体,这一载体虽有易于记录等优点,但是难于恒久保存则是最大劣势。随着时间推移,以此为载体的许多典籍便淹没于历史长河里;其二,天灾人祸。在古代生产力不高的背景下,除了巨大自然灾害外,还有政治动荡、人为破坏等因素,于是本就不多的历史文献,便难逃雪上加霜之厄运;其三,内容简陋。早期编年文献,遑论与北宋司马光《资治通鉴》存在天壤之别,即使与汉晋时期荀悦的《汉纪》、邓灿的《晋纪》也无法相比。梁启超对此深有所感:"古代史官作史,盖为文句极短之编年体。晋代从汲冢所得之《竹书纪年》,经学者考定为战国时魏史所记者,即其代表。惜原书今复散佚,不能全睹其真面目。惟孔子所修《春秋》,体裁似悉依鲁史官之旧。"(《中国历史研究法》)其四,笔法影响。后人所见《春秋》,乃是孔子在鲁国《春秋》基础上删削而成。夫子从周礼正统观念出发,动辄为尊者讳,为亲者讳,为贤者讳,落笔用字慎之又慎,突显"微言大义"、隐晦难懂的基本特点。诚如后人对《春秋》笔法的评断:"一字之褒,荣于华衮;一字之贬,严于斧钺。"《春秋》笔法的这一特点,也在一定程度上影响了编年体发展。幸亏有《公羊传》、《穀梁传》,尤其是《左氏传》,均为《春秋》解释而另辟蹊径,否则春秋时期二百多年间的重要社会细节,便很有可能长期淹没于历史的烟笼雾锁之中了。

(二)另类《世本》

在战国时代以前的史坛上,编年体可谓一体独大。进入战国时期,这一形势表面上虽然仍在延续,但实际上已经出现了一些微妙的变化。这种"微妙的变化"表现于何处呢? 质言之,即在传统的编年体之外，业已悄悄出现了一种从来未曾谋面的新史籍。这种在结构编排上与编年体迥然不同的史籍，就是后人所说的《世本》。刚刚问世的《世本》，绝对属于"另类"，堪称是异军突起的新生事物。此时的《世本》虽然是初具规模的并不健全的纪传体著作，然而或许任何人都不曾料到，正是由于这个"另类"的出现，已经预示着中国古代史坛注定发生巨大变革的时代即将到来。

考察《世本》问世后的承传过程，这部被视为"另类"的著作可谓命运多艰。当初经刘向校定时，是为二卷本。东汉时，演变为宋均的《帝谱世本》，以及宋衷的《世本》注本。经学界考证，《世本》不仅存在了一段时间，并被许多著名史家所引用。例如司马迁《史记》、班固《汉书》、韦昭《国语注》、杜预《春秋经传集解》、司马贞《史记索隐》、张守节《史记正义》、林宝《元和姓纂》、郑樵的《通志》等等，都曾先后引用过该书史料。即便从古代书目上看，诸如《隋书·经籍志》、《旧唐书·经籍志》、《新唐书·艺文志》等目录，也都曾予以著录过。至北宋以前，该书已经亡佚，在宋朝《崇文总目》里已不见著录。然而南宋时，在高似孙《史略》中忽然又出现了《古世本》的著录，此后又有清张澍著录的《世本集注》、王谟著录的《世本辑本叙录》，以及秦嘉谟著录的《世本辑补》等等。根据多方考证，自南宋高似孙以后，历代著录的《世本》统统系辑佚之作，无一完本，残缺殊甚。换言之，至晚到南宋末年，原书已悉数散佚无存。今人所见之《世本》早已面目全非，全都是后学们依据前人所引内容辑补成书。现在该书共有八种不同辑本，商务印书馆 1959 年将其集合出版，名曰《世本八种》。

由于这部著作早已散佚不全，从而也为后世留下了许多难以彻底解开的谜团。譬如一个最简单的问题就摆在面前：《世本》究系何人何时所作？至今尚无一致认识。总的说来，主要有如下三种意见。其一，此书乃古史官所著。"世本"之名，最早见于儒家经典《周礼》。其《春官宗伯》云："小史掌邦国之志，奠系世，辨昭穆。"大意是说，小史执掌着王国和王畿内侯国的史记，撰定帝系和世本，以及辨别昭穆之次序。由此可见，"世本"当为史官所作。而作为真正的书名，则是西汉末年刘向校定群书时才正式定名。刘向当时明言："《世本》，古史官明于古事者之所记也，录黄帝以来帝王诸侯及卿大夫系谥名号，凡十五篇，与左氏合也。"（刘向《别录》）至唐代时，本书由于冲撞了唐太宗李世民的名讳，一度改名为《系本》。其二，此书乃秦汉之际好事者著述。唐代刘知几坚持这一观点，所谓"楚汉之际，有好事者，录自古帝王公侯卿大夫之世，终乎秦末，号曰《世本》，十五篇"（刘知几《史通·古今正史》）。其三，此书乃战国时期赵人所著。学界有一种观点认为，《世本》中称战国时期赵王迁为"今王"，因而推定此书乃战国末年赵国人所作。

《世本》虽然早已散佚，根据上述若干辑本及诸书征引，仍可窥得《世本》之大体概貌。是书总计15篇，其体例由帝系、世家、传、谱、氏姓篇、居篇、作篇、谥法等部分构成。其中"帝系"、"世家"，记述自黄帝以来到春秋两千年间列国王侯之世系；"传"，记载远古以来名人事迹；"谱"，反映古代王室以及列国世卿大夫要事；"氏姓篇"，记述先秦各国贵族宗支源流之姓氏；"居篇"，记载有关帝王、诸侯都城及其变迁；"作篇"，记载远古以来各种重要器物起源创作及材料；"谥法"，是关于古代帝王、诸侯、卿大夫死后的追谥准则。

当然，《世本》的出现，决非出于偶然。考察这一新型史体的产生，主要基于如下三个原因。

第一，特定的社会背景使然。从中国历史的发展走向看，春秋战国时代乃是中国由奴隶制向封建制的过渡时期。适值社会大动荡、大分化、大变革之际，新旧阶级之间的斗争空前复杂和激烈。各阶级、各阶层的学者或思想家，无不根据自身利益和要求，对宇宙、社会、万事万物提出个人的主张或解释。这种空前活跃的学派林立、互相诘辩的"百家争鸣"的局面，对当代史学界思想理念的启发、解放和创新方面,无疑起到了激烈的刺激和碰撞作用。单就政治斗争态势而言,从春秋五霸迭兴到战国七雄崛起,奴隶主阶级犹如强弩之末,在两种社会制度的斗争中连连败北,而新兴地主阶级则以摧枯拉朽之势奋勇进击。因而在战国时代的后期,称雄诸国者无不在政治、经济、文化领域里呈现出勃勃生机,无不具有兼并天下归于一统的进取气势。从一定意义上说,《世本》这一早期的纪传体典籍的问世,正是反映了新兴地主阶级试图由分裂割据朝着大一统前景发展的这一历史心态下的必然产物。

第二,先秦时期史学现状使然。到了春秋战国时期,历史文献领域发生了明显的变化,取得了一定的成就。例如史学范围扩大了,反映人物、事件的写作水平提高了,日益累积的各种史料大大增加了。但是,如果从另一方面看,几乎整个先秦时期的历史文献依然存在着许多问题。其中最主要问题,表现于如下两大弊端。

表现之一,文字依然过于简单。商代甲骨文自不必说,即使西周金文也局限于百字左右,最长的毛公鼎铭文也不过 497 字。同一时期的儒家经典《尚书》也大致相类,例如其中的《商书》和《周书》除个别地方外,多系帝王、贵族们的简短语录。春秋战国时期的编年体著作虽有一定进步,但仍然未能从根本上改变上述状况。以孔子删定的名作《春秋》为例,依然是简略的语录式文字资料,以致被后人讥为"断烂朝报"、"流水账簿"。《春秋》记事,每条最多 40 余字,最少者居然只有一个字。譬如僖公三年六月,"雨";又如宣公六年秋八月,"螽"。

表现之二,缺乏整体统一观念。甲骨文、金文自不必说,当时著作多半是东鳞西爪,只言片语,彼此孤立,若无基本背景的诠释,大有如坠十里云雾感觉。即便是编年名著《春秋》,也有如此弊端。其中固然不乏有关历史事件的叙述,但记事依然简单,彼此同样割裂,显然缺乏前后呼应的有机联系。《左传》比《春秋》虽有一定进步,全书也并非有机联系的统一整体。由此可见，即使阅读当时的经典著作，也使人很难从中把握到历史发展的内在联系。

先秦时期历史典籍的上述"两人弊端"，从一定意义上说，等同于呼唤新型史籍的催化剂。

第三，曾经称霸史坛的编年文献功不可没。也就是说，由于编年史籍的悠久历史和编纂技术的相对成熟，对另起炉灶的其他新生史体起到了很大的推动作用。从留传后世的著作看，当时的编年文献水平已相当可观。仍以《春秋》为例，在本书所记的基本对象里，既有王朝，又有侯国；在记述内容里，既有水灾、旱灾、日蚀、地震等自然现象，又有各国间的征伐、会盟、应聘等社会活动。与《春秋》相比，《左传》的编撰水平有了进一步的提升：书内综记各国，场面广阔，其中所记人物、战争，也都很有特点。例如描写赵盾、晏婴、晋文公等历史人物，可谓各具特色，神采焕然。尤其是反映长勺之战、城濮之战、崤之战等战争场景，也往往错落有致，壮观激烈。编年体与纪传体固然不是一种史体，但两体之间也并没有天然鸿沟。编年体的上述成就对纪传体中的本纪、世家、列传的创建，都有重要的启迪作用。比如在纪传体中随时可见编年体的踪影，尤其是其中的"本纪"，实际上就是一部帝王的编年大事记。是故从一定意义上说，假如没有早期编年体编纂方法的发展，也就很难有纪传体文献的产生。

正是在这种背景下，属于另类的《世本》面世了。尽管《世本》属于早期草创的纪传体，但它通过本纪、世家等不同体例，已经显示出想要宏观把握社会发展的态势。令人遗憾者，《世本》问世后散佚惨重，许多文字付诸阙如。因而有关材料的选择、历史人物的记载、历史事件的叙述，以及表现手法等等，后世读者早已无缘得见其庐山真容了。在这样的情况下，后人仅靠断简残编而获悉其相关信息，自然会有孤立有余、统属不足之感。当然，即使《世本》是足本，由于各种客观条件的局限性，要想彻底摆脱纪传体"萌芽时期"的初始模式，也是难以做到的。

　　由此可见，基于以往诸多著作的出现，尤其是由于《世本》的面世，为尔后以《史记》为代表的真正意义的纪传体文献的崛起，既提供了新型史体的框架草图，也贡献了一定的修史方法。尽管这些"方法"和"草图"还有明显不足之处，但是毕竟为司马迁建立规模恢宏的纪传体"大厦"，奠定了切实可行的方案和基石。

第二节　纪传开创

　　前人《观书有感》云："半亩方塘一鉴开，天光云影共徘徊。问渠那得清如许？为有源头活水来。"这是朱老夫子写于八百年前的一首咏怀诗。毋庸置疑，诗中发问立意高远。如果以此考察两千年前司马迁何以完成其皇皇巨著，则朱诗寓意可谓恰如其分。那么在《史记》这"半亩方塘"里，究竟有没有来自上游的"源头活水"，所谓的"源头活水"又会是些什么呢？认真考察以往文化背景，无论是夏商周时期的史料，还是春秋战国时期的著作，归根结底，均应视为撰写《史记》的"源头活水"。由于其中所涉问题较多，以下有必要分别从先秦资源和西汉背景两方面逐一论列。

一、先秦资源

　　到了汉代时期，由先秦遗留下来的各种各样的史料已经相当丰富。姑且不论甲骨文、青铜文如何，仅仅是儒家经典、史官著述、诸子百家著作之大量涌现，以蔚为大观喻之当不过分。对于《史记》而言，尽管以上的诸种史料在形式上大多是片段的、片面的，并不连贯的，但它们毕竟从不同角度、不同层面反映了先秦的历史，故而均属于司马迁不可或缺的参考资料，应该统统称之为《史记》的"源头活水"。诚如司马迁本人所说："网罗天下放失旧闻，王迹所兴，原始察终，见盛观衰,论考之行事,略推三代,录秦汉",“百年之间,天下遗文古事靡不毕集太史公"。由于充分地利用了这些资料,他才做到了"阙协六经异传"和"整齐百家杂语"(《太史公自序》)。唐人张守节亦特意补充道:"太史公撰《史记》,言其协于六经异文,整齐百家杂说之语,谦不敢比经艺也。异传,谓如丘明《春秋外传》、《国语》、子夏《易传》、毛公《诗传》、韩诗《外传》、伏生《尚书大传》之流也。"(《太史公自序》正义)

当然,以上乃是就文化领域之宏观层面而言。倘若考察《史记》本身的体例内容、著者的"自序"以及后学多方面的考证,则与《史记》有直接关联之"源头活水",首推儒学之源,其次诸子之源,此外便是《世本》的特殊贡献了。

(一)儒学之源

放眼汉代的意识形态领域,“黄老无为"思想在西汉初期曾经占据着统治地位。自汉武帝采纳了董仲舒"罢黜百家,独尊儒术"的政策后,儒家思想由此彻底取而代之。司马迁一向重视儒家思想的学习和研究,在其治学过程中的两位老师,都是名重当代的儒学大家。一位是今文经学家董仲舒,司马迁曾向他学习《公羊春秋》;另一位是古文经学家孔安国,司马迁曾向他学习《古文尚书》。由于这样特殊的切身经历,使得司马迁深得儒学精髓,从思想上对于儒家经典著作也有了进一步的认识。诚如太史公本人所说:"夫《春秋》,上明三王之道,下辨人事之纪,别嫌疑,明是非,定犹豫,善善恶恶,贤贤贱不肖,存亡国,继绝世,补敝起废,王道之大者也。"“《易》著天地阴阳四时五行,《书》记前王之事,故长于政;《诗》记山川溪谷禽兽草木牝牡雌雄,故长于风;《乐》乐所以立,故长于和;《春秋》辨是非,故长于治人。是故《礼》以节人,《乐》以发和,《书》以道事,《诗》以达意,《易》以道化,《春秋》以道义。"(《太史公自序》)

在《史记》的撰写和形成过程中,来自儒家思想学说的深刻影响毋庸置疑,尤其是《尚书》、《春秋》和《左传》三部经典的作用,实可谓功莫大焉。

1.《尚书》

从文献发展史的角度看,《尚书》是我国古代最早的一部史料汇编。

既然是"最早的一部史料汇编",后世许多史籍的体裁自然没有、也不可能在这里清晰地展示出来,然而,该书反映事物的多元形式也无疑启迪了后人。清人章学诚就曾说过:《尚书》"因事命篇,本无成法,不得如后世史之方圆求备,局于一定之名义也"。又说《尚书》"无定体",然亦惟其"无定体,故托之者众"(《文史通义·书教》)。所谓"托之者众",即在这部典籍里,确实可以找到诸多体裁和体例的踪迹。比如《尚书》从框架结构上划分为《虞书》、《夏书》、《商书》、《周书》四部分,这不单为中国远古史事勾勒出虞、夏、商、周的朝代传承和脉络,同时也为司马迁在本纪里反映先秦时期的朝代序列产生了深刻影响。又如《尚书》中的《禹贡》、《洪范》自具特色:前者反映远古时期的自然地理和人文地理,后者记载箕子向周武王陈述"天地大法"的事迹。这种记述自然现象与国家制度的形式,实则为《史记》中的"八书",亦即后世之"书志体"开启了先河;再如《尚书》里的《金縢》、《顾命》、《康诰》三篇,均有反映事件之来龙去脉和首尾毕具的特点。例如在《金縢》篇中,以"金縢"为线索贯穿始终,记载周成王从最初怀疑周公谋反,直至看到金縢祷词,疑虑顿消。这种叙事形式不仅为《史记》中大量人物传记之叙事情节有所启迪,也为后来宋代"纪事本末"这一新型史体的崛起产生了深刻的影响。

2.《春秋》

《春秋》者,号称古代编年体始祖。

流传至今的《春秋》,乃是孔子在鲁国《春秋》基础上删定而成。《春秋》全书十二篇,上起鲁隐公元年(前722),下止鲁哀公十四年

（前481），总计反映了242年历史。本书不仅开创了以时间为序的编年体，确立了"属辞比事"的修史方式，还确立了微言大义、字寓褒贬的《春秋》笔法。《春秋》中的这些成就，在《史记》里也多有体现。姑且以"一字之褒，荣于华衮；一字之贬，严于斧钺"的春秋笔法为例，如果说在司马迁人物传记正文里不难觅其踪迹，则诸篇末尾"太史公曰"里（立意之鲜明，用词之严谨），就更加典型了。此外，《春秋》经中的一些特殊叙事方法，也对《史记》产生了一定影响。例如《春秋》里通过"武氏子求赙"、"毛伯求金"的叙述，以示贵为天子却失去昔日之尊严，这是一种以特定叙事形式表达作者最终结论的方法。这种难以驾驭的写史方式，曾被后人誉为"寓论断于叙事"之法。然而在这一方面，司马迁做到了很好的"古为今用"。他的这种叙事方式，受到了明末清初大思想家顾炎武的高度赞许："古人作史，有不待论断，而于序事之中即见其旨者，惟太史公能之。"例如《平准书》末载卜式语，《王翦传》末载客语，《荆轲传》末载鲁勾践语，《晁错传》末载邓公与景帝语，《武安侯田蚡传》末载武帝语，皆史家于叙事中寓论断法也"（《日知录》卷二十六）。其实，还有顾炎武未曾道及之突出事例——《龟策列传》，这是关于古人用乌龟壳占卜吉凶的一篇传记，实为"寓论断于叙事"的更为典型的力证。

3.《左传》

由于《春秋》叙事方式是逐条记录，史事简约，意旨不明，曾被后人诟病为互不联属的"流水账簿"。也因此，以后很快涌现出了许多旨在解释《春秋》的专著，最负盛名者非《左传》莫属。

与《春秋》相比，《左传》已经有了很大的进步。一是扩大了时限。其记史下限延长到了哀公二十七年，比《春秋》多出十三年；二是具有重要史料价值。例如《春秋》叙述晋楚两国城濮之战，全篇只用了二百字左右；而《左传》里则不乏形象描绘，洋洋洒洒数千言。三是具有重要文学价值。唐代刘知几在其《史通》里特辟"申左"篇，从史法、史料等方面,为《左传》总结出"三长"(见《史通·申左》)。

春秋时期战争连绵,生动地反映战争场景,堪称《左传》的一大亮点。其中的许多战例,譬如"曹刿论战"就形象传神地保存在后人脑海里,以至于有后学认为,《左传》作者一定是深谙战争之道的军事家。《史记》里的战争场景甚多,其中之文字描述何止条理清晰,同时也生动传神(详见第七章第四节相应部分)。即此可知:在司马迁的反映历史人物与事件的传神笔触中,后人不难体味到来自《左传》"源头活水"的滋润。

(二)诸子之源

从春秋战国到西汉前期的这一阶段,因与司马迁所处时代并不遥远,故而著者本人受到这一时期的文化熏陶也颇为深刻。这种自然而然的"文化熏陶",主要表现于触手可及的诸子之学中。当时不独百家"争鸣"之音依稀耳闻,更有大量著作存世,作为太史令的司马迁自然大都亲眼目睹过。这不独在《史记》正文和诸多"太史公曰"里可窥一斑,作者甚至还明确地作过如是表述,"天下逸闻古事,靡不毕集太史公"(《太史公自序》)。

与其他诸子的成果相比,在"诸子之源"中,被后人称为"杂家"的重要影响尤其不可低估。

《吕氏春秋》是杂家的代表作。司马迁曾在《报任安书》里一连列举了先秦文化领域里的八大成就,其中之一便是号称"杂家"的伟业——"不韦迁蜀,世传吕览"。这里的所谓"吕览",乃是秦庄襄王时期丞相吕不韦会同三千门客编纂的《吕氏春秋》。司马迁对此言之颇详:本书"八览、六论、十二纪、二十余万言,以为备天地万物古今之事"(《史记·吕不韦列传》)。由此可见,这是一部从体例到内容以"合众为一"为特点的综合性著作,也是一部融汇了诸子多家学说的名副其实的"杂家"经典。后学有理由认为,当年《吕氏春秋》这部荟萃了各家之言的杂家著作,对司马迁撰写其巨著的影响是相当深远的。

正是在以上文化成就的影响和借鉴下，司马迁在《史记》里成功地为儒家、道家、法家、兵家、医家、纵横家、杂家、阴阳家、墨家、名家、农家等十一家领军人物树碑立传。纵观《史记》中反映有关人物的传记系列，可谓各种形式俱备，应有尽有。其中既有采用专传形式的，例如《苏秦列传》、《吕不韦列传》；又有采用合传形式的，例如《扁鹊仓公列传》、《老子韩非列传》；也有采用类传形式的，例如《酷吏列传》、《佞幸列传》；还有采用附传形式的，例如《伯夷列传》里附有叔齐事迹，又如上述"十一家领军人物"之后四家（阴阳家、墨家、名家、农家）事迹，均以"附传"形式清晰地附载于他人传记中。

从总体上说，司马迁对诸子百家的看法还是比较客观公允的。但是，当后人全面认真比较后不难发现，司马迁于诸家之中更推崇儒家的思想倾向，也是毋庸置疑的。试看以下事实——

在《史记》里，即使将涉及儒家人物事迹的一般传记排除在外，单是特意为儒家名流设立的传记就多达四个。第一个传记是《孔子世家》。在《史记》里，几乎所有人物传记皆以"列传"形式集中反映其人其事。孔子则属于极其特殊的唯一例外，居然升格至诸侯的"世家"待遇，行文中的仰慕和评价之高更属罕见；第二个传记是《仲尼弟子列传》。这是涵盖了孔子及其众多弟子的一篇合传，其中尤以子贡、子路两人事迹最为详尽；第三个传记是《孟子荀卿列传》。本传名义上是"孟子荀卿"二人合传，实则还夹杂了道、法、名、墨诸家之人事。当然在这篇传记中，司马迁主要是通过记述孟、荀事迹，旨在充分肯定儒家的"明礼仪"、"绝利端"的思想学说，以及这一思想学说的渊源和影响；第四个传记是《儒林列传》。本传反映了西汉前期诸如申培公、韩太傅、伏生、胡毋生、董仲舒等多位儒学大师及其传承弟子事迹。其中，对于曾经师从过的今文经学大家董仲舒，司马迁更是着墨尤多，称其敬业治学，"进退容止，非礼不行，学士皆师尊之"

云云。

(三)《世本》之源

在司马迁《史记》问世前,除了《世本》外,尚无任何一部哪怕是更低层次的草创性纪传体文献。因此,尽管《世本》属于纪传体萌芽之作,但它对《史记》崛起于史坛的多方面影响,也是不可低估的。

第一,《世本》为司马迁提供了一个新型的史籍模式——纪传体。《世本》不仅是纪传文献,而且是一部纪传体通史,它以前所未有的视角展现了远古以来的古代历史舞台。倘若从其反映的历史规模上看,遑论商代甲骨文和两周金文,即使《尚书》、《春秋》、《左传》等历史名著也不能与《世本》同日而语。因为就时间言,《世本》上起黄帝,下迄战国时代;就内容言,既有通过"帝系"、"王侯世"、"卿大夫世"等形式反映了一大批具有一定影响的历史人物,此外还有通过"氏姓"、"谥法"、"作篇"、"居篇"等形式反映的属于社会科学领域的各种典志。由此观之,《世本》涉猎范围之广博固然还远不及后来的《史记》,但其宏阔场面亦不可小觑,本书中已有纵贯古今且包罗万象之势。

第二,《史记》从《世本》体例中受益良多。将《史记》与《世本》对比不难发现:包括《史记》在内的所有纪传体文献,其中的本纪、世家、列传以及书志等体例,不仅大体上都可以在《世本》中找到踪影,而且各种体例的义项也大抵接近。无怪乎东汉学者桓谭评论:"史公《三代世表》旁行斜上,并效《周谱》。"所谓"《周谱》",就是《世本》中的"王侯谱"、"卿大夫谱"之类。清何焯在其《义门读书记》中也曾指出:司马迁之后的"《汉书·古今人表》,权舆于《世本》"。

第三,《世本》的内容史料,也有助益《史记》之功。《世本》文字资料固然简略,但其史料价值颇高,乃是历代学者研究古代不可或缺的典籍。司马迁编纂《史记》时,就不止一次地提到过本人使用《世本》的有关文字资料。班固也曾评论道:"司马迁据《左氏》、《国语》,

采《世本》。"(《汉书·司马迁传》)南朝刘宋著名史家范晔说得更是直截了当:"司马迁采《左氏》、《国语》,删《世本》、《战国策》,据楚汉列国时事"以成《史记》(《后汉书·班彪传》)。据此足以证明,不惟《世本》的体例、框架为司马迁所用,即使该书中的具体内容也成为《史记》参考的史料来源之一。

当然《世本》毕竟是草创之作,仅仅是纪传体通史的雏形,与此后司马迁皇皇巨著相比,实不可同日而语。例如该书初步创立之本纪、世家、列传等体例,遑论彼此之间未见密切关联和构建为统一整体的基本观念,即使单一体例中也并未形成严密的纵向系列。例如该书"记黄帝以来,迄春秋时诸侯大夫",企图博古通今。但从各种版本的佚文看,它与其他大部分著作一样,仍不免于片段割裂,记载失衡之弊。以此观之,仅仅是《世本》中存在的这种局限性,便远远不能适应"汉兴,海内为一"的封建帝国"大一统"的基本要求。

但是,毕竟应该承认一个客观事实。即无论是对于《史记》的顺利问世,还是助推中国古代史学由此迈上一个新的台阶,战国时期的《世本》均具有一定的历史意义和现实意义。

二、西汉背景

以《史记》的问世为标志,一个全新的体裁纪传体由此在史学领域里浮出台面,也第一次向世人敞开了真切感人的历史场景。不言而喻,西汉是纪传体真正创立的分水岭。在汉武时期,出现司马迁这样的伟人和《史记》这样的著作,决非偶然。在深入研究这一现象时不难发现,除了汉代社会发展的客观背景以及司马迁个人的主观因素外,诸如汉武帝时期的人事策略,以及当代极具代表性的文化成就,也都是不可忽视的重要因素。

(一)用人政策

一个时期的政治风气是否清明,与上层的用人政策大有关系。

当年毛泽东曾提及秦皇、汉武、唐宗、宋祖四位雄主(《沁园春·雪》),这四位君主治下都曾出现过一度繁荣。考察其"繁荣"背后,都离不开正确的选用人才。

唐代建国伊始,急需贤人。太宗曾命大臣封德彝举贤,封氏不单"久无所举",还振振有词地回答:"非不尽心,但于今不有奇才尔!"太宗对此大为不满:"君子用人如器,各取其长,古之致治者,岂借才于异代乎? 正患己不能知,安可诬一世之人!"(《资治通鉴》卷一百九十二)正是基于最高统治者选用贤能的思想理念,不久便有了各类人才的纷纷登场,很快出现了历史上有名的"贞观之治"。唐代建国不久出现的"盛世",显然与唐太宗正确的用人政策有莫大关系。

其实早在西汉时期,不拘一格的用人政策就已经出现了。汉武帝堪称历史上罕见的一代英主,班固就曾高度赞扬他"卓然罢黜百家,表章《六经》。遂畴咨海内,举其俊茂,与之立功。兴太学,修郊祀,改正朔,定历数,协音律,作诗乐,建封禅,礼百神,绍周后,号令文章,焕焉可述。后嗣得遵洪业,而有三代之风。如武帝之雄材大略,不改文、景之恭俭以济斯民,虽《诗》、《书》所称,何有加焉!"(《汉书·武帝纪》)正是这位英主,为了促进国家的统一大业,大胆地采用了以举荐、征召为主,以考试方式为辅的选士用人制度。由于这一政策的出台和实施,一大批年轻有为的名流才俊很快脱颖而出。试看这一时期的汉代,真可谓人才济济,盛况空前,用群星璀璨来形容当不为过。譬如在军事领域里,出现了卫青、霍去病;在经济领域里,出现了桑弘羊;在天文学领域里,出现了唐都、落下闳;在对外交往领域里,出现了张骞;在农学领域里,出现了赵过;在儒家今古文经学领域里,出现了董仲舒、孔安国;在文学领域里,出现了司马相如、枚乘等等。以上各领域的这些人物,全都是独步天下的一代英才,他们无不在这个时期一试拳脚而纷纷亮相。也正是在这一特定社会背景下,作为伟大史学家的司马迁自然应时而起,他与上述各类杰出人物共处一朝,联袂活跃于空前广阔的汉代历史舞台上。

毋庸置疑,无论是在政治、经济方面,还是在意识形态方面,这样的时代都为司马迁的脱颖而出提供了绝佳的社会环境。司马迁在《太史公自序》里的一段话耐人寻味:"先人有言:'自周公卒五百岁而有孔子。孔子卒后至于今五百岁,有能绍明世,正《易传》,继《春秋》,本《诗》、《书》、《礼》、《乐》之际?'意在斯乎!意在斯乎!小子何敢让焉。"(中华书局1959年版,1982年印刷,第418页)在连续两个"意在斯乎"之后,居然又来了一句"小子何敢让焉",这不单是司马迁对自己继续孔子事业舍我其谁的明确表白,又何尝不是对汉武时代社会背景的由衷自信和赞叹!

当然,论及《史记》问世背景,不禁令人想起所谓武帝怒而"删削"之说。查其所出,最早源于三国时期的陈寿。陈氏《三国志·魏书》云,秘书监王肃曾言于魏明帝:"司马迁记事,不虚美。不隐恶","汉武帝闻其述《史记》,取孝景及己本纪览之,于是大怒,削而投之。于今此两纪有录无书。后遭李陵事,遂下迁蚕室"。平心而论,倘若果有"削而投之"之举,则武帝可谓霸道;倘若再联系李陵事而"下迁蚕室",则武帝更属残忍。然而,"删削"之说毕竟出于两汉以后,而且当初乃出自一人笔下,此其一。当年朝堂辩论李陵事件时,满朝文武皆迎合"今上",唯司马迁逆流抗争。"今上"于盛怒之下,处之腐刑而未处斩,则武帝胸怀是否狭隘至陈寿所说亦未可知,此其二。即此两点考究"删削"之说,便不免令人疑窦丛生。

(二)杰出成果

西汉前期,文化领域的学术研究得到了进一步的发展。其中的两部著作格外引人注目,对司马迁撰写《史记》也具有一定的影响。

首先是司马谈的《论六家要旨》。这是一部凝聚了司马迁之父司马谈研究诸子百家心血的成果,也是与司马迁家学渊源有密切关系的著作。在这部论著中,司马谈从服务于大汉帝国的政治立场出发,纵论了儒、墨、名、法、阴阳、道德诸家学派。在古代文化领域中，家庭教育和耳濡目染的重要性不言而喻，《论六家要旨》对司马迁撰写《史记》的影响之大，也自在情理之中（参见第七章第三节）。

其次是刘安的《淮南子》。《淮南子》，又名《淮南鸿烈》，二十一卷，系西汉皇族淮南王刘安主持撰写，因而得名。本书虽是集体创作，但全书以道家思想为主，兼采先秦百家学说，内容涉及哲学、政治、经济、军事、天文、地理、农学、生物、音律、神话等诸方面。本书犹如一部秦汉学术史，因而《汉书·艺文志》将其列为杂家类。梁启超先生认为，"《淮南鸿烈》为西汉道家言之渊府，其书博大而有条贯，汉人著述中第一流也"。本书既谈自然之道，也谈治世之道，明确提出"漠然无为而无不为"，"漠然无治而无不治"的政治理想。此外，还概括了各家思想、文化背景及其思想渊源，具有较高的学术参考价值。

司马迁由衷推崇《淮南子》，这在《史记》中不乏佐证。例如在《史记》卷八十四的《屈原贾生列传》里，司马迁以合传形式反映了屈原与贾谊。这两位历史人物有一个鲜明共同点，不仅才华横溢，又有相似遭遇。司马迁赞赏两位为人，尤其对屈原极度钦慕："其志洁，故其称物芳。其行廉，故死而不容自疏。濯淖污泥之中，蝉蜕于浊秽，以浮游尘埃之外，不获世之滋垢，皭然泥而不滓者也。推此志也，虽与日月争光可也。"这一段高度评价的文字，显然反映了司马迁对屈原的由衷敬仰。然而恰恰这一段"高度评价"的文字，并非司马迁原创，而是淮南王刘安《离骚传》中的评语，如果对照原文，可谓一字不差。出现如此情形，固然可以理解为司马迁与刘安都对屈原充满了无限仰慕之情，但由此也不难看出，淮南王刘安及其《淮南子》对《史记》的影响也是相当明显的。

据上可知，要撰写出《史记》这样的不朽著作，确实离不开司马迁这样勤奋努力的史学天才。但是，倘若没有西汉时期特定的社会环境和创作背景，没有前人丰厚的学术成就作铺垫，同样也是难以想象的。

三、通史问世

《史记》作者司马迁（前145—约前90），字子长，西汉左冯翊夏阳（今陕西省韩城）人。少年时"耕牧河山之阳"，"十岁则颂古文"。汉武帝元封三年（前108），38岁的司马迁开始继任父亲司马谈之职为太史令。太初元年（前104），他和上大夫壶遂等人上书汉武帝并参与制定的《太初历》颁行天下，同时他也从这一年开始了《史记》的撰写工作。天汉二年（前99），正当他"日夜思竭其不肖之才力，务一心营职"（《报任安书》）的时候，"李陵之祸"从天而降，给他以致命打击。司马迁因为替败将李陵辩解，触怒了汉武帝，不仅被投入了监狱，并处以残酷的腐刑。他备受折磨、凌辱之苦，用他自己的话说，当时环墙之内，"见狱吏则头抢地，视徒隶则心惕息"（同上）。由于遭受到上辱祖先，下辱人格的酷刑，他几次要"引决自裁"，但一想到《史记》还"草创未就"，终于"隐忍苟活"下来。太始元年（前93），出狱后的司马迁被朝廷委任为中书令，而他无意仕途，将全部心血倾注于《太史公书》。从此更加发愤著述，直至生命最后一息，最终实现了他的宏大理想，为后人留下了一部永垂不朽的史学巨著，这就是被后人易以今名的辉煌著作《史记》。

司马迁的学术思想和非凡的文化造诣，十分契合封建社会大一统的需要。于是在其"究天人之际，通古今之变，成一家之言"（《报任安书》）的思想原则指导下，《史记》第一次全面总结和反映了西汉和西汉以前中华民族的文明史，并作为中国第一部"正史"在古代史学园地里拔地而起。

《史记》是一部令人敬仰的巨著。就时间而言，本书上起传说中的轩辕黄帝，下至作者所处的时代汉武帝时期，具有史无前例的空前跨度;就空间而言,从天上到人间,从本土到国外,包罗万有,无所不统,全面系统地反映了中国三千多年的历史。从一定意义上说,《史记》不单是一部纪传体通史,也可以说是一部古代的百科全书;就体例而言,本书区别为极其鲜明的五部分:十二本纪、十表、八书、三十世家、七十列传,共计一百三十篇,五十二万言。本书在系统反映中国古代历史并揭开封建史学第一页的同时,也以形式和内容高度统一的模式,为后世建立起了纪传体文献的基本框架,这是司马迁对中国史学的又一重大贡献。

应该特别关注《史记》的《太史公自序》。这篇"自序"不仅记述了作者的生平行事、著述动机及著述经过,而且论述了各卷内容及写作初衷。其中一段文字颇有深意:"网罗天下放失旧闻,王迹所兴,原始察终,见盛观衰,论考之行事,略推三代,录秦汉,上记轩辕,下至于兹,著十二本纪,既科条之矣。并时异世,年差不明,作十表。礼乐损益,律历改易,兵权山川鬼神,天人之际,承敝通变,作八书。二十八宿环北辰,三十辐共一毂,运行无穷,辅拂股肱之臣配焉,忠信行道,以奉主上,作三十世家。扶义俶傥,不令己失时,立功名于天下,作七十列传。凡一百三十篇,五十二万六千五百字,为《太史公书》。"这段文字不仅揭示了全书是由本纪、表、书、世家、列传等五大部分构成的体制,还精确地反映了写作相关内容意义之所在。

据文献记载,在《史记》问世后的一段时期里,诸多史家无不跃跃欲试,竞相创作纪传史者不乏其人。当是时,以"《史记》所书,年止汉武,太初以后,缺而不录。其后刘向、向子歆及诸好事者,若冯商、卫衡、扬雄、史岑、梁审、肆仁、晋冯、段肃、金丹、冯衍、韦融、萧奋、刘恂等相次撰续"(《史通·古今正史》)。甚至到了东汉初年,就连著名史学家班固之父班彪也积极参与其中。在班彪看来,"好事者颇或缀集史事,然多鄙俗",所以他"继采前史遗事,傍贯异闻",作《史记后传》数十卷。然而,包括班彪《史记后传》在内的一系列纪传体续补之作，又安能望《史记》项背！因此，上述诸种史籍曾几何时悉如过眼云烟，早已亡佚，唯有《史记》青春不老，长驻史坛。

应该怎样准确、客观地评价《史记》的贡献呢？自古以来，学界大都是比较概括地表示，司马迁是纪传体的奠基人，《史记》是纪传体文献的开山之作。但是一旦涉及到纪传体具体体例时，后学们便会出现有所保留的另一番表述，即《史记》的各种体例，全都是从先秦史籍中直接继承而来。

《史记》有五种体例，试看以下各家评说。

关于《史记》"本纪"，南朝刘勰以为，"子长继志，甄叙帝绩。比尧称典，则位杂中贤，法孔题经，则文非元圣，故取式《吕览》，通号曰纪，纪纲之号，亦宏称也"（《文心雕龙·史传》）。清人赵翼则不同意刘氏之说而另辟新意："《史记·大宛列传赞》则云'《禹本纪》言河出昆仑，又云《禹本纪》及《山海经》所有怪物，余不敢言也'。是迁之作纪，非本于《吕览》，而汉以前，别有《禹本纪》一书，正迁所本耳。"（《陔余丛考》卷五）

关于《史记》之"表"，其起源之说较为接近。汉人桓谭《新论》曰："太史公《三代世表》，旁行斜上，并效《周谱》。"（《梁书·刘杳传》引）赵翼《二十二史札记》云："《史记》作十表，仿于周之谱牒，与纪传相为出入。"司马迁本人也承认："太史公读《春秋历谱牒》，至周厉王，未尝不废书而叹也。"（《史记·十二诸侯年表序》）

关于《史记》之"书"，唐代著名史家刘知几指出："夫刑法、礼乐、风土、山川，求诸文籍，出于《三礼》，及班马著史，别裁书志，考其所记，多效《礼经》。"（《史通·书志》）南宋郑樵《通志序》云："修史之难，无出于志。""志之大原起于《尔雅》，司马迁曰'书'，班固曰'志'。"今人范文澜《正史考略》认为，"八书之名，本于《尚书》"，"八书之作，则取《尚书》之《尧典》、《禹贡》"。

关于《史记》"世家"，赵翼指出："《史记·卫世家赞》，'余读世家言'云云,是古来本有世家一体,迁用之以记王侯诸国。"(《二十二史札记》卷一《各史例目异同》)秦嘉谟则以其所辑《世本》中有"帝系、纪、王侯谱、世家"等十篇,由此得出结论:《史记》世家出自《世本》(《世本辑补》)。

关于《史记》"列传",范文澜《正史考略》云:"晋太康中,汲冢得《穆天子传》一卷,是战国史官固有专为一人作传之例矣。《伯夷列传》有'其传曰',是古有伯夷叔齐传。"秦嘉谟《世本辑补》亦云,在《世本》内,"世家之外有传",因而可以认为"太史公作七十列传,其名亦本于《世本》"。

诚然,上述有关《史记》五种体例各有渊源所自的观点,仅仅是部分史家的议论,此外还有其他若干看法。不过,仅据上述议论亦可得出一个总结:司马迁《史记》的体例,是在直接继承前人成果基础上建立起来的。但是,于此有必要理性指出,如果把《史记》的体例简单理解为"传递式"的继承,显然有失公允。必须实事求是地说,司马迁在继承前人成就的同时,实则以其巨大的智慧塑造出了一个迥然有别于其他史籍的新史体。换言之,司马迁笔下的纪传体,起码具有以下两方面的独创性。

(一)沿中有革

由上述征引各家资料可以看出,《史记》的各种体例,在《史记》问世之前确实已经存在。不过,司马迁决不是信手拈来,而是耗费了大量心血,在继承之中又有极为重要的新创建。遑论战国时期的《世本》远远不能与其相比,即使"正史"中颇具代表性的《汉书》也无法与之抗衡。清代史学家章学诚在评论《史记》与《汉书》时,做过一段极为精彩的概括:《汉书》是"近于方以智",而《史记》则是"近于圆而神"(《文史通义·书教下》)。也就是说,《汉书》重知识,可谓规规矩矩记史事,而《史记》则是重思想,其记述历史犹如神助般灵活自如。章氏做出如此评价,可谓独具慧眼而高人一筹。事实表明,司马迁在利用五种体例时，并非死板地拘于形式。他所注重的，始终是形式如何更好地为内容服务。大量的事实还表明，司马迁从来反对照搬前人体例，他的这一指导思想在五种体例中都有具体的体现。

试以本纪为例。首先，《史记》中的本纪不言琐碎，注重要事，决不像前人记事那样巨细皆入。帝王在本纪中实际上仅仅是某一特定历史时期的标记，只是通过帝王反映这一时期发生的大事，于是包括帝王私事多半从略。可见，即便果真如同刘勰所谓《史记》本纪源于《吕览》，亦易区分二者之差异。试看《吕览》之"十二纪"乃是依月令节候区分，内容如同该书之"八览"、"六论"一样，诸子学说、言论、故事，交错其间。大抵出于这一原因，还在东汉时，班固即在《汉书·艺文志》中将它列入"杂家"，足见《吕览》之"纪"自不可与《史记》中专记一国大事之"十二本纪"同日而语。至于赵翼根据司马迁在《史记·大宛列传》中曾经慨叹"《禹本纪》及《山海经》所有怪物，余不敢言"云云，由此断言本纪当本此，这一观点也值得商榷。《禹本纪》名虽为"纪"而言"怪物"，《史记》本纪则仅言"大事"而不记琐碎，以《禹本纪》相比于《史记》本纪，此非发展、创举而何？其次，《史记》本纪所记实事求是，相当灵活。尽管本纪是帝王的"专传"，但《史记》中亦有例外。项羽兵败自杀，从未登基称帝，却立有《项羽本纪》；吕太后虽有母后之尊，以其并非帝王，故司马迁并未像班固那样为其设《吕太后本纪》。可见，司马迁以本纪记帝王，并未局限于死板程式。

再以史表为例。战国时期《世本》中的"帝系"仅记黄帝以来的帝王世系，而"王侯谱"、"卿大夫谱"仅记侯国及卿大夫世系。司马迁《史记》则综合参考了"帝系"、"王侯谱"和"卿大夫谱"的内容，不单进一步划一了体例，而且拓展了信息量，形成全新的"十表"，最终以"世表"（《三代世表》）、"年表"（含《十二诸侯年表》、《六国年表》、《汉兴以来诸侯王年表》、《高祖功臣侯者年表》、《惠景间侯者年表》、《建元以来侯者年表》、《建元以来王子侯者年表》、《汉兴以来将相名臣年表》)和"月表"(《秦楚之际月表》)三种形式,揭示了上起黄帝,下穷汉武的更为广阔的历史大事。

据此二例足可表明,"沿中有革"乃是司马迁撰修《史记》的一大特征。

(二) 融汇为一

建立浑然一体的整体结构是司马迁的辉煌创举,也是对纪传体史书的重大贡献。清代学者赵翼有一段话说得正确:古代左史记言,右史记事,言为《尚书》,事为《春秋》,其后沿为编年、纪事两种。纪事者,以一篇记一事,而不能统贯一代之全;编年者,又不能即一人而见其本末。然而,"司马迁参酌古今,发凡起例,创为全史,本纪以序帝王,世家以纪侯国,十表以系时事,八书以详制度,列传以志人物。然后一代君臣,政事贤否得失,总汇于一编之中。自此例一定,历代作史者,遂不能出其范围,信史家之极则也"(《二十二史札记》卷一《各史例目异同》)。近人梁启超或许揭示得更为深刻:在《史记》中,其本纪、世家为编年体,用以定时间之关系;其列传则是人之记载,贯彻以人物为主体之精神;其书则自然界现象与社会制度之记述,与"人史"相调剂;"内中意匠特出,尤在十表","表法既立,可以文省事备,而事之脉络亦具",后世作断代史者不能越出其范围,即此"可见史公创造力之雄伟,能笼千古也"(《要籍解题及其读法·史记》)。

由此可见,《史记》之五种体例固然自成体系,却又能浑然一体。研判个中原因,当与其缜密的逻辑分工不无关联。试看在以上五种体例中:从形式上可以区分为写人物和写其他方面两大类。其中,"写人物"的体例有本纪、世家、列传三部分,"写其他方面"的体例有表、书两部分。虽然所占篇幅各不相同,但各种体例分工严明。其中"本纪"记一朝国政大事,乃全书之纲;"表"是各个时期大事摘要;"书"记自然和人文方面典章制度;"世家"记录各朝贵族显要事迹;"列传"反映社会各个阶层代表人物。从一定意义上说,"本纪"以外的四种体例，无一不是为"本纪"服务的。试以反映人物的"世家"、"列传"为例，它们虽然占据全书之绝大篇幅，但实际上等同于旨在为"本纪"所作的注释和演绎。

于此，还不能不关联到西汉初期的文化背景。汉之前，各类史料固然已经很多，但文化领域里的当务之急，则是必须系统地全面地将其统属起来。司马迁正是驾驭这一统编任务的巨匠。他不仅将上起黄帝，下穷汉武的三千年史事冶于一炉，而且纵横交错，相互联贯，将各种体例有机地融汇为一。这一文化现象好有一比：先秦数千年来累积下来的片段、散乱的大量史料，彼此孤立，互不相通，恰似一潭潭死水。经过司马迁对"一潭潭死水"的逐一疏浚和勾连，俨然汇合成了一条生机盎然、惊涛拍岸的历史长河。正是由于《史记》的问世，才使得西汉以前的中国三千年历史第一次放射出耀眼光明。也正是由于司马迁的这一重要贡献，中国古代史学领域才发生了巨大变化。从这个意义上说，司马迁不仅为汉以前中华民族建立了一座宏伟的历史大厦，也为后来以《史记》为典范的这座"历史大厦"建筑群的进一步扩建，夯实了相当稳固的基础。

第三节　纪传改造

从《史记》问世以后的发展态势上看，由东汉班固撰修《汉书》，到南朝范晔《后汉书》的问世，这一阶段显然属于纪传体的改造时期。

当然，继范晔之后，历代史家在撰写纪传体史书的时候，也往往根据需要，以体例上不断改进的方式千方百计地反映相应内容，因而纪传体的改造工作从来没有停止过。但是，若论改造工程之巨大，影响之深远，使得以后纪传体史书基本定型的最杰出的代表性著作，则首推班固的《汉书》，其次便是陈寿的《三国志》和范晔的《后汉书》这三部著作。因此，以宏观视野看，纪传体的改造阶段应该主要界定于东汉至南北朝这一时期。

一、班氏功绩

犹如提及古代西方史学，就会使人自然而然地联想起希腊人希罗多德的《希波战争史》那样，只要提及古代东方史学，也会使人自然而然地联想到中国人司马迁的《史记》和班固的《汉书》。饮誉学林的《史记》与《汉书》，对中国封建史学的产生和发展作出了巨大的贡献。司马迁、班固是汉代史苑上空升起的两颗耀眼的巨星。以《史记》的问世为标志，开辟了中国封建史学的新篇章；以《汉书》的继起为基本模式，纪传体文献得到了长足的发展。如果说司马迁是纪传体的奠基人，那么，继司马迁之后，能够在纪传体中多有创建，大大推动纪传体文献向前发展的史学家，只有班固首当其选。班固和司马迁一样，都能够摆脱旧传统，创造新体裁。司马迁是继孔子、左丘明之后最伟大的史学家，而班固则是继司马迁之后，中国历史上又一位卓越的史学大师。

班固，字孟坚，东汉扶风安陵（今陕西咸阳）人，光武帝建武八年（32）生于一个世代显贵、诗书传家的家庭。其父班彪，字叔皮，博学多才，喜欢著述，尤其留心于史学。班固能走上治史的道路，并写出皇皇巨著《汉书》，其中显然也凝聚着乃父的辛劳。班固之父班彪具有深厚的史学造诣。汉明帝永平元年（58），27 岁的班固正是在父亲遗著《史记后传》的启发下，开始撰写《汉书》。永平五年，他以"私修国史"的罪名被人告发入狱。后来在胞弟班超的辩护下，班固不仅无罪开释，而且因祸得福，被汉明帝委任为兰台令史，专司图籍，校定文书。"兰台"，既是当时皇家的藏书重地，又是人才荟萃的学术研究机构，这对他后来致力于《汉书》的创作工作大有裨益。汉和帝永平四年（92），班固以外戚窦宪事受到株连，死于狱中。他一生历经光武帝、明帝、章帝、和帝四世，享年 61 岁。《汉书》的撰修始于永平元年，到汉章帝建初七年(82),前后历时长达 25 年之久。至此,我国古代又一史学名著《汉书》除了"八表"及《天文志》未能终篇外,已基本完成。史书上说,班固"潜精积思二十余年"始成《汉书》,"当世重其书,学者莫不讽颂焉"(《后汉书·班彪列传》)。

《汉书》上起汉高祖元年(前206),下至王莽地皇四年(23),记西汉王朝 230 年的历史。全书有十二帝纪、八表、十志、七十列传,共120 卷。从表面上看,确有这样一个相当明显的现象:即无论从体例上还是从内容上,都可以轻而易举地从《汉书》中找到《史记》的痕迹和影响。然而,只要认真地把《史记》同《汉书》两相对照研究一番,同样会毫不费力地发现另一个事实:《汉书》之因袭《史记》,仅仅是在必须因袭的地方才因袭,而在更多的地方,例如在规模和范畴上则可称之为独辟蹊径、异军突起,对司马迁纪传体基本体例和内容做出了突出而周密的改造工作。

《汉书》最大的贡献,可以归纳为如下两个方面。

(一)断代为书

《汉书》是纪传体断代史的开山之作。

为什么班固能够异军突起,创造出影响深远的新型体裁呢?毫无疑问,渊博的学识,惊人的史学造诣,乃是作者匠心独运、驰骋史坛的重要条件。换言之,没有异乎寻常的史家素质,要完成纪传体适应现实需要的改造工程,也是极其困难的。但是,更为重要的一个因素,则是由于形势的需要。也就是说断代为书,与其说是作者天才的发明创举,莫如说是东汉统治者政治需求的产物。

班固所处的时代,适值东汉前期。当此之时,一方面绿林、赤眉等大规模的急风暴雨般的农民起义和农民战争早已经结束,阶级矛盾相对缓和。东汉政府在农民起义军力量的威慑下,采取了诸如释放奴婢、减轻赋税、徭役等一系列措施,社会生产力有了一定的恢复和发展;而另一方面,许多尖锐的社会矛盾仍然存在。概括这一时期的社会背景,极其鲜明地反映于以下三个方面。

第一,阶级矛盾并未消除。东汉政府并未解决农民的土地问题,大地主的土地兼并依然故我,因而农民因渴求土地而掀起的反抗斗争时有发生。据《后汉书·光武帝纪》记载:建武八年,"颍川盗贼寇没属县,河东守守兵亦叛,京师骚动"。广大少数民族遭受压迫和剥削更甚,因而他们的斗争也更加普遍。仅建武二十三年(47)便有"南郡蛮叛","武陵蛮叛,寇掠郡县"(同上)。建武三十一年,光武帝甚至也不得不承认,他"即位三十年,百姓怨气满腹"(《后汉书·祭祀志》)。直至后来,这一情况也一直没有从根本上改变。

第二,统治者内部钩心斗角。东汉建立后,王室内部争权夺利的斗争日趋激烈。汉明帝时,夺权与反夺权的斗争连续不断。例如,永平十三年,楚王刘英谋反,结果,由此株连"及死徙者数千人"。十六年,淮阳王刘延谋反,"所连及诛死者甚众"(见《后汉书·显宗孝明帝纪》)。在汉代统治者看来,要稳定社稷,防止或减缓上述矛盾的发展,不仅需要武力的镇压,更需要从思想上加强统治。79年,汉章帝学习前朝汉宣帝石渠阁故事,集合群儒于白虎观评定五经异同,其真正目的就在于使汉朝统治进一步神圣化。

第三,此时统治者已经深深懂得,历史文献是治世的重要法宝。通过编纂历史文献,既可以反映当代统治阶级的政治意图,又可以总结历史上的经验教训,所以汉王朝对治史一事尤其重视。恰恰就是在这样的背景下,班固欣然遵从汉明帝旨意,为所谓顺应天命、"上承尧运"的汉朝编撰了《汉书》。

要编写推尊本朝的史书,决不能一味效法司马迁《史记》。尽管在当时所有流行史书中,以《史记》的影响最大,但是完全模仿就意味着失败。之所以如此,具有以下三个原因。

首先,再要编撰纪传体通史,决难超出《史记》的水平。通史规模巨大,内容庞杂。它不独需要横通,即揭示社会各个阶层(上自帝王将相,下至士农工商),兼及社会科学、自然科学各个方面,可谓包罗万象,无所不及;又需要纵通,即由远而近,融汇古今。时代久远,史事千头万绪,均需适当反映。其工程之艰,不亚于仰攀崇山峻岭。以司马迁的条件,既有惊人的史学天才,又有超出常人的丰富阅历,且身居史官之职,皇家典藏可以无所不窥,即便如此,为撰修《史记》犹需要殚精竭虑,奋斗终生。班固虽然亦有史官之便,但他生当东汉前期,此时国家藏书虽有恢复、发展,然而历经西汉末年战乱之灾,皇家旧时典藏损失严重。此外,与司马迁相比,班固并无类似的特殊阅历。因此,欲以新编通史凌跨前人,实在是力所不逮。

其次,即使能够写出像《史记》那样的史书,也要受到当朝政治的严格限制。一则因为《史记》坚持朴素唯物主义思想,反映了进步的历史观,不仅遭到最高统治者的诽谤,甚至连一些著名的学者们也陆续发出责难。扬雄就曾经批评《史记》"不与圣人同,是非颇谬于经"(《后汉书·扬雄传》)。班彪更是尖锐指责司马迁"大敝伤道",声称贬低淮南、衡山,是所谓"条理不经"(《后汉书·班彪列传》)。二则因为通史不能突出当朝。东汉王朝正是鉴于司马迁将汉朝"编于百王之末,厕于秦、项之列"(同上),才支持班固再编《汉书》的。所谓"编于百王之末",就是在《史记》中,汉帝国被编排于夏商周秦以来的历朝之后。所谓"厕于秦、项之列",就是汉代的开国君主刘邦反居于秦二世、项羽之下。如果按照这样的编纂方法再编东汉史,则开国的光武帝刘秀不单要同"新市"、"平林"等农民起义者并列,还要置身于"大逆不道"的新莽之后。这种不是推尊当代国威,而是"贬损"本朝形象的做法,自然是任何封建统治者都不会许可的。不言而喻,要想编写出具有"宣汉"之美的汉史来,就决不能重复司马迁走过的老路。

再次,要编写推尊本朝的汉史,也不能效法当代其他史家的做法。在东汉时期,除了《史记》外,反映汉朝历史的史籍还有许多。尤其是《史记》问世后的续补之作，简直多得惊人。据文献记载，西汉宣帝时，由于司马迁的外孙杨恽首先将《史记》公诸于众，"《史记》热"立时蔓延开来，当时有许多史家纷纷效法太史公手笔，续接迁书。从"好事者"褚少孙发其端，到萧奋、刘恂之辈，一大批学者的续补工作从未间断。东汉初期，就连班固的父亲班彪也加入了补续《史记》的行列里来了。然而，尽管上述作品在一定程度上反映了汉代的历史，但是，如果用封建正统的观念来审视，却没有一部是理想的佳作。因为褚少孙等人的著述，或是言辞"鄙俗"，不足为训；或是褒美伪新，贻误后人。班固之父班彪才高博学，固然与褚少孙等人有所区别，但即使他写的《史记后传》也同样不符合封建正统思想的需要。这不仅因为他的作品和上述作品一样是"续作"，还因为所反映的内容很不全面。班固之所以执意要撰述《汉书》，其动机之一，恰恰就是因为父亲"所续前史未详"（《后汉书·班彪列传》）。

从以上各方面的情况看，要编纂反映本朝利益的史书，只有另辟蹊径，亦即在断代史上做文章才是最佳方案。

编写断代史确实有不少优点。一是便于著述。关于这一点，范文澜先生有一段话说得深刻："中国自汉以下，政尚专制，忌讳滋多，本朝之人不敢指斥本朝，以速罪戾。班氏史体，最合著述家之心理。盖记前朝之事，危难较少。讥谈政事，臧否人物，均视在当代为自由，《汉书》家独盛于后世，即此故也。"（《正史考略》）二是便于读者。断代史专详一代，史事相对集中，史料搜集也容易全面，为后人学习和研究提供了很大方便。

编写断代史的诸多优点，或许是班固当初始料不及的，但是对于宣扬汉史的三个有利条件，在他是有切身体会的。其一，得到了封建统治者的鼎力支持。汉明帝非常赞赏班固撰修汉史，当他得知班固宣扬汉代功德的初衷后，不仅宣布其无罪立即释放，还命他为"令史"，置身"兰台"，悉心著述。汉章帝时，撰写《汉书》的班固得到朝廷的更大信任,不仅让他参加一些重要的政治活动和白虎观会议一类的学术会议,而且加官晋级,"赏赐恩宠甚渥"(《后汉书·班彪列传》)。其二,涉及汉史的资料比较充分。仅以《史记》的"续补"之作为例,便有褚少孙、刘向、刘歆等几十家之多。这些著述虽说都是"续"《史记》的,但其内容却都是关于西汉的史料,这就为撰修《汉书》提供了丰富的素材。其三,两汉之际的学术成就也为《汉书》的编写奠定了良好的基础。司马迁当年曾在《史记》中论述过学术源流,到汉成帝、汉哀帝时,这一优良学风得到了进一步的发扬和光大。著名目录学家刘向、刘歆父子在对皇家图书进行系统校订和整理的基础上,对有史以来的各种文献作了认真的分门别类的说明,还写出了一部名垂千古的学术著作《七略》。所有这些成就,对于撰修《汉书》来说,都是具有重大影响的。试以班固《汉书》中的"十志"为例,可以说几乎到处都凝聚有前人的劳动成果。

正因为纪传体断代史既符合封建统治者的政治要求,又有撰修方面的有利条件,以及这一体裁自身的若干长处,所以《汉书》以断代形式问世后,很快得到社会广泛认同,学术地位直线上升。一个显然的事实是,在"二十六史"中,除了《史记》是真正的通史,《南史》与《北史》是稍具通史性质者外,其余各史基本上都属于断代史。以致在古代史坛上,形成了这样的局面:国史以纪传体为准,纪传体以断代为宗。纪传体断代史几乎成了"正史"的同义语。尤其自唐代以后,历朝设立史局,官修史书,几乎每一王朝都毫无例外地为前一王朝追写"正史",代代相沿,以为永制。这样,在客观上起到了及时整理史料、保存史料的积极作用。从这个意义上说,班固首创纪传体断代史,泽及后人,厥功甚伟。

(二)整齐体例

司马迁的《史记》是纪传体开山,它发凡起例,参酌古今,运用本纪、世家、列传、表、书等五种体例记事,实可谓取精用宏,前无古人。

但是,司马迁毕竟是首创纪传体,《史记》中仍不免于草创的痕迹。平心而论,《史记》体例中不尽完善之处并不罕见。为此,后代史家对纪传体的体例时有改革和补充。在纪传体例日臻成熟的改革、补充中,就中贡献最为显著的史家要数班固了。

《汉书》和《史记》既然都是纪传体,它们的体例自然有很多相似之处。但是,只要稍加对比,两者之间的很大差异便清晰可见。《汉书》并不像有些人说的那样照搬《史记》体例,班固在吸取前人辉煌成果的同时,作了许多必要的改革:有的进行了合并;有的作了补充;有些与现实不符,予以删除;有些重要部分因系《史记》原本所无,则予以增补立类。经过班固精心的组织和改进,《汉书》的纪传体例更显得布局严整,井然有序,使后人大有耳目一新之感。后世史家大都推尊《汉书》体裁,因而纷纷效法,以它作为史书的楷模。毫无疑问,班固的《汉书》对后来纪传体例的整齐划一,起到了举足轻重的作用。

具体来说,《汉书》在体例上最主要的贡献,表现于以下三个方面。

1. 规范本纪

"本纪"(《汉书》中称之为"纪")在纪传体史书中的重要地位是显而易见的,它和史表一样,皆以时间为序记述历史,实际上是全书的纲领。唐代史评家刘知几云,本纪"系日月以成岁时,书君上以显国统"(《史通·本纪》),就是指它具有提携一朝国政大事的意义。

然而,在设立"本纪"这个极为严肃的问题上,《汉书》和《史记》的做法存在着明显的差异。尤其在两部史书均涉及到西汉历史的交叉部分,这一问题便反映得更加鲜明。

诚然,从整体上说,司马迁设立"本纪"也是遵循基本原则的,但有时也不尽然。《史记·吕太后本纪》就是其中一例。尽人皆知,汉高祖刘邦死后,太子刘盈即位,时年17岁,是为汉惠帝。惠帝即位后,政治上并不得意,最主要的原因是母后独揽朝政大权。特别是从吕太后残杀戚夫人及赵王如意之后，汉惠帝更加烦闷，终于忧郁成疾，此后不理朝政。然而，汉惠帝毕竟是当政数年的汉朝第二位皇帝，《史记》中也有明确记载。仅仅是在孝惠帝死后，始有"太后称制"（《史记·吕太后本纪》）之举。依照唐人颜师古的见解，"制"系古代天子之言，或曰"制书"，或曰"诏书"，皇后不能以"制"相称。吕太后所以称"制"，是因为孝惠帝死后，她"临朝行天子事，决断万机"之故（见《汉书·高后纪》颜注）。也就是说，吕后"称制"之前，汉朝的皇帝并非吕太后。依照本纪的义例，理应为刘盈立"本纪"。但是，司马迁并没有这样做。他在《史记》中，把有关汉高祖以后的汉惠帝当政数年的史实，事无巨细地统统丛纳于《吕太后本纪》之中。既然未为惠帝立"纪"，自然不宜用其年号，因为帝王年号是象征政权的一个标志。但是，司马迁在《吕太后本纪》中却一再引用惠帝年号。例如在记吕太后加害赵王如意时，写成"孝惠元年十二月，帝晨出射"，直到孝惠帝死，都一直采用惠帝纪年。显然，这与本纪含义发生抵触。

班固则不然。在他看来，惠帝刘盈是汉王朝事实上的第二个皇帝。刘盈在位期间，虽然没有什么轰轰烈烈的举措，但也并非无事可书，他"内修亲亲，外礼宰相"（《汉书·惠帝纪》），当政七年，国事纷繁，当然应当给予立纪。正是由于这些缘故，班固打破《史记》陈规，专门为刘盈增设了《惠帝纪》，将汉高祖死后、吕太后"称制"之前的国政大事，皆置于《惠帝纪》中。在《惠帝纪》之后，班固考虑到历史的原因，虽然也为吕太后立了《高后纪》，但是，《汉书·高后纪》与《史记·吕太后本纪》在内容的安排上却有所不同。班固于《高后纪》中仅记太后临朝八年大事，其他如杀害戚夫人事，则另载于《汉书·外戚传》中。只要将《汉书》帝纪同《史记》本纪加以对照，还不难发现，尽管所记史事大体等同，但《汉书》体例显得更为严谨：它首列高帝，惠帝次之，下接吕后，不仅与史实完全相符，而且"纪"中又不载琐碎，专详大事，使人一览了然。《惠帝纪》的增加和《高后纪》的改革，既弥补了《史记·吕太后本纪》的不足，也为后世史家撰写帝纪树立了榜样。惟其如此，明代史家王维桢对此极其钦佩，他以为《汉书》帝纪，"较《史记》更严而整"（见《汉书评林》，凌稚隆辑校）。

2. 完善表志

《汉书》中有"八表"和"十志"，从体例上看，相当于《史记》中的"十表"与"八书"。但是，如果我们将二者对比一下，就会看到班固的《汉书》显得更丰富，也更全面。

在纪传体中，"表"和"志"的地位决不可低估。史表具有一览了然的效果。清人万斯同就曾高度评价道："表立，然后纪传之文可省。读史不读表，非深于史者也。"班固借鉴《史记》，创立了"八表"。在"八表"中，前六表（《异姓诸侯王表》、《诸侯王表》、《王子侯表》、《高、惠、高后、孝文功臣表》、《景、武、昭、宣、元、成功臣表》、《外戚恩泽侯表》）主要是谱列汉代王侯世系，与《史记》之"十表"相比，除断限各异外，内容基本雷同。《史记》所无，而系《汉书》独创的"表"有两个：《百官公卿表》和《古今人表》。其中，《百官公卿表》记秦、汉官制的沿革以及汉代公卿大臣的迁免。它实际上开启了正史中专门反映职官制度的先河，后世史家制作的《宰辅表》、《百官志》、《职官志》、《官氏志》等，追根溯源，无不发端于班氏的《百官公卿表》。这些"表"（或"志"）及时整理和反映了我国古代职官制度复杂的发展和沿革，为后人学习和研究历史提供了极大的方便。《古今人表》上起远古的太昊伏羲氏，下止秦末的农民起义领袖陈胜、吴广及秦二世、赵高等人。《汉书》将这一时期内的各种知名人物，分为三等九品排列起来。自唐代刘知几以后，对班氏《古今人表》多有指摘。概括起来，主要有两种意见：其一，以为班固评议失当，"强立差等"（郑樵《通志·总序》）；其二，以为《古今人表》名不副实，是有古而无今（汉代）。平心论之，《古今人表》确实存在上述弊端。不过，若是从研究历史的角度来看,也不可一概而论。原因之一,历史人物划分九等,可视为后来"九品中正"及士族门阀制度的滥觞,对研究魏晋社会制度不无补益。原因之二,此表不以地位的尊卑定等级,而是以历史人物的品行分高下,将孔子列为"上圣",孔门弟子列为上等者30余人,而将殷代的纣王、妲己以及秦末赵高等人列为"下人"。此表体现了西汉时期品评人物的基本标准,特别是反映了确立"独尊儒术"以后的社会风尚,对研究汉代儒家思想具有一定参考意义。

如果说《汉书》中的"表"还仅仅是做了一些局部改革的话,那么,《汉书》里的"志"则是做了全面的调整和补充。"志"的主要功用旨在记述自然现象和典章制度,对后人研究古代政治史、军事史、经济史、文化史以及自然科学技术发展史等,均有极其重要的参考价值。班固对"志"十分重视,《汉书》里的精华恰恰在于"十志"。当然,"十志"之中,有些"志"与《史记》中的"八书"是有直接渊源关系的。例如,其中有六个"志"是在"八书"的基础上,经过合并、改革而形成的。具体来说,就是将《史记》中的《礼书》、《乐书》合并成为《礼乐志》,用以记述礼乐;将《史记》中的《律书》、《历书》合并成为《律历志》,用以记历法;将《史记》中的《平准书》改为《食货志》,用以记述农业经济及商业活动;将《史记》中的《封禅书》改为《郊祀志》,用以记帝王祭祀活动;将《史记》中的《天官书》改为《天文志》,用以记天文星象;将《史记》中的《河渠书》改为《沟洫志》,用以记河流沿革和水利工程。此外,《史记》原本所无,而由《汉书》新创立者有"四志":《刑法志》、《五行志》、《地理志》及《艺文志》。其中,《刑法志》记法律制度;《五行志》记自然灾害和阴阳五行;《地理志》记各地物产、行政区划和地理沿革;《艺文志》记国家重要图书及学术源流的发展。既然《史记》和《汉书》都同样重视记述典章制度,班固为什么非要把"书"改为"志"呢?这主要与书名有关。班固已经为自己的著作定名为《汉书》,若是典章制度这种体例仍像《史记》那样以"书"称之，则势必与著作本名相混淆，所以改之为"志"以示区别。这一点倒不是班固故意别出心裁。这样一来，经过一系列的调整和补充，《汉书》中记述典章制度的范围已经有了很大的发展。上自天文、星象，下至地理、物产、国典朝章，凡涉重要内容者，皆有专篇叙述。换言之，古代政治、经济和文化制度，在"十志"中得到了全面系统的反映。

由于司马迁的创始和班固的改进，后人所说的"书志体"开始在"正史"中确立起来。以后许多"正史"都设有"书志体"，并且它们的"书志"大都是以《汉书》中的"十志"为基础，或增或减或改变。随着社会的日益需要和文化的发展，"书志体"以后又逐渐从"正史"中独立出来，成为一种专门的重要学问。从唐人杜佑的《通典》、宋人郑樵的《通志·二十略》和元人马端临的《文献通考》，直到刘锦藻的《续清文献通考》，所谓"三通"、"九通"、"十通"者，专涉典章制度的著作相继出现。尽管它们类目不尽相同，记事中亦详略有差，但归根到底，无一不是由"书志体"发展而来。我国历代重要典章制度，正是依靠正史中的"书志体"，不失时机地记录和保存下来。由此可见，《汉书》的"十志"是具有继往开来之功的。

当然，这里也要说明一个问题。自从范晔《后汉书》缺表和陈寿《三国志》既缺表、又缺志以来，后世"正史"中或缺表、或缺志、或表志皆缺的现象屡屡出现。但是，这并不意味着班固、司马迁所倡导的"表"、"志"可有可无。探究这种现象的根本原因，主要是"表"、"志"资料难以搜集和整理，因而后世一些史家遂避难就易，一删了事。

3.统一列传

在任何纪传体史书中，列传所占篇幅，与各种体例相比，都是很大的。可以说，上自将相名臣，下至优伶商贾，列传涉及到了社会各阶层方方面面的历史人物。"列传"是《史记》的称谓，《汉书》简称曰"传"。

纵观《汉书》与《史记》，虽然二书皆以较大篇幅为各种历史人物立了传记，并且汉代部分的不少人物传记内容是类似的，然而，若将《史》、《汉》两书对比，便会发现它们之间仍有很大差异。这主要是经过班固的精心考虑，将司马迁首创的列传从体例上做了较大的改进。

具体来说，其成就主要反映于以下四个方面。

（1）"世家"归传

大概凡是读过《史记》和《汉书》的人都知道，《史记》是所谓"五体裁书"（本纪、表、书、世家、列传），而《汉书》则是所谓"四体裁书"（纪、表、志、传）。之所以由"五"变成了"四"，主要是《汉书》将"世家"并入了"列传"。班固将专记侯国的"世家"撤销，乃是基于形势变化而使然。汉朝开国之初，从反面总结出秦朝灭亡与缺少"藩屏"相关，故设王侯二等封爵。后来由于社会逐渐稳定和封建大一统的政治需要，到武帝时，原来所谓"王侯"者几乎消灭殆尽。再者，王国的势力也无法与以往相比。先秦侯国，"兴师不请天子"，"政由五伯，诸侯恣行"（《史记·十二诸侯年表》），权势显赫；而汉朝侯国仅与一般富豪相类。既然今非昔比，时过境迁，先秦那种地方分权的侯国势力早已不复存在，"世家"一体则自然应当取消。诚然，《汉书》中也曾偶尔出现过一些"世家"的字眼，但那是另有所指。例如在《汉书·地理志》中说，汉兴，立都长安，"风俗不纯，其世家则好礼文"；《汉书·贾邹枚路传》中说，路温舒文辞精当，"遂为世家"；《汉书·翟方进传》中也说过，陈咸、朱博等人，"皆京师世家"云云。这里的所谓"世家"，全是另辟新义：或指前朝名人由外地迁徙后，家于长陵；或指世世代代，"子孙皆至牧守大官"；或指他们因有才干而"少历牧守列卿，知名当世"（分别见于《汉书·地理志》、《汉书·贾邹枚路传》、《汉书·翟方进传》）。显然，这与《史记》中的"世家"是风马牛不相及的。故而，破除"世家"体例，也就势在必然。

（2）依次编排

《史记》和《汉书》中都设立有大量的专传、合传和类传。所谓"专传"，例如《史记》中的《商君列传》、《淮阴侯列传》，《汉书》中的《贾谊传》、《司马迁传》；所谓"合传"，例如《史记》中的《廉颇蔺相如列传》、《樊（哙）郦（商）滕（夏侯婴）灌（婴）列传》，《汉书》中的《萧何曹参传》、《匡（衡）张（禹）孔（光）马（宫）传》；所谓"类传"，例如《史记》中《儒林列传》、《刺客列传》，《汉书》中的《酷吏传》、《外戚传》等等。与《汉书》相比，《史记》中的列传次序明显杂乱，专传、合传、类传缺乏统一编排，特别是在《史记》的后半部分尤为突出。例如从卷一百一十六的《西南夷列传》之后，依其次序是《司马相如列传》、《淮南衡山列传》、《循吏列传》、《汲郑列传》、《儒林列传》等等，以上各传若以类别之名编排起来，应该是专传、合传、类传、合传、类传，其混杂编排，于此可见一斑。而《汉书》则并非如此。班固没有为孝元皇后立纪，也没有将其列入类传《外戚传》中，而是为其另立专传，附于《外戚传》后、《王莽传》前，这样做显然有其用心良苦："王莽之兴"，皆由元后促成之故。《汉书》以《王莽传》居末，自有其深义。在班氏看来，"自书传所载乱臣贼子无道之人，考其祸败，未有如莽之甚者也"（《王莽传赞》）。于是自《汉书·王莽传》为起始，开启了后世叛逆贰臣传的先河。这样一来，班固除了将事出有因的《元后传》及《王莽传》置于《汉书》之末外，其余各传条理分明，雁行有序：专传、合传在前，类传悉列其后。《史记》除了列传种类混杂编排外，其传主的时代顺序亦混杂不一。这是由于《史记》乃是通史，时代久远，由古及今。许多历史人物，如不为之合传，则专传必多；而强为合传，则势必造成同传而不同时。例如在《史记》中，楚国屈原与汉朝贾谊同传（《屈原贾生列传》），鲁国曹沫与燕国荆轲并编（《刺客列传》）。所以，刘知几批评《史记》是"编次同类，不求年月，后生而擢居首帙，先辈而抑归末章"（《史通·二体》）。而班固《汉书》为断代之史，专记汉人汉事,自然没有时代相隔的问题。在《汉书》七十传中,除《匈奴传》、《西南夷两粤朝鲜传》、《西域传》是记述汉代边疆及各民族的历史以外,其余各传所记,均系西汉历史人物。

（3）整齐传名

《史记》共有列传70篇。在这70篇中,除了少量的类传外,大多数是专传和合传。而《史记》的专传和合传标目杂出,多不齐一。设若以篇名类别区分,大约有八种之多:一是以姓相标,例如《樊郦滕灌列传》中的樊（哙）、郦（商）、滕（夏侯婴）、灌（婴）;二是以名相标,例如《袁盎晁错列传》中的袁盎和晁错,《张释之冯唐列传》中的张释之和冯唐等;三是以字相标,例如《伍子胥列传》、《屈原贾生列传》中的伍子胥、屈原;四是以别号相标,例如分见于《万石张叔列传》、《黥布列传》、《扁鹊仓公列传》中的万石君、黥布、扁鹊、仓公;五是以"生"相标,例如《屈原贾生列传》、《郦生陆贾列传》中的贾生、郦生;六是以"子"相标,例如分别见于《老子韩非列传》、《孙子吴起列传》、《孟子荀卿列传》中的老子、孙子和孟子;七是以爵位相标,例如分见于《穰侯列传》、《淮阴侯列传》、《魏其武安侯列传》中的穰侯、淮阴侯、魏其侯、武安侯;八是以官职相标,例如分见于《张丞相列传》、《李将军列传》、《卫将军骠骑列传》中的张丞相、李将军、卫将军。如此等等,可谓名目繁多。

《汉书》则针对《史记》之上述弊端,对专传、合传作了很大改革,其篇名除诸王传（如《文三王传》、《景十三王传》、《淮南衡山济北王传》等）以外,最基本的形式主要有两种:一是以姓相标,例如《韩彭英卢吴传》中的韩（信）、彭（越）、英（布）、卢（绾）、吴（芮）,《公孙刘田王杨蔡陈郑传》中的公孙（贺）、刘（屈氂）、田（车千秋）、王（䜣）、杨（敞）、蔡（义）、陈（万年）、郑（弘）;二是以名相标,例如《陈胜项籍传》中的陈胜、项籍,《张耳陈余传》中的张耳、陈余,《卫青霍去病传》中的卫青、霍去病等。

（4）规范合传

《汉书》的合传很有特色，为后世史家修史树立了榜样。

首先，每一合传皆有特定立义。例如，魏豹、田儋、韩信，因其皆为"六国之人"，故立《魏豹田儋韩信传》；季布、栾布、田叔等人，因为"皆有侠烈之行"，又"皆初罪而后见赦者"，故立《季布栾布田叔传》；眭弘、夏侯始昌、夏侯胜、京房、翼奉、李寻诸人，因其"皆通术数说灾异者"，故立《眭两夏侯京翼李传》；王商、史丹、傅喜等人，因其"皆外戚之贤者，故不入外戚传"，而特立《王商史丹傅喜传》（杨树达《汉书窥管》，科学出版社 1955 年）。

其次，《汉书》合传，乃是"合中有附"。设若遇到人物事迹无几，而又须显示于史书者，班固便将其附于某一传主名下。例如开封侯陶青、桃侯刘舍以及武帝时的柏至侯许昌、平棘侯薛泽、武强侯庄青翟、商陵侯赵周等人，虽然位至丞相，但因其无大功亦无显过，所以，仅寥寥数字附于丞相合传《张周赵任申屠传》中的申屠嘉之末。又如《卫青霍去病传》亦将同征诸将依附于卫、霍二人之后。《汉书》在合传中使用附传的举措，既可简笔省文，又不致漏载史实，可谓一举两得，深获史法之妙。

经过班固的改造和创新，纪传体以一种整齐谨严的面目出现于世。自《汉书》出，以纪、表、志、传为基本形式的纪传体终于形成。《汉书》整齐划一的体例是后世史书的楷模，从这一点上说，《汉书》体例的影响，远在《史记》之上。当然，《汉书》的体例是在借鉴《史记》体例的基础上而求整齐划一的。清代史评家章学诚说得好："迁史不可为定法，固书因迁之体而为一成之义例，遂为后世不祧之宗焉。"（《文史通义·书教下》）

二、陈、范贡献

经过班固的艰苦劳动，《汉书》在《史记》的基础上进行大胆的革新,为后世规范出了纪传体断代史的纪、表、志、传一应俱全的大致模式。但是,这一模式也毕竟是刚刚创建,而且仅仅是根据汉代的特定形势建立的。要使这种模式适用于各种不同的历史情况,还需要后世史家进一步改进和完善。陈寿的《三国志》和范晔的《后汉书》正是在这个意义上又从局部做了一些大胆的明显的改革,并且取得了一定的成功。

关于陈寿和范晔的主要业绩,集中体现于如下三点。

(一)求实改进

此处所谓"求实改进",是指建立具体体制时,仍需要实事求是,即根据所要反映的具体历史情况,突出特点,设立相应的体例。《三国志》和《后汉书》基本上都以自己的行动实践了这一求实的原则。

1. 陈寿《三国志》

首创国别史,可说是陈寿《三国志》的一大创举。东汉以后,西晋以前,是我国历史上魏、蜀、吴三国鼎立时期。在以前的纪传体史书中,司马迁《史记》反映的是以"统一"政权为主线的中国通史,班固的《汉书》反映的对象更是"海内为一"的大汉帝国。如何以纪传体揭示并存政权的历史呢? 这对陈寿来说,确是一个前人未曾做过的新课题。当然,在陈寿的时代,有关三国的历史书籍已有数种,例如鱼豢的《魏略》,韦昭的《吴书》以及杨戏的《季汉辅臣赞》等。遗憾的是,这些史书都仅仅局限于一个地区,规模很小。陈寿撰《三国志》则不然,它所分别反映的是魏、蜀、吴三个大国的历史,并且将三国史事有机地合并为一书。以国别史形式同时反映几个国家情况,堪称是纪传体史书中的一个新成就,它确立了自己独立的风格和特点。

诚然,《三国志》还不能算是最早的国别史。中国最早的国别史首推先秦时期的《国语》。依照司马迁"左丘失明,厥有国语"(《汉书·司马迁传》)的观点,《国语》系春秋时期左丘明所作。本书记述了由周穆王到鲁悼公大约五百年间有关周、鲁、齐、晋、郑、楚、吴、越等八国历史。但是，《国语》体制狭小，仅二十一卷。且所记各国篇卷悬殊，其中《晋语》九卷为最多，其余《周语》三卷，《鲁语》、《楚语》、《越语》各二卷，《齐语》、《郑语》、《吴语》各一卷。此外，在书法上，本书记言多而叙事少，即叙事亦往往通过对话来反映。且所记多疏阔，唐代柳宗元特写《非〈国语〉》以针砭是书。

　　与《国语》相比，陈寿的纪传体国别史可谓不同凡响。《三国志》是一部合中有分，分中有合，合与分高度统一的史书。在这一部史书中，一方面，陈寿将魏、蜀、吴三国都当作彼此独立、互不统属的个体平等对待，不仅以《魏书》、《蜀书》、《吴书》三书分别反映三国历史，而且反映其历史的篇幅、卷数亦实事求是，大体均衡合理。全书六十五卷，其中《魏书》三十卷，《吴书》二十卷，《蜀书》十五卷，是为"合中有分"。另一方面，陈寿又在"分"的格局下，根据三国各自力量的大小，地位的轻重，采取区别对待的态度。尽管形式上为三国各立一"书"，但在书法上"纪"曹魏而"传"蜀、吴。书中特别为魏主立纪，以曹魏纪年作为全书之纲，旨在为鼎立的三国勾勒出一条中国统一的历史走向。准此目的，陈寿还在《魏书》中为东汉末年独霸北方的董卓、袁绍立传记。在《吴书》中为东汉末年称雄东南的刘繇立传。在《蜀书》中为先前割据西南的刘焉、刘璋设传。由于上述这些人物列传的设置，就在一定程度上淡化了三国分立的界限，从而突出了由分裂归于一统的主线。这样的布局和安排，固然是作者对历史的尊重，却也表现出陈寿总揽三国全局于胸中的史学才干。

　　2. 范晔《后汉书》

　　按照历史发展的顺序，后汉史本应在三国史之前，但是范晔的《后汉书》完成于陈寿《三国志》之后。在体例建设上，如果说陈书最突出的贡献是分国写史的话，那末，范书的成就则是新类目的增加具有鲜明的时代特征。《后汉书》的帝王本纪和人物列传两大体例，都勇于突破传统，敢于发前人所未发，反映出最能体现时代风尚的新内容。

（1）升传为纪

在封建社会里，"外戚"是指帝王的母族或妻族。既然帝王在社会中至尊至上，是最高权力的象征，则其母族、妻族的地位自然亦非同一般。然而，依照通例，外戚尽管荣耀显赫，也没有资格置于帝纪之列。在以往的史书里，虽然出现过《史记》为吕太后立纪之类的事例，那是事出有因。一般来说，后妃外戚事迹主要反映于《外戚世家》中。班固撰《汉书》，一仍《史记》之旧，仅有一个小小的变化，将《外戚世家》改为《外戚传》，如此而已。

至范晔撰《后汉书》，因东汉皇后、外戚地位如日中天，索性增设《皇后纪》，删去《外戚传》，将有关外戚的事迹集中反映于《皇后纪》中。很显然，没有务实的精神和革新的勇气，要想落实这样一个切合当时"国情"的大胆举措，简直是不可想象的。

（2）增设类传

《后汉书》还特意增设了《党锢列传》、《宦者列传》、《文苑列传》、《独行列传》、《方术列传》、《逸民列传》和《列女传》等七个类传。这七个类传都是范晔根据东汉社会的特点增设，并且都是以前的《史记》、《汉书》、《三国志》中所从来没有过的。每一个类传都集中地反映了一组性质极其相近的历史人物，从一定程度上再现了东汉时期的社会风貌和时代特色。

范书中的《党锢列传》，是反映封建统治阶级内部两个集团之间互相斗争的类传。东汉中后期，宦官专权，引起朝野共愤。反对宦官的阵线非常广泛，除了下层劳动人民以外，还包括了外戚、公卿大臣、地方官员、太学生和郡国生徒等各个阶层。就中官僚士大夫们"激扬名声，互相题拂，品核公卿，裁量执政"（《党锢列传序》），一时间形成了一股声势浩大的批判宦官的政治力量。这种品评当朝和当代人物的政治活动，时人谓之曰"清议"。"清议"对宦官擅权构成了一大威胁,所以宦官对"清议"极端仇视。延熹九年(166),矛盾终于激化。宦官们鼓动汉桓帝实行了残酷的镇压,逮捕了李膺等二百名"党人"。后来,"党人"们虽然赦归田里,但禁锢终生,不得出来做官,是为第一次党锢事件。建宁二年(169),宦官们又一次操纵朝廷,捕捉了虞放、李膺等百余名"党人"。尔后转相株连,被捕者多达一千余人,是为第二次党锢事件。然而,反对宦官的斗争并未就此止息。东汉两次党锢事件的发生不是偶然的,它是宦官专权、政治腐败的必然反映。范书设立《党锢列传》,旨在披露东汉社会的黑暗和统治者内部的倾轧斗争。

范书中的《宦者列传》,集中记述了宦官势力的兴起、发展的历史过程。东汉时期,宦官是统治阶级内部一个极其重要的政治集团。特别是汉和帝以后,因为皇帝年幼者多,外戚干政专权之事每每发生。长大以后的皇帝欲谋亲政,往往依靠身边的宦官杀逐外戚。当前一皇帝死后,新即位的小皇帝自然听任母后及母后父兄为所欲为。而当这一小皇帝成人之后,又依靠宦官消灭专权的外戚。正是在这样循环往复的政治斗争中,宦官权势迅速膨胀起来,"王朝政事,一更其手,权倾海内,宠贵无极,子弟亲戚,并荷荣任"(《后汉书·张穆传》)。宦官们往往一人得道,鸡犬升天,父兄子弟皆为公卿列侯。他们假借官府名义,残害百姓,掠人钱财,其敲诈黎庶,"与盗贼无异"。对于宦官为非作歹的行径和炙手可热的权势,百姓们简直恨之入骨,"群公卿士杜口吞声,莫敢有言,州牧郡守承风顺旨"(《宦官列传》),就连当朝的皇帝也惧之三分。范晔正是通过《宦者列传》,暴露了东汉宦官的活动和兴起的内幕。

范书中的《文苑列传》,是《后汉书》专记文学之士的一个类传。在古代文化领域,历来有一种重"德"轻"文"的倾向。这一倾向在史学中的直接反映是,《史记》《汉书》在为儒学经师们设立专传之外,又以类传《儒林传》进行综合性反映,而对于擅长诗赋文章的文学家则不然。尽管这些史书为司马相如、枚乘、扬雄等个别著名文人设有专传，却始终未能设立堪称与《儒林传》并驾齐驱的文学家类传。范晔则力排旧俗，在《后汉书》中不仅为张衡、蔡邕等著名的文学家分别设立了专传，还特别增设一个《文苑列传》，用以集中反映东汉时期的杜笃、傅毅、赵壹、祢衡、边韶等22人的文学造诣。范氏于正史中增立《文苑列传》可谓匠心独运，对古代文学的发展起到了一定的推动作用。《独行列传》记载了谯玄、李业、刘茂等20余人不同流俗的特殊行迹。东汉时期，封建统治者标榜名节，当时入仕的主要途径——察举、征辟，都把"名誉"视为极其重要的条件。地主阶级中的一般知识分子为了猎取乡评世誉，以便步入仕途，往往"好为苟难，务欲绝出流辈"，甚至不惜挖空心思，制造出耸人听闻的"奇特之行"（赵翼《二十二史札记》卷五《东汉尚名节》）。诸如河内人向栩等就是凭借他们令人难以捉摸的奇特行为，沽名钓誉，踏入仕途的。

范书中的《逸民列传》，乃是专门反映地主阶级中那些自命清高、隐居不仕的知识分子。"逸民"之中，既有戴良避王莽、韩康躲桓帝那样的不阿权贵者，又有"文不能演义，武不能死君"的"纯盗虚声"之辈。然而由于这些人能够"钓采华名"，善于蒙蔽世人，最终居然登上了"三公之位"。而最高统治者则始终以"自古名王圣主，必有不宾之士"为借口，对"逸民"们备加优待，企图以"举逸民"的方式达到其"天下归心"的政治目的（见《逸民列传》）。自古以来，那种名为隐逸，实则隐居待仕的所谓"逸民"，历朝都有，不乏其人，但是却很少有像汉代这样人数众多，并且是蔚成风气的。为了记载东汉王朝这一历史现象，《后汉书》中特立专篇《逸民列传》，记载了从野王二老、向长、蓬萌，到汉阴老父、陈留老父等20位"逸民"的行藏。

范书中的《方术列传》，是集中反映古代医药、占卜和神仙怪异的类传。这个类传，从篇首的任文公到篇末的王和平，总共记方术之士20余人。此传人数众多，良莠参半。其中值得称道者如郭玉、华佗，他们不仅医术高超,而且医德高尚,即使面对那些"贫贱厮养"之人,亦"必尽其心力"。又如许杨治水,"百姓得其便";廖扶同情下层,不愿为官,在灾荒之年,他收殓埋葬那些"遭疫死亡不能自收者"。再如折像明达事理,"散金帛资产"以逃祸;樊英不畏权贵,当面斥责顺帝所谓"生"、"杀"、"贵"、"贱"之威等等。文中不可取者,有如王乔、费长房、左慈、蓟子训之流,多属荒诞不经,无中生有之谈。因为兼有后者的不足,所以刘知几曾对《方术列传》表示遗憾:"言唯迂诞,事多诡越,可谓美玉之瑕,白圭之玷。"(《史通·书事》)

范书中的《列女传》,堪称是相当有特色的一个类传。古代中国,除了帝王的后妃以外,广大妇女是没有社会地位的。《史记》中如此,《汉书》、《三国志》中亦如此。范晔不同意这一传统观念和社会风尚。他认为巾帼不让须眉,女中豪杰的"明白之节"与高士的所谓"清淳之风"一样,都是极其可贵的,没有什么本质的不同。然而,千百年来,无数位女中魁首并不为时人所重,"世典咸漏焉"。为了力纠此弊,范晔特创立了《列女传》。凡是属于"才行高秀者",皆可为之立传,"不必专在一操而已"(《列女传》)。这里所说的"不必专在一操",是说不必强调封建统治者为妇女们规定的"操守"。《列女传》中的蔡文姬可以说是相当典型的一例。蔡氏一生坎坷,她先嫁卫中道,继而嫁给匈奴左贤王,以后再为董祀之妻。若以封建传统观念论,蔡文姬因非"从一而终"者,自当受到谴责。但是,鉴于她"博学有才华",范晔还是特意为其立传。对于《后汉书》这种做法,并非所有史家皆表赞同,唐代刘知几就是其中的一个反对者。他在《史通·人物》一篇中,以封建道德为准绳,力诋范晔将"蔡琰见书"。后世不少史家亦附和刘氏之议。更有甚者,还有一些人将"列女传"改变为"烈女传",试图专门反映封建的"三从四德",专代为夫守节者立传。这种腐朽的史观与范晔的卓识远见相比,不啻天壤之别。诚然,《列女传》中也宣扬了一些封建的内容,例如在史学家班昭(曹世叔妻)

的传记里,就不无繁琐地罗列了束缚妇女的《女诫》七篇。但是,《列女传》更主要的是树立了许多正面的妇女形象。例如桓少君(鲍宣妻)不爱财货,甘心清苦。出嫁时,舍弃了全部丰厚妆奁,"更着短布裳",与丈夫鲍宣"共挽鹿车归乡里"。及到夫家之后,她"拜姑礼毕",即"提瓮出汲",得到乡里人的尊重和称赞。又如赵媛姜,她嫁给盛道为妻。建安五年,民不聊生,媛姜的丈夫聚众起义。未过多久,起义失败,夫妇双双被捕入狱。媛姜夜中告道曰:"法有常刑,必无生望。君可速潜逃,建立门户,妾自留狱,代君塞咎。"(以上见《列女传》)说罢,为盛道解脱桎梏,掩护他越狱出逃。

(二)详略适则

如果说芸芸众生和大千世界的无所不有,决定了修史须有选择性的话,那末,史书的特定篇幅则决定了即使入选,其内容也必须有详有略,详略适宜。其实,详并不难,难在详而不芜;略亦不难,难在略而不漏。在"二十六史"中,能够做到详略得体、剪裁适则,并对后世史家产生了一定影响的史书,《三国志》《后汉书》当之无愧。

1.《三国志》详略

《三国志》的详略得体,主要表现于详主略次,寓全于略。在详略问题上,以前的《史记》和《汉书》大体上说,也是做得较好的。但是,因同事所牵而彼此重复记载的现象,在《史记》和《汉书》中是不乏其例的。例如,在《史记》之《高祖本纪》中,本来已历述了高祖八男,而在《吕太后本纪》中又历述如前。在《郦生陆贾列传》中,本来于郦食其传内业已记述了郦氏晋见汉高祖事,然则《朱建传》中又重复叙述。又如,在《汉书》之《高祖纪》中,已经记述了项羽自立为西楚霸王,分封沛公、章邯等人为王事,而于《陈胜项籍传》中又重叙如前。此等记述不惟徒增篇幅,更于重复记述中容易出现前后歧互现象。

陈寿《三国志》则力戒这类重复,采用详主略从,寓全于略的写法。具体来说,即此处有略,则彼处必详。此处固略,略而无漏;彼处虽详,详而得体。譬如"董卓之乱"在《魏纪·武帝纪》中不可不记,因为这是汉末一件震动朝野的大事,然又不可详记,因为一则彼时曹操尚未辅政,二则对曹操生平来说并非主要之事。而在《董卓传》内则不然,本传历述董卓出身、起家、掌握朝廷大权及飞扬跋扈诸事,可谓不厌其详。要在此系传主,详得其所。又如,三国时期,战争此伏彼起。在记述战争方面,"详主略从"的写法表现为"详胜略败"。即以胜者为主,详细记述;以败者为从,简略反映。对魏、蜀、吴三国战事,无论谁胜谁败,大抵皆如此,著名的赤壁之战和夷陵之战就都是这样反映的。208 年的赤壁战争中,孙、刘联军大败曹操。在胜方的军事主将的传记《周瑜传》中,详细记载了战争的激烈场面,《诸葛亮传》中则侧重记述了孔明动员孙权作战的详情。而在败方主帅曹操的传记《武帝纪》中,则记载极简,战争经过几乎是一笔带过。在 222 年的吴、蜀夷陵大战中,胜方为吴,负方为蜀。于是,在胜方主帅《陆逊传》中,交战盛况,备言其细;而在败方主帅《先主传》中,所记则极其简略。可见,陈寿的详略本有侧重,详乃以其为主,略而并非不载。

2.《后汉书》详略

《后汉书》也坚持一事不两载,力避重见迭出之弊。

归结起来,范晔方法有三:一是类似《三国志》"详主略从"的所谓"主从法"。例如,在《侯览传》中记述宦官侯览凶残暴虐,人民极其愤恨。督邮张俭向朝廷揭发其罪行,并"请诛之"。侯览闻讯后,急忙截获张氏的奏章,使皇帝不得见。张俭怒极,破除侯氏冢宅,"藉没资财,具言罪状"等等,详细至极。而在《张俭传》中,则仅有张氏"劾览及其母罪恶","由是结仇"数语。再如在《刘虞传》中,记述汉灵帝大司马刘虞率领十万大军攻打公孙瓒,备言战争经过及刘氏兵败之原委。而在《公孙瓒传》中,则仅言"是岁,瓒破擒刘虞,尽有幽州之地"。二是互见法。即甲乙共涉一事,凡已详其事于甲者,则于乙处注明"事已见甲",或书以"语已见甲"等字样。例如,在《何进传》中,记述中军校尉袁绍力劝大将军何进,速诛宦官张让等人,何进犹豫不决,未几,反被张让杀害。袁绍素为何进亲幸,闻讯大怒,"遂闭北宫门,勒兵捕宦者,无少长皆杀之。或有无须而误死者,至自发露然后得免。〔死〕者二千余人"云云。而在《袁绍传》中,则仅有袁绍劝何进谋诛宦官,其"语已见何进传"数字。又如在《李杜列传》中,记述外戚梁冀谋杀质帝以后,朝臣设立天子。太尉李固及杜乔等人劝立清河王刘蒜,而梁冀则以一己之私,决定拥立与梁家有裙带关系的刘志。李固、杜乔二人"坚守本议",梁氏大怒,诬陷李固有复立刘蒜之罪,予以处死。而在《梁冀传》中,仅有梁冀"枉害"李、杜二人,"语在《李固传》"等数字。三是"单载法"。即某事涉及甲与乙,设若该事于甲至关重要,则对甲可以详述;若对乙无足轻重,则可于乙处弃而不书。譬如《孔融传》,督邮张俭受迫害出走,孔褒之弟孔融收留了他。官府闻讯,欲正孔家之罪。孔氏兄弟及老母一家数人皆挺身而出,"一门争死"。这一事件对孔氏兄弟而言,乃是大事,故在《孔融传》中备言其详。而在《张俭传》中则绝不提及此事。原因是,对受人爱戴而长期亡命在外的张俭来说,此等事情不胜枚举,因此不能一一书写。

　　由于陈寿、范晔等人的努力,使纪传体断代史的编纂水平在班固《汉书》的基础上,又有了新的提高。他们改造纪传体制的求实原则和详略适宜的编纂方法,都为后人树立了可资效法的典范。特别需要指出的是,在改造纪传体制方面,陈、范二人也像司马迁和班固那样,都做到了难能可贵的据实创新。既注意继承前人成果,又能够依据内容的不同,大胆改进而不落窠臼。他们这种有因有革的可贵精神,对以后史学发展产生了重要的影响。仅以国别体为例,后来反映并存政权的史书,或多或少地都曾受惠于陈寿《三国志》。宋代著名史学家司马光在编纂其代表作《资治通鉴》时,就曾对唐人李延寿所编《南史》与《北史》大发感慨:"光少时惟得高氏《小史》（即唐高峻节录历代史书的一部通史）读之，自宋迄隋并《南》、《北史》或未尝得见，或读之不熟。今因修南北朝《通鉴》，方得细观，乃知李延寿之书亦近世之佳史也"，"窃谓陈寿之后，惟延寿可以亚之也"（《文献通考·经籍考》卷一九二）。司马光如此推许李延寿，要在李氏参考了陈书体例，而后总揽南朝之宋、齐、梁、陈及北朝之魏、齐、周、隋八代史事，分别融汇为《南史》与《北史》。所不同者，陈氏记述三国史事于一书之内，而李氏则将并存诸国分叙于"二史"之内。其实，考诸正史，不独《南史》、《北史》，后世凡写并存诸国史者，大都参考《三国志》体例。即如《晋书》在记述两晋的同时，并书北方诸国于"三十载记"；《旧五代史》在记述北方政权梁、唐、晋、汉、周的同时，又反映南方九国及北方的刘汉政权于《世袭列传》、《僭伪列传》之中等等，此类形式虽略有不同，然不同中却分明也刻有《三国志》框架的遗痕。

（三）美中不足

当然，陈、范二书的美中不足也非常明显。恰恰在上述两大优点中，同时也埋伏着以下两个比较突出的严重问题。

第一，写法上的缺陷。陈、范二书都比较注意叙事的精炼，但因为过于讲究文辞，一味精简，遂又往往产生史实不清，乃至脱漏遗缺之弊。试以范晔《后汉书》为例。在吴武陵太守谢承的《后汉书》中，所记江左人事颇为翔实，而范书于江南事则语焉不详。清人王谟曾经批评范晔仅记"南州高氏父子及陈重、雷义、程曾、唐檀数传，其何汤仅附见《桓荣传》。章怀太子注引谢书，载汤事亦綦详。外有羊茂、孔恂、严丰、宋度、湛重、邓通、项颂、刘陵、黄向、张冀十人，爵里事迹，班班可考，乃其姓名，俱不挂范书"（王谟《谢承后汉书钞·自序》见《八家后汉书辑注》，上海古籍出版社1996年）。清人赵翼甚至罗列出八条史实，以说明"《后汉书》间有疏漏处"（《二十二史札记》卷四）。至于陈寿的《三国志》，其疏漏之弊与范书相比更甚。正如裴松之云："寿书铨叙可观，事多审正。诚游览之苑囿，近世之嘉史。然失在于略，时有所脱漏。"（《上三国志注》表）裴氏所议，堪称精当。他的"裴注"之所以与《三国志》具有同等史料价值而广为人知，恰在于可以弥补陈书之"失在于略"。

第二，体例上的缺陷。陈、范二书均有此同一问题。陈寿《三国志》仅有纪、传而无表、志。由于无表，繁杂史事便不能通过表格形式清晰勾勒出来；因为无志，典章制度就没有专篇记述。缺少书、志的原因，或许如今人张舜徽先生所说："盖缘于前无所承耳。"（《史学三书平议·史通平议》）但陈书首开缺表、缺志的先河，对后世纪传体史书体例不全，是负有一定责任的。无独有偶，范氏之《后汉书》亦有类似处。它仅有本纪、列传，而无表、志。现行范氏《后汉书》本中所谓"八志"，乃是后人补作。固然，本书之无表、志，并非作者初衷，原系范氏突然以"谋逆"之诛所致，但客观上范书紧步陈书后尘，也实在为以后史家许多缺表、缺志的现象提供了先例。这些或许是陈、范二人所始料不及的。

第四节　纪传演进

到南朝史学家范晔的《后汉书》问世为止，纪传体的改造工作大致告一段落。至此，历经班固、陈寿和范晔诸位史家的共同努力，从根本上奠定和巩固了中国正史以纪传体断代史为准的基本格局。唐代和唐代以后，由于官方意识的日益加强和参与，使得原本统一的、不分彼此的纪传体文献，居然人为地产生了"正史"和"别史"这一同源异流的奇怪现象。但是，从体例和内容上看，纪传体"正史"与"别史"之间并没有实质性的区别，它们大都是以《汉书》等纪传体断代史作为自己学习的榜样。

一、正史文献

"正史",有广义与狭义之分。从广义上说,举凡一切以纪、传、表、志为体例的纪传体史书,都可以称为正史。究其基本原因,实因纪传体文献在所有传统文献中,记事最全面、史料也比较原始之故,因而荣膺了"正史"这项桂冠。如果从这个意义出发,则但凡纪传体文献就等同于"正史"。但是,如果从狭义(即中国文化领域积习)上说,则纪传体文献并不全都等同于"正史"。那么究竟何谓"正史"呢?简言之,只有那些经过封建皇帝"钦定"或是经过封建国家特别认可的纪传体史籍,才算是国家的"正史"。从这个意义上说,但凡正史,必然全都是纪传体文献;然而并非所有的纪传体文献都属于"正史"。这种文化现象也好有一比,譬如说雪是白颜色的。但是,绝对不可由此得出武断结论:凡是白色的东西,便必然是"雪"。

归根结底,凡是列为"正史"的文献,必须符合以下两个特点:第一,必须得到国家层面的特别认定。所谓"特别认定",在古代自然是应该得到封建皇帝的"钦定",例如"二十四史"就是明证。当然在"正史"中,也有并非皇帝钦定的例外情况,但也必须由国家首脑颁布政令方可。以《新元史》为例,就是民国时期由大总统徐世昌下令列入"正史";第二,必须是纪传体文献。我国史书体裁很多,最常用的体裁便有编年体、纪传体、纪事本末体、典志体(又名政书体)、方志体、史评体等等。但是按照约定俗成的规矩,能够成为正史的文献,从体裁上必须是纪传体文献。例如列为"正史"的《史记》和《汉书》,便都属于纪传体史书。换言之,纪传体以外其他体裁的历史著作,即使名气再大也不能列入"正史"。试以司马光《资治通鉴》为例,本书虽与司马迁《史记》并提为中国古代的"两部大书"(见《毛泽东读批史记》上卷第 3 页,红旗出版社 1998 年),两作者亦有并提为"两司马"的美誉,但由于《资治通鉴》是编年体著作,所以它终究不能归于

"正史"之列。这就出现了一个严肃的学术问题：为何包括编年体在内的其他体裁的文献均不能成为"正史"选项？简言之，根本原因就在于：其他任何体裁的文献，均无法像纪传体那样，在全面反映历史人物和史实的同时，又能充分反映自然现象与典章制度。

"正史"之名，最早见于南朝梁代著名目录学家阮孝绪的《正史削繁》。至于以"正史"作为史部类目使用者，则最早始见于唐人魏征等所编的《隋书·经籍志》。《隋书·经籍志》中，将史部文献析为13类，第一类便是"正史类"。该类著录了《史记》、《汉书》、《后汉书》、《三国志》、《晋书》、《周书》、《齐书》等一大批纪传体史书。其类序云，继《史记》、《汉书》、《东观汉记》之后，又有陈寿作《三国志》，"自是世有著述，皆拟班马，以为正史，作者尤广"，"今依其世代，聚而编之，以备正史"。自从《隋书·经籍志》首开"正史"类目先河后，历代官修书目、私修书目和史志书目无不相率沿用，均于史部首列"正史"一目，著录纪传体文献。

不过，有一点有必要说明，最初的所谓"正史"，并没有具体的、严格的标准，几乎所有的纪传体文献都是"正史"。试看《隋书·经籍志》之"正史类"，司马迁《史记》固然是正史，而规模相似的梁武帝《通史》亦列为"正史"；陈寿国别体的《三国志》固然列为正史，而此前分述各国的著作如王沈《魏书》、韦昭《吴书》等，亦算作"正史"；沈约《宋书》固然是正史，而同时并存的徐爰《宋书》、孙严《宋书》等著作，也在"正史"之列。此外，还著录了《齐纪》、《梁史》、《周史》等一大批比较一般的纪传体史书，其数量之多，竟然达到67部，3813卷。足见在唐人的眼里，所谓"正史"，乃是纪传体文献的同义语。

到宋代，开启了封建皇帝"钦定"正史的先河。从此，只有那些最能反映封建正统观念，而且必须经过朝廷特意恩准的纪传体史书，才配称作"正史"。至于那些未被"钦定"和未被恩准的纪传体文献，只能另归他类，为之名曰"别史"。

从整体上看，虽然"正史"是封建皇帝"钦定"或封建国家认可的纪传体史书，但后来约定俗成的一般称谓则有多种。其中最为常见者，例如"前四史"、"十三史"、"十七史"、"二十二史"、"二十四史"、"二十五史"等等。这些具体称谓之所以不同，是基于时间的推移，由于历代"正史"的累积逐渐形成的。

历史上出现最早的正史称谓，首推"三史"。有关"三史"的记载不胜枚举。例如《三国志·蜀书》云，孟光"尤锐意三史"；又《晋书·刘鲔传》云，刘鲔"明习《诗》、《礼》、三史"；又《隋书·文学传》云，潘徽"尤精三史"等等。以上所说"三史"者，最初是指司马迁《史记》、班固《汉书》、刘珍及班固等人的《东观汉记》。后来，由于范晔《后汉书》出，遂将《东观汉记》取而代之。当是时，"三史"之中，《汉书》地位最高。据《新唐书·李密传》记载：李密当年骑牛背上，"挂《汉书》一帙角上，行且读之"。不久，又增加陈寿《三国志》，遂成"四史"。继"四史"之后，唐代又有"十三史"之称。《新唐书·艺文志》史部目录类中，有宗谏注《十三代史目》十卷。所谓"十三史"，除去以上所说"四史"之外，还有《晋书》、《宋书》、《南齐书》、《梁书》、《陈书》、《魏书》、《北齐书》、《周书》、《隋书》等，所以合称"十三史"。延及宋代，又出现了"十七史"。即在"十三史"的基础上，又增加了《南史》、《北史》、《新唐书》、《新五代史》。有一部名叫《十七史蒙求》的书，便是当时流行的节要读本。另据史书记载，南宋末年，文天祥兵败被俘，元丞相博罗向他发问："且道盘古到今，几代帝王？"文天祥昂首答曰："一部十七史从何处说起？我今非赴博学宏词科，不暇泛言。"（《文山集》卷十七）即此可见，所谓"十七史"的称谓，在当时已经是十分流行了。到了明代，又增加了《宋史》、《辽史》、《金史》、《元史》，合称"二十一史"。至清代乾隆初年，由于修成《明史》，遂又有了"二十二史"之谓。后来基于《旧唐书》、《旧五代史》具有较高的史料价值，乃一并归于"正史"，至此便又出现了后世最常说的"二十四史"。至民国时期,前清进士柯劭忞因《元史》粗疏多弊,遂以三十年时间撰成《新元史》。本书得到了北洋政府的高度肯定,大总统徐世昌明令将其列为正史,于是又出现了增加此书之后的"二十五史"的概念。

由于司马迁《史记》的首创,也由于班固《汉书》的改造,为以后正史的连续编纂树立起了无可争议的旗帜。从此,后世正史代有递增,即以后每一朝代的历史,都可以通过相应的断代史反映出来。于是,从中国古代黄帝以来数千年的历史,便通过"正史"这种形式被系统地揭示出来。

二、别史文献

"别史"这个称谓,其自身并不是一种史体,乃是史部中的一个类目。

关于"别史"的历史,清代所编《四库全书总目》说得相当清楚:《汉书·艺文志》本无是名,《战国策》、《史记》均附见于《春秋》。"厥后著作渐烦,《隋志》乃分正史、古史、霸史诸目。然《梁武帝元帝实录》列诸杂史,义未安也。"于是,宋人陈振孙《直斋书录解题》遂首创"别史"一门,"以处上不至于正史,下不至于杂史者,义例独善,今特从之"。自"《史记》、《汉书》以下,已列为正史矣",其歧出旁分者,诸如《东观汉记》、《东都事略》等,似又"不可以并列,命曰别史,犹大宗之有别子云尔"。也就是说,作为一个特定的类目,"别史"是专门用来容纳"正史"以外的那些具有较大影响和较大价值的史书的。在当初的"别史"类中,不仅有纪传体文献,也有编年体等其他史书。我们本书中经常提到的"别史",当然主要是指"正史"以外的那些纪传体文献。

由此看来,所有的纪传体史籍,原本是同一渊源,本来并没有什么尊卑之分,所谓"正史"、"别史",不过是后来随着封建中央集权制度的加强,官方意识进一步控制了史学领域,统治者人为加以区别的结果罢了。南北朝以后,正史尽管成为纪传体文献发展的主流,但与此同时,划归"别史"的纪传体文献也在顽强地向前发展。

如果严格按照陈振孙关于"正史"和"别史"的界定,则属于"别史"的纪传体文献的数量还是相当惊人的。在许多官修书目、私修书目和史志书目中,都设有"别史"类。在这一类目中,往往著录着大量的纪传体史书。例如在《四库全书总目》中,其"别史"类正式著录有汉刘珍、班固《东观汉记》24卷(辑本),宋郑樵《通志》200卷,宋王称《东都事略》130卷,宋叶隆礼《契丹国志》27卷,元郝经《续后汉书》90卷,清李锴《尚史》107卷等多种。倘若将"别史类存目"中的纪传体文献也计算在内,并将历史上曾经出现而未被《四库全书总目》提及的那些有关著作统统加以考虑,则纪传体"别史"实在可以成为又一蔚为壮观的丛书系列!

"别史"二字,仅仅是用以区别是否"正史"的特殊称号。其实,在别史中,有许多纪传体史书堪称成就卓著。它们虽然由于种种原因,未能步入"正史"行列,但这丝毫不能掩盖它们成就的光辉。《东观汉记》和《通志》两部著作,可说是其中突出的代表。

(一)《东观汉记》

《东观汉记》是一部由东汉史官集体创作的反映东汉的史书。

"东观"乃是东汉宫廷中皇家藏书重地和史官著述之所,《东观汉记》主要编纂于此,本书遂由此得名。先后参与此书撰修的史家和学者有班固、陈宗、尹敏、孟异、刘珍、李尤、伏无忌、黄景、边韶、崔寔、朱穆、曹寿、卢植、刘洪等多人。《东观汉记》从汉明帝永平五年(62)诏班固等史家动笔始,历安帝、桓帝、灵帝数朝,直至魏文帝黄初六年(225)由杨彪补成《献帝纪》,前后经过163年之久,终成该书。《东观汉记》原本有143卷,后来陆续散佚。

据有关文献的记载及援引可知,《东观汉记》中纪、传、表、志等纪传体例,一应俱全。参与撰修的作者中,多系著名史家(例如班固、伏无忌、蔡邕等人)。其中,班固与陈宗等人撰成了《世祖本纪》,班氏又独自撰成《功臣》、《平林》、《新市》、《公孙述》等内容,终成列传、载记28篇之多(见《后汉书·班彪列传》)。

《东观汉记》以其内容丰富而闻名当时,隋唐以前,它始终是以"三史"之一的正宗地位流行于社会。仅仅因为后来范晔的《后汉书》影响更大,才最后被逐渐排挤出"三史"的宝座。虽然如此,《东观汉记》的巨大成就决不是范书能够完全取代的。在唐人所编《隋书·经籍志》及其以后的《旧唐书·经籍志》和《新唐书·艺文志》等史志中,《东观汉记》一直位于正史类,与《史记》、《汉书》等名著同列,则该书成就及影响之大,由此可窥一斑。

(二)《通志》

在"别史"中,影响最大的纪传体史书大约要数《通志》了。

《通志》的作者郑樵(1104—1162),字渔仲,南宋兴化军莆田(今福建莆田)人。郑氏一生著述极丰,《通志》是他的代表作品。这是继司马迁《史记》之后的又一部质量较高并有幸流传下来的纪传体通史,它凝聚了郑樵毕生的心血。全书200卷,纪、传、表、志等诸体例俱备。其中,本纪起自三皇五帝,下止于隋代。列传记隋代以前历朝人物。另有世家、载记、年谱及二十略等(详见第四章第二节相应部分)。

《通志》最大的贡献有以下两点。

1. 发扬传统

司马迁的《史记》以其博大宏伟的气概,全面反映了由黄帝以来迄于西汉的三千多年史事,在正史中是唯一的一部真正意义上的通史。汉代以降,宋代以前,各种断代史、杂史前后相继,层出不穷,有如《史记》那样的汇通各代史事的纪传体文献却未见流传。郑樵正是适应这一特定需求,深居夹山中,"三十年著书,十年搜访图书"(《夹遗稿·上宰相书》),"欲通百家之学,欲讨六艺之文而为羽翼"(《献皇帝书》)。他在《通志·总序》中劈头第一句便是说明此书的"会通"要义。他所说的"会通"确有深刻的见地:所谓"会",是指历史现象的综合;所谓"通",是指时代的相续。所谓"会通"二字,则是说尽管大千世界千万头绪,芸芸众生纷繁复杂,但是理应视为一个整体,应当系统地反映历史发展的全过程,而不应武断地将其断片割裂或孤立起来。他的"会通"思想,在《通志》一书中得到了全面的贯彻和反映。该书记事上下数千年,做到了将历代史事冶于一炉,用作者的话说便是所谓"集天下之书为一书"(《上宰相书》)。

2. 锐意改革

《通志》虽在总体上秉《史记》之义,但在许多地方又有独创之举。在后人公认为该书精华的"二十略"中,系统反映郑樵目录学思想的《校雠略》、《艺文略》、《图谱略》便具有一定的代表性。纵观此"三略",如下两个方面是颇具特色的。

(1)通录古今

历代官修、私修书目,无论是记述一代藏书之盛,或是著录一朝之著述,虽然都是力求一个"全"字,但比起郑樵《通志》来,均不免有些逊色。

郑氏著录图书的方针是"广古今而无遗"。正是在这一思想指导下,他的著录方式异于常人。首先是记亡佚之书。以往目录学家一般只强调记"有",而郑樵则于记"有"的同时,还注意记"无"。其《图谱略》云:"立为二记,一曰记有,记今之所有者,不可不聚;二曰记无,记今之所无者,不可不求。"为什么要记"无"呢? 在郑氏看来,只有通录古今图书之有无,才可能做到"上有源流,下有沿袭,学者易学,求者易求"(《通志·校雠略》)。为此,他参阅了当时秘书省之阙书目录,特意编出了《求书阙记》十卷、外记十卷。其次是著录图谱。古之图书,往往是经纬互补。自从刘歆《七略》收书不收图,班固《汉书·艺文志》步其后尘以来,古代图谱渐亡而书籍日冗。使得后之学者"见书不见图,闻其声不见其人;见图不见书,见其人不闻其语。图至约也,书至博也。即图而求易,即书而求难"。正是在这种思想指导下,郑氏在著录经类、礼类、职官、地理、算术、医方等文献时,皆收录其图。他在《图谱略》中还总结出16个领域的文献必须配图。这16个领域包括天文、地理、宫室、器用、车旗、衣裳、坛域、都邑、城筑、田里、会计、法制、班爵、名物等方面。

（2）揭示源流

所谓类例,是指依据图书的形式和内容特点,按照一定体系区分和组织文献的一种方法。宋代以前的目录学家虽然也都意识到了类例的重要,但没有一个人像郑樵那样,从理论和实践上深入地去研究类例。

郑氏一向认为,学之不专者,为书之不明。书之不明者,为类例之不分。"有专门之书则有专门之学,有专门之学则有世守之能。人守其学,学守其书,书守其类。"（《校雠略》）因而,"类例既分,学术自明,以其先后本末具在。观图谱者可以知图谱之所始,观名数者可以知名数之相承"（同上）。在他看来,类例犹如行兵布阵一样,书之多少无关宏旨,"若有条理,虽多而治。若无条理,虽寡而纷。类例不患其多也,患处多而无术耳"（同上）。郑氏认为,帮助后学理清学术源流仅仅是类例的功用之一,类例还有保存文献的重要作用。他说:以今之书校古之书,百无一存,其故何哉?"士卒之亡者,由部伍之法不明也。书籍之亡者,由类例之法不分也。类例分则百家九流各有条理,虽亡而不能亡也。巫医之学亦经没而学不息。《释》、《老》之书亦经变故而书常存。"（同上）正是在这一理论指导下,他所编纂的《氏族略》"绳绳秩秩,各归其宗,使千余年湮源断绪之典,灿然在目,如云归于山,水归于渊,日月星辰丽乎天,百谷草木丽乎土者也"。郑氏关于类例的见解,虽然某些地方（如类例精可使文献"不亡"说）有些绝对,但是对于认识文献的性质,弄清学术的源流,以及对于各类文献的检索和应用等均有重要意义。

由以上所述可以看出，"别史"虽无"正史"之尊，但诸如郑樵《通志》者，仍有非常重要之意义。不过，由于社会对别史重视不够，致使许多此类史书散佚严重，有的问世未久即销声匿迹。历代史书之《经籍志》、《艺文志》中，那些所谓"有录无书"者又何止区区数种！以汉代名著《东观汉记》为例，《隋志》著录为143卷，而《旧唐书·经籍志》与《新唐书·艺文志》则均著录为127卷，足见此书在唐代即开始散佚。至北宋仅剩下残本40卷，南宋著录时仅有9卷（见《中兴书目》），元、明时期，最后的9卷也不见了。清代乾隆间，从《永乐大典》中多方搜求，亦仅得辑本24卷。

而相比之下，《东观汉记》的结局还不算最坏，比《东观汉记》命运更差者简直无法统计。姑且不说那些一般性的著作，即便那些规模巨大，曾经风行一时的作品，有的也最终难免于亡佚消失的厄运。南朝皇皇巨著《通史》便是其中一例。据有关文献记载，当年梁武帝萧衍曾命吴均等人纂修《通史》，是书因武帝"躬制赞序"，所以后世题为"梁武帝撰"。这是一部有600多卷规模的大书，然而不久便开始散佚。《隋书·经籍志》著录为480卷，而到元人编纂《宋史·艺文志》时便不见踪迹了。

三、国史释疑

史学领域里的纪传体文献虽然被区分为"别史"与"正史"，但很长时期以来，国人都习惯性地视之为国史。两者尽管是同系一种体裁的文献，而且具有相似的特点和成就，但是社会地位和社会影响却大为不同。从发展轨迹上看，如果把纪传体"别史"比作夕阳残照，则纪传体"正史"简直就是如日中天了。这是纯粹就纪传体文献自身论，即使放在更大范围里又何尝不是如此。在中国古代各类体裁的历史文献里，属于"正史"系列的文献虽然数量有限，无异于长江大河中的一叶扁舟，然而其重要的社会地位和社会影响决不可以低估。在古代整个文化领域里，"正史"所产生的重大影响，决不是其他任何体裁的历史文献所能比拟的。"正史"这种特殊文化现象的产生决非偶然，它是由各种因素汇合而成的。

(一)正史之兴

影响上的巨大反差，固然不排除史书本身的成就因素，但统治者的政治倾向则是更为重要的。正史之所以能够广为流传，说到底，还是与历代最高统治者的是否重视有直接关系。封建统治者对"正史"异乎寻常的重视，主要反映在以下几个方面。

1.建立机构

为了编写出高质量的符合封建统治者需要的史书，组建专门的编书机构是完全必要的，而设馆编纂、宰相监修便是官修正史的一个基本形式。这一形式有悠久的历史渊源。据有关文献记载，早在东汉明帝时，朝廷就曾设置"兰台令史"18人，后来又将图籍移置于东观。这里所说的"兰台"、"东观"，应当说是我国历史上最早的史馆，以后各代的史馆又相继设立。当然，就整体而言，唐代以前的史馆尚存在一定的随意性，既不能说每朝必有相应的设置，更不能说史馆这一机构已有严密的组织性。

至唐代，发生了质的变化。同以往的史馆建置相比较，唐代的组织已相当严密，秘书省是官方撰修典籍的实际组织者。据《旧唐书》及《唐六典》等文献记载，编修国史者，除了明文规定必须设有一名监修(当以宰相兼领之)外，还设有分工不同的各类修史人员，所有人依其身份，各司其职(参见第二章第二节)。这一制度建立后，不惟历朝相沿为习，而且呈现出日臻严密的趋势。汉族政权固不待言，即便那些入主中原的少数民族所建王朝亦复如此。例如元代官修正史，就设有领三史事、都总裁、总裁、纂修、提调等官位。这样，以唐代为开端，历经五代、宋、辽、金、元、明、清，在此期间虽有若干变化，而国设史馆、宰相监修的修史制度却从未有所改动。由于朝廷要员领导的特定修史机构的建立,为编写正史、编好正史提供了组织保证,并在客观上起到了及时整理史料和保管史料的重要作用。由唐代起,直至清末,经史馆修纂的正史有《晋书》、《周书》、《隋书》等十余部。

2. 组织出版

关心正史的刊刻和问世,在唐代以后的刻书事业中有鲜明的反映。

众所周知,在宋代影响巨大的官刻系统中,国子监既是最高教育机关,又是中央刻书机构。当时的全部正史都由国子监镂版颁行,是为"监本"。在国子监的影响下,一些国家官员也当仁不让,对正史的出版表示出极大的热情。比如南宋初期,四川转运使井宪孟就亲自主持刻印了《宋书》、《齐书》、《梁书》、《陈书》、《魏书》、《北齐书》、《北周书》等七部正史,世称蜀刻大字本"眉山七史"。在井宪孟的带动下,眉山地区还刻印了《史记》、《三国志》等正史。由于官刻的倡导之风,私刻也受到影响。有不少私刻家就是以雕印正史而名垂青史的。例如流传至今的宋代家塾刻本中有黄善夫的《史记集解索隐正义》、蔡琪的《汉书集注》、建安刘元起的《后汉书》等。

3. 倡导应用

中国的目录学自古以来就有一种推荐书目,这是旨在为适应某种思想教育或为学习某种知识,有选择地为一些特定读者所编制的书目。在两千年封建社会的推荐书目中,正史书目历来是被推荐的重要书目之一。

据当代著名目录学家王重民先生考证,敦煌出土的《杂钞》(伯乙 171 号卷子)是我国现存最早的推荐书目。本书目是专门为应考的青年士子编制的,它以问答形式收录了唐代民间广为流行的 25 种书籍,其中便有《史记》、《汉书》、《东观汉记》等正史。一直到近代,推崇、学习正史的文化现象,在目录学领域中依然表现得十分明显。

例如,清同治十三年(1874),张之洞就任四川学政,生童们请教他"应读何书,书以何本为善"时,他就特意为诸生撰写了轰动一时的《书目答问》。《书目答问》是一部旨在指示治学门径的书目,其中区分为经、史、子、集、丛五大部分,每部分又分若干类。就中史部分为十四类,正史类自然是名居榜首。其中包括"二十四史"、"二十一史"、"十七史"合刻本,正史分刻本、正史补注及表谱考证等。其著录之详、全,可谓煞费苦心。由于《书目答问》的编制深入浅出,较为实用,所以历来被视为读书治学的工具。甚至连鲁迅先生也曾这样赞扬它:"我以为要弄旧的呢,倒不如姑且靠着张之洞的《书目答问》去摸门径去。"(《而已集·读书杂谈》)由科考到读书治学,正史的广泛应用于此不难了然。

4. 着意留传

古代社会,天灾连绵,人祸相继,无穷无尽的风云变幻给图书事业带来巨大的灾难。有许多饶有名气的典籍,便是因为某一偶然的外在因素而毁于一旦,从此永远地湮没于历史长河中。然而,也有例外。一般来说,正史是没有此等厄运的。由于封建统治者的大力保护,即使个别"正史"由于特殊原因一度湮没不在,也会因为后世尽力的挽救而不致真正的消亡。薛居正《旧五代史》的"失"而复"得"就是典型一例。薛史问世78年后,欧阳修《新五代史》成书。由于时人没有认识到薛史的价值,导致了欧史流行而薛史传本的逐渐湮没。后来,薛史的价值被重新认识,清朝当局便千方百计予以抢救。乾隆间,曾从《永乐大典》中辑出古书385种,《旧五代史》乃是其中重要一种。尔后,又由陆锡熊、纪昀、邵晋涵等人再从《永乐大典》及其他书中辑出梁、唐、晋、汉、周各史,于是原本散佚的《旧五代史》不仅重见天日,并且被列为正史。

当然还应当提到一点,由于受到历代封建社会舆论导向的影响,古代众多的藏书家们也为正史的流传做出了卓越的贡献。例如明代,宋刻本的《两汉书》已属罕见,曾被世人视为稀世珍宝。江苏太仓藏书家王世贞为了不使该书失落,不惜以自己一座庄园去置换该书孤本。明末清初,是书一度散落民间,嗜书成癖的藏书家钱谦益不辞辛劳,四处奔走寻求,最后终以1200金的高价买了下来。

目睹以上这些异乎寻常的文化现象,难免有一个疑问会随之产生:为什么封建统治者如此重视正史,尤其从唐代以后,历代封建王朝为何日益发扬重视正史这一传统呢? 产生这一社会现象决不是偶然的,归根结底,主要是基于以下两个根本原因。

第一,基于正史的垂训意义。历史文献素有"垂训鉴戒"、"鉴往察来"的特殊功用。早在先秦时期,史学的这一重要特点就已经被当时的统治阶级所认识。据《国语·楚语》记载,楚庄王曾询问申叔时教育太子之方法,申叔时建言:"教之《春秋》而为之耸善抑恶焉,以戒劝其心。"秦朝二世而亡,更加激起后人的深层反思。想当年,"始皇奋六世之余烈,振长策而御宇内,吞二周而亡诸侯,履至尊而制六合"(贾谊《过秦论》),是何等轰轰烈烈! 孰料"二世而亡"。所以,还在汉朝建国之初,高祖刘邦就急急忙忙地要陆贾为他总结"秦所以失天下,吾所以得天下"及古成败之国的经验教训(《史记·郦生陆贾列传》)。至唐代,最高统治者更是心领神会而十分急迫。开国伊始,唐高祖李渊就强调以史书"考论得失,究尽变通","多识前古,贻鉴将来"(《唐大诏令集》)。为了更好地驾驭空前庞大而复杂的封建国家机器,必须多方面、多角度地从历史上选择"资治"、"鉴戒"的内容。所以,继之而起的唐太宗李世民比其父更进一步。他不仅有言论,而且有重大行动。在明确强调史书可以"览前王之得失,为在身之龟镜"(同上)的同时,确定了以纪传体文献为"正史",并设立史馆,集众修书。不仅如此,李世民甚至亲自参与《晋书》的编纂。由皇帝直接执笔,这还是历史上的第一次。由于他的率先垂范,其余公卿显要如房玄龄、魏征、令狐德棻、褚遂良等人,也都纷纷兼领史职。

"二十四史"中的八部正史——《晋书》、《梁书》、《陈书》、《北齐书》、《周书》、《隋书》、《南史》和《北史》，就是在这个时候修撰而成的。在一个较短的时间内完成如此之多的"正史"，堪称历史上空前绝后的盛事。

其实，在中国传统文化的滋养哺育下，不仅封建的汉族统治者重视正史的编纂，封建的少数民族的统治者也毫不逊色。元王朝刚刚建立，元世祖忽必烈就接到大臣建议："自古帝王得失兴废，班班可考者，以有史在"，当今"若不乘时纪录，窃恐岁久渐至遗忘"，"宁可亡人之国，不可以亡人之史。若史馆不立，后世亦不知有今日"（《国朝名臣事略》卷十二《内翰王文康公》）。正是在"宁可亡人之国，不可以亡人之史"的思想指导下，后来在正史中占有一定地位的《宋史》、《辽史》、《金史》等三史的编纂工作，才很快地被提到了议事日程上。

第二，基于《汉书》"断代"模式的特殊功能。在洋洋大观的正史"二十五史"中，除了司马迁的《史记》是通史外，其余各部正史都属于断代史，故而在体例结构上均以《汉书》马首是瞻。与纪传体通史相比较，断代史具备了封建统治者最需要和最欣赏的特点。即它一方面和通史一样，具有纪传体包罗万象的优点，同时又具有通史所不具备的一个特征：以其仅仅记述一个朝代，可以更加充分地体现本朝统治者的意识形态。至于那些没有被列入"正史"的纪传体断代史，它们虽然也有包罗万象的功能，但在统治者看来，毕竟不可与正史等量齐观。为何有此观点呢？因为但凡"正史"，不仅要强调国家史馆的编纂成书，更要强调经由最高统治者的认真鉴别而被认可。正是在这一文化背景下，便出现了清王朝区别正史和非正史的清晰分野："并从官本校录，凡未经宸断者，则悉不滥登。盖正史体尊，义与经配，非悬诸令典，莫敢私增，所由与稗官野记异也。"（《四库全书总目史部正史序》）也正是基于这一思想理论，只要是打上"正史"标签者，不单可以反映出封建统治阶级的正统思想，更能反映出与当朝统治者最直接的利害关系。

正因为如此,历代推尊正史甚至在书目方面也有典型反映。考察中国古代目录学领域,其中最负盛名的"四部分类",确立于唐代所编《隋书·经籍志》。而早在《隋书·经籍志》中,史部文献就明确地被区为正史、古史、杂史、霸史、起居注、旧事、职官、仪注、刑法、杂传、地理、谱系、簿录等十三个类目。在这十三个类目中,正史高居于其他类目之冠。自从这次敲定秩序后,历代官修书目、私修书目、史志书目,无论体系如何变化,类目如何增减,史部中的正史总是一如既往,维系着独占鳌头的一尊地位。

在各类历史文献中,为什么正史位居显要,其他文献随从其后,似乎是天经地义呢?《四库全书总目》的观点可谓一针见血:"今总括群书,分十五类。首曰正史,大纲也。次曰编年,曰别史,曰杂史,曰诏令奏议,曰传记,曰史钞,曰载记,皆参考纪传者也。曰时令,曰地理,曰职官,曰政书,曰目录,皆参考诸志者也。曰史评,参考论赞者也。"(《四库全书总目·史部总叙》)这也就是说,在封建的正统学者看来,所谓编年史、别史、杂史等一大批其他各类文献,都没有独立的意义,它们的存在仅仅是为着配合人们学习正史中的"本纪"、"列传"、"史志"乃至"论赞"等体例内容时,作为"参考"资料使用而已。

(二)国史之憾

只要说起"正史",国人自然会异口同声地承认为国史。由此,人们不仅会津津乐道其中的《史记》或《汉书》,还往往会由此提到诸如"前四史"、"十七史"、"二十四史"等概念。正是在这样的背景下,有个"是"中有"非"的丛书概念——"二十六史",便自然而然地浮上了台面。

在现代国人的思想意识里,"二十六史"称谓早已形成。然而,难道"二十六史"里的全部史著都是正史吗?当然不是。在"二十六史"中,究竟哪些是正史,哪些不是正史呢?毋庸置疑,在先后出现的

"前二史"、"前四史"、"十七史"、"二十四史"乃至"二十五史"的丛
书概念里,它们包含的所有著作均为正史。这是因为,涵盖其中的所
有著作都符合"正史"定义。换言之,它们不仅都是纪传体史书,而且
都是经过封建皇帝钦定或者封建国家特别认可的纪传体文献。但
是,在"二十六史"里也有一个例外,这就是《清史稿》。

《清史稿》位居"二十六史"之列,有其天然的合理性。从时间上
看,该书上限紧紧衔接朱明王朝下限;从体例上看,它完全按照纪传
体之纪、志、表、传四部分展开,共计 536 卷,反映了清朝上起 1644 年
清军入关、下止 1911 年灭亡的 268 年历史。然而,置身"二十六史"
之列的《清史稿》,却从来没有被戴上"正史"的桂冠。该史之所以排
除于"正史"以外,主要是存在问题较多,尤其是存在着极其严重的政
治问题。尽管如此,对《清史稿》也不可以全盘否定。因为该书的重
大政治问题主要反映于清朝晚期,并非涵盖于清朝的整个历史时期。
此外,书中的许多内容,乃是依据清实录、清国史、清会典以及其他一
些不易见到的档案资料编纂而成,显然还具有一定的史料价值(详见
第四章第四节)。

举世闻名的"二十六史"堪称纪传体文献的主流。尤其是其中的
正史文献,集纪传体相应体例和丰富内容于一身,在历代最高统治者
的大力推崇和扶持下,千百年来独能得到妥善的保护与流传。由此
可见,纪传体"正史"文献,堪称是传统历史文献里长盛不衰的杰出代
表,称之为"史运亨通"的国之要典,当非夸大之词。

第二章　纪传创作

　　"二十六史"是纪传体文献的突出代表作。自西汉人司马迁执笔，到20世纪20年代清史馆关闭，前后经历了两千多个春秋，这套举世闻名的"二十六史"丛书至此终于全部完成了。从《史记》到《清史稿》，文字洋洋洒洒，内容包罗万象。据《辞源》（1988年版）统计，仅仅其中的"二十四史"，即达3240卷，4000多万字；至于包括《新元史》及《清史稿》在内的"二十六史"，其规模更加惊人，总计4015卷，达到5500多万字。这套丛书堪称世界上记述内容最为广泛、起讫时间最长的历史百科全书。

　　巨大的部头和漫长的时间跨度，不仅决定了撰修各部史书时代背景的复杂性，也决定了各部史书编纂情况的千差万别。随着"二十六史"的最终完成，围绕着中国古代文化领域这套不可思议的巨型丛书，后人难免会涌现出诸多疑问。

　　"二十六史"的撰修有没有连续一贯的特定文化背景？历代修史者是一支什么样的著者群体？编撰者是基于什么样的指导思想和著述原则修史的？古代修史机构有无严格设置、明确分工和调控机制？在各部史籍撰修期间有没有采取过切实可行的具体措施？修史者的社会地位如何？编修史籍有无相应的奖励政策？如此等等，确实有必要进行逐一的研究和了解。

第一节　撰修队伍

"二十六史"既然成书于不同时代,参与修史者的身份自然不尽相同。其中有出于私撰者,例如《史记》、《后汉书》、《三国志》、《南齐书》、《南史》、《北史》、《新五代史》、《新元史》;也有出于官方之集众撰修者,例如《晋书》、《周书》、《隋书》、《旧唐书》、《旧五代史》、《宋史》、《辽史》、《金史》、《元史》、《明史》、《清史稿》;还有一些史书,表面上是由封建统治者委任,实则出于个人之手者,例如《汉书》、《宋书》、《梁书》、《陈书》、《魏书》、《北齐书》、《新唐书》、《新五代史》等史籍,就都属于这种情况。虽然修史者出现了上述较大的差异,但有一点是共同的:即"二十六史"的著者队伍,乃是由一大批学识渊博的专家组成。

单从个体和微观层面论,上述修史专家们出身不同,经历有别,皆有其个性特点。然而,若就总体和宏观层面言,则仍然可以将其区别为以下三种类型。

一、史学世家

在"二十六史"中,有一个奇特的现象引人瞩目:有超过四分之一的正史出自于史学世家。

在史学世家行列中,以首部正史《史记》的作者司马迁最具典型性。他的史学家世相当悠久,还在唐虞之世就已与天文、史学结下不解之缘。据《史记·太史公自序》记载,他的远祖可以一直追溯到颛顼时期执掌天事的南正重和执掌地事的火正黎。历经夏、商,"重黎氏世序天地"。周宣王时,重黎氏后裔由"序天地"之职改变为司马之官。从此,其后人遂以官为氏,成为周朝担任史官的司马氏。周惠王和周襄王时,司马氏分散于卫、赵、秦等地。司马迁的祖上司马错为秦之名将,其后人司马昌为秦始皇的铁官。至司马迁之父司马谈,则担任了汉武帝的太史令。因此,在司马谈这一代,等于又恢复了他们司马家族的史学世家的传统。司马谈死后,司马迁又继任父职为太史令。由此足见,史学之于司马氏,真可谓源远流长了。

第二部正史《汉书》的作者也很典型。班固本人曾是东汉史官,兼任过兰台令史。班固之父班彪,其人博学多才,素喜著述,尤其留意史学,并以此名重当代。汉光武建武二十八年(52),就在班彪担任司徒掾时,由于不满意《史记》的后续之作,曾经亲自执笔撰写了《史记后传》65篇(刘知几《史通·正史》)。与此同时,班彪还对《史记》遍加评点,考论其得失。他以为,"迁之所记,从汉元至武以绝,则其功也。至于采经摭传,分散百家之事,甚多疏略","其论学术,则崇黄老而薄《五经》;序货殖,则轻仁义而羞贫穷;道游侠,则贱守节而贵俗功"(《后汉书·班彪列传》)。这些批评意见,当初本是班彪撰写《史记后传》时的指导思想。后来,班固在许多地方都继承了下来。《汉书》中浓重的封建正宗思想,追踪其渊源,可以直接上溯到父亲班彪的思想理念。在史学方面,为班家增光添彩者甚多,除班氏父子外,还有班固的胞妹班昭。班昭(49—120),字惠班,又名姬,因嫁于同郡人曹世叔为妻,时人亦以曹大家呼之。班昭继承家风,深谙史学,继承父兄遗志。在班固死后,正是她毅然挑起兄长未竟重担,完成了班固未及撰写的"八表"及《天文志》,使《汉书》终于成为足本。班昭也由此成为"二十四史"中唯一的女作家。

在唐代初期撰修的八部正史中,也有五部正史产生于史学世家。所谓"五部正史",系指《梁书》、《陈书》、《北齐书》、《南史》、《北史》。其中,《梁书》和《陈书》的署名均系姚思廉。姚思廉,唐代吴兴武康(今浙江德清)人。其父姚察(533—606),入陈后担任秘书监,领大著作,并着手撰修《梁书》。在秘书省任职期间,他删正诸史,又奏撰中书表集。由于姚察"博极坟素,尤善人物,至于姓氏所起,枝叶所分,官职姻娶,兴衰高下,举而论之,无所遗失",故而,时人皆以"梓匠"相许(《陈书》列传二十一)。陈亡,入隋为秘书丞。隋文帝欣赏姚察才学,曾当众言于朝臣:"姚察学行当今无比,我平陈惟得此一人。"(同上)开皇九年(589),姚察奉朝廷之命撰修梁、陈二史,直至去世。梁、陈二史在姚察手中虽然没有最终完成,但已初具规模。这一点在姚察本传中说得明白:"梁、陈二史本多是察之所撰。"(同上)姚思廉幼秉家学,曾随父习学班固《汉书》。入唐后,任著作郎,司文学撰述之职。一生虽有其他官衔,但其主要成就在史学。他继承父志,在姚察著述基础上,完成了"二十六史"中的《梁书》和《陈书》。

唐代史家李百药是《北齐书》的作者。其父李德林历仕齐、周、隋三朝,与《魏书》作者魏收过从甚密。他熟悉各朝风俗政务,人物陟否,仕齐时曾预修国史,写《北齐书》27卷。至隋代,又以其"多识故事",命其续修,增加30余篇,"上之官,藏之秘府"(《史通·古今正史》)。李百药在隋为东宫学士,入唐后为中书舍人,礼部员外郎,除撰写《北齐书》外,还写有《五礼》、《齐史》等。可见,李百药不仅在史学方面有家学渊源,就是在以他的名字署名的《北齐书》中,也包含着他的父亲李德林的一份功劳。

《南史》、《北史》同样成书于史学世家。作者李延寿,其先系陇西望族,世居相州。父亲李大师,字君威,学识渊博,"备知前代故事,若指诸掌;商较当世人物,皆得其精"(《北史·序传》)。大师年少时即有著述之志,"常以宋、齐、梁、陈、齐、周、隋南北分隔,南书谓北为'索虏',北书指南为'岛夷'。又各以其本国周悉,书别国并不能备,亦往往失实。常欲改正,将拟《吴越春秋》,编年以备南北"。正是为了实现他梦寐以求的这一理想,他"佯装东归。家本多书,因编缉前所修书。贞观二年五月,终于郑州荥阳县野舍,时年五十九,既所撰未毕,以为没齿之恨焉"(同上)。李延寿自幼受到父亲熏陶,酷爱史学。他在唐代的最后官职是符玺郎,兼修国史。李延寿是一位多产的史学家,一生除了撰写《南史》、《北史》之外,还于贞观三年(629)参与撰修梁、陈、齐、周、隋"五代史";贞观十七年(643)参与撰修《五代史志》;贞观二十年(646)参与重修《晋书》的工作;显庆元年(656)参与撰修当朝国史。此外,还以一人之力编写出令唐高宗"叹美久之"的《太宗政典》30卷等。后人曾评论道:"自武德以后,有邓世隆、顾胤、李延寿、李仁实前后修撰国史,颇为当时所称。"(《旧唐书·令狐德棻传》)

　　在"二十六史"中,出自史学世家的上述七部正史各具特点,成就斐然。饮誉学林的《史记》、《汉书》自不必说,其他几部史书尽管尚有显然的不足之处,但是它们的主要成就不能抹杀。例如清代的《四库全书总目》对姚思廉的《梁书》、《陈书》便给予了充分的肯定:"持论多平允,排整次第,犹具汉、晋以来相传之史法,要异乎取成众手,编次失伦者矣。"至于梁、陈二书文字之简炼,后人早有共识。犹如赵翼云:"《梁书》虽全据国史,而行文则自出炉锤,直欲远追班、马。"其行文有别于当时骈体之风,"皆劲气锐笔,曲折明畅,一洗六朝芜冗之习。《南史》虽称简净,然不能增损一字也。至诸传论,亦皆以散文行之,魏郑公《梁书总论》犹用骈偶,此独卓然杰出于骈四俪六之上,则姚察父子为不可及也。世但知六朝之后,古文自唐韩昌黎始,而岂知姚察父子已振于陈末唐初也哉"(《二十二史札记·古文自姚察始》)。又如《北齐书》在保存史料方面的特殊贡献也是有目共睹的。特别是并存的几种北齐史先后散佚,《北齐书》就显得格外难得。刘知几曾评论道:"今之言齐史者,唯王(劭)、李(百药)二家。"(《史通·古今正史》)唐代以后,连刘知几提及的王劭之书也已散佚不存,李书就显得更加珍贵了。至于《南史》和《北史》,北宋大史学家司马光早有定评:"虽于祥诙嘲小事无所不载,然叙事简径,比之南、北正史,无繁冗、芜秽之辞。"(《文献通考·经籍考》)

　　包括《史记》、《汉书》在内的上述多部正史,之所以能获得如此巨大的成功,原因固然许多,而出生于史学世家,大抵是其中相当重要的一个因素。基于这样家庭背景的特殊性,势必从两个方面对其后代史学家产生重要而深远的影响。

第一,因为是史学世家,作者极易产生强烈的责任感。中国自古以来就有重视历史的优良传统。早在先秦时期,已有史官建置,其后代代相沿,世重其职。所谓"国可破而史不可灭"的观念早已成了历代史官的座右铭。在这一思想指导下,老一代的史学家耕耘史苑,竭诚营职,当其垂暮之年,心情不免忐忑:既有沧海桑田、领悟良多之感,又有夕阳黄昏、力不从心之叹。而自古以来恰有父子承袭史职之成例,于是,奋斗终生的父辈自然要谆谆告诫于后人,或嘱咐史学于人生之重要,或委以遗憾未了之理想。一种神圣、严肃的历史责任感,便在社会细胞——家庭的环境中油然而生。这样的事情,历史上不乏其例,读来令人感动不已。例如姚思廉之父姚察本是当代知名的史学家。开皇九年(589),姚察奉隋文帝之命撰修梁、陈二史,他旁搜博采,用力极勤,孰料中途病倒,于大业二年(606)谢世。修史宏愿未竟,遂成终天之憾,直到临死前仍念念不忘"其中序论及纪、传有所阙者,临亡之时,仍以体例诫约子思廉,博访撰续,思廉涕泣奉行"(《陈书·姚察传》)。字里行间分明蕴藏着老一代史学家"烈士暮年,壮心不已"的隐痛,和寄厚望于下一代的心情。《南史》和《北史》的作者李延寿的父亲李大师,也是一位事业心极强的史学家。他一生酷爱史学,621年,就在他受牵连被发配到西会州(今甘肃永昌以东)的时候,仍念念不忘史事。他有幸到凉州总管杨恭仁处,"恭仁家富于书籍,得恣意披览"(《北史》卷一百序传)。流放遇赦后,不愿为官,告别京师,东归还乡。他的根本目的只有一个,即要在"家本多书"的故里撰写南、北二史。然而,贞观二年五月,一病不起。"既所撰未毕,以为没齿之恨"(同上)。于是,他也像姚察当年嘱托姚思廉那样,把自己的未竟之业交付给儿子李百药。

　　最感动人的要数司马谈与司马迁父子二人了。司马迁36岁时，父亲在洛阳病故。临终之前，司马谈紧紧拉着司马迁的手，嘱以后事。他语重心长、切切叮咛的不是家事，而是要司马迁继承自己事业，写出"第二部《春秋》"的宏大志愿："自获麟以来四百有余岁，而诸侯相兼，史记放绝。今汉兴，海内一统，明主贤君忠臣死义之士，余为太史而弗论载，废天下之史文，余甚惧焉。"（《太史公自序》）当是时，守候于榻前的司马迁则是"俯首流涕"，立志继承父亲遗愿，把效法孔子、继续《春秋》，当作自己理所当然的头等重要的事业："先人有言：'自周公卒五百岁而有孔子。孔子卒后至于今五百岁，有能绍明世，正《易传》，继《春秋》，本《诗》、《书》、《礼》、《乐》之际。'意在斯乎！意在斯乎！小子何敢让焉。"（同上）继任太史令后，司马迁还说过："汉兴以来，至明天子，获符瑞，封禅，改正朔，易服色，受命于穆清，泽流罔极，海外殊俗，重译款塞，请来献见者，不可胜道。臣下百官力诵圣德，犹不能宣尽其意。""主上明圣而德不布闻，有司之过也。且余尝掌其官，废明圣盛德不载，灭功臣世家贤大夫之业不述，堕先人所言，罪莫大焉。"（同上）以上几段话，文字无多，意味深长，司马迁父子两代忠于职守的强烈的历史责任感，以及他们对史学执着追求、至死不已的事业心，虽千余载犹催人泪下。

　　第二，因为是史学世家，还容易产生"接力"效应。"接力赛"本是现代体育比赛形式之一，但"接力棒效应"却早在古代史学领域，尤其是在史学世家中已有鲜明的反映。出身史学世家的学者，近水楼台先得月。在特定的家庭氛围中，他们起码可以优先受惠于两点。首先是史学修养的熏陶。俗语云：近朱者赤，近墨者黑。在史学世家中，治史所必备的史学修养自然能受益于耳濡目染。父辈的学术造诣和治学家风，往往会在极其自然的氛围中，不断地输送给自己的继任人。司马迁父子、班固父子如此，姚思廉父子、李百药父子、李延寿父子也如此。其次是父辈创业的接续。在上述几部出自史学世家的正史中，没有一部不是父子两代用心血凝成的。在司马迁之前，司马谈是否已经草创了《史记》或勾勒了《史记》轮廓，司马迁没有明确作答。但《隋书·经籍志》似乎是持肯定态度的："谈乃据《左氏》、《国语》、《世本》、《战国策》、《楚汉春秋》，接其后事，成一家之言。谈卒，其子迁又为太史令，嗣成其志。上自黄帝，迄于炎汉，合十二本纪、十表、八书、三十世家、七十列传，谓之《史记》。"无论是否像《隋志》所说的那样，最起码的事实是，司马谈在学术思想上曾给司马迁以极大的影响。《史记·太史公自序》中说，司马谈任职太史令，遍阅各代史料，是一位学问渊博，极有史学修养的学者。特别是在他写的《论六家要旨》中，详细评论了儒、墨、阴阳、名、法、道等各家，六家之中，唯独推崇道家。司马谈以为，道家"因阴阳之大顺，采儒墨之善，撮名法之要，与时迁徙，应物变化，立俗施事，无所不宜，指约而易操，事少而功多"（《汉书·司马迁传》）。就学派言，司马谈的思想属于西汉初期黄老学派的新道家。司马迁则由于思想上受到父亲的很大影响，所以在《史记》里也有鲜明体现。更具体的内容毋须考证，仅看班固对《史记》的评论，便可以了然（可参见《汉书·司马迁传》）。《汉书》中的见解如何正统，可以暂且搁置不论，就中所谓"论大道则先黄老而后六经"的批评，却恰恰是司马谈《论六家要旨》的主导思想。司马迁对父亲思想的继承发扬，由此可以证明。

　　《史记》以外的上述几部正史，在有关文献中也都有相应的明确记载，即无一不是在父辈草创的基础上完成的。例如还在班固撰写《汉书》之前，其父班彪业已撰修出了《史记后传》数十篇。刘知几在评议班彪时说得明白："于是采其旧事，旁贯异闻，作《后传》六十五篇。其子固，以父所撰未尽一家，乃起于高皇，终乎王莽"，为《汉书》百篇（《史通·古今正史》）。这是《汉书》根据《史记后传》进一步改作的例证。在《梁书》与《陈书》问世之前，姚思廉之父姚察也早有开创之举："所撰梁、陈史，虽未毕功，隋开皇中，文帝遣中书舍人虞世基

索本,且进。临亡,戒子思廉撰续。"(《南史》卷六十九本传)正史《北
齐书》未成书之前,李百药之父李德林也已有所著述:仕齐时曾创纪
传体《北齐史》,共 27 卷,隋时续修至 38 卷,"上送官,藏之秘府"
(《史通·古今正史》)。至于李延寿的《南史》与《北史》,同样凝聚
着延寿之父的辛勤汗水。还在延寿未曾动笔之前,父亲李大师业已
仿《吴越春秋》体裁,编次南北史,可惜未成而卒。李延寿自己也说
过:"既家有旧本,思欲追终先志。"(《北史·序传》)

　　由以上情况可以看出,在特定情况下出现的史学世家,对我国古
代史学的发展,具有重要作用。在肯定有关文献的价值时,不应该忽
略史学世家存在的特殊意义。

二、当代史家

　　"二十六史"的作者中,除了上述那些来自史学世家的著名学者
外,还有第二组人物。这些人物虽非史学世家出身,但以其长期辛勤
于史苑,戮力耕耘,成就卓著,堪称当代知名史家。

　　在第二组人物中,有些人曾担任过史官或史职,并长期致力于
此,他们是以史学著称的学者。《三国志》、《宋书》、《周书》、《新元
史》等正史的作者就属于这一类。

　　《三国志》作者陈寿(232—297),巴西安汉(今四川南充)人。
"少好学",是同郡著名史学家谯周的高足,他本人"仕蜀为观阁令
史"(《晋书》本传)。入晋后因为张华等人荐引,先任佐著作郎,后为
著作郎、治书侍御史等职。在撰修《三国志》以前,他写的《益部耆旧
传》曾以文词高雅、史事翔实,深得晋武帝赏识。他写《三国志》时,
魏、吴二国已先有史,官修者有王沈的《魏书》、韦昭的《吴书》,私修
的有鱼豢《魏略》。唯独没有蜀国史书。陈寿乃亲自采集资料,终成
"蜀书"。《三国志》脱稿后,世人交口称誉,谓陈氏有良史之才。据
说当时夏侯湛正写《魏书》,见《三国志》出,自叹不如,乃自毁其稿。

《宋书》作者沈约(441—513)，南朝吴兴武康人，一生历仕宋、齐、梁三朝，先后担任萧齐著作郎、中书郎等职务。曾参与校定四部图书，时人称他"好坟籍，聚书至二万卷，京师莫比"，"历仕三代，该悉旧章，博物洽闻，当世取则。谢玄晖善为诗，任彦昇工于文章，约兼而有之"(《梁书·沈约传》)。沈约一生的著述，除正史《宋书》100卷外，计有《晋书》110卷，《齐纪》20卷，《高祖纪》14卷，《迩言》10卷，《谥例》10卷，《宋文章志》30卷，《文集》100卷等。在其近400卷的著述中，大部分是历史文献，堪称多产作家。

《周书》的作者令狐德棻(582—666)，唐代宜州华原(今陕西耀县)人。历任丞相府记室、起居舍人、秘书丞、礼部侍郎兼修国史、秘书少监、弘文馆学士监修国史等官职。唐代初期，史学能够取得重大成就，与令狐德棻的努力有一定关系。还在唐高祖武德四年(621)，他就向朝廷上书建议修史："窃见近代已来，多无正史，梁、陈及齐，犹有文籍。至周、隋遭大业离乱，多有遗阙。当今耳目犹接，尚有可凭，如更十数年后，恐事迹湮没。陛下既受禅于隋，复承周氏历数，国家二祖功业，并在周时。如文史不存，何以贻鉴今古？如臣愚见，并请修之。"(《旧唐书·令狐德棻传》)鉴于令狐氏这一极富见地的奏章有理有据，唐高祖当即采纳，不久即下诏命人编修"六代史"。梁、陈、魏、齐、周、隋六史的编修由此全面展开。《旧唐书》本传中说："武德已来创修撰之源，自德棻始也。"足见他在初唐史学发展史上确有筚路蓝缕之功。令狐德棻一生参与修史，著作等身。除了共同撰修《周书》、《晋书》外，还参与撰修《艺文类聚》、《大唐礼仪》、《民族志》、《贞观实录》、《高祖实录》、国史及律令等。《旧唐书》本传还说他早年即勤于史事，"暮年尤勤于著述，国家凡有修撰，无不参预"。

《新元史》的作者柯劭忞(1850—1933)，山东胶州人，曾任清朝翰林院侍讲，典礼院学士，国史馆纂修及清史馆总纂。他在史学上的贡献，除了独立完成了被列为正史的《新元史》257卷外，还著有《译史补》6卷,《新元史考证》58卷,以及《文献通考注》、《穀梁传补笺》等。尤其值得一提的还有,他也参与了《清史稿》的撰修及负责工作,厥功甚伟。

在第二组人物中,也有一些人虽然一生中长期担任其他行政官职,但同时在学术领域里以其主要致力于史学,并且确有卓越建树,因而亦属知名史家之列。在"二十六史"中,诸如《后汉书》、《南齐书》等正史的作者便属于此类。

《后汉书》作者范晔(398—445),字蔚宗,南朝刘宋时期顺阳(今湖北光化)人。出身官僚家庭,祖父范宁为豫章太守,父亲范泰为车骑将军。范晔"少好学,博涉经史,善为文章,能隶书,晓音律"(《宋书》本传)。他从17岁起即被雍州刺史辟为主簿,不就,以后曾任冠军参军、秘书丞、兵部员外郎、郑州别驾从事史、新蔡太守、尚书吏部郎、宣城太守、镇军长史、下邳太守、左卫将军、太子詹事等官职。范晔长期担任行政官职,但于史学造诣颇深:"既造《后汉》,转得统绪,详观古今著述及评论,殆少可意者。"(范晔《狱中与诸甥侄书》)魏晋以降,撰后汉史者众多,而在范晔看来竟然没有一部是理想之作。即便《汉书》,也不过尔尔:"班氏最有高名,既任情无例,不可甲乙辨,后赞于理近无所得,惟志可推耳。博赡不可及之,整理未必愧也。"(同上)就这样,当他27岁那年,即由尚书吏部郎贬黜为宣城太守之际,"不得志,乃删众家《后汉书》为一家之作"(《宋书》本传)。他一生著述颇丰,除史学名著《后汉书》以外,据《隋书·经籍志》等史书记载,还有《汉书缵》18卷、集15卷、录1卷,《百官阶次》1卷,以及若干诗赋等,惜乎有录无书,篇帙亡佚无存。

与范晔相比,《南齐书》作者萧子显(488—537),更是出身名门的行政官员。他颇得梁武帝萧衍的赏识,历任仁威将军记室参军、司徒主簿、太尉录事、中书郎、黄门郎中、国子祭酒、吏部尚书、仁威将军、吴兴太守等职务。萧子显虽然没有担任史官官职,但是自幼涉猎文史,尤擅史学。他博采众家之长,撰成《南齐书》60 卷,"书成,表奏之",受到梁武帝赏识,"诏付秘阁"(《梁书·萧子显传》)。他的作品除《南齐书》外,还有《后汉书》100 卷、《普通北伐记》5 卷、《贵俭传》30 卷、《文集》20 卷等。无独有偶,其弟萧子云亦擅史学,著有《晋书》110 卷、《东宫新记》20 卷,以史学驰名当代。所以他的二哥萧子恪曾夸示众人:"文史之事,诸弟备之矣,不烦吾复牵率,但退食自公,无过足矣。"(《梁书·萧子恪传》)此言虽然有些夸口,然考察南朝梁代史坛,显非子虚乌有。

在第二组人物中,还有一些人,修史前既没有在本朝任过史职,也没有担任过其他行政官职,仅仅是由于朝廷征召而从事正史的编纂。但是,他们学有所长,博通经史,大多是朝代革易未久的所谓"山林隐逸之士"。此等人物,以明清两朝为多,亦应归于史家行列。

以《元史》为例,本书编纂分为两次进行。第一次始于明朝开国第二年,即洪武二年(1369)二月到八月。第二次是从洪武三年(1370)二月到七月。第一次编纂时,明太祖朱元璋下诏以左丞相李善长为监修,以宋濂、王祎为总裁,征召山林隐逸之士汪克宽、胡翰、宋僖、陶凯、陈基、赵壎、曾鲁、高启、赵汸、张文海、徐尊生、黄篪、王锜、傅著、谢徽、傅恕等 16 人为纂修。第二次编纂时,仍以宋濂、王祎为总裁官,又征召四方文学之士朱右、贝琼、朱廉、王彝、张孟兼、高逊志、李懋、李汶、张宣、张简、杜寅、殷弼、俞寅等 13 人为纂修。经过一年的努力,终成《元史》。

同《元史》的编纂相比,《明史》的编纂者形式上略有变化。在编纂《明史》的半个多世纪中,清朝统治者虽然也征用一些编纂人才,但是,一般不像明代那样直接聘用,而是通过所谓"博学鸿词科"的形式选用。例如康熙十八年(1679)"三月丙申朔,试博学鸿词,授彭孙遹等 50 人翰林官有差"(蒋良骐《东华录》)。这些人在编纂《明史》过程中发挥了重要作用。在被清朝统治者征召的山林隐逸之士中,最突出的代表是万斯同。万斯同(1638或1643—1702),鄞县(今浙江宁波)人,字季野,号石园,是著名学者黄宗羲的高足。万氏博通经史,尤为熟悉明代掌故。康熙十七年(1678),诏举博学鸿词科,当时虽有浙江巡道许鸿勋的竭力举荐,而万氏绝意仕途,力辞未就。第二年清廷开局修《明史》,昆山学士徐元文请其前往。"明史局征士,许以七品俸称翰林院纂修官,学士欲援其例以授之",万斯同却"请以布衣参史局,不署衔,不受俸"(全祖望《万贞文先生传》)。虽然后来《明史》纂修者中没有万斯同名字,并且由于清廷基于鲜明的政治原因,数易万氏旧稿,弄得《明史》初稿本来面目近于全非,但万斯同的功绩有口皆碑。据记载,"诸纂修官以稿至,皆送先生(万斯同)复审。先生阅毕,谓侍者曰:取某书某卷某页有某事当补入,取某书某卷某页某事当参校。侍者如云而至,无爽者。《明史稿》五百卷,皆先生手定"(同上)。

从上述第二组人物中可以看出,不论是担任过史官、史职的职业史家,还是挂着许多行政头衔的"第二职业者",抑或是出自"山林隐逸之士"的学者,尽管他们涉足史坛的身份不同,但是,以其博通文史或长期致力于史学,都曾在"正史"的编修中发挥了自己的史学才干。由此可见,他们中的许多人,同样是无可争议的真正史学家。

三、学界名流

"二十六史"的作者中,还有第三组人物。这些人在撰修史书过程中,发挥个人特长,做出了自己应有的贡献,也表现出了史学方面的卓越造诣。但是,就其一生而言,史学成就仅仅是他们全部成就的一部分。换言之,除了史学成就外,他们在其他领域也有重要建树,甚至主要是以其他方面的成就知名当代、影响后世。这些人物既是史学领域、更是其他领域受人尊敬的学界名家。

这些人中有著名的政治家,例如魏征(580—643)。入唐后,征初为太子洗马,太宗即位后,日见重用。君臣相得,传为佳话。魏征累迁至谏议大夫、秘书监、侍中,封郑国公。他多次规劝太宗以隋之灭亡作为鉴戒,阐述君与民如同舟与水的关系:"水能载舟,亦能覆舟。"发表"居安思危"、"任贤受谏"等许多发人深思的见解(见《贞观政要》)。魏征曾先后写出《十渐不克终疏》等大约二百篇的政治文献,为推动"贞观之治"作出了突出的贡献。他还受诏同虞世南、褚遂良等人从经史百家中辑录出历代帝王兴衰之迹,编成《群书治要》,成为以后封建皇帝览前王得失以为借鉴的书籍。而同时,他又监修五代史,撰写《隋书》有关序、论及《隋书·经籍志》。

　　这些人中有著名的经学家,例如孔颖达(574—648)和颜师古(581—645)。孔、颜二人皆以经学成就名闻天下。孔颖达,字仲远,冀州衡水(今河北衡水)人。还在隋大业初年,即以明经高等及第,任河内郡博士,同国子监、秘书监学生论难,孔氏以经学造诣深厚,令人折服。入唐后历任国子博士、国子司业、国子祭酒等职。他主编的《五经正义》(即《周易正义》、《尚书正义》、《毛诗正义》、《礼记正义》、《春秋正义》)融汇了经学界诸家学说而为时人称道,成为科举考试的标准。唐太宗曾表彰他说:"卿等博综古今,义理该洽,考前儒之异说,符圣人之幽旨,实为不朽。"(《旧唐书·孔颖达传》)与孔颖达一样,颜师古亦系唐代著名经学大师,京兆万年(今陕西西安)人。历任中书舍人、中书侍郎、秘书少监、秘书监、弘文馆学士。唐太宗以经籍流传既久,讹谬丛生,乃命颜师古考定《五经》。颜氏经过多年辛勤工作,撰写出《五经》定本,令诸儒叹服,颁行天下,以为标准读本。贞观三年(629),《隋书》开始编纂,孔颖达、颜师古分别以中书侍郎、给事中的身份参撰其中,作出了自己特有的贡献。

　　这些人中也有名闻天下的文学家,例如编撰《新唐书》、《新五代史》的欧阳修(1007—1072)。欧阳修,字永叔,庐陵(今江西吉安)人,累官至枢密副使、参知政事。欧阳修博通群书,诗文兼韩、柳、李、杜之长,是北宋古文运动的著名领袖。他倡导诗文革新,扭转了一代文风。欧阳修散文说理透辟,抒情委婉,语言清新流畅,与韩愈、柳宗元、苏洵、苏轼、苏辙、曾巩、王安石并列文坛,被后人誉为"唐宋八大家"。其作品有《欧阳文忠公集》153 卷传世。除文学成就外,欧阳修在史学上也享有一定地位。他不仅独自撰写了《新五代史》74 卷,还受诏与宋祁等人撰修了《新唐书》225 卷。宋仁宗曾盛赞此书"创立纪传,裁成大体","网罗遗漏,厥协异同","闳富精核","校雠有功"(《文献通考·经籍考》)。

第三组人物之所以知名当代、影响后世,主要原因固然是他们在诸如政治、文学或经学等方面做出了突出的贡献,同时也与其史学方面的贡献有关。这些人之所以又能在史学方面有所成就,除去个人诸种因素外,也与古代中国文化学术领域里的综合性特征有关系。中国自古以来文史不分,经史不分。例如著名学者李贽、章学诚等人,均曾明确指出"六经皆史"。后人所说的各种学科,事实上在古代往往相互包容,并没有严格的此疆彼界。此外,又由于中国史学具有极其重要的"垂训鉴戒"的政治意义,因而对于职业史官以外的一些学者或政治家来说,参预修史也就没有什么奇怪之处了。

上述三组人物——史学世家、当代史家、学界名流,组成了"二十六史"的创作队伍。虽然他们个人的身份不尽相同,研究的领域也各不一样,但是,从他们身上依然可以找到下面两个明显的共同点。

(一)造诣深厚

以唐代官修史书为分水岭,唐代以前问世的正史是《史记》、《汉书》、《后汉书》、《三国志》、《宋书》、《南齐书》、《魏书》等七部。这七部史书中,《史记》、《汉书》的作者来自史学世家;《三国志》、《魏书》、《宋书》的作者均担任过史职;此外,《后汉书》的作者范晔是一位博览群书,笔挟风雷,具有一定政治眼光的学问家;而《南齐书》的作者萧子显出身名门,博通经史,以学问和才气名扬南朝梁代。由此可知,唐代以前的作者无一不是具有深厚的文化功底。

　　再看唐代和唐代以后的史籍作者,大抵亦复如是。而就中有一个史实尤为引人瞩目:中国科举制自唐代确立后,那些金榜题名的历代学子,成了各朝史书撰修者的重要来源。唐代以后参与撰修国史的作者中,有许多是进士出身的学者。试举数例:《旧五代史》作者薛居正,乃五代后唐进士。《新唐书》主要撰修者欧阳修,北宋天圣八年进士及第。另一作者宋祁,亦天圣间进士。《新元史》作者柯劭忞,清光绪间进士。《宋史》纂修官中更有进士多人,其中:张起岩,元代延祐二年进士;欧阳玄,延祐二年进士;王沂,同样是延祐二年进士;李好文,元至治元年进士。在《明史》纂修官中,张烈系清康熙九年进士;施闰章,顺治六年进士;陆荣,康熙六年进士,举博学鸿儒;沈珩,康熙三年进士,举博学鸿儒;吴苑,康熙二十年进士;徐乾学,康熙九年一甲三名进士;曹禾,康熙三年进士,举博学鸿儒。在《清史稿》纂修官中,赵尔巽,清同治十三年甲戌进士。其余纂修者如缪荃孙、夏孙桐、王树楠等人,则皆系清光绪间进士。科举出身,固然不能看作是衡量某人文化水平的唯一标准,但科举取士毕竟是中国古代文化领域中重要且严格的考核制度。有幸登上进士阶梯的文人,毕竟是通过层层选拔,冲破重重关隘才得以崭露头角的,他们中的许多人是文化领域中的佼佼者。由于具有一定的文化素质和史学修养,便为撰写高水平的史书提供了必要的人才条件。

(二)勤奋治史

　　从有关文献记载看,国史的纂修者们不仅有较高的史学造诣,而且治史的态度大都严谨认真,有一种锲而不舍、献身事业的刻苦精神。

　　古代正史中的其他著者姑且不论,仅以宋代欧阳修为例,亦不失为古代史坛之典型。他撰写的正史,在"二十五史"中独占其二。且不说欧阳修与宋祁合撰《新唐书》时的个中辛劳,即使在他独撰的

《新五代史》中,用功执着的精神亦可窥一斑。《新五代史》自宋景祐元年(1034)前后开始着手编纂,大约用了20年时间,至皇祐五年(1053)始成初稿,又用了10年时间补充修订,才最终完成全书。在《答李淑内翰书》一文中,欧阳修就曾不无感慨地谈及撰写《新五代史》过程中的体会:"问及《五代》纪传,修曩在京师,不能自闲,辄欲妄作。幸因余论,发于教诱,假以文字,力欲奖成。不幸中间,自罹咎责。尔来三年,陆走八千,水行万里,勤职补过。营私养亲,偷其暇时,不敢自废。收拾掇缉,粗若有成。然其铨次去取,须有义例;论议褒贬,此岂易当? 故虽编撼甫就,而首尾颠倒,未有卷第,当更资指授,终而成之,庶几可就也。"(《欧阳文忠公文集》卷六十九)由此足见,欧阳修个中甘苦,确实难以尽述,仅仅一部《新五代史》居然凝聚了作者数十载心血。

　　无独有偶,清末柯劭忞除了努力参与《清史稿》的撰写外,还在元史研究领域作出了特殊贡献。为了弥补旧《元史》诸多缺憾,在撰写《新元史》的过程中,柯劭忞可谓广搜博采,取精用宏,前后竟然付出了30多年的辛勤劳动。当然,最为感人肺腑者,首推封建史学的开创者司马迁。从史料记载上看,司马迁终其一生,委实只写了一部《史记》。但是,在这部同天地长在、与日月争辉的史书中,却凝聚了司马氏父子终生的心血。特别是对司马迁而言,《史记》堪称为毕生的泣血之作。

　　惟其如此,从一定意义上说,前后衔接的"二十六史"鲜明地反映了"国可破而史不可灭"的可贵精神。而中国史学这种连续性的光荣传统,则正是通过司马迁以及像司马迁那样的众多史家、学者的不懈努力和追求,才得以弘扬光大和世代传承。

　　当然,还应该特别指出:"二十六史"以外的其他许多纪传体史书也有类似情形。尽管这些史书长期以来未能列入传统的"正史"丛书系列,但无论考察该书作者的文化素质,还是其治史热情,也都大抵相类。仅仅着眼于以下较有影响的几部纪传体著作，上述背景即可了然。

东汉时期的《东观汉记》，属于集众撰修的一部史学著作。在诸多作者中，曾与班固共撰本书《世祖本纪》的尹敏、陈宗、孟异等人，都是班固的兰台史友。参与其事的李尤，本人是和帝时的兰台令史。其他先后参与撰写《东观汉记》的边韶、崔寔、延笃、朱穆、马日磾、卢植、蔡邕诸人，同样名重当代，著作于东观。蔡邕可说是其中的典型代表。蔡氏博学多才，深谙经学、史学、书法及音律。当他晚年以董卓事被王允收系时，太尉马日磾急驰允府，向允恳切指出，蔡氏乃"旷世奇才，多识汉事；当续成史，为一代大典"（《后汉书·蔡邕传》）。

南朝梁代《通史》亦为名重当代著作。该书作者吴均，"好学有俊才"，"文体清拔有古气"，时人谓为"吴均体"，他除了撰修纪传体《通史》外，又著有《齐春秋》、《十二州记》、《钱塘先贤传》、《庙记》、《续文释》等著作（见《梁书·文学列传》）。仅此足见，吴均不愧是一位勤奋耕耘的史家。

至于南宋郑樵的《通志》，更是一部难得的类似于《史记》的纪传体通史。郑氏学识渊博，一生"好著书"，"自负不下刘向、扬雄"，深居夹漈山中研讨学问。又历游各地，搜奇访古，"遇藏书家，必借留读尽乃去"，为赵鼎、张浚以下所器重。"初为经旨、礼乐、文字、天文、地理、虫鱼、草木、方书之学，皆有论辨。"（《宋史·儒林列传》）他曾言班固以来历代为史之非，博得皇帝高度赞赏："闻卿名久矣，敷陈古学，自成一家，何相见之晚耶？"（同上）

由以上著述及有关记载不难看出，在纪传体"别史"作者与纪传体"正史"作者间，实则并无此疆彼界之别。即以上所有这些历史人物，不单大都是学有所长的史学家，而且终生兢兢业业辛勤劳动，为中国史学尤其为纪传体文献的发展作出了自己的贡献（纪传体史家之相关信息，还可参见书末附录一"二十六史"作者简况一览表）。

第二节　编撰环境

就纪传体"二十六史"的编撰形式而言,全部典籍可以区分为官撰和私撰两大类。就其产生、发展的顺序而言,先有私撰,后有官撰。唐代以前,私撰是普遍现象。唐代以后,虽然还有私撰这一形式,但已是个别现象了,彼时之主流形式已经被官撰所取代。

在"二十六史"中,属于私撰和奉敕私撰者,有《史记》、《汉书》、《后汉书》、《三国志》、《宋书》、《南齐书》、《梁书》、《陈书》、《魏书》、《北齐书》、《周书》、《南史》、《北史》、《新唐书》、《新五代史》、《新元史》等,共计十六部史籍,占全部史书的60%以上;其余者都属于官修史书,官撰者大约占比为40%。

从"二十六史"的编撰情况来看,无论是官撰还是私撰,大都具有一个理想的编撰环境。具体说来,不止是在采集和利用史料方面体现出明显的优越性,自南北朝时期尤其从唐代以后,工作环境也日臻完善。基于国家的大力支持,修史者待遇令人羡慕,地位优越,动辄赏赐,编修国史已经变成了一个无上荣光的高尚事业。

一、史料丰富

单就"二十六史"在采集和利用史料方面,无论官撰史书还是私撰史书,在编撰该史之际,都呈现出史料丰富的基本特征。

(一)私撰史料

与官修相比,私撰虽然没有真正意义的编纂机构,但修史所利用的相应文献资料,实则并不缺乏。

从私撰者个人身份看,可以区分为担任史职者和未担任史职者两类。由于我国古代史官有掌管图籍、校定文书的职责,故而担任史职者(无论是长期担任太史令一类史官,还是短期任过著作郎之类的史官），在利用皇家藏书方面都有天时、地利、人和三个有利条件：以其有堂而皇之的名义可称"天时"；以其可直接接触各类藏书堪称"地利"；以其曾与藏书机构有关工作人员一起共事，又可以说有"人和"之便。故此，史官修史自有"近水楼台先得月"的天然条件。对他们来说，断不会产生无米下锅那样的可悲窘况。当年司马迁继任父职，正是饱览了皇家"石室金匮"的藏书，从而为以后《史记》的撰修准备了大量素材。班固虽然早在汉明帝永平元年（58）已开始了《汉书》的编纂工作，但真正的重大转折则是永平五年（62）。这一年，他因祸得福，被任命为兰台令史，迁校书郎。兰台是东都洛阳藏书重地，"光武迁还洛阳，其经牒秘书载之二千余两，自此以后，叁倍于前"（《后汉书·儒林传》）。有了如此丰富的文献档案资料，班固自然"专笃志于博学，以著述为业"（《汉书·叙传》）。"自永平中始受诏，潜精积思二十余年，至建初中乃成。"（《后汉书·班彪列传》）《宋书》的作者沈约更有自己的特点，在南朝萧齐时，曾兼任过著作郎、中书郎、黄门侍郎、国子祭酒等职。沈约博览群书，诗文并佳，乃齐、梁文坛领袖，位于"竟陵八友"之列，尝撰长文《郊居赋》以明志。他不止参与校定国家典籍，还是当时有名的图书收藏家，平生"好坟籍，聚书至二万卷，京师莫比"（《梁书》本传）。有了如此丰富的私人图书馆，撰写起《宋书》来，自然要方便得多。

诚然，在私撰作者中有一部分人没有出任过史职，而是长期担任其他官职，有的甚至是国家重要行政官员。例如《后汉书》作者范晔曾长期任职行政，一直做到左卫将军、太子詹事的高位。《南齐书》作者萧子显以其特殊的贵族身份，政治上春风得意，也曾承担要职，最后出任国子祭酒、仁威将军等等。至于《新五代史》的作者欧阳修，更是连任知谏院、龙图阁直学士、知开封府、礼部侍郎、枢密副使、参知政事、刑部尚书、兵部尚书等显官要职。这一部分人虽然多系文职官员，当其需要利用他处文献资料时，以其地位之尊，管辖之便，交游之广,当非难事。还需要指出的是,有相当一部分私撰之纪传体史书出自魏晋南北朝,而魏晋南北朝时期,客观上也为私撰史书提供了理想的条件。这一时期,每一个王朝(包括地方割据势力)几乎都在建国之初即设置史官,使其掌修国史。例如齐高帝萧道成于建国第二年便设立史官,而梁武帝萧衍还在刚刚登基的天监元年(502)即置著作郎、撰史学士。于是,自上而下的重视史学之风,为修史者利用文献提供了合理合法的依据。此其一。魏晋南北朝时期,南北分治,年祚短促,国事更迭,旋起旋灭,客观上出现的各种重大事件,也为私撰国史提供了丰富的素材,此其二。汉代以下,历经各朝撰修、搜集和整理,各类文献已有一定的发展,此其三。故而,梁启超先生曾为此议论道:"两晋六朝,百家荒芜,而治史者独盛。"(《中国历史研究法·过去中国之史界》)此话可谓言之有理。

(二)官修史料

中国官修史书制度确立于唐代初年,唐代以后的历代国史大都出于官修。如果说古代的国史私撰者因系当代名家(不少人有较高社会地位),一般来说他们并不缺乏修史所需的参考文献的话,那末官修的基本条件就更为优越了。从历代官修国史的情况看,修史所需要的各类文献,主要是通过以下两条途径得到了很大的满足。

1. 国家典藏

国家图书的收藏范围相当广泛,来源渠道涉及方方面面,内容自然非常丰富,这是中央政府以下的各级地方政府和一般私人收藏家所无法比拟的。考察国家典藏,仅就与修史有关的文献资料而言,最主要的包括以下四个方面。

(1)官方史书

首先要提到的自然是国史。国史可以分为本朝史、实录、起居注诸系列。所谓起居注,是一种专门记录皇帝在位时期的言行录,而实录是一种综记皇帝在位期间的大事记。起居注与实录虽然都是撰修国史的极其重要的史料,常被后人并提,但是二者却有着明显的不同。起居注唯记皇帝的言行动止,而实录则于记述皇帝诸事外,兼记一朝之国政大事;起居注记载琐碎,内容驳杂,而实录则兼采起居注、时政记、日历等档案资料,年经月纬,较为系统。虽然有所区别,但两者都是以皇帝为中心,以时间为顺序,全都是当代奉敕撰写的"注记"之作,也因此都是编撰本朝史和正史的重要史料。南宋著名史家高似孙曾经强调说:"实录之作,史之基也。史之所录,非借此无所措其笔削矣。"(《史略》卷三)所谓本朝史,亦称国史,一般是指融汇实录等各种史料编撰而成的历史文献,其中不仅有纪传体国史,而且还有编年体国史。本朝史内容丰富,理所当然是编修正史的重要资料。除国史外,还有其他大量的官方史书,例如还包括会要、会典,以及数量可观的地方志等文献资料。

(2)政府文件

所谓"政府文件",其中主要涉及诏、诰、奏疏等档案文献。

以上这些资料,大都是直接涉及当代政治、经济、民族、军事、典制等方面的原始文献,具有重要的使用价值。所以,自《旧唐书·经籍志》首立类目,后世书目中演为诏令奏议类。按照著名史家郑鹤声先生的理解,"诏令奏议,其流甚广,其近于诏令之性质者,有命令,有制诰,有册书,有敕书,有教戒,有玺书,有赦文,有檄,有移,有关,有牒,有露布,有批,有判,有文卷,有契约等名。其近于奏议之性质者,又有奏疏,有奏状,有奏诸,有封事,有弹事,有议,有对,有章,有表,有致辞。各有体例,不可殚言"(郑鹤声《中国史部目录学·史部源流》)。

(3)私人著述

国家藏书中的私人著述,也是撰修国史的重要参考资料。这类著述主要包括以下两类著作。

其一,私修史书。这类史书即使在严禁私修的隋代,也依然出现。隋唐以后,更是不绝如缕。例如隋代学者王劭,就曾经"采民间歌谣,引图书谶纬,依约符命,捃摭佛经,撰为《皇隋灵感志》"(《隋书·王劭传》),以后又撰《隋书》、《齐书》、《平贼记》等史籍。

其二,个人文集。此类文献早已有之,随着科学文化的发展,隋唐以后为数渐多。在国家所藏图书中,这类文献占有一定比重。仅《新唐书·艺文志》所著录就有400多种。金朝见诸文献记载的也有七八十种。明清时期更多,据《千顷堂书目》统计,明代文人别集达4900多种,见于《明史·艺文志》的也有1198种。这些文集不仅有助于研究有关作者情况,也是揭示社会历史的必要参考文献。

(4)其他资料

所谓其他资料,包括野史、小说、笔记等各种资料。

上述这类资料,历代多有。例如明代的野史之盛,不下千家之多,它们同样是修史取证不可或缺的资料。试以《明史》为例,在它征引的文献中,除历朝实录、官方会典、地方志书等资料外,还有《万历野获编》、《水东日记》等野史、笔记。

很显然,只有国家层面的官方典藏,才可能提供如此丰富之上述文献资料。

2. 官方征集

国家图书馆藏书和官方现有文献资料,固然是官修国史的重要资料来源,但这也仅仅是一个方面。由于官修正史往往是后一王朝编纂前一王朝的历史,而当朝代革易之际,国家原有文献资料往往于动乱中受到损失,于是利用国家行政手段征集各地乃至个人文献资料,以弥补现有文献之贫乏,就成为官修史书的另一个重要资料来源。这一现象在我国历史上不乏其例。

试看《隋书·经籍志》记载:隋开皇三年(583),"秘书监牛弘,表请分遣使人,搜访异本。每书一卷,赏绢一匹,校写既定,本即归主。于是民间异书,往往间出。及平陈已后,经籍渐备"。然而,历经隋末社会动荡和战乱,辛苦经营起来的文献资料散佚严重。为了撰修正史,唐初采取了两条措施。其一,购募整理与撰修。武德五年,秘书丞令狐德棻向高祖建议"购募遗书,重加钱帛,增置楷书,令缮写"(《旧唐书》卷七十三)。由政府组织有关人员购募、整理和校定图书文献。他还恳切上奏"窃见近代以来,多无正史,梁、陈及齐,犹有文籍。至周、隋遭大业离乱,多有遗缺。当今耳目犹接,尚有可凭,如更十数年后,恐事迹淹没","如文史不存,何以贻鉴古今?如臣愚见,并请修之"(同上)。其二,明令部门及地方报送。在唐代《诸司应送史馆事例》中明文规定,所涉有关部门必须按期将所征集资料送至史馆备用。据《唐会要》等文献记载,有关条款几达20项之多。其中如中书、门下报送时政记;起居郎报送起居注;鸿胪勘报藩国朝贡;刑部报送法令变更;户部报送州县废置,并与州县共报天灾、地震;宗正寺勘报诸王来朝情况;吏部报文官除授;兵部报武官除授;州县录送硕学异能;本州录送刺史县令善政;礼部录送祥瑞;太史验报天文祥异等等。所涉部门之多,范围之广,由此可见一斑。这些制度的推行,为唐代顺利修史提供了保障。

　　然而,自"李朝丧乱,迨五十年,四海沸腾,两都沦覆",至五代时,官方藏书与原来相比,"百无一二"(《五代会要》)。为了编写《旧唐书》,后晋赵莹坚持唐代以来"诸司应送史馆事例"的原则,于天福六年(941)向朝廷提出了征集文献的具体措施:"三京诸道,中外臣僚,及名儒宿学",皆应搜罗唐代史料,以此区别情况,授予官职及奖励。例如献送《唐书》、《实录》者,量其文武才能,除授一官(同上)。还具体规定了国家有关部门搜集专门资料的范围,如司天台搜集唐代甲子长历,以及天文、灾异、五行休咎、历法更动;大理寺搜集律令、条格及所断疑狱;御史台搜集官阶、检校、册拜、升降、废置;兵部搜集军制军额、山河异制;秘书省搜集古今典籍之撰者、部数等等,以便为相应的"天文"、"五行"、"职官"、"郡国"、"经籍"诸志提供素材(同上)。

由于这一得力措施的推行，为《旧唐书》的顺利撰修奠定了文献资源的坚实基础。

元人编写宋、辽、金三史，也得益于政府有关部门的征集文献。同样是由于朝代革易之际的动乱，使得宋、辽、金"三国实录、野史、传记、碑文、行实，多散在四方"，于是元朝"交行省及各处正官提调，多方购求，许诸人呈献，量给价值，咨达省部，送付史馆，以备采择"（《修三史诏》）。就中史官危素的事迹令人感动，他为搜求遗书、遗事，甚至长途跋涉，连续奔走于江南各地。因为想早日征集到重要文献，不惜与阔别19年的好友即刻分手。友人顾瑛有感于此，曾赋诗相赠："……去家昔逾半万里，别我今经十九年。辖轩使者采图籍，龙门太史行山川。碉阿一宿慰风雨，起视留墨心茫然。"（《草堂雅集》卷七）由此可见，对于正史的编纂来说，收集政府各部门、各有关方面的有关资料，是一个不可或缺的极其重要的补充形式。而这种形式，只有借助于国家行政手段，才可以付诸实施。在这方面，所谓私修者便无能为力了。

以上是在"二十六史"编纂过程中，有关利用文献资料的基本情况。

对于纪传体"别史"来说，所用文献资料与正史情况亦有雷同之处。所谓"别史"，实则也有私修、奉敕私修和官修等不同形式。例如郑樵《通志》显系私修，其写作资料与正史私修者也大体相类；诸如《东观汉记》之类，则系官修或近似后世官修之作；至于南朝《通史》则是奉敕私修。以上这些著作因系朝廷明令撰修，故而在国家文献资料的提供方面也比较充分，与后来的官修正史并没有很大差别。

二、待遇丰厚

正史之成书既得力于丰富的文献资料，又得益于相应的物质待遇。很显然，资料和待遇是辩证互补的关系：没有一定的文献资料，则"巧妇难为无米之炊";没有一定的物质待遇,正史编纂者的积极性也不可能充分地调动起来。在古代,正史的编纂同其他多种文献的编纂相比,具有如下两个明显的优势。

(一)地点优越

犹如上述,正史有官修和私修两种形式。就私修而言,以其未有朝廷的事先首肯,似乎形式上不可能有官修那样的便利场所。其实也不尽然,史馆本身便不失为史家著述的首选之处。在那里,既有史家同行可以及时切磋学术,同时又有文献资料可以随时参阅。

回顾中国史馆的悠久历史,汉代的兰台、东观当属于较早之典型。此后,北魏设修史局,北齐设史馆,隋代亦设史馆于都城。至唐代,国家设置了更为完善的修史机构。此后,历代相沿,宋代史馆分设于国史院、实录院,元代设于翰林国史院,明清两朝设于翰林院。

从"二十六史"的编纂情况看,有不少在名义上被称作"私修"的正史,实际是在史馆中撰修的。《史记》固然没有明确表示编纂地点,但司马迁曾明确说过,父亲司马谈"卒三岁而迁为太史令,绅史记石室金匮之书"。又有所谓"百年之间,天下遗文古事靡不毕集太史公"之说(《太史公自序》)。从这两句话亦可以看出,《史记》的撰写显然是充分利用过西汉皇家图书馆这一理想场所的。关于《汉书》的编纂情况,在《后汉书·班彪列传》中也有明确记载。永平中,班固被任命为兰台令史,《汉书》的编纂主要在兰台进行。兰台者,皇家藏书重地,由包括班固在内的六名"令史"在此掌管图籍,校定文书。应当说,这对《汉书》的编撰是再好不过的场所了。事实上,由于史馆建置的逐渐正规、完善和发展,充分利用史馆的有利条件已不限于官修正史了。例如唐代李延寿的《南史》和《北史》,宋代欧阳修的《新五代史》,甚至包括其他类型的史书(如唐刘秩的《政典》、唐杜佑《通典》、宋徐梦莘《三朝北盟会编》、司马光《资治通鉴》等),表面上纯系私人所撰,实则得到了官方大力支持,与官修典籍已没有多大不同,同样是借助于史馆提供的方便条件才得以完成。

　　如果说私修正史还只是在可能的情况下利用史馆的话,官修正史则是名正言顺地直接利用史馆开展工作。自古以来,史馆一般都设置于都城这一首善之地,建筑壮观,环境优雅。隋唐以降,尤其如此。试以唐代的史馆为例,就让一般文人煞是仰慕:"暨皇家之建国也,乃别置史馆,通籍禁门,西京则与鸾渚为邻,东都则与凤池相接。而馆宇华丽,酒馔丰厚,得厕其流者,实一时之美事。"(刘知几《史通·史官建置》)

　　不言而喻,舒适而高雅的环境,堪称编纂正史最理想的地点。

(二)物质奖励

　　在封建统治者的眼里,重要的历史文献本来就占有很高的地位。正史乃是古代文坛上名列各类史书之冠的宝典,因而凡参与其事的编纂者便往往享有很高的物质待遇。特别是正史成书之日,更是受到朝廷的格外褒奖。

　　试看以下史料记载。

　　梁、陈、齐、周、隋五代史由魏征"受诏总加撰定,多所损益,务存简正",其中"隋史序、论,皆征所作,梁、陈、齐各为总论",书成上于太宗。除了加官晋爵外,还"赐物二千段"(《旧唐书·魏征传》)。又如姚思廉"撰成《梁书》五十卷、《陈书》三十卷。魏征虽裁其总论,其编次笔削,皆思廉之功也,赐彩绢五百段"(《旧唐书》卷七十三)。又如贞观中,东宫太子承乾"命师古注班固《汉书》,解释详明,深为学者所重。承乾表上之,太宗令编之秘阁,赐师古物二百段、良马一匹"(同上)。另据《文献通考·经籍考》记载,《新唐书》编成后,宋仁宗大喜,以为"欧阳修、宋祁创立统纪,裁成大体,范镇等网罗遗逸,厥协异同。凡十有七年","其劳不可忘也。皆增秩一等,布书于天下,使学者咸观焉"。

　　再看《唐会要》,将唐代初期重奖修史者的细节说得更加具体:

"贞观十七年(643),监修国史房玄龄与史官给事中许敬宗、著作郎敬播,修《高祖实录》二十卷、《太宗实录》二十卷成。制封玄龄一子为县男,赐物一千段;封敬宗一子为高阳男,赐物七百段;敬播改授司议郎,赐物五百段,并降玺书褒美。又神龙二年(706),监修国史魏元忠,与史官太常少卿徐彦伯,国子司业崔融等,修《则天实录》三十卷成。封元忠一子为县男,赐物一千段;彦伯等各爵二等,物五百段;自余卑官加两阶,物段准处分。仍并降玺书褒美。"以上这段文字记载,仅仅是揭示了实录撰成以后的奖赏情况。实录尚且如此,倘若是国史撰成之日,又会呈现出何等隆重的庆贺和表彰,就更是不难想象了。

三、体制健全

对于私修史书者言,因纯系个人之力完成著述,自然不存在人事上的分工。然而在特定的社会发展背景下,史学领域里的专职设置与分工,却呈现出一种必然的文化现象。从东汉末年董卓之乱到隋朝之前的数百年间,大部分时间都处于战乱四起、群雄逐鹿的社会动荡中。激烈的社会矛盾和政治斗争,促使封建统治者的头脑空前清醒。为了本朝的长治久安,他们迫切需要从过往历史的治乱兴衰中汲取有益教训,因而对史学更加敬畏,对史书的编纂也更加重视,于是乎推出各种政策和措施也就成为史学发展的必然趋势。

(一)专职修史

根据史料记载,从汉章帝、汉和帝之后,已开始召集名流学士在东观撰修国史。如果说当初尚无明确的职责分工,这一局面不久便有了很大改观。魏明帝太和年间(227—233),朝廷便开始设立专掌史职的著作郎。至西晋,又在著作郎外,置佐著作郎八人,"佐郎职知博采,正郎资以草传"(《史通·史官建置》)。

从西晋末年起,以宰臣掌著作,梁代以后则以贵臣、宠臣和宰相监国史。史书之体例、内容以及一些具体细节，往往首先要经过朝议，然后史官方可动笔。当时著作受时政所限，多以"褒谀为体"（《南齐书·崔祖思传》）。

由晋代讫于隋朝，国家均有修史专职的设置。自此以后，历朝历代大体皆然。

（二）史馆制度

唐代确立了官修正史的严格制度。在官修正史过程中，有许多学界名流参与撰修，参编人数并无明确限制。据《隋书》记载，其撰修者中除了大臣魏征外，还有令狐德棻、孔颖达、颜师古、封德彝、敬播、赵弘智、李淳风、李延寿、许敬宗、于志宁、褚遂良等十余人。此后，正史的作者们日益呈现出增多的趋势，少则数十人，多则上百人。这些人还仅仅是撰修者，如将史馆中相应的辅助人员考虑在内，为数将会更多。这么多的人参与正史的编修，没有适当分工当然是不可想象的。

根据唐代和唐代以后的文献记载，官修正史分工比较严密。以唐代史馆为例，设有监修国史一人，"贞观已后，多以宰相监修国史，遂成故事也"；又有修撰若干人，以登朝官兼任；有直馆若干人，以未登朝官担任；此外，还有25名楷书手，四名典书，两名亭长，六名掌固，一名装潢直，六名熟纸匠。史官职责与修史内容，也相当明确："史馆掌修国史，不虚美，不隐恶，直书其事。凡天地日月之祥，山川封域之分，昭穆继代之序，礼乐师旅之事，诛赏废兴之政，皆本于起居注、时政记，以为实录，然后立编年之体，为褒贬焉。"（《旧唐书·职官志二》）正是有了如此周密的分工，才使得唐代初期的几部正史的编纂工作顺利进行。

唐代以后，历代史馆的名称虽然不尽一致，但正史编纂中的周密安排则是始终不变的。以元人所修宋、辽、金"三史"为例，亦可反映这种情形。他们的修史工作自上而下设有都总裁、总裁、纂修、提调等四种职务,修史人员大体以官位高低参与其事。其中,"都总裁"是编撰"三史"的最高官职,负责全面的领导、组织工作。历史上担任这一职务者,有著名的开府仪同三司、上柱国、录军国重事、前中书右丞相、监修国史脱脱。"总裁"是都总裁的高级助手,一般负责编例、选材、编撰诸事宜。每史设总裁若干人。"纂修"是直接编撰者,每史若干人不等。"提调"是不直接参加编纂的辅助人员,其任务是协助和配合编修人员的工作,每史有提调若干人不等。

修史机构人员虽多,由于分工明确,各司其职,所以具有上通下达,互相配合的运行机制。试以元朝为例,以元相脱脱为首的一干人,能在顺帝一朝的短短几年时间内连修"三史"(即《宋史》、《辽史》、《金史》),且每史皆在百卷以上,而《宋史》更是有 496 卷之巨。修史成就如此之大,建立相应合理的工作体制,显然是一个不可或缺的重要因素。

元代以后的正史编纂机构,大约以清朝设立的时间最久、规模最大。《明史》的编撰时间,自顺治帝定鼎北京不久始,前后历时长达90 多年,包括万斯同等人在内的所有编修者,居然达到二百多人。仅此惊人数字亦可表明,如果没有相应的工作体制,或虽有体制而不尽合理,则整个修史工作便很难正常运作。

四、地位荣耀

中国古代,史官的地位是比较特殊的,殷商前后已开其端绪。王国维先生有一段考证"史"的文字说得清楚:"史为掌书之官,自古为要官。殷商以前,其官之尊卑虽不可知,然大小官名及职事之名多由史出,则史之位尊地要可知矣。"(《观堂集林》卷六)秦汉以降,虽有变化,史官仍然受到各朝重视。延及唐代,史官政治地位又有新的提高。编纂史书,尤其是参与编纂正史者,一般都会被视为莫大的荣耀。诚如刘知几所说,"得厕其流者,实一时之美事"(《史通·史官建置》）。

从历史上看,修史者之所以被视为世人羡慕的一种"美事",主要与以下两个方面的原因有关。

（一）显贵参与

在封建社会里,史书编纂由私修发展为官修,本来已经在无形中提高了史书的政治地位。而在官修正史中,又往往是宰相监修,参与撰修者也多系国家重臣。更有甚者,有时还会有当代皇帝直接参与其事,唐太宗李世民参与《晋书》的撰修,便传为千古美谈。唐太宗不仅以"制曰"的形式,为《晋书》里的宣帝、武帝二纪抒发了个人心得,还特别以本人名义,为陆机、王羲之两人的传记撰写了史学评论。至高无上的皇帝如此重视正史的编纂,这在中国历史上是唯一的先例。正是在太宗君臣的积极参与下,仅仅唐代前期就编写了《晋书》、《梁书》、《陈书》、《北齐书》、《周书》、《南史》、《北史》、《隋书》等八部正史,这些史籍占整个"二十四史"的三分之一,无论对当代还是后世,都产生了巨大影响。

（二）加官进爵

参与撰修正史的人多是封建国家有关方面的官员。书成之日,在其得到国家优厚物质赏赐的同时,朝廷还往往要赋予很高的荣誉地位,对其中之主要撰修者尤其如此。据《旧唐书》记载,令狐德棻因撰修周史,并"总知类会梁、陈、齐、隋诸史。武德以来创修撰之源",贞观六年（628）,"累迁礼部侍郎,兼修国史,赐爵彭阳男"。贞观十一年,"修《新礼》成,进爵为子"。贞观十八年以后,以令狐德棻为首的18位官员奉命撰修《晋书》。书成后,令狐德棻升为秘书少监（《旧唐书》本传）。同时代的魏征,由于参与撰修五代史,书成之日,除了奖赏物品外,还"加光禄大夫,进封郑国公"（《旧唐书·魏征传》）。姚思廉在撰成《梁书》和《陈书》时,得到赏品彩绢之外,朝廷还"加通直散骑常侍"（《旧唐书》卷七十三）。贞观十七年,唐太宗不仅对监修国史房玄龄、史官给事中许敬宗及著作郎等官员大加奖赏，甚至连这些人的后人也"叨主龙恩"，被封为"县男"、"高阳男"（《唐会要》）。北宋嘉祐五年（1060），当欧阳修与宋祁撰成《新唐书》250卷后，很快便转为礼部尚书，拜枢密副使。第二年又升任参知政事要职，并进封开国公。

由以上情况可知，对于编纂者来说，有了丰富的文献典籍，可以从根本上消除资料贫乏的隐忧；有了理想的物质待遇，可以安定史家创作之心；有了合理的工作体制，可以提高工作效率；有了优越的政治地位，更可以激励史家效忠当朝。正是由于上述若干措施的逐一落实，于是便为撰修正史的工作者们营造了一个堪称上乘的优越环境。

第三节　著述宗旨

史学领域里非常强调"经世致用"思想。所谓"经世致用"，可以理解为"古为今用"，亦即古代史学理应为当代社会服务的基本理念。"经世致用"思想并非自近现代始，它是中国史学数千年来一直努力继承和发扬的优良传统。这一思想理念在许多历史文献中都有鲜明的反映，整个纪传体正史的编撰，更是围绕着这一著述宗旨展开的。

一、经世缘起

在人类初始的一个相当长的历史时期里，还没有文字的发明，自然也就谈不上所谓"经世致用"的问题。在当时的意识形态领域里，前人主要是通过口耳相传的形式，将自己生产实践和生活活动中的相关信息告知后人。仅仅在文字产生后，情况始有巨大变化。文字不仅是语言的符号，还具有留住时间"脚步"和扩大传播空间的特异功能。利用文字，可以将人类的社会活动记录下来，还可以在零星记录的基础上,编纂出系统的历史文献。但是,人类最初的文字记录(当然也包括最原始的历史文献),没有也不可能是在自觉的"经世致用"思想指导下完成的。

"经世致用"思想的产生和发展,有一个从自发到自觉的逐渐演变过程。

最初时段当然是自发阶段。中国古代的这一阶段,应当是阶级社会产生不久的夏商时期。目前,有关夏代的研究资料很少。据《易·系辞》上记载,"上古结绳而治,后世圣人易之以书契,百官以理,万民以察"。如果这段文字能够成立,则鉴于商代已经开始使用比较成熟的甲骨文,故"易之以书契"的"圣人",很可能是夏殷之交或更早一些时候的先贤们。由这段文字可以知道,当时那些所谓"圣人",不仅已经使用文字,并且开始用文字记录往事,将那些曾经发生过的社会实践流传下来。这里面固然并不排除统治者记录往事旨在服务统治的某种想法的可能性,但总体上毕竟还不能确切判断他们之所以这样做的特定目的。

考察留存今日的甲骨文,那些被称作"贞人"的史官,同原始社会后期那种纯粹的神职人员"巫"已经有所不同。史官们主要负责记录史事、起草公文、掌管文书档案等工作。他们制作的甲骨文固然片断、孤立,构不成什么严密的体系,并且还总是被龟筮占卜之类的极端神秘的氛围紧紧笼罩着,但是透过预言祸福的夹缝,分明可以看到那时已开始产生初步的"经世致用"意识。另据《尚书·多士》记载,商代已经步入"有册有典"的文明社会。而从后人基本确认的商代《汤誓》、《盘庚》诸篇文字来看,尽管这些文献以记言为主,间有记事而语焉不详,但是"垂训鉴戒"之义似亦显露端倪。当然,这一时期的史学经世思想充其量只是萌芽状态,大体上还处于朦朦胧胧、自发而不自觉的初始阶段。

周秦时期已进入史学经世思想的觉醒阶段。所谓"觉醒",就是史学由记事到经世,由自发到自觉,这是从主观意识到历史作用的一个很大的飞跃。周代以降,从不少历史文献中都可以反映出经世意识。例如,西周统治者推翻殷朝以后,并未陶醉于胜利的喜悦之中。他们很重视总结历史上的经验教训,尤其是一再研究和探讨强大的殷商何以败亡在小小的周邦手下的原因。关于这方面的情况,我们不仅可以在《尚书·周书》中看到,周代统治者反复强调要以夏、殷两代为鉴,同时在周代成书的文学作品《诗经》中,也留下了所谓"殷鉴不远,在夏后之世"的警句(《诗·大雅·荡》)。当然,这一时期最具代表性的经世之作首推《春秋》。孔子是我国古代第一位真正深刻认识到历史有教育意义的伟大思想家。经他删定的《春秋》,上起鲁隐公元年(前722),下至哀公十四年(前481),共记春秋时期242年历史。在这部号称中国第一部编年史的文献中,孔子"上明三王之道,下辨人事之纪,别嫌疑,明是非,定犹豫,善善恶恶,贤贤贱不肖"(《史记·太史公自序》),其根本目的就是要通过"正名分",使"乱臣贼子惧",把"礼崩乐坏"的春秋时代恢复到"君君臣臣父父子子"的西周社会(《论语·颜渊》)。后起的《左传》从发展变化的观点出发,强调所谓"社稷无常奉,君臣无常位","高岸为谷,深谷为陵,三后之姓,于今为庶"(昭公三十二年)。其实,这种思想与孔子的《春秋》一样,旨在"告诸往而知来者"(《论语·学而》),具有资治当代、垂训鉴戒的历史意义。

但是,这一时期的社会上层人物并不都像孔子、左丘明那样头脑清醒。试看后来,"秦既得意,烧天下诗书,诸侯史记尤甚"(《史记·六国年表》)。秦始皇为史学带来空前浩劫的"焚书坑儒"之举,固然是基于他"二世、三世,至千万世,传之无穷"的政治野心,但同时又有谁能说,在这一粗暴举动与无视史学经世意义的愚蠢之间,没有必然的联系呢?"焚书坑儒"事件的产生,恰恰从一个方面说明,先秦时期史学"经世致用"的这一思想理念,在学术领域中还没有根本确立,对最高统治者还没有形成强大的政治影响。

二、正史经世

与其他类型的史籍相比较,纪传体正史的经世致用思想更加鲜明。追踪这种思想,早在汉代史学中业已根本确立。汉代以降,这一思想继续发展。虽然中国古代的正史编纂于不同的朝代,各朝编纂正史的背景和起因也不尽一致,但是"修史以垂训鉴戒,著述以察往知来"的基本思想则是共同的。

西汉司马迁是第一部正史《史记》的作者,他的著述宗旨堪称立意宏远。在遭受了"腐刑"这种常人难以忍受的奇耻大辱之后,他为什么还要"隐忍苟活"下来,孜孜不倦地继续撰写《史记》呢? 司马迁在致好友任安的信中说得相当明白:"亦欲以究天人之际,通古今之变,成一家之言。"(《汉书·司马迁传》)也就是说,他的根本目的是要研究"天"与"人"之间的关系,弄清由古及今的历史变化,以成为司马氏的"一家之言"。他为什么如此强调"一家之言",这"一家之言"究竟指的是什么呢? 司马迁于此没有明确作答。但是,"究天人之际"和"通古今之变"的本义,特别是《史记》全书中的丰富内容,都已确凿无疑地表明:作者的"经世致用"思想比起先秦任何史家来,都要鲜明而深刻得多。

东汉班固是第二部正史《汉书》的作者,他的经世致用的著述宗旨与司马迁相比,似乎更为明确一些。试看班固本人自述:"固以为唐虞三代,《诗》、《书》所及,世有典籍,故虽尧、舜之盛,必有典谟之篇,然后扬名于后世,冠德于百王,故曰'巍巍乎其有成功,焕乎其有文章也'。汉绍尧运,以建帝业,至于六世,史臣乃追述功德,私作本纪,编于百王之末,厕于秦、项之列。太初以后,阙而不录,故探纂前纪,缀辑所闻,以述《汉书》。"(《汉书·叙传》)质言之,汉代功德巍巍,而以往历史文献(其中包括司马迁的《史记》在内)却并没有充分反映大汉帝国。因而,他现在编纂《汉书》只有一个目的,那就是要让汉帝国也像唐虞三代那样,"扬名于后世,冠德于百王"。

南朝刘宋时代的范晔是第三部正史《后汉书》的作者,与班、马相比,他的经世致用的著述宗旨最为鲜明,也最为直接。宋文帝元嘉二十二年(445),范晔因拥立彭城王刘义康而被捕入狱。他在狱中曾给自己的甥侄辈写信抒怀,表明他撰修《后汉书》的良苦用心:"欲因事就卷内发论,以正一代得失。"(《后汉书》附《狱中与诸甥侄书》)尽管范晔以一人之力没有、也不可能做到"正一代得失",但是,他毕竟发前人未发,一针见血地申明世人:他之所以要写《后汉书》,是要针砭时弊,匡正风俗,旨在为当代社会的现实服务。这一思想不惟实事求是,而且旗帜鲜明,毫无隐讳。不言而喻,范晔是中国古代以来明确揭示历史文献与社会现实之间正确关系的第一位史学家。

由于史学"垂训鉴戒"、经世致用的意义显得日益重要,所以魏晋以降,封建统治者对史学阵地的控制也日益加强。至隋代开皇十三年(593),隋文帝索性下令天下,"人间有撰集国史、臧否人物者,皆令禁绝"(《隋书》卷三)。这一政策出台后,致使魏晋以来蔚为一时风尚的私家修史之风急剧转衰。延及唐代,则更进一步。由于国设史馆,宰相监修,因而服务本朝的官方意识更为明确,"经世致用"也就更加鲜明地成为编纂正史的指导思想。

从唐代以后,历朝统治者之所以毫无例外地牢牢控制着正史的编纂大权,显然是基于同一种意图:通过编修前代"正史",达到为本朝"经世致用"的目的。可以这样说,由赵宋迄于明清,尽管学术界被"徒托空言"的理学氛围所包裹,但是一代代官修正史的"经世"思想却从来也没有削弱过。在这一方面,清王朝称得上是封建社会后期的典型。"清代的官修史书,无论在数量上、卷帙上,以及种类上都超过了以往任何一个封建皇朝。但官修诸史,不论是思想、内容,还是编撰方法,都要绝对服从清朝统治者的政治需要,都要绝对符合传统的封建礼教。史官每修一史,都要奉旨,修撰过程中要随时接受皇帝的审查,撰写完毕必须经皇帝'圣裁'、'钦定'之后,方才可以定稿。清朝统治者对史学的控制之严,也超过了以往任何一个封建皇朝。"(尹达《中国史学发展简史》,中州古籍出版社 1985 年)许多史实表明,封建社会后期,史学经世思想不是削弱了,而是空前加强了。当然,这里所说的"史学经世思想",乃是就封建社会最高统治阶层的正统派而言,它的内涵既不同于明末清初具有民主思想的顾炎武、黄宗羲、王夫之的"史学经世",也区别于大声疾呼"史学所以经世,固非空言著述"(章学诚《浙东学派》)的乾嘉学者章实斋的理解。

从首部经典《史记》到殿军《清史稿》,"二十六史"可谓卷帙浩繁,累计洋洋数千卷之巨。但是考察整个"二十六史",其"经世致用"的著述宗旨犹如一条连绵不断的长线,由首至尾,贯穿始终。纪传体文献的内容固然包罗万象,但任何一项内容无不围绕"经世"思想展开。当然"二十六史"的"经世致用"思想,绝非一再重复地空喊着"经世"的响亮口号,而是通过以下三个方面的具体实践,扎扎实实地展开和实施的。

(一)察迹求理

研究历代治乱兴衰的社会现象,探寻产生这一现象的基本原因,以便利用这些历史上的变化规律,为当代社会政治服务,这是中国古代史学的一个基本宗旨。然而,社会现象复杂多变,史事丛生犹如牛毛,察轨迹、窥事理,不啻披沙拣金,这就决定了研究这一"课题"的长期性和艰巨性。还在春秋时期,孔子就在鲁国《春秋》基础上,孜孜不倦地删削出流传后世的《春秋》。孔子的最终目的非常明确,就是"存亡国,继绝世",早日结束眼下那种动荡纷乱的社会局面。为了实现"君君臣臣父父子子"的有序社会,夫子放眼"三代"以来社会演进轨迹而苦苦求索,试图找到《史记》中所说的"上明三王之道,下辨人事之纪"的演进规律(《太史公自序》)。尽管孔圣人的政治目的没有实现,但是他针对古代社会的变化,试图宏观把握历史前进方向的指导思想,对后世还是产生了深远的影响。

1. 大汉王朝

西汉王朝建立后,最高统治者基于江山社稷的长治久安,通过考察过往社会历史,试图从中"察迹求理"的思想已经日益突显出来。

据史书记载,汉高祖刘邦即位之初,曾自恃以"马上得天下"而滋生"安事《诗》、《书》"的错误思想。当著名学者陆贾向他提出"逆取顺守,文武并用"的统治方略,应该提倡儒学、辅以黄老"无为"的思想后,刘邦亦有感于秦代"二世而亡"的迷惑和恐惧,便马上命陆贾"试为我著秦所以失天下,吾所以得之者何,及古成败之国"。陆贾随后"乃粗述存亡之征,凡著十二篇。每奏一篇,高帝未尝不称善,左右呼万岁,号其书曰'新语'"(《史记·郦生陆贾列传》)。

汉武帝太初元年(前104),汉王朝在"文景之治"的基础上,又向前大大地迈进了一步,号称文治武功鼎盛时期。但是,何为国家和社会赖以长治久安的基本要素,还远没有深层次地理出头绪。因此,司马迁从这一年开始著述《史记》,"网罗天下旧闻,考之行事,稽其成败兴坏之理"。为了实现这一愿望,也为了促成《史记》的早日问世,司马迁甚至发下了"虽万被戮,岂有悔哉"的铮铮誓言(《汉书·司马迁传》)。从这一点上说,司马迁既是继续了孔子"明三王之道"的事业,也是秉承了当年汉高祖意欲明白"古成败之国"的未竟遗愿。

2. 魏晋六朝

魏晋南北朝时期,社会动荡,战事不休,南北分治,邦国并立。客观上政权如走马灯一般地起落交替,使得那些上台不久的统治者们,比以往任何一代帝王都更加关心和注意治国之道。

南朝的齐高帝以檀超、江淹司史职,梁武帝设著作郎、佐著作郎等,都是在建国之初就安排的。梁武帝在命吴均撰《通史》的时候,甚至还亲自为之作赞序。这一时期编修的正史,往往更直接地反映统治者急于掌握历史上兴亡得失规律的政治欲望。例如齐高帝永平五年(487)，沈约奉命撰修《宋书》时，便在致朝廷的奏章中说："窃惟宋氏(刘宋朝)南面，承历统天"，然而"及虐后暴朝，前王罕二，国衅家祸，旷古未书，又可以式规万叶，作鉴于后"(《宋书》卷一百"自序")。《南齐书》的撰修亦复如是，"将以是非得失兴坏理乱之故而为法戒，则必得其所托，而后能传于久，此史之所以作也"，而古代良史之所以难得，原因就在于修史者必"明夫治天下之道也"(《南齐书》卷五十九附"曾巩南齐书目录序")。

　　3. 李唐王朝

　　李唐王朝不仅是历史上编纂正史数量最多的朝代，在史学经世思想研究方面也比以往任何时代都更加深入和充分。

　　早在唐朝初建的武德五年(622)，唐高祖就接受了令狐德棻的修史建议，下达了古代有名的修史诏书："司典序言，史官记事，考论得失，究尽变通，所以裁成义类，惩恶劝善，多识前古，贻鉴将来。伏羲以降，周、秦斯及，两汉传绪，三国受命，迄于晋、宋，载籍备焉。自有魏南徙，乘机抚运，周、隋禅代，历世相仍，梁氏称邦，跨据淮海，齐迁龟鼎，陈建皇宗，莫不自命正朔，绵历岁祀，各殊徽号，删定礼仪。至于发迹开基，受终告代，嘉谋善政，名臣奇士，立言著绩，无乏于时。然而简牍未编，纪传咸阙，炎凉已积，谣俗迁讹，余烈遗风，倏焉将坠。朕握图驭宇，长世字人，方立典谟，永垂宪则。顾彼湮落，用深轸悼，有怀撰次，实资良直。……务加详核，博采旧闻，义在不刊，书法无隐。"(《旧唐书·令狐德棻传》)

　　这篇诏书有两点认识非常可贵：一是对史事"考论得失，究尽变通"，旨在"贻鉴将来"。二是要真正发挥史学的"垂训鉴戒"作用，关键在于反映前代史事必须客观，"义在不刊，书法无隐"。前者是宗旨，后者是前提。不"览前王之得失"，不可能有"在身之龟镜"；而设若不坚持"书法无隐"这一条，所谓"龟镜"，所谓"遗鉴将来"就不过是一句空话。事实上,在探讨前代治乱兴衰方面,唐朝君臣已经不是一般的议论,而是进行了相当深入的研究。还在高宗即位之初,身为太常卿兼弘文馆学士的令狐德棻就已通过潜心研究,将古代有史以来社会从政治上分为四类:三代为王道;秦代为霸道;汉代为王、霸兼备;魏、晋以下,王、霸俱失。他还指出,"如欲用之,王道为最,而行之为难"(同上)。而依照重臣魏征的意见,则只要拨开前朝"危"、"乱"、"亡"的迷雾,就可以找出当代"安"、"治"、"存"的治国途径(《贞观政要》)。魏征的这一思想,在他参与撰修的《隋书》等正史中得到了一定的贯彻。

4. 赵宋王朝

历经五代动乱,宋代史学家在唐代史学的基础上,朝着摸索历史规律的方向又前进了一步。这不仅有司马光的编年体通史《资治通鉴》"鉴前世之兴衰,考当今之得失","取是舍非"(《资治通鉴》附《进书表》)为例,更有郑樵独撰纪传体通史巨著《通志》二百卷,从理论和实践上贯彻其"会通"精神,力求通过对历史的"会通"研究,以揭示出社会递相沿革的"相因之义"(《通志·总序》)。

自唐代确立史馆和官修正史以来,通常情况下已经没有任何人敢冒天下之大不韪,再去斗胆"私修"国史了。而宋代的欧阳修则不为成例所拘,义无反顾地改写了五代史。欧阳修别撰《新五代史》,自然有其良苦用心。从形式上看,此书是师法《春秋》"尊王攘夷",实则欲以前人之"酒"浇胸中块垒。欧阳修再撰前史的根本目的,是要以历史经验匡正赵宋"积贫积弱"的"国弊"。从《新五代史》的撰修及其内容可以看出,欧阳修不仅已经悟出了历代"相因之义"的若干真谛,而且开始"古为今用"地付诸实践了。

5. 元明清朝

元明清三朝所修正史中,最有成就者自然首推《明史》。从编纂水平上看,《明史》称得上是继"前四史"之后,质量较高的又一部正史。这部典籍内容丰富,具有重要的史料价值。

但是,包括《明史》在内的封建后期的几部正史,在探讨历代演进轨迹方面显然已经不如以前正史。究其原因,由于明清时代处于中国封建社会晚期,也是中国封建史学的最后阶段。这一时期,生产力虽然还在继续向前发展,但封建的生产关系却日益成为阻碍社会发展的桎梏和障碍。

这一社会特征在史学领域也有反映:一方面是经过诸如顾炎武、黄宗羲等进步学者的努力,撰写出一些反映时代精神的优秀著作。然而另一方面,纪传体史书中那种追求"相因之义"的向上精神,却在因循守旧的氛围包裹下逐渐窒息,由清朝遗老编撰的《清史稿》即尤为如此。

(二)贴金本朝

在"二十六史"中,有两部著作属于例外:《史记》是西汉司马迁撰写的一部纪传体通史,其记述下限自然要涵盖本朝汉武时期的历史。《清史稿》的成书,乃清朝遗老赵尔巽等人受命于清亡后的初期,该书自然也属于清朝人撰写清朝史。

除掉上述两例以外,其余所有国史,大体都是由后朝史家编写的。换言之,自从东汉人班固为西汉撰写了第一部断代体《汉书》之后,前朝正史一般都是由紧接的王朝或相去不远的王朝来完成的。这样一来,通过编纂前朝正史以反映本朝利益,也就自然而然地成为历代编纂者们心照不宣的公开"秘密"了。

这种"秘密"是怎样实现的呢? 通常情况下,主要是通过如下两种形式以达其政治目的。

1.为本朝讳

每当反映敏感的历史事件,特别是涉及朝代革易事迹时,史书作者为本朝避讳的行为便尤其突出。作者们往往通过一些带倾向性的描述,或通过对某些史实的评论,贬前代而褒本朝。

　　首先明显为本朝避讳者，当推晋人陈寿的《三国志》。陈书于"两朝革易之际，进爵封国，赐剑履，加九锡，以及禅位，有诏有册，竟成一定书法"（赵翼《二十二史札记》卷六）。基于晋朝利益的考虑，陈寿对曹魏末年司马氏所为多加回护。例如司马师废齐王芳事，据鱼豢《魏略》记述，大将军司马师曾委派郭芝入宫传达司马氏之意，帝愤然起去，太后亦不悦，欲见大将军亦遭拒绝，不得已乃付以玺绶。可见，太后事先并不知齐王之废。而《三国志·魏书·三少帝纪》中却说出于太后之命，并且极言齐王不孝，以显其当废。

　　在反映南北朝历史的正史中，上述写法更是屡见不鲜。例如，在南齐人沈约所撰的《宋书》中，于宋、齐革易之际，记事多为萧齐王朝回护。《顺帝纪》中但叙萧道成之功勋，进位相国，封十郡为齐公，备九锡，进爵齐王，增封十郡，冕十有二旒，建天子旌旗。尤为甚者，将被迫退位的宋顺帝说成是"天禄永终，逊位于齐"，"齐王践祚，封帝为汝阴王。建元元年，殂于丹阳宫，年十三，谥曰顺帝。绝不见篡夺之迹"（《二十二史札记》卷九）。对于效忠刘宋而谋讨萧道成者，则"概曰反，曰有罪"。例如昇明元年，写沈攸之举兵反，又写司徒袁粲据石头城反，吴郡太守刘遐之反，王宜兴有罪伏诛，兖州刺史黄回有罪赐死等皆是。然"其党于道成而为之助力者，转谓之起义。如张敬儿等起义兵是也"（同上）。作者既然写《宋书》为刘宋作本纪，又怎能将那些拥刘氏者视为"反"，拥萧氏者反而呼为"义"呢？这显然有悖于常理。

　　在正史中，为本朝避讳之最典型者，当推清代编撰的《明史》。以上所说的《三国志》、《宋书》以及其他正史，其回护本朝之事多集中于新、旧两朝革易之际，所涉年代一般并不很长。而《明史》则不然，因为撰于清人之手，但凡涉及到明清关系，无论何时何处，皆为清政府避讳，且由首至尾，贯穿始终，着实令人感到惊悚。

　　当初由于黄宗羲的高足万斯同等人的大力参与，《明史》在康熙晚年已经基本完成，然而雍正元年，朝廷又别有用心地下令续修。其诏书云："史书务纪其实，而史才古称难得，盖彰善瘅恶，传信去疑，苟非存心忠厚，学识淹通，未能定得失于一时，垂鉴戒于久远也。"（王先谦《东华录》）很显然，所谓"苟非存心忠厚"者云云，乃是暗示万斯同等人的著作中，违碍清朝统治的民族主义思想已渗透于《明史》。就这样，《明史》主撰者前赴后继，屡易其人，而每一次的人事更动，必然带来内容方面的大幅度改变。最先是王鸿绪受命修改万斯同稿，接着是张廷玉受命修改王鸿绪稿，后来的刘墉又受命修改张廷玉稿。前后历时竟达95年左右。据王松蔚《明史考证攟逸》记载，清廷内阁的《明史》就有内容各不相同的所谓正本、改定校本和稿本等多种。

毋庸置疑，对于反映明代历史的一部《明史》，居然旷日持久地一改再改，其最要害的问题自然是涉及明清之际的重要关系。那么，清代史家在明清关系方面究竟做了些什么"文章"呢？

其一，竭力掩盖清朝建国前曾称臣于明朝的史实。据明代实录等文献记载，清之"肇祖"童猛哥帖木儿曾被明朝授予建州左卫指挥。以后建州女真又曾多次入朝进见、纳贡、改授。另据孟森先生考证："清之初系，为明之建州左卫。始授左卫职之猛哥帖木儿，又因其姑姊妹中，有入明宫为妃嫔者，因内宠之故，至升都督职衔，清实录谓之都督孟特穆。"（《清史讲义》第三章）此等史实因系满人入主中原前称臣明朝的佐证，故成清廷大忌。因而，《明史》中尤忌建州女真史实。诸如"女真之服而抚字，叛而征讨，累朝之恩威，诸臣之功过，所系于女真者，一切削除之"（孟森《明史讲义》第一章）。明朝诸臣如王翱、赵辅、彭谊等曾任督抚镇巡之官者，或"削除"其在辽地事迹，一概不书；或偶尔书之，亦语焉不详。例如明成祖永乐七年（1409）曾于黑龙江下游设奴儿干都司，《明史·兵志》中仅记："洪武、永乐间边外归附者，官其长，为都督、都指挥、指挥、千百户、镇抚等官，赐以敕书印记，设都司卫所。都司一（奴儿干都司）。"然而，《明史·地理志》则不予记载。

其二，尽量回避满人入关后南明小朝廷依然存在的基本史实。崇祯十七年(1644)，与清兵入主中原的同时，明朝残余势力也在南方建立政权，断断续续，前后实际存在20年左右。此一史实复为清廷大忌，故而在《明史》中隐而不书。清王朝不承认南明政权的存在，更不承认其年号，仅将其事略述于诸王传中。

2. 宣扬当朝

与那种为本朝避讳的行为相比较，通过史书反映当代统治者的利益就显得更为突出。因为前者虽然也关乎当代，然毕竟去今已久而成为历史，后者则是从现实出发，直接反映当朝统治者眼下的切身利益。所以，包括所有的国史在内，都在不同程度地为当代封建统治服务。当然，"服务"的方式不尽一致，试看以下最为常用之两种方式。

其一，大力宣扬当代统治者的文治武功。在那些记述范围涉及作者所处时代的史籍中，这种情形往往更为突出一些。例如《汉书》和《清史稿》，就是比较典型的两例。就《汉书》来说，一则本书是专门反映西汉的断代史，二则班固头脑中的封建正统意识相当浓厚，因而颂扬汉朝功德的思想充斥全书。不过，《汉书》的撰修毕竟是东汉人写西汉史，这同《清史稿》的撰修情况还不完全一样。《清史稿》虽然不是正史，但是本书的编纂形式、内容及影响，几乎与正史没有什么差别。《清史稿》的主要作者赵尔巽等人本来就是清廷成员，他们编纂史书完全是怀着"图报先朝"的目的，所以便毫无掩饰地尊崇清室。例如记清朝的建立，则曰"顺天应人，得天下之正，古未有也"(《遗民传·序》)；记清朝赋税，则曰"凡滋生人丁，永不加赋，又普免天下租税，至再至三，呜呼，古未有也"(《食货志·序》)；记清朝版图，则曰"环列中土诸邦，悉为属国，版图式廓，边备积完，茫茫圣德，盖秦汉以来未之有也"(《属国传》)。而与此同时，对诸如清朝的各种残暴行为、丧权辱国、割地赔款这些"古未有也"的黑暗腐朽,则故意躲闪回避,或者索性掩而不书,或者虽书而语焉不详。

其二,通过对前朝人物或事件的肯定与否,甚至通过一些特殊传目的设立,大力宣扬本朝统治者在意识形态方面的思想导向。例如《晋书》中设有《列女传》、《孝友传》和《忠义传》,尽管前代史书已有此例,然唐人重立这些传目,自有其特殊用意。这是由于魏晋以来,社会动荡,政权屡更,世风日下,"人心不古"。尤其是隋朝末年,规模巨大的农民起义在推翻隋王朝的同时,不仅沉重地打击了士族制度,也大大地削弱了包括忠君思想在内的封建的伦理道德观念。孝道是封建伦理道德的基础,要倡导忠君,要重建封建社会秩序和"敦励风俗",就必须强调孝道,必须大力宣扬"贞烈之风"(《列女传》)。因此,《晋书》的作者号召人们,不仅要"全其孝",而且"理宜竭其忠"(《晋书》卷八十九"史臣曰"),从而将封建的忠孝节义紧密地联系起来。由此可见,在唐代编写的《晋书》中反映了唐代统治者的意图,旨在重新恢复并巩固魏晋以来业已动摇的忠君观念和封建统治。

回顾当年刘昫等人在编纂《旧唐书》时,又何尝不是鲜明地反映了五代石晋王朝的基本利益呢? 细细考之,刘昫等人的基本手段主要体现于以下两个方面。

一是承认藩镇割据政权的合理性。"安史之乱"发生后,藩镇割据、朋党之争及宦官专政是动摇唐王朝统治、破坏国家统一的三个重要因素。特别是藩镇割据,被后人看作是亡唐的"祸根"。然而在《旧唐书》里,对唐代存亡影响至大的藩镇并没有设置醒目的类传,而是将藩镇首领田承嗣、李宝臣、李怀仙、李正己、刘玄佐等人的割据史实分述于一般列传之中。从有关记事及传末论赞中也可以看出,作者并没有反映出藩镇割据的巨大危害。

二是对"忠义"、"叛逆"另辟新说。本来在中国古代,素有"一臣不事二主"的道德观念,然而《旧唐书》的作者们却反其道而行之。

他们从来不重视对一国一君的"忠义"，而是大肆宣扬诸如屈突通那样的"尽忠于隋而功立于唐，事两国而名愈彰"的"多国"之臣。甚至还鼓吹，"若立纯诚，遇明主，一心可事百君，宁限于两国耳"（《旧唐书》卷五十九）。既有如此惊世骇俗之论，则不臣之事自然可以违背常理而加以处置了。比如安禄山、史思明举兵反叛，几倾唐室，对于这两个元凶，《旧唐书》的编者仅仅是将他们安排在全书之末；田承嗣、李宝臣等人尾大不掉，分裂天下，其事亦混迹于一般传主行列；既有"忠义"之士（《旧唐书》卷一百八十七），亦当有"叛逆"之臣。然而遍视《旧唐书》，竟无"叛逆"传目。出现上述现象决非偶然。这不仅因为包括后晋在内的整个"五代"都是沿袭藩镇割据而出现的政权，尤需指出的是，《旧唐书》作者自身（如赵莹、桑维翰、张昭远、贾纬诸人）原本就是一臣数主的变色龙，自己行径如此，又安能以最传统的古训去解释"忠义"、"叛逆"呢？

　　然而，与《旧唐书》立场截然不同，由欧阳修、宋祁所撰修的《新唐书》则反映了北宋王朝的另一种立场和观念。《新唐书》不仅特别设立了《藩镇列传》，还增设了"奸臣"、"叛臣"、"逆臣"诸类传，用以类叙其事，"以暴其恶"。《新唐书》之所以出现如此巨大变化，归根结底，由于北宋王朝是中央集权的统一局面。在这一社会背景下，藩镇割据的历史现象，朝秦暮楚、"犯上作乱"的叛逆行为，都是同统一政权的建设背道而驰的，因而自然必须置于否定之列。

（三）重视"实学"

　　从有文字记载的时代起，各种各样的典制就已经开始陆续产生了。典章制度是一个国家或国家的某些部门制定的有关行为规则或行事准则，也是社会文明发展到一定阶段的必然产物。典章制度制定得合理与否，显然是关乎国家治乱兴衰的大事。因而，努力研究典章制度，特别是努力研究与国计民生攸关的财政经济制度，历来被视为经邦济世的一门"实学"。在古代正史典籍中，若论最为突出之

"实学"者,则首推全面、系统反映社会经济的历代《食货志》。

以《史记》创建《平准书》、《汉书》设立《食货志》为先导,正史文献中专门开辟出了这一反映古代国计民生的特定园地。司马迁是一位颇具经济头脑的史学家。他不仅以《平准书》反映了西汉的社会经济情况,揭露封建国家大肆征调及"与民争利"的政策所造成的危害,还在《货殖列传》中明确指出人的物质欲望和功利思想的原始本能:"天下熙熙,皆为利来;天下攘攘,皆为利往",以及"富者人之情性,所不学而俱欲者也"。另外,他还以经济现象解释道德,揭示出物质与意识之间的正确关系:"故曰:'仓廪实而知礼节,衣食足而知荣辱。'礼生于有而废于无。故曰君子富,好行其德,小人富,以适其力",以及"人富而仁义附焉"云云。班固《汉书》中的《食货志》,是在《史记·平准书》的基础上发展而来的。与《平准书》相比,《汉书·食货志》不仅自成体系,且立义颇深。它首次强调,"食货"乃"生民之本","食足货通,然后国富民富而教化成"。两相对比,《平准书》只写了由汉初到汉武帝时期的经济制度,内容也比较简单;而《食货志》则拥有上、下两部分的篇幅,上篇为"食",专门记述农业经济的发展情况;下篇为"货",专门反映商业及货币的发展历史。

《史记》、《汉书》以下,努力研究社会经济情况并对以后正史产生重大影响者,无疑当推《旧唐书》。《旧唐书》中的《食货志》是本书"十志"之一,以上、下两篇反映唐代社会经济制度。在该《食货志》序文里,劈头第一句便是"先王之制,度地以居人,均其沃瘠,差其贡赋,盖敛之必以道也";"既庶且富,而教化行焉"。"自古有国有家,兴亡盛衰,未尝不由也。"不仅指出了土地、贡赋的重要性及物质与"教化"的关系,而且强调了它们自古以来在历朝历代都具有普遍意义。序文之末更是一针见血指出:"大抵有唐之御天下也,有两税焉,有盐铁焉,有漕运焉,有仓廪焉,有杂税焉。今考其本末,叙其否臧,以为《食货志》云。"这就再清楚不过地表明了设立《食货志》的重要意义。《旧唐书·食货志》以时间为序记述了唐代田制、赋税、货币等有关方面的情况,其中不乏刘秩关于铸钱"五不可"之类的重要奏章。此外,某些人物传记中也有陈述个人经济观点的资料。例如《李珏传》记载,唐穆宗长庆元年(821),盐铁使王播奏请增加茶税,右拾遗李珏上疏反对,提出自己的"三不可":"厚敛于人,殊伤国体";"增税既重","先及贫弱";"价高则市者稀","未见阜财,徒闻敛怨"(《旧唐书》卷一百七十三)。疏文虽短,然观察社会入木三分,颇具见地。

不言而喻,在"二十六史"中,由《旧唐书》设立的《食货志》具有继往开来的重要意义。在《旧唐书》之前,设立这一史志的除《史记》、《汉书》外,尚有《宋书》、《魏书》、《隋书》和《晋书》,其余正史均未设立。至《旧唐书》再设《食货志》,可以说是对以往光荣传统的进一步发扬。自此以后,《食货志》备受重视,除欧阳修《新五代史》无此"志"外,其余正史无一例外地均设有这一史志。

《旧唐书·食货志》之所以影响较大,是因为它反映的内容很丰富。而它的内容之所以丰富,又根源于唐代统治者对社会经济的一贯重视。还在贞观时期,唐太宗君臣即站在隋亡之鉴的高度上,将经济的发展与政治的安定紧密地联系在一起。唐太宗曾多次强调"国以人为本,人以衣食为本"。"国以民为本,人以食为命。"(《贞观政要》)宰相魏征也深刻指出:"百姓欲静而徭役不休,百姓凋残而务务不息,国之衰弊,恒由此起。"(同上)至中唐以后,由于"安史之乱"的发生和社会经济结构的变化,统治者对经济的重视程度空前加强。唐代许多著名的学者,例如韩愈、李翱、元稹、白居易等均有关于经济问题的专门论述,就中尤以宰相杜佑的巨著《通典》最为典型。《通典》以"经邦济世,富国安民"为原则,分设九大类目,而食货独居榜首。在"食货"中,分为18个子目,又以"田制"居于各目之冠。在他看来,"谷者,人之司命也",只有使"天下之田尽辟,天下之仓尽盈","循礼义之方",方可"登仁寿之域"(《通典·食货》)。正是因为唐代统治者对社会经济如此重视,留下了大量的文字记载,客观上便为《旧唐书》反映唐代经济问题提供了极其丰富的素材。

第四节　修史准则

对于史书的编撰者来说,修史准则与著述宗旨同等重要,两者缺一不可。著述宗旨是写作史书的终极目的。没有明确的著述宗旨,便意味着不知为何而作,亦即失去了撰修史籍的意义;修史准则是指导和规范写作的标准依据。没有一定的修史准则,即使著述宗旨再明确,文献资料再丰富,因无具体撰修标准,也同样会无从下手而难以实现最终目的。

与传统"经世致用"的著述宗旨相适应,分清是非以"彰善瘅恶",拨开迷雾以重视人谋,始终是编撰正史的两条修史原则。

一、彰善瘅恶

宋人云:"夫彰善瘅恶,麟史之为义也;瑜不掩瑕,虹玉之为德也。"(《旧五代史》卷九十六,《晋书》二十二)所谓"麟史"者,本是《春秋》之谓。也就是说,还在春秋时期,孔子就以"彰善瘅恶"作为删定《春秋》的修史准则了。孔子虽然"述而不作",但他曾说过:"我欲载之空言,不如见之于行事之深切著明。"而要历述以往"行事",则必须"别嫌疑,明是非,定犹豫",于是夫子终作《春秋》,用以"善善恶恶,贤贤贱不肖"(《史记·太史公自序》)。《春秋》以下,由司马迁《史记》到"二十六史"之末的《清史稿》,整个纪传体文献(特别是正史)都遵循了"善善恶恶"这一修史准则。

从正史的各种体例上看,固然都贯彻了这一准则,但在专门记"人"的体例——本纪和列传中,"善善恶恶"理念得到了尤为广泛和典型的反映。为了达到垂训鉴戒的作用,无论是本纪还是列传,一般都比较注意从正反两方面反映那些关系王朝命运的重要历史人物和重大历史事件。即所谓"善者既书之,其不善者亦书之"(《旧五代史》卷九十六《晋书》二十二)。

(一)本纪善恶

"二十六史"里的"本纪",反映了中国有史以来的整个帝王系列。在这些帝王之中,以朝代为单位,既有各朝大有作为的开国君主(如汉高祖、唐太宗、明太祖),也有历代令人唏嘘的亡国之君(如汉灵帝、蜀后主、陈后主),更有许多所谓的守成之君(如汉昭帝、唐高宗、宋真宗、明英宗、清咸丰)。就其政绩上看,有像尧、舜、禹、汤、文王、武王那样的"圣明"之君;有像秦始皇、汉武帝、宋太祖,明成祖、清康熙那样的英武君主;也有像秦二世、宋废帝、齐废帝、晋惠帝那样的昏君荒主;还有像夏桀、商纣、隋炀帝那样的荒淫残暴之君。对于上述不同类型的君主,纪传体作者除了记述其当政时期的一系列国政要事外,还往往在篇末以"史臣"特有的身份和眼光审视这一切,并采用"论赞"这一庄严的形式,对君主一生作出或肯定,或否定,或瑕瑜参半的评价来。

总的来说,开国君主一般都是在社会矛盾较为尖锐的朝代革易之际,被推上政治舞台的。他们虽然出身各不相同(甚至有很大差异),但一般都勇于革新,勇于斗争,利用时势建功立业,对社会发展作出一定的贡献,在历史上演出了名垂千古的悲壮一幕。惟其如此,在他们的本纪中,都有不同程度的颂扬。在守成之君中,有所作为者有之,瑕瑜参半的中材之主更多。因此,对这些人的政绩往往是颂扬与批评兼具。至于亡国之君,大都是生活上锦衣玉食,荒淫腐朽;政治上昏庸无能,无所作为。因而,对于这样的君主,往往是给予揭露和贬斥者居多。

由于帝王是古代社会最高统治者,故此,不少本纪中的人物形象与史实差距甚大。他们的事迹大都被神圣的光环所包裹,其中不乏

"隐恶扬善"之举、溢美颂扬之辞。为了最大限度地突出封建帝王,许多史书大肆宣扬天命论,几乎无一例外地把开国之君打扮成"天命攸归"的救世主。对于这些"救世主",往往制造出神仙下凡、天生贵人的谎言,意在表明"君权神授"。记亡国之君,则往往是气数已尽,天命当绝云云。但是,其中也有不少本纪采用了比较全面的"一分为二"的观点,叙事较为客观,评断尚属公允。坚持所谓圣武之君,不免失政之过;"善战之劳,亦有败军之咎"(《旧五代史》卷二十三《梁书》传论)。例如对于在中国历史上具有重大影响的唐太宗,《新唐书·太宗本纪》是这样评定的:"呜呼,可谓难得也!唐有天下,传世二十,其可称者三君,玄宗、宪宗皆不克其终,盛哉,太宗之烈也!其除隋之乱,比迹汤、武;致治之美,庶几成、康。自古功德兼隆,由汉以来未之有也。至其牵于多爱,复立浮图,好大喜功,勤兵于远,此中材庸主之所常为。然《春秋》之法,常责备于贤者,是以后世君子之欲成人之美者,莫不叹息于斯焉。"联系太宗生平行事,考其政绩功过,语其"难得",可谓言之有据;言其令人"惋惜",亦有史实。说太宗"好大喜功",或许应作分析;而以其"牵于多爱,复立浮图",因而断为"中材庸主"之所为,则并不过分。至于那些贪残暴虐的失政之君,在不少本纪中不惟有所揭露,也往往总结其失败原因。例如五代唐庄宗李存勖国祚初兴,俄而崩溃,究其原委,乃是"骄于骤胜,逸于居安,忘栉沐之艰难,狗色禽之荒乐。外则伶人乱政,内则牝鸡司晨",此其一;"靳吝货财,激六师之愤怨;征搜舆赋,竭万姓之脂膏",此其二;"大臣无罪以获诛,众口吞声而避祸",此其三。为此"史臣"愤然指出:"夫有一于此,未或不亡,矧咸有之,不亡何待!静而思之,足以为万代之炯诫也。"(《旧五代史·唐书·庄宗纪》)

　　更有一些本纪及其"论赞"从"资治"当代出发,写得深入而富有哲理,读来启迪后人。例如晋武帝死后,继承其位的儿子晋惠帝是古代有名的白痴皇帝。就是他,在华林园闻蛤蟆声,谓左右:"此鸣者为官乎，私乎？"及天下荒乱，百姓饿死，他又说："何不食肉糜？"(《晋书·惠帝纪》)由于惠帝的无能，加速了晋王朝的迅速崩溃。唐太宗有感于此，遂于《晋书·武帝纪》中指出："知子者贤父，知臣者明君；子不肖则家亡，臣不忠则国乱。"晋惠帝当废而不废，终使倾覆洪基。"夫全一人者德之轻，拯天下者功之重，弃一子者忍之小，安社稷者孝之大；况乎资三世而成业，延二孽以丧之，所谓取轻德而舍重功，畏小忍而忘大孝，圣贤之道，岂若斯乎！"很显然，在这段宏论之中，不排除隐含有唐太宗为当年"玄武门之变"作某种辩解的意向。但是其意决不止此，"作者"的笔端也确实为那些宁弃社稷、不弃一子，"取轻德而舍重功"的后世帝王，揭示了巨大的利害关系。

(二) 列传善恶

列传在正史中占有相当大的篇幅，许多传主在历史上起过一定作用。例如在那些重要历史人物的专传中，有功名显赫的王公贵族、卿相大臣，也有作出突出贡献的政治家、军事家、文学家、史学家、科学家、民族英雄，还有擅权误国、颠覆社稷的元凶、大恶、强盗、巨贼。特别值得一提的是，通过分组立类的"类传"，反映了一大批各具特色的历史人物。在这些"类传"中，既有反映奉公守法、一心为国的《循吏传》、《良吏传》、《忠义传》、《死节传》，也有揭露那些行为卑鄙或卖国变节人物的《佞幸传》、《叛臣传》、《逆臣传》、《奸臣传》。通过这些政治"色彩鲜明"的类传，可以从中引发出重要的历史经验和教训。

《忠义传》是封建社会大力标榜的一种人物传记。正史中最早立《忠义传》的是《晋书》，以后史书竞相效仿，或曰"忠义"，或曰"节义"，或曰"诚节"，或曰"死节"，名目虽异，其义一揆。所谓"忠义"行为，有如古人所说"君子杀身以成仁，不求生以害仁"。"陨节苟合其宜，义夫岂吝其没；捐躯若得其所，烈士不爱其存。"(《晋书·忠义传》序)正史《忠义传》记述了许多忠君报国的"义烈"之士，其中不乏感人至深者。例如《宋史·忠义传》记载了临安陷落后，陆秀夫、张世杰同文天祥等人拥立赵昺为帝,在厓山(今广东新会县南海中)抗元的事迹。文天祥兵败被俘,陆秀夫"度不可脱,乃仗剑驱妻子入海,即负王赴海死,年四十四"。而张世杰此时也被困于海口,"樵汲道绝,兵茹干粮十余日,渴甚,下掬海水饮之,海咸,饮即呕泄,兵大困"。元人以其亲友再三招降。"世杰历数古忠臣曰:'吾知降,生且富贵,但为主死不移耳。'"终战死。以北宋与五代相比,五代罕见忠臣义士,而宋代忠义之士独多:"靖康之变,志士投袂,起而勤王,临死不屈,所在有之。及宋之亡,忠节相望,班班可书。"究竟是什么原因导致这一社会现象呢? 其中或许与当年田锡、范仲淹、欧阳修、唐介诸贤的努力提倡有关。是他们"以直言谠论倡于朝",中外搢绅遂"以名节相高,廉耻相尚"。士大夫怀抱"忠义之气",于是乎"勇于死敌,往往无惧"(同上)。

《奸臣传》也是纪传体史书中引人注目的一种类传。自欧阳修、宋祁发其端,《新唐书》以下诸史,大都设立《奸臣传》。比较各史设立此传的情况,可以看出,有关奸臣的研究呈现出日益深入的趋势。《新唐书》把许敬宗、李林甫诸人列入《奸臣传》,其篇末论赞云:"木将坏,虫实生之;国将亡,妖实产之。"这里仅仅是形象地将奸臣比作坏木之虫、乱国之妖,并没有为奸臣下一准确定义。其后诸史中,关于奸臣的定义日益明朗、确切。或曰"奸巧之徒,挟其才术,以取富贵、窃威福,始则毒民误国而终至于殒身亡家者"(《元史·奸臣传》序);或曰"小人世所恒有,不容概被以奸名。必其窃弄威柄、构结祸乱、动摇宗祏、屠害忠良、心迹俱恶、终身阴贼者"(《明史·奸臣传》序)。其实,《元史》和《明史》的观点基本一致,都认为奸臣是那些窃取大权,并给国家造成巨大危害的丑类。那末,这些奸臣又是怎样出现的呢?《新唐书·奸臣传》中没有提及产生的根源,《宋史·奸臣传》这样认为:"小人得志,呈其狡谋,壅阏上听,变易国是。"与这一笼统说法相比,《明史·奸臣传》的提示要具体得多:"有明一代,巨奸大恶,多出于寺人内竖,求之外廷诸臣,盖亦鲜矣。"虽然明代前期亦有胡惟庸、陈瑛之流作奸犯科,但因太祖、成祖皆系"英武明断之君",所以胡、陈终究身败名裂。"令遇庸主,其为恶可胜言哉。"以后"权归内竖,怀奸固宠之徒依附结纳",于是出现"祸流搢绅"的局面。在这里,作者把"英武明断之君"当作奸臣的克星,而把大奸巨恶的兴起导源于庸主当朝。这种观点确实很有些肤浅,他们没有看到、也不可能看到,奸臣是封建专制制度下的必然产物。但是,与《新唐书》和《宋史》相比,《明史》的作者们不仅提供了答案,而且敢于明确地同君主联系起来,应该说也是一个进步。

(三)著者善恶

除了过往的历史人物外,对于历史上的重要典制和事件,"二十六史"作者们也往往反映出自己的是非观念。例如,"安史之乱"发生后,归降唐朝的安史旧部,拥兵自重,割据一方。唐王朝相继封李宝臣为成德节度使,封田承嗣为魏博节度使,封李怀先为卢龙节度使。由此形成藩镇割据局面,危害中央,形势日益恶化。面对同样形势,新、旧《唐书》观点大不相同:《旧唐书》的评论无关痛痒,所谓"治乱势也,势乱不能卒治"云云(《旧唐书》卷一百四十五);而《新唐书》则就此指出,"乱人乘之,遂擅署吏,以赋税自私,不朝献于廷。效战国,肱髀相依,以土地传子孙","迄唐亡百余年,卒不为王土","四叛连势,兵结难作,天子不能守宗庙"。割据藩镇危害如此之大,以致作者不得不发出痛心疾首的反问:"与夫竖刁乱齐,孰为轻重?"(《新唐书·藩镇魏博列传》)从而,表明了北宋统治者对割据藩镇持彻底否定的政治态度。

《金史》中有所谓"国可灭,史不可灭,善吾师,恶亦吾师"(《进金史表》)的记载,许多正史也都强调所谓善与恶。然则何为善,何为恶?很显然,对古代史书中的善恶观应当作具体分析。古代的善恶观自有封建地主阶级的政治标准。正史倡导的善,未必尽善;正史所说的恶，亦未必皆恶。譬如唐代武周时期，虽然当朝有滥用刑罚、残害无辜等弊端，但武则天断然推行改革，引进庶族地主参政，打破关陇士族控制政治的一统局面；同时，重视"田畴垦辟"，惩罚"为政苛滥"（《唐大诏令集》）等等，其主流和政绩是不容忽视的。而《新唐书》则以《则天皇后本纪》"著其大恶"，并以《春秋》为据评论道："昔者孔子作《春秋》而乱臣贼子惧，其于弑君篡国之主，皆不黜绝之，岂以其盗而有之者，莫大之罪也，不没其实，所以著其大恶而不隐欤？""武后之恶，不及于大戮，所谓幸免者也。"（《则天皇后纪》）这不是一般地否定武则天，而是在发泄封建正统派们对武后"盗执其国政"的恨意。

封建统治阶级内部的"正统"与"僭伪"之争尚且如此激烈、尖锐，对于对立阶级的颠倒黑白就更可想而知了。农民起义军是封建地主阶级的对立面，也是削弱乃至推翻封建统治的重要力量，所以在封建统治者的眼里，起义军全都是十恶不赦的仇敌。也因此，历代史书在评判农民起义及其领袖时，除了司马迁对陈胜、吴广起义给予充分肯定外，自《汉书》以下的全部正史和非正史中，没有不予以否定甚至是谩骂攻击的。尤为令人感慨者，随着封建社会阶级矛盾的日益深化，史书中对农民起义者的仇视程度也明显加剧。试看"二十六史"里，作者们在这一方面表现出来的鲜明善恶观。

中国历史上第一次农民起义领袖陈胜的事迹，在《史记》中不仅没有置于一般层次的"列传"，而归于较高层次的"世家"之列，更为难能可贵的是，从头至尾均属正面反映；至班固《汉书》何止降格为"列传"，还斥之为"盗"（见《汉书·叙传》）。自《汉书》以后，诸如《后汉书》之于黄巾起义，《隋书》之于长白山王薄、江淮杜伏威起义等，无不以"贼"呼之。不仅如此，此前农民军事迹一般多杂陈于他传之中，罕见独立系列。试看"两唐书"中，便是以另类形式突显出来。以唐末农民起义为例，它们是如何对待起义军领袖黄巢的呢？或是将其与叛唐之卢龙节度使朱泚等人以合传形式反映(《旧唐书》卷二百下),或是索性将黄巢与残暴著称的军阀秦宗权以及割据浙东称帝的节度使董昌混编一起,并且置于全书末尾之《逆臣传》中(《新唐书》卷二百二十五下)。至清人编撰《明史》时,则更是有过之而无不及:将李自成、张献忠等农民起义事迹编排于《佞幸传》、《奸臣传》之后犹觉不足,还特立一个《流贼传》,集中反映农民起义军活动。无独有偶。民国初年,清末遗老们慑于辛亥革命的余威,在《清史稿》中为洪秀全立了专传,不敢明目张胆地像《明史》那样破口大骂农民起义,而骨子里则对农民军极端仇视。他们对太平天国诸王悉加一"伪"字,把清军镇压农民军写作"进剿",而太平军的每次进攻则称为"窜"、"犯",太平军攻占城池被说成是"寇陷"。于此可见,史家之立场、态度何其鲜明!

既然封建统治者站在绝对对立的立场上,怀着刻骨铭心的感情去反映农民起义,其污蔑不实之处自然就不可避免了。试看《明史》中的农民军领袖李自成、张献忠,简直是杀人不眨眼的魔王,尤其是张献忠,"嗜杀,一日不杀人,辄悒悒不乐",先是"杀各卫籍军九十八万",以后"将卒以杀人多少叙功,共杀男女六万万有奇"(《明史·流贼传》)。《明史》作者大概忘却一个基本事实:到明神宗万历六年(1578)时,全国人口也只有六千多万人,直至清高宗乾隆年间(1736—1795),中国人口才突破了一亿大关。实在匪夷所思,张献忠竟有超时代杀戮能力,居然能将后来的清代人口借来一并斩杀!即此可知,欲加之罪,何患无辞。欲达目的,何惧偷天换日。

二、人谋至上

审视数千年历史长河滚滚向前的基本面,作为明主、昏君的帝王也好,作为奸臣、忠义之士也罢,他们全都是历史上具有一定影响的特殊人物。因而以人为纲,写出有关人的历史,尤其是要活生生地反映出具有重要影响的特殊人物的事迹,理应是纪传体文献最基本的任务之一。

对比古代中西史学,反差极其鲜明。西方历史,神学浓雾弥漫其中。古罗马著名史学家李维就公然说,罗马人之所以能在历次战争中转危为安,并能最后克敌制胜,就是因为有神的意旨在。至于在公元五世纪以后的一千多年的"黑暗时代",欧洲史学领域更是充斥着宗教愚昧和神学迷信。而中国的纪传体史书则始终重视"人事",特别是对那些曾经在历史上有过重要作用的人物、事件及典制等,更是"其善者既书之,其不善者亦书之",始终坚持"彰善瘅恶"的准则。中国历代史家何以一如既往地遵循这一准则呢?道理很简单。在他们看来,历史事件的结局,典制的好坏,乃至国家各个方面的治理,无一不是系于"人事"。换言之,所有一切乃是"人谋"使然。因此,要写历史,就不能不在"人谋"上大做文章。

在中国史学领域里,呈现重视"人谋"现象并非偶然。考察这一文化现象的出现,其来龙去脉非常清晰,实由一定的历史背景发展而来。

(一)重人轻神

在遥远的古代,所谓天人关系,长期以来一直是中国哲学领域里的一个重要命题。其中"重人轻神"的思想理念,在经历了长期的社会实践后,起码在先秦时期已得到了逐步的发展。

夏商时代,生产力低下,人的认识能力有限,因而对莫测高深的"天"还难以理解。在殷人的心目中,"天"是一个至高无上的人格神,称得上威力无比:不仅能驾驭风雷雨电,还可降吉凶祸福于人间。换言之,既能主宰自然界,又能统治人类社会。但是西周以降,中国人对"天"的认识已经明显地一步步接近于实际,"轻天重人"的思想开始滋生、发展。如果说西周初年,首先是周统治者鉴于殷人"重天"(亦即《礼记》所谓殷人尊神"先鬼而后礼")仍不免于亡国之祸,因而觉悟到天不可信,从而开始"尊礼尚施,事鬼敬神而远之"(《礼记·表记》)的话,那么时至西周末年,甚至连普通的"国人"也已经从切身的经历中真正领略到了"天"的部分内涵。在他们看来,既然天都不可信,那么对天的"元子"——天子,就更不可信。于是乎在公元前841年,"国人"索性付诸实际行动,将残暴的周厉王驱逐于彘。

春秋以后,轻天思想的发展更加迅速。不惟儒家视鬼神于若有若无之中,即使在飘飘欲仙的道家那里,也不得不留有余地:"六合之外,圣人存而不论。"(《庄子·齐物论》)当此之时,祭祀活动固然还时有出现,但是,祭祀的观念已经明显改变:或是以为并非惧怕鬼神:"祭祀以为人也。"(《左传》僖公十九年)或是索性持鲜明的反对态度:"君无秽德,又何禳焉? 若德之秽,禳之何损?"(《左传》昭公二十六年)

与轻天思想相应并同步发展的是"重人"思想。

殷商时期,奴隶主对奴隶拥有生杀予夺大权。奴隶们常年受奴役、受剥削,过着牛马不如的生活,动辄还要殉葬,用作牺牲。随着生产力的发展,生产力中最根本的因素——人的价值逐渐被认识,因而奴隶主对奴隶们随意杀戮之风也明显地呈现出减弱态势。尤其从春秋以后,随着人的社会地位进一步提高,一些开明的统治者已经认识到"天道远,人道迩"的道理(《左传》昭公十八年),对于"人"的重要意义的理解也达到了空前程度。正所谓"皇天无亲,惟德是辅"(《左传》僖公五年),"国将兴,听于民;将亡,听于神"(《左传》庄公三十二年),"民,神之主也"(《左传》僖公十九年)。

由虚无缥缈的"天道",落实到大千世界、芸芸众生的"人道",应当说,这是古代统治者在认识论上的一大进步。而由施德于民,到民乃国兴之本,甚至视民为"神之主",则是一个更大的提高。这不仅是统治者民本意识的建立,也是古代的中国人注意社会人生,"重人轻神"思想逐步确立的标志。

　　这种天不可信而信人的思想，经过春秋、战国连绵战争的考验，得到了进一步的验证和发展。对此，诸子百家学说中多有反映。儒家大师孟子就曾揭示这样一条真理："天时不如地利，地利不如人和。"兵家鼻祖孙武更是把"人谋"在战争中的重要作用提高到前所未有的程度。孙子一向认为，"凡用兵之法，全国为上，破国次之；全军为上，破军次之；全旅为上，破旅次之；全卒为上，破卒次之；全伍为上，破伍次之。"由此得出最能体现人谋意义的一句至理名言："是故百战百胜，非善之善者也；不战而屈人之兵，善之善者也。"（《孙子兵法·谋攻篇》）不仅如此，孙子还在全面考察和研究战争的基础上，提出了应从五个方面进行深入比较的军事要素："一曰道，二曰天，三曰地，四曰将，五曰法。""凡此五者，将莫不闻，知之者胜，不知者不胜。故校之以计，而索其情。曰：主孰有道？将孰有能？天地孰得？法令孰行？兵众孰强？士卒孰练？赏罚孰明？吾以此知胜负矣。"（《孙子兵法·计篇》）三国时期，卓越军事家曹操曾称此为"五事七计"。所谓"五事"，乃是进行战争的五个基本条件，所谓"七计"则是衡量和计算"五事"的具体事项。说到底，这一切的一切都表明，决策者的谋略在战争中起着极其重要的决定性作用。

　　从一定意义上说，先秦时期重人轻神的思想观念，以及诸子百家有关"人谋"意义的学说，不单为以后创造以人为纲的纪传体这一史体大造了舆论，同时也为纪传体文献在写人方面，应该如何"彰善瘅恶"和深入辨别"人事"，初步指出了方向。

　　（二）观念反思

　　历史的前进有如江河奔流不息。战国以降，旧朝代的灭亡联系着新朝代的兴起，治而复乱，乱而复治，人世间朝代的新陈代谢似乎从来没有休止。在社会的治乱兴衰过程中，左右历史局面的主要因素是什么？这一问题在第一部纪传体史书《史记》中就已经论及。例如在《秦始皇本纪》里，司马迁曾特意征引贾谊《过秦论》，分析了秦朝由盛而亡的原因:"及至秦王,续六世之余烈,振长策而御宇内,吞二周而亡诸侯,履至尊而制六合,执棰拊以鞭笞天下,威振四海","秦王之心,自以为关中之固,金城千里,子孙帝王万世之业也"。然而曾几何时,事与愿违,出人预料之外:陈涉者,"才能不及中人",不过是一介"迁徙之徒",既无孔、墨之贤,又无陶、朱之富,而率"罢散之卒",斩木为兵,揭竿为旗,天下竟云集响应,"山东豪杰遂并起而亡秦族"。是秦弱小吗?是陈涉位尊吗?是义军装备精良吗?是陈涉善于用兵吗?都不是!那么,究竟是什么原因,使得秦王朝"一夫作难而七庙毁,身死人手,为天下笑"呢?问题的答案一语中的,原来是统治者"仁义不施而攻守之势异也"。无独有偶,在《刘敬叔孙通列传》中,司马迁还就刘敬行事大发感慨:"夫高祖起微细,定海内,谋计用兵可谓尽矣。然而刘敬脱挽辂一说,建万世之安,智岂可专耶?"在作者看来,汉代之所以能够建立,与统治者在军事上、政治上的充分利用"人谋",显然关系至大。当然否认"人谋"者也大有人在,司马迁对此则明确地持批判态度。在《项羽本纪》中,司马迁就曾尖锐批评项羽:"身死东城,尚不觉悟","乃引'天亡我,非用兵之罪也',岂不谬哉!"只此一个"谬"字,是何等辛辣地批判了那种动辄将胜败归诸天意的愚昧无知。

如果说司马迁从西汉以前的大量史实中,业已领悟到了"人谋"的重要性,那么,班固及其以后的诸位史家的感触便更为直接了。因为《汉书》以后的纪传体史书多系断代史,断代史所反映的内容往往是距作者不远的某一时期,有些史书反映的史实甚至发生于作者亲身经历过的朝代。这种耳闻目睹之事和接近于当代经历的研究,往往更能激发史家的深层思考。

此外,东汉以后的混乱局面也有助于提高史家的认识。中国历史上继春秋战国之后的两个著名的长期动荡分裂的历史时期——南北朝与五代十国,具有三个明显的共同点:

　　第一,邦国并存。南北朝时期,南朝有宋、齐、梁、陈,北朝有魏、齐、周、隋;五代十国时期,黄河流域有梁、唐、晋、汉、周,长江流域和其他地区有吴、南唐、吴越、楚、闽、南汉、前蜀、后蜀、荆南、北汉。

　　第二,国祚短暂。这两个时期的政权除个别稍久一点外,大都是国运不永。朝代革易之快,有如走马灯般旋起旋灭。例如南朝之萧齐仅23年,北朝之东魏仅16年。五代之梁、唐、晋皆十余年,后周九年,后汉仅三年。

　　第三,以实力经营天下。当是时,政权之起落交替,没有不是凭借武装力量的。试看南北朝时期,南朝刘裕之废晋恭帝、萧道成之废宋顺帝、萧衍之废齐和帝、陈霸先之废梁敬帝,北朝拓跋氏之统一北方、高洋之废孝静帝、宇文觉之废魏恭帝、杨坚之废周静帝等等,无一不是依赖强权政治。在五代十国时期,后梁太祖朱温、后唐庄宗李存勖、后晋高祖石敬瑭、后汉高祖刘知远、后周太祖郭威等人,也都统统是凭借武力登上皇帝宝座。而吴之杨行密、南唐李昪、吴越钱镠、楚之马殷、闽之王审知、南汉刘隐、前蜀王建、后蜀孟知祥、荆南高季兴、北汉刘崇等人,也无一不是以拥有重兵而割据一方的。

　　在南北朝政权的迅速革易中,残酷的社会现实使当代和后世修史者比较直观地领教了“人谋”的重要作用。例如在唐人看来,北朝的高齐政权的兴衰就是一堂生动的政治课。想当年,北齐西包汾、晋,南控江、淮,东尽海隅,北渐沙漠。六国之地,齐获其五,“九州之境,彼分其四”,且甲兵之众、府库之藏,亦远超他国。然而,同是一个北齐,“前王用之而有余,后主守之而不足,其故何哉?”答案是“皇天无亲,惟德是辅”,“天时不如地利,地利不如人和”。前者以仁治国,后者以暴施天下。仁治者,臣与君“同生死”、“共存亡”;暴政者,“土崩瓦解,众叛亲离”。由此观之,“齐氏之败亡,盖亦由人,匪惟天道也”(《北史·齐本纪》)。

　　与此相类,在“势均者交斗,力败者先亡”(《旧五代史》卷十三)

的五代时期,铁的事实也使宋代修史者的观察力进一步提高。在宋人看来,朝代的兴衰治乱,固然与人主的英武、昏庸有关,也与人臣的辅佐相连。从短命的后汉朝便可以追踪到谋臣腐朽的巨大危害:"且如弘肇之淫刑,杨邠之秕政,李业、晋卿之设计,文进、允明之狂且,虽使成王为君,周公作相,亦不能保宗社之安,延岁月之命。"(《旧五代史》卷一百七)由此不仅更加使人坚定了重视"人谋"的传统观点,发出了"观汉之亡也,岂系于天命哉"的慨叹,而且还从"汉之亡"引发出了君主在"人谋"方面的沉痛历史教训:"盖委用不得其人,听断不符于理故也。"(同上)

正因为受到先秦重人轻神思想观念的影响,又经历了秦朝"二世而亡"的沧桑之变,纪传体史书的创始者司马迁,从一开始就对"人谋"的意义有比较深刻的认识。随着历史的演进,后世史家的这种认识也在一步步地提高。例如他们愈来愈清醒地认识到,人有贤与不肖,谋有善与不善。人不分高下,谋不别善恶,所谓重人,所谓垂训鉴戒,就只能是一句空话。只有善恶分明,扬善"以示久远",暴恶"以动人耳目"(《新唐书·进唐书表》),"使后之君子见善如不及,见恶如探汤"(《旧五代史》卷九十六),才能使历史真正起到遗鉴未来的作用,达到经世致用的目的。也正因为如此,纪传体文献(特别是其中的正史)便始终坚持"彰善瘅恶"的修史准则。

第三章　纪传体例

　　纪传体文献自汉代确立后,何以能很快饮誉天下并长盛不衰呢?最为重要的一条是,它空前成功地反映了丰富的历史内容。纪传体文献何以能圆满展示出"丰富的历史内容"呢? 毫无疑问,在客观上业已具备了丰富史料的前提下,起决定性作用的首要因素,必然是史籍体裁的自身体例了。一般来说,在古代众多历史文献中,几乎每类史书皆有自身体例。但是相比之下,纪传体内容与形式的高度统一,诚可谓春兰秋菊,相得益彰。从总体上说,很难找到其他任何一种史书的体例,能像纪传体那样完善、严谨而又长期受到后世学界的欢迎。

　　纪传体史书素有正史、别史之分,又有通代、断代之别,传目设置也各不相同,但是最主要的框架结构则是基本一致的。大而言之,纪传体最基本的体例,不外乎六个基本的单元:本纪、史表、书志、世家、列传、论赞。考察这六个单元,不仅都有自身的特点和功用,而且还有彼此补充和协调统一的重要意义。

第一节　本纪

　　本纪是以能够左右天下大局的代表人物帝王为核心,揭示社会政治演进之迹的一种体例。可以说它是记人物的体例,但又不同于一般的人物传记,属于比较特殊的帝王"专传"。每部纪传体史书都将本纪置于最前列,本纪的特殊安排既是古代君权至上的象征,也是全书内容的简明纲要,具有浓缩全书、提纲挈领的作用。

一、本纪本义

本纪,亦称纪。最早揭示本纪含义的是东汉学者班彪,他说:"司马迁序帝王则曰本纪。"(《后汉书·班彪列传》)以后诸家解释,大致相似。其中,唐人司马贞云:"纪者,记也。本其事而记之,故曰本纪。又纪,理也,丝缕有纪。而帝王书称纪者,言为后代纲纪也。"(《史记》卷一《史记索隐》)张守节云:"裴松之《史目》云:'天子称本纪,诸侯曰世家。'本者,系其本系,故曰本;纪者,理也,统理众事,系之年月,名之曰纪。"(《史记》卷一《史记正义》)唐代著名史学评论家刘知几则说得更为具体:"盖纪者,纲纪庶品,网罗万物。""纪之为体,犹《春秋》之经,系日月以成岁时,书君上以显国统。""又纪者,既以编年为主,惟叙天子一人。有大事可书者,则见之以年月;其书事委曲,付之列传。"(《史通·本纪》)

观看本纪体例,参考前人所论,其简明义项主要包含以下三点:一曰以年月为序,反映国家大事;二曰帝王传记,非帝王不得用本纪;三曰叙事简净,不载琐碎。试逐一论之:

本纪固然常常冠以某帝王庙号之类的字样,而观其所记内容,实则是编年大事记。在宋代司马光的皇皇巨著《资治通鉴》问世之前,中国古代系统的编年史,便是大体上采用了类似于纪传史书中本纪的记载模式。纪传体中的本纪,名义上是记帝王,其实帝王在这里仅仅是某个时代的符号和标志。质言之,与其说是记帝王,毋宁说是利用帝王世系为线索,以帝王年号为顺序,反映一朝之政治、军事、经济、文化、民族、外交等国家要事。也可以说,本纪是将各朝发生之史实,分别其前后顺序系于各个帝王,即所谓"以事系人"。仅就此而言,本纪之撰写方式,实则与编年体以时间为纲之记事方法惊人相似,即揭示一朝国政大事乃是本纪的基本任务。

　　本纪固然也可以视为帝王的"专传",但是叙述帝王事迹与普通人物传记大不相同。纵观各史本纪,对绝大多数帝王生平行事的记述都相当简略,简略到了仅知梗概而不能再简的程度。本纪中,有关帝王的记述,一般都是以寥寥数语反映其即位前之身世,以及何年即皇帝位,何年崩等。贯穿其中的主要内容,则是某年某月有何事或发生何种大事。至于帝王本人日常之言行琐事,则罕有述及。即或有之,亦语焉不详。

　　当然,本纪中也有例外情况。即对于开国君主和极个别政绩极其突出的帝王,所记文字明显较多。尤其是历代开国君主,往往历述其出身乃至出生时的情景,发迹前的诸多行为,建国登基前的各种功绩,以及即位后的重要政治活动等等。例如在《汉书·高帝纪》中,就记述了刘邦起事前的诸多往事。不仅记其出生时荒诞不经的传说:"母媪尝息大泽之陂,梦与神遇,是时雷电晦冥,父太公往视,则见交龙于上,已而有娠,遂产高祖";还记述了高祖长相及其性格,"隆准而龙颜,美须髯,左股有七十二黑子。宽仁爱人,意豁如也。常有大度,不事家人生产作业。及壮,试吏,为泗上亭长,廷中吏无所不狎侮。好酒及色"云云。甚至还述及若干琐事:参加吕公酒宴之逸闻事;"老父"为吕后及子女看相事;高祖"以亭长为县送徒骊山",途中拔剑斩蛇等等。至于其举兵抗秦以后,更是一一记述攻战成败之详情,即使其即位以后的各种活动,也有清晰的记录。在这些"记录"里,往往是叙事中既有背景、场面,又有皇帝的具体言行。《汉书》中的《高帝纪》如此记载,其他本纪中所记的开国帝王,例如汉光武、隋文帝、唐太宗、宋太祖、明太祖等,也大抵如此。

　　对开国之君记事较详,当然是可以理解的。这些开国君主与大多数的守成之君有很大不同,他们的生平经历相当丰富,并且与新政权的建立直接相关。无论是在推翻旧王朝的诸多重大事件中,还是在建国后百废待举的重大活动中,开国君主往往不仅是直接的参与者,并且还是起决定性作用的主要角色。换言之,他们的言论和行动对历史进程具有特殊的影响,所以自当多处着墨。

本纪基本任务固然是记事,然以其所记主要为国家大事,因而也就决定了本纪叙事的简洁性。这不仅表现在记述帝王时,不言帝王琐事,即使反映国家大事也须极其简明扼要。因为天下事多如牛毛,不简明,便不足以清晰地显示出整个社会历史发展的脉络。例如,汉武帝时期的征伐匈奴战争是当时政治生活中的一件大事。然在《汉书·武帝纪》中仅言某年遣某人出击匈奴,斩首若干,而在《汉书·卫青霍去病传》中则详细记载历次征战情况。譬如不单具体反映出征将领、兵员数量、行军路线、交战经过,甚至班师以后所受奖赏等等,亦皆备言其细。又如"玄武门之变"是唐代初期李世民杀兄逼父、夺取皇位的一个重大政治事件,但在《旧唐书·太宗本纪》中仅言:"(武德)九年,皇太子建成、齐王元吉谋害太宗。六月四日,太宗率长孙无忌、尉迟敬德、房玄龄、杜如晦、宇文士及、高士廉、侯君集、程知节、秦叔宝、段志玄、屈突通、张士贵等于玄武门诛之。"一件著名的历史大事,着墨如此而已,具体详情则不得而知。然而,在"隐太子李建成"本传中,则不仅叙述了玄武门事件的原委,包括政变前太子建成与齐王"元吉谋行酖毒,引太宗入宫夜宴,既而太宗心中暴痛,吐血数升。淮安王神通狼狈扶还西宫"等细节,还详细记述了政变时长孙无忌、房玄龄等人与太宗如何密谋,以及击杀建成、元吉的情形(《旧唐书》卷六十四《高祖二十二子列传》)。

由此可见,本纪与列传的体例关系,是"纲"与"目"的关系:本纪叙事之简洁,完全是为了维护和突出它自身的"提纲挈领"的功用。不如此,必然会造成巨细不分、枝叶交错的混乱局面,必然会影响本纪揭示历史大势的功能。

二、例外本纪

依照一般通例,本纪唯叙帝王,非帝王便不得采用本纪记事。纵观多数纪传体史书,大体上也都是准此行事的。但是,也有若干史书表现特殊:对于那些并非帝王的人,也居然给予了本纪的"礼遇"。

这些"例外本纪"所反映的对象自然有其特殊性,一般来说,主要牵涉到如下三类历史人物。

(一)时代支配者

在《史记》和《后汉书》中,比较典型的代表人物,前有项羽、吕太后,后有东汉诸皇后。

项羽本系农民起义军领袖,在决定秦朝灭亡的巨鹿之战中,曾一举摧毁秦朝主力。秦亡后,自立为西楚霸王,声名显赫,威振天下。但是,直至乌江自刎,项羽始终没有称帝;吕太后是汉惠帝刘盈之母。汉高祖死后,吕太后大权在握,政出吕氏。即使如此,她也始终没有即位称帝。而《史记》则分别为此二人立纪——《项羽本纪》、《吕太后本纪》。司马迁除了为吕太后设本纪外,其余后妃、外戚事迹皆反映于《外戚世家》;班固在其《汉书》中,也大体一仍其旧,所不同者,是将《史记》之《外戚世家》改为《外戚传》。

然而,在范晔撰修的《后汉书》中却发生了重大变化。他删去了以往例行的《外戚传》,别出心裁地创立了《皇后纪》。范书中总共设有十个"本纪":前九纪是东汉九帝本纪,第十纪便是《皇后纪》。此处特设皇后之"纪",旨在专门反映东汉各朝皇后、外戚事迹。很显然,在范晔看来,东汉时期的皇后和外戚势力,已经对国家时局产生了极其重要的深远影响。

(二)基业开创者

在这方面,最典型的代表人物是曹操、司马氏父子以及宇文泰等人。

曹操是三国时期著名的政治家和军事家,他大权在握,多有建树,是以后曹魏政权的真正奠基人。观其一生,他最终的官职也仅限于汉丞相。但是,在《三国志》中,陈寿还是为他立了《武帝纪》。

曹魏末期,司马懿父子独揽朝政大权,经过多年经营,司马懿之孙司马炎终于灭魏建晋。《晋书》遂效法《三国志》行事方式,为从未称帝但却是晋朝开创者的司马懿、司马师、司马昭三人分别设立了本纪——《宣帝纪》《景帝纪》《文帝纪》。不但如此,还将这三纪置于诸纪之首。

无独有偶,《周书》中的"文帝"宇文泰也从未当过皇帝。然而此人把持西魏朝政,功业卓著,成为北周的真正奠基人。及至孝闵帝时,便为其上尊号曰"文王"。至明帝时,更是为其上尊号曰"文皇帝"。因而在《周书》中,特为之立了《文帝纪》。

(三)特殊追尊者

使用本纪的还有一种特殊人物,他们既不是握有巨大权力的时代支配者,更不是叱咤风云的开国者,而是父以子贵、祖以孙荣的特殊追尊者。当子孙称帝时,这些人或许业已作古,对身后事一无所知,但因其后人当了皇帝,他们这些普通人也就荣耀地被追尊为皇帝了。

历代追尊皇帝之多,莫过于《魏书》。《魏书》帝纪 12 卷,第一卷为《序纪》。所谓"序"者,即在记述开国君主魏道武帝拓跋珪之前,首先追尊其先人,以始祖力微为神元皇帝,自神元以下是:沙漠汗曰文帝,悉鹿曰章帝,绰曰平帝,弗曰思帝,禄官曰昭帝,猗迤曰桓帝,猗卢曰穆帝,郁律曰太祖平文帝,贺傉曰惠帝,纥邮曰炀帝,翳槐曰烈帝,什翼犍曰昭成帝,总计 13 帝。而从神元上溯,复有更远之 14 帝:毛曰成帝,诘汾曰圣武帝,邻曰献帝,侩曰威帝,盖曰僖帝,机曰定帝,肆曰和帝,俟曰元帝,利曰景帝,推寅曰宣帝,越曰安帝,楼曰明帝,观曰庄帝,贷曰节帝,这样一直追溯至极远之祖拓跋毛(即成帝),方才作罢。前后总计追尊27帝,若将负伤死去,以后被追尊为献明帝的太子也计算在内,则总共追尊28代帝王。

继《魏书》之后,《金史》于卷首设立《世纪》,亦追尊金朝创建之前的女真完颜部十位首领及其生平事迹。他们是始祖函普、德帝乌鲁、安帝跋海、献祖绥可、昭祖石鲁、景祖乌古廼、世祖劾里钵、肃宗颇剌淑、穆宗盈歌、康宗乌雅束。《金史》甚至别出心裁地在这部史书的本纪之后,还专门设立《世纪补》一卷,分别记述"景宣皇帝"宗峻、"睿宗"宗尧、"显宗"允恭等人事迹。这三人都是人臣,然因其子称帝,故以《世纪补》"补"之。

三、无纪帝王

在纪传体文献中,既有身非帝王而采用本纪的特例,也有虽系皇帝却不得以本纪书之的非常现象。这种现象之所以说"非常",因为主人公既不是古代难以统计的独霸一方、割据称雄的地方首领,也不是大大小小建国改元的历代农民起义军领袖,而是指那些堂而皇之正式建国即位的封建皇帝。这种现象尽管在史书中出现不多,却也是格外引人注目。

西汉末年,王莽以大司马领尚书事辅政,尔后废掉孺子婴,改国号曰"新",改元"始建国",正式登基称帝十余年。王莽在位期间,曾多方实行改革,虽然由于诸多原因而最终失败,然其人其事在历史上毕竟有一定影响。而《汉书》秉承传统的正统观念,仅以《王莽传》记其事迹,并且置于全书列传之末。

三国时期,魏、蜀、吴开国者除曹操外,其余蜀、吴两国开国之主都坐上了事实上的皇帝之位。其中,刘备于221年在成都正式称帝,国号汉,史称蜀汉。孙权于229年在建业即皇帝位,国号吴,是为孙吴。然而在《三国志》中,未曾称帝的曹操以《武帝纪》记之,真正称帝的刘备、孙权的事迹反倒反映于列传之中。

西晋灭亡后,南迁中原的五个少数民族(匈奴、鲜卑、羯、氐、羌)及其他民族,先后在黄河流域建立了前赵、后赵、前秦、后秦、西秦、前燕、后燕、南燕、北燕、前凉、后凉、南凉、北凉、西凉、夏、成"十六国"。而在《晋书》中,对这些正式立国建元的政权并未以本纪记载,而是用"载记"的形式予以反映。

更有甚者,当推后来之南明诸帝。1644年,几乎与清兵进入北京的同时,南明福王朱由崧便即位于南京。以后因战争连绵,政权更迭,先后又有鲁王朱以海、唐王朱聿键、桂王朱由榔等在绍兴、福州、肇庆等地正式称帝,是后又有鲁王监国等等。屈指算来,南明前后历史亦达20年左右。然而《明史》作者对此段历史耿耿于怀,不仅不承认其帝号,将其人其事混迹于诸王传记之中,并且有关历史事迹简略殊甚。

四、史坛争鸣

由于存在上述种种现象,后世史家的理解又不尽一致,因而史学领域里对此长期争论不休,有些人甚至对本纪的内涵也有不同观点。不过,从整体上看,主要的争议热点是本纪的体例和正统观念两个问题。

(一) 自乱其例说

所谓自乱其例说(亦作为例不纯说),这是后世史家对上述那些身非帝王却系之以"本纪"这一写法的批评意见。最具代表性、争论也最多者,首推《史记》中的《项羽本纪》和《吕太后本纪》。

批评《项羽本纪》最力者,乃唐代著名史学评论家刘知几。他说:"项羽僭盗而死,未得成君……安得讳其名字,呼之曰王者乎?""假使羽窃帝名,正抑同群盗。况其名曰西楚、号止霸王者乎? 霸王者,即当时诸侯。诸侯而称本纪,求名责实,再三乖谬。"(《史通·本纪》)依照刘氏之说,为项羽立本纪实为"两不可":自古"胜王败寇",

项羽以"未得成君"的强盗下场死去,称其字"羽"本已不妥,尊其为"王"更属大谬不然。此为一不可;既称"霸王",位同诸侯。反映诸侯不用"世家"而用"本纪",有违本纪之义。此为二不可。刘氏之说振振有词,然而,也不过是一面之词。司马迁为并非帝王的项羽立本纪,并不是没有深层考虑。或许作者也早已意识到,在其"百年"以后会有人就此向他发动攻击,所以在《史记·太史公自序》中恰恰有一段文字,专门解释了之所以这样做的思想初衷。由这段文字可以看出,司马迁在《史记》中破例为项羽设立本纪,是因为在推翻暴秦这场轰轰烈烈的伟大事业中,项羽地位极其特殊,影响巨大而深远。所谓"秦失其道,豪杰并扰",项羽杀死宋义奋勇救赵之后,更是脱颖而出,威震天下,"诸侯立之",受到拥戴。他名义上虽然是"西楚霸王",实则等同于当时天子。须知彼时之秦朝业已灭亡而汉代未兴,义帝又被废黜,当此之时唯一能够左右局面、号令天下者非项羽莫属。至于由此引发"天下非之",纯系基于正统观念所起,实在不足为训。纵观项羽一生作为,为之设立"本纪"当属情理之中。

对于《吕太后本纪》,也有不少人表示异议。宋代郑樵就责备道:立《吕太后本纪》,"遗孝惠而纪吕,无亦奖盗乎!"(《通志·帝纪序》)"奖盗"之说究竟如何,姑且不论。所谓"遗孝惠而纪吕",则绝非司马迁随意为之,其中自有深层道理:高祖死后,即位的汉惠帝生性懦弱,形同虚设,一应大事,政出吕氏。尤其孝惠死后,吕太后"临朝行天子事,决断万机"(《汉书·高后纪》颜注)。况且,吕后当政期间,"政不出房户,天下晏然。刑罚罕用,罪人是希。民务稼穑,衣食滋殖"(《史记·吕太后本纪》)。这样看来,为吕太后立本纪,亦在情理之中。

此外,对《后汉书·皇后纪》的设立也有责难者。其实,对范晔设《皇后纪》也应客观看待。依照常规,东汉皇后事迹自然应当像《汉书》那样列入《外戚传》中。然而作者打破常规,为皇后、外戚"升格"，乃是事出有因。因为东汉王朝，特别是东汉中期以后，政治非常腐败，最高统治阶层内部钩心斗角，内耗愈演愈烈。通过控制皇帝把持朝政，成了当时政治斗争的一种重要形式。于是乎阴谋和弑杀频出，"东汉诸帝多不永年"。试看东汉诸位皇帝中，除了光武帝刘秀活了六十二岁之外，以下诸帝短命现象一再上演："明帝年四十八，章帝年三十三，和帝年二十七，殇帝二岁，安帝年三十二，顺帝年三十，冲帝三岁，质帝九岁，桓帝三十六，灵帝年三十四，皇子辨即位年十七，是年即为董卓所弑，惟献帝禅位后，至魏明帝青龙二年始薨，年五十四，此诸帝之年寿也。"（赵翼《二十二史札记》卷四）帝王年幼，势必母后临朝听政。《皇后纪》说得明白："皇统屡绝，权归女主，外立者四帝（按，即安帝、质帝、桓帝、灵帝），临朝者六后（按，即章帝窦太后、和熹邓太后、安思阎太后、顺烈梁太后、桓思窦太后、灵思何太后）。"既然母后临朝，一般又都要委重任于外戚。于是出现东汉皇后和外戚长期左右朝政的局面。这是以往从未有过的特殊现象。由此可见，《后汉书》中破例为独掌大权的皇后们立本纪，也是反映了当时的客观现实，乃是形势使其然。

为什么后人对于设立《项羽本纪》、《吕太后本纪》以及东汉《皇后纪》的做法加以非难呢？从根本上说，是因为这些"后人"并没有理解正史作者当年创立本纪的初衷。诚如《史记》中云："网罗天下放失旧闻，王迹所兴，原始察终，见盛观衰，论考之行事，略推三代，录秦汉，上记轩辕，下至于兹，著十二本纪，既科条之矣。"（《太史公自序》）很显然，依照司马迁的本意，所谓本纪者，旨在"科条"史事，无所谓是否帝王，无所谓什么僭伪，只要其人能左右国家局势，通过他能够提携天下大事，就可以"本纪"立之。

为项羽、吕后、东汉诸皇后设立本纪，可以理解为他（她）们是时代的支配者，但是，有如《魏书》之《序纪》、《金史》之《世纪》以及《世纪补》之类，就很难自圆其说了。这些所谓特殊的"追尊者"并没有突出政绩(有些人甚至毫无政绩可言),仅仅因为他们是皇帝世系,便以某祖某宗以纪之。例如,《魏书·序纪》中所追尊的28人,岂止是在世时皆无帝号,许多人简直是无事可记。例如其中所谓"节皇帝讳贷"、"庄皇帝讳观"、"明皇帝讳楼"、"安皇帝讳越"、"景皇帝讳利"、"元皇帝讳俟"、"和皇帝讳肆"、"定皇帝讳机"、"僖皇帝讳盖"、"威皇帝讳侩"等十帝,因无他事可写,唯以"立"、"崩"二字概括。所以刘知几对此颇为不满:"《魏书·序纪》袭其虚号,生则谓之帝,死则谓之崩,何异沐猴而冠,腐鼠称璞者矣。"(《史通·称谓》)清人赵翼也尖锐批评《金史》道:"有天下者,追尊其祖,唐、宋旧制皆四代",而金朝"追谥尊称至十一君,可谓滥矣"(《二十二史札记》卷二十八)。上述刘、赵两人之评论,可谓旗帜鲜明,不无道理。

当然,如若换一角度,单就史料价值看问题,则要另当别论了。以《魏书·序纪》为例,虽然某些追尊之"帝"毫无事迹可言,但以其无一缺漏,联缀起来便可显示出北魏帝王之世系。更何况通过北魏28代"君主"的事迹记述,可以在一定程度上揭示出鲜卑拓跋部由氏族部落而奴隶社会而封建国家的演进轨迹和悠久历史。由此也可以反映出这批"黄帝子孙"为了本民族的繁荣和发展,为了追寻理想的生存空间,勇于开拓,一再迁徙,敢于在历史舞台上参与民族角逐,以及善于学习和引进新的发展机制等史实。以此考之,《金史》亦然。通过其《序纪》中的十位君长的事迹记述,对于了解金朝建国前女真完颜部的早期发展史,具有一定的参考意义。

(二)正统僭伪说

所谓"正统"、"僭伪",这里特指后世史家对某些史书中设立本纪这一形式的截然不同的两种思想认识。在正史中,比较典型的是《三国志》和《晋书》。

议论较多者首推陈寿之《三国志》。《三国志》形式上分叙魏、蜀、吴三国史实,而写法上则有明显的"倾斜"性。本书于"曹魏则立本纪,蜀、吴二主但立传",显然是"以魏为正统,二国皆僭窃也"(赵翼《二十二史札记》卷六)。《魏志》称操曰太祖,封武平侯后称公,封魏王后称王,曹丕受禅后称帝。而于蜀、吴二主则直书曰刘备,曰孙权,可知不以正常邻国相待。蜀、吴"二志",凡与曹魏相涉者,必曰曹公,曰魏文帝,曰魏明帝,"以见魏非其与国也";《魏志》于蜀、吴二主之死与袭,则"皆不书",是知"陈寿作《魏本纪》,多所回护","回护过甚之处,究有未安者",而《三国志》"不惟于本纪多所讳,并列传中亦多所讳矣"(同上)。

究竟应当如何对待这一历史现象呢?是应该尊曹贬刘,还是应当尊刘贬曹,抑或是三家并列呢?晋代以降,许多史家往往从本朝的政治形势需要出发,以表明自己的立场和态度。

早在东晋时期,史家习凿齿就曾旗帜鲜明地反对陈寿的扬魏抑蜀的立场。他撰写的《汉晋春秋》以蜀汉为正统,亦即晋朝直承汉统。至北宋时,司马光一仍陈寿书法之旧。他写的《资治通鉴》亦以曹魏为正统。至南宋朱熹,又否定了《三国志》书法,他写的《通鉴纲目》则是维护蜀汉正统。以后,又有萧常的《续汉书》也推尊蜀汉。由此可见,上述史家经世致用的著述宗旨具有极大的鲜明性。习凿齿之所以扬蜀抑魏,是因为作者乃东晋人,彼时晋室南迁,江山半壁,与当年蜀汉情景颇类,所以《汉晋春秋》名为尊蜀,实尊东晋。司马光之所以扬魏抑蜀,是因为作者是北宋人,而当时的北宋虽然未能完全统一天下,但终究结束了五代十国长期分裂割据的局面,大体上出现了一统的格局。而与北宋这种形势相比较,三国之中只有曹魏的规模差强人意。况且曹魏和北宋一样,在地理上,又都是建都于黄河流域。因而,《资治通鉴》赞成陈寿书法,是可以理解的。至于朱熹与萧常,他们是南宋人,宋室南迁,偏安江左,同三国之刘备立足西南,定鼎川中的情形酷似,因而他们便扯起尊刘抑曹的旗帜。

其实,综观全局,当年陈寿书法亦在情理之中。陈氏是在西晋时期写《三国志》，他自然要为晋朝回护。既要为晋回护，则于魏、蜀、吴三国之中，就不能不为魏回护，因为晋之建立，本承魏统。就此而言，尊晋则必须尊魏，尊魏便是尊晋。何况，陈寿分国纪事，三国并立，所持态度大体公道。"晋之祖宗所北面而事者，魏也。蜀之灭，晋实为之。吴、蜀既亡，群然一词，指为伪朝。乃承祚（按，陈寿字）不唯不伪之，且引魏以匹二国，其秉笔之公，视南、董何多让焉！"（钱大昕《潜研堂文集》卷二十四）钱氏此论，大抵允当。即著名史学评论家刘知几亦表示认同："陈寿国志，载孙、刘二帝，其实纪也，而呼之曰传。"（《史通·列传》）更何况，若从以事系年的角度看，陈寿书法乃是当时唯一可行的最佳方案。因为在三国之中，曹魏政权不仅疆域最大，而且立国最久，只有它的纪年得以上承汉末（魏文帝建国之黄初元年，亦即汉献帝亡国之延康元年），下与晋始（魏元帝亡国之咸熙二年，亦即晋武帝司马炎即位之泰始元年）相连。推尊曹魏，以曹魏系年统领全书，就可以在相对同一的时空范围内，揭示魏、蜀、吴三个并存政权所发生的一系列史事。因而，也就保持了从东汉直至晋代的中国历史的统一性和系统性。设若不是这样，而是为蜀汉或为孙吴之君立纪，以他们的年号统率三国史事，则仅仅时间上的"断层"，就必然导致无法上下衔接的技术问题。原因很简单，蜀、吴两国皆晚于曹魏建国，而又早于曹魏亡国，因而上不能接汉之纪年，下不能与晋代相吻合。由此可见，陈寿之"纪"曹魏而"传"蜀吴，确实有一定可取之处，决不能草率地以"正统"、"僭伪"之说一概而论。

　　与《三国志》相比，《晋书》的所谓正统、僭伪观念更加鲜明。本书以"三十载记"反映了南迁中原的五胡十六国政权，"载记"卷首小序直抒作者胸臆：西晋灭亡后，五胡雀跃中原，"莫不龙旌帝服，建社开祊，华夷咸暨，人物斯在。或篡通都之乡，或拥数州之地，雄图内卷，师旅外并，穷兵凶于胜负，尽人命于锋镝，其为战国者一百三十六载，抑元海为之祸首云"（《晋书》卷一百一，《载记第一》）。这里提到的"元海"，系指匈奴族领袖刘渊，他于304年起兵汾河流域，四年后称帝平阳(今山西临汾)，国号汉。《晋书》所谓"祸首"，是说以刘渊建汉发其端，从此便揭开了五胡族逐鹿中原，百余年间竞相建国的序幕。同系开国建元，在晋则以"十帝纪"书之，在"十六国"则以"三十载记"记之。西晋者，一统天下，以本纪书之当在情理之中。然而东晋者，在形式上与"十六国"并无不同："八王"乱后，晋室南迁，江山半壁，偏安于江左；黄河流域，五胡族逐鹿中土，亦有"龙旌帝服，建社开祚"之实。何以南、北同样之现象，竟有"帝纪"、"载记"之不同？何以永嘉南渡，司马睿定都建康，被誉为"星斗呈祥，金陵表庆"，"抑扬前轨，光启中兴"(《晋书·元帝纪》)，而五胡族次第建国，便被视为"胡人利我艰虞，分镳起乱"，"扛鼎"之首的匈奴族首领刘渊则直以"祸首"呼之。形式相同而写法异，此非鲜明之正统、僭伪而何？

固然，"载记"这一体例并非《晋书》发明。它首创于班固等人集众所修之《东观汉记》，其中曾以"载记"记述西汉末年之新市、平林农民起义及公孙述等割据政权。但是，即便从援引这一体例本身也可以看出，《晋书》的封建正统观念还是比较浓厚的。

归根结底，《晋书》这样做，完全是出于特定的政治背景。本书修于唐代，而唐代是统一的封建国家，因此，在《晋书》中也必然要宣扬"大一统"观念。然而，《晋书》包括西晋和东晋，西晋因是统一政权，自然容易体现统一思想，而对南北分立的东晋与十六国就不得不煞费苦心了。从晋室的角度看，西晋以后的正统当然在东晋。然而，若视半壁河山的东晋为正统，则与其遥遥相望的中土之十六国政权又该如何处理呢？以本纪记北方政权，则有违于唐代宣扬"大一统"的初衷；仿《史记》之世家体例以记之，则十六国又不受东晋封爵。权衡左右，只得另辟一径，遂援引往昔"载记"之例，逐一记述十六国历史。值得赞赏的是，《晋书》中虽称之为"僭伪"，却不别华夷，反映了唐太宗所谓"自古皆贵中华，贱夷、狄，朕独爱之如一"(《资治通鉴》卷一百九十八,贞观二十一年)的民族政策。刘知几也曾就此称赞《晋书》:"可谓择善而行,巧于师古者"云云(《史通·题目》)。

第二节　史表

史表,简称"表",亦作"表谱"或"表历"。这是纪传体史书中以表格形式,为某些重要史事勾勒简明轮廓或主要线索的一种体例。史表首创于司马迁《史记》。《史记》中有八个年表(即《十二诸侯年表》、《六国年表》、《汉兴以来诸侯王年表》、《高祖功臣侯者年表》、《惠景间侯者年表》、《建元以来侯者年表》、《建元已来王子侯者年表》、《汉兴以来将相名臣年表》)、一个世表(即《三代世表》)和一个月表(即《秦楚之际月表》)。至于为何要创立史表,司马迁说得明白:"并时异世,年差不明,作十表。"(《太史公自序》)

一、史表功用

在纪传体文献流传过程中,往往有这样一种情况:由于人物事迹一般都有鲜明形象的感性特征,所以很多读者对反映相关内容的"本纪"和"列传",特别是对"列传"很容易接受,很容易产生一种偏爱,因而往往会由首至尾地细细品味。至于对另外两种体例史表和史志的观感,情况就大不相同了。史表、史志所记对象不同于本纪、列传,抽象的特征比较明显。尽管史家创作史表、史志或许比撰写纪、传还要费力而又费时,然而读者市场似乎有限得很。若非专业人士、史学爱好者以及有特定任务的学者,则可能很少有人能从头至尾地细心研究。这一现象充分表明,史表和史志的重要意义尚未被广大读者所认识。其实,无论是史表,还是史志,都有极其重要的功用。

单就史表而言,宋代史家郑樵就高度赞扬过:"《史记》一书,功在十表,犹衣裳之有冠冕,木水之有本原。"(《通志·总序》)概括起来,史表的功用至少有以下三点。

(一)清晰脉络

古代史事不仅多如牛毛,而且往往相互交叉、错综复杂,因而不少史事难于用文字表达。而如若改用表格形式,则许多原本不易表达之史事,即可产生"于纷乱如丝之中,忽得梳通栉理"之功效(章学诚《文史通义·与孙守一论史表》)。例如司马迁就是用十个史表将"三代"以来直至汉武时期复杂的社会政治现象,极其扼要而清晰地揭示出来。又如《新唐书》中的《方镇表》,以六卷篇幅将"安史之乱"以后藩镇们分合更易的复杂情况,逐年逐地地展示于世人面前。由此可见,只要科学地以史表方式处理某些特定情况下的历史,无论怎样"纷乱如丝"之史事,也会变得秩序井然,相关信息便能尽收于眼底。

鉴于"表、志一代之始末,非闳览博物者不能为。其考订之功,亦非积以岁月不能编"(顾炎武《日知录》卷二十六注引《救文格论》),所以,置于表前用以说明史表内容的简明序文,便往往具有高屋建瓴、提要勾玄的重要指导意义。试看《史记》中的《十二诸侯年表》、《六国年表》、《秦楚之际月表》的序,不独每篇文字都写得非常精彩,史表中的小序和表格也配合得巧妙之极:表格把千头万绪、错综复杂的历史线索勾划得整齐简洁,而序文则又起到了提示全表、画龙点睛的作用。譬如司马迁在《六国年表序》中指出,周朝东迁时,秦襄公"始封诸侯,作西畴用事上帝,僭端见"。秦本"小国偏远",大抵自文公"逾陇",穆公"东竟至河",献公时"常雄诸侯",及至秦始皇执政后,"卒并天下"。既有小序说明于前,又有表格谱列于后,遂使"六国"至"二世"间的270年史事清晰如见。刘知几就曾赞扬道:"观太史公之创表也,于帝王则叙其子孙,于公侯则纪其年月,列行萦纡以相属,编字戴蕾而相排。虽燕、越万里,而于径寸之内犬牙可接;虽昭、穆九代,而于方尺之中,雁行有叙。使读者阅文便睹,举目可详。"

(《史通·杂说上》)刘氏之言,可谓字字珠玑。

由于史表与纪、传互为经纬,彼此联系,颇具桥梁衔接之义,因而为后学提供了"阅文便睹,举目可详"的查检之便,故史表确有工具书之功能。

(二)提要纪传

通常情况下,通过纪、传固然可以形象反映史事,但纪、传所记,往往片断割裂、分散各篇,不便于综观史实的整体和全貌。同时,纪与传特别是传,一般采用长篇文章反映人物和史事。以其文字较多,不便读者前后连贯史事。换言之,很容易产生前人所说的"遭其初莫绎其终,揽其终莫志其初"(杨万里《通鉴纪事本末·序》)的现象。而设若以史表形式呈现于读者,则不独可以作为有关篇卷的参考,更可以为某些史事提要勾玄,使散见于各处的零碎资料有机地联系起来,能使读者和用户坐收把握全局、一览了然之效。唯其如此,后人曾盛赞《史记》十表"意义宏深",然而"始学者多不能达"。殊不知"《三代世表》以世系为主,所以观百世之本支也。《十二诸侯年表》以下以地为主,故年经而国纬,所以观一时之得失也。《汉兴以来将相名臣年表》以大事为主,所以观君臣之职分也"(吕祖谦《大事记解题》)。试以汉代初期诸王建置为例,在《史记》之《高祖本纪》及有关世家、列传中固然均有记载,但终究割裂、片段而分散。而今以《秦楚之际月表》、《汉兴以来诸侯王年表》形式置于面前,则所有同姓王、异姓王的兴替变化便可集中布列,历历在目。

其实,不仅《史记》十表如此,其他史书的表谱亦具同等功效。例如《百官公卿表》乃班固《汉书》之首创,专门记述秦、汉官制沿革和汉代公卿大臣的任免。既有序文之论述,又有表格之布列。在序文中,比较简明地叙述了汉代丞相、太尉、御史大夫及"三公"以下的分官设置、执掌权限、俸禄待遇、爵位级别,以及历史沿革等情形。同时,又在表中分14级、34官格,谱列了从高祖元年(前206)到平帝元始五年(5)西汉一朝三公九卿的任免迁死等情况。由于序文的扼要介绍和表格的浓缩布列,使得本来隐含于各纪、传中的有关汉代官僚制度的只言片语,重新组织成一个赫然在目的清新系列。在《汉书》中,表格是直观反映,序文实为注释,这是表和志的有机结合。由此可见,与《史记》之表相比,班氏史表又有了一定的改进。

《新唐书》中的《宰相表》也有一定的典型性。本表以三卷篇幅勾勒出唐代从建国至亡国约 290 年间,有关宰相系列的任命、罢免、死亡等情况。以《新唐书·宰相表》与《汉书·百官公卿表》相比,又有明显的进步。《百官公卿表》中所记公卿姓名简略得很,或“但举其官而无名,或言若干年不载迁免死者,皆史之缺文,不可得而知”(颜师古《汉书注》)。而《宰相表》则所记颇详,将当朝人事更动反映得一清二楚,后人可以从中比较具体地了解唐代宰相制度的沿革变化。由此可见,史表的寓繁于简的功能是相当突出的。

(三) 网罗遗漏

史书内容的取舍,常常是史家犯难之事。历史上的人物和事件之多,恰似繁星点点。于是,写,则不胜其繁而无从下手;不写,则犹恐遗漏而引为憾事。史表则于此突显其功能,它恰好能妥善解决遗漏问题。清代学者顾炎武所论精彩:“凡列侯将相、三公九卿,其功名著者,既系之以传,此外大臣无积劳亦无显过,传之不可胜书,而姓名爵里存没盛衰之迹,要不容以遽泯,则于表乎载之。又其功罪事实,传中有未悉备者,亦于表乎载之。年经月纬,一览了如,作史体裁莫大于是。”(《日知录》卷二十六)而以后史家缺表者多,“不知作史无表,则立传不得不多,传愈多,文愈繁,而事迹或反遗漏而不举”(同上)。顾氏眼界,可谓精准而折服后学。

纵观二十四史诸表,《辽史》中的“八表”具有显然的代表性。《辽史》所记历史,上起 901 年(唐昭宗天复元年)耶律阿保机任契丹部落之“夷离堇”,下至 1125 年(宋徽宗宣和七年)宋金联合灭辽,共计 225 年,其间史事繁杂,人物众多。然而整部《辽史》,文字内容相当简略,其中之列传仅有 45 卷。使人可以释然者,列传之少,恰恰"在乎立表之多,表多则传自可少"。例如皇子、皇族、外戚之类,"有功罪大者,自当另为列传,其余则传之不胜传,若一一传之,此史之所以烦也,惟列之于表,既著明其世系官位,而功罪亦附书焉,实足省无限笔墨"。又如内之各部族,外之各属国,亦列之于表,"凡朝贡叛服、征讨胜负之事,皆附书其中,又省却多少外国等传。故《辽史》列传虽少,而一代之事迹亦略备"(赵翼《二十二史札记·辽史立表最善》)。赵氏此论不无道理。

其实不唯古代,即使近代以来,史表的特定功能仍在学术领域发挥重要作用。著名政治活动家黄遵宪所作《日本国志》,之所以能在维新变法运动中产生广泛影响,除了其他诸多因素外,特别值得一提的便是他在著作中设立了许多史表。譬如他在该书《食货志》、《兵志》、《物产志》、《地理志》中总共设表居然达到 118 个。正是通过各种各样的表格,以数字和简注形式全面地再现了日本近代改革进程及重大事件,使近代急欲"睁眼看世界"的国人打开了眼界。这是黄遵宪对纪传体史表形式的继承和发展。

二、史表类别

纪传体史书里表谱众多,形式也各种各样。从史书的表谱内容来看,主要可以区分为以下七个类别。

(一)表国别

属于此类史表者,例如《史记》之中的《六国年表》、《十二诸侯年表》,以及后来《辽史》中的《属国表》等等。

在《史记·十二诸侯年表》内,上起西周共和元年(前 841),下迄周敬王四十三年(前 477),记述了鲁、齐、晋、秦、楚、宋、卫、陈、蔡、曹、郑、燕及吴等 13 个诸侯国,"篇言十二,实叙十三者,贱夷狄不数吴,又霸在后故也"(司马贞《史记索隐》)。毋庸置疑,通过表格形式,则各国"兴亡继及,盛衰臧否",可以一目了然(同上)。

(二) 表部族

属于此类史表者,例如《辽史》之中的《部族表》、《新元史》之中的《氏族表》,以及《清史稿》中的《藩部世表》等等。

在《辽史·部族表》里,著者基于"秦汉以降,各有其国,彼疆此界,道里云邈。不能混一寰宇,周知种落"的情况,于是设立此表以反映辽代"与诸部相通,往来朝贡"及征讨之事(《辽史·部族表》)。

(三) 表世系

属于此类史表者,例如《史记》之中的《三代世表》,《新唐书》、《宋史》、《元史》、《新元史》之中的《宗室世系表》,以及《新唐书》之中的《宰相世系表》等等。

在《新唐书·宰相世系表》里,以长达五卷的篇幅记述了唐代宰相 369 人,凡 98 族。该表上溯魏晋南北朝,下至五代宋初,所记内容包括了宰相父祖及子孙世系情况。"唐为国久,传世多,而诸臣亦各修其家法,务以门族相高。"(《宰相世系表序》)因而,通过宰相世系家族的社会沉浮,既可以从中了解到世族大家在与庶族寒门斗争中节节败阵的轨迹,又可从中窥测出唐代政治领域内的风云变幻。

(四) 表职官

属于此类史表者,例如《史记》中的《汉兴以来将相名臣年表》、《汉书》中的《百官公卿表》、《新唐书》中的《宰相表》、《元史》中的《宰相表》、《三公表》,《明史》中的《宰辅年表》、《七卿年表》和《功臣表》,以及《清史稿》中的《军机大臣年表》、《部院大臣年表》等等。

在《明史·七卿年表》中,"盖取《汉书·公卿表》之意。明时阁部并重,虽有九卿之名,而通政、大理非政本所关,则略之。南京九卿亦闲局,无庸表也。"(钱大昕《十驾斋养新录》)本表起自明太祖洪武十三年(1380),终于庄烈帝崇祯十七年(1644),逐年反映了明代主要政体"七卿"的除罢情况。所谓"七卿",系指吏、礼、兵、刑、户、工等六部及左右都御史。

（五）表人物

属于此类史表者也所在多有,例如《汉书》之中的《古今人表》,《辽史》、《元史》、《清史稿》之中的《公主表》,以及《辽史》、《清史稿》之中的《皇子表》等等。

在鸿篇巨制的《清史稿》中,著者效法辽、元二史,设立了《公主表》。本表分八格,记述公主之父、母、本人名字、封号、下嫁何人、生卒年月、额驸事略及附载诸项。凡是"主婿无传者",则于表中"附见其事迹焉"(《清史稿·公主表》)。

（六）表地域

属于此类史表者,例如《新唐书》之中的《方镇表》、《新五代史》之中的《职方考》等等。

试看欧阳修《新五代史》中设立的《职方考》,颇似前史之《地理志》、《州郡志》。欧公改志作考,其《职方考》每行分六格,横列者即为表。第一行第一格书州名,下五格书五代名。第二行以下第一格书州名,下五格每代皆有者书"有",无者空。始置者书"有",无者空,而小注某帝置。为都者书都,在他国者书他国。"名本有而入他国者,先书有而又书他国名。先有而后废者,而小字注罢军罢州,存者注罢军,都罢者注罢都,军名改易者,'有'字下注军名。"此表虽简略,然"提纲挈领,洗眉刷目","非薛史所能及也"(王鸣盛《十七史商榷》卷九十六)。王氏评介堪称允当。

（七）表事迹

属于此类史表者,例如《辽史》之中的《游幸表》、《金史》之中的《交聘表》,以及《清史稿》中的《交聘年表》等等。

试看《辽史·游幸表》中,以月表形式反映了由太祖至穆宗、天祚诸帝游猎的时间、地点及有关情况。《金史·交聘表》则反映了金朝与宋、夏、高丽等国彼此交往的情况。本表侧重揭示金朝与他国使臣往来、交换表章、会盟议和以及战争胜负等重大事件。

上述各类史表虽然规模不一，但它们以特定方式反映了某一领域的历史内容，为后人提供了学习和研究的方便，因而受到社会普遍赞扬。

当然，对个别史表也有褒贬不一的理解。最具代表性者，当推《汉书·古今人表》。本表将世人区分为上上、上中、上下、中上、中中、中下、下上、下中、下下等九类。其中，上上为圣人，上中为仁人，上下为智人，下下为愚人。刘知几便力诋此表："区别九品，网罗千载，论世则异时，语姓则他族。自可方以类聚，物以群分，使善恶相从，先后为次，何藉而为表乎？"况且，此表"上自庖牺，下穷嬴氏，不言汉事"，"不知剪截，何断而为限乎？"（《史通·表历》）即使一向高度赞扬史表功用的郑樵，也就此表提出了尖锐批评："班固不通旁行斜上，以古今人物强立差等"，"往往出固之胸中者，《古今人表》耳，他人无此谬也"（《通志·总序》）。平心而论，班氏此表名曰"古今人表"，然而有古人而无今人，显然有文不对题之嫌；以九等区分古人已属荒谬，以九级对号今人岂非更加愚昧？足见《古今人表》确有纰漏可议之处。当然本表不以地位尊卑区分，而以人品高下定等级，也有一定进步意义。另外，《古今人表》将人分为九等，可以反映出这样一条信息，即历史上的"九品中正制"，并非在魏文帝时期一下子产生，而是早在东汉时期就已破土萌芽了。

如果按照时间概念来划分史表，则可区分为"世表"、"年表"、"月表"三大类。在此三类史表中，月表最详，年表次之，世表最略，然就中尤以年表最为常用。司马迁不仅首创了"十表"，而且还说明了设立各类史表的具体原因。例如他之所以用"世表"形式记三代，是因为"五帝、三代之记，尚矣。自殷以前诸侯不可得而谱，周以来乃颇可著"。"于是以《五帝系谍》、《尚书》集世纪黄帝以来迄共和为《世表》。"(《史记·三代世表序》)由此可见,不以纪年而以纪世来反映三代,主要是因为缺乏史料和难于准确记载。此外,司马迁还解释了他用纪月而不用纪年的形式反映秦楚之际史事的理由:"初作难,发于陈涉,虐戾灭秦,自项氏;拨乱诛暴,平定海内,卒践帝祚,成于汉家。五年之间,号令三嬗,自生民以来,未始有受命若斯之亟也。"(《史记·秦楚之际月表》)短短五年之中,大事纷至沓来,不可不以月纪。其实,司马迁还应当补充一点:秦汉之际乃作者之近代,不独史料较多,记载亦较确切,此乃创立月表之条件也。

三、缺表现象

一部完整的纪传体史书,本应当是纪、传、表、志,一应俱全的。在"前四史"中,只有司马迁的《史记》、班固的《汉书》符合这一条件,陈寿的《三国志》则开启了缺表缺志的先例。继《三国志》以后,范晔的《后汉书》亦步陈氏缺表后尘。自陈、范二人之后,后来的纪传体史书中便不时出现缺表现象。直至欧阳修、宋祁撰修《新唐书》重新设立史表,才恢复了纪传体史书体例完备的传统。从此,《宋史》、《辽史》、《金史》、《元史》、《新元史》、《明史》、《清史稿》等史书也都效法《新唐书》,设有史表系列。然而,纪传体文献中缺表现象毕竟是相当严重的,"二十六史"中有史表者只有上述十部史书,《后汉书》、《三国志》等其余16部史书统统付诸阙如。

史表既然具备以上三大功用,何以"二十六史"中每每出现缺漏史表的现象呢? 归结起来,主要有以下两个原因。

(一)认识不一

一般学者如何认识姑且不论,即使著名史家对史表的看法也不尽一致。赞成者有之,反对者也不乏其人。唐代刘知几便属于后者。尽管刘知几在议及《史记》"十表"时,也曾赞扬史表"阅文便睹,举目可详"(《史通·杂说上》),但从整体上看,他对史表的功用和意义是持否定态度的。所谓"以表为文,用述时事,施彼谱牒,容或可取,载诸史传,未见其宜";"文尚简要,语恶烦芜。何必款曲重沓,方称周备";"天子有本纪,诸侯有世家,公卿以下有列传。至于祖孙昭穆,年月职官,各在其篇,具有其说,用相考核,居然可知。而重列之以表,成其烦费,岂非谬乎?"然而,班固以下,"各相祖述,迷而不悟,无异逐狂"(《史通·表历》)。很显然,在刘知几看来,修史自当以文字立意,而不宜用"表历"排列。如果已经见诸文字,复列之于表历,便是"烦费"。因此他的结论是,"得之不为宜,失之不为损","缄而不视,语其无用,可胜道哉!"(同上)

但是,南宋著名史学家郑樵等人则力诋刘氏之说。他们赞扬《史记》一书,"功在十表"(《通志·总序》)。清代名家章学诚不仅紧随郑氏,甚至挺身而出,直言不讳地要为《汉书》之《古今人表》剖白洗冤:"班氏《古今人表》,史家诟詈,几如众射之的;仆细审之,岂惟不可轻訾,乃大有关系之作,史家必当奉为不祧之宗。"(《文史通义·又与史余村》)很显然,认识上的巨大差异,乃是缺表现象频频发生的一个理论根源。

(二)制表艰巨

在纪传体史书中,写好纪、传固然不易,写好表、志更加困难。史表、史志同本纪一样,都是纪传体史书之"纲"。仅就史表而言,既要立意深远,又要用言极简。此外,无论是表前小序,还是谱列于纵横表格中的注文,务须言之凿凿。特别是表内文字,时间、地点也好,人物、数字也好,必须丁者为丁,卯者为卯,诸如人物传记中的"洋洋洒洒",来不得半点含混。由此可见,即便是对于史家,若在史表方面缺乏匠心独运的创造性才干,没有大量搜索、整理文献的刻苦精神,以及可资利用的充足资料,要想编制出像样的史表,企图使纪传体史书达到纪、表、志、传各种体例一应俱全之目的,也只能是一句空话。

由此看来,理论层面的认识差异,实践中制表的艰巨性,大约是

"二十六史"中诸多史书一再遗漏史表的重要原因。

第三节　书志

在纪传体例中，"书志"堪称是极其重要的一个组成部分。书志有诸多别称，犹如刘知几所说："司马迁曰书，班固曰志，蔡邕曰意，华峤曰典，张勃曰录，何法盛曰说。名目虽异，体统不殊。亦犹楚谓之梼杌，晋谓之乘，鲁谓之春秋，其义一也。"（《史通·书志》）其实刘知几也只列举了一部分，后来诸如欧阳修《新五代史》中的"考"，郑樵《通志》中的"略"等等，也都是书志的别名。

书志体例，首创于《史记》之"八书"：《礼书》、《乐书》、《律书》、《历书》、《天官书》、《封禅书》、《河渠书》、《平准书》。继《史记》之后，班固又于《汉书》中设立"十志"：《律历志》、《礼乐志》、《食货志》、《刑法志》、《郊祀志》、《天文志》、《五行志》、《地理志》、《沟洫志》、《艺文志》。因司马书中称"书"，班氏书中曰"志"，后人遂以"书志"联名，作为一般意义之统称。纪传体文献为什么要设置"书志"呢？司马迁说得明白："礼乐损益，律历改易，兵权山川鬼神，天人之际，承敝通变，作八书。"（《史记·太史公自序》）这里所说的"承敝通变"，是对"纪"、"传"而言。因为"纪"、"传"以记人物为主，客观上便割裂了与社会典章制度这一重要系列的联系。于是，司马迁分别从八个方面予以"原始要终"地系统反映。其中，以前四"书"论述古今礼、乐、律、历等政治制度，继之以《天官书》、《封禅书》反映天文、祭祀，又以《河渠书》、《平准书》专记社会经济情况。

由此可知，所谓"书志体"，主要是分门别类用以揭示自然现象和社会典章制度的专篇。它以事为类，本身具有"类聚"、"部居"的意蕴，是系统反映古代政治、经济、文化等各类专门史实的特定园地。也由此可见，在纪传体史书中，基于"书志体"意义重大、内容非常丰富,以及问题多种多样之故,试就以下三个方面简明论之。

一、书志有无

"书志"意义之大显而易见,但并不是所有纪传体史书里全都设有书志。如果以这种体例的存在与否为标志,则纪传体文献可以区别为有志史书和无志史书两大类。

在"二十六史"中,有书志的史籍总计 19 种。它们是《史记》、《汉书》、《后汉书》、《晋书》、《宋书》、《南齐书》、《魏书》、《隋书》、《旧唐书》、《新唐书》、《旧五代史》、《新五代史》、《宋史》、《辽史》、《金史》、《元史》、《新元史》、《明史》和《清史稿》。而在其余 7 种史籍(《三国志》、《梁书》、《陈书》、《北齐书》、《周书》、《南史》、《北史》)中,则没有设立书志(可参见本书附录三《"二十六史"书志一览表》)。

其实,即使在设有书志的史籍中,各史立志数目亦多寡不一,其规模更是相当悬殊。《史记》里设立了"八书",或曰八志。与《史记》志数相当的还有《后汉书》、《宋书》、《南齐书》等。少于"八志"者,则是《新五代史》。欧阳修在此书中仅设"二考"(亦即二志):《司天考》、《职方考》。除此之外,其他史书均在十志以上。其中,设立 15志及以上的有三部:《宋史》、《明史》、《清史稿》。从立志数目上比较,《清史稿》是"二十六史"中最多的,计有《天文志》、《灾异志》、《时宪志》、《地理志》、《礼志》、《乐志》、《舆服志》、《选举志》、《职官志》、《食货志》、《河渠志》、《兵志》、《刑法志》、《艺文志》、《交通志》、《邦交志》等,总共 16 志。然而如果从篇幅规模上看,则要首推只有15 志的《宋史》了。根据中华书局标点本统计,《清史稿》16 志共 143卷,编排布列多达 3694 页,而《宋史》15 志共 162 卷,居然达到 4466页。尤其就史志具体类别来说,《宋史》的史志规模相当惊人。试看其中的《食货志》多达 14 卷,相当于《旧唐书·食货志》的七倍;《兵志》多达 12 卷,是《新唐书·兵志》的 12 倍;《礼志》多达 28 卷,竟然占"二十四史"所有《礼志》的一半(《宋史》"出版说明",中华书局 1985 年)。

同为纪传体典籍,为什么有些史书有书志,有些史书却没有书志? 而在具有书志的史书中,何以又有类目迥异、众寡悬殊的现象呢?

剖析此事,原因有三。

其一,认识相左。从历史上看,并非所有的人都认识到史志的重要意义,即使那些在今人看来相当重要的史志类目,古代史家对它们的看法也不尽一致(详见以下"刘氏'书志'说")。理论上的不同认识和严重对立,毫无疑问是影响史志建设和发展的一个重要原因。

其二,史才难得。书志大约是纪传体史书中最难写的一种体例。撰写"书志",既要用言简练,又须有特殊的专业知识。对于一般史家来说,可以写纪,可以写传,或许还写得不错,但是未必能在书志领域里驰骋。当年郑樵几句话,可谓掷地有声:"昔江淹有言,修史之难,无出于志。诚以志者,宪章之所系,非老于典故者,不能为也。"(《通志·总序》)由此可见,一部史书中是否设立书志,一个重要原因还取决于史家是否有才,是否有学。而且"才"与"学",二者缺一不可。诚如唐代著名史学家刘知几所论:"夫有学无才,犹愚贾操金,不能殖货;有才无学,犹巧匠无楩楠斧斤,弗能成室。"(《新唐书》卷一百三十二刘子玄传)

其三,史料难寻。有了史家的创造才干,只是具备了创作的主观条件。如若没有必要的史料,则虽巧妇亦难为无米之炊。从纪传体史书中的缺志情况看,不能说与此没有必然的联系。试看缺志之《三国志》、《梁书》、《陈书》、《北齐书》、《周书》、《南史》、《北史》等史书,它们所反映的朝代有一个共同特点,即全都是处于中国历史上长期动荡不安的魏晋南北朝时期。这一时期金戈铁马,战乱不休。并存政权之间的残酷战火,政权内部刀光剑影的血腥斗争,究竟给当时的人民、当时的文化事业造成了多么大的伤害,史书上缺乏详尽记载。但是,通过各种书目文献的有关记录,则不难看出损失是何等严重!

试以荀勖《晋中经簿》为例,书中曾经著录西晋时期国家图书,大凡四部总计29945卷。然而历经"惠、怀之乱,京华荡覆,渠阁文籍,靡有孑遗"。晋代以后,南北朝时期的某些政权,应当说还是比较注意征集图书的。然而敌国交斗,兵火无情,征而毁之,再征再毁,损失极其惨烈。仅以南朝为例,宋元徽元年(473),国家藏书已达15004卷,以后递经萧齐王朝的多方搜集,总量达到18010卷。可惜的是,"齐末,兵火延烧,秘阁经籍遗散"。梁武帝时诏示天下"悉上异本",聚书始达23106卷。然而,"侯景之乱"又使许多秘籍遭毁。至梁元帝萧绎时本来已聚书14万多卷,而在西魏破江陵之际,竟命人焚毁全部典藏。这样,陈朝建立后,虽然再次征集散佚图书,毕竟因为此前损失惨重,而终于未能恢复梁代藏书规模。隋统一全国后,经多方努力,藏书规模渐次可观,然历经隋末唐初各种动乱,文献典藏再遭劫难。例如唐高祖武德五年(622),"克平伪郑,尽收其图书及古迹",以大船载往京师,"行经底柱,多被漂没,其所存者,十不一二"(以上见《隋书·经籍志》)。

上述记录,以无可辩驳的史实表明,魏晋以来的文献损失相当惊人。这就不可避免地要为编写有关史书,特别是为编写其中的史志带来严重影响。

当然,唐代贞观年间,经过在秘书省工作的令狐德棻、魏征、颜师古等人长期不懈的努力,前代丧乱图籍的收集复有改观之象。其间尤其值得一提者,贞观十五年由李淳风、魏征、褚遂良等人领命撰修的《五代史志》。本书历时十五年,到高宗显庆元年(656)完成。该书范围涉及礼仪、音乐、律历、天文、五行、食货、刑法、百官、地理、经籍等多个方面,总计十志39卷。难能可贵之处还在于,该书所述之典章制度,并不限于梁、陈、北齐、北周、隋,例如魏及南朝之宋、齐都有涉及。从这个意义上说,本书在一定程度上弥补了"五代史"缺志之憾。

然而,《五代史志》终因规模有限,并不能完全弥补诸史遗漏书志之憾。之所以出现这一局面,乃是由于某些史料难于搜集所致。诚如《陈书》卷二十八诸王传中所说:"旧史残缺,不能别知其国户数",只能"缀其遗事"而已。据此亦可推测,《陈书》仅有区区 36 卷,成为"二十六史"之中规模最小的一部,究其原因,史料不足恐怕是最主要的原因。而史料的严重缺乏,何止反映于修志方面,其他体例的建设也必然会受到影响。

与南北朝相比,以后的唐、宋、元、明、清诸王朝情况明显要好得多。一方面,因为这一时期的王朝国祚较长,史料著述也较为丰富;另一方面,也因为这一时期印刷术日益推广,图书虽遇战乱,由于复本数量众多而容易保存下来。后之史家正是凭借雄厚的文献资料,经过他们的辛勤劳作,使一代代的国史编纂顺利进行。这大抵是唐代以后,何以每部史书都有书志,而《宋史》、《明史》、《清史稿》之书志规模,又为何数倍于前的重要原因。

二、书志特征

尽管纪传体史籍里"书志"部分的编撰很不平衡,但是就整体而言,依然呈现出一种向前发展、日渐完善的趋势。世人不难发现这一现象:在"二十六史"中,无志史书主要是《隋书》以前的几种,《隋书》以后便再也没有出现过无志史籍。还值得一提的是,唐代以后除了欧阳修的《新五代史》仅有"二考"(亦即二志)外,其余纪传体史书中的书志部分一直朝着类目由少而多,范围由狭而广的方向向前发展。

考察事物发展的根本原因,完全有理由这样说:书志类目由少到多、由简到全的良性发展,主要是基于社会文明发展的需要。质言之,书志之所以具有强大的生命力,显然与文明发展相适应的如下两大特征有密切关系。

(一)重视应用

纪传体文献设立书志,从首创之作《史记》和继续之作《汉书》之初始,便树立了注重应用的榜样。它们的内容基本上都是关乎国家机器运作和密切联系现实的若干重要领域。姑且不论与国计民生直接相关的《食货志》(亦即《史记》之《平准书》)、《沟洫志》(亦即《史记》之《河渠书》)等,即便那些表面看来似乎并非"急需"的领域,实则亦具有鲜明的应用性。

试以其中的《天文志》(亦即《史记》之《天官书》)为例:我国古代以农业立国,天文观测的直接目的虽然是观象授时、修订历法,但天文研究的成果可以服务于农业生产实践。此外,天文研究也是古代统治者的政治需要,通过宣扬"天人感应"学说,以及预卜国家命运、气数和吉凶祸福等思想,也有利于增加统治人民的合法化。正因为如此,古代天文学里便充斥着浓厚的封建迷信思想。所谓"阴阳之精,其本在地,而上发于天",所谓"政失于此,则变见于彼,犹景之象形,响之应声。是以明君睹之而寤,饬身正事,思其咎谢,则祸除而福至,自然之符也"(《汉书·天文志》)。其政治用心,于此昭然若揭。由此亦可了然,中国古代天文学并非纯粹的天文研究,早从秦汉时期,它已经成了忠实服务于封建政治的婢女。

再以《地理志》为例。自从《汉书》首创此志以后,历代史书相沿设立,或曰《州郡志》,或曰《地形志》,或曰《郡县志》,或曰《职方考》,名虽不同,其义一揆。凡是设有书志体例的纪传体文献,没有不设立《地理志》的。《地理志》受到后世如此重视,主要原因也在于它鲜明的应用性。换言之,《地理志》乃是适应了封建统治者强化行政管理和集权统治的文化产物。有如《地理志》、《天文志》这些因实用性强而受到历代重视的书志,在纪传体文献中是相当多的。翻阅纪传史,诸如《礼志》(《礼仪志》)、《乐志》、《律历志》、《食货志》、《刑法志》、《百官志》(《职官志》)、《舆服志》、《五行志》等类目,在绝大部分史书中都有设置。

书志的应用性不仅表现于一再保留的那些重要的传统类目上,还反映于一些新开创的具有重要应用意义的领域。例如在郑樵的《通志》"二十略"中,关于天文、地理、礼、谥、器服、乐、职官、选举、刑法、食货、灾异等十一略,可以看作是对旧书志的进一步改造;关于艺文、校雠、图谱、金石四略,则是对旧史《艺文志》的充实和开拓;至于其余五略,亦即氏族、六书、七音、都邑、昆虫草木诸略,皆系前史所无而新增设的书志。这五略都是立足于社会现实,根据有关方面的特定需要而编写的。

(二)重视沿革

书志体是揭示典章制度的体例,而记述国典朝章贵在会通古今,观其沿革变迁之迹。诚然,自《史记》以降,纪传体文献中罕见通史,多系断代。但就实际情况考察,许多纪传体文献已经比较好地解决了反映"书志"的相关问题。今人阅读纪传体文献,大抵可以系统地领略古代典章制度的沿革变迁,这不能不归功于历代史家在"通"字层面的大作文章。倘若认真研究起来,他们的具体做法可以概括为三种形式:有通则通,疏断为通,后补为通。

第一种形式——"有通则通",主要是就通史而言。这是因为,在"通史"这样的史籍中,书志完全可以像本纪、列传那样,名正言顺地反映"通史"所及的历代典章制度。《史记》中的"八书"就是如此,它可以由古及今地系统地反映各类书志的内容。例如其中的《礼书》,始自"观三代损益,乃知缘情而制礼,依人性而作仪,其所由来尚矣",一直写到西汉"太初之元改正朔,易服色,封太山,定宗庙百官之仪,以为典常,垂之于后云"。又如其中之《封禅书》,以帝舜继承帝尧之位,"东巡狩,至于岱宗"为始,直至"今天子即位,尤敬鬼神之祀",多次"郊雍"、巡泰山封禅祭祀等等。当然,由于史料方面的原因,《史记》各"书"的起始时间并非绝对划一,但是无一不在尽可能地由远而近,贯穿古今。

第二种形式——"疏断为通",这是特就断代史而言。如上所述,纪传体文献以断代者居多。为了克服体裁上的局限性,但凡遇到书志部分,便往往采用"疏断为通"的方法。所谓"疏断为通",主要是采用了如下两种方式。

其一,根据需要,打破断代类目局限,系统论述有关典章制度。试以《汉书·食货志》为例,本志分上、下两篇,上篇为"食",专门反映农业经济发展情况;下篇为"货",专门记述商业、货币等流通领域情况。上、下两篇均从古代叙起,下止于王莽末年(23)。这篇《汉书·食货志》,堪称是一部从远古到西汉的经济发展简史。其余之《汉书·沟洫志》、《刑法志》、《地理志》等,亦不限于汉代。例如《沟洫志》始自远古之大禹治水,《刑法志》起自传说中的黄帝;至于《地理志》,则采获旧闻,追踪古代《诗经》、《尚书》之迹,考察山川方位,上记《禹贡》、《周官》中的九州,下至战国秦汉疆域。试看《后汉书》、《晋书》等史籍,名义上都是仅记一朝的断代史。然而,作者为了深入揭示和研究有关历史现象的产生、发展原因及规律,往往在"会通"思想指引下,打破朝代断限的牢笼,予以尽可能的系统反映。例如《后汉书·舆服志》(按,《后汉书》诸志并非范晔所作,均为晋司马彪《续汉书》所补内容),以远古"昔者至人"为起始,以三代、秦汉为次第,历述不同时期的车马服饰;又如《晋书·职官志》,则上起"黄帝置三公之秩,以亲黎元,少昊配九扈之名,以为农正",下迄晋惠帝元康以下;再如《晋书·食货志》,远溯至"昔者先王量地以制邑,度地以居民","《周礼》,正月始和,乃布教于象魏",两周以下,对于秦汉魏晋有关制度也一一记述。

其二,鉴于前史缺志,后史有意在书志部分将以前所缺内容填补进来。这样，由前朝而本朝，有关典章制度仍可全面地、连续不断地得到反映。《隋书》与《宋书》，堪称其中典型代表。

试以《宋书》为例。本书作者沈约十分重视典章制度，尤其赞赏司马迁创立的"八书"和班固改进的"十志"。然而自《汉书》以下，《后汉书》和《三国志》皆系"无志"史书。在这一特定背景下，南朝萧梁时期的刘昭慧眼识珠，将晋人司马彪《续汉书》中的八篇史志（凡30卷）补入范晔《后汉书》中，此后便成为范书中不可分割的一部分。无独有偶，《三国志》是一部无表、又无志的史籍，给后人研究前朝历史带来很大困难。显然是在"刘昭慧眼识珠"的启发下，沈约在《宋书》中所设的"八志"，大都上溯于魏蜀吴三国之初，直接与司马彪《续汉书》之"八志"（即今本《后汉书》八志）紧密衔接，"以补前史之缺"（《宋书》卷十一"志序"）。

复以《隋书》为例。考察本书中的"十志"，乃是由原来的单行本《五代史志》补入的。所谓"五代"，系指梁、陈、北齐、周、隋五朝。这"五代"的正史本来皆无书志部分，由于《五代史志》的补入，在很大程度上解决了史书无志之憾。在这"十志"之中，尽管多寡轻重有别，但尤详隋制。还有一点，无论其中任何一种典制，皆以梁、陈、齐、周、隋五朝为序，历述其沿革变迁的历史。有些类目固然分量有限，但史料相当重要。例如，北朝之齐、周、隋三代，皆推行过均田制度，而这一制度的具体情况如何，后人只能通过仅有一卷篇幅的《隋书·食货志》的记载去了解。

正是由于上述情形，所以有人认为，"二十六史"中虽有七史无志，其实并不存在缺志问题。理由是，《三国志》无志，由《宋书》补之；梁、陈、北齐、周四书无志，由《隋书》补之；《南史》、《北史》无志，可从《晋书》、《宋书》、《齐书》、《隋书》中参见。是说固然有一定道理，但仍有以偏概全之嫌。

第三种形式——"后补为通"，这主要是指在前代史家努力下仍有严重遗漏,仍需后来一代代学者努力予以增补。由于记述国典朝章贵在"会通古今",尽管经过了正史作者上述"两种形式"的努力,缺表、缺志的遗憾依然存在。为了彻底解决正史中的史志缺憾,不同时期的学者可谓前赴后继,锲而不舍地投入到补志工作中来。总体上看,在增补史志的历代学人中,尤以清代学者治学最勤、成就最大(详见第五章第四节)。

正是通过历代后学的辛苦劳动,原本遗漏的史志得到了相应的基本补充,整体成就粲然可观。

三、刘氏"书志"说

随着纪传体文献的广泛流行,评议书志功用、内容者,不乏其人。其中能够集中论列而又颇有代表性的学者,当推唐代著名史学评论家刘知几。在他的代表作《史通》中,用了较大篇幅专门反映自己对书志的观点。

比较刘知几对"书志"、"表历"的看法,显然有很大的不同。刘氏对"表历"是基本否定的,所谓"得之不为益,失之不为损"(《史通》内篇,表历第七)。至于对"书志",刘知几则是颇为赞赏:"纪传之外,有所不尽,只字片文,于斯备录。语其通博,信作者之渊海也。"(《史通·书志》)但是察其赞赏之中,却又有个人特殊见解。概括起来,可以称作"三删"、"三立"。

(一)三删之说

刘氏所谓"三删",系指在以往纪传体文献中的书志部分,有三个类目理应删除。这三个类目是《天文志》、《艺文志》和《五行志》。

为什么要删去《天文志》? 刘知几以为,"夫两曜百星,丽於玄象,非如九州万国,废置无恒。故海田可变,而景纬无易。古之天犹今之天也,今之天即古之天也,必欲刊之国史,施于何代不可也?"(同上)在他看来,日月星辰古今如一,既无任何变化,每史"续"写便没有意义。

为什么要删除《艺文志》呢？刘知几以为，相同的文献"前志已录，而后志仍书，篇目如旧，频繁互出，何异以水济水，谁能饮之者乎？"且后之书志汗漫无当，"骋其繁富，百倍前修，非唯循覆车而重轨，亦复加阔眉以半额者矣"（同上）。也就是说，《艺文志》往往重复著录以前文献，因而毫无价值。

为什么要删去《五行志》呢？在刘知几看来，"夫灾异之作，以表吉凶，此理昭昭，不易诬也"，然而"河变应于千年，山崩由于朽壤。又语曰：'太岁在酉，乞浆得酒；太岁在巳，贩妻鬻子。'则知吉凶递代，如盈缩循环，此乃关诸天道，不复系乎人事。"举凡《五行志》所载内容，多系"迂阔"、"诡妄"而"言无准的"，此等内容"徒烦翰墨"，因此，自然亦在删除之列（同上）。

然而在今天看来，刘氏"三删"之说，显然很有些偏颇。无论是删去"天文志"、"艺文志"，还是删去"五行志"，均系荒谬不经的奢谈。

历代《天文志》于记述古代以来天文学说、天文知识及有关天文仪器之外，还往往大量保留历代天文观测及日月星辰等天象变化的记录。这些极其宝贵的文字资料不仅对了解古代天文成就必不可缺，即对今日的天文学研究也是难得的参考数据，仍有重要的利用价值。

历代《艺文志》勋劳更著。它不单是我国古代的目录学、版本学的专篇，也是一定意义上的古代简明文化史。通过《艺文志》对古代各种文献的"辨章学术，考镜源流"的揭示和报导，不仅使后人周知一代藏书之盛，还可以了解当代的整体文化发展情况。著名史学家郭沫若先生说得精彩："历代史书多有《艺文志》，虽仅具目录，但据此也可考察当时文化发展情况之一斑。"（《关于目前历史研究中的几个问题》，载于《人民日报》1959 年 4 月 8 日）

由此可知，刘氏意欲删削《天文志》已属毫无道理，所谓删削《艺文志》更是信口雌黄。

诚然，与《天文志》、《艺文志》相比，历代《五行志》(也包括类似的《符瑞志》)的问题会显得比较多、也比较突出一些。正像刘氏所批评的那样，其中不乏以灾异附会当代，荒诞不经之说屡出等问题。但是，当人们特意剥离掉其中的迷信色彩外，《五行志》(也包括《符瑞志》)中还反映了诸如山崩、地裂、雷震、阴霾、飓风、骤雨、冬暖、夏寒等自然灾害，以及人类社会中发生的诸如性别变异、"妖孽"等罕见现象。以上这些内容，涉及到当今之天文、地学、生命、气象、物候等多种学科，因而必有特殊参考意义和重要利用价值。由此可见，即使对《五行志》以及《符瑞志》这样的书志，也不可一概否定。

当然，也需要说明一点，刘知几在纵论天文、艺文、五行三志之弊时，并未做到十分绝对。他一方面申明"愚谓凡撰志者，宜除此篇"，同时又表示，"必不能去，当变其体"。例如，假若设立《艺文志》，"所列书名，唯取当时撰者"云云(同上)。他的这一建议为后来的《明史·艺文志》所采纳。刘氏的这一提议，确有揭示一代学术之功。不过，由此也模糊了一代藏书之盛，毕竟是得失参半。由此可见，即使诸如此类的"补充"说明，也难令人苟同。所谓"三删"之说，实为失策。

(二)三立之说

刘知几的所谓"三立"，系指在纪传体书志中，应当增立三个前所未有之类目："一曰都邑志，二曰氏族志，三曰方物志。"(《史通·书志》)

之所以要设立《都邑志》，刘氏的理由有二：一是"京邑翼翼，四方是则"，"好约者所以安人"，"穷奢者由其败国"，"其恶可以诫世，其善可以劝后"；二是"宫阙制度，朝庭轨仪，前王所为，后王取则"。

之所以要设立《方物志》，刘氏的理由也有两个方面：一是记述方物，古有先例；二是汉代以下，各国朝贺，"遐迩来王，任土作贡"，各种方物与社会经济大有联系。

之所以要设立《氏族志》，刘知几认为："帝王苗裔，公侯子孙，余庆所钟，百世无绝"，因而"周撰《世本》，式辩诸宗；楚置三闾，实掌王族。逮乎晚叶，谱学尤烦。用之于官，可以品藻士庶；施之于国，可以甄别华夷"（同上）。

刘氏倡导史家应该增辟氏族、都邑、方物三志，理由或未尽善，然而这一观念承前启后，功不可灭。所谓"承前"，即在刘氏"三立"倡议之前，有关内容已反映于前史之中。例如，《魏书》之《官氏志》已启"氏族"之端绪；《汉书》以下各史《地理志》中也不乏"都邑"的记载；至于《方物志》，早从《史记》、《汉书》起，在有关"外国传"、《地理志》中，业已有所反映。足见刘氏"三立"之议实有所本。所谓"启后"，即刘氏这一倡议产生了深远的影响。此前史书的有关记述，既失之于全面，更无严密体系可言。经过刘氏振臂一呼，引起史家注目。有感于此，宋代郑樵在《通志》中设立了《氏族略》、《都邑略》，元代马端临在其代表作《文献通考·经籍考》中设立了《土贡考》。

平心而论，唐代以后，书志园地里之所以能够屡辟新绿，陆续改进类目，其中当有刘知几的一份功劳。

第四节　世家

在纪传体史书中，"世家"远不如本纪、列传那样每史必有，甚至也赶不上书志、史表那样频繁出现。然而，所谓世家者，毕竟是纪传体中的基本体例之一，具有其特定的内容和影响，因而也同样有专门研究的必要性。

一、本义与功用

世家一体，首创于司马迁《史记》。为什么要创立世家呢？作者指出,"二十八宿环北辰,三十辐共一毂,运行无穷,辅拂股肱之臣配焉,忠信行道,以奉主上,作三十世家"(《史记·太史公自序》)。也就是说,凡系得侧于世家之列者,一般都是古代社会上层中极其重要的特殊人物。这些"特殊人物",与最高统治者(帝王)存在着极为密切的关系,犹如列星环北辰,众辐共一毂。因而,他们几乎同帝王一样,也是影响历史发展的重要人物。

倘若追根溯源,则"世家"一体最早见诸战国时代的《世本》。关于其本义及功用,后人多有论述。唐人司马贞以为,"系家者,记诸侯本系也,言其下及子孙常有国。故孟子曰:'陈仲子,齐之系家。'又董仲舒曰:'王者封诸侯,非官之也,得以代为家也'"(《史记》卷三十一《吴太伯世家索隐》)。刘知几则系统指出,"自有王者,便置诸侯","当周之东迁,王室大坏,于是礼乐征伐自诸侯出,司马迁之记诸侯也,其编次之体,与本纪不殊。盖欲抑彼诸侯,异乎天子,故假以他称,名为世家"(《史通·世家》)。而且特意强调,古代诸侯"即位建元,专制一国,绵绵瓜瓞,卜世长久"云云(同上)。由此可知,世家这一体例最初是专为诸侯而设的。在古人看来,诸侯虽然位尊不若天子,但又与一般臣民不同。将这类人物归诸本纪固然不妥,载于列传亦非适宜,故而特创"世家"体例。

纪传体文献中的世家,名义上记述侯国,实则记诸侯兼记特殊显要。从这一点上看,世家与列传并无天壤之别。此外,世家记诸侯也兼记他国,而且同样是采用编年纪事形式。就此而言,好像从中犹可看到酷似本纪的功能。不过,世家毕竟是自成一系,它是上不及于本纪,下不至于列传的体例。世家之意义:一方面与列传一样,具有注释、演绎本纪的功用;另一方面,它自身又是若干列传的汇总和概要。

故而从一定意义上说,世家也像本纪那样,具有提纲挈领的作用,只不过其覆盖范围不及本纪之大罢了。简言之,世家有上通下达的功用,是联系本纪与列传的中介和桥梁。

二、世家类型

在纪传体史书中设立世家，不仅以司马迁《史记》为最早，而且所立的世家也最多、最丰富，总计"三十世家"。不过，自从班固《汉书》将世家改为列传后，其余纪传体史书大都紧步班氏后尘，直至唐代以后，始有变化。具体来说，通过欧阳修编纂《新五代史》，世家的名称才又得到恢复。后来元人修《宋史》时，亦曾设立了《世家列传》。

纵观世家所载，皆系历史上极为显赫的风云人物。他们中的一些人，或割据于一地，曾左右某一空间；或执政于一时，支配过某一阶段的历史；或成就巨大，影响深远；或地位特殊，不同凡响。析而论之，大约有以下五种类型。

（一）贵族诸侯

属于这一类者较多。主要集中于《史记》的《吴太伯世家》到《田仲敬完世家》的 16 世家中。在这些"世家"里，吴太伯、齐太公、鲁周公、燕召公、管蔡、陈杞、卫康叔、宋微子、晋、楚、越、郑等前 12 世家的辖区，均系西周初年"封诸侯，建藩卫"时候的封国。他们虽各占据一方，但对周王朝均保持着纵向的君臣隶属关系。这些"世家"，不仅平时要推尊周天子为天下共主，还要承担镇疆守土、交纳贡税以及朝觐述职等义务。自《郑世家》以下的赵、魏、韩及田仲敬完等四个世家，皆崛起于战国时代。三家分晋、"田氏代齐"后，韩、赵、魏、齐逐鹿中原，具有举足轻重的巨大影响，致使周天子不得不认可为侯国。但是基于当时的历史背景，这些"世家"也还是与周朝保留着表面上的君臣名分。

（二）国家重臣

属于这一类的人物，在《史记》中有《萧相国世家》、《曹相国世家》、《留侯世家》、《陈丞相世家》、《绛侯周勃世家》。这五个世家的代表人物——萧何、曹参、张良、陈平和周勃，全都是西汉王朝的开国元勋。在他们分别执政的一个时期里,大权在握,举手投足都对汉朝历史有一定的影响。

(三)皇亲国戚

属于这一类的人物,又可分为两部分。一是皇室贵胄,例如《史记》中的《楚元王世家》、《荆燕世家》、《齐悼惠王世家》、《梁孝王世家》、《五宗世家》、《三王世家》等。这六个世家的主人公,全是汉朝宗室贵族;二是后妃外戚,例如《史记》之《外戚世家》,上起吕太后,下至武帝卫皇后及弋夫人,综记了帝王所宠后妃以及外戚事宜。设立《外戚世家》的原因,主要是有感于"夏之兴也以涂山,而桀之放也以末喜,殷之兴也以有娀,纣之杀也嬖妲己。周之兴也以姜原及大任,而幽王之禽也淫于褒姒",是"非独内德茂也,盖亦有外戚之助焉"(《史记·外戚世家序》)。

(四)特殊人物

这里的所谓特殊人物,系指那些既非贵族诸侯、公卿显宦,亦非皇亲国戚,而是具有特殊成就和影响的历史人物。这类人物的典型代表,便是《史记》中的《孔子世家》和《陈涉世家》。

孔子原本鲁之"布衣",而陈涉则系"甿隶之人而迁徙之徒"。司马迁一反常规地为他们设立世家,另有意蕴。《太史公自序》中说得明白:"周室既衰,诸侯恣行。仲尼悼礼废乐崩,追修经术,以达王道,匡乱世反之于正,见其文辞,为天下制仪法,垂《六艺》之统纪于后世。作《孔子世家》。"

为什么要为农民起义者陈涉设立世家呢?在司马迁看来,"桀、纣失其道而汤、武作,周失其道而《春秋》作,秦失其政,而陈涉发迹,诸侯作难,风起云蒸,卒亡秦族。天下之端,自涉发难。作《陈涉世家》"。

在司马迁的眼里,孔子于动乱之际"为天下制仪法","以达王道",此非常人之功,而"追修经术","垂《六艺》之统纪于后世",更是千古不朽。这与"辅拂股肱"、世有其国的诸侯相比,自然有设立世家的充分理由。至于陈涉,首启倒秦端绪,开辟了农民起义的惊天动地的伟大业绩,"其所置遣侯王将相竟亡秦"(《陈涉世家》),由此可见,陈涉者,可谓除旧迎新,有功于汉家。对于这样的历史人物,自然亦应归于世家行列。

(五)一方枭雄

开国建元,占据一方的历史人物,在封建社会中并不罕见。后世史家亦有根据当时形势为此等人物立世家者。例如欧阳修《新五代史》设立《十国世家年谱》一卷,分记"十国"史事。年谱之外,另有世家十卷,即《吴世家》、《南唐世家》、《前蜀世家》、《后蜀世家》、《南汉世家》、《楚世家》、《吴越世家》、《闽世家》、《南平世家》、《东汉世家》。其中之"东汉"者,系指历史上的北汉。有关十国的记事,直至宋灭诸国为止。关于"十国"年世,"惟楚、闽、南汉三国,诸家之说不同,而互有得失,最难考证。今略其诸说而正其是者,庶几博览者不惑,而一以年谱为正也"(《十国世家年谱》附注一)。可见,《十国世家年谱》虽然年世不全,但是,可从时间系列上将五代十国统一起来,由此提供"博览者不惑"之便。

其后,元人撰修《宋史》,亦以"世家"形式分记南唐李氏、西蜀孟氏、吴越钱氏、南汉刘氏、北汉刘氏、湖南周氏、荆南高氏、漳泉留氏、陈氏诸国史实。上述诸国国主皆为降宋之君,为其设立世家,自有所本。诚如著者云:"王称《东都事略》用东汉隗嚣、公孙述例,置孟昶、刘等于列传,旧史因之。今仿欧阳修《五代史记》,列之世家。"(《宋史》卷四百七十八《南唐李氏世家列传》)

三、正统观念

世家和列传一样,都是纪传体文献中记述人物的一种体例。但与列传相比,世家毕竟特殊一点。列传,可以说每史必设;世家则仅有少数几部史书中设立。从数量上看，世家与列传形成鲜明对比。世家虽然为数不多，却招致后世屡屡议论，长期以来争辩不休。考其所议热点，其中最突出的一个问题依然是正统与僭伪之争。

对《史记》的议论焦点，主要是针对进入世家的"特殊人物"。关于天下敬仰的孔子入世家，后人少有异议，而对《陈涉世家》的看法就很有些不以为然了。反对派代表首推唐代的刘知几。他对陈涉归类世家发动猛烈抨击："世家之为义也，岂不以开国承家，世代相续。至如陈胜起自群盗，称王六月而死，子孙不嗣，社稷靡闻。无世可传，无家可宅。而以世家为称，岂当然乎？"（《史通·世家》）究竟为什么要设《孔子世家》和《陈涉世家》，司马迁当年本来都有具体说明（详见《太史公自序》），对于《孔子世家》多表赞同，唯独《陈涉世家》却遭到严厉批判，这不能不发人深思。

比较孔子与陈涉二人，原本既有相似处，又有不同点。试看陈涉，这位挥锄田间的一介农夫，固然身世卑微；而孔子出身"布衣"，"少也贱，故多能鄙事"（《论语·子罕》），放牧、吹鼓手之类的事情都曾做过，显然也并非显赫人家。倘若从两人的职位上看，均有可圈可点之处：孔子虽然劳累奔波一生，却也做到了鲁国司空、司寇的官位；陈涉"称王六月而死"，更是做到了当时的天下之"王"。倘若放眼于两人的历史定位，则无不产生了极为深远的影响：孔子"垂六艺之统纪于后世"，成为儒家始祖，有功于古代文化教育事业发展；而陈涉振臂一呼，发难暴秦，由此举起了中国历史上第一面农民军义大旗。即此可见，无论是儒家的孔子，还是农民出身的陈涉，均有其称道之处。

然而，同系具有特殊贡献的历史人物，在后世却出现了两种不同的认知态度：即大都认同《孔子世家》之创，却否定《陈涉世家》之立。以刘知几诋毁陈涉为例，完全置司马迁初衷于不顾，无视陈涉"称王"史实，直曰"起自群盗"，"无世可传，无家可宅"云云。唐代刘知几之所以有此议论，说到底，与其所处时代有关。在唐代地主与农民之间,阶级矛盾已经有了进一步的发展,封建统治者对农民起义的观点已经发生了重大变化。在唐代封建统治者眼里,农民起义是社稷江山的大敌,诛戮犹恐不尽,又安能抬高其地位加以颂扬呢? 刘知几的观点,正是他那个时代(唐朝)统治阶级政治思想在史学领域的反映。何况在刘知几看来,还有一个具体原因:陈涉"王"者,乃自立之"王",且"六月而死",这样的"草头王"又怎能与儒家始祖同日而语呢? 仅此而论,就更加表明了古代"成王败寇"的正统观念是何等顽固!

在《新五代史》中,欧阳修固然为"十国"立了世家,但他撰修《新五代史》的目的,旨在重建封建秩序。因而,着意效法孔子《春秋》之义,奉正统观念为至上准则,"以治法而正乱君"(《文献通考·经籍考》引《直斋书录解题》)。表面上,欧阳修将五代、十国区别以本纪、世家,似隐褒贬之义,然而在贯彻封建正统思想这一点上,却是毫无二致的。试看其对五代态度:"梁之恶极矣! 自其起盗贼至于亡唐。"(《家人传·论》)"晋之事丑矣,而恶亦极也。"(《杜重威传·论》)"五代之得国者皆贼乱之君也。"(《欧阳文忠公集·正统论》)对于十国亦多否定之语。例如《十国世家·序》在严厉抨击十国之后说:"清风兴,群阴伏;日月出,爝火息,故真人作而天下同。"把宋太祖视为"清风"、"日月"、"真人",而把十国比作"群阴"、"爝火"。由此看来,《新五代史》虽有本纪、世家之别,并被后人誉为"恢复《史记》世家传统",而正统、偏霸之义则是充溢于字里行间,自不可与太史公所谓世家相提并论。

《宋史》为南唐李氏等降宋诸君设立世家,后人也有赞成此例者。"《宋史》杂《世家》六卷于列传,或谓乖于史体,此亦不然。《宋史》以南唐李氏、西蜀孟氏、吴越钱氏、南汉北汉两刘氏、荆南周氏高氏、漳泉留氏陈氏为《世家》,序称仿自欧史,而次于诸汇传之后者,其意若曰:彼云道学、儒林、文苑,此云世家,等量齐观,有何不可?"(金毓黻

《中国史学史》第六章）其实，尽管《宋史》自称"仿自欧史"，若将它与欧史相比，毕竟有所不同。从内容上说，欧史固然鞭挞十国"黥髡盗贩，衮冕峨巍"（《新五代史·十国世家序》），但在形式上，到底还是为南唐诸国堂而皇之地设立了与本纪呼应的世家。而《宋史》在指责五代十国"各挟智力，擅为封疆，自制位号，以争长雄，天厌祸乱，授宋大柄"（《宋史》卷四百七十八《世家一》）的同时，在类目名称上作了明显的改动。诸国名曰"世家"，实则业已降格，所谓"世家列传"者，原本就是列传。除了将世家混迹列传外，于编排次序上也煞费苦心。试看《宋史》类传排序：后妃、宗室、公主、诸臣、循吏、道学、儒林、文苑、忠义、孝义、隐逸、列女、方技、外戚、宦者、佞幸、奸臣、叛臣、世家、周三臣、外国、蛮夷。在这一序列中，紧密与世家为伍者，前有万人切齿之"佞幸"、"奸臣"、"叛臣"传，后有"叛与否未易言"（《宋史》卷四百八十四《周三臣传》）之韩通、李筠、李重进等所谓"周三臣"，以及边远之国和蛮夷之邦。由此可知，金氏所谓"其意若曰：彼云道学、儒林、文苑，此云世家，等量齐观"之说，犹可商榷讨论。

　　《宋史》之"世家"何以有此变化呢？归根结底，是由于封建正统观念进一步加强的结果。宋、元二朝都是统一的国家，自然都容不得分裂割据的行为和思想。还必须指出，在欧阳修所撰的《新五代史》中，实际上不存在正统，其所以依然设立本纪、世家，完全是基于纪传体文献的一般体例所需。如其不然，何以既贬"五代"之本纪，又斥"十国"之世家？可以设想，假如"五代"系李唐余脉，则欧阳修反映"十国"的体例便不可能是世家，而有可能是《晋书》中的"载记"了。既然北方之"五代"并非正宗所系，则记述南方诸国采用世家也就并无不可了。在元人撰修的《宋史》中，同样存在宋、元两朝的微妙联系。在元人看来，北宋是正统如同元朝是正统一样。如若正式承认北宋建国后其他政权的客观地位，就等于承认成吉思汗建国后其他未被吞并的政权亦具合法地位。然而摆在面前的史实是，宋朝建国之初,南唐诸国并未立即灭亡或降宋,的确存在了一段时间。对于宋朝来说,这些国家既非其政区,亦非其封国,因而,只能像《世家列传》序中所说的那样,"今仿欧阳修《五代史记》,列之世家"。当然,由于形势不尽相同,虽"仿"而不能照旧,或许这就是《宋史》中的诸国"世家"何以降一档次,混迹于列传之中的缘由了。

第五节　列传

列传,亦简称传。许多人对列传都不陌生。所谓"列"者,众多之谓也;"传"者,"古书凡记事立论及解经者,皆谓之传,非专记一人事迹也。其专记一人为一传者,则自迁始"(赵翼《二十二史札记》)。司马迁在《史记》中设置诸多列传,其发明创造的动机是:"扶义俶傥,不令己失时,立功名于天下,作七十列传。"(《太史公自序》)唐代司马贞及张守节两人,也曾解释列传之义。司马贞云:"列传者,谓叙列人臣事迹,令可传于后世,故曰列传。"(《史记·伯夷列传索隐》)张守节则认为:"其人行迹可序列,故曰列传。"(《史记·伯夷列传正义》)诸家所释,大同小异。质言之,列传乃多人之传,反映各类典型人物。在纪传体史书里,本来有纪、表、志、传等多种体例,而最终竟以本纪、列传两体例之合称("纪"与"传")作为纪传体的总名,这一事实本身也说明,列传是纪传体中极其重要的一种体例。

为了全面、深入地反映各式各样的历史人物,经过历代史家的创造、继承和发展,产生了一系列人物传记形式。概括起来,纪传体文献中的列传类别主要有单传、合传、附传、类传、四裔传,若将"自序"也考虑在内,则总共有以下六种类型。

一、单传

单传,又名专传,是专门为某一特殊历史人物所设立的传记。凡有资格立单传者,一般都是在历史上具有很大影响的人物。

具体来说,主要包括四种人。其一,声名显赫之王室贵戚。例如《史记》之《伯夷列传》、《孟尝君列传》、《平原君列传》、《魏公子列传》、《吴王濞列传》,《后汉书》之《窦融列传》、《马援列传》等。其二,有重大建树之将相显臣。例如《史记》之《伍子胥列传》、《乐毅列传》、《商君列传》、《吕不韦列传》、《李斯列传》,《宋史》之《李纲列传》、《岳飞列传》、《韩世忠列传》,《清史稿》之《曾国藩列传》等。其三,在某一领域有特殊成就和影响者。这类人物涉及面很广。在文学方面,如《史记》之《司马相如列传》,《汉书》之《扬雄传》、《东方朔传》;史学方面,如《汉书》之《司马迁传》,《北齐书》之《魏收列传》;政治思想方面,如《汉书》之《董仲舒传》、《旧唐书》之《魏征列传》;科学技术方面,如《后汉书》之《张衡列传》等。其四,颠覆社稷或危害天下之"大奸"、"大恶"。如"滔天虐民,穷凶极恶,毒流诸夏,乱延蛮貉"的王莽(《汉书·王莽传》);搅闹天下,"方夏崩沸,皇京烟埃","区服倾回,人神波荡"的董卓(《后汉书·董卓列传》)等。

在纪传体史书中,记述人物的单传一般必须具备两个特征:其一,传主事迹应该相当典型;其二,有关史料也应该非常丰富。这是撰写单传的最基本也是最重要的条件。

然而,在同时具备以上两个条件的情况下,有时也会把那些本来可以归入合传或类传的历史人物,逐一以单传形式反映出来。试看司马迁的《史记》里,例如其中所记战国时期"四大贤君"——齐之孟尝君、赵之平原君、魏之信陵君、楚之春申君,本属同一类人物,原本可以"合传"或"类传"来反映;又如楚汉相争中的韩信、彭越、黥布皆为著名军事将领,他们也都曾因军功封赏一方,且最终皆被处死。考察韩信、彭越、黥布三人一生所为,也同样可以"合传"或"类传"来反映。然而上述这些人物虽然具有鲜明的共性,毕竟其自身事迹相当突出,而且相关史料也相当充分,故史家最终仍以单传形式反映。这些单传因人物形象丰满，读来亲切、生动，使读者大有如见其人，如闻其声之感。

二、合传

所谓合传，就是为两个或两个以上的历史人物设立的传记。凡有资格列入合传者，一般也都是在历史上有相当影响的知名人物。

从合传传主的组合特征上看，主要有两种形式。其一，是对照组合，其二，是以类相从。

所谓"对照组合"，即将人品、性格、行事等方面有很大差异或有某种关联的历史人物组合在一起，使后人于阅读中自然而然地加以对比，得到启发，产生鲜明的联想效果。复以司马迁《史记》为例，其中的《廉颇蔺相如列传》便属这一类型。廉颇、蔺相如两人同为赵国栋梁，但一个是文臣，一个是武将。廉颇者，赵之良将，率兵伐齐，"大破之，取阳晋，拜为上卿，以勇气闻于诸侯"（《廉颇蔺相如列传》）。蔺相如者，原本地位卑微，然通过"完璧归赵"、"渑池之会"的一系列突出表现，赵王"以相如功大，拜为上卿，位在廉颇之右"（同上）。廉颇自恃"有攻城野战之大功"，对于"徒以口舌为劳"而位居己上的蔺相如极度不满，"羞，不忍为之下"；而蔺相如则以大局为重，一直委曲求全。他"引车避匿"，"不欲与廉颇争列"。表现出蔺相如"先国家之急而后私仇"的高风亮节。又如《史记》中的《魏其武安侯列传》，也属于对照组合的合传。魏其侯窦婴乃孝文后从兄子。武安侯田蚡乃孝景后同母弟。窦婴以军功拜大将军，封魏其侯，诸游士宾客争事之。每上朝，"诸列侯莫敢与亢礼"。田蚡本系晚辈，当窦婴为大将军时，田蚡"未贵"，"往来侍酒魏其，跪起如子姓"。及窦婴失势，田蚡"贵幸"为武安侯，"天下吏士趋势利者，皆去魏其归武安。武安日益横"。二侯从此钩心斗角，互不相让。最后终因灌夫使酒骂座事，矛盾愈演愈烈，两败俱伤。这种合传在以后的纪传体史书中，也不乏其例。

　　所谓"以类相从"，即将那些人品、行事、性质比较接近的历史人物归于一传。这种合传各具特色，其人其事也涉及许多方面。试以班固《汉书》为例，其中设立《萧何曹参传》，是因为萧、曹二人皆汉朝开国元勋，不仅都是位至丞相，而且行事亦较接近，所谓"萧规曹随"者，传为天下佳话。而其中所设《卫青霍去病传》，则是因为卫青、霍去病同以外戚贵幸，也同因抗击匈奴建功立业而名扬天下。再以《后汉书》为例，其中设立《王充王符仲长统列传》，是因为此三人皆淡于仕途名利，且皆著书立说以针砭社会时弊。而其中所设《班梁列传》，是因为班超、梁慬二人皆"奋西域之略，卒能成功立名，享受爵位，荐功祖庙，勒勋于后，亦一时之志士也"（《后汉书·班梁列传论》）。再以《晋书》为例，该书为阮籍、嵇康、向秀、刘伶等人立合传，是因为他们都具有"其进也，抚俗同尘，不居名利；其退也，餐和履顺，以保天真"的品格；又如为汝南王亮、楚王玮等"八王"立合传，是因为"西晋之政乱朝危，虽由时主，然而煽其风、速其祸者，咎在八王，故序而论之，总为其传云耳"（《晋书》卷五十九）；而之所以为陈寿、王长文、虞溥、司马彪、王隐、虞预、孙盛、干宝、邓粲、谢沈、习凿齿、徐广等十二人设立一个合传，则是因为这些人皆系当代著名史家，他们"综缉遗文，垂诸不朽"，"咸被简册，共传遥祀"之故（《晋书》卷八十二）。

　　关于合传的撰写方式，也具有如下两条不成文的规矩。

　　第一，合传没有严格的人数限制。在这种传记里，可以是两人平行并列立为一传。例如《史记》中的孙子与吴起（《孙子吴起列传》），张耳与陈余（《张耳陈余列传》）。又如《汉书》中的陈胜与项籍（《陈胜项籍传》），张骞与李广利（《张骞李广利传》）等等；也可以是多人平等并列，合为一传。例如《史记》中的樊哙、郦商、滕公夏侯婴和灌婴并为一传（《樊郦滕灌列传》），颜渊、子贡、曾参等"七十子之徒"合传（《仲尼弟子列传》）。又如《汉书》中的张苍、周昌、赵尧、任敖、申屠嘉五人合为一传(《张周赵任申屠传》),公孙贺、刘屈氂、车千秋、王诉、杨敞、蔡义、陈万年、郑弘等八人合传(《公孙刘田王杨蔡陈郑传》)。

第二,合传也没有严格的时代界限。从史学领域看,无论是反映多朝的通史,还是仅仅反映一朝的断代史,行事大抵如此。然而,唐人刘知几则对此极力反对。他鲜明地提出了自己的不同观点:合传者,理应像《史记》之"陈余、张耳,合体成篇,陈胜、吴广,相参并录"(《史通·列传》),而不能像"汉之贾谊将楚屈原同列;鲁之曹沐与燕荆轲并编"(《史通·二体》),以及"老子与韩非并列,贾诩将荀彧同编"(《史通·编次》)。在刘知几看来,既是合传,则其人其事就必须同年共世,其生平所为起码应该首尾相随。

平心而论,刘氏这种观点未免过于拘泥牵强。历史人物之间只要有共性或具备可以合传的基本特点即可,不必去苛求时间上的一致性,他们可以是同一时代的,也可以不是同一时代的。反观古代之通史也好,断代史也罢,事实上在撰写合传时,并没有顾及刘知几所谓"编次同类,不求年月,后生而擢居首帙,先辈而抑归末章"(《史通·二体》)的尖锐批评。例如在司马迁的《史记》中,老子乃春秋时期道家始祖,韩非是战国末期法家代表人物,之所以将两人合为一传,因为他们都是古代著名思想家:老子"贵道,虚无,因应变化于无为",而韩非"引绳墨,切事情,明是非,其极惨礉少恩。皆原于道德之意,而老子深远矣"(《老子韩非列传》)。又如屈原乃战国人,而贾谊乃汉代人,时代相差远甚,但因其"作辞以讽谏,连类以争义",故为二人合传(《屈原贾生列传》)。通史如此,断代史中也不乏其例。例如《汉书》卷六十七《杨胡朱梅云传》中,杨王孙是武帝时人,胡建是昭帝时人,朱云是元帝时人,梅福是成帝时人,云敞是平帝时人。五人各不同时而合为一传,是因为他们的行为都不符合通常意义上的社会规范,然其用意又皆有可取之处。杨王孙裸葬,意在矫厚葬;胡建擅斩御史,意在明军法;朱云以居下小臣"廷辱师傅",意在去佞臣;梅福所为,意在尊王室;云敝犯死救师,系忠义所激。又如以上提及的《后汉书》中的《王充王符仲长统列传》和《晋书》中的"八王传",其生平活动皆非"同年共世"。王充、王符、仲长统虽同系汉人,但是,王充乃东汉初期人,王符乃东汉中期人,而仲长统则是东汉末期人。《晋书》中的所谓"八王"固然都是晋人,但却有先有后,亦非"同年共世"。"八王"之首的汝南王亮在曹魏时已历任高官,入晋后为大司马、大都督,晋武帝末年,死于楚王玮之手。而"八王"之末的东海王越则是诛杨骏之后才封王,他的主要活动是在晋怀帝永嘉(307—313)以后。

由此可见,所谓合传者,没有也不必有严格的时代限制,要在传主须有合传必备的相应条件。

三、附传

为了节省笔墨和篇幅,对同类人物有时并不需要一一作传,而可采用为主要人物立传,然后将其余相关人物的事迹附载其后的方式。这种在主要人物之后附载相关人物的传记,即所谓附传。

就附传之表现形式而言,可谓多种多样。最常见者,主要有以下三种类型。

其一,以一人为主,以另一人为从的附传。如《史记》之《伯夷列传》,传主显系伯夷,而其弟叔齐亦孤竹君之子,且与兄长互让君位,双双出逃,故以附传形式载于其中。在另一篇《苏秦列传》中,传主是著名的合纵家苏秦,而其弟苏代亦以效法其兄而名闻天下,故于苏秦事迹之后,附载苏代生平。又如《后汉书》之《班彪列传》,在记述著名学者班彪之后,又历述其子班固主要事迹。不过,这个"附传"颇有些喧宾夺主之嫌,写主人公班彪的文字远不及写班固的多。作者范晔在撰写这篇附传中,主人公班彪仅仅是名义上的传主,或许是基于以下两个原因：一则彪、固乃父子之亲，长幼有序；二则就《汉书》的创作而言，班固乃继承父亲遗志，且受赐良多。故而，事迹多的班固反以附传人物的形式出现。

其二，以一人或数人为主，而以其他人为从的附传。这种事例在史书中不胜枚举。以一人为主，多人为从者，例如《明史》卷一百八十九《夏良胜传》中，在传主夏良胜事迹之后，又附载了万潮、陈九川、张衍瑞、姜龙、徐鏊、姚继岩诸人生平简历。因为后面这些人曾与夏良胜连署进谏，阻止武宗南巡，并皆因此事受到株连。史书中以二人为主，而以多人为从的附传如《汉书·卫青霍去病传》。《卫青霍去病传》中的主要人物自然是抗击匈奴的名将卫青、霍去病。但在卫、霍二人之后，又接连附载了李息、公孙敖、李沮、张次公、赵信、赵食其、韩说、郭昌、荀彘、路博德、赵破奴等人物简历。这样做的原因是，这些人都是在汉武帝时期参与了北击匈奴和远征西域的有功将领。

其三，由上层人物家族传演绎出来的特殊附传。这种特殊附传的表现形式，或子孙附于父祖，或父祖附诸子孙。若用刘知几的话来说，就是"每一姓有传，多附出余亲"（《史通·编次》），是为民族传之滥觞。

这种传记比较复杂，却也有一个发生、发展的悠久历史。

单就正史而言，家族传的源头，最早可以追溯到《史记》中的世家。例如《齐太公世家》，上起齐太公吕尚，下终康公贷，历叙了齐国吕尚世系的更替。诚然，这种体例是世家而非列传，但它与后来列传中的家族传确有内在的渊源关系。此外，在《史记》的一些列传中也有子孙附于父祖之传的先例。例如《史记·孙子吴起列传》中，在《孙武传》后附有孙膑事迹，"膑亦孙武之后世子孙也"。又如《史记·樗里子甘茂列传》中，于传主甘茂之后，附载了甘罗史实，"甘罗者，甘茂孙也"。自《史记》发其端，后之史书纷纷效法，并有日益发展之趋势。试以《汉书》为例，在楚元王刘交之后，附其后人向、歆；周勃,附子亚夫;在李广之后,附其孙李陵;在张汤之后,附子安世、孙延寿;在金日䃅之后,附子安上;在萧望之后面,附子育、咸、由;在翟方进之后,附子宣、义等等。复以《后汉书》为例,在来歙之后,附曾孙历;在邓禹之后,附子训、孙骘;在寇恂之后,附曾孙荣;在耿弇之后,附弟国、子秉、夔;在窦融之后,附弟固、曾孙宪、玄孙章;在马援之后,附子廖、防;在伏湛之后,附子隆;在梁统之后,附子竦、曾孙商、玄孙翼;在桓荣之后,附子郁、孙焉、曾孙鸾、玄孙典、彬;在班彪之后,附子固;在班超之后,附子勇;在杨震之后,附子秉、孙赐、曾孙彪、玄孙修等。再以《三国志》为例,在袁绍之后,附子谭、尚;在公孙度之后,附子康及孙渊;在曹真之后,附子爽;在荀彧之后,附子恽;自钟繇之后,附子毓;在王郎之后,附子肃;在杜畿之后,附子恕、预;在胡质之后,附子威;在诸葛亮之后,附子乔、瞻;在张昭之后,附子承、休;在步骘之后,附子阐;在吕范之后,附子据;在朱桓之后,附子异;在陆逊之后,附子抗;在陆凯之后,附弟胤等。

在以上的"前四史"中,虽有家族传这一形式的存在,然而并不典型。析其原因,主要基于两条行事方式:第一,附传在全部列传中所占比例不宜过大,而且必须严格遵守这一指导思想:典型者则附之,不典型者则宁肯阙如。第二,附传亦有灵活性,即使父子一家皆为名人者,亦应视情况而定,不一定非要附于同一传中。例如在《后汉书》中,既有《班彪列传》,又有《班梁列传》。班彪、班固、班超、班勇本是嫡亲父子、祖孙四人,以其事迹典型而各具特点,故并未立于一传,而是彪、固父子一传,超、勇父子入另一传。又如在《三国志》中,诸葛瑾与诸葛恪乃父子关系,亦各为一传。

由以上两点可以看出,"前四史"中的这类附传,还不是真正的家族传。自《晋书》以下,家族传的意味才开始明显地浓厚起来。这不仅表现于祖孙父子合传比例的迅速扩大,还反映在并无典型事迹的子孙们的大量附入。例如《晋书》卷六十六《陶侃传》,在传主陶侃的事迹之后,历叙其17子中见于"旧史"的洪、瞻、夏、琦、旗、斌、称、范、岱等9子。而其中之琦、斌、岱等数子,实在并无史实可书,仅言"琦司空掾"、"斌尚书郎"、"岱散骑侍郎"等,但也附载其间。而真正意义上的家族传应当从沈约的《宋书》算起。例如《宋书》卷四十二《刘穆之传》,在传主之后附录长子虑之、虑之子邕、穆之中子式之、式之子瑀、穆之少子贞之、穆之女婿蔡佑等。在此传中,不管怎样,刘穆之之子孙每一个多少都还有若干事迹可记。例如长子虑之,"仕至员外散骑常侍卒";中子式之,"通易好士,累迁相国中兵参军,太子中舍人,黄门侍郎,宁朔将军,宣城淮南二郡太守。在任赃货狼藉"等等。然而,有的附传就不是这样。其中简化史实之甚者,有如《宋书》卷四十七之《檀祗传》,附于传主之后的几乎就是一串名字:祗卒,"子献嗣,元熙中卒,无子,祗次子朗绍封。朗卒,子宣明嗣。宣明卒,子逸嗣。齐受禅,国除"。至北齐时,魏收撰修《魏书》又更进一步,列传之中尤重谱系。往往是一人立传,不论其子孙、兄弟、宗族是否为官,是否有事可记,一概附入。例如《魏书》卷四十七之《卢玄列传》,所附之义敦弟义安、昶子敬舒等均无官职。而从大批附载者的基本情况看,即使有官职者,亦多属无事可记的庸碌之辈。如《魏书》卷二十七之《穆崇列传》中,总共谱列了穆氏家族66人,而从孝静帝兴和(539—543)中穆崇后人长嵩死后,以下子孙辈,便多具姓名、官职而无史实记载了。试看如下记载:"子岩,武定中,司徒谘议参军","平城弟长城,司徒左长史。子世恭,武定中,朱衣直阁。长城弟彧,符玺郎中。卒。子永延,尚书骑兵郎、青州征东司马","子度孤,袭爵"。此种写法,已经类似后世所谓家谱。《魏书》以下,李延寿的《南史》与《北史》也大体如此。

在"前四史"以下、"两唐书"以上的几部史书中,家族传的特色相当突出。这一现象的产生,可说是事出有因。魏晋南北朝乃是中国历史上颇具典型性的门阀士族社会。当此之时,"上品无寒门,下品无势族"(《晋书·刘毅传》),高门大姓者,往往婚娅相姻,累代公卿,政权更替,荣枯与共。虽贵为皇帝,对这一局面也无可奈何。上述几部纪传体史书以祖孙父子集合一传,从一定意义上说,恰恰反映了当时士族势力的发展及时代特征。后人在把握这一历史背景的情况下,由此深入研究有关政治、经济和文化情况,当会大有裨益。

四、类传

所谓类传,顾名思义,是因其性质与特点近似而以类相从的列传。类传设立的依据,主要是历史人物之生平行事近似或基本一致的特征。诚然,合传中亦多有以类相从的情况,但是,毕竟有所不同。两者最显著的区别是:但凡类传,皆不以具体的人名作为传名,而是以最能体现同一组人物特征的一些名词术语作为名称。合传则不然,无论是两人或两人以上的传记,一般情况下都是以人名或其姓氏作为传名。

俗语云:"物以类聚,人以群分。"类传里的诸多人物,自身原本无所谓什么"类",纯属社会实践中各自引人注目的特殊表现,遂由个别、分散状态而趋归于同类。类传是史学家付出个人心血和艰苦劳动的产物。正是在他们的细心考察和研究下,才鲜明地揭示了"以类相从"的一批历史人物的共同特征。类传对于开拓读者视野,深入了解和把握纷繁复杂的历史人物和历史现象,具有重要意义。也正因为如此,类传不仅为一般读者所喜爱,即便对于专家、学者也有一定的研究价值和启迪作用。然而,历史上也有不很赞赏类传形式的史学家,刘知几就是其中一位。他批评道:"寻子长之'列传'也,其所编者,唯人而已矣。至于龟册异物,不类肖形,而辄与黔首同科,俱谓之传,不其怪乎。"(《史通·编次》)在刘氏看来,大凡列传,就必须以人名为名,若非人名,则不可称之为列传。在后人看来,这种观点实在是以偏概全,比较偏激,因而对其多持否定态度。

在纪传体史书中,类传为司马迁的《史记》所首创。考察《史记》的"七十列传",属于类传者,占有七分之一以上。例如其中的循吏、儒林、酷吏、佞幸、货殖等类传,更是颇具开创之功,对后世产生了极其深远的影响。汉代以下,许多部纪传体史书都很重视这种传记的建设,在列传部分往往都设有名目不一的类传。欧阳修所撰《新五代史》更加典型,全书共有列传45卷,诸如梁家人传、唐太祖家人传、梁臣传、唐臣传、死节传、死事传、一行传、伶官传、宦者传等等,无一不是类传。

"二十六史"里的类传非常丰富,涉及许多方面。例如其中有反映封建统治阶层的《后妃传》(《皇后传》)、《宗室传》(《诸子传》)、《循吏传》(《良吏传》、《能吏传》)、《酷吏传》;有反映封建伦理方面的《孝义传》(《孝友传》、《孝行传》)、《忠义传》(《节义传》、《死节传》、《诚节传》);有反映文化学术领域的《儒林传》、《文苑传》(《文学传》、《文艺传》);也有反映各个民族历史的《外国传》(《四夷传》、《异域传》),还有反映社会经济的《货殖传》等。

尽管"类传"内容广泛,形式各异,注意以下三点仍有重要意义。

(一)名异实同

在纪传体史书,会常常看到这样一个现象:有些类传的名称是许多史书长期沿用的,例如《循吏传》、《儒林传》、《后妃传》等;也有些类传的名称仅仅是个别史书使用的,例如《后汉书》之《党锢列传》、《新唐书》之《藩镇传》、《清史稿》之《畴人传》等;还有许多类传,可谓是"名"虽异而"实"则同。例如《后汉书》之《独行列传》、《新五代史》之《一行传》、《宋史》之《卓行列传》等等,其实并无实质的差异。

在"二十六史"中,不仅各种史书的类传数量多少不一,各种各样的名称也相当普遍。总的说来,名称变化主要有四种形式:

一是直接改旧名为新名。例如《晋书》改《循吏传》为《良吏传》,改《方伎传》为《艺术传》;《宋书》改《后妃传》为《妃嫔传》,改《孝友传》为《孝义传》；《魏书》改《文学传》为《文苑传》，改《孝行传》为《孝感传》；《旧唐书》改《儒林传》为《儒学传》，改《孝义传》为《孝友传》；

二是新增传目。例如《汉书》中增《外戚传》，《后汉书》增《宦者传》、《独行传》、《列女传》，《明史》增《土司传》、《阉党传》、《流贼传》，《清史稿》增《畴人传》等；

三是由旧传析出新传。例如《新唐书》从《晋书》之《叛逆传》中析出《叛臣传》、《逆臣传》，《辽史》从《宋史》之《宦者传》中析出《宦者传》与《伶官传》；

四是合并旧传。例如《后汉书》将《史记》之《龟策列传》、《日者列传》合并为《方术传》，将《史记》之《匈奴列传》、《东越列传》、《南越列传》、《西南夷列传》合并为《四夷传》等等。由此可见，要想充分地利用类传，首先有必要了解和掌握类传的有关名称及内涵。

（二）类外有传

类传固然有"以类相从"的综合性特点，但是"类传"的范围所及毕竟有限，并不是在某方面具备共性的所有典型人物，都能归于同一大类。为了将那些在某方面具有极大影响的个别历史人物塑造得更充分、更典型、更丰满，有时还需要以单传形式将他们独立于类传之外。这种情况在纪传体文献中也是相当多的。例如《汉书》中的《儒林传》是反映伏生、欧阳生、孔安国等汉代儒学经师的类传，今文经学大师董仲舒则不在其内，而是单独为其设立《董仲舒传》；《外戚传》本是旨在记述有汉一朝后妃及其家族的类传，而著名外戚王莽及元后则另行立传。又如《后汉书·文苑传》是反映杜笃、傅毅、边韶、赵壹等汉代文章之士的类传，而张衡、蔡邕等一代文学名家，则各有专传。

由此可见，犹如读《儒林传》、《文苑传》必须注意董仲舒、张衡等人的专传那样，倘若阅读其他类传，也必须注意有关单传的内容。只有这样，才能对属于同类的历史人物具有整体把握。

（三）反映风尚

类传，乃是后世史家通过对前朝历史深入考察、研究后，认真总结归纳出来的一种体例。后人通过学习研究这些类传，往往可以洞悉前朝某一方面的历史特点和社会风尚。

客观地说，但凡出现于纪传体史书"类传"（例如《逸民传》、《列女传》、《孝行传》、《党锢传》等等）中的人物，无一不是在特定社会背景下极具代表性的典型。哪怕稍微留意有关这些历史人物生平行事的描述，就不难看出当时社会文化层面特定的思想理念，在他们身上烙下的清晰印痕。掌握了类传的这一特点，便有助于更全面、更深入地研究古代历史。

（了解类传相关信息，可参见本书附录四《"二十六史"类传一览表》之"特殊传目"）

五、四裔传

四裔传，亦即民族传，它是记载我国古代各个少数民族，以及当时所知的远国近邻的一种传记。当然，如果仅仅是从形式上审视，四裔传也无妨可以当作类传的一种。

在中国纪传体史书中，素有记载国内外各民族历史的优良传统。例如"二十六史"中，除了《三国志》、《陈书》、《魏书》和《北齐书》里没有"四裔传"外，其余诸史都设有相应传目。

（一）设传始末

其实，早在第一部纪传体史书中，司马迁就敏锐地觉察到民族问题的重要性。他不仅浓墨重彩地通篇反映了汉民族的发展史，还以一定篇幅记述了东越、西南夷、匈奴等其他少数民族事迹；不仅记述了中华民族大家庭的历史，还记述了朝鲜、大宛、匈奴等当时所能接触到的外国历史。尽管由于社会的闭塞和资料的局限，作者对以上少数民族内部的情况还不是十分了解，例如反映中国古代"西南夷"

情况时，仅能说"君长以什数"云云。但是，《史记》毕竟勾勒出了一部时人所知的中外民族史的基本线条。从这个意义上说，司马迁以其广阔的历史视野，为以后纪传体文献设立"四裔传"开启了先河。

东汉班固继承了《史记》的优良传统，进一步发展了四裔传。班氏尽可能地采集了当时所能见到的所有新的资料，大大地扩充了民族传的内容。例如在《史记·大宛列传》基础上，班固撰写的《西域传》，内容更丰富、更充实。不仅详细记述了新疆境内各民族政治、经济状况及风土人情，还反映了安息、大月氏、大夏、犁靬、条支等当时中亚、西南亚各国的历史。又如在《史记·匈奴列传》基础上，班固撰写的《匈奴传》，更加系统地叙述了匈奴族由远古至更始（23—24）末年的悠久历史，比较全面地揭示出了匈奴族盛衰发展轨迹，以及汉、匈之间过往的复杂关系。如果与《史记·匈奴列传》相比，《汉书·匈奴传》大约新增史料达到了五分之三左右。此外，《汉书》还将《史记》中的《南越列传》、《东越列传》、《朝鲜列传》和《西南夷列传》统一合并为《西南夷两越朝鲜传》，不仅形式上进一步条理化，内容上也大有增益。例如有关西南夷的史事，大约扩充了一半左右。其中，关于汉文帝赐赵陀书，以及赵陀的上书等珍贵资料，都是最新增补而为《史记》中所没有的。

在《史记》、《汉书》的基础上，范晔《后汉书》所设四裔传更加系统化、条理化。范氏将四裔传分设为《东夷列传》、《南蛮西南夷列传》、《西羌传》、《西域传》、《南匈奴列传》、《乌桓鲜卑列传》等六卷，比较全面地反映了当时中国有关少数民族及周边国家的历史。例如《东夷列传》记述了夫余、挹娄、高句丽、东沃沮、濊、三韩、倭国等国情况；又如《南蛮西南夷列传》记述了南蛮（含巴郡南郡蛮、板楯蛮）、西南夷（含夜郎、滇、哀牢、邛都、莋都、冉駹、白马氐）等民族历史；《西羌传》反映了羌无弋爰剑、滇良、东号子麻奴、湟中月氏胡等各族的社会习俗；再比如《西域传》则历述了拘弥、于阗、西夜、子合、德若、条支、安息、大秦、大月氏、高附、天竺、东离、栗弋、严、奄蔡、莎车、疏勒、焉耆、蒲类、移支、东且弥、车师等民族历史。与以上史书相比,范书除了个别国家如东离国、栗弋国、严国等确因资料有限而语焉不详外,总的来说,内容更加丰富。尤其是那些历史悠久,与汉民族往来频繁的民族,这一点显得更加突出。例如其中的《南匈奴列传》整整用了一卷的篇幅,记述了匈奴族有关繁衍变迁的历史情况;而《乌桓鲜卑列传》亦以一卷篇幅历述了乌桓与鲜卑繁衍变迁的历史。尤其应该强调的是,这些传记里所征引的资料也非常珍贵。譬如反映西域诸国的一些情况,都是采自汉安帝末年的军事家、外交家班勇所记的信息资源(《后汉书·西域传序》)。

由于《史记》、《汉书》、《后汉书》的榜样作用,以后的纪传体文献大都设立了内容丰富的四裔传,为后人研究我国古代各少数民族以及有关外国的历史,提供了珍贵的参考资料。

(二)精准把握

当然,学习和利用四裔传有关资料,犹需注意把握以下三个问题。

首先,地区范围的宽泛性。以《史记》发其端,不少四裔传在地理范围上具有一定的模糊性。记述各民族往往冠以一般意义上的地理方位,如东夷、南蛮、西南夷、四夷、西域等等,广大的区域本身便含有不精确的因素在内。

其次,概念的含混性。由于古代一些民族文明程度不高,彼此交往(特别是与中原交往)有限,因而所记史实含混,语焉不详。例如《史记·匈奴列传》:"唐虞以上有山戎、猃狁、荤粥,居于北蛮。"这里所说的"北蛮"便是一个不准确的地理概念。又如《史记·西南夷列传》:"西南夷君长以什数","其西靡莫之属以什数","自滇以北君长以什数","地方可数千里","自筰以东北,君长以什数"。所谓"以什数",所谓"数千里",此等记述实际上都是"不确切"的同义语。

再次,需要精准把握"外国"两字的含义。由于历史的变迁和许多复杂的因素,四裔传提到的"外国"与今日所谓"外国"不可等同。在今天的中国人看来,四裔传中没有提到"外国"二字的地方,不见得不是外国。例如《汉书·西域传》中提到的大秦(罗马)、大夏(阿富汗)、条支(伊拉克)等皆是;而明确以"外国"这一名词作为传目名称的,其所记区域也不一定都是今日所说的"外国"概念。试看《旧五代史》、《宋史》、《金史》、《明史》等史书中均设有《外国传》,其中有些国家固然至今仍然是外国,例如《旧五代史》中所记的新罗、高丽,《宋史》中所记的真腊、天笁,《明史》中所记的朝鲜、日本、爪哇、和兰、佛郎机、安南等国;然而《旧五代史》中所记的契丹、吐蕃、回鹘、党项,《宋史》中所记的夏、大理,《金史》中所记的西夏,《明史》中所记的朵颜、福余、泰宁"三卫"等,则并非外国,而是我国古代少数民族或其聚居的地区。

（了解四夷传相关信息,还可参见本书附录四《"二十六史"类传一览表》之相应部分）

六、作者自序

所谓"自序",史家固然要于此反映撰写史书的有关情况,而同时又必然要反映作者本人之生平往事,因而将这一写作形式视之为一种特殊列传,亦在情理之中。考察诸史作者的自序,所"序"内容往往有接近于一般人物列传之处(即史家之生平简历),所以在全书排序上往往与一般列传融为同一个序列:或是置于距一般列传不远的全书之末,或是径直将其作为诸列传的殿军。由此看来,即使仅仅研究纪传体文献内容的编排序列,史书作者也显然有将"自序"与列传为伍的思想理念。

在纪传体史书中,自序首创于司马迁。毫无疑问,排于《史记》之末的《太史公自序》,乃是著者特意为该书撰写的"自序"。正是在这篇自序中,司马迁追叙了司马氏的远祖世系,反映了父亲司马谈的学术造诣及宏大遗愿,回忆了自己一生的重要经历,揭示了编撰《史记》的初衷和经过,历述了本书每卷构思的动机和内容,最后以综论《史记》十二本纪、十表、八书、三十世家、七十列传等各种体例的重要意义终结了全篇。

继《史记》之后,班固《汉书》、沈约《宋书》也都写有自序。在正史中,具有类似"自序"这一体例的,还有《后汉书》和《魏书》。不过,《后汉书》的自序——《狱中与诸甥侄书》,并非作者范晔特意写的自序,而是后人借用范氏书信为《后汉书》增补的;在今本《魏书》后面的目录序,与《魏书》作者魏收手笔更是毫无关系,这段文字乃是宋代学者刘恕、刘攽、安寿、范祖禹所为。除上面提到的几部正史有自序以外,其他正史则都没有自序。

纪传体史书的自序,与后世著作中的序跋大体相类。史书自序之间虽然各有差异,但是,为所著之书提要钩玄、补充遗漏的宗旨则都是相当明确的。也就是说,但凡是自序,便都要反映作者的著述动机、编撰经过、体例结构、内容大要,以及作者的父祖世系、个人的生平简历等等。从一定意义上说,读史首先应当阅读著者的自序,因为自序是把握全书的一把入门钥匙。

七、列传特点

列传是纪传体史书中的一种重要体例。概括起来,它有以下四个显著特点。

(一)形象性

与编年体和纪事本末体相比,纪传体的明显特征是纪"人"。而在纪传体文献诸体例中,最主要、最基本的体例,便是反映人物的列传。列传中的人物之所以具有引人关注的"形象性",主要有两个原因。其一,因为列传所描绘的对象来自社会各个阶层,全是活生生的各式各样的典型人物;其二,由于中国古代素有文史不分的传统,著名史家们往往同时兼具深厚的文学造诣,因而也就决定了列传人物鲜明性的特点。

在许多纪传体史书中,由列传反映的历史人物,一个个栩栩如生,有血有肉,这些人物形象为整部著作大为增色。尤其与纯学术性的史表、书志相比,列传的这一特征形成了鲜明的对照。在初读纪传体史书的读者中,遑论其中之青少年,即使一些成年读者也有忽志、表而喜列传的习惯。就理性学习知识言,此风固不可长,但列传引人注目的文学特征也由此可见一斑。

(二)演绎性

《史通·列传》云:"夫纪传之兴,肇于《史》、《汉》。盖纪者,编年也;传者,列事也。编年者,历帝王之岁月,犹《春秋》之经;列事者,录人臣之行状,犹《春秋》之传。《春秋》则传以解经,《史》、《汉》则传以释纪。"在这里,刘知几以《春秋》经、传之间的关系作比喻,确切地揭示了纪传体文献中"传以释纪"的纪、传关系,肯定了列传具有注释和演绎本纪的重要功用。

在纪传体诸体例中,本纪、史表、书志堪称全书之纲,而本纪则又是纲中之纲,具有提挈全书的纲领性作用。既然是"提纲挈领",则记事便只能是涉梗概而不及细节,所写人物亦只能粗线条勾勒,所涉事件亦只能几笔带过。因而,欲使人物、事件具体化、形象化,首当其任者自然非列传莫属。

或许正是由于列传具有注释演绎本纪的功用,所以,在任何一部纪传体文献中,尤以列传文字最多,其篇幅在全书所占比重要远远超过本纪和其他体例。

(三)时代性

任何历史人物都是在一定的社会背景下活动的,因而,在收录对象上,选什么人,不选什么人;在反映形式上,是采用单传、合传,还是采用类传；在思想感情上，是表彰、爱护，还是揭露、鞭挞，不仅反映了作者的立场、观点，也反映了历史人物活动的时代特征。

在这方面，列传中的类传是颇具典型性的，有时它们本身的名称就是某一社会时代风气的反映。例如东汉中后期，官僚士大夫们结成了一个相当广泛的反对宦官的阵线。他们多次被宦官目为"党人"而遭到禁锢。《后汉书·党锢列传》就是这一特定历史现象的生动反映。又如东汉时期，社会黑暗，地主阶级中出现了一批自命清高、隐居不仕的文人。其中既有逃避灾祸而脱离现实者（如戴良、韩康），也有一些"纯盗虚声"之人。他们沽名钓誉，善于蒙蔽世人。《后汉书》中的《逸民列传》便形象地再现了这一社会现象。从历代正史所设类传的传目上看，单从名称上的增减就可以反映出一定的时代特征。例如《后汉书》增设的《独行传》、《党锢传》，《晋书》增设的《孝友传》、《忠义传》，《新唐书》增设的《藩镇传》，《宋史》增设的《道学传》，《金史》增设的《释老传》，《明史》增设的《阉党传》、《流贼传》等，都在一定程度上反映了某一历史时期的特殊社会现象或时代风尚。

（四）广泛性

列传的范围与本纪、世家不同。本纪记述帝王，世家适用于列国诸侯，它们所记对象均为统治阶级中的高端人物，具有很大的局限性。而列传所记人物，则涉及社会之许多方面。其成分，上自王公贵族，下至士农工商，近则本土，远或外国，凡是典型人物，悉为列传网罗之列。本纪中大凡语焉不详之政治事件、军事战争、文化活动、科技成就等历史大事，通过有关人物列传的具体演绎，均可深入展开。

因而，随着社会的日益复杂化，诸史列传所记人数也呈现出日渐增多的趋势。反映于列传目录中的历史人物，《后汉书》中有 530 人，而《宋史》中即使不将《公主传》、《外国传》、《蛮夷传》计算在内，总计立传人数也达到了 2700 余人。其中，《儒林列传》77 人，《文苑列传》96 人，《奸臣列传》22 人，《忠义列传》278 人。《清史稿》的列传多至316卷,除各种单传、合传外,仅类传便有后妃、诸王、循吏、儒林、文苑、忠义、孝义、遗逸、艺术、畴人、列女、土司、藩部、属国等14个类目。总计列传各类人物多达三千余人。

第六节　论赞

纪传体文献中除了本纪、书志、史表、世家、列传外,还有一个不可忽视的体例——论赞。论赞,主要是用于品评历史人物、历史事件的一种体例。依照清代学者浦起龙的理解,"论谓篇末论辞,赞谓论后韵语"。刘知几也从本义加以阐释:"夫论者,所以辩疑惑,释凝滞。若愚智共了,固无俟商榷",论赞之"论","其义实在于斯"(《史通·论赞》)。可见,论赞具有明确揭示作者立场、观点和思想感情的作用。它是带有结论性质的"历史审判",从一定意义上说,论赞堪称是史书的灵魂。在纪传体文献中,尽管论赞并不是一个完全独立的部分,然而却显然是一种颇具特色的体例。

一、论赞由来

论赞不仅名目繁多,而且有悠久的历史。早在《春秋左氏传》中,作者就每每以"君子曰"的形式发表自己的看法。《公羊传》中的"公羊子曰"、《穀梁传》中的"穀梁子曰"均可视为这一体例之滥觞。纪传体文献则以《史记》使用这种体例为最早,其"太史公曰"便是论赞的同义语。《史记》以后,众多史家群起效法,陈陈相因,仅仅是名称上有所区别而已。诚如刘知几所说:"班固曰赞,荀悦曰论,《东观》曰序,谢承曰铨,陈寿曰评,王隐曰议,何法盛曰述,扬雄曰撰,刘昞曰奏,袁宏、裴子野自显姓名,皇甫谧、葛洪列其所号。史官所撰,通称史臣。其名万殊,其义一揆。必取便于时者,则总归论赞焉。"(《史通·论赞》)刘氏于此也仅仅是罗列了一部分。其他如《后汉书》

"论"、"赞"并用(论为散文,赞为四言诗),唐以后官修诸史多称"史臣曰",《晋书》以唐太宗御笔评点而特称"制曰",欧阳修《新五代史》以"呜呼"二字发论,《宋史》、《辽史》区别论、赞,本纪曰"赞",列传曰"论",如此等等,可统称为"论赞"。

论赞属于史学评论。纪传史的论赞是在先秦史学评论的基础上发展起来的。在遥远的先秦时期,史学评论尚处于初级的阶段。那时常常是只言片语,就事论事,散见各处而没有明确的体例,评论水平亦不可与以后正史论赞同日而语。例如《春秋左氏传》中的"君子曰"、"君子是以知"、"君子以为"等词语,乃是作者开始直接评论的信号,全书约80条。后人以为,"《左氏》所称'君子曰'之辞,所言非必与本经有关,且有极不是处。故林黄中疑为刘歆所加,朱熹亦谓《左传》'君子曰',最无意思,并见《诸子语类》"(张舜徽《史学三书平议·〈史通〉平议》卷一)。由此可见,在古今专家的眼里,即使像《左传》这样的先秦名著中的评论,也还是比较原始的。

然而,在继承前人成就的基础上,《史记》及其以下诸史之"论赞"则有了明显的发展。表面上,这些评论固然仍是不拘一格、形式多样,但其中之篇末评论已最为习用,也最具代表性。翻阅先秦文献,其中之"论赞"乃偶一为之,唯有兴而发,绝非经常出现;而后来的纪传体文献,其论赞则相当普遍。先秦论赞"所言非必与本经有关",不乏"极不是处";而司马迁以下的各种论赞则大抵中肯,或具归纳总结性质,或带有画龙点睛之妙。与先秦古籍某些论赞属于可有可无不同,后来纪传体中的论赞虽然未能像本纪、书志、史表、世家、列传那样成为一个完全独立的单元,但是,却已经成为构成本纪、书志、史表、世家、列传等各种体例的一个不可分割的组成部分。

二、论赞形式

若从广义理解,纪传体史书中凡是评论性质的部分都属于论赞;

而若以论赞在篇卷中所处位置来看,则大体可以区分为三种形式:篇前论、篇中论、篇末论。

(一)篇前论

这是纪传体文献中常见的论赞形式之一。篇前论一般是在正文之前以小序形式展开,主要论述设立本篇的背景、内容和意义。《史记》中的史表就常常采用这一形式。《史记》"十表"除了《汉兴以来将相名臣年表》外,其余九表均设篇前小序,其中的《十二诸侯年表》和《六国年表》两篇序写得很有特色。以《六国年表》序为例(名曰"六国",实则除东周外,包括了韩、赵、魏、楚、燕、齐、秦等七国),篇前短文综论了战国时期的政治形势,对"七强"中的燕、楚二国没有直接提及,对"三家分晋"、"田氏代齐"简要论述,重点分析了秦国的历史发展。短文把秦国统一天下归因于"天所助焉"固不足取,但其中强调总结历史经验,指出秦虽以残暴二世而亡,然以其接近汉代,正反面的教训具有极高使用价值,则是难能可贵。除史表外,《史记》中的儒林、酷吏、循吏、滑稽、龟策、货殖等列传亦设有篇前小序,其内容、功用与史表序文也有类似之处。

《史记》之后,不少断代史亦效法司马迁行事,在某些篇卷之前设论。它们或打破朝代断限,考察某一历史现象的由来、发展和规律,或表明作者对某一历史问题所持的立场和观点,具有一定的指导意义。以《后汉书·宦者列传》为例,范晔在序中系统而简明地回顾了宦官的悠久历史:"《易》曰:'天垂象,圣人则之。'宦者四星,在皇位之侧,故《周礼》置官,亦备其数。""宦人之在王朝者,其来旧矣。"由此可见,早在周朝就已有宦官制度。"汉兴,仍袭秦制,置中常侍官,然亦引用士人……"东汉初,宦官悉用阉人,数额不大,权力亦有限。然自汉明帝以后,委用渐大,而其员稍增。汉桓帝时,以诛灭外戚有功,宦官单超等五人同日封侯。此后,恩宠有加,权倾朝野,"举动回山河,呼吸变霜露"。大凡阿旨屈求于宦官,必能光宠三族,而若直情忤意,则叁夷五宗,于是汉之纲纪大乱。古代宦官历史本来比较复杂,一经范氏序文评介,则其由来、设置以及东汉后期的严重危害,便反映得一清二楚,恰似一股清风吹散浓浓的云雾,使人眼界大开,耳目一新。

与《后汉书》相比,《新五代史》一些列传的序文则侧重表明对某一问题的立场、态度。出于巩固政权和保持国家统一的需要,在五代基础上建立的宋王朝,对历史上攻伐不息的纷乱局面讳莫如深,因而,欧史特别强调和宣扬臣子对君主、社稷的忠贞死节。如其中之《梁臣传》卷首云:"呜呼! 孟子谓'春秋无义战',予亦以谓五代无全臣。无者,非无一人,盖仅有之耳,余得死节之士三人焉。其仕不及于二代者,各以其国系之,作梁、唐、晋、汉、周臣传。其余仕非一代,不可以国系之者,作《杂传》。夫人于杂,诚君子之所羞,而一代之臣未必皆可贵也,览者详其善恶焉。"五代各国立国短暂,总共不过53年,而欧阳修仍以是否尽忠于一朝为标准,结果除梁、唐二"臣传"尚有数十人外,晋、汉、周三朝"臣传",分别仅为3人、9人、3人。譬如后晋一朝二帝不过11年,后汉一朝二帝仅有4年,虽如此,务必搜求"纯臣",其立意之严,由序文可一目了然。《新五代史·唐六臣传》卷首序亦云:"呜呼! 唐之亡也,贤人君子既与之共尽,其余在者皆庸懦不肖、倾险狯猾、趋利卖国之徒也。不然,安能蒙耻忍辱于梁庭如此哉!"欧阳修为后来降梁之"唐六臣"立传,显然意在鞭挞其卖国行为,这与《梁臣传》序文宗旨完全一致。

(二)篇中论

于篇卷之中就某一具体史事发表见解,也是较常见的论赞形式之一。例如《史记·卫青霍去病列传》中,在叙述霍去病"贵,不省士"的作风时,转而议论卫青:"大将军为人仁善退让,以和柔自媚于上,然天下未有称也。"又如《后汉书·党锢列传》于文中连发数论,其中赞扬李膺、范滂行事尤为感人:"论曰:李膺振拔污险之中,蕴义生风，以鼓动流俗，激素行以耻威权，立廉尚以振贵势，使天下之士奋迅感慨，波荡而从之，幽深牢破室族而不顾，至于子伏其死而母欢其义。壮矣哉！"作者显然受到很大感动，高度评价了东汉名士们的高风亮节。

在篇中论这一论赞形式中，以夹叙夹议最为常见，这在纪传体文献中不乏其例。《史记》、《后汉书》就比较典型。其中，有一种形式是以第一人称进行评论的。例如《史记·酷吏列传》："匈奴至为偶人象郅都，令骑驰射莫能中，见惮如此。""因吏谒守如县令，其畏郅都如此"；"其欲荐吏，扬人之善、蔽人之过如此"；"其好杀伐、行威、不爱人如此"。《史记·游侠列传》："至若北道姚氏，西道诸杜，南道仇景，东道赵他、羽公子，南阳赵调之徒，此盗跖居民间者耳，曷足道哉！此乃乡者朱家之羞也。"又如《后汉书·宦者列传》："兄弟姻戚皆宰州临郡，辜较百姓，与盗贼无异。""其淫暴无道，多此类也。"

还有一种形式是直书其事，未假按语而义自显。例如汉景帝秉承窦太后旨意，欲加封皇后兄王信为侯，条侯周亚夫以"非有功不得侯"为据予以反对，"景帝默然而止"。然而，条侯"死后"，景帝即"封王信为盖侯"（《史记·绛侯周勃世家》）。一"死"，一"封"，皇家一手遮天、有欲必遂的行径不言自明。又如汉武帝时期的王温舒是个不惜"连坐千余家"，"至流血十余里"的残暴官员，而"天子闻之以为能，迁为中尉"（《史记·酷吏列传》），则酷吏之残杀无辜、滥用刑罚，出于天子指使之意，可谓昭然若揭。

尤其值得一提的是《史记》中的某些议论，从头至尾夹叙夹议，几如一气呵成。《平准书》、《伯夷列传》、《货殖列传》等均是如此。例如《货殖列传》，当谈到齐桓公任用管仲，"设轻重九府"，最终"九合诸侯，一匡天下"时，司马迁于此大发感慨，连珠妙语如山泉喷涌而来："故曰：'仓廪实而知礼节，衣食足而知荣辱。'礼生于有而废于无。故君子富，好行其德；小人富，以适其力。渊深而鱼生之，山深而兽往之，人富而仁义附焉。""故曰：'天下熙熙，皆为利来，天下攘攘，皆为利往。'夫千乘之王，万家之侯，百室之君，尚犹患贫，而况匹夫编户之民乎！"经此深入浅出一论，在物质与意识这一对矛盾中，物质的第一性的重要意义便跃然纸上。这对长期以来颠倒了物质与意识关系的传统观念来说，堪称是有力的一击！

（三）篇末论

于篇末发表见解，是纪传体文献中最常见、也是最主要的论赞形式。这种形式往往带有画龙点睛、揭示全篇要点的作用。与篇前论、篇中论相比，它更具有把握整体的总括性。因而，在许多人的眼里，篇末论几乎与论赞这一泛称成了同义语。这种看法是可以理解的。

纪传体文献中，有许多篇末论写得不错。总体说来，最有代表性的要数《史记》、《汉书》、《后汉书》、《三国志》、《隋书》等著作。

《史记》中的"太史公曰"写得深刻、精炼并富有感情。读来启人心扉，犹饮琼浆佳酿，余味无穷，是"二十四史"论赞中的上乘之作。司马迁对历史人物的评价，往往是"善善，恶恶，贤贤，贱不肖"，立场、感情非常鲜明。例如对项羽这位历史人物，既有赞扬，又有批评；批评中犹带惋惜："羽非有尺寸，乘势起陇亩之中，三年，遂将五诸侯灭秦，分裂天下，而封王侯，政由羽出，号为'霸王'，位虽不终，近古以来未尝有也。"这是客观评价，也是由衷赞扬。"及羽背关怀楚，放逐义帝而自立，怨王侯叛己，难矣。自矜功伐，奋其私智而不师古，谓霸王之业，欲以力征经营天下，五年卒亡其国，身死东城，尚不觉寤而不自责，过矣！"（《项羽本纪·太史公曰》）此处论述败亡原因，可谓鞭辟入里，责备中寄托着遗憾的情感。此外，司马迁对奉公执法的官吏持赞美态度："孙叔敖出一言，郢市复；子产病死，郑民号哭；公仪子见好布而家妇逐；石奢纵父而死，楚昭名立。李离过杀而伏剑，晋文以正国法。"（《循吏列传》）而对酷吏草菅人命的野蛮行为则表示出切齿痛恨："自郅都、杜周十人者，此皆以酷烈为声"，"其廉者足以为仪表,其污者足以为戒","至若蜀守冯当暴挫,广汉李贞擅磔人,东郡弥仆锯项,天水骆璧椎咸,河东褚广妄杀,京兆无忌、冯翊殷周蝮鸷,水衡阎奉朴击卖请,何足数哉! 何足数哉!"(《酷吏列传》)

　　班固继承了前代史家品评史事的传统并有所发展。昔日《左传》之"君子曰",《史记》之"太史公曰",乃是史官以"自显姓名"的方式发表意见,班固则径直改为"赞曰",这就为以后纪传体文献采用基本统一的"论赞"这一称谓开辟了先例。从格调和文风上看,《汉书》与《史记》迥异,另辟严整密栗、典雅高华一派,并为后世许多史家所推崇。南朝范晔说得上是一位眼界颇高的史家,在慨叹"古之著述及评论,殆少可意者"的同时,唯独赞赏"班氏最有高名"(《狱中与诸甥侄书》)。刘勰以为,《汉书》"赞序弘丽,儒雅彬彬,信有遗味"(《文心雕龙·史传》)。刘知几也极力夸奖班氏论赞"辞惟温雅,理多惬当。其尤美者,有典诰之风,翩翩奕奕,良可咏也"(《史通·论赞》)。

　　《后汉书》论赞也很有自己特点。作者范晔是一位才华横溢的史学家。他曾对自己在卷内所"论"作过自我评介:"吾杂传论,皆有精意深旨。""至于《循吏》以下及'六夷'诸序论,笔势纵放,实天下之奇作。"篇末赞语,"自是吾文之杰思,殆无一字空设,奇变不穷,同含异体,乃自不知所以称之"。"自古体大而思精,未有此也。"(《狱中与诸甥侄书》)诚然,历史上犹如范晔那样盛赞自己作品的史家实属罕见,但是,只要细细品味其《循吏传》以下各篇论赞,则其自诩之词亦非信口雌黄。无怪乎唐人刘知几鲜明指出,《汉书》以下,史书论赞"大抵皆华多于实,理少于文,鼓其雄辞,夸其俪事。必择其善者,则干宝、范晔、裴子野是其最也"(《史通·论赞》)。

　　因《三国志》无表无志,而仅有本纪和列传,故其论赞所及,统系历史人物。着意品第历史人物,是陈寿篇末史论的基本特征。《三国志》之论赞称作"评曰"。陈寿之"评曰"往往根据传主特点,予以定性、归类,其中名目不一而足。例如评论曹操为"总御皇机,克成洪业"，"明略最优"，"非常之人"，是"超世之杰"；评孙策"英气杰济，猛锐冠世"，孙权"任才尚计，有勾践之奇"，是英杰；评刘备为"弘毅宽厚，知人待士"，"有高祖之风"，是英雄。曹、孙、刘以下，诸葛亮是良才，周瑜、鲁肃是奇才，庞统是高俊，吕蒙是国士，和洽、常林是美士，徐邈、胡质是彦士，程昱、郭嘉、董昭、刘晔、蒋济是奇士，关羽、张飞、程普、黄盖是虎臣，陈震、董允、薛琮是良臣，钟繇、华歆、王朗是俊伟，张辽、乐进、于禁、张郃、徐晃是良将等等。平心而论，陈寿所评，不无道理。例如他以为孔明"识治之良才，管、萧之亚匹"，而关羽、张飞"并有国士之风，然羽刚而自矜，飞暴而无恩，以短取败，理数之常也"，此等论断堪称公允。然而，《三国志》论定人物过分倚重品格才具，忽略人物的历史评价，所以常被后人引为憾事。陈寿惯于裁量人物，也是事出有因。一则魏晋时期，社会上流行品评人物之风，二则陈寿本人曾长期在巴西郡担任中正官，品第人物原本是作者旧时职业所及。所以，在议论人物仪表、声音、气量、才识，以及进行相互比较时，一种中正官的口吻便时有流露。

《隋书》里的篇末评论，统称为"史臣曰"。据《旧唐书·魏征传》记载："隋史序、论，皆征所作。"魏征是我国古代著名的政治家，在他主持编纂的《隋书》中，系统地反映了他的政治思想和历史观。因而，《隋书》"史臣曰"具有较高的政治见解而被后人称道。其中最富有代表性的是有关隋朝灭亡的历史教训的评论。在隋炀帝本纪之末，以长达七百余字的"史臣曰"系统地评述了隋朝的亡国原因：隋主"淫荒无度"，"教绝四维"，复以"严刑峻法以临之，甲兵威武以董之"，致使"普天之下，莫非仇雠，左右之人，皆为敌国"。贪残暴虐的隋炀帝自食其果，终于被隋末农民起义的政治风暴扫进了历史垃圾堆。更可贵的是，魏征不仅在《炀帝纪》里研究了隋亡的直接原因，甚至在《高祖纪》中也搜寻导致灭亡的根源。在魏征看来，"迹其衰怠之源，稽其乱亡之兆，起自高祖，成于炀帝，所由来远矣，非一朝一夕"。具体来说,乃是基于隋文帝"无学术,不能尽下","雅好符瑞,暗于大道","溺宠废嫡,托付失所,灭父子之道,开昆弟之隙",因而"坟土未干,子孙继踵屠戮,松槚才列,天下已非隋有"。在以往史家中,由亡国现象推寻亡国之因者并不少见,而有如魏征那样,由亡国之君一追而至于开国君主,条分缕析其前因后果而能鞭辟入里者,实属罕见。诚然,魏征的"隋亡论"也像前人那样,未能冲出归结个人原因的怪圈,但是,在当时的历史条件下,能达到如此认识水平,堪称难能可贵。

三、论赞品评

历史上所有纪传体史书都有论赞。然而,虽然论赞是纪传体史书中不可分割的一部分,历代史家对它的评价却并不一致。对此议论较早、较多并具有代表性的史家,仍推唐人刘知几。《史通·论赞》篇全面系统地反映了刘氏对史书论赞的观点。

刘知几对论赞的态度,与其对表历的观点有些类似。尽管他没有采用批评表历那样的过激言辞,例如"表在其间,缄而不视,语其无用,可胜道哉"云云,但从整体看,他对论赞所持态度是批评的多,肯定的少。在他看来,论赞从一开始就不应见用于纪传体史书,"司马迁始限以篇终,各书一论","史论之烦,实萌于此"(《史通·论赞》)。刘氏以为,由汉代迄于唐代,除了班固《汉书》可观,范晔《后汉书》亦为"善者"外,其余纪传史书论赞皆系言而无当。它们"私徇笔端,苟炫文采,嘉辞美句,寄诸简册","岂知史书之大体,载削之指归者哉?"在刘知几的眼里,即使司马迁的"太史公曰"亦系"淡泊无味",陈寿《三国志》的"评曰"堪称"懦缓不切"。至于唐代官修的《晋书》,因为"作者皆为当代词人,远弃史、班",更是"以饰彼轻薄之句,而编为史籍之文,无异加粉黛于壮夫,服绮纨于高士"(同上)。

刘知几的上述观点显然有失偏颇。以司马迁《史记》中的评论为例,便不像刘知几所说的那样,是所谓"限以篇终,各书一论"。至于刘氏对包括《史记》"太史公曰"在内的许多纪传体文献的论赞一味苛求,甚至于多方否定,归根结底,是他对论赞的重要意义还缺乏相应的认识。在纪传体史书中,论赞虽然还没有达到本纪、书志、史表、世家、列传那样自成一系的独立程度,但它自身拥有的三大功能和作用则是不容忽视的。

第一,增补资料,扩大新知。诸史论赞综述正文、发表见解者固系常见形式,但在评论本篇人物、史事时,也往往会根据需要,或征引旧闻,或标举异事,为读者提供若干可供参考的新资料。这种情况在《史记》、《后汉书》等史书中不乏其例。如《史记·吴太伯世家》:"太史公曰:孔子言:'太伯可谓至德矣,三以天下让,民无得而称焉。'余读《春秋》古文,乃知中国之虞与荆蛮句吴兄弟也。"此等资料虽系"旧闻",然皆系本卷正文中所无。又如《史记·淮阴侯列传》:"太史公曰:吾如淮阴,淮阴人为余言,韩信虽为布衣时,其志与众异。其母死,贫无以葬,然乃行营高敞地,令其旁可置万家。余视其母冢,良然。"这段文字资料显系"新闻",它源于社会调查所得,而与本卷正文有密切关系,增补这些"闲言琐事",大有益于对历史人物的深刻理解。

第二,撮要钩玄,发人深思。通常情况下,论赞是作者经过反复思考、酝酿而提炼出来的精华,往往带有总结、归纳全篇的意义,"篇前论"和"篇末论"尤其如此。纵观诸史论赞,不少独到见解常常蕴含其中。所以,读论赞常能受到作者的启发,可以帮助读者提高认识。

第三,有助于了解作者文化素质和进一步了解史书。论赞尽管文字无多,却是史书灵魂,最能明确体现一个史家的历史观。即使某些论赞并无独到见解,但因为它最直接、最集中地反映了作者对某人或某事所持的态度,故对于了解史家立场、观点乃至学术水平,对于分析判断本部史书价值，并非无益。由此看来，论赞不是可有可无，更非画蛇添足，它的重要意义是不能抹杀的。

当然，对刘知几的"论赞说"也不可一概否定。他所说的"史之有论也，盖欲事无重出，文省可知"便有一定借鉴意义。所谓"事无重出"，就是论赞不能重述正文，而要像"太史公曰"那样提高一步。例如：观张良之图像，其"状貌如妇人好女"（《留侯世家》）；舜目重瞳，"又闻项羽亦重瞳子"，"羽岂其苗裔邪？"（《项羽本纪》）皆系正文中所无。所谓"文省可知"，就是要像班固"赞曰"那样简炼，所谓"石建之浣衣，君子非之；杨王孙裸葬，贤于秦始皇远矣"（《史通·论赞》）。强调"事无重出"和"文省可知"，对革除论赞中的凌空驾虚、无病呻吟之弊，确有一定的指导意义。郑樵的《通志·总序》以及章学诚的《文史通义·答甄秀才论修志第二书》中也有鞭辟入里之论，无不倡导重实革虚之义。很显然，郑、章二人大抵也受到了刘知几的影响和启发。

（有关纪传体例信息，可参见本书附录二《"二十六史"体例规模一览表》、附录三《"二十六史"书志一览表》、附录四《"二十六史"类传一览表》）

第四章　纪传成就

就古代正史编撰的发展态势看，自汉代以后尤其是自唐代始，由于得到了国家的高度重视（即在人力上具有一支前赴后继、出类拔萃的编撰队伍；在物质层面具备得天独厚的文献资料和相应的优厚待遇），故而从整体上看，诚可谓顺风顺水、传承有序，在两千多年的沧桑岁月里得到了长足发展。认真考察正史"长足发展"的基本要素，岂止是仅仅得益于政治、经济方面的社会背景，还有文化学术层面不可或缺的重要因素。析而论之，其中既有缜密连贯的编撰形式，又有珍贵的史料价值、重要的文学成就，尤其值得大书一笔者，纪传体文献还为构筑中华民族通史做出了巨大的贡献。

第一节　编撰模式

一般说来，每一种具有重要影响的历史文献，都一定会有不同于其他文献的编撰特点，以正史为代表的纪传体丛书就更是如此。整个正史丛书系列规模巨大，远非普通系列文献能比，它是由著非一人、成非一时的多种纪传体文献构成的有机集合体。这套巨型丛书虽然涵盖了多种文献，由于这些文献统属于同一体裁，并且又是在大体一致的著述宗旨和修史准则指导下编撰而成，所以其编撰模式具有格外引人注目的若干特点。

一、五体演义

"演义"一词,正史中早已见用。《后汉书·逸民列传》云:"博士范升奏毁党曰:'……党等文不能演义,武不能死君,钓采华名,庶几三公之位。'"这里被"奏毁"的周党诸人,是不是像博士范升所说的那样,"文不能演义,武不能死君"姑且不论,以司马迁、班固为首的一大批纪传体史家,则全都是文能"演义"的学林高手。他们挥洒手中的传神之笔,利用纪传体之本纪、世家、列传、史表和书志等五种体例,勾勒出前人走过的足迹,推演、传布了中国历史,使得本已流逝的中国古代以来的社会历史,凝固、定格于特定文献载体中,从而使其清晰如见地再现于后人面前。

而从另一角度看,因为在纪传体史书里,巧妙地建立和充分地利用了古代史学里堪称最理想的"五体合一"的框架结构,从而也使得这一编撰方法的基本特征更加突显于史坛。

(一)表现形式

尽管战国时期的《世本》曾经显示过纪传体模式,但由于其简陋、模糊的内容和浮光掠影的特点,不仅没有呈现出清晰体系,更没有彼此关联的统一性可言。显然是由于司马迁《史记》的横空出世,五种体例才严整清晰地伫立于世人眼前,从而充分显示出了以下三个鲜明特点。

1.井然有序

毋庸置疑,司马迁的《史记》率先系统地采用了"五体裁书"的基本体例。然而,从历史上看,对于"五体裁书"这种表现形式也有一些杂音。唐代刘知几的观点,具有一定的代表性。他曾批判这种体裁"分在数篇","断续相离,前后屡出"云云(《史通·二体》)。依照刘氏观点,纪传体最大缺陷有两点:一是把整个历史肢解为若干片断,错陈于纪、传等各种体例中;二是将同一史实重复反映于某些篇章。

平心而论,刘氏这一观点,犹存商榷之处。

关于"前后屡出"的重复反映,委实是许多纪传体史书的常见问题。不过也有许多史家使用了"一事不两载"之法,使情况有了很大转机。试以《史记》为例,司马迁不仅早已注意到了记事理应一以贯之、必须力避重复之弊,还多处采用了克服相应弊端的有效措施。所谓"一事不两载"之法,就是司马迁在编撰纪传体文献中最早使用的一种方式(参见第八章第二节"文献目录学"互见法)。事实表明,"前后屡出"之弊,并非纪传体文献中难以"医治"的通病;至于"分在数篇"的问题,虽然也是纪传体文献存在的客观事实,但决不可由此否定"五体裁书"的基本模式。之所以决不可"否定",因为必须联系特定的文化背景。先秦时期,甚至到了司马迁那个时代,许多历史资料仍然是一盘散沙,杂乱无章。要想使那些零碎的"死"的资料,发挥出生气勃勃的积极作用,就必须有一个具备分门别类功能的史书框架体系。反观纪传体,恰恰正是具有这一功能的上乘体裁。它的长处就在于:可以对那些杂乱无序的零碎资料进行有效的选择、组织与分类,首先将其安置于特点鲜明的相应体例中,尔后主要通过"人"的活动,提携各类大事,最终将纷繁复杂的历史表现得"井然有序"。

当年的司马迁正是利用了这一方法,"阙协六经异传,整齐百家杂语",成为"一家之言"。为了准确把握全局,他通过全方位的社会分析,把千差万别的历史人物大抵区分为帝王、贵族和官僚士大夫三大类,然后分别将其对号入座:即为帝王作本纪,为贵族立世家,为官僚士大夫写列传。于是一个前所未有的文化现象灿然可观:通过本纪,系统地反映了以中央政权为核心的历代王朝;通过世家,反映了拥有一方的侯国;通过列传,再现了"扶义俶傥,不令己失时,立功名于天下"的各阶层典型人物。司马迁犹感不足:又通过各种简明表格,反映了有关历史现象;还通过专史的形式,反映了各类典章制度。

惟其如此,纪传体文献通过本纪、世家、史表、书志、列传等五种体例的运作,上自天文,下至地理,中及社会芸芸众生、典章经制,乃至社会之方方面面,可以说几乎是无所不包地冶于一炉。史书内容空前丰富,而相关史迹则各安其位,皆有条贯。无须说眼前的秦汉史,即便渺茫汗漫的先秦史,经由"五体裁书"的编排后,同样"井然有序"地呈现于后人面前。不能不说,这是史学领域里旷古未闻的一大奇迹。

2. 浑然一体

纪传体例,诚可谓全方位揭示社会历史的前所未有的新框架。通过这个框架可以看到,古代历史学家的眼光已经关注到了社会各个方面。他们的基本企图是要通过纪传体这种体裁,尽可能地显示出中国有史以来各个时期、各个领域的历史现象。因而就其五种体例上看,虽然彼此各有分工,自为区域,但绝非互相割裂、自行其是的"松散联邦"。恰恰相反,它们彼此之间却又是紧密地联系为一个整体。

若从纪传体"五种体例"的从属关系上看,本纪显然是全书之"纲",其余则统统为"纲"下之"目"。也就是说,本纪是全书的根本,作为演绎本纪内容者,则不仅有反映人物的世家、列传,还有作为文化专论的书志,以及作为提要大事的史表。质言之,每种体例不仅是整个文献的组成部分,同时又与其他部分乃至纪传文献整体发生相互依存、彼此作用的逻辑关系。

著名历史学家翦伯赞先生在评价《史记》成就时,有一段论述颇为精彩:"司马迁把过去零碎散乱的史料,分别归类于各人之纪传而演绎之;然后于八书中总其历史时代的背景而作归纳之叙述;最后,则于年表中,排比年代,以求从时间的关系上推求其彼此间之关联。故归纳、演绎、排比,实为纪传体历史方法构成的要素;而其表现的形式,则为纪、传与书、表。""同时,在纪传中,又以本纪为纲领,而以世家与列传演绎本纪的内容,使本纪、世家与列传,构成无形的连锁。

然后再以全部的纪、传与表、志相关联。这样，就构成了纪传体历史方法之整然的体系。"（《史料与史学·论司马迁的历史学》，北大出版社 1985 年）

凡是接触过正史的读者，也大抵会感觉到这样一条规律：一方面纪、表、志、传等各种体例各司其职、各司其事，彼此独立地记述了属于"本区域"的史实；而另一方面，由于各体例自身分别具有"归纳"、"演绎"和"排比"等功能，故而又使得那些表面上似乎孤立的体例，于无形中增加了彼此之间的联系，最终展现出了总体的历史面貌。

"二十六史"系列丛书，正是通过司马迁撰写的《史记》，才使得汉武帝以前的三千年历史第一次井然有序地放射出灿烂的光芒；正是通过班固撰写的《汉书》，才使得西汉一朝的完整历史第一次展示于后人面前；正是通过以后历代史家锲而不舍的编撰纪传文献，才使得我国汉代以后各个时期的历史得以清晰再现。

从这个意义上说，也正是由于纪传体文献连续不断的编撰，才使得中国古代五千年的文明史，最终能在整个人类历史上得到了绝无仅有的全面揭示。

3. 分合自如

还需要指出的是，由于纪传体例具有归纳、演绎、排比等功能，因而也大大增加了它们的灵活性。也就是说，拆开来：本纪、世家、书志、史表、列传诸体例，各自独立，范围明确，每种体例皆可成为一个系统；合起来：则又彼此关联，互为补充，可以成为一个几乎天衣无缝的综合大系。纪传体文献这种可分、可合，合中有分，分中有合的特征，是其他任何体裁的史书所不具备的。

惟其如此，这些体例可以适用于各个层面的读者们。人们可以根据个人的因素——文化水平、特殊要求或即时兴趣，以达到每人的各取所需。例如专家、学者，可以阅读和研究专业性较强、难度较大的本纪、史表和书志，当然更可以阅读和研究世家、列传乃至史籍之整体结构；即便是初等文化程度者，或者说是"快节奏"背景下的众多读者们，也有其涉猎的诸多"领地"。毋庸讳言，专家、学者以外的读者，是一个极其庞大的读者群体。在这个"读者群体"里，或许不少人对专业性较强的"书志"、"史表"缺乏兴趣，但是并不妨碍他们浏览诸如本纪、世家、列传这些涉及历史人物形象的丰富内容。本纪、世家和列传，虽然并不能替代其他体例反映的内容，但是毕竟可以从一个侧面了解纪传体文献反映的社会历史。

（二）学术地位

纪传体"五体合一"的结构，对中国史学的发展具有重要而深远的意义。

早在先秦时期，社会上就已经出现了诸如《禹本纪》、《世家》、《穆天子传》、《周谱》、《帝王诸侯世谱》、《缴书》等典籍。仅就其内容言，这些史书分别属于纪传体文献中的纪、表、书志、世家、列传，但其编排组织零乱、原始，而且基本上是单体独行。后来也曾出现过试图联缀本纪、世家、表谱、列传等体例于一书的《世本》，然而该书毕竟系草创之作，结构简陋，体制狭小。司马迁则在此基础上，经过缜密的研究和创造，不单明确了本纪、世家、列传、史表、书（志）等各种体例的内涵，并且将它们有机地融汇为一，创建出一种可以空前广博地包容各类历史现象的新文献。这种文献的重要意义是显而易见的。

宋代著名史学家郑樵曾高度赞扬司马迁《史记》对于纪传体史书的开创之功："仲尼既没，诸子百家兴焉。各效《论语》，以空言著书，至于历代实迹，无所纪系。迨汉建元、元封之后，司马氏父子出焉，司马氏世司典籍，工于制作，故能上稽仲尼之意，会《诗》、《书》、《左传》、《国语》、《世本》、《战国策》、《楚汉春秋》之言，通黄帝、尧、舜至于秦、汉之世，勒成一书，分为五体。本纪纪年，世家传代，表以正历，书以类事，传以著人，使百代而下，史官不能易其法，学者不能舍其书，六经之后，惟有此作。"（《通志·总序》）郑氏评价虽高，却并无过誉之嫌。因为司马迁通过对史料综合的辛勤制作（"会"《诗》、《书》、《左传》、《世本》等诸家之言）和对时代相续的艰苦劳动（"通"黄帝、尧、舜至于秦汉之世），确实撰写出了一部在中国史学史上具有划时代意义的伟大著作。司马迁纪传体的通史体裁虽然很快被班固改造为断代体，而且断代体亦为后来诸多史家所沿用，但是《史记》"五体合一"的框架结构并没有被打破，它的基本体例仍然在发挥重要作用。毋庸讳言，《汉书》及《汉书》以下的所有纪传体史书，无一不是《史记》的继续。从这个意义上说，司马迁的贡献可谓光照日月。无须说《史记》这部辉煌巨著"使百代而下，史官不能易其法，学者不能舍其书"实属当之无愧，即便如郑氏所说，将它与儒家的"六经"相提并论又何尝不可。

　　"五体合一"的结构在世界史学史上也占有重要地位。在我国古代品类众多的史籍中，纪传体文献是最能够系统、全面而深入地揭示中国悠久历史的史书。仅以《史记》、《汉书》为例，其规模之大，体制之精，是大体同一时期西方历史文献所无法比拟的。在古罗马著名的"三大史家"中，且不说萨鲁斯特、李维的成就与司马迁《史记》不能相提并论，即使颇负盛名的塔西陀也远逊于班固。就编撰背景上看，当116年塔西佗刚刚完成其代表作《罗马编年史》的时候，与他大体同一时期的中国东汉人班固的纪传体断代史早已杀青。从时间上推算，《汉书》要早于《罗马编年史》20多年。塔西佗号称古代罗马最伟大的史学家，他的《罗马史》和《罗马编年史》共计28卷，以编年形式反映了上起14年，下至96年，共计82年的罗马帝国史。而班固的《汉书》却有整整一百卷，并且是以纪传体断代史的形式全面反映西汉王朝上起高祖元年（前206），下终王莽地皇四年（23），共计229年的历史。

　　由此可见，无论从体裁、内容、规模，抑或是从问世的时间上，中国的纪传体文献都是古代世界史坛上极其辉煌的著作。从这个意义上说,中国古代史家不仅为中国史学的发展作出了巨大贡献,也为整个人类文化的发展与传播作出了突出贡献。

二、寓革于因

"寓革于因"是纪传体系列丛书在编纂方法上的又一重要特征。

西汉以后纪传体史籍,无论是体例还是内容都发生了巨大的变化。在"二十六史"中,遑论其他史籍如何,仅仅考察《汉书》与《三国志》,即可窥得其明显的演变轨迹。首先看班固《汉书》之变。该书最显著的变化是,将《史记》融百代之"通史",改为专记一朝之"断代史";再看陈寿《三国志》,则在空间、范围上发生了前所未有的变化。该书并叙三国,鱼雁分行,开启了地域并列的正史先河。即此可见,后世撰修史书非常重视前人编撰模式,诚可谓明显地继承了司马迁首创的基本体例,但也并不完全囿于以往模式而有所变革。这种"有因有革,因中有革"的形式,堪称是辩证的统一:以其有诸如"五体演义"之因,才称得上是纪传体史书;以其有局部而合理之"革",才使得纪传体史籍既扩大了自身的适应性,也提升了它的顽强生命力。

在古代纪传体编撰领域里,《史记》自然是采用"五体裁书"的第一例。班固《汉书》则在《史记》基础上,进一步规范为纪、表、志、传的"四体裁书",由此被以后史界普遍认可为纪传体的基本模式。即便如此,也并没有妨碍以后史家的继续探索和改进。试看唐代以后纪传史籍体例之变:在《辽史》之纪、表、志、传以外,又增设一个新体例——"国语解";在《金史》里,亦增设了类似的体例"金国语解"。"国语解"和"金国语解",都是该史书中相对独立的部分。更有甚者,郑樵在《通志》中,总计设立了本纪、世家、列传、载记、谱、略等六种体例。由此可见,在汉晋以后的史籍里,基于发生在纪传体例中的这些变化,称之为"多体裁书"亦并非过分。

然而自《史记》"五体裁书"以后,无论是以后史家在时间范围上的变通为断,还是在空间范围上的分国记事,抑或是在体制结构上从"五体裁书"演变为"四体裁书"乃至"多体裁书"等模式,却有一个最基本的原则从来也没有改变过。这一基本原则就是:汉代以后所有纪传体史籍(无论正史文献还是非正史文献),其基本体例上的任何变化,无一不是在《史记》基础上的变化。质言之,纪传体史籍的种种变化,无不谨遵"寓革于因"这一永恒的原则。

"寓革于因"乃是宏观层面的原则,细审隐含其中之变化,则主要体现于体例与方法两个方面。

(一)体例变革

史家著述,体例至关重要。犹如古人云:"史之有例,犹国之有法。国无法,则上下靡定;史无例,则是非莫准。"(刘知几《史通》)应当承认这一事实:由于司马迁开创了纪传体例,班固等后世史家才学有所依,编出了以《汉书》为代表的一大批纪传体历史文献。但是,也不应当否认另一个事实:由于特定需要,后人在继承司马迁成就的过程中,还不断地为纪传体注入了新鲜血液。甚至可以这样说,对于司马迁创立的五种体例,后世史家从来都不是一成不变地沿用下来的。质言之,在后来的史书里,或者删,或者改,或者予以补充,昔日的各种体例都曾发生过程度不同的一些变化。

1. 本纪变革

对本纪内涵的理解,长期以来存在分歧:第一种观点以为,本纪乃是专记帝王,非帝王不得采用的一种体例;第二种观点则以为,立纪的宗旨仅仅是为着"科条"史事,因而只要是能够左右政局,可以提挈天下大事的风云人物,便都可以为之立纪。其实,不论认同哪一种观点,放眼《史记》以后诸史本纪的变革,都可以找到此前没有之新变化,这种变化之典型事例并不罕见。

如果遵从第一种观点,即非帝王者不得为其立纪之说,则纪传体文献中非帝王而立本纪者可谓多矣。如果说在《史记》中为项羽、吕后立本纪,还仅仅是基于项、吕乃是事实上主宰天下的特殊人物,然而后世诸史的逐渐发展,则突破了这一底线,居然为某些功勋卓著的将领或一代枭雄,亦为之设立了本纪。例如《三国志》里为曹操立《武帝纪》,又如《晋书》中为司马懿立《高祖宣帝纪》,为司马师立《世宗景帝纪》,为司马昭立《太祖文帝纪》等等。

如果遵从第二种观点,即虽非帝王而能左右天下政局者亦可立纪之说,则汉以下诸史本纪突破底线者简直令人吃惊。试以魏收之《魏书》为例,就曾招致后世史家的强烈不满。清人赵翼曾特以“后魏追谥之滥”为题,表达了自己的反感:“有天下追尊其先世,礼也。然不过两三代,独后魏则无限制。道武帝(拓跋珪)建国称帝,既追尊其始祖力微为神元皇帝,自神元以下,沙漠汗曰文帝,悉鹿曰章帝,绰曰平帝,弗曰思帝,禄官曰昭帝,猗㐌曰桓帝,猗卢曰穆帝,郁律曰太祖平文帝……凡十三帝。又从神元而上,追尊极远之祖,毛曰成帝,贷曰节帝……又共十四帝,则不惟谥号遥加,并名讳亦出于追制。”(《二十二史札记》卷十四)无独有偶,在脱脱所撰《金史》之“世纪”中,类似上述之情形又有惊人再现:金朝开国君主本来是《金史》卷二“本纪”之太祖阿骨打,但在卷一“世纪”里,从康宗乌雅束开始向上追尊,历经穆宗、肃宗、世祖、景祖、昭祖、献祖、安帝、德帝,直至“始祖函普”,才终于搁笔。不言而喻,在魏、金两朝被追尊的先人中,许多人既没有做出轰轰烈烈的事业,更非左右国家命运的铁腕人物。

以上诸类事实表明一点:纪传体文献中的本纪原则仅仅是相对一致,绝非一成不变。

2. 史表变革

在《史记》中,总共设立了世表、年表、月表等十种表格。或许像吕祖谦认知的那样,“《史记》十表,用义宏深,始学者多不能达”(《大事记解题》),因而,《史记》以下诸史在设立史表过程中,便出现了诸多明显的变化。即使最显著的有表与无表这两种情形姑且不论,起码也存在如下两大变化。

第一,设立史表者,有数量多少之分。

在"二十六史"里,统计《史记》以下设表者,计有《汉书》、《新唐书》、《新五代史》、《宋史》、《辽史》、《金史》、《元史》、《新元史》、《明史》、《清史稿》等十种史书。其中,立表最多的是《清史稿》,计有五十三卷史表;其次是《宋史》,立有三十二卷史表;最少者是《新五代史》,仅有《十国世家年谱》一卷。

第二,设立史表者,有沿袭与创新之分。

在设表诸史中,有属于明显沿用以前史表者。例如《汉书》仿《史记》之《建元以来王子侯者年表》,设《王子侯表》;《宋史》仿《新唐书·宗室世系表》,设《宗室世系表》;《清史稿》仿《金史》之《交聘表》,设《交聘年表》等等。

当然,属于明显新增史表者,亦为数甚多。例如《汉书》之《百官公卿表》、《古今人表》;《新唐书》之《宰相表》、《方镇表》、《宗室世系表》、《宰相世系表》;《辽史》之《皇子表》、《公主表》、《游幸表》、《属国表》;《金史》之《交聘表》;《元史》之《后妃表》;《清史稿》之《军机大臣年表》、《疆臣年表》、《部院大臣年表》等等,这些史表悉为前史所无而系本史独创的新史表。

由此可见,史表的变化情况也是相当明显的。

3. 书志变革

《史记》之后,继起的《汉书》在很大程度上继承和发展了书志这一体例。《汉书》"十志"的问世,大大拓宽了历史学的研究领域。如果说《史记》中的"八书"是书志体的开山,具有独辟蹊径的创造之功,那末《汉书》中的"十志"堪称整个书志体的杰出代表,它具有承上启下、继往开来的深远意义。以后大凡立志之史,无不唯班书马首是瞻。

当然,即使东汉以后之历代史家,也并非照搬前人。他们也像当年班固对《史记》的态度那样，继承与发展并重。试将汉代以下诸史与《汉书》相比：从史志数量上看，最少者当属《新五代史》，仅仅设立了"二考"——《司天考》、《职方考》（亦即"二志"），其数量自然远逊于班固"十志"。然而《清史稿》则有"十六志"之多，远远超出《汉书》。从史志内容看，有许多志目都是《汉书》和《史记》中所没有的。例如《后汉书》之《舆服志》，《宋书》之《符瑞志》，《魏书》之《释老志》，《新唐书》之《仪卫志》、《选举志》、《兵志》，《辽史》之《营卫志》，《清史稿》之《交通志》、《邦交志》等等，这些史志都是以全新面目陆续设立的新史志。

考察历代新增志的内容，有一个鲜明的共同特点：全都是旨在反映当代社会某一领域的现实情况而设置。

4.世家变革

在"二十六史"中，"世家"大约是诸体例中变化幅度最大的一种体例。班固对司马迁的创造力是非常推崇的，《史记》中的许多体例，《汉书》都比较忠实地继承下来。然而，唯独"世家"是一个例外：《史记》创三十世家于前，《汉书》悉数革除"世家"于后。自班固发端，汉代以降，除欧阳修于《新五代史》设立"十世家"，脱脱于《宋史》象征性设有《世家列传》外，其余所有纪传体史书都没有再设立世家这种体例。翻阅"二十六史"很容易发现，由《史记》开创的五种体例，除了本纪、列传每史皆有外，缺表、缺志、缺世家者，可说是经常发生的现象，其中尤以世家的缺漏最为严重。

为何诸多史书没有设立"世家"？基本原因只有一个，社会形势发生了巨大变化。先秦早期之侯国，原本为拱卫天子，正所谓"溥天之下，莫非王土；率土之滨，莫非王臣"。但是尔后尾大不掉之象渐次突显出来，形成"兴师不请天子"，"诸侯恣行"（《史记·十二诸侯年表》）的局面，于是造就了《史记》设立世家的基本前提。秦汉以后，由于先秦和汉初之诸侯现象基本消失，诸史自然不能像《史记》那样设立世家。退一步说,即或偶尔出现类似先秦那种现象,后世基于特定的中央集权的政治需要,为了彻底淡化和消弭其影响,也不可能再特意为之设立世家。

5.列传变革

列传在纪传体诸体例中所占比重最大,涉及面最广,因而在历代相沿的纪传体史书中,史家倾注于此的心血甚多。具体说来,仅就以下三个层面的变化,便显得甚为突出。

第一,从列传所反映的人数上看,无论是单传与合传,还是类传与附传,都明显呈现出日益增多的发展态势(参见第三章第五节列传部分);

第二,从列传反映的对象上看,民族范畴的变化相当典型。这种"相当典型"的变化,集中体现于以下两个方面的明显演变。

"演变"一:基于形势发展,逐渐将民族传演变为实质的"四裔传"。班固在司马迁《史记》的基础上,已经大大拓展了"四裔传"的外延。以后诸史在继承《史》《汉》成就的同时,也把这种民族传的编撰更是推向了一个新高度。以《旧唐书》为例,它在有关方面的记载就超过了以前诸史。这部史书在反映唐朝与各少数民族关系的同时,还具体反映了唐代与海东诸国、东南亚、南亚、西亚乃至更远诸国的彼此往来。试看该书中的具体反映:在卷一百九十九的《东夷列传》中,记述了高丽、百济、新罗、倭国、日本诸国;在卷一百九十七的《南蛮西南蛮列传》中,记载了林邑(越南)、婆里(位于加里曼丹岛)、盘盘(位于泰国)、真腊(柬埔寨)、陀洹(位于马来半岛)、诃陵(爪哇)、堕和罗(位于泰国)、堕婆登(苏门答腊)、骠国(缅甸);在卷一百九十八的《西戎列传》中,记述了泥婆罗(尼泊尔)、天竺(印度)、波斯(伊朗)、拂林(东罗马帝国一带)、大食(阿拉伯帝国一带)等国家和地区。

"演变"二:根据特定需要,还为某些外国人设立传记。在《史记》、《汉书》等正史记述中外文化交流时，虽然也曾提及一些外国人的有关信息，但所述事迹大都简略，而且并未特意为其立传。《晋书》则打破以往常规，于卷九十五《艺术列传》中，就曾为天竺人佛图澄、鸠摩罗什设立传记。以后诸史多有效法，特别是在《清史稿》卷四百三十五的合传中，曾先后为美国人华尔、英国人戈登、赫德以及法国人日意格等外国人撰写了传记。

第三，从类传形式和内容上看，也出现了变化多端的局面。

首先，在类传形式上出现了变化。其中有类传的增减，例如《汉书》删《刺客传》，增《西域传》；又有类传的分合，例如《新唐书》将《叛逆传》区分为《叛臣传》和《逆臣传》，《宋书》将《孝友传》、《忠义传》合并为《孝义传》；还有类传的易名，例如《魏书》改《忠义传》为《节义传》等等。

其次，在类传内容上也出现了变化。试以纪传体史书中的《外戚传》为例。外戚是中国古代社会的一个特殊阶层，故而自《汉书》以下，诸史多立《外戚传》。但是，外戚与后妃虽有血缘关系，前后所记，大不相同。在《汉书·外戚传》中，主要记述对象是皇帝后妃的情况，至于后妃之父族（即外戚）仅仅在相关地方简略提及。汉代以降，外戚参政意识日益强烈，他们的活动直接涉及国家诸多大事。因而史家魏收修史时，便革除常例，在《魏书·外戚传》中不记后妃，专记后妃父系家族男子，用以反映封建统治集团内部斗争。此后，《晋书》、《北齐书》、《北史》、《隋书》等其他史书也都效法《魏书》。在纪传体列传中，犹如《外戚传》这样的变化并不罕见。

（二）方法变革

在纪传体史籍的编纂过程中，为使人物、事迹和史实的反映达到极致，史家们尝试过许多行之有效的创新方法。互见法、带叙法便是其中比较常见的两种。尽管不少史家均曾使用过这些方法，但在使用过程中也不乏各式各样的继续创新和改进。前后对比，令人赞叹。

1. 互见法

在"二十六史"中，互见法首创于司马迁《史记》，这是旨在主干清朗、枝叶分明的一种叙事方法。自《史记》使用这一叙事方法后，许多史家竞相效法。然而，所谓互见法，并非仅仅局限于甲乙两处之彼此互见。总体说来，大抵有如下三种表现形式。

一是表现于该书之基本框架结构中。亦即作用于本纪、史表、书志、世家、列传等五种体例之间。以《史记》为代表的纪传体文献，各种体例既彼此独立，又互相关联、照应。诸体例中，既有本纪那样的全书之"纲"，又有列传那样服务于本纪的全书之"目"。"目"之于"纲"的基本意义，旨在具体的精准的诠释、演绎之功。当然，除了极其特殊的个例外，通常情况下"五种体例之间"的"互见"，并不明示彼此见诸何处。

二是表现于史书的具体篇目中。亦即在"同年共事，事不一人"的背景下，他篇已书某事，而此篇又有所书，为避免重复之弊，便特别指出"事见某篇"，或"语在某篇"等等。例如《史记·秦本纪》云：秦孝公三年，卫鞅劝说变法修刑，孝公善之，"乃拜鞅为左庶长，其事在商君语中"。又如《后汉书》之《袁绍刘表列传》云："灵帝崩，绍劝何进征董卓等众军，胁太后诛诸宦官，转绍司隶校尉。语已见《何进传》。"本传中又云：建元四年春，袁绍"击公孙瓒，遂定幽土，事在《瓒传》"。

三是表现于完全不同的史书中。与以上两种互见法相比，唐人李延寿又前进了一大步。他在撰修《南史》和《北史》时，不独采用了以往史家常用的传统互见法，同时还别出心裁地使《南史》和《北史》两书互见。例如在《南史》卷五十《刘瓛传》中：子"臻早有名，载《北史》"（《北史·文苑传》中有《刘臻传》）；又如《北史》卷四十二《王肃传》云：肃父奂为南朝"齐雍州刺史，《南史》有传"（《南史》卷二十三

《王彧传》中附有《王奂传》）。为了既能节省篇幅、避免重复，又不损伤传主丰满形象，居然采用另外史书中的相关人物事迹以互见，这在以往其他的纪传体史书中，还从来不曾出现过。李延寿这一大胆创新，进一步丰富和发展了传统的互见法。

2. 带叙法

带叙法是一种比较特殊的记叙人物的方法。即在某一人物的传记中，附带记述与此传主人公相关联的其他人物的履历事迹。

从形式上看，还在汉魏时期，史家们已经开始使用这一方法了。最早使用这一方法的是班固。班氏在《汉书·鲍宣传》后，历述了纪逡、郇越、郇相、唐尊、薛方等一批"清明之士"。陈寿于《三国志》中的《管宁传》后记述了王烈、张臶、胡昭等人，于《王粲传》后则简述了徐干、陈琳、阮瑀、应玚、刘桢、阮籍、嵇康等当代名士。其后的范晔也于《后汉书·董卓传》之后，列叙了董卓手下的凶残干将李傕、郭汜等人行迹。以上这种方法，有人称作"附传式带叙法"，也有人称之为"类叙法"。

名曰"附传式带叙法"也好，或是"类叙法"也罢，截至南北朝以前，这无非都是把次要人物事迹附于主要人物传记之后的一种方法。换言之，这种方式是在传主全部事迹叙写完毕之后，再兼叙与传主相关之人。而南朝史家沈约则更加大胆革新，创立了前所未有的新型带叙法。即在记叙某人的传记中，根据内容需要，即时"插入"相关人物的履历，待附传者事迹简述完毕之后，再接下来记叙原传主之事。例如在《宋书》卷六十四《何承天传》中，当叙及何承天与尚书左丞谢元"素不相善"时，便开始"带叙"谢元履历，叙述谢元事迹之后，又继续何氏事迹。又如在《宋书》卷六十七《谢灵运传》中，当叙至谢灵运东还，"与族弟惠连、东海何长瑜、颍川荀雍、泰山羊璿之以文章赏会，共为山泽之游，时人谓之四友"时，便开始带叙"四友"简历，尔后再接叙谢氏他事。

从内容上看,也许"附传"自身并没有什么改变,但前者是原来的"传统式带叙法",后者是改进以后的"插入式带叙法",整个传记的叙事便因为"附传"所"附"的位置不同而发生了微妙的变化:前者因附于列传之末,显得呆板、被动。后者因及时"插入",紧扣主题,显得生动活泼,为及时了解与传主相关事迹大有裨益。这种"插入式带叙法"在并不增加传目的情况下,既可以使传主形象更加丰满,又不至于埋没其他应传者其人("附传者")其事,诚可谓一举两得,且为史书增色不少。故而,以后不少史家纷纷效法,尤其是萧子显的《南齐书》,更是随处见用此法。

清代章学诚曾有《汉书》"方以智",《史记》"圆而神"之说(《文史通义·书教下》),借用章氏这一理念品评纪传体历史文献的整个体例,也似乎允当而无不可:五体演义之形式,可以说是"方以智";寓革于因之内容,则可以说是"圆而神"。既有鲜明、确切的模式可资效法,又不被既定成例所拘泥,这应该是纪传体系列史书在体例上的一大特点,也是纪传体流行两千年犹有生气的一个重要原因。

三、详今略古

在史学领域中,详今略古(或详近略远)是中国古代史学领域中早就发明并长期使用的一种编纂方法。这一方法虽然见用于诸多类型的历史文献里,但是,使用最为普遍并最具有代表性者,则非纪传体文献莫属。在纪传体史籍中,无论是其中的通史还是断代史,详今略古的编纂方法都具有始终如一的鲜明反映。

(一)通史详略

通史之难,难在会通。在广阔的时空间架上,通史不单需要博极天地万物的"横通",更需要条贯社会古今的"纵通"。就横通论,因大千世界,无穷事物,必须披沙拣金而择其要;就纵通论,以年代久远,时异势异,更需入木三分之"史识"。阅读司马迁撰写的《史记》,

诚可谓取精用宏,自出炉锤,详今略古的编纂方法悉本天然,具有过人的典型性。《史记》的作者司马迁犹如一位出色的画师,在他所描绘的长达三千多年的巨幅历史画卷中,历史阶段的区划,画面着墨的轻重,堪称绝对上乘之大手笔。全书 52 万言,凡 130 卷,即使放眼于篇幅卷次上,其详近略远的指导思想亦可了然。

　　倘若依照今人习用的古代、近代、现代的概念,则司马迁所揭示的全部历史,大体也可以划分为古代、近代和现代这三个阶段。假如由黄帝传说至西周算作古代史,由春秋至秦王朝算作近代史,由秦汉之际至汉武帝时期算作现代史的话,那么,《史记》中的 130 卷的分配情况大体是:"十二本纪"中,古代史四卷:《五帝本纪》、《夏本纪》、《殷本纪》、《周本纪》;近代史二卷:《秦本纪》、《秦始皇本纪》;现代史则有六卷:《高祖本纪》、《吕太后本纪》、《孝文本纪》、《孝景本纪》、《孝武本纪》及《项羽本纪》。在"十表"中,古代史仅有一卷:《三代世表》;近代史有二卷:《十二诸侯年表》、《六国年表》;现代史则有七卷之多:《秦楚之际月表》、《汉兴以来诸侯王年表》、《高祖功臣侯者年表》、《惠景间侯者年表》、《建元以来侯者年表》、《建元已来王子侯者年表》、《汉兴以来将相名臣年表》。在"八书"中,尽管形式上是古代以来有关典制方面的专史,但古代内容较少,着重的部分则是记述战国以后。例如在《乐书》、《河渠书》、《封禅书》等专史中,大部分内容属于近现代范畴。在"三十世家"中,近现代人物占大多数。在"七十列传"中,绝大多数传主也都是近现代人物。从总体上考察《史记》130 卷的内容,全部写和重点写现代史的,约占全书半数以上。以上事实表明,司马迁不仅具有鲜明的详今略古、重点反映近现代史的指导思想,而且他撰写的近现代史获得了极大的成功。诚如东汉著名学者班彪对《史记》的赞扬:"迁之所记,从汉元至武以绝,则其功也。"(《后汉书·班彪列传》)

　　司马迁写《史记》,为何要如此鲜明地坚持略古详今的指导思想呢？很显然其中蕴含有以下两个方面的原因。

1. 史料使然

司马迁写《史记》的时间跨度大部分属于古代时期，其中相当长的一段历史属于远古时期。遥远古代，史事茫茫，遑论前人史籍之确切记载，即珍贵之文字资料亦极其罕见。倘欲再现远古历史真容，实难一一详尽追述。基于这一无情背景，司马迁本人就曾不止一次地为之感叹。例如在《平准书》中说："自高辛氏以前，尚矣；靡得而记云"；在《龟策列传》中说："唐虞以上，不可记已"；在《货殖列传》中说："夫神农以前，吾不可知已。"如此等等，从中甚至可以看出大史学家的无奈。即此可知，所谓史家之"略古"，乃是形势使然，亦即古代史料极度贫乏的现实使然。质言之，非作者不欲详也，虽欲详而不可能也。

然而，近现代以来的情况则相反。由于距今不远，各类著述不绝如缕，不独内容翔实，史料信息也空前丰富。即使在极个别情况下，发生"书缺有间"的现象，但因有"耳闻目接"之便，仍可通过各种方式获得。因而在利用史料上，古代远不能与近现代相比，尤其无法与现代相比。近现代丰富的历史资料是史家突出当代的重要保障，也是史家"详今"的有利条件。

2. 经世使然

与古代史相比，由于近现代史是当前的历史和接近于当前的历史，因而在"经世致用"思想指导下撰写近现代史，便具有特别重要的现实意义和历史意义。换言之，在通史中撰写古代史本身并非根本目的，真正的目的就在于，通过古代历史更好地为近现代服务。

历史的今天，是经由历史的昨天和前天，沿着一条迂回曲折的道路走过来的。故而司马迁有一段话耐人深思："述往事，思来者。于是卒述陶唐以来，至于麟止，自黄帝始。"（《太史公自序》）司马迁为何"卒述"黄帝以来之"往事"呢？其目的显然是基于汉代以及汉代之后的所谓"来者"。也正因为这样,作者厚今薄古的议论在《史记》中随处可见。例如在《六国年表》中说:"独有《秦纪》,又不载日月,其文略不具。然战国之权变亦有可颇采者,何必上古? 秦取天下多暴,然世异变,成功大。传曰:'法后王',何也? 以其近己而俗变相类,议卑而易行也。学者牵于所闻,见秦在帝位日浅,不察其终始,因举而笑之,不敢道,此与以耳食无异,悲夫!"又如在《高祖功臣侯者年表》中说:"居今之世,志古之道,所以自镜也,未必尽同。帝王者各殊礼而异务,要以成功为统纪,岂可绲乎? 观所以得尊宠及所以废辱,亦当世得失之林也,何必旧闻?"作者经世之要义,于此可谓一针见血。

不言而喻,考察司马迁的治史原则,是厚今薄古而非厚古薄今。如其不然,《史记》里的这些富有见地的卓识宏论,岂不成了无源之水、无本之木的随意而发吗? 事实上,在司马迁的著作里,著者早已用自己的实际行动提供了明确答案。倘若仍然有人就此质疑,笔者无妨反问一句:在130卷的《史记》中,何以半数以上篇幅皆集中于近现代,此系偶然为之耶? 抑或有意之为欤?

(二)断代详略

或许有这样一种观点,断代史本来就是专记某一朝代历史的文献,这种史书无所谓"详今略古"。其实不然。就整体而言,纪传体断代史固然是仅记一朝的史籍,然而如若就其局部来说,则同样是"断"中有"通",并非绝对地只书"一代"。也就是说,断代史中也有"古"与"今"、"详"与"略"的问题。换言之,无论是通史还是断代史,其中之详今略古并没有什么本质的区别。

在断代史中,"书志"里的详今略古便颇为典型。总的说来,它主要表现为两种形式。

第一种形式:新创书志的详今略古。例如在《汉书·地理志》中,始自黄帝"作舟车以济不通",历述了古代以来各地之土地、户口、行政区划和地理沿革;又如在《后汉书·舆服志》中,自"上古圣人"叙起,历述古代直至当代的车马服饰情况。以上这些新创史志虽然是由古及今叙述,但毕竟受到断代体的约束,因而愈古愈简、愈近愈详的特点相当明显。

第二种形式:后续书志的详今略古。凡是前史已经设过的书志,新史需要再设时,有关内容力戒重复:或将以往古事几笔带过,侧重记述当代;或对前史内容索性只字不提,仅叙当朝。前者如《明史·舆服志》,元代以前所记极简,绝大部分篇幅记有明一朝。又如《清史稿·刑法志》记清以前史事简略至极,主要记述清朝刑律。后者如《后汉书·祭祀志》(凡上、中、下三卷)不叙前代,"但列自中兴以来所修用者"。又如《后汉书·郡国志》,大凡《汉书·地理志》已记述者便不再记述,"今但录中兴以来郡县改异"。更有甚者,在篇幅惊人的《宋史·礼志》中,通篇仅记宋代礼仪。由此可见,即便是断代史书志体例中详今略古的特征也是相当鲜明的。

其实,断代史中其他体例之详今略古也不罕见。试以史表为例,即可窥一斑。比如在《汉书》中,有如《古今人表》那样古今并书者仅是个例,其余各种史表一般都是仅记当代,即便表前小序中涉及古代内容,也是极其简略的辅助性质,大都是围绕本表内容的追踪溯源。例如在《汉书·诸侯王表》前的小序中,记述了"昔周监于二代,三圣制法,立爵五等",直至汉代的一段旧事,这是为《诸侯王表》的正文作铺垫的很有必要的一段文字。因为有了这段简述侯国历史的文字,便可以重点记述后面汉代分封侯国的情形。又如在《新唐书·宰相世系表五下》里,谱列了唐宣宗宰相夏侯孜的世系,表前历述其先世:"夏侯氏出自姒姓。夏禹裔孙东楼公封为杞侯,至简公为楚所灭,弟他奔鲁,鲁悼公以其夏禹之后,给以采地为侯,因以为氏焉。后去鲁至沛,分沛为谯,遂为郡人。唐有驾部郎中审封。"由古代扼要叙述至此,恰与表中为首之"审封"相衔接。虽寥寥数笔,但夏侯孜先世情况却一目了然。这样写可以加深对本表的理解。可见,史表中这种追述古事的文字,旨在为表中的主体内容服务。

何止史表如此,即使在纪传体文献列传中,也不乏此类现象。例如在《后汉书》中,自《循吏列传》以下各传"序"、"论",往往打破朝代断限,系统反映历史现象,但依然呈现出有主有从、主体与辅助的明显分野。试看其中之《东夷列传》从帝尧"命羲仲宅嵎夷"开始简要记述,《西羌传》从"舜流四凶,徙之三危"简单叙起,诸如此类的简略"述古",都是为着最大限度地"详今"。

综上所述,详今略古是纪传体历史文献的一个显著特点。详今略古决不仅仅是一个简单的编纂方法问题,它既是任何一位进步史学家关注社会、服务当代的思想在历史学上的一种反映,也是实施史学经世、古为今用这一著述宗旨的重要原则。事实表明,详今略古的编纂方法,不仅使纪传体史书服务当代的特征更加鲜明,同时也为纪传体文献注入了青春永驻的活力。纪传体历史文献,尤其是纪传体断代史,之所以能博得历代统治者的厚爱,并且一直拥有相当广泛的读者市场,应当说详今略古的编纂方法不无其功。

四、关注兴衰

当年,司马迁忠于职守,秉承父亲宏大遗愿,"见盛观衰,论考之行事"(《太史公自序》),著成通史。班固及其以后诸多史家学习司马迁的榜样,亦"考之行事,稽其成败兴坏之理"(《汉书·司马迁传》),编写出了各朝断代史。在以"人"为纲的纪传体史书中,政治、经济、文化等各个领域的内容固然得到了全方位的反映,但是相比之下,基于封建政权的建设和巩固的直接需要,政治领域中以每一王朝起落为周期的治乱兴衰之迹,往往得到更集中、更充分的揭示。

突出治乱兴衰之迹,可以说是纪传体历史文献的一种编纂方法,也可以说是它的一个编纂特点。在纪传体史书中,除了渲染承平时期安邦定国之术、励精图治之策外,这条治乱兴衰的"轨迹"在很大程度上,是通过各朝初期君臣的创业建国,当代战乱和亡国背景等一系列社会现象勾勒出来的。

(一)重视创业

开创基业的人物,自然是每一王朝的开国君主,以及那些辅佐君主,为创建基业立下汗马功劳的元勋们。凡是读过纪传体史书的人都会发现:同样是人物传记,那些开国君臣的本纪、列传,却明显地体现于如下三个异常之处。

1. 位置显赫

无论是在通史中,还是在断代史中,但凡属于开国人物,他们所处位置之特殊、布列之重要,可谓一目了然。尤其是以开国之君与开国之臣相比较,则开国君主地位之高,可谓跃然纸上。

试看纪传体文献里:开国勋臣们因有大功于社稷,遂于列传序列里逐一编排在本朝其他人物之前,如此安排自然是为了突显其尊贵。然而相比之下,再看本纪序列之开国君主,更是呈现出不可一世的正大气象来。此处的开国君主,何止是高居于这一时期首座以及后来君主之前,以此体现其神圣,同时还是恭编于包括各种体例在内的整部史书之前的制高点。由此可见,开国君主至尊至贵之荣耀,已经达到了登峰造极的程度。

2. 篇幅超常

由于开国君臣是史书反映的重点人物,故占用的篇幅一般也都大于其他人物传记。如果说开国大臣已有此先天优势的话,则开国君主的本纪便更能突显出这一特征。在正史中,开国君主的本纪,短则一卷,长则两卷或三卷,甚至还有更长者。例如在《汉书》中,开国君主刘邦的《高帝纪》有上、下两卷,而其余帝王本纪则悉为一卷。又如在《后汉书》中,由顺帝、冲帝、质帝三帝组合的《孝顺孝冲孝质帝纪》仅一卷,而开国君主刘秀的《光武帝纪》却有上、下两卷。

　　至于两汉以后,诸史之开国君主的本纪亦大抵如此。例如在《宋书》中,其《武帝本纪》有三卷;又如《旧唐书》中,《太宗本纪》有两卷;《宋史》中,《太祖本纪》有三卷;《明史》中,《太祖本纪》亦有三卷等等。最令人感到惊讶者则是《元史》,其中用以反映开国君主忽必烈的《世祖本纪》,居然达到了突破历史记录的十四卷之多!

　　3. 反映充分

　　翻阅历朝开国君臣的本纪与列传,都具有内容丰富、记事尤详的特点。例如在开国君主的本纪中,往往打破一般帝王本纪仅仅谱列国政大事的惯例,大量增写创业帝王的生平事迹。又如在开国功臣的列传中,一般都是通过传主们的生平活动,详细地再现建国前后的具体事件。不言而喻,与一般的君臣传记相比,开国君臣传记的内容显得更加全面、更加系统,也更加深入。

　　中国人素有"慎终追远"的心理。继位之君大力推崇、宣扬开国君臣的事迹,在历史上相当普遍。永平三年(60),汉明帝思念中兴功臣,乃"图画建武中名臣、列将于云台"(《后汉书·马援列传》)。贞观十七年(646),唐太宗效法汉代故事,下令"图画司徒、赵国公无忌等勋臣二十四人于凌烟阁"(《旧唐书·太宗纪下》)。将汉明帝、唐太宗的动人典故,对比正史中浓墨重彩地描绘开国者形象,两者的深层寓意何其相似乃尔!它给后人的启示是:古代史书不遗余力地反映开国君臣,决非一般意义上的"慎终追远",更重要的则是包含着封建统治者的政治用心。

　　凡是开国君臣,通常既是朝代革易的直接参与者,也是最后的胜利者。每当朝代革易之际,往往风云变幻,社会混乱,各种矛盾错综复杂,而开国君臣竟能因势利导,克服重重困难,在推翻旧王朝的同时,建立起新的王朝,应当说,这决不是偶然的。那些出身于上层而最终成为开国君主者,固然绝非等闲之辈,而那些出身"卑微"的帝王,例如曾为"泗上亭长"的汉高祖刘邦,曾以"贩履织席为业"的西蜀刘备,曾伐获耕田务农的宋武帝刘裕,曾"两胡一枷"卖身为奴的后赵君主石勒,以及曾在皇觉寺为僧"游食合肥"的明太祖朱元璋等等,这些人能够从社会最下层步入最上层之极限,则更非寻常人物。与那些出身名门的开国君主相比,他们在事业上更具典型性和艰巨性。惟其如此,他们当年所采取的政策、措施,他们的经验、教训,也就更值得总结。

由此可见,纪传体文献用较大篇幅为开国君臣立传,从根本上关乎宏旨:采用这种形式,既可以突出宣扬本朝的建立,乃是"奉天承运","自然之应,得天统矣"(《汉书·高帝纪下》),更可以在宣扬先人事迹的同时,为当代统治者树立治国安邦的典范。

(二)重视动乱

战争和动乱,历代皆有。虽然古代不同时期、不同阶级的人对战争和动乱的理解不尽一致,但在下面一点上认识是相同的,那就是大规模的战争和社会动乱影响巨大,它直接关系到封建政权的生死存亡。对战争和动乱,处理得当,皇权依旧;举措失误,轻则损伤国之元气,重则社稷倾覆。因而,诸多史书揭示战争、动乱,总是务求其详。

1.详于战争

所谓"详于战争",主要表现于战争影响和还原战争两个方面。

其一,通过帝王本纪及有关传记,突显战争重要性。在正史里,往往尽量为历代著名军事家作传,试图通过这些传记,系统反映传主们的军事实践和军事思想。仅仅见于《史记》的汉代以前著名军事家就有:司马穰苴、孙子、吴起、伍子胥、白起、王翦、乐毅、廉颇、田单、蒙恬等。在《史记》以后,各断代史也相继树立起许多军事家的典范。例如《汉书》中的韩信、李广、卫青、霍去病,《后汉书》中的邓禹、吴汉、冯异、寇恂,《三国志》中的曹操、孔明、周瑜,两《唐书》中的李勣、郭子仪,《宋史》中的韩世忠、岳飞,《明史》中的徐达、戚继光等等。

一言以蔽之,历史上不乏战争,史书中不乏相应记载。

其二,通过帝王本纪及有关传记,使历史上的大量战争得到清晰的反映。史家们这样做,显然有其深刻的社会背景:春秋以来,王室衰微,五霸迭兴;战国时期,中原逐鹿,七雄争强;秦统一六国后,中国虽然进入了一个统一的中央集权的封建社会的新时期,然而战争并没有终止。这样,历代战争也就自然而然地成了纪传体史书记述的重要内容。无论是《史记》中有关春秋战国时期的晋楚城濮之战、邲之战、秦晋殽之战、齐魏桂陵之战、马陵之战、秦赵长平之战,以及灭秦以后的楚汉战争,抑或是《汉书》以下诸断代史所记述的历次大战,例如官渡之战、赤壁之战、秦晋淝水之战、五胡十六国战争、五代十国战争以及宋金战争等等,对于这些著名的战争,史家总是尽量从不同角度进行揭示,尽可能地使后人对这些战争有一个比较全面的了解。以发生于公元前260年的秦赵长平之战为例,这是一场很残酷的战争。秦将白起不仅杀死赵军统帅赵括,还坑杀士卒40万人。因这次战争影响很大,所以不仅在《史记》之《秦本纪》、《赵世家》以及《廉颇蔺相如列传》内有记载,而且在《白起王翦列传》中还有专门记述:不仅记述了赵将廉颇"坚壁以待秦"的正确策略,秦相应侯以千金使反间计于赵,还详细记述了白起坑杀赵卒的一些细节。

秦汉以后,史书中有关历代著名战争的记述更是不绝如缕。

2. 详于内乱

在古代,统治集团内部往往会因为彼此之间不同的利害关系而引发种种内乱。这些内乱(特别是那些严重影响社稷安危的内乱)是纪传体史书注意的又一个重要方面。诸如发生于西周初期的"武庚之乱",震惊秦国的"嫪毐之乱",颠覆汉室的吴楚"七国之乱"、董卓横行之乱,灭亡西晋的"八王之乱",祸国殃民的南朝"侯景之乱"、唐代"安史之乱",以及清代"三藩之乱"等等,不仅一一笔诸史书,而且所记内容十分详尽。这种情况越到后来,便越是如此。

在司马迁的《史记》中,诸如"武庚之乱"的祸首武庚和"嫪毐之乱"的祸首嫪毐,均未单独立传,其作乱之事,或以逐条记事的方式载诸本纪("武庚之乱"见于《周本纪》,"嫪毐之乱"见于《秦始皇本纪》),或比较扼要地记述于他人传记之中("武庚之乱"又见《管蔡世家》,"嫪毐之乱"又见于《吕不韦列传》)。而在《汉书》以下诸史中,内乱的记述除了在本纪、平乱功臣传记中有一定记述外,内乱之来龙去脉尤致详于肇乱首领之本传。例如吴楚"七国之乱"便详见于吴王刘濞本传(《汉书·荆燕吴传》),"八王之乱"详见于《晋书》之汝南王亮、楚王玮、赵王伦、齐王冏、长沙王乂、成都王颖、河间王颙、东海王越等人的合传中,"侯景之乱"详见于《南史》与《梁书》之侯景本传,"安史之乱"详见于《唐书》安禄山、史思明本传,"三藩之乱"详见于《清史稿》吴三桂本传。至于董卓之乱,则既见于《后汉书·董卓传》,又见于《三国志·魏书·董卓传》。

此外,对内乱的详细记载还表现在尽可能地通过那些参与"内乱"的其他重要人物的传记,从不同的侧面进行反映。例如,在"侯景之乱"中,王伟乃是得力帮凶,侯景遇事,常与王伟一起谋划。《南史》遂于《侯景传》中,采用附传形式记述王伟生平。又如清初"三藩之乱",靖南王耿精忠、平南王尚之信二人是积极追随祸首吴三桂的骨干分子,因而在《清史稿》之《吴三桂传》末,附以耿、尚二人小传。虽是附传形式,但为反映"内乱"详情大有补益。

3. 详于起义

同重视记述大规模的内乱一样,纪传体史书也很重视反映各朝人民起义。历史上较大规模的人民起义,无论是先秦的平民暴动,还是秦代以后的历代农民起义,大都有较为具体的反映。例如,西周时期的"国人暴动"、秦末陈胜、吴广农民起义,都在《史记》中记载了。汉代以下的历代农民起义,如西汉末年绿林赤眉起义,东汉末年黄巾起义,隋末瓦岗军起义,唐末黄巢起义,元末红巾起义,明末李自成起义,清代太平天国起义等等,不仅一一笔之于史,而且史学家对农民起义的研究也呈现出日益加强的趋势。

当年绿林赤眉起义和黄巾起义，规模不可谓不大，影响不可谓不深，然而在《后汉书》中，绿林军领导人王匡、王凤，赤眉军领袖樊崇，以及黄巾起义领导者张角等人，均未单独为其立传，其事迹仅分别附于《后汉书》之《刘玄传》、《刘盆子传》和《皇甫嵩朱俊传》内。而自《晋书》始，重要农民起义领袖，一般都在正史中列有专传。如东晋末年的孙恩、卢循起义，尽管其起义的规模和活动的范围远不能与当年的黄巾起义相比，但《晋书》中仍然设有孙、卢二人传记。又如，隋末三支起义军的情况，《隋书》里也都有独立的反映。其中，瓦岗寨起义见于《旧唐书》之《李密传》，河北起义见于《窦建德传》，江淮起义见于《杜伏威传》和《辅公祏传》。以后历代农民起义，大抵皆有类似的记载。

深入考察，纪传体史书之详于军事战争，详于统治者内部之乱，详于农民起义，决非出于偶然：这种举措无不与深层的政治目的密切相关。

详于军事战争，是因为"兵者，国之大事。死生之地，存亡之道，不可不察也"(《孙子兵法·计篇》)。战争是流血的政治，是各种社会矛盾发展到一定阶段的最高斗争形式。惟其直接关系到军民的生死、社稷的存亡，属于国家头等大事，所以必须详细反映，认真研究。

详于统治者内部之乱，是因为"千里之堤，溃于蚁穴"(《淮南子·人间篇》)，内乱有动摇，甚至毁灭国家的危险。通过反映严重的内乱，可以达到两个目的：其一，为封建统治者开列药方，正面总结经验教训。例如对于祸国殃民的"八王之乱"，《晋书》"八王"传序云："夫为国之有藩屏，犹济川之有舟楫"，"向使八王之中，一藩繁赖，如梁王之御大敌，若朱虚之除大憝，则外寇焉敢凭陵，内难奚由窃发!"甚至明确指出，"西晋之政乱朝危，虽由时主，然而煽其风，速其祸者，咎在八王"。又如对唐朝藩镇的形成，《新唐书·藩镇魏博列传》鲜明指出,这是亡唐的"祸根"。其二,用以警告谋乱者,凡"逆天而行"者,必遭身败名裂下场。例如《旧五代史·晋书》卷九十八《安重荣安从进传》论云:"帝王之尊,必由天命,虽韩信、彭越之勇,吴濞、淮南之势,犹不可以妄冀,而况二安之庸昧,相辅为乱,固宜其自取灭亡也。后之拥强兵莅重镇者,得不以为鉴乎!"又如《新唐书·逆臣传》通过记述安禄山、史思明"假天子恩幸,遂乱天下",强调了安、史二人"暴兴而亟灭"的必然结局:"彼能以臣反君,而其子亦能贼杀其父,事之好还,天道固然。""天之报施,其明验乎!"

详于农民起义,是因为"君者,舟也;庶人者,水也。水则载舟,水则覆舟"(《荀子·王制》)。正是为了封建政权的长治久安,司马迁《史记》对自古以来的人民起义,如公元前841年的西周"国民暴动"(《周本纪》),秦朝末年的陈胜、吴广农民起义(《陈涉世家》)等等,给予较为客观的反映,并作出较为深刻的总结。随着封建社会阶级矛盾的日益发展,以后诸史对农民起义歪曲、诬蔑的记载司空见惯,仇视、诅咒的语言比比皆是。但是,即便是最痛恨农民起义的史学家也并没有忘记,他们的职责不单是发泄对起义者仇视的感情,更重要的,是要为封建社会秩序的延续总结出血的教训。因而,大体说来,起义发生、发展的经过,起义的基本史实,还是通过他们手中的笔记录了下来。

(三)重视亡国

历代封建统治者自建立政权之日起,没有不梦想其社稷"二世三世至于万世,传之无穷"的(《史记·秦始皇本纪》)。然而,国运长达数百载者虽然有之,仅仅有数十载乃至十数载者却也并不罕见。何以开国君主经营于前,亡国之主败亡于后?国家机器究竟如何运作方可避免政权的旋起旋灭呢?这是古代统治者绞尽脑汁,重视研究亡国现象的根本原因。

亡国的惨痛结局,总要降临到那些亡国之君的身上。因此,研究亡国教训的史家总是首先把眼光集中投射于各式各样的亡国君主，试图从他们身上发掘出某种规律性的东西，用以警告后世。这样，纪传体史书就记述了许多不同类型的亡国之君。

1. 亡于暴君

历史上亡国于暴君者并不罕见，亦屡有记载，屡有史家警示。

例如夏桀，"不务德而武伤百姓，百姓弗堪"，"召汤而囚之夏台"（《史记·夏本纪》）。又如商纣，"知足以拒谏，言足以饰非；矜人臣以能，高天下以声"，"好酒淫乐，嬖于妇人"，有怨望而叛者，则施酷刑及"炮格之法"（《史记·殷本纪》）。

又如秦二世，"重之以无道，坏宗庙与民，更始作阿房宫，繁刑严诛，吏治刻深，赏罚不当，赋敛无度"，致使奸伪并起，蒙罪者众，"刑戮相望于道，而天下苦之"（《秦始皇本纪》）。

再如隋炀帝，"法令滋章"，"刑参五虐"，锄诛骨肉，屠杀忠良，"骄怒之兵屡动，土木之功不息，频出朔方，三驾辽左，旌旗万里，征税百端"，致使"猾吏侵渔，人不堪命"（《隋书·炀帝纪》）。

2. 亡于昏君

历史上亡国于昏君者，也并不罕见，同样值得后来君主借鉴。

试看东晋安帝，其人与西晋惠帝一样，也是历史上著名的白痴皇帝。史书上说他"不惠，自少及长，口不能言，虽寒暑之变，无以辩也。凡所动止，皆非己出。故桓玄之篡，因之获全"。他本是事实上的亡国之君，仅仅因为当初有所谓"谶云'昌明之后有二帝'"，才免于亡国君主之名。

又如南朝陈后主，"不虞外难，荒于酒色，不恤政事"，惟嬖妇人，"君臣酣饮，从夕达旦，以此为常"。他盛修宫室，无时休止，"税江税市，征取百端，刑罚酷滥，牢狱常满"。亡国后被送往长安，仍"与其子弟日饮一石"，侍宴隋文帝时，甚至呈诗曰："日月光天德，山川壮帝居，太平无以报，愿上东封书。"（《南史·陈本纪》）

由此可见,在这帮昏君的眼里,大概无所作为和及时行乐之娱,要比江山社稷重要得多。

3.亡于常主

历史上亡国于"常主"者,也并非绝无仅有之现象。这些所谓的"常主",既非英武勃发之君,亦非十足昏庸之辈,而是介乎其间者。在封建正统学者们看来,宋钦宗、明崇祯帝即属此类。

试以宋钦宗为例。当初他在东宫时,"不见失德",及其践阼,"声技音乐一无所好"。靖康初政,"能正王黼、朱勔等罪而窜殛之,故金人闻帝内禅,将有卷甲北旆之意"(《宋史·钦宗本纪》)。然而,他此后怠政,变化迥异:每当京城危急,即诏求直言;一旦形势稍缓,便依然故我。因此时人讥之云:城门闭,言路开;城门开,言路闭。

复以明崇祯为例。史载"承神、熹之后,慨然有为。即位之初,沉机独断,刈除奸逆,天下想望治平"。视其"在位十有七年,不迩声色,忧勤惕厉,殚心治理",甚至"蒙难而不辱其身,为亡国之义烈也"。然而,这位皇帝却又"思得非常之材,而用匪其人","信任宦官,布列要地,举措失当,制置乖方"(《明史·庄烈帝纪》),终致明亡。

很显然,纪传体史书之详于各类亡国君主者,亦属用心良苦。

其详于暴君者,旨在告诫,"暴政"可以引起"覆舟"之祸。诚如夏桀之暴,导致商汤率众兵进击,"桀走鸣条,遂放而死"(《史记·夏本纪》);又如殷纣之暴,引起周武王率诸侯战于牧野,纣败走,"登鹿台","赴火而死"(《史记·殷本纪》);又如秦二世之暴,激起天下狼烟四起,"虽居形便之国,犹不得存"(《史记·秦始皇本纪》);再如隋炀帝之暴,使"普天之下,莫非仇雠,左右之人,皆为敌国","遂以万乘之尊,死于一夫之手"(《隋书·炀帝纪》)。

其详于昏君者,旨在揭示,"昏聩"何止招致君权旁落,并有亡国之害。例如晋安帝行尸走肉,"道子、元显并倾朝政,主昏臣乱,未有如斯不亡者也"(《晋书·安帝纪》);又如陈后主一味荒淫,"刑政不树",败亡接踵而至,"虽忠义感慨,致恸井隅"(《南史·陈本纪》),事至此又安能挽回哉!

其详于"常主"者,在于警告后世君主,处事须未雨绸缪,否则,一旦颓势形成,虽有不昏不暴之"常主"在位,败亡命运亦不可免。当年的宋钦宗,因"乱势已成,不可救药","父子沦胥,社稷芜茀","享国日浅,而受祸至深,考其所自,真可悼也夫!"(《宋史·钦宗本纪》)明代的崇祯帝又何尝不是如此,亦因"大势已倾,积习难挽","兵荒四告,流寇蔓延。遂至漫烂而莫可救,可谓不幸也已"(《明史·庄烈帝纪》)。

在详于亡国君主同时,史书里也以两种形式努力致详于那些著名的亡国之臣。

第一种形式,史家特别注意到了历史上那些万人切齿的误国巨奸。以《史记》所记为例。春秋时期,越国被吴攻灭,吴太宰嚭私受越人贿赂,鼓动吴王"许越平,与盟罢兵去",又屡进谗言,谮杀国家栋梁伍子胥(《吴太伯世家》)。秦朝赵高在矫诏"二世"胡亥即位的同时,谋杀公子扶苏、大将蒙恬,又煽动二世"诛大臣及诸公子"。为胁迫群臣附就自己,他居然在二世面前演出一幕"指鹿为马"的政治游戏(《秦始皇本纪》)。

《史记》之后,《汉书》等断代史亦多有此等记载。尤其自《新唐书》始,还专门设立了"奸臣传"的类目。是后,《宋史》、《辽史》、《元史》、《明史》、《新元史》等正史都设有这一类传。例如,唐末吏部侍郎崔胤以朱全忠为外援,把持朝政,"欲握兵自固","募卒于市",引朱进军关中,使昭宗成为傀儡。其人其事,在《新唐书·奸臣传》中有详细记载。又如,北宋末年的太师蔡京,贪得无厌,"恣为奸利,窃弄威柄",斥逐朝士,"天资凶谲,舞智御人"。南宋末年的丞相贾似道,"进用群小,取先朝旧法,率意纷更","正人端士,为似道破坏殆尽",

甚至隐匿军报,专擅自恣。蔡、贾二人行状,《宋史·奸臣传》亦记之颇详。

第二种形式,史家也注意宣扬亡国之际那些赤心报国、被天下颂扬的忠臣。在这方面,先秦比干的忠直形象影响深远。殷代末年,帝纣"淫乱不止",丞相比干以为,"为人臣者,不得不以死争","乃强谏纣",被剖腹摘心而死(《史记·殷本纪》)。

又如名将岳飞"尽忠报国",虽以"莫须有"之罪惨遭陷害,但至死无改前言:"皇天后土,可表此心。"(《宋史》本传)再如南宋宰相文天祥抗元失败后,拒绝种种利诱,笑赴刑场(《宋史》本传)。比干、岳飞这类忠臣的事迹,历朝历代不乏其人,他们在史书中也占有一定篇幅。

不言而喻,无论史书中详于亡国巨奸,还是详于忠臣事迹,其中同样不乏史家之良苦用心。

其致详于亡国之奸臣者,一则提示权奸之害,祸国殃民。如伯嚭推吴国于绝地,赵高加速秦朝灭亡,蔡京、贾似道所为促使两宋倾覆;二则警告弄权者,当其害国之日,亦是害己之时。例如越灭吴国,"诛太宰,以为不忠"(《史记·吴太伯世家》)。秦二世死后不久,子婴"刺杀高于斋宫,三族高家以徇咸阳"(《史记·秦始皇本纪》);李唐王朝垮台后,崔胤"身屠宗灭"(《新唐书·奸臣传》);两宋灭亡时,蔡京遭到"谴死",而贾似道亦被"拉杀"(《宋史·奸臣传》)。

其致详于国破家亡时节之忠臣事迹者,一则强调但凡忠君报国者,必能流芳千古。二则通过树立"忠臣"形象,旨在号召后人效法"忠臣"典型,为封建政权尽忠报国。

综上所述,史书传记形式虽然不同,目的却始终围绕着一点:写奸臣传,在于防奸、杜奸,以保持社稷长治久安;写忠臣传,在于呼唤大批最勇敢、最可靠的皇家卫士,以维护封建王朝的"亿万斯年"。

第二节　史料价值

历史长河越是日以继夜地奔腾向前,后人便越能切身地感受到折射于纪传体文献中的那些令人印象深刻的四大亮点之可贵。何谓"四大亮点"? 这就是:包罗万象,一以贯之,资源珍贵,求实可靠。毫无疑问,从后人开发和利用有关文献信息资源方面,所谓的"四大亮点",全都具有极其宝贵的史料价值。

一、包罗万象

纪传体史书,无论是通史还是断代史,所记内容都极其广博。从反映的历史人物看,纪传史书记述了帝王、贵族、官吏、军将、文人、学者、刺客、隐逸、列女及农工商贾等各类人士,诚可谓应有尽有;从记述史事的类别上看,纪传体著作上自天文,下至地理,遍及人类社会的政治、经济、文化、民族、外交、科技、宗教、民俗,乃至自然界的动物、植物、鸟兽、虫鱼,范围之大,涉及到各个领域;从揭示的地理范围上看,纪传史书大都在详及中国本土的同时,还尽可能地详及周边邻国,甚至更远的国度。如果单单就此而言,它们也可以说是当时背景下侧重记述中国历史的早期"世界史"。

故而从宏观层面上看,通过各个方面的具体反映,纪传体文献展示于后人面前的,是一部多角度、多层次、全方位的生动形象的社会历史。由此甚至可以说,纪传体史书不愧是一座无所不包的百科全书式的文化宝库。

(一)人物尽显

在中华民族五千年的发展进程中,只要是为社会发展做出一定贡献或在某一方面不同凡响者,便都会在历史上留下过往的痕迹。也可以这样说,但凡典型历史人物,上自帝王将相,下至士农工商,都会在纪传体文献中占有一席之地。

1. 历代帝王

纪传体文献通过"本纪"这一体例,以最突出的位置记述了古代社会政治舞台上首屈一指的重要角色——帝王。

"二十六史"尽管部帙不等,但是无不以朝代为单位,以帝王世系为线索,简明扼要地反映了历代帝王的言行政迹。换言之,以司马迁《史记》之《五帝本纪》为发端,迄于《清史稿》之《宣统本纪》,亦即由传说中的黄帝、颛顼、帝喾、唐尧、虞舜始,历经夏、商、周、春秋、战国、秦、汉、三国、两晋、南北朝、隋、唐、五代、宋、辽、金、元、明、清(止于末代皇帝爱新觉罗溥仪"逊位")等朝代,在"本纪"以编年形式反映各个朝代政治、军事、经济、文化、民族、外交等国政大事的同时,也会比较原始地粗线条地勾勒出"各个朝代"各位帝王的形象与行事风格。

2. 诸侯贵族

诸侯是古代政治舞台上权倾一方的重要角色。在"二十六史"中,主要是通过"世家"这一体例,尽可能地反映了古代这些诸侯贵族。

"世家"原本有"王侯开国,子孙世袭"之义,亦即诸侯爵位封邑世代相传者方为"世家"。在《史记》三十"世家"中,则有"布衣"孔子、农民陈涉属于特殊例外。其余"世家"中人,均属诸侯贵族系列,以此反映了由西周至西汉初期相应侯国的兴衰史。在这些被尊为"世家"的上层人物中,有地位仅次于帝王的国家重臣,例如先秦之齐太公、鲁周公、燕召公、卫康叔;有汉代开国元勋,例如萧何、曹参、张良、陈平;有汉初地位特殊的同姓王,例如楚元王、梁孝王等皇室贵胄;也有自汉高祖至汉武帝期间,将相应后妃以及后妃之亲族归为一类,置之于《外戚世家》。再以欧阳修之《新五代史》为例,该史在系统反映"五代"时期梁、唐、晋、汉、周各朝最高统治者的同时,也以"世家"这一形式反映了与"五代"分庭抗礼者的历史。这就是当时割据一方的人物,亦即吴、蜀、楚、闽等开国建元、自立一方的"十国"领袖。

3. 各类典型

纪传体文献还通过"列传"这一体例,反映了全社会由上而下的,可谓五行八作的形形色色各类历史人物。

翦伯赞先生曾经作过一个统计,他以为《史记》中的列传人物主要有十类。这十类人物是:其一,以节操名于天下者,如伯夷、田横之辈。其二,以学术名于天下者,如老、庄、申、韩、荀、孟、董仲舒之辈。其三,以文采名于天下者,如屈原、贾谊、司马相如之辈。其四,以武功名于天下者,如白起、王翦、乐毅、田单、李牧、蒙恬、卫青、霍去病之辈。其五,以文治名于天下者,如管、晏、商鞅、吕不韦、公孙弘之辈。其六,曾纵横捭阖,左右天下大局者,如苏秦、张仪之辈。其七,曾养士结客、扶危救倾者,如孟尝、平原、信陵、春申四公子之辈。其八,曾风云际会,鞭笞天下者,如韩信、黥布、彭越之辈;其九,以政为德,恩泽及于人民者,如孙叔敖、子产、公仪休、石屠、李离之辈。其十,以医药方术,拯救人命者,如扁鹊、仓公之辈(《史料与史学》)。

其实,在司马迁《史记》及其以下的各部断代史中,毋须说一般的列传,仅就其中的"类传"而言,还有翦伯赞先生未曾道及的其他许多人物。窃以为,总括起来,起码还有八种历史人物:其一,以身为帝王配偶而尊于天下者。如隋文帝之独孤皇后(《隋书·后妃传》)、唐玄宗之杨贵妃(《旧唐书·后妃传》)、清咸丰帝之懿贵妃叶赫那拉氏(西太后,《清史稿·后妃传》)等。其二,以龙种贵胄或金枝玉叶而贵于天下者。前者如西汉高五王、文三王(《汉书》诸王传),唐代江夏王道宗、淮安王神通(《新唐书·宗室传》),后者如唐高祖19女、玄宗29女(《新唐书·公主传》)、宋太祖6女、仁宗13女(《宋史·公主传》)等。其三,以联姻帝王而显于天下者。如晋代王恂、羊玄之(《晋书·外戚传》),唐代武士彟、杨国忠(《新唐书·外戚传》)等。

其四,以"酷烈为声",用刑惨毒闻于天下者。如汉代郅都、宁成、王温舒(《汉书·酷吏传》),唐代索元礼、来俊臣、周兴(《新唐书·酷吏传》)等。其五,以特殊身份侍于"君侧"而留名于史者。如东汉单超、侯览(《后汉书·宦者列传》),唐代高力士、鱼朝恩(《旧唐书·宦官传》),明代怀恩、李芳、魏忠贤(《明史·宦官传》)等。其六,以"望云省气,推处祥妖"及神仙、卜筮诸术闻于天下者。如东汉樊英、费长房(《后汉书·方术列传》),晋代戴洋、佛图澄(《晋书·艺术传》),唐代张果、罗思远(《新唐书·方伎传》)等。其七,以婉媚取幸或以权术邀宠而知名者。如汉代邓通、韩嫣、董贤、李延年(《汉书·佞幸传》),明代纪纲、门达、陶仲文(《明史·佞幸传》)等。其八,以经商致富而名扬天下者。如白圭、乌氏倮、巴寡妇清(《史记·货殖列传》),以及关中田氏、安陵杜氏、杜陵樊氏(《汉书·货殖传》)等。

通过记述具体历史人物,可以从被反映者身上透露出若干历史信息。记述的历史人物越多,透露出来的历史信息也就越全面、越广泛。由于纪传体文献所记述的人物涉及到了社会各个阶层,历史信息也就几乎覆盖到了社会的各个角落、各个方面。

(二)勾勒要事

史表以时间为经,以人物、事件为纬,用表格形式最集中、最扼要地勾勒出有关史实的前后变化。

史表固然不像本纪、列传那样每史必有,但涉及的范围却是相当广泛的。史表反映的对象既有人物,也有事物。人物方面包括王侯、后妃、外戚、功臣、宰相、宗室要员、人物品格及世系方面的揭示;事物方面则包括历史大事、官僚制度、属国、藩部、外交往来等情形的记录(可参见第三章第二节之"史表类别"部分)。可以说,凡是应当特别提及的史事,基本上都以史表形式反映了。

对于一般人来说,读史表似乎表面上有些单调,其实不然。只要首先系统阅读了其他体例中的文字资料,则在此基础上再读史表,堪称是一种精神享受。因为纪传体史书中设立史表，犹如莽莽林海中辟一斜阳小径，确有沟通彼此、开拓视野，乃至增广见闻和新知之功。这对于读者高屋建瓴、宏观把握历史人物和历史事件而言，具有特定的重要意义。

（三）反映专史

以司马迁《史记》开创的"八书"为起始，书志体的记述范围由狭而广，不断拓宽。这种体例以事为类，几乎涵盖了当时所能意识到的一切领域。纪传史家眼界之阔，达到了以往编年史家们望尘莫及的地步。

具体来说，以书志体为主要形式的专史记述了以下四个方面极其难得的重要内容。

1. 典章制度

典章制度，简称典制。这是在一定历史时期内，由国家层面颁布、实施的重要法令、政策和制度。典章制度是人类社会文明发展到一定阶段的产物，所涉范围相当广泛。概括起来，主要反映于以下九种形式。

（1）礼乐志

"二十六史"中的《礼乐志》，是"礼志"、"乐志"的合称，或分称为《礼志》与《乐志》。

"制礼作乐"乃是教化民众、加强封建统治的重要手段，历来被最高统治者视为头等大事。所谓"《六经》之道同归，而礼、乐之用为急"，"故象天地而制礼乐，所以通神明，立人伦，正情性，节万事者也"（《汉书·礼乐志》）。故纪传体史书大都有《礼志》和《乐志》。

其中，《礼志》记述古代各种礼仪制度，主要包括祭祀天、地、宗庙的所谓"三礼"，以及吉、嘉、宾、军、凶所谓"五礼"的沿革变迁。其中的吉礼，号称"五礼"之冠，乃是对天神、地癨、人鬼的祭祀典礼；嘉礼，主要记述婚、冠、朝会、册封、宴飨等方面的礼仪；宾礼，主要记述天子与侯国、四夷以及侯国、四夷之间交际的礼仪;军礼,系指军旅操练、征伐之礼;凶礼,乃是记述哀悯吊唁之礼。

《乐志》记述古代各个时期乐舞方面的沿革变迁。纪传体史书中有不少《乐志》很有价值。例如《宋书·乐志》因古代的《乐经》焚于秦火,班固以下又疏于记载,遂刻意搜求,"自郊庙以下,凡诸乐章","并皆详载"。不仅记录了乐舞的起源、发展,以及金、石、土、革、丝、木、匏、竹等"八音"乐器的形制,还记述了郊祀歌、民歌,以及鼓吹铙歌等大量歌词。又如《隋书·乐志》中介绍了隋文帝时期的"七部乐","始开皇初定令,置《七部乐》:一曰《国伎》,二曰《清商伎》,三曰《高丽伎》,四曰《天竺伎》,五曰《安国伎》,六曰《龟兹伎》,七曰《文康伎》"。同时也介绍了后来的"九部乐","及大业中,炀帝乃定《清乐》、《西凉》、《龟兹》、《天竺》、《康国》、《疏勒》、《安国》、《高丽》、《礼毕》,以为九部",由此还详及乐器形制、乐工人数及歌词。《隋书·音乐志》是一部旨在反映君王雅乐、庶民燕乐的音乐文献,其中既有祭天地、祀鬼神的乐章,也记载了各种表演艺术形式以及域外音乐的传入。譬如《西凉》乐的记载,"西凉者,起苻氏之末","其歌曲有《永世乐》,解曲有《万世丰》,舞曲有《于阗佛曲》。其乐器有钟、磬、弹筝、挡筝、卧箜篌、竖箜篌、琵琶、五弦、笙、箫、大筚篥、长笛、小筚篥、横笛、腰鼓、齐鼓、担鼓、铜拔、贝等十九种,为一部。工二十七人"云云。

(2)选举志

所谓选举制,就是古代各个时期国家官员的选拔和任用制度。中国选举制相当悠久,由于历史时期的不同,选举制便有很大不同。大而言之,主要可以概括为五种形式。所谓"五种形式",即夏商周三代时期亲贵合一的"世卿世禄制",春秋、战国时期的"军功招聘制",两汉时期的"察举征辟制",魏晋六朝时期的"九品中正制",以及隋唐以后的"科举制"。

相比之下,中国古代科举制不仅是影响最深远的选举制,也是"二十六史"里记载最为详细的选举制。科举制度源于隋朝,确立于唐代,以后历代相承,前后延续 1300 多年,堪称沿用时间最久、生命力最强,在培养、选拔和任用知识分子方面也最有成效的选举制度。

因而自《新唐书》以下,诸史多设《选举志》,不仅集中地反映了以科举制为主要内容的官吏选拔制度,也保留了许多珍贵的原始资料。例如《新唐书·选举志》记述了唐代科举考试的情况,其考试科目有秀才、明经、俊士、进士等 12 种,中式者须到吏部应选,经过"身"、"言"、"书"、"判"例行手续检查合格后方能做官。又如元朝是少数民族建立的政权,曾有人怀疑元朝是否重视文化建设。但《元史·选举志》记述了元代科举考试的科目,反映了蒙古人、色目人、汉人的取士制度以及官员的选任和考核等内容。从延祐二年(1315)到至正五年(1345)的三十年间,元帝国多次进行全国性科举考试,有场次,有政策,有细节,"金榜题名"的蒙、汉、色目等人多达 695 名。又如《明史·选举志》概括了选举法:"大略有四:曰学校,曰科目,曰荐举,曰铨选。学校以教育之,科目以登进之,荐举以旁招之,铨选以布列之,天下人才尽于是。"如此等等,诚可谓叙述详明,具有一定的代表性。

(3)职官志

遥远的古代,原本没有国家,国家是进入阶级社会以后才出现的新生事物。国家要存在、要发展,自然离不开从中央到地方各级行政机构的运转,也自然离不开在这些管理机构中担任职务的各级官员。

中国古代官制与政治体制互为依存。因而既有夏商周三代时期的"宗法君主制",也有进入封建社会以后的"封建君主制"。在不同背景下,各级官员权益所在,各司其职,各事其事。职官重要而复杂,乃是设立《职官志》的根本原因。

"二十六史"中的《职官志》,或作《百官志》。《职官志》首创于范晔《后汉书》，但这是名义上的机缘巧合。《后汉书》原本无志，实为晋人司马彪《续汉书》之志补入。《职官志》记述各朝中央和地方职官制度，包括机构、职能、沿革、品阶、禄秩等内容。自《后汉书》之后，诸如《宋书》、《南齐书》、《魏书》、《旧唐书》、《新唐书》等多种史籍，均效法《后汉书》设立《职官志》。当然于此有必要提示，司马迁《史记》、班固《汉书》虽然均无《职官志》，然《史记》、《汉书》中设有各种各样的官吏王侯表，尤其是《汉书》的《百官公卿表》，其内容、性质与《职官志》并无多大区别。

总之，由于《后汉书》的振臂一呼和以后多数史书的群起响应，于是在后来的历代王朝中，上自朝廷大员、下至州县官吏的官僚体系，大体上都得到了相应的反映。

（4）刑法志

古代刑法是统治阶级维护其统治的重要工具，也是统治阶级意志的直接反映。

因而，自从《汉书》首创此志后，《晋书》以下的大多数正史均设《刑法志》。《刑法志》反映了刑法的产生和演变，记述了各朝法制刑律的具体内容。一般情况下的历朝历代均有刑律方面的相应记载，至于历史上极重刑律的朝代，在相应史书之《刑法志》中更是留下了大量详尽具体的记录。例如唐代武周时期，基于当时政治背景的需要，武则天"严于用刑，属徐敬业作乱，及豫、博兵起之后，恐人心动摇，欲以威制天下，渐引酷吏，务令深文，以案刑狱"。于是著名酷吏周兴、来俊臣等人，"相次受制，推究大狱"，每每审讯时，"无问轻重，多以醋灌鼻。禁地牢中，或盛之于瓮，以火圜绕炙之。并绝其粮饷，至有抽衣絮以啖之者"。其所作大枷，"凡有十号：一曰定百脉，二曰喘不得，三曰突地吼，四曰着即承，五曰失魂胆，六曰实同反，七曰反是实，八曰死猪愁，九曰求即死，十曰求破家"，当此之时，"海内慑惧，道路以目"（《旧唐书·刑法志》）。又如《明史·刑法志》云："刑法有创之自明,不衷古制者,廷杖、东西厂、锦衣卫、镇抚司狱是已。是数者,杀人至惨,而不丽于法。踵而行之,至末造而极。举朝野命,一听之武夫、宦竖之手,良可叹也。"

(5)郊祀志

"二十六史"中的《郊祀志》,或作《祭祀志》。《郊祀志》记述古代封建统治者祭祀天地("昭示百神"、"望侁山川")的礼仪和祭祀天地的情况。

此志首创于《史记》之《封禅书》,虽然以后仅有《汉书》、《后汉书》及《元史》等几部史书设置此志,但是,"郊祀"、"封禅"的确是古代极其重要的大典,许多资料至为宝贵。例如《汉书·郊祀志》载:汉武帝即位后,"尤敬鬼神之祀",多年无改。譬如武帝"郊雍,曰:'今上帝朕亲郊,而后土无祀,则礼不答也。'有司与太史令谈、祠官宽舒议:'天地牲,角茧栗,今陛下亲祠后土,后土宜于泽中圜丘为五坛,坛一黄犊牢具。已祠尽瘗,而从祠衣上黄。'于是天子东幸汾阴"云云。又如在《元史·祭祀志》里,叙述重大典礼活动外,还在《国俗旧礼》篇中记述了蒙古族"洒马奶子"、"射草狗"、"脱旧灾"、"迎新福"以及生育、丧葬等习俗。

(6)兵志

军事建设事关国家政权安危,历代无不重视,而《兵志》就是旨在反映这一领域的专志。

在先秦乃至汉魏六朝时期,大大小小的军事战争不计其数,战事详情也屡见于史书记载。然而,作为专门反映这一领域的特殊园地,长期付诸阙如。唐代以后,这一局面始得改观:《新唐书》首创了《兵志》。尽管《新唐书·兵志》撰写得并不尽如人意,但因为这毕竟是关系到国家政权柱石的大问题,所以自《新唐书》以后绝大多数史籍均予以高度重视。特别是从《宋史》以下,诸史《辽史》、《金史》、《元史》、《新元史》、《明史》以及《清史稿》等史籍,无一例外,皆设立了

《兵志》。《兵志》主要记述各朝军队建置和军政制度,包括管理、部署、招募、训练、屯戍、器甲等内容。《清史稿·兵志》篇幅较大,其中还特别新增了反映时代特征的水师及海军两项。

《兵志》有时与《职官志》的内容相交叉,可以彼此参见其史事。

(7)仪卫志

古代重视仪卫制度,其初衷缘于"尊君"、"肃臣"理念。正是在这一思想的指导下,特别设立了专志《仪卫志》。

《仪卫志》首创于《新唐书》,比较清晰地反映了唐代统治者的护卫、仪仗制度。依照《宋史·仪卫志》的解释:"环拱而居,备物而动,文谓之仪,武谓之卫。一以明制度,示等威;一以慎出入,远危疑也。"

《新唐书》以下诸史,大多设立了《仪卫志》。它主要记载各朝殿廷内外立仗、常行仪卫。范围所及,上自皇帝、后妃、太子,下至百官的仪从,详细反映仪卫的各种规定、形制、规模、列仗、器物、排次等。

(8)地理志

由于《地理志》关乎国家行政区划和巩固政权建设之大事,历朝历代统治者无不予以高度重视。"二十六史"中的《地理志》,亦作《郡国志》、《州郡志》、《郡县志》。《地理志》首创于班固的《汉书》,自班书之后,历代史书大都设立了这一重要专志。

在《地理志》中,通常以不同时期的行政区划为单位,具体揭示了封建国家的版图、人口、自然资源等情况。《地理志》在详记各政区的方位、地形、山川湖泽、废置、分并、更名情况的同时,还往往详细记述了有关名胜古迹、户口、垦田、物产、风土民俗乃至中外交通等重要信息。

毋庸置疑,历代的《地理志》为后人保留了许多宝贵资料。例如《汉书·地理志》对上郡高奴县有这样的记载:"有洧水,可燃。"这是我国首次有关石油信息的记录。在记述西河郡鸿门县的自然资源时有这样的文字:"有天封苑火井祠,火从地出也。"这是有关天然气的重要记载。又如《新唐书·地理志》在《史记·河渠书》的基础上，详细记述了唐代各地的沟渠、陂塘、池堰、运河、井泉等的情况，这些记述是研究我国古代水利史的重要参考资料。元代疆域辽阔，《元史·地理志》中关于"薄海内外，人迹所及"的记载，为后人研究古代中国、中亚、东亚、东南亚等有关地区提供了珍贵的资料。

（9）邦交志

无论是先秦时期，还是汉唐宋明时期，历史上的"中国"都曾出现过事实上的"邦交"往事。大抵早期邦国之间的关系远不如封建社会晚期那样突出和重要，因而包括明代在内的以往历代史书，并未特意设立有关邦交的专志。

《邦交志》首创于《清史稿》，也是"二十六史"中唯一设立这一专志的史书。近代以来，国家关系复杂，诸多外国都与清王朝出现了不能避免的交集。正是在这一背景下，《清史稿·邦交志》从一个侧面反映了近代中国社会发生的这一前所未有的巨大变化。在这个中国历史上唯一的《邦交志》中，首从葡萄牙、和（荷）兰"假一席之地，迁居贸易"为起始，以每卷叙一国的篇幅，着重记述了有清一朝与俄罗斯、英吉利、法兰西、美利坚、德意志、日本诸国的交往情况。此外，也记述了中国同瑞典、那（挪）威、丹墨（麦）、和兰、比利时、义（意）大利、巴西、秘鲁等远方各国的往来关系。

客观地说，这部《邦交志》所记内容不乏错误之处。但是，以其记录早期且原始之故，仍不失为一种重要参考资料。

2. 社会经济

民为邦之本，民以食为天。因此，司马迁首开重视社会经济的光荣传统。在"二十六史"里，纵观这种事关社会经济方面的史志，主要涉及到民生、河流和交通等三个方面的专篇。

（1）食货志

在正史中，《食货志》是旨在反映社会经济的专篇。本志起始于

《史记·平准书》，确立于《汉书·食货志》。在以后诸史里，"食货志"几乎成为反映经济之专名。

《史记》中的《平准书》，是古代最早的经济史专著之一。《平准书》与《河渠书》、《货殖列传》相辅相成，全面地反映了司马迁的社会经济学理论和思想。单就《平准书》而言，它在系统论述夏商周以来经济发展走向的同时，侧重反映了从汉初到汉武帝元封元年的社会经济政策。这一时期变化巨大：汉初是"接秦之弊，丈夫从军旅，老弱转粮饷，作业剧而财匮，自天子不能具钧驷，而将相或乘牛车，齐民无藏盖"。而历经"文景之治"后，大为改观，"国家无事，非遇水旱之灾，民则人给家足，都鄙廪庾皆满，而府库余货财。京师之钱累巨万，贯朽而不可校。太仓之粟陈陈相因，充溢露积于外，至腐败不可食。众庶街巷有马，阡陌之间成群。"然而，因汉武帝改变了黄老无为思想，对外连年战争，对内搜刮盘剥，"赋税既竭"，民生凋敝，由此出台了盐铁官营、平准均输、入粟补官、卖官鬻爵等弊政。

在"二十六史"中，通过诸史《食货志》的记载，详细反映了各朝财政经济状况。具体来说，主要记述各个时期田制、赋税、和籴、盐铁、茶叶、漕运、屯田、钱币、榷估、常平、义仓、商税等方面的情况。就篇幅而言，《宋史·食货志》的明显较大，总计 14 卷，大约相当于《旧唐书·食货志》的七倍。纪传体史书社会经济资料极其丰富，除了诸史《食货志》予以集中反映外，通过本纪中的诏令、列传中的大臣奏疏，以及某些人物的言行事迹等，也都不同程度地揭示了社会经济的发展情况。自《隋书·食货志》始，以下诸志大多将序文与该志正文相对应，具有从社会经济角度探讨王朝盛衰的思想意识。

总之，通过诸史《食货志》和相关篇章，不独可以看到各个时期"社会经济发展的概况和我国各民族、各地区之间经济联系的加强，还可以看到劳动人民创造的超越往代的巨大物质财富和他们所遭受的残酷剥削"（《宋史》出版说明）。

（2）河渠志

水利建设自古关乎民生,甚至关乎江山社稷之存亡绝续,因而设立河渠专志自然在情理之中。《河渠志》首创于《史记·河渠书》,班固在《汉书》里设立《沟洫志》。自《汉书》以下,除了《宋史》、《金史》、《元史》、《新元史》、《明史》及《清史稿》设有这一专志外,其余诸史均未继续设立《河渠志》。

然而,《河渠志》涉及的内容毕竟非同寻常,它与社会经济的发展特别是国计民生的需求息息相关,所以仍然受到一些史家的高度重视。在上述设立《河渠志》的诸史中,往往有这样两种现象:一方面是以河道为纲,详细反映其不同时期的改道变迁及治理状况;另一方面,也同时反映了湖、塘、水渠等水利工程的兴修。由此可见,诸史《河渠志》对研究古代水利发展乃至生态环境情况,都有一定参考作用。

（3）交通志

无论是先秦时期,还是汉唐宋明时期,内外交通从来都是国家大事,仅以秦王朝为例,统一六国之始,"车同轨"便成为国家发展的重大举措之一。

然而或许是早期"交通"远不如近代那样突出和重要,致使明代以前的历代史书里,从来没有设立"交通志"的先例。《交通志》系《清史稿》独家创立,当然也是"二十六史"中唯一设立这一专志的史书。在《清史稿·交通志》里,以四卷的篇幅分别记述了我国近代以来,有关铁路、轮船、电报和邮政业的历史情况。虽然作者在惊叹近代成就的同时,不时伴有诸如"党人乘之,国本遂摇"之类的攻击,但这一专志毕竟是就当时世人所知,详细记载了一系列新生事物的产生及其步履维艰的发展过程。由此观之,《交通志》确有一定的研究价值。

3.科学文化

自古以来,中国人民都有重视科学文化的光荣传统。这里所说科学文化,主要涵盖了以下五个方面的专篇。

(1)天文志

我国自古以来极其重视天文星象的研究。《天文志》创始于《史记·天官书》,班固在其《汉书》里以《天文志》继之。自此以后,"二十六史"里绝大部分纪传体史书都设有此志。

所谓《天文志》,主要记载各个时期天体运行及日月星辰变化情况。通过历代正史《天文志》可以看出,在天象记录方面,中国古代观察之早,范围之广,记录之详,保存之善,长期走在世界最前列。《史记·天官书》是系统反映天文星象体系的最早论著之一。司马迁的天文学贡献起码有两点:其一,他以一己之力观测到恒星558颗,亦即观测到了北半球四等以上恒星的绝大多数;其二,他还创立了科学假说"五宫星官说"。司马迁以人世间帝王将相之间的隶属关系为天上星官逐一命名,将原本杂乱无序的恒星世界组成了各归其类的完整体系,从而为后人提供了一个学习研究的平台。

在《史记》之后,班固等后世史家继承了司马迁重视天象研究的传统。例如《汉书·天文志》中记载:"元光元年(前134)六月,客星见于房。"这是中外天文史上都有记载的第一颗新星。而欧洲的记载,无月份,又无方位。所以法国人比奥将中国人记录的这颗新星以第一颗列入他的《新星汇编》中。又如在《后汉书·天文志》中记载:"中平二年(185)十月癸亥,客星出南门中,大如半筵,五色喜怒稍小,至后年六月消。"这是比较完整的有关超新星的记录,对研究超新星具有重要参考价值。再如《晋书·天文志》还在公元7世纪即记下了彗星之尾总是向着太阳的重要发现,欧洲人直至1532年才发现这一规律。我国也是日食、月食、流星、太阳黑子的最早发现者,有许多资料保留在《天文志》中。

尤其应该指出的是,有些《天文志》因出于名家之手而水准上乘,有些《天文志》则因该朝有特殊人物而反映了重要天文成就。前者,例如唐代杰出天文学家李淳风亲撰之《晋书·天文志》；后者，例如《元史·天文志》中分设了《简仪》、《仰仪》、《大明殿灯漏》、《正方案》、《圭表》、《景符》、《窥几》、《西域仪象》、《四海测验》诸目，不仅全面反映了元代杰出天文学家郭守敬有关各类天文仪器的制作、使用方法、用途和效果，还介绍了引进的西域仪象，并介绍了著名的《授时历》，内容相当丰富。

（2）律历志

建立历法以确定季节，对发展农业生产和国计民生有重要意义。因而，自司马迁撰写《律书》和《历书》之后，以后诸史多设《律历志》或《历志》。此志主要记载各朝历法的损益变革，调整误差，还记有仪象观测工具等事宜。

中国古代历法是世界第一流的，在《律历志》中保存着许多宝贵资料。例如在《汉书·律历志》中，特别记载了汉武帝元封七年（前105），由太史令司马迁等人参与和领导的《太初历》。《太初历》不单是我国历法史上第一次大改革，也是第一部具有完整文字记载的历法。这部新历法重要的现实意义和深远的历史意义，起码体现于三个方面：其一，它第一次准确地推算出 135 月的日食周期，即 11 年应发生 23 次日食。范文澜先生曾就此高度评价：这是"当时最进步的历法，因为它根据天象实测与多少年来史官的忠实记录，得出一百三十五个月的日食周期。自从有了这个周期，历家可以校正朔望，日食现象也不再是什么可怕的天变，而是可以预计的科学知识了"（《中国通史简编》，人民出版社 1965 年修订本）。其二，《太初历》将夏历"正月岁首"定为永制，并且计算出一月的日数为 29.53 天，一年的日数是 365.25 天。其三，《太初历》也是第一次把具有中国特色的"二十四节气"写于历法，这对我国几千年来农业生产的发展具有极其重要的指导意义。

类似以上记载者，不乏其例。例如在《新唐书·历志》中，详细介绍了当代一流天文学家李淳风的《甲子元历》(即《麟德历》),以及僧一行的《大衍历》和黄道仪。还要特别值得一提的是,在《元史·历志》中,详细介绍了著名天文学家郭守敬制作的《授时历》。为了提高历法精准度,郭守敬制作了世界一流的"简仪"、"仰仪"等观测天象的仪器,还建立了以大都(北京)为中心的诸多天文观测点。由此,使得他编制的《授时历》一跃成为中国古代最优秀的一部历法。《授时历》以365.2425日为一年,比目前通用的公历仅仅误差26秒。

(3)艺文志

"二十六史"中的《艺文志》,亦作《经籍志》。在纪传体史书中,这是旨在反映中国古代各个时期国家层面图书文献的重要史志,也可以理解为,这是专门反映古代目录学和古代学术思想的专篇。

《艺文志》首创于《汉书》,后世不少史书纷纷效法。在设有此志的史书中,尤以《汉书·艺文志》、《隋书·经籍志》、《明史·艺文志》(亦称为《汉志》、《隋志》、《明志》)给后人留下最为深刻的印象。

所谓《汉志》,这是以刘歆的《七略》为基础,将图书区分为38小类,并以大、小序说明这一分类体系缘由,首开根据官修目录编制正史《艺文志》的先河。清人金榜曾高度评价道:"不通《汉书·艺文志》,不可以读天下书。《艺文志》者,学问之眉目,著述之门户也。"(王鸣盛《十七史商榷》)所谓《隋志》,这是我国现存最古的第二部史志目录,也是现存书目里最早以经、史、子、集四部区分图书的目录。它以总序、大序、小序简述诸家学术源流及其演变,于四部以下各类著录书名及卷数,并常以小注简释作者爵衔及图书情况,对后世目录学的发展具有至关重要影响。所谓《明志》,亦极具个性。它不像以往《艺文志》或《经籍志》那样,致力于记述一代藏书之盛,而是仅仅著录有明一朝文人撰写的图书文献,开创了《艺文志》专详一代著述之盛的先河。

（4）释老志

《释老志》，顾名思义，这是专门记述佛教和道教历史和有关信息的专篇。

《释老志》为北齐人魏收所撰，他在《魏书·释老志》里，首先以一定篇幅反映了有关佛教的内容。不独介绍了佛教传入中国的过程及发展情况，记述了影响较大的一批高僧以及孝文帝开凿龙门石窟的情况，还反映了佛教对北魏社会所发生的重大影响；其次也反映了道教的情况。道教虽然是中国汉代以来土生土长的一个宗教，但有如《魏书·释老志》中这样的专详其历史发展源流者，在正史中尚属首次，在以往的其他史书中也属罕见。以后的纪传体史书没有再设此志，实是一大缺憾。当然，《元史》和《新元史》中的《释老传》也可以视为《释老志》的补充。

（5）舆服志

"二十六史"中的《舆服志》，或作《车服志》。它首次出现于《后汉书》，是专门记述各个时期有关车马服饰情况的专篇，属于古代礼仪的一部分。在"二十六史"中，约有近半数的正史设有《舆服志》。

诸多史书中的《舆服志》确实有鲜明的政治色彩，诚如前人所说，旨在体现"上下有序"，"尊尊贵贵，不得相逾"之目的。但是，它毕竟详细记录并保留了古代有关车马服饰的大量资料。在历代《舆服志》中，主要对象以记载皇帝为主，同时兼及后妃、太子、王公诸臣，乃至士庶人等。对于上述各种类人物的车马服饰，大都详述其形制、数量、颜色、佩饰，以及不同等级之差异。平心而论，通过阅读诸史《舆服志》，对于了解古代各个历史时期的社会习俗具有重要的参考意义。

此外，很有必要在此强调一点：即要想比较全面品评或了解纪传体文献中有关科学文化的各类专篇，仅仅着眼于"二十六史"的涉猎范畴，显然还存在一定的局限性。于此尤其有必要提及著名史学家郑樵和他的《通志》。

郑樵，字渔仲，南宋兴化军莆田（今福建莆田）人，学者称"夹漈先生"，著名史学家、目录学家。他早年在夹漈山中读书，"与田夫野老往来"，一生注重实学，勇于批判创新。郑樵著作甚多，累计84种，至今能看到者尚有《通志》、《夹漈遗稿》、《六经奥论》、《尔雅注》、《诗辩妄》等。《通志》是郑氏的代表作，堪称古代极其罕见的一部"百科全书"。该书中有帝纪十八卷，皇后列传二卷，年谱四卷，略五十一卷，列传一百二十五卷，共计二百卷。其中极具历史价值者，当推长达五十一卷的"二十略"。《四库全书总目提要》曾评论郑樵："平生精力，全帙之菁华，惟在二十略而已。"所谓"二十略"，即《通志》里涉及二十个具体领域的深入研究，亦即氏族、六书、七音、天文、地理、都邑、礼、谥、器服、乐、职官、选举、刑法、食货、艺文、校雠、图谱、金石、灾祥、昆虫草木等。郑樵对此也颇为自负："总天下之大学术而条其纲目"，"百代之宪章，学者之能事，尽于此矣。其五略（按，指礼、职官、选举、刑法、食货），汉唐诸儒所得而闻；其十五略（按，即"二十略"中其余诸略），汉唐诸儒所不得而闻也"（《通志·总序》）。

分析归纳《通志》"二十略"，大体可以划分为以下三组：

第一组，涉及天文、地理、礼、谥、器服、乐、职官、选举、刑法、食货、灾祥等十一略。这是在以往史志有关类目的基础上，进一步整理、改造而成的。在这"十一略"中，虽然也有若干闪光点和可取之处，但总体上并未突破前人窠臼而大体上一仍其旧。

第二组，涉及氏族、都邑、六书、七音、昆虫草木等五略。这是以往史志中完全没有而系郑氏创新的类目。其中，《氏族略》中不独总结出"因生赐姓，胙土命氏"和"男之称氏，所以别贵贱；女子称姓，所以别婚姻"两个宝贵结论，还区分姓氏为32类，并详述各姓氏来源，从一个侧面反映了古代以血缘关系为纽带的宗法制度的变迁；《都邑略》是对唐代刘知几关于设置"都邑志"（详见《史通·书志》）建议的响应和实践。通过都邑的记述,可以由此反映出古代政治斗争和政权变迁的情况;在《六书略》中,郑氏"驱天下之文字,尽归六书",堪称后人研究古代文字学的重要参考资料;在《七音略》中,表明音韵"以通声音之学","识四声而不识七音,则失立韵之源"。此志不失为后人研究古代音韵的门径之学;《昆虫草木略》的建立耐人深思,它是基于"儒生家多不识田野之物,农圃人又不识诗书之旨,二者无由参合,遂使鸟兽草木之学不传"的现状,因而郑氏遂集合天地间种类纷繁之动物、植物,将其分为草类、蔬类、稻类、木类、果类、兽类、禽类等等。由于这些精细的分门别类体系的出现,不仅使人们对自然界纷繁万物具有一目了然的感觉和认识,更重要者,是在引导后人重视植物学、动物学研究方面厥功至伟!

第三组,涉及艺文、金石、图谱、校雠等四略。这是对旧史《艺文志》的进一步扩充和完善。试以其中之金石、图谱二略为例。之所以首创《金石略》,是因为金石款识经久不变,"以兹稽古,庶不失真"(《通志·总序》)。之所以首创《图谱略》,是因为图书经纬,错综成文,左图右书,不可偏废,所谓"为天下者,不可以无书,为书者不可以无图谱,图载象,谱载系,为图所以周知远近,为谱所以洞察古今"(《通志》年谱序)。总之,由于图谱、金石、校雠三略的创新出现,既是对以往正史《艺文志》的拓展和补充,也是封建社会文化学术进一步发展的必然反映。

在此还有必要指出,目录学在传统文化领域里素有"显学"之称,而以上"第三组"中的《艺文略》、《金石略》、《校雠略》和《图谱略》恰恰系统地反映了郑樵的目录学理论和实践。例如在《艺文略》中,郑樵的目录学思想尤其可贵。他的思想理念在以下两方面具有很高的理论价值和应用价值。

第一,《艺文略》并非纪一代藏书之盛,亦非专纪一代著作,而是"纪百代之有无"、"广古今而无遗"的通史艺文志。所谓"广古今而无遗",即既记现存之书,也要记历代亡佚不存之书。之所以要记"亡佚"之书,在郑樵看来,只有通录图书之有无,方能"上有源流,下有沿袭,学者亦易学,求者亦易求"(《通志·校雠略》)。

第二,郑樵在图书分类上有重大突破。他特别重视"类例"(即分类),所谓"学之不专者,为书之不明也。书之不明者,为类例之不分也"。"类例分,则百家九流,各有条理。"他强调"类书犹持军也。若有条理,虽多而治;若无条理,虽寡而纷。类例不患其多也,患处多而无术耳"(《通志·艺文略》)。因而郑樵打破传统图书分类,建立了一个扩充大类、增加三级类目的新型分类体系。又如在《校雠略》中,郑樵不仅论述了目录的功用、分类的原理和著录的方法,还推出了以提要或解题方式的编写法。无论是《艺文略》还是《校雠略》,都为中国目录学发展做出了卓越的贡献。

4. 奇异现象

无论是自然界之山川木石、鸟兽虫鱼,还是人类社会之芸芸众生、五行八作,但凡属于常见之物、常见现象,一般都不会引起人们特别注意而疏于记载。但是,偶尔出现的极为罕见之物、罕见之象,由于前人百思不得其解,反而如实记之于史书中。在"二十六史"里,有关"奇异现象"的记载,主要有以下两个专篇。

(1)五行志

《五行志》,创始于班固《汉书》。这是根据古代水、火、木、金、土所谓"五行"学说,旨在著录人类社会和自然界发生的不为时人理解的奇异现象的专志。所谓"奇异现象",主要是指淫雨、大雪、暴风、冰雹、大水、雷电、蝗灾、川竭、大旱、疾疫、山崩、地陷、火灾、地震、日月之食、星辰变化、讹言、童谣、妖孽、山鸣、酷寒、男女变异等非常现象,间记嘉禾、瑞麦、甘露之类的符瑞奇观。

在"二十六史"中,除了《史记》、《三国志》等十一部正史未设此志外,其余史书均有《五行志》。诸史《五行志》内容庞杂,故而常常遭到后人的批评和责难。灾异、祥瑞之类，本来是人类社会及自然界产生的一种极其自然的现象，但是，若从"五行"说的观点看，则任何一种奇异现象都有深刻背景，都导源于"五行相生"、"五行相胜"的理论。按照《尚书》里的五行说，所谓正常情况下，本应是"水曰润下，火曰炎上，木曰曲直，金曰从革，土爰稼穑"（《尚书·洪范》）。而在反常情况下，便会发生刘向《洪范五行传论》中所谓"木不曲直"、"火不炎上"、"稼穑不成"、"金不从革"、"水不润下"的现象（《汉书·五行志》），于是便导致人类社会和自然界出现各类灾异。单就时人并不理解的若干"奇异"现象而言，由于这一荒唐理论的出现，无异于进一步蒙上了一层神秘的色彩。这种学说常将"奇异"现象视为上天警告世人的所谓"先兆"，随着人类文明程度的日益提高，《五行志》也因其明显的唯心主义倾向而经常遭到后人的诟病。

但是，对于诸史中的《五行志》，今人确实应该秉持清醒的客观态度。古代社会，尤其是班固创立《五行志》的汉代，阴阳五行说业已风行天下，并且作为社会主导思想渗透于意识形态各个领域。古代史书中记载的这一学说，就其本质而言，确实反映了当时的社会现实。但是，于此还应特别指出，《五行志》中对各种自然现象和社会现象所作的有关记录，乃是极其宝贵的历史资料。

试以"罕见"之自然现象为例。从时间上看，上自《汉书·五行志》中追述的春秋时期为起点，下至《清史稿·灾异志》里所记的光绪四年（1878），前后整整跨越了 2600 年的历史长河。这些"奇异现象"涉及面相当广泛，记录了诸如地震、山崩、地陷、日月星辰之变等诸多自然现象。这些文字资料对了解和研究古代自然界具有重要参考价值，即使对于人类今天的许多重大科研课题，也具有重要的参考作用和研究价值。例如《汉书·五行志》中记载：河平元年（前 28），"三月乙未，日出黄，有黑气大如钱，居日中"。这条信息是举世公认的全世界最早的太阳黑子记录，它比欧洲 807 年发现的太阳黑子记录早出了八百多年。又如《汉书·五行志》于元延元年(前12)七月辛未记载:"有星孛于东井,践五诸侯,出河戍北率行轩辕、太微,后日六度有余,晨出东方。十三日夕见西方,犯次妃、长秋、斗、填,蜂炎再贯紫宫中……南逝度犯大角、摄提,至天市而按节徐行,炎入市,中旬而后西去,五十六日与仓龙俱伏。"在古代天文历史上,这是对哈雷彗星详细运行情景的最早记录。

再以"罕见"的社会现象为例。据史料记载:"史记魏襄王十三年,魏有女子化为丈夫";"哀帝建平中,豫章有男子化为女子,嫁为人妇,生一子"云云(《汉书·五行志》)。此类文字不止一处,同时还有所谓"妖孽"的出现。这类现象,或许十几代或几十代才偶然发生于某时某地,但历史上的白纸黑字确实有所记载。

从一定意义上说,前人为我们特意留下的这样或那样的"奇异"文字记录,或许在现代人所谓的天学、地学、气象学、物候学、生物学、植物学、动物学以及生态平衡学等多门学科里,已不失为重要的研究资料。

(2)符瑞志

《符瑞志》,亦作《祥瑞志》、《灵征志》。此志与《五行志》有类似内容,主要记载祥瑞、灾异与人事间的关系。魏晋以降,政权更替如走马灯般旋起旋灭,统治者出于巩固政权的政治目的,不惜寻找各种所谓"祥瑞"现象,为自己大造"天命攸归"的舆论。这便是《宋书》首创《符瑞志》的社会背景。《宋书》以后,设有此志的还有《南齐书》和《魏书》等史籍。

由于《符瑞志》中往往充斥着荒诞迷信和图谶之学,所以,长期以来遭到不少学者的尖锐批评。不过,假如抛弃其"天人感应"的迷信部分,则其余有关日月星辰等变化的天文现象,以及有关风、雷、雨、电、山崩、地震的自然现象的记录,仍不失为后人研究、利用的珍贵科研资料。试以《魏书·灵征志》为例,它记载了北魏建国以来150年间所发生的一系列自然现象。其中计有"山崩"6次,"大风"39次,"大水"22次,"地震"63次等等。有些资料还记述得颇为具体,如关于延昌元年四月庚辰日发生的地震:"京师及并、朔、相、冀、定、瀛六州地震。恒州之繁畤、桑乾、灵丘、肆州之秀容、雁门地震陷裂,山崩泉涌,杀五千三百一十人,伤者二千七百二十二人,牛马杂畜死伤者三千余"云云。记述之细,令人感叹。

要之,纪传体历史文献不仅以本纪、史表反映各个时期的兴衰态势,又以世家、列传反映各类人物在历史上的地位和作用,犹恐不足,更以书志从典章经制方面揭示社会政治、经济、文化现象。由此观之,既有本纪、史表循着历史发展的纵向谱列,又有书志沿着文化层面的专门反映,还有世家、列传的演绎和注释。于是各方面的历史,各方面的信息资料,可谓应有尽有。纪传体史书涉猎的内容,实可谓空前的广博!

二、一以贯之

从宏观角度看,"包罗万象"仅仅是纪传体历史文献博极横向空间序列的一个特征,除此之外,它还有纵向贯通时间序列的第二大特征。因而,"一以贯之"的这一特征,堪称是史料可贵的又一个重要方面。

在"二十六史"里,纪传体文献"一以贯之"的这种贯通性,主要表现为两种形式:一曰"小通",即局部之通,其表现形式是"寓通于断";二曰"大通",即整体之通,其表现形式是"熔断为一"。

(一)寓通于断

"二十六史",乃是由二十六种纪传体史籍构成的一套丛书系列。拆开视之,这二十六种文献彼此相互独立,每种文献都仅仅是反映中国古代历史的一部分。然而,这些史书并没有绝对的"断代"。它们或者是在形式上藕断丝连,或者是在内容上通而不断。归纳起来,

“寓通于断”的情况非常普遍。主要表现为以下三种形式。

1. 个别史书通

所谓“个别史书通”，系指从整体结构上属于真正意义的通史，以及那些近似于通史性质的史书，它们具有打通历史时限、上下一贯的穿透力。

在“二十六史”中，司马迁《史记》属于“真正意义的通史”。该书连续反映了由远古传说到西汉的三千多年历史，而且在本纪、表、书、世家、列传等五种体例中，没有一种体例不是由远而近地表述史事，因而该书自然是“一以贯之”的典型通史。除此之外，还有四部史书属于“近似于通史性质的史书”。这四部史书是：李延寿用以反映南北朝八个朝代的《南史》与《北史》，薛居正用以反映五代的《旧五代史》，以及欧阳修重新反映五代的《新五代史》。虽然这四部史书的规模与司马迁的《史记》不可同日而语，但所记范围毕竟不限于一个朝代，因而它们也与司马迁的《史记》一样，同样具有贯通为一的“通史”性质。

2. 个别体例通

断代史名曰“断代”，然而在某些断代史的某些体例中，往往不为断代体裁所拘，而是表现出了断中有通、贯通古今的形式。一般来说，断代史中的本纪与列传仅记一朝，是实实在在的断代，而纪、传以外的其他体例则并不都是一朝一代所能牢笼。

在“二十六史”中，最典型者是《汉书》、《宋书》、《隋书》三部史书。班固著作号称断代之祖，然而其中的“十志”则基本上都是贯通古今的。“十志”以外，《汉书》中的两个史表也有类似情况：一是《百官公卿表》，一是《古今人表》。《百官公卿表》从黄帝叙起，自战国以下渐次加详，实际是一部比较简明的秦汉官制史。《古今人表》以人物为经，以品格为纬，递分九等(栏)，谱列了上自伏栖以来直至秦汉之际的各类历史人物。在《宋书》内，其中的“八志”也大体如此。

"八志"记事以三国为起始,历述魏晋以来直至有宋一朝,比较系统地记述了这一时期国典朝章的沿革变迁。与《汉书》《宋书》情况相类者,还有《隋书》的"十志"。该书"十志"原名《五代史志》,是由此前的单行本附入的。因而《隋书》"十志"不限于隋朝,而是囊括了梁、陈、(北)齐、周、隋五个朝代的典章制度。严格说来,这"十志"甚至并不限于上述"五朝",许多方面甚至还上溯到北魏以及南朝的刘宋和萧齐,几与《汉书》"十志"衔接。基于相关史料之富,宋代郑樵对《隋书》"十志"评价极高,他以为:"《隋志》极有伦理,而本末兼明,可以无憾,迁、固以来,皆不及也。"(《通志·艺文略》)

3. 新创类目通

在前史所无而系本史新设的类目中,也常有贯通的现象。这里所说的类目,不单指列传,也涉及本纪、史表和书志。断代史中的许多新增类目,以其刚刚设立,记述时往往不限于本朝,而要上溯前古,大多是原原本本,依序反映。

在本纪方面,例如《魏书》中新设《序纪》,追溯了拓跋珪以前历史,虽然史料显得有些单薄,但是它毕竟大体勾勒了鲜卑拓跋部由原始社会渐次向阶级社会过渡的序列。

在史表方面,例如《新唐书·宰相世系表》,这是以前任何纪传体史书都没有设立过的新型类目。在这个表中,不论是序文还是表格内容,一般都溯自他朝,系统反映。譬如叙裴氏之"姓"云,此姓"出自风姓。颛顼裔孙大业生女华,女华生大费,大费生皋陶,皋陶生伯益……""当周僖王之时封为解邑君,乃去'邑'从'衣'为裴。"尔后,又历述以下各代。再如叙刘氏之"姓"云,此姓"出自祁姓。帝尧陶唐氏子孙生子,有文在手曰'刘累',因以为名","事夏为御龙氏,在商为豕韦氏,在周封为杜伯"云云,尔后辗转叙至唐代。

在书志方面,例如《后汉书·舆服志》,以其是新设类目,所以便由远古叙起。记车马则起自"上古圣人,见转蓬始知为轮。轮行可载,因物知生,复为之舆";记服饰则先说"上古穴居而野处,衣毛而冒皮,未有制度。后世圣人易之以丝麻,观翚翟之文,荣华之色,乃染帛以效之,始作五采,成以为服"。尔后历叙各代车马服饰沿革变迁。又如《魏书》中的《释老志》,因系首创之作,故记佛教则溯自汉代,记道家则追及老子。皆由远而近,绝不限于当朝。

在列传方面,例如《后汉书·宦者列传》因系首创传目,遂由春秋时期"竖刁乱齐,伊戾祸宋"记起,尔后由"汉兴"而及于"汉中兴"以来。又如《明史》发前人未发,设立新式传目《土司列传》。于是,在记述湖广土司之前,先叙其缘起:"西南诸蛮,有虞氏之苗,商之鬼方,西汉之夜郎、靡莫、邛、莋、僰、爨之属皆是也。自巴、夔以东及湖、湘、岭峤,盘踞数千里,种类殊别。历代以来,自相君长。原其为王朝役使,自周武王时孟津大会,而庸、蜀、羌、髳、微、卢、彭、濮诸蛮皆与焉。及楚庄蹻王,而秦开五尺道,置吏,沿及汉武,置都尉县属,仍令自保,此即土官、土吏之所始欤。"由三代历叙至今,这就绝不是限于有明一朝,而是数千年一以贯之了。

(二)熔断为一

以上所说的"贯通",或限于某部史书,或限于某些体例,或限于某些类目,故而不过是"小通"。若就整个"二十六史"系列丛书而言,由于它们无一例外地全部采用了统一的纪传体例,因而表现为显著的"熔断为一"的"大通"。

于是有一种令人振奋的文化现象赫然眼前,试看在由《史记》到《清史稿》的"二十六史"丛书系列中,其中许多史籍都具有承上启下的功能,几乎是一以贯之地进行无缝衔接。如果我们将"二十六史"比作一列长长的火车,将司马迁的《史记》比作列车的车头,则这套巨型丛书之浑然一体,便酷似结构相同的一节节车厢。由于各节车厢前后的紧密连锁,整个车体便俨然组成了一条完整壮观的巨龙。这样一部"前后一贯"的鸿篇巨制,乃是建立在一个个"小通"基础之上,故而称之为"熔断为一"的"大通"。

说到底,"二十六史"丛书系列之所以具备"熔断为一"的鲜明特征,完全有赖于纪传体文献自身的严整体例。这种体例具备简单明了、内涵丰富、极便上下衔接,并且易于被后世读者接受及掌握的诸多亮点,因而具有极其顽强的生命力。正是因为具备了这种"严整体例",才使得在历代编纂的纪传体史书中,作为反映主要历史人物的"本纪"和"列传"这两种体例,可以说每史必设,殆无虚席;至于那些或有缺载之憾的史表和书志,也往往能通过后人在各个领域的不懈努力,使相应遗漏得以补齐并能上下衔接起来。于是规模巨大的"二十六史",便以俨然一致的形式,反映了由远古传说直至辛亥革命的中华民族的文明史。

纪传体文献"一以贯之"的基本特征,不仅具有极其重要的历史意义,也具有相当重要的现实意义。只要认真、系统地研究各种体例中的文字记录,就可能会出现意想不到的科研价值。譬如在纪传体"书志"体例中,经过前人所载和后人补缺,相应文化领域里的文字记录,大抵已原原本本地摆在世人面前。对于其中的文字资料,如果仅仅是孤立地局部地看,或许并不惹人注目。但是,如果对其进行全面系统的审视和研究,便极可能有意想不到的重大发现。试看以下两例。

例如黄河决口的记录,可谓史不绝书。早在《史记·河渠书》中,司马迁即有关于大禹治水的记载。从此之后,关于治理黄河的情况,纪传体史书中多有记载。我们如果仅仅注意个别资料,那就不过是何年何月黄河决口于何处的一般反映。但是,如果将这些资料逐一累积统计出来,则情形必然大不相同。近人张了且根据史料所载,曾撰写了《历代黄河在豫泛滥纪要》一文,其中列出一组统计数字。自秦代以后,历代黄河的决口次数是:西汉 7 次,东汉 1 次,魏 1 次,晋 1 次,唐 12 次,五代 12 次,宋 71 次,元 61 次,明 121 次,清 73 次,共计泛滥 360 次。著名史家翦伯赞先生曾就此指出："从这里,我们可以看出自汉至唐 1105 年间,黄河泛滥不过 22 次;自五代至清 1011 年间,黄河泛滥竟有 338 次。从这种数字的排列,我们就可以对于黄河的泛滥得到一个总括的概念,即自五代以后,黄河在豫的泛滥日益频繁。"(翦伯赞《史料与史学》)当然,我们倘若再由此进一步研究,还可以从中得到有关生态环境诸方面的某种启示。

再以古代天象记录为例。在纪传体史书中的《天文志》、《五行志》里多有记载。其中不仅保留了大量有关天象变化的宝贵资料,而且前后相续、极其系统。据云南天文台 1975 年统计,从公元前 43 年(即汉元帝永光元年)《汉书·天文志》中有太阳黑子活动记录以来,直至 1638 年,我国古代有关太阳黑子活动的记录总共有 106 条。正是依据这些系统的连续不断的详细资料,中国科学院云南天文台由此推算出太阳黑子出现的周期是 10.6 ± 0.43 年。此外,关于彗星的记录,关于新星、超新星的记录,关于日食、月食的记录,关于行星运行的记录,关于恒星位置及其移动现象的记录等等,在纪传体历史文献中也都有比较准确的、多次的、甚至是连续不断的反映。

不仅如此,前面提到的地震、山崩、大旱、淫雨、酷寒、大风、冰雹等等,也多有类似记载。即便是仅记 53 年历史的《旧五代史》,在其《天文志》、《五行志》中,也系统记录了五代时期历次日食、月食、星象变化,以及水、旱、火、蝗、地震等自然灾害。

由此可见,无论是纪传体文献"寓通于断"的"小通",还是"熔断为一"的"大通",它们在时间序列"贯通性"上的重要意义,皆不可低估。

三、资料珍贵

自古以来,纪传体文献受到特别重视。尤其是以《史记》、《汉书》为代表的"二十五史",近现代以来一直被尊称为国之"正史"。

分析这一背景,其中固然有政治的原因,但这决不是唯一的因素,否则就无法解释:何以在今天的中国社会科学研究(当然也包括自然科学研究)中,利用这种文献资料的现象仍随处可见。事实表明,纪传体历史文献除了具有博洽、贯通的特征外,它的文字资料还具有相当珍贵的特征。认真考察这一特征,突出反映于以下两个方面。

(一)史料原始

这里所谓"原始",不是指文献的加工程度,而是特指纪传体历史文献具有第一手资料或接近于第一手资料的重要特征。与其他类型的文献相比,纪传体历史文献的这一特点是比较突出的。

毋庸置疑,举凡经过历史长河的大浪淘沙,而有幸保存下来的历史文献,在很大程度上是基于自身具有的强大生命力,由此受到特意保护的缘故。流传至今的"二十六史"固然也有质量高下之分,但是,由于历代史家不失时机地利用有关资料进行编纂,使得几乎每部史籍都具有储存早期文献资料的信息库性质。纪传体文献通过各种体例,汇集了历史上各个时期的有关资料。而且在呈现出这样一个普遍规律:传世愈早的正史,便愈是明显地体现出这一特点。试看"二十六史"里的这一文化现象。

1.《史记》史料

《史记》虽然只有52万言,却像一座蕴藏量极其丰富的金矿。在这座矿山中,几乎包容了汉代以前及汉代前期各个方面的史料。据日本学者泷川资言在《史记会注考证》一书中的统计,被《史记》征引的中国汉代以前的典籍多达70余种。张大可编著的《史记研究》统计是102种。即使根据50年代卢南乔的《论司马迁及其历史编纂学》(《文史哲》1955年第11期)一文的统计,也有81种。这些资料还只是《史记》中直接引用和明确提到过的,实际上没有记载和没有明确提到的当更多。诚如卢南乔先生所说:"实在,先秦及同他并世人流传的载籍,他是完全能够得到而且加以利用的。《汉书·艺文志》：‘大凡书六略，三十八种，五百九十六家，万三千二百六十九卷。’除晚出者，我们相信太史署是会收有的。从班固《汉书》对武帝以前的撰写，并没有补入什么新的资料，就可充分证明。"（同上）《史记》引用的文献，有些至今固然还流传于世，但更多的则早已散佚不存。从这个意义上说，《史记》的确起到了储蓄古代早期史料的作用。

正是因为司马迁采用了当时最先进的体裁，又具有丰富的历史史料，所以，"汉武帝以前的中国古史，便第一次放出了光明"（翦伯赞《论司马迁的历史学》，见《史料与史学》）。

2. 汉唐史料

司马迁之后，许多纪传体史家继承并发扬了《史记》的传统，同样广征博引，并且具有杰出的编撰水平。如此一来，在这些史籍取得辉煌成就的同时，也为以后学术界带来了无形的隐忧。原因何在？因为在这些著作饮誉学林、赢得世人喜爱之际，其他同类史籍则大多以无人问津而渐次散佚、消亡。当然，物以稀为贵。得以幸存下来的这些纪传体史书资料，也由此显得更加难得。

班固《汉书》堪称经典一例。本书"究西都之首末，穷刘氏之废兴"，被后人公认为反映西汉历史的力作。于是，当时其他叙汉史之书遂黯然失色。诸如刘向、刘歆、冯商、卫衡等人所记汉代之史，因而便不再传世。

《后汉书》也有类似情况。据清代学者王先谦《后汉书集解述略》记载，在范晔撰修《后汉书》之前，流传于社会上的后汉史书为数众多，计有班固、刘珍等人的《东观汉记》143卷，谢承的《后汉书》130卷，薛莹的《后汉书》100卷，司马彪的《续汉书》83卷，华峤的《后汉书》97卷，谢沈的《后汉书》132卷，张莹的《后汉南记》58卷，袁山松的《后汉书》101卷，袁宏的《后汉纪》30卷，张璠的《后汉纪》30卷，袁晔的《献帝春秋》10卷，刘芳的《汉灵献二帝纪》6卷，乐资的《山阳公载记》10卷，王粲的《汉末英雄记》10卷，侯瑾的《汉皇德记》30卷，刘义庆的《后汉书》58 卷,孔衍的《后汉尚书》6 卷及《后汉春秋》6卷,张温的《后汉尚书》14 卷。这 18 家后汉史共计 1049 卷。然而,待范晔《后汉书》出,不仅上述各家史书大多亡佚,甚至连晚于范书的梁代萧子显的百卷《后汉书》及王韶的《后汉林》等,也于不久消亡。因而,范晔《后汉书》成为后人研究东汉历史的主要参考资料。

《三国志》也出现了同样情况。据史料记载,当时撰写三国历史之书甚多,例如王沈《魏书》、韦昭《吴录》、鱼豢《魏略》等著作,均为比较有影响的文献。而当陈寿《三国志》成书后,其他三国史书亦悉数被取而代之,就连当时正在专心撰写《魏书》的夏侯湛也改变了主意,他"见寿所作,便坏己书而罢"(《晋书·陈寿传》)。

房玄龄主修的《晋书》亦复如是。据文献记载,在唐人撰写《晋书》以前,修晋史有名者起码有 18 家之众。然而"制作虽多,未能尽善",于是"敕史官更加纂录,采正典与杂说数十余部,兼引伪史《十六国书》"。由于《晋书》的出现,其余史书亦渐次淘汰,"自是言晋史者,皆弃其旧本,竞徙新撰者也"(刘知几《史通·古今正史》)。

3. 后朝史料

以上诸史,以其资料原始、编纂水平突出,成为今人研究古代历史的重要参考文献,原本在情理之中。即使唐代以后问题较多的某些正史,同样也具有值得称道的可贵史料。例如常遭世人非议的《元史》,即为这方面典型一例。这部史书确实存在着诸如本纪者一事而再书,列传者一人而二传,前后抵牾,内容重复,译名不一,以及记载不确等诸多问题。然而,《元史》毕竟是流传至今较早的和相对完备的有关元代的文献。特别还要提及的是,它据以成书的《元十三朝实录》及《经世大典》等重要典籍,至今已全都亡佚无存,又如顺帝朝史事则是史家亲自采访调查所得。故此,对《元史》这样的著作也还是要另眼相看,决不可将其混同于一般的历史文献。

不可否认,纪传体史籍中征引的许多古文献基本上是零碎的。

但是，它毕竟为后世保存了仅有的史料，为后人考证古代文献提供了线索，这样的重要意义决不可低估。试以《后汉书》为例，作者范晔经常在许多列传的序、论之中打破体裁所限，不受朝代束缚，叙事往往上溯到前朝，乃至夏、商、周三代，因而征引了大量先秦史书。最具典型意义者，是范晔曾多处征引了先秦史书《竹书纪年》。《竹书纪年》曾经失传多年，直到晋武帝太康二年（281），才被汲郡人不准盗掘战国墓葬时发现。此书所记上起夏代，下终战国魏襄王二十五年（前299），是研究先秦历史不可多得的珍贵参考书。但是，本书自出土后，由于很少有人对它认真研究，也鲜为文人引用，所以，自唐代即开始散佚，至南宋仅剩残本三卷，不久，又有伪本《竹书纪年》出现。至此，《竹书纪年》这部稀世奇作不仅已经残缺不全，而且真伪并存，混淆莫辨。然而，因为范晔在《后汉书》诸列传中（特别是在其中的"东夷"、"西羌"等列传）的序、论里，曾经大量征引《竹书纪年》的原文，这样，客观上就保存了一部分原始的可靠史料，不仅对研究先秦历史有一定作用，对考证业已散佚不存的先秦史籍也有重要参考价值。类似《后汉书》这种情况，在《史记》、《汉书》等其他纪传体历史文献中也并不罕见。

由此可见，纪传体史家在保存和挽救古代早期文献资料方面，可谓功不可没。

（二）史料重要

"二十六史"是前人参考了大量历史文献写成的。因而，读者只要稍稍留意，就不难从各个方面发现具有重要意义的内容。从史料来源上考察，可以区别为史家史料、传主史料和与之密切关联的其他史料三大类。

1. 史家史料

在中国古代历史上存在着不少既重要又复杂的问题。分析这些问题，既有涉及政治层面的治乱兴衰，也有牵涉文化领域里的典章制度。要非常清晰地说明这些问题，决非举手之劳那么容易。

　　"二十六史"的作者们，大都能在广泛占有资料的情况下，通过认真的考察研究，将那些重要问题论述得原原本本、明明白白。诸如古代地理的变迁、法律条令的沿革、官僚制度的发展等情况（参见以上有关《地理志》《刑法志》《职官志》论述）自不必说，即使像政治领域里的重要人物、重大事件和问题，也能够做到大抵精准到位的反映。例如五胡十六国时期，头绪纷繁，史料支离破碎，后人很难清晰把握这段历史。《晋书》的作者则在"时近迹真"的唐代，充分利用各种资料，终以"三十载记"系统地论述了五胡十六国的兴废变迁。当年反映这段历史的其他两部著作（刘宋武敏之《三十国春秋》及北魏崔鸿的《十六国春秋》）业已先后散佚，则《晋书》"三十载记"的利用价值也就显得更加重要。

　　此外，尤其是还有一些重要论述直接来自于学有所长的专家之手。惟其如此，这些资料一般都具有较高的研究价值。试看在《南齐书》《晋书》《隋书》以及《史记》中反映出来的典型事例。

　　萧子显是南朝颇有才华的文人，《南齐书·文学传》中便充分显示其才学，尤其是他在传后的"史臣曰"中，纵论宋齐文坛，揭示三种文体特征。这对后人深入了解和研究当时的文学发展，自有一定参考价值。又如《晋书》《隋书》之"天文"、"律历"、"五行"三志，皆出自唐代著名的天文学家李淳风之手，因而"三志"写得非常出色。特别是在《隋书·天文志》中，李氏详论中国古代天体"三说"（盖天说、浑天说、宣夜说），系统反映浑天仪、浑天象等天文仪器、计时漏刻，以及日月星辰和天象的变化等等，内容精彩、翔实，堪称以后诸史楷模。余嘉锡先生曾高度评价道："魏、晋以后，天文家之说正自多途。陈寿《魏书》阙而不志，沈约宋史志而不详，傥不收拾放坠，将致湮没不传。"当然，"淳风撰志，喜叙源流，星占月会之文，浑图《周髀》之说，连篇累牍，唯恐不详"。而相比之下，最为典型者，则首推司马迁。他以太史公世掌天官，"撰《史记》作律历、天官之书，以明文史星历之学，所以志家传，重官守也。后世史官沿之，不废其学，既非专门，不免违才易务。惟李淳风之于唐，以太史令兼领著作，与修两书，撰此诸志，为能才堪其任，用尽其长，继轨龙门，一人而已"（《四库提要辩证》）。余先生此论，堪称精彩允当。

2.传主史料

可以毫不夸张地说，有关这方面的内容涉及到了政治、经济、军事、中外关系、科学文化等各个方面。放眼科学文化领域，姑且不论诸如天象记录以及其他重要发明的记录，已经在《天文志》、《五行志》以及其他书志中多有记载，即便是旨在反映历史人物重要事迹和事件的列传中，也往往留下了许多弥足珍贵的文字信息。

试以《后汉书》为例，其中的三个传记中便留下了相当珍贵的史料记录。

在《宦者列传》中，有关于发明造纸术的最早记录：东汉人蔡伦鉴于"缣贵而简重，并不便于人"，于是，"用树肤、麻头及敝布、鱼网以为纸。元兴元年奏上之"，"自是莫不从用焉，故天下咸称'蔡侯纸'"；在《方术列传》中，有关于外科手术及锻炼身体的珍贵资料：华佗精于方药、针灸，"若疾发结于内，针药所不能及者，乃令先以酒服麻沸散，既醉无所觉，因刳破腹背，抽割积聚。若在肠胃，则断截湔洗，除去疾秽，既而缝合，傅以神膏，四五日创愈，一月之间平复"。又发明五禽之戏："一曰虎，二曰鹿，三曰熊，四曰猿，五曰鸟。亦以除疾，兼利蹄足，以当导引。体有不快，起作一禽之戏，怡而汗出，因以着粉，身体轻便而欲食"；

在《张衡列传》中，有关于传主制造浑天仪的记录，又有"阳嘉元年，复造候风地动仪"的详细记载："以精铜铸成，员径八尺，合盖隆起，形似酒尊，饰以篆文山龟鸟兽之形。中有都柱，傍行八道，施关发机。外有八龙，首衔铜丸，下有蟾蜍，张口承之。""如有地动，尊则振龙机发吐丸,而蟾蜍衔之。"

复以两晋以后正史为例,其中之人物传记里也不乏珍贵的文字记载。

在《北齐书·方伎传》和《北史·艺术列传》中,有北齐著名冶金家綦毋怀文的事迹记录。他以熔态的生铁灌注于未经锻打的熟铁中,使铁渗碳而成钢,这种"灌钢"法为中国古代炼钢技术再添新章。他造的宿铁刀"浴以五牲之溺,淬以五牲之脂",名扬天下。

在《晋书》里设立的《裴秀传》、《挚虞传》、《束晳传》等,也均有很高史料价值。其中,《裴秀传》记有古代历史地理学上的杰作《禹贡地域图》18篇,序文中记录了我国古代关于绘制地图的"分率"、"准望"、"道里"、"高下"、"方邪"、"迂直"等所谓制图"六法"。在《挚虞传》中,关于将作大匠陈勰掘得古尺,所谓"今尺长于古尺几于半寸,乐府用之,律吕不合;史官用之,历象失占;医署用之,孔穴乖错"的记载,成为研究古代度量史的重要参考。在《束晳传》中,详载太康二年,汲郡人不准盗发战国魏襄王墓的经过。其中除发现《竹书纪年》13篇外,还有《穆天子传》、《逸周书》等多种先秦古籍,为后人考古留下了宝贵的记录。

此外,应予提及者尚多。例如《南齐书》与《南史》之《文学传》记载了古代著名数学家祖冲之事迹,反映了他制造的"新历"、指南车、千里船、水碓磨,为古代科技史增加了宝贵资料;又如《隋书》诸传亦有很高研究价值:在卷七十八《艺术列传》中,不仅记述了中国古代天才音乐家万宝常的事迹及其《乐谱》64卷,又在《耿询传》中记述了水转浑天仪、马上刻漏的情况,又在《临孝恭传》、《张胄玄传》中记录了天文历算成就,还在《许智藏传》中记录了行世医方。同时,在卷六十八之《宇文恺传》里记建造观风行殿,在《何稠传》中记录了制造绿瓷琉璃、织金锦袍以及木质六合城的技术;此外,在卷四十八之《杨素传》中,记载了可乘八百余人的五牙战舰等等,为了解中国领先世界的古代科技提供了重要资料。

3. 附载史料

纪传体诸史中附载的作品,不仅内容涉及各方面,形式也多种多样。诸如诏令、奏疏、诗赋、文章等应有尽有。通常情况下,这些资料是通过不同类型的传主附载的。以特定历史人物附载有用之文,这是纪传体文献的一个优良传统。在正史中,司马迁是最早使用这一形式的史学家。例如在《史记·秦始皇本纪》中,就曾长篇征引了贾谊的《过秦论》,用以分析秦朝灭亡的背景和原因。继《史记》之后,班固在更大范围内采用了这一形式。于是纪传体史书里上行下效,附载有用之文蔚然成风。

试以《汉书》、《后汉书》、《晋书》、《宋书》以及其他正史为例,书内附载史料之难得,亦由此可窥一斑。例如——

在《汉书》中,记有贾谊的《治安策》,晁错的《募民徙塞下疏》、《言兵事疏》,路温舒的《尚德缓刑疏》,贾山的《至言》,枚乘的《谏吴王谋逆》,公孙宏的《贤良策》,邹阳的《谏吴王邪谋》,董仲舒的《天人三策》,韩安国与王恢《论伐匈奴议》;

在《后汉书》中,例如《桓谭传》里的《时政疏》及《论图谶疏》,《王符传》里的《潜夫论》,《仲长统传》里载其《昌言》中的《理乱》等三篇,《崔寔传》里载其政论,《张衡传》载其《客问》、《陈事疏》、《请禁图谶疏》,《蔡邕传》里载其《释诲》及《上奏施政事疏》,《荀爽传》里载其对策,《荀悦传》中载其《申鉴》,《宦者列传》中载审忠弹劾华容侯朱瑀疏;

在《晋书》中,《裴頠传》载其《崇有论》,《刘寔传》载其《崇让论》,《刘毅传》载其《论九品八损疏》,《傅玄传》载其《上便宜五事疏》,《皇甫谧传》载其《笃终论》,《陆机传》载其《辨亡论》,《江统传》载其《徙戎论》,《郭璞传》载其《刑狱疏》,《鲁褒传》载其《钱神论》;

在《宋书》中,《武帝纪》里载《侨人归土断疏》、《禁淫祠诏》、《兴学校诏》,《谢灵运传》里载《撰征赋》、《山居赋》、《劝伐河北疏》,《范晔传》里载传主范晔的《与诸甥侄书》,《何承天传》里载《谏北伐表》,《顾恺之传》里载《定命论》,《周朗传》里载《献方策疏》;

此外,《梁书》中还有《贺琛传》里载其《上四事疏》,《徐勉传》里载其《上修五礼表疏》,《范缜传》里载其影响深远的《神灭论》;《周书》中还有《苏绰传》里载《六条诏书》,《卢辩传》里载其依周制建立"六官条例"等等。

由此可见,以传主附载有用之文,乃是保存古代文献的重要形式。当然,在纪传体文献中,除了列传以外,附载于本纪、书志等其他体例中的重要作品也不少见。

在此还应特别指出一点:即纪传体文献中附载的许多珍贵文字记录,大都是以原有面貌出现的。例如在《周书·苏绰传》中的所谓《六条诏书》,乃是大行台度支尚书兼司农卿苏绰参与宇文泰政治改革,代表朝廷拟成的六条诏令。这六条政令是宇文泰施展政治抱负的纲领性文件。此文件附于《苏绰传》中,原原本本,一目了然:"其一,先清心";"其二,敦教化";"其三,尽地利";"其四,擢贤良";"其五,恤狱讼";"其六,均赋役"。在每条政令之下,都系统揭示改革的原因、内容、措施,逐条论述,不厌其详。通过这一历史资料,当年宇文泰执政时的改革宗旨和方向,便跃然纸上。

当然,这里还有一种特殊情况。即在纪传体文献名篇中,经过史家改动而又无损于原著面貌者,最终也可置于"附载"之列。这方面最典型的事例,当数《汉书·艺文志》。《汉书·艺文志》形式上是班固所作,实则是在刘歆《七略》的基础上略作加工而写成的。与其说是班固的作品,莫如说是刘歆《七略》的再现。原《七略》完成于公元前 1 世纪末,是在校理皇家藏书基础上形成的。原作共著录各种文献 603 家,计 13219 卷。全书分为六艺、诸子、诗赋、兵书、术数、方技等六"略"(即六大类),各"略"下面又复分出 38 种(即 38 小类),每种之下著录书名、篇数及作者。每略、每种皆有概括说明。只要《七略》在，西汉基本藏书便一目了然。而《汉书·艺文志》则基本保留了《七略》旧貌，既有"略"与"种"之后的说明，也有书名、篇数与作者方面的系统著录，共计 596 家，13269 卷。于是在刘氏《七略》亡佚后，《汉书·艺文志》更为后人重视。它不仅是古代目录学的奠基之作，也是一部极其珍贵的古代文化发展简史。

总之，纪传体文献中附载的许多文字资料，诏令、奏疏也好，文章、论著也好，无论对当时还是对于后世，都具有重要的意义。因为其中有些是关乎经国大计，有些是涉及边疆治要，有些是属于用人之道，有些是属于重要政治主张，还有些则是属于文化事业方面重要的建言献策。

四、求实可靠

这里所说的"可靠"，系指纪传体文献在反映历史问题时具有认真核查、如实记录的特征。当然如果逐一考察"二十六史"，也并不是说各部史籍都具有这一特点。不过从总体上看，尽管某些史书还存在一些明显问题而被后人诟病，但无妨于这一系列丛书之绝大多数依然符合这一特征。质言之，相关史籍大体上还是做到了"史料可靠"。

剖析这一文化现象的成因，应该说与史学领域里长期形成的是非标准和优良传统有直接关系。

（一）崇尚直书

在先秦史学领域里，评判史家是否称职的基本标准是"直笔"（亦作直书）。所谓直书，特指古代优秀史家行为而言，亦即能够如实揭示历史、不为外界强暴所屈的一种传统美德。唐人刘知几不仅强调"良史以实录、直书为贵"的思想理念，还在《史通·直书》篇中赞扬直笔者的高尚气节："盖烈士徇名，壮夫重气，宁为兰摧玉折，不作瓦砾长存。"宋代文天祥《正气歌》里也有一段文字:"时穷节乃见,一一垂丹青。在齐太史简,在晋董狐笔。"这段文字提到了两位人物——齐太史、晋董狐。前者是春秋时期齐国史官"齐太史",后者是春秋时期晋国史官"董狐",二人都是古代秉笔直书的典型。

从纪传体丛书系列看,固然不能说它们的作者都是如同晋董狐、齐太史一类人物,但在其中的大部分著作的许多地方里,则是继承了先秦史家"直书"的传统。在秦汉以后的史学领域里,尤其以"前四史"为代表的许多著作,大都得到了后人发自内心的首肯。

《史记》是纪传体史书中秉笔直书最杰出的榜样。司马迁不独有过人的史才、史学和史识,而且颇有史德,一生实事求是,尊重历史。在他的笔下,相当鲜明地反映出了"贬天子,退诸侯,斥大夫","别嫌疑","明是非","善善,恶恶,贤贤,贱不肖"的实录精神。对于帝王,他不因汉高祖刘邦是本朝开国之君而不写其"起微细","不事家人生产作业","好酒及色",以及平时和战时的无赖行径(见《高祖本纪》),也不因为吕后系"女主称制"而无视当时"天下晏然,刑罚罕用,罪人是希。民务稼穑,衣食滋殖"(《吕太后本纪》)的繁荣景象;他并不因为著名的"文景之治"而讳言封国之弊所产生的"吴楚七国之乱",也不因为汉武帝乃"当今皇上"而不权衡其功过。司马迁既忠于史实,又敢于笔挟风雷,善其所善,恶其所恶,是非曲直,各得其所。无怪乎班固由衷赞扬《史记》:"其文直,其事核,不虚美,不隐恶,故谓之实录。"(《汉书·司马迁传》)

《史记》之后,班固等许多史家也都在一定程度上继承并发扬了直书的传统。就《汉书》而言,尽管班固的封建正统思想要比司马迁浓厚得多,但是他同样面对社会现实,敢于秉笔直书,尽可能地还历史以本来面目。试以封建社会的最高统治者皇帝为例,《汉书》往往是颂扬当朝"功德"与述汉家之"非"并举。对于汉武帝,班固一方面赞扬其雄才大略和赫赫功业,同时又指出他的成就乃是以民众的巨大牺牲为代价:"孝武奢侈余敝,师旅之后,海内虚耗,户口减半。"
(《昭帝纪赞》)更在《睦两夏侯京翼李传》之中,假借夏侯胜之口,痛
责武帝:"虽有攘四夷广土斥境之功,然多杀士众,竭民财力","天下
虚耗,百姓流离","蝗虫大起,赤地数千里,或人民相食",死者过半,
武帝刻薄寡恩,"不宜为立庙乐"。这是何等严厉的批判!对汉元帝,
一方面夸奖他"多材艺,善史书","宽弘尽下,出于恭俭,号令温雅,
有古之风烈",但是,同时却又指出其昏庸无能,"牵制文义,优游不
断",致使"孝宣之业衰焉"(《元帝纪赞》)。对汉成帝,一方面说他
"善修容仪,升车正立,不内顾,不疾言,不亲指,临朝渊嘿,尊严若
神";而另一方面又批评他"湛于酒色"(《成帝纪》),尤其在《五行
志》中还书其奸人妻女的丑恶行径。对汉哀帝,一方面说他"文辞博
雅,幼有令闻",同时却又指出,他"即位痿痹",末年加剧,"飨国不
永,哀哉!"(《哀帝纪》)对于那些以儒学升迁、庸碌卑行的所谓朝廷
大员,更是抨击有加:"自孝武兴学,公孙弘以儒相,其后蔡仪、韦贤、
玄成、匡衡、张禹、翟方进、孔光、平当、马宫及当子晏咸以儒宗居宰相
位,服儒衣冠,传先王语,其酝藉可也,然皆持禄保位,被阿谀之讥。
彼以古人之迹见绳,乌能胜其任乎!"(《匡张孔马传》)

《后汉书》在评述历史人物和历史事件时的直书特点也很鲜明,
其中特别是不以成败论事最为典型。在范晔的笔下,一些失败者并
没有因为自己的失败而失去道义和社会的合理认同。例如,东汉初
年,割据于天水、陇西的隗嚣,乃是直接与光武帝刘秀分庭抗礼而最
终败亡的人物。然在《后汉书》本传中,范晔则说他"谦恭爱士","名
震西州,闻名山东",彼以"区区两郡"之地,"以御堂堂之锋",直至山
穷水尽,"身殁众解,然后定之"。此中不仅没有半点批评之意,字字
句句全都是符合事实的述评。又如魏武帝曹操雄盖天下,而范晔亦
能书法无隐。试读《后汉书·献帝纪》中的评论:"曹操大破袁尚,平
冀州,自领冀州牧","曹操自为丞相","自进号魏王"。其任职前面

虽仅加一"自"字,意义大不寻常。只此一字之增,便交待了这些官职并非出自朝廷正常升迁晋爵,而是曹操拥兵自重,要挟天子的结果。以上文字不只是入情合理,更重要的是揭示了事实真相,体现了忠实于历史的负责精神。

陈寿以晋代学者的身份撰修《三国志》,与南朝人范晔撰写《后汉书》的社会背景不同:南朝与东汉相去较远,一般来说没有什么政治和人事方面的瓜葛;而晋朝则与三国之曹魏一脉相承,情况要复杂得多,因而陈寿记事不如范晔那样直率。虽则如此,陈氏叙事也还是"隐晦而必记其实,赞扬而不掩其失"。众所周知,汉魏禅代是三国政治领域中的一件大事,陈寿在《武帝纪》中所记则往往措词微而不诬。他一方面记述"天子使御史大夫郗虑持节策命公(即曹操)为魏公","进公爵为魏王";而另一方面则又在《董昭传》中透露出其中真情:太祖受公、受王之号,"皆昭所创"。这就是说,曹操的封号原来出自董昭与曹操的事先预谋,是由董昭出面策划的。魏晋禅代,更是晋人政治生活中最敏感的一段历史。陈寿于《三少帝纪》正文中记述:十二月壬戌,"使使者奉皇帝玺绶,禅位于晋嗣王"。作者唯恐世人不大明白,紧接着补充一句:"如汉魏故事。"这就等于提示读者,晋之代魏与魏之代汉一样,都是以武力要挟,预先策划好了的。这样一来,虽然后面"论赞"中说"古者以天下为公,唯贤是与。后代世位,立子以适;若适嗣不继,则宜取旁亲明德",甚至说明帝"情系私爱",高贵乡公"轻躁忿肆",自当废黜云云,但一望而知,那不过是必须例行的官样文章。对于被歌颂的历史人物,陈寿也往往是道其长,亦论其短。例如,他一方面极力称赞后人景仰的诸葛亮,"抚百姓,示仪轨,约官职,从权制,开诚心,布公道","善无微而不赏,恶无纤而不贬","可谓识治之良才,管、萧之亚匹",而同时又尖锐指出他的缺憾之所在:"连年动众,未能成功,盖应变将略,非其所长欤!"(《诸葛亮传》)

在"前四史"以后的正史中,甚至在一些官修正史中,也不乏坚持实录和直书的史籍。例如元代著名学者揭傒斯（1274—1344），与当时的黄溍、虞集、柳贯齐名，号称儒林四杰。他入朝为翰林国史院编修官，至正三年出任《辽史》总裁，提出修史须选用那些堪当其任的史家。他指出："有学问文章而不知史事者，不可与；有学问文章知史事而心术不正者，不可与。"他还指出："欲求作史之法，须求作史之意。古人作史，虽小善必录，小恶必记。不然，何以示惩劝。"（《元史》卷一百八十一本传）他正是这样笔削自任，凡政事得失，是非善恶，一律遵从公论。若有观点相左事，必反复论证推究，以求确当。揭傒斯忠于史职，为《辽史》的编纂甚至积劳成疾。

当然，也必须承认这样一个事实：在整个"二十六史中"，犹如《史记》那样严格"崇尚直书"者毕竟是少数，至于那些贯彻直书精神较好的纪传体史书，也并非始终如一，处处如此。

（二）批判曲笔

史学评论是史学进步的重要环节，批判"曲笔"则是弘扬"直书"的重要手段。纵观纪传体"二十六史"丛书系列，其中确实不乏令人遗憾的"曲笔"现象。例如正史中的《魏书》、《明史》，以及卷帙宏伟的《清史稿》，便经常被后人诟病，几为众矢之的。

正史中"曲笔"的典型代表，首推魏收所撰《魏书》。该书刚刚完成，便"众口喧然，号为'秽史'"（《北史·魏收传》）。因而，此后曾被迫多次修改。孝昭帝黄建元年（560），昭帝"以《魏书》未行，昭收更加研审"（同上）；武成帝泰宁元年（561），成帝又以"群臣多言《魏书》不实"，"复敕更审"（同上）；甚至到了后主武平四年（即573年，其时魏收已死），后主又命史官李纬再修《魏书》。如此之反复修改，究竟何故？根本原因就在于"曲笔"所致。该书著者不仅明显袒护北魏、北齐统治者，还利用修史之机徇私舞弊。又如由清人编撰的《明史》，也堪称正史中的典型。在这部史书中，关于清朝建国之前臣服于明朝的历史，以及清朝初期南明小朝廷的历史，全都讳莫如深，或是一笔带过,或者索性略而不书。此等明显违背史实的所谓避讳,着实令人扼腕唏嘘。至于由清末遗老们撰修的《清史稿》,其负面声浪反响更大。本书问世不久,便以其政治问题太过严重,致使南京政府很快下令禁止发行(参见第一章第四节"纪传演进")。

虽然纪传体史书里存在如此之曲笔现象,我们却不可以因此而否定一切。无需说正史中成就巨大的"前四史",即使在唐代以后陆续问世的纪传体史书里,仍然有一些史家的行为难能可贵。因为这些史家在揭示错综复杂历史时,往往站在难能可贵的高度上明辨是非,且鞭辟入里,反映了作为史学家对历史认真负责的高尚精神。逐一考察这类纪传体史家,其中表现最为突出的代表人物,则非宋代的郑樵莫属。

郑樵治史极其认真,其人其事着实令后学敬佩。在郑氏看来,以往的一些纪传史书明显存在两大弊端:一曰"欺天之学",一曰"欺人之学"。

何谓"欺天之学"?《通志·灾祥略》云:孔子去世之后,"先儒驾以妖妄之说而欺后世",例如那些说《洪范》的人,无不以为"箕子本河图洛书以明五行之旨,刘向创释其传于前,诸史因之而为志于后,析天下灾祥之变,而推之金木水土之域,乃以时事之吉凶而曲为之配,此之谓欺天之学"。郑樵以为,天文、灾祥并非没有实际意义,但是,必须同所谓"占候之说"、"图谶"迷信严加区别开来。譬如纪、传部分,宜"以雅驯者为经,其不典之言,则列于篇后,以备记载,非传信也,其诞而野如盘古者,则亦不书"(《通志》三皇纪一)。

何谓"欺人之学"?《通志·灾祥略》指出,那些说《春秋》的人,无不以为孔夫子寓褒贬于一字之间,"以阴中时人,使人不可晓解"。于是乎"三传唱之于前,诸儒从之于后,尽推己意,而诬以圣人之意。此之谓欺人之学"。正是基于这一基本观点,郑樵对古代史家们置身于一家一姓而任情褒贬的行为极其不满。他的《通志·总序》中有一段话说得非常尖锐,也非常精彩:"曹魏指吴蜀为寇,北朝指东晋为僭。南谓北为索虏,北谓南为岛夷。齐史称梁军为义军,谋人之国可以为义乎?《隋书》称唐兵为义兵,伐人之军,可以为义乎? 房玄龄董史册,故房彦谦擅美名;虞世南预修书,故虞荔、虞寄有嘉传。甚者桀犬吠尧,吠非其主。晋史党晋而不有魏。凡忠于魏者目为叛臣,王凌、诸葛诞、毌丘俭之徒抱屈黄壤。齐史党齐,而不有宋。凡忠于宋者目为逆党,袁粲、刘秉、沈攸之之徒含冤九泉。噫! 天日在上,安可如斯? 似此之类,历世有之。伤风败义,莫大乎此。"

此处郑樵的史学评论何止是妙语连珠,更突显其措词辛辣、愤然抨击的英勇气概,诚可谓人木三分而掷地有声! 细细品味这段文字,其中或有偏颇之嫌,然而若从大处着眼,则是言之凿凿,读后实在耐人寻味。

当然,也应该认识到时代的局限性。无情的事实是,郑樵虽然在史坛上无情地批判了"欺天之学"和"欺人之学",而被抨击的问题依然在以后的史书中时隐时现。尽管如此,郑氏这些闪光的思想无疑为古代史学宝库增添了财富,对于改进历史文献的编纂和提高历史文献的质量,具有一定的借鉴意义。

(三)严肃考证

纪传体文献,尤其是举世闻名的正史,之所以流传千载而不被历史的长河淹没和淘汰,原因固然很多,而建立在严密考证、取材认真基础上所达到的高质量,当属其中一条极为重要的原因。

诚然并非所有正史都是这样,例如以上所说有"曲笔"现象的几种史籍,便令人不敢恭维。然而,在整个正史丛书系列中,以上提到的若干史籍毕竟是为数不多的负面典型。因而从宏观层面看,高质量的"正史"文献在选用史料时,都是相当慎重的。凡被征引的重要史料,往往都要认真考证。所谓"认真考证",通常主要采用两种方式:文献考证和求证社会。

1. 文献考证

所谓"文献考证",乃是利用文献弄清有关史实的一种重要方式。相比之下,考证秦汉以后封建社会各时期的史事,并不很困难,因为这方面的文字资料比较充裕和丰富。最困难者,当属考证远古历史。因为愈古,便愈是缺乏文字记载;愈古,神话与传说的成分便愈是混杂交织而难以梳理。

在"二十六史"里,最集中也是最多地考证先秦历史者,首推司马迁的《史记》。在《史记》中,司马迁考证先秦历史和征引有关资料时,有一个非常明确的指导思想。归结起来,即始终坚持"两条途径"和"一个原则"。

在"两条途径"中,第一条途径是考证于六艺。有关这理念的实施,《史记》中可谓随处可见。例如在《五帝本纪》,从唐、虞以下,主要依据《尚书》;在考证了《尚书》和《诗经》有关资料后,又写成《殷本纪》和《周本纪》。对此,司马迁也是直言不讳。诚如在《殷本纪》之"太史公曰":"余以《颂》次契之事,自成汤以来,采于《书》、《诗》。"司马迁所以这样做,是因为先秦儒家经典内容严谨可靠,而且又是历经秦火之后的难得幸存者,故此把"六艺"作为考证上古历史的重要依据。

第二条途径是考证于历代古文。亦即参考前人名作,选择可靠资料,用以撰写先秦历史,这是《史记》中又一个常用方法。试看司马迁为了撰写《十二诸侯年表》,特意阅读了《春秋历谱牒》(《十二诸侯年表·序》);为了撰写《六国年表》,"太史公读《秦纪》"(《六国年表·序》);为了撰写《孔子世家》,乃"读孔氏书"(《孔子世家·太史公曰》);为了撰写《仲尼弟子列传》,特意"以弟子名姓文字,悉取《论语》弟子问,并次为篇,疑者缺焉"(本传"太史公曰");为了撰写《屈原列传》,特意"读《离骚》、《天问》、《招魂》、《哀郢》"(《屈原贾生列传·太史公曰》);为了撰写《管晏列传》,则著者直言:"吾读管氏《牧民》、《山高》、《乘马》、《轻重》、《九府》及《晏子春秋》，详哉其言之也。"（《管晏列传·太史公曰》）如此等等。

司马迁于"两条途径"之外，还有"一个原则"——信则传信，疑则传疑。他虽然坚持"考信于六艺"和古文，却是相信而不盲从。对于那些见诸文献记载而又合情合理的内容，自然是"信则传信"；至于那些缺乏记载或虽有记载而感到颇为"乖异"者，就要"疑则传疑"了。例如，他在《三代世表》序中就曾说道："五帝三代之记，尚矣，自殷以前诸侯不可得而谱，周以来乃颇可著。孔子因史文次《春秋》，纪元年，正时日月，盖其详哉！至于序《尚书》则略，无年月，或颇有，然多阙，不可录。故疑则传疑，盖其慎也。"关于学者们经常谈论的"五帝"，司马迁则一直坚持慎重行事的态度，曾一再说"尚矣"。因为在他看来，"百家言黄帝，其文不雅驯，荐绅先生难言之"，因而，必须对此慎之又慎，"择其言尤雅者"（《五帝本纪》）。至于古书中的浮夸之词，传说中的荒诞奇闻，司马迁则更是大胆怀疑而不苟同。例如在《史记·大宛列传》中，太史公曰："《禹本纪》言'河出昆仑。昆仑其高二千五百余里，日月所相避隐为光明也。其上有醴泉，瑶池'。今自张骞使大夏之后也，穷河源，恶睹本纪所谓昆仑者乎？故言九州山川，《尚书》近之矣。至《禹本纪》、《山海经》所有怪物，余不敢言之也。"

继《史记》之后，班固秉持了司马迁严肃考证的这一可贵精神，在《汉书》中，使这一优良传统得到了进一步的发扬光大。

作为同样坚持实事求是的史学家，但凡班固以为可资征信的资料，往往是大胆采用而无所顾忌。最典型的事例是，"太初"以前的汉代历史，《汉书》基本照录于《史记》，这是他笃信司马迁所记，正所谓"述而不作"的具体表现。后世某些史家以此横加指责班氏，说他"尽窃迁书"（《通志·总序》），此议实在是有诬前人而大谬不然。事实是，凡遇疑问不明之事，班固总是审慎权衡。当此之时，他总是详加考辨,力求确当,决不盲从,深恐一字之差,贻患后人。例如,汉代人冯商尝言张汤与留侯张良同祖,但在《汉书·张汤传》中,班固则并未言及此事。原因是,冯氏虽有是说,"而司马迁不信,故阙焉"。又如西汉著名文学家东方朔诙谐多智,善于辞章,因而后人附会于他的传说极多。为了区别"后世好事者因取奇言怪语附著之朔",班固特别于《汉书·东方朔传》中,列述其文章篇目及内容,并于其后指出:"凡(刘)向所录朔书具是矣,世所传他事皆非也。"而更加典型者,则是《汉书》中的《艺文志》。为了最大限度地保证《艺文志》的质量,班固在整理和反映刘歆《七略》时,可谓认真负责,严于辨伪。他基本的考证方法有三:一是考年代。例如在《力牧》22 篇下注:"六国时所作,托之力牧。力牧,黄帝相也";二是考文辞。例如在《大禹》37 篇下注:"传之禹所作,其文似后世语。"又如在《伊尹说》27 篇下注道:"其语浅薄,似依托也。"三是考内容。例如在《黄帝说》40 篇下注曰:"迂诞,依托。"又如在《鬻子说》19 篇下注道:"后世所加"等等。即此可见,班固对古代文献资料的考证是何等的严肃慎重。

继《汉书》而起的《三国志》亦重考证之风。

清代学者赵翼曾赞扬陈寿道:"剪裁斟酌,自有下笔不苟处,参订他书,而后知其矜慎。"(《二十二史札记·三国志书事得实处》)试以后世传为美谈的刘备与孔明初次相见为例。据鱼豢《魏略》及《九州春秋》中所载,当初是诸葛亮主动去求见刘备。而诸葛亮本人的《出师表》则说"先帝不以臣卑鄙,猥自枉屈,三顾臣于草庐之中"。陈寿据此断定,事实是刘备往见孔明,而决非孔明去求见刘备。所以,在《三国志·诸葛亮传》中,陈寿经过反复斟酌后的一段文字是:"由是先主遂诣亮,凡三往,乃见。"又如关于诸葛亮平定南中事,习凿齿在其《汉晋春秋》中作如下记载:"孔明所在战捷","七擒七纵",尔后孟获感悟,曰:"公,天威也,南人不反矣。"陈寿经过反复推敲考证,以为所谓"七擒七纵"者似有夸大不实之嫌,故最终写为:"三年春,亮率众南征,其秋悉平。"(见《三国志》本传及"裴注")诸如此类的事例,《三国志》中还有不少。

唐代以后,由于官修正史,宰相监修,封建国家政要人物直接介入,一方面使得纪传体正史的编纂,在人力、物力方面得到了充分的保障,与此同时,修史者严肃认真的作风也相应地得到加强。

试以《明史》为例。尽管该史曾被人诟病,尤其在明、清关系上避讳殊甚(即在这一时段之政治层面严重失实),但就其他多处编撰水平看,其崇尚考证、严于辨伪的精神还是比较突出的。例如明太祖朱元璋死后,关于燕王朱棣是否奔丧以及建文出亡一段历史,诸说历来相左。《明史》编纂者朱彝尊"本之实录,参之野史",经过反复考证以后,以"五不可信"表明了自己的观点:一曰燕王于建文之初入朝,不可信;二曰成祖礼葬建文之说不可信;三曰天下大师墓之不可信;四曰《从亡随笔》不可信;五曰《致身录》不可信(《曝书亭集·史馆上总裁第八书》)。又如《明史》中的《袁崇焕传》一洗传主生前奇冤,堪称尊重史实的典型。清人赵翼就曾专论此事:袁氏本系明末东北边关大将,竭诚尽力,屡立战功。而正当他与清兵苦斗之时,"毁言日至",后被扣以"莫须有"罪名而罹极刑。当此之时,"京师小民亦群以为奸臣卖国,至有啖其肉者"。直到清人修《明史》而参阅《太宗实录》时,才弄清此事真相,原来是清人所设反间计,"谓崇焕密有成约,令所获宦官杨姓者知之,阴纵使去。杨监奔还大内,告于帝,帝深信不疑",遂磔杀崇焕于市。修史者既明原委,遂依事情本来面目,于《袁崇焕传》内直书其事,而崇焕之冤始得大白于天下。假使修史者不认真考究,"则卖国之说久已并为一谈,谁复能辨其诬者"(《二十二史札记·袁崇焕之死》)。所以,《明史》在考证史事上同样是下了一番功夫的。

在此理应特别提及者,还有南宋时代的巨著《通志》。

本书著者郑樵,一生治学严谨刻苦。他除了对一般文献予以考信订误外,还注意以实物图谱为佐证。郑樵强调图文并重,以为图"所以周知远近","谱所以洞察古今"(《通志》年谱序),而且指出金石款识具有经久不变的特征:"以兹稽古庶不失真。"(《通志·总序》)例如,有人曾把西汉"商山四皓"中的"圈公"误作"园公",郑氏则力排此说。他以为"颜师古《匡俗正谬》有圈称,《陈留风俗传》自序云圈公之后。圈公为秦博士,避地南山";同时又从另一角度指出:"近岁商于耕夫掘地,得汉世石刻数种,有云圈公神坐,绮里季神坐"等,"其号不应有误。然则园之为圈信矣"(《通志·隐逸传》)。郑樵由文献之文字及于实物之现象,堪称后世考古之先行,亦可见其负责认真之精神。

2. 求证社会

所谓"求证社会",系指在文献以外进行考证的另一个重要方式。考察古代学者采用这一方式者,并不普遍。在考证于社会实践方面的最突出代表,毫无疑问当推《史记》和《通志》两大家。在司马迁和郑樵两人看来,有些史实可以考诸文献,有些史实则不宜考诸文献。在许多情况下,无论是考人物还是考事物,往往只有通过著者本人的亲身实践,才能明白其中真谛。这里所说的"亲身实践",主要有两种形式:一是社会调查,二是观察体验。

在"社会调查"方面,以司马迁最为突出,《史记》里这方面的事例很多。试看其中相应记载——

有造访其物者。例如为了撰写《孔子世家》,著者自称"适鲁,观仲尼庙堂车服礼器,诸生以时习礼其家,余祇回留之不能去云";在撰写《留侯世家》时,作者以为传主理应是"魁梧奇伟"之人,"至见其图,状貌如妇人好女";为了撰写《信陵君列传》,著者亲"过大梁之墟,求问其所谓夷门。夷门者,城之东门也";为了撰写《蒙恬列传》,著者亲身至"北边,自直道归,行观蒙恬所为秦筑长城亭障,堑山堙谷,通直道,固轻百姓力矣"。

有造访其地者。例如著者在《河渠书》中说："余南登庐山，观禹疏九江，遂至于会稽太湟，上姑苏，望五湖；东窥洛汭、大邳，迎河，行淮、泗、济、漯洛渠；西瞻蜀之岷山及离碓；北自龙门至于朔方。曰：甚哉，水之为利害也！"在《春申君列传》中说："吾适楚，观春申君故城，宫室盛矣哉！"在《齐太公世家》中说："吾适齐，自泰山属之琅邪，北被于海，膏壤二千里，其民阔达多匿知，其天性也。"在《樊郦滕灌列传》中说："吾适丰沛，问其遗老，观故萧、曹、樊哙、滕公之家，及其素，异哉所闻！方其鼓刀屠狗卖缯之时，岂自知附骥之尾，垂名汉廷，德流子孙哉？余与他广通，为言高祖功臣之兴时若此云。"

有造访其人者。例如著者在《五帝本纪》中说："余尝西至空桐，北过涿鹿，东渐于海，南浮江淮矣，至长老皆各往往称黄帝、尧、舜之处，风教固殊焉。"在《淮阴侯列传》中说："吾如淮阴，淮阴人为余言，韩信虽为布衣时，其志与众异。其母死，贫无以葬，然乃行营高敞地，令其旁可置万家。"在《李将军列传》中说："余睹李将军悛悛如鄙人，口不能道辞。"在《游侠列传》中说："吾视郭解，状貌不及中人，言语不足采者。"

也有考其传闻者。例如著者在《项羽本纪》中说："吾闻之周生曰：'舜目盖重瞳子。'又闻项羽亦重瞳子。"在《郦生陆贾列传》中说："世之传郦生书，多曰汉王已拔三秦，东击项籍而引军于巩、洛之间，郦生被儒衣往说汉王。乃非也。"在《荆轲列传》中说："世言荆轲，其称太子丹之命，'天雨粟，马生角'也，太过。又言荆轲伤秦王，皆非也。"在《周本纪》中则说："学者皆称周伐纣，居洛邑，综其实不然。"

在"观察体验"方面，以宋代郑樵最为突出。在《通志》中，郑氏最强调"观察体验"的地方是"二十略"中的"天文"、"地理"、"昆虫草木"三"略"。在他看来，这三略属于自然史范畴，古代有关天文、地理、昆虫草木方面的史书，大都严重脱离实际。

关于古代天文学，一般主占候而不主民时，有其书而无其图，可俯视星名而不可仰观星汉。以其不切实际应用,所以必须反其道而行之。因而,郑樵推重有图、有象,"可以仰观"的隋丹元子的《步天歌》,并且只身于素秋之夜,实地去观察天文星象,以行四时。

关于古代地理学。虽然这门学问致详于郡国区划,然非天然区域,郡国变化由是无以知方隅。所以,通过观察体验后,郑樵特别强调以山川之位区划地理:"州县之设,有时而更,山川之形,千古不易。所以《禹贡》分州,必以山川定经界。使兖州可移,而济河之兖不能移;使梁州可移,而华阳黑水之梁不能迁。"(《通志·地理略》)

关于古代昆虫草木学,这一领域更为特殊。《尔雅》一书虽开此学先河,然《尔雅》以下,常常是重释义而忽于形态及生理。这一现象的症结是:"语言之理易推,名物之状难识。农圃之人识田野之物,而不达诗书之旨;儒生达诗书之旨,而不识田野之物。"于是乎"二者无由参合,遂使鸟兽草木之学不传"(《通志·总序》、《昆虫草本略》序)。为了匡正以往流弊,郑樵率先身体力行,他舍弃了安静的书斋,毅然只身"结茅夹漈山中",平素"与田夫野老往来,与夜鹤晓猿杂处,不问飞潜动植,皆欲究其情性"(《昆虫草木略》序)。

相比之下,司马迁没有像郑樵那样只身前往深山老林的考察经历,但是,通常写作时也比较注意细心体验。例如他在《史记·封禅书》中说:"余从巡祭天地诸神名山川而封禅焉。入寿宫侍祠神语,究观方士祠官之意,于是退而论次自古以来用事于鬼神者,具见其表里。后有君子,得以览焉。"这分明是说,《封禅书》中那些有关汉武帝迷信神仙的愚昧行为及其心态的记述,并非杜撰,乃是著者以认真观察和体验为依据而追记出来的。

古代纪传史家,为达记史之真,考证于文献者极多,这是对历史、对后人认真负责的态度,值得充分肯定。然而,考证于社会实践者极少,这又不能不说是学界一大缺憾。司马迁、郑樵二人写史,竟然于考证文献之外,犹能考证于社会实践。他们何以具有这种卓然不群的思想和行为？我们固然可以找出各种理由，而两人皆系私家修史，或许由此可以抽丝剥茧。所谓私修者，乃独断之学，并不存在官修者"十羊九牧"羁绊，一旦质疑某事而必欲求真求实，则自有个人任意驰骋之便。思之再三，此或为个中最重要之缘由欤？

要之，以上所谓广博、贯通、珍贵、求实四点，既是纪传体文献的史料特征，也应当说是显然的长处。这或许也可以理解为：纪传体文献何以长期卓立于史坛，何以一直为后世史家和读者所偏爱的一个基本原因。

第三节　文学贡献

夫子云："《志》有之：'言以足志，文以足言。'不言，谁知其志？言之无文，行而不远。"（《左传·襄公二十五年》）事实可以证明，将史学与文学融为一体，乃是古代历史著作成为名著的一个重要原因。如果说文学才干可以通过历史记载形式得到充分的表现与发挥的话，那末放眼史坛各类文献，纪传体史籍堪称是驰骋文学才华的最理想的广阔天地。原因就在于，这与纪传史书的体例结构有密切关系。从史学角度看，纪传体著作有纪传以详治乱兴衰，有书志以详典章制度，自然是全面、系统反映古今历史变迁的理想史籍；而倘若从文学角度看，这种文献的最大特色则是以人物为纲，记载人物的体例和内容在全书中占有很大比重，是故历来又被后人视为传记文学著作。

单纯从文学成就方面审视，留传至今的整个纪传体史籍可以大体划分为两大类。第一类是优秀著作。《史记》、《汉书》、《后汉书》等"前三史"最为突出，它们是"二十六史"中的佼佼者，也是整个纪传体文献中的杰出代表。第二类是好的或比较好的著作。《三国志》及其以下的各种纪传史书，大体皆归于此类。诚然，在第二类史书中犹有高下之分，但即便是其中犹可点赞者，亦不足与"前三史"同日而语。

　　"前三史"的作者——司马迁、班固和范晔，均有深厚的文学造诣，所以通过他们如椽大笔的自由挥洒，为后人描绘出了一幅上起远古，下及东汉的长达三千多年的历史画卷。在这幅特殊的画卷中，以众多的人物和广阔的场景，生动、形象地再现了东汉及东汉以前中国古代历史的社会风貌。千百年来，无数文人墨客无不为《史记》、《汉书》、《后汉书》的巨大魅力所倾倒，往往乍接于目，便欲贪婪全文。毋庸置疑，后人在学习、了解和研究"前三史"的过程中，汲取了极其丰富的文学营养。

　　《史记》、《汉书》和《后汉书》等"前三史"能够腾誉学林而久传不衰，决不是偶然的。阅读这几部古典名著，无论是在人物塑造、语言运用、细节描写、场面烘托等写作技巧方面，还是在著录名篇、传播文学遗产等方面，都做出了极其突出的建树和贡献。正因为如此，在"二十六史"中，它们虽然于数量方面仅占其三，而在文学成就方面却是整个纪传体文献的杰出代表。

　　析而论之，其文学成就主要体现于以下四个方面。

一、爱国精神

　　在奔腾不息的历史长河里，朝代革易，旋起旋灭，诸多往事有如过眼云烟，然而爱国主义精神这面旗帜却几乎是一个永恒的题目。历代修史者，无不重视忠诚祖国、保土守疆的爱国主义的宣传，强调一姓之国可以亡，爱国之心不可灭。经过历代史家的传神之笔，为后人矗立起许许多多光彩照人的高大形象，爱国主义者可歌可泣的业绩始终在诸史中占据着重要一席。

　　塑造很多感人形象的史籍，自然是首推《史记》。例如司马迁在记述吴师入郢、楚国危在旦夕时，为后人刻画了一个爱国者的形象——申包胥。为了保卫国家，申包胥"走秦告急，求救于秦。秦不许。包胥立于秦廷，昼夜哭，七日七夜不绝其声"。秦大受感动，终于发兵援救，"败吴于稷"（《伍子胥列传》）；伟大的爱国主义诗人屈原虽含冤遭到放逐，仍然"眷顾楚国"，作《离骚》，"一篇之中三致志焉"，"其文约，其辞微，其志洁，其行廉"，观其思想品德及磊落行为，"虽与日月争光可也"（《屈原贾生列传》）；蔺相如在出使秦国时，一身是胆，面对秦王虎狼之威，他敢于"张目叱之"；然而面对赌气不服的老将廉颇，何止不与之"争列"，甚至"引车避匿"，表现出"先国家之急而后私仇"的博大胸怀（《廉颇蔺相如列传》）；齐将司马穰苴历来以国家为重，他不独"受命之日则忘其家，临军约束则忘其亲，援鼓之急则忘其身"，有一颗赤诚的爱国之心，而且又有与士兵同甘共苦的美德，"士卒次舍井灶饮食问疾医药，身自拊循之。悉取将军之资粮享士卒，身与士卒平分粮食。最比其羸弱者，三日而后勒兵，病者皆求行，争奋出为之赴战"（《司马穰苴列传》）；汉代名将李广与司马穰苴一样，不仅是奋身沙场的英雄，而且具有体恤士卒和下属的爱心。大凡"乏绝之处，见水，士卒不尽饮，广不近水；士卒不尽食，广不尝食"。因而，当其"引刀自刭"之日，"广军士大夫一军皆哭。百姓闻之，知与不知，无老壮皆为垂涕"（《李将军列传》）。这是何等感人的品格，又是何等动人的场面！

《汉书》中反映的一批爱国主义英雄也令人可钦可敬。张骞身负汉朝重命通西域，被匈奴强留"十余岁，予妻，有子，然骞持汉节不失"（《张骞李广利传》）；霍去病抗击匈奴，屡立战功，有国忘家，虽朝廷为其"治第"而不顾，表达了"匈奴不灭，无以家为"的雄心壮志；御史大夫晁错基于国家的长治久安，置身家性命于不顾，向汉景帝上《削藩策》，班固由衷称赞："晁错锐于为国远虑，而不见身害"（《袁盎晁错传》）；最使人感动的要数具有大义凛然的民族气节和崇高品德的苏武了。班固以传神之笔描绘出一个不为利诱所动，视死如归的高大形象。特别是苏武牧羊一段，真切动人：当卫律知道苏武决不会屈膝投降后,于是"白单于。单于愈益欲降之,乃幽武置大窖中,绝不饮食。天雨雪,武卧啮雪与旃毛并咽之,数日不死。匈奴以为神。乃徙武北海上无人处,使牧羝,羝乳乃得归。别其官属常惠等,各置他所。武既至海上,廪食不至,掘野鼠去草实而食之。杖汉节牧羊。卧起操持,节旄尽落。积五六年,单于弟於靬王弋射海上。武能网纺缴,檠弓弩,於靬王爱之,给其衣食。三岁余,王病,赐武马畜服匿穹庐。王死后,人众徙去。其冬,丁令盗武牛羊,武复穷厄"(《李广苏建传》)。苏武不仅要面对常人难以想象的艰苦环境的威胁,还要面对思想感情和物质利诱的考验。《汉书》通过叛国将领卫律和李陵的言行,从反面进一步衬托出了苏武的浩然正气,大大增强了历史人物的艺术感染力。尤其是李陵的一段游说之辞,既诱之以利,又动之以"义",然苏武心如铁石,对其娓娓动听的言辞充耳不闻。他毅然相告:"自分已死久矣,王必欲降武,请毕今日之欢,效死于前。"言语不多,而字字千钧,掷地有声,充分表现出"宁为兰摧玉折,不作瓦砾长存"的凛然正气。以至李陵闻言,亦自惭形秽,感到无地自容,禁不住"喟然叹曰:'嗟乎,义士,陵与卫律之罪上通于天。'"由于班固的精心塑造,使苏武这一民族英雄的形象活灵活现,光彩照人,他的事迹千古传颂,扣人心弦,显示出巨大的生命力。

与司马迁、班固一样,范晔也在《后汉书》中塑造了许多为国忘家的英雄人物。尤其在《班梁列传》中,通过揭示班超的动人事迹,为后人树立起一位永不褪色的高大形象。班超是东汉著名的外交家和军事家,也是《汉书》作者班固的同胞兄弟。他于永平十六年(73)从窦固出击北匈奴,旋即奉命赴西域。由此历时31年,直至永元十四年(102),才上表请求回归故乡洛阳。当他初赴西域时,还是身强力壮的硬汉,而返回故乡之日,业已是70多岁的暮年老翁了:"衰老被病,头发无黑,两手不仁,耳目不聪明,扶杖乃能行。"这一年的八月,阔别家乡多年的班超固然回到了洛阳,然终因连年奔波劳累,"素有胸胁疾"，仅仅一个月后（永元十四年九月）便与世长辞。想当年，"匈奴独擅西域，寇盗河西，永平之末，城门昼闭"，那时热血沸腾的班超愤然投笔从戎，率众狠狠打击了匈奴在西域的势力，平定了莎车、龟兹、焉耆等地贵族的变乱，击退了月氏的入侵。"每攻伐"，班超"辄为先登"，虽然"身被金夷，不避死亡"。因而，有力地保护了西域各族人民的安全和"丝绸之路"的畅通无阻。即使在班氏兄妹致朝廷的两道求归奏疏中，爱国情怀依然充溢字里行间。其求归原因：一是国家利益所需："蛮夷之性，悖逆侮老，而超旦暮入地，久不见代，恐开奸宄之源。"须知"如有卒暴"，"力不能从心"，"上损国家累世之功，下弃忠臣竭力之用"；二是浓厚的故土情谊："臣闻太公封齐，五世葬周，狐死首丘，代马依风"，"常恐年衰，奄忽僵仆，孤魂弃捐"，"臣不敢望到酒泉郡，但愿生入玉门关。臣老病衰困，冒死瞽言，谨遣子勇随献物入塞。及臣生存，令勇目见中土"。这哪里是致朝廷的普通奏疏，浓烈的故乡思绪联结着高度的爱国痴情，分明是一个赤子在向生他、养他的母亲祖国，倾诉自己发自肺腑的眷恋！也只有如此热爱家乡的人，才能够将自己的青春和自己的整个一生，彻底地全部地贡献给敬爱的祖国。

"前三史"浓墨重彩地突出爱国主义形象的传统，为后世史家进一步继承和发扬提供了学习的榜样。以后历代的纪传体史书中，不独继续以单传或合传的形式，着力描绘出了诸如杨业、岳飞、文天祥、戚继光等一系列爱国者的光辉业绩，同时，还特别设立了诸如《忠义传》、《节义传》、《诚节传》、《死节传》之类的类传，从不同角度反映了历史上一大批"杀身以成仁"的所谓忠君爱国人物。

二、民生意识

具有一定的民生思想和意识，是"前三史"获得强大生命力的重要源泉。所谓"民生意识"，系指立足社会基层，能够伸张正义、反对邪恶、崇尚进步和抨击腐朽势力,符合绝大多数民众意愿的思想和行为。在纪传体史书中的"民生意识",主要从以下五个方面得到反映。

(一)揭露上层

皇帝是古代地主阶级的总代表,是封建社会权力的顶峰,也是神圣不可侵犯的象征。而司马迁则在《史记》的不少地方剥去了皇帝的外衣,暴露出他们极端残忍的真面目。汉高祖刘邦虽然是汉皇朝的开国君主,而《史记》则以许多文字对其进行了无情的揭露。试看《项羽本纪》中,楚霸王以"彭越数反梁地,绝楚粮食"而"患之",遂以刘邦之父(太公)相要挟的一段对话:项王"为高俎,置太公其上,告汉王曰:'今不急下,吾烹太公。'汉王曰:'吾与项羽俱北面受命怀王,曰约为兄弟,吾翁即若翁,必欲烹而翁,则幸分我一杯羹。'"项羽原本想用太公作人质,以达到自己的政治目的。孰料听到的竟然是一个十足无赖和政治流氓的反唇相讥,所以他虽然"怒,欲杀之",终因"杀之无益"而作罢。《史记·淮阴侯列传》中的韩信,是一个令人同情的悲剧人物。他一生轰轰烈烈,"连百万之军,战必胜,攻必取"(《高祖本纪》),为刘汉皇朝的崛起,建立了汗马功劳。然而刘邦为人,可以共患难,不可以共安乐,国家初建,即匆匆然向功臣开刀。韩信被捕后的一段话说得何等深刻:"果若人言,'狡兔死,良狗烹;高鸟尽,良弓藏;敌国破,谋臣亡。'天下已定,我固当烹。"这番话固然使天下功臣心寒,却也揭穿了帝王的阴险和残酷。

单就揭露上层黑暗方面,可以说班固的《汉书》不亚于《史记》。在班书《李广苏建传》中,记述了李陵家族遭受灭顶之灾的情形。天汉二年(99),汉将李陵所率五千步兵同匈奴十万骑兵遭遇,彼此众寡悬殊,李陵最终兵败投降。汉武帝闻讯极为震怒,初则严厉斥责为李陵开脱的司马迁,并将其投入监狱,处以残酷的腐刑;继则听信传闻(或曰李陵正在"教习"单于之兵,"以备汉军"云),遂悍然下达圣旨一道,将李陵家族治罪,"母、弟、妻、子皆伏诛"。李陵者,乃名将李广后人，平素"善骑射，爱人，谦让下士，甚得名誉"。姑且不论其兵败乃事出有因，纵然有罪，罪在一人，安得辗转株连，使无辜者横遭飞祸？大史学家司马迁受辱几至于死，李氏全族被斩尽杀绝，无一幸免于难，皇帝歹毒何其惨烈乃尔！无独有偶，《汉书》中的《外戚传》更加典型。它通过解光的奏文，揭露了荒淫无耻的汉成帝伙同赵昭仪残害许美人一案。事情原委，令人发指：成帝后宫赵昭仪获悉许美人怀孕后，担心自己以后失宠，乃"啼泣不肯食"。成帝则安慰她"不立许氏"，并答应"使天下无出赵氏上者，毋忧也"。于是，指派宦官靳严携"绿囊书"转许美人，令急送新生儿来。"美人以苇箧一合盛所生儿，缄封，及绿囊报书予严。严持箧书，置饰室帘南去。帝与昭仪坐，使客子解箧缄。未已，帝使客子、偏、兼皆出，自闭户，独与昭仪在。须臾开户，呼客子、偏、兼，使缄封箧及绿绨方底，推置屏风东。恭受诏，持箧方底予武，皆封以御史中丞印，曰：'告武，箧中有死儿，埋屏处，勿令人知。'武穿狱楼垣下为坎，埋其中"。通过这段文字的详细记载，以确凿无疑的事实，披露了封建宫闱的黑暗，控诉了封建皇帝的荒淫无耻及残暴罪行。

《后汉书》也敢于将矛头直指封建帝王。例如在《窦何列传》中，范晔假借外戚窦武上疏，暴露了汉桓帝的昏庸无能："自即位以来，未闻善政"，"朝政日衰，奸臣日强"，逮考忠直，令"天下寒心，海内失望"，"陛下委任近习，专树饕餮"，"今不虑前事之失，复循覆车之轨，臣恐二世之难，必将复及，赵高之变，不朝则夕"。历史上的汉桓帝确实是个昏庸残暴的皇帝，他崇信宦官，滥杀无辜，东汉历史上的第一次"党锢"之祸，便是直接由他而起。通过窦氏这篇疏文，从一定程度上揭露了东汉皇帝的丑恶嘴脸。

在封建统治集团中，历代不乏令人憎恶的各类官员。他们之中，行为卑鄙者有之，平庸无能者有之，飞扬跋扈、残忍成性者亦有之。诸如此类的各级显要，都在史家的笔下予以曝光。尤其在《史记·刘敬叔孙通列传》中，以细腻笔触为后人塑造了一个颇具阿谀奉承之长的艺术形象。司马迁不但详细记录了叔孙通见风使舵的生平行事，还对此进行了五次不同形式的评论，且一次比一次深刻。叔孙通早年为秦"待诏博士"。当陈胜、吴广起义消息传来后，秦二世征询意见，众博士30余人皆主张"急发兵击之"，叔孙通见"二世怒，作色"，乃上前道：并无反者，"此特群盗鼠窃狗盗耳，何足置之齿牙间？郡守尉今捕论，何足忧"。二世赏其帛20匹，衣一袭，并拜为博士。叔孙通走出宫廷后，诸生议论纷纷："先生何言之谀也？"此系第一次评论，是诸生对他的正面批评。叔孙通由秦出逃后，先后从项梁，从怀王，从项王，从汉王，最后终从于汉。当刘邦初登皇帝宝座，颇为"群臣饮酒争功，醉或妄呼，拔剑击柱"场面极度苦恼时，叔孙通立即毛遂自荐，"愿征鲁诸生"及其弟子"共起朝仪"。这时，鲁有两生不肯行，指责他："公所事者且十主，皆面谀以得亲贵。今天下初定，死者未葬，伤者未起，又欲起礼乐"，"吾不忍为公所为"，"公往矣，无污我！"这是第二次评论，是诸生对叔孙通极不理解甚至是十分蔑视的批评。当叔孙通及其弟子们制定朝仪后，朝臣依制度行事，"自诸侯王以下莫不振恐肃敬"，"诸侍坐殿上皆伏抑首，以尊卑次起上寿"，"竟朝置酒，无敢欢哗失礼者"，汉高祖览状大喜："吾乃今日知为皇帝之贵也。"这是第三次评论，是汉高祖对叔孙通善于迎合朝廷需要的不指名的充分肯定。定朝仪后，不独叔孙通晋升太常，获赏五百金，诸弟子儒生亦因参与其事，"悉以为郎"，由是喜曰："叔孙生诚圣人也，知当世之要务。"这是第四次评论，是诸生对叔孙通由不理解到终于理解的会心赞叹。而传末则又以"太史公曰"进一步指出："叔孙通希世度务，制礼进退，与时变化，卒为汉家儒宗。'大直若诎，道固委蛇'，盖谓是乎？"这是第五次评论，是史学家司马迁对叔孙通总的评断。表面上似乎是肯定的，而末句的"盖谓是乎"则既是疑问，更是反问，着实发人深思。在《史记·酷吏列传》里，则深刻揭露了封建官僚们草菅人命的罪行。定襄太守义纵一天"杀四百余人,其后郡中不寒而栗"。更有河内太守王温舒为捕郡中"豪猾",竟然株连一千多家。开刀杀人时,"至流血十余里"。由于春天有不杀人的旧例,王温舒为此不无遗憾地大发感慨:"嗟乎,令冬月益展一月,足吾事矣!"司马迁不仅指责这些刽子手,"其好杀伐行威不爱人如此!"而且还揭露出不为人知的内情——"上以为能",由此直接把矛头引向了最高统治者皇帝。

班固《汉书》里也不乏其例。例如《匡张孔马传》中的张禹,就是一个令人生厌的腐朽官员。他以熟悉儒家经典而爬上了宰相的高位,平时给人的印象是"为人谨厚"。然而,"及富贵,多买田至四百顷",且全是可以水灌的上等良田。他沉溺于歌舞,"内奢淫,身居大第",后堂管弦之声不绝。张禹接待宾客时,往往因人而异:沛郡人戴宗活泼多智,便接之"入后堂饮食,妇女相对",歌妓起舞,鼓乐喧天,"昏夜乃罢";至于谦恭、谨慎的淮阳人鼓宣到来,则仅仅"见之于便坐,讲论经义",即或设宴款留,也不过是一酒一肉而已。张禹老于世故,尤精于官场权术。他素与成帝舅父曲阳侯王根不睦,永始、元延间发生地震,"吏民多上书言灾异之应",以为是"王氏专政所致"。而当成帝特意讯问此事时,"禹自见年老,子孙弱,又与曲阳侯不平,恐为所患",便以《春秋》之义劝慰成帝,勿以吏民之言"乱道误人",凡事应以"经术断之"。这番话不仅使成帝"由此不疑王氏",也更加信任张禹,同时,"曲阳侯根及诸王子弟闻知禹言,皆喜悦,遂亲就禹"。由张禹一系列言行,活脱脱描绘出一个虚伪狡诈、"扶禄保位"的封建官僚的形象。

在《后汉书》中,历述东汉外戚、宦官罪行令人发指。宦官权势炙手可热,"兄弟姻戚皆宰州临郡",其敲诈百姓,"与盗贼无异"(《宦者列传》);外戚之家,更是一人得道,鸡犬升天。父子兄弟,一门数侯,权倾朝野,为所欲为。大将军梁冀就是这样一类人物。他依仗妹妹梁太后为靠山，无法无天。朝中事无巨细，悉由梁氏决断。官员升迁，必须先到梁家叩头谢恩，尔后才敢去尚书台履行手续。在梁冀专权的 20 多年间，被梁冀直接杀害的人无法计算，甚至其随从也"乘势横暴，妻掠妇女，殴击吏卒，所在怨毒"。为了穷奢极欲的享受，梁冀征发卒徒在洛阳周围辟建大规模的苑囿。这座苑囿戒备森严，等闲不得入内。有一个西域客商不明禁令，踏入梁家兔苑"误杀一兔"，除本人杀头外，为此株连而死者多达十余人。更有甚者，梁家掠夺百姓数千人为奴婢，还美其名曰"自卖人"。当梁家后来败亡时，其资产竟折"合三十余万万"，这个数额竟相当于当时国家全年租税收入的半数（《后汉书·梁统列传》）。

（二）同情下层

广大劳动人民是封建社会中的被统治者，政治上没有地位，经济上受到残酷剥削，处于社会最底层。《史记》、《汉书》、《后汉书》虽然没有设专传论述下层民众的苦难和呼声，但还是通过各种渠道和方式，比较多地反映了一系列有关社会现象。

《史记》中记述了在黑暗的统治下，人民水深火热的生活状况。例如在《秦始皇本纪》中，反映了秦二世统治期间，"繁刑严诛，吏治刻深"，天下多事，"吏弗能纪，百姓困穷而主弗收恤"。还记述了历代战争给人民带来的深重灾难。汉武帝时期，以匈奴绝和亲，侵扰北边，"干戈日滋，行者赍，居者送，中外骚扰而相奉"。当是时，汉通西南夷道，"作者数万人"，千里负担馈粮，"悉巴蜀租赋不足以更之"，"东至沧海之郡，人徒之费拟于南夷"。"又兴十万余人筑卫朔方，转漕甚辽远，自山东咸被其劳，费数十百巨万，府库益虚。乃募民能入奴婢得以终身复"。"是时山东被河灾，及岁不登数年，人或相食，方一二千里"（《史记·平准书》）。平时的赋敛无度，严刑苛法，战时的生灵涂炭，劳役重负，"不登"之年的"人或相食"，这就是司马迁笔下的劳动者的生活写照，也是对封建统治者的血泪控诉。

《汉书》对劳动人民苦难的反映也相当深刻。在《贾捐之传》中，班固特意照录了贾捐之关于放弃南方珠崖郡的奏疏。这篇奏疏入木三分地描绘了残酷的无休止的战争给人民带来的血和泪："父战死于前，子斗伤于后"，后方妻子思念前线亲人，孤儿号哭于道，家中老小肝肠寸断，"遥设虚祭，想魂乎万里之外"。连绵的战争，使"民众久困"，流离失所。由于饥寒交迫，百姓"相枕席于道路"，甚至"嫁妻卖子，法不能禁"。《汉书·王贡两龚鲍传》也写得至为生动。通过贡禹上奏疏文，尖锐抨击了朝廷置民于死地而不顾的罪行："今民大饥而死"，死而无力下葬，至有"为犬猪所食"者。然而，再看官宦大姓之家，马匹以粟为食，主人苦其过肥。王者"受命于天，固当若此乎！天不见耶？"班固还在同一传中，假鲍宣之口，总结出劳动人民在地主阶级残酷压迫和剥削下的"七亡"和"七死"之苦。"七亡"是："阴阳不和，水旱为灾，一亡也；县官重责更赋租税，二亡也；贪吏并公，受取不已，三亡也；豪强大姓蚕食亡厌，四亡也；苛吏徭役，失农桑时，五亡也；部落鼓鸣，男女遮迣，六亡也；盗贼劫略，取民财物，七亡也。""七亡"虽苦，犹可苟延残喘，更有"七死"躲闪无地，倍加凶残："酷吏殴杀，一死也；治狱深刻，二死也；冤陷亡辜，三死也；盗贼横发，四死也；怨仇相残，五死也；岁恶饥饿，六死也；时气疾疫，七死也。"下层劳动者命运如此多艰，他们终年奔波，岁岁劳苦，结果是"有七亡而无一得"，有"七死而无一生！"

和《史记》、《汉书》一样，《后汉书》通过有关方面的记述，也比较深刻地反映了人民的疾苦。范晔往往是通过官僚豪强的残暴，反衬出人民的苦难。例如《宦者列传》中记载，小黄门段珪家在济阴，伙同侯览"并立田业，近济北界，仆从宾客，侵犯百姓"。后来，督邮张俭由此参奏宦官侯览贪侈奢纵，前后共夺人宅三百八十一所，田一百一十八顷。更有甚者，侯览还"豫作寿冢，石椁双阙"，破人房屋，"发掘坟墓，虏夺良人，妻掠妇子"。其兄侯参仗势欺人，凡遇民间富户，"辄诬以大逆,皆诛灭之,没入财物,前后累亿计"。又如《窦融传》中说:外戚窦宪平匈奴之后,威震天下,"权贵显赫,倾动京都",兄弟并骄纵,甚至"奴客缇骑,依倚形势,侵凌小人,强夺财货,篡取罪人,妻掠妇女"。由于他们的无法无天,"商贾闭塞,如避寇仇"。范晔还通过一些耿直官员的奏章,反映下层人民的痛苦情状。例如《后汉书·杜栾刘李刘谢列传》中,刘陶向朝廷慷慨陈词:"窃见比年已来,良苗尽于蝗螟之口,杼柚空于公私之求。所急朝夕之餐,所患靡之事","伏念当今地广而不得耕,民众而无所食。群小竞进,秉国之位。鹰扬天下,乌钞求饱,吞肌及骨,并噬无厌"。范晔甚至通过帝王本纪和皇帝诏书,用来反映劳动人民的困苦情状。例如《安帝纪》载:永初元年十一月,"民讹言相惊,弃捐旧居,老弱相随,穷困道路"。永初三年"三月,京师大饥,民相食。壬辰,公卿诣阙谢"。"是岁,京师及郡国四十一雨水雹。并、凉二州大饥,人相食。"又如《和帝纪》记载:永元十二年三月丙申,诏曰:"比年不登,百姓虚匮","黎民流离,困于道路","数诏有司,务择良吏。今犹不改,竞为苛暴,侵愁小民,以求虚名,委任下吏,假势行邪","咎罚既至,复令灾及小民"。就连皇帝的诏书中也供认不讳,民众之万般苦难,由此可以想见。

(三)不平则鸣

历史上有许多著名人物,他们胸怀大志,品行光明磊落,然而命运多艰,备受磨难。这些人物的坎坷遭遇,往往引起正义史家的共鸣,故此,字里行间对他们寄予很大的同情。

"前三史"中记载了不少这样的历史人物。例如在《史记》中,司马迁满怀激情地塑造了伟大爱国主义诗人屈原的形象。在作者满怀深情的描绘下,诗人"与日月争光"的高尚品德生动感人,然而这种崇高情操却屡遭世俗的猜忌、陷害和攻击,形成了明媚与阴暗的巨大反差。与屈原相类者,《史记》里还详尽反映了魏人范雎酸甜苦辣的一生。范雎原本是魏中大夫须贾的门客,曾追随须贾"为魏昭王使于齐"。齐国以雎有辩才,乃"赐雎金十斤及牛酒,雎辞谢不敢受",须贾"令雎受其牛酒,还其金"。然而归国后,贾以此事告知宰相魏齐,齐大怒,"使舍人笞击雎,折胁摺齿",裹以苇席,置于厕中,客宾醉而"溺雎","故辱以惩后"。范氏备受污辱,历尽艰辛,逃至秦国。后因受秦王信任,封为应侯,出任宰相。很显然,范雎最终的成功,是一条布满荆棘和洒满血泪的坎坷之路。司马迁在篇末评论范氏时,虽然仅以"不困厄,恶能激乎"七字结尾,然而纵观全文,作者对于制造"困厄"的野蛮行径,则是巧妙地抒发了自己的痛恨。试看文中一再通过他人言行,用以衬托范氏高尚人品和杰出才干:"齐襄王闻雎辩口";"王稽知范雎贤";特别是秦王见范雎时,更是连续出现同一个礼貌动作——"跽而请之曰","秦王跽曰","秦王复跽曰",交谈告一段落后,"范雎拜,秦王亦拜"。犹觉不足,在须贾使秦后,还有范雎当众历述其三条罪状,以明昔日不白之冤。这样不仅表明了"困厄"制造者的愚昧无知和残忍,同时对于遭受"困厄"的贤才,也寄予了深厚的同情和关爱(见《史记·范雎蔡泽列传》)。

《汉书》中的司马迁和赵广汉都是令人景仰的历史人物,然而,本不该发生的事情居然发生在他们身上。司马迁是古代卓越的史学家,正当他继承父亲遗志,全力以赴地撰修《史记》的时候,晴天一声霹雳,中断了他的工作。他居然由于李陵一事身陷囹圄,蒙受了人生奇耻大辱。对于司马迁的不幸遭遇,班固是十分同情的。为了充分表达自己的观点,作者特意在《汉书·司马迁传》中只字不漏地全文照录了司马迁致好友任安的一封书信。这封信不独控诉了汉武帝所谓"明主不深晓"的武断专横和残忍,陈述了司马迁身遭不幸的全过程,而且还表达了司马迁"所以隐忍苟活"的苦衷:《史记》一书尚未终篇,作者不能辜负先人嘱托而使"文采不表于世"。在《汉书·赵尹韩张两王传》中的赵广汉,平素"精于吏职",为人正直勤奋。他见吏民议事,通宵达旦,"和颜接士,殷勤甚备"。遇到立功受赏之事,往往"归之于下"。在他的主持下,原本极其混乱的京兆地区被治理得井井有条。吏民百姓有口皆碑:"自汉以来,治京兆者莫能及。"然而,赵广汉亦因不避权贵,触动了王公显要们的根本利益,竟以所谓"摧辱大臣"、"逆节伤化"的罪名被判处死罪。消息传开,八方吏民纷纷赶来,"号泣者数万人",乃至有人自愿"代赵京兆死,使得牧养小民"。然而万民称颂的赵广汉最终"竟坐腰斩"。班固行文虽然委婉,含蓄不露,但主人公不幸的遭遇依然能激起人们对赵广汉的同情和对封建统治者的憎恨。

范晔是一位很有激情的史学家。他敢于爱其所爱,也敢于恨其所恨,往往是憎爱分明,笔挟风雷。在《后汉书》中,他对那些因伸张正义而备受打击者给予高度赞扬。《党锢列传》里就反映了一大批这样的历史人物。例如其中的李膺,颍川襄城(今河南襄城)人,字元礼,性行简亢,桓帝时以举孝廉入仕。李氏为官竭职尽力,政绩卓著。他任乌桓校尉时,鲜卑"犯边",膺亲冒矢石,每破走之,"虏甚惮慑";任度辽将军时,使原本混乱的张掖、酒泉、云中诸郡得到大治,边事由此得以整肃;任司隶校尉后,不畏权势,"诛举邪臣,肆之以法",历来"执法不挠"。曾有宦官张让之弟张朔者,任县令期间,罪恶累累,"贪残无道","至乃杀孕妇"。朔惧其罪,后逃匿于张让家的"合柱"之中。李膺闻讯,亲率人众搜捕,当即砍开"合柱",将朔绳之以法。当是时,宦官专权,朝政日非,李膺与太学生陈东等人共反宦官。时人颂曰:"天下模楷李元礼。"士人中,大凡有被李膺接纳者,被誉为"登龙门"。然而,就是这样一位为官清正无私的人,却一再受到打击:延熹二年(159)任河南尹时,由于触动了豪强大姓羊元群的利益,"元群行赂宦官",李膺当即遭到贬黜。延熹九年(166),宦官又借口李膺结党诽谤朝廷,将其逮捕入狱。灵帝即位后,外戚窦武执政,李氏以窦武、陈蕃举荐,任为长沙少府。不久又因陈、窦谋诛宦官失败,再次受到株连。就在宦官搜捕"党徒"时,有人劝其作速出逃,李膺凛然拒绝。他昂首答曰："事不辞难，罪不逃刑"，"吾年已六十，死生有命，去将安之"。旋即被捕，本人被"考死"，妻子"徙边"，门生、故吏及其父兄"并被禁锢"。书至此，凝聚史家笔端的已经不再是一般的同情，而是愤怒的控诉了。

（四）盛赞忠直

以司马迁为榜样，班固、范晔等人踵其后，都曾在史书中设立《循吏传》。所谓"循吏"，是特指那些奉公执法的封建官员。在司马迁等人看来，社会的稳定和国家机器的正常运作，不但在很大程度上与国家法令政策有关，也与实施法令政策的各级官员的品行操守有关。只要官员们"奉职循理"，国家和社会便"可以为治"（《史记·循吏列传》）。只要官员们"谨身帅先，居以廉平，不至于严"，民众就可以"从化"（《汉书·循吏传》）。因此，在"前三史"中，记述了许多"循吏"们的生动事迹。

在《史记·循吏列传》中，司马迁由衷赞赏那些严于律己、尽职报国的各类官员。其中的石奢、李离和汲黯，堪称为这方面的典型代表。石奢，是楚昭王之相，为人"坚直廉正，无所阿避"。有一次追赶杀人凶手，待捉到一看，"乃其父也"。释放其父以后，他主动将自己捆起来向朝廷请罪，并就此事向楚王解释个人见解：以儿子惩办父亲是"不孝"，而"废法纵罪"，非忠臣所为，所以应当对自己处以死罪。后来楚王原谅了他，而他则以"王赦其罪，上惠也；伏诛而死，臣职也"，终于还是"自刎而死"。李离，乃晋文公时期狱官，亦是石奢式人物。他"过听杀人，自拘当死"。后来，晋文公虽一再为之开脱，李离却"辞不受令"，终以"理有法，失刑则刑，失死则死"为由，伏剑而死。汲黯，是司马迁在《循吏列传》中树立的一位公而忘私、直言敢谏的官员形象。汉武帝时期，河内失火的消息传入京都，汲黯受命"往视之"。返回京都后，报称乃是"家人失火，不足忧"，同时又请处罚自己"矫制之罪"。原来，当汲黯路过河南时，见当地"伤水旱万余家,或父子相食",于是"以便宜","持节发河南仓粟以振贫民"。汲黯一生,曾经多次犯颜直谏。当武帝欲"招文学儒者"时,他批评说:"陛下内多欲而外施仁义,奈何欲效唐虞之治乎!"当"汉方征匈奴时",他则倡言"与胡和亲","无起兵";当武帝日益重用"为人多诈,舞智以御人"的张汤、公孙弘等人时,他则以决狱、律令"数质责汤于上前",批评弘等"徒怀诈饰智以阿人主取容"。虽然他多次触怒武帝,并为此付出了很大代价,但本篇对汲黯的为人是给予肯定的。其中,通过大将军卫青"愈贤黯"的举动,通过淮南王"惮黯"的记载,通过淮南王对汲黯的评论("好直谏,守节死义,难惑以非"),尤其是黯死之后,武帝"以黯故,官其弟汲仁至九卿"的记述,均表明了《史记》著者对汲黯由衷的赞赏态度。

《汉书》记述了一大批忠心为国、"耿直奉公"的官员。在本书《循吏传》中,文翁、龚遂两人,可谓突出代表人物。其中文翁,平素"仁爱好教化"。当他出任为蜀郡守的时候,目睹当地"辟陋有蛮夷风",于是便减省开支,挑选郡县小吏中"开敏有材者"十余人,将他们送往京师学习深造,待其"成就还归"后,文翁一一擢拔重用。同时,他又在成都创建学官,"招下县子弟以为学官弟子",由是此处大化,"蜀地学于京师者比齐鲁焉"。又如新任太守龚遂,"为人忠厚,刚毅有大节",平时体恤饥民苦衷,严厉禁止所属各县动辄擒捕那些由于饥饿而起的"盗贼",非但如此,还开仓"假贫民"。结果,当地大治,"民安土乐业"。在《汉书》合传《爰盎晁错传》中,御史大夫晁错的事迹更是生动感人。为了解决朝廷与诸侯之间日益尖锐的矛盾,晁错甘冒杀身大祸,恳请汉景帝削去势力强大的侯国封地,诸侯王以此怨之。错父闻讯后,特地由家乡赶来,力劝儿子改弦更张,以防不测。然而晁错心如铁石,昂然答曰:"不如此,天子不尊,宗庙不安。"始终坚持"削藩",至死无悔初衷。

《后汉书·循吏列传》也记述了许多忠心耿耿,勤于国事的官员。

试看其中两位典型——任延和秦彭的事迹。任延，南阳人，平素敬贤爱民。他对"高行者"敬重以师友之礼。但凡掾吏中有贫者，"辄分奉禄以赈给之"。建武初年，任延出任为九真（越南北部清化、义安一带）太守。当时的九真地区比较落后，习俗以射猎为业而不知牛耕。于是任延便"铸作田器，教之垦辟"。因而田畴开拓，"百姓充给"。此外，他还以嫁娶礼法教化当地。九真人民对任延十分拥戴，多为子取名曰"任"，甚至"生为立祠"，用以纪念他们最崇敬的太守。秦彭，也是任延式的东汉官员，他在黎民中享有很高声誉。建初元年，秦彭出任山阳太守，"以礼训人，不任刑罚"，并开办教育，"敦明庠序"。凡是遵奉教化者，他便重用，提拔为"乡三老"，而且还常常在八月间致酒肉以劝慰之。但凡部下有过，无非是"罢遣而已，不加耻辱"。此外，"每于农月，亲度顷亩"，视其地力，分为三等，"各立文簿，藏之乡县"，遂使奸猾之吏"无所容诈"。秦彭的显著政绩，不仅使地方"百姓怀爱"，也得到了朝廷的奖赏和恩宠。

（五）反映抗争

封建社会是地主阶级的一统天下，广大劳动人民则因为被剥削、被压迫，处于水深火热的悲惨境地。因而，每当黑暗肆虐，邪恶势力猖獗的时候，便往往是劳苦大众反抗、斗争乃至揭竿而起之时。"前三史"的作者们以历史家特有的眼光，从不同角度、不同程度地反映了这一客观的历史事实。

《史记》和《汉书》都记述了中国历史上波澜壮阔的第一次农民大起义。尤其是司马迁，以完全拥护和赞美的态度评论这次农民起义。他为陈胜立世家，使其与儒家的祖师孔子并驾齐驱，并且排列于汉代诸"世家"之前，以示特殊的崇敬。《陈涉世家》不仅详细地记述了陈胜、吴广揭竿起义的社会背景、筹备过程，也描写了势如摧枯拉朽的反秦斗争："攻大泽乡，收而攻蕲。蕲下，乃令符离人葛婴将兵徇蕲以东。攻铚、酂、苦、柘、谯，皆下之。""比至陈，车六七百乘，骑千余,卒数万人。"当此之时,诸郡县民众,"皆刑其长吏,杀之以应陈涉"。本文里,还借用"三老"、"豪杰"之口,表达了对起义领袖的拥戴:"将军身被坚执锐,伐无道,诛暴秦,复立楚国之社稷,功宜为王。"著者本人更是高度评价起义功绩:"陈胜虽已死,其所置遣侯王将相竟亡秦,由涉首事也。"对于陈胜死后由项羽、刘邦领导的两支农民军的反秦斗争,司马迁也倾注了自己由衷的关爱。特别是对项羽其人,著者打破了以往"成王败寇"的传统观念,以满怀激情的笔触赞美这位失败的英雄,甚至将其抬高到"近古以来未尝有也"的地步。司马迁的评论,既是对项羽灭秦功绩的肯定,也是对人民反抗暴政的赞扬。

《史记》和《汉书》还从不同角度反映了西汉人民反抗残暴统治的斗争。特别是《史记·平准书》、《汉书·食货志》以及两部史书的《酷吏传》,比较集中地记述了广大劳动者在封建地主阶级的经济剥削和残酷折磨下的英勇反抗。试看《汉书·酷吏传》中详细记载:当时许多官员虽然像酷吏王温舒那样残忍,然而,"吏民益轻犯法,盗贼滋起"。南阳有梅免、百政,楚有段中、杜少,齐有徐勃,燕赵之间有坚卢、范主之属。大群至数千人,"擅自号,攻城邑,取库兵,释死罪,缚辱郡守都尉,杀二千石,为檄告县趋具食";小群以百数,掠虏乡里者不可详记。朝廷委派御史中丞、丞相长史前往监督,"犹弗能禁",又派光禄大夫范昆、诸部都尉及故九卿张德等人"衣绣衣持节,虎符发兵以兴击"。经过数年的残酷镇压,仍然没有根除反抗斗争,"散卒失亡,复聚党阻山川,往往而群"。面对这种可怕的局面,小吏们畏惧上司怪罪杀头,"虽有盗弗敢发,恐不能得,坐课累府,府亦使不言。故盗贼多,上下相为匿,以避文法焉"。与此同时,班固还在《汉书·东方朔传》中,通过汉武帝行围打猎一事,反映了人民的怨恨和斗争。建元三年(前138),汉武帝率领大批随从到郊外游玩。时令正值八九月间,正是秋收在望的季节。武帝众人于山下竞相追逐鹿豕狐兔,与熊罴野兽搏击,来来往往,驰骋于"禾稼稻秔之地"。面对劳动成果被随意践踏,"民皆号呼骂詈",对至高无上的皇帝发泄了强烈的不满。

《后汉书》中记述了更多的正义反抗和斗争。清代著名学者王鸣盛曾高度评价范晔道:"今读其书,贵德义,抑势力,进处士,黜奸雄,论儒学则深美康成,褒党锢则推崇李、杜,宰相无多述,而特表逸民,公卿不见采,而惟尊独行。"(《十七史商榷》卷六十一)其中王鸣盛所说的"褒党锢",就是《后汉书》着意表扬了那些为反抗宦官势力而身遭禁锢的官僚士大夫。东汉桓帝、灵帝时期,"主荒政缪",国家命运悬于宦官之手。天下士人羞于为伍,"匹夫抗愤,处士横议",党事遂"始自甘陵、汝南,成于李膺、张俭",前后"二十余年,诸所蔓延,皆天下善士"。所谓"善士",就是同宦官势力进行坚决斗争的士林中的那些佼佼者。这些威望极高、名扬天下的"善士"们共相标榜,皆有相应名号:窦武、陈蕃、刘淑等三人因系士人拥戴的领袖,称为"三君";李膺、荀翌、杜密、王畅、刘佑、魏朗、赵典、朱寓等八人,因系士林精英,称为"八俊";郭林宗、宗慈、巴肃、夏馥、范滂、尹勋、蔡衍、羊陟等八人,因能"以德行引人",称为"八顾";张俭、岑晊、刘表、陈翔、孔昱、苑康、檀敷、翟超等八人,以其能"导人追宗",称为"八及";度尚、张邈、王考、刘儒、胡母班、秦周、蕃向、王章等八人,因为能"以财救人",被呼为"八厨"。在史家范晔看来,以上这些名士人人胸怀坦荡,有高风亮节,"功虽不终,然其信义足以携持民心;汉世乱而不亡,百余年间",多亏上述"数公之力也"(《陈蕃传》)。为了充分表达自己对"名士"们的向往和崇敬之情,范晔采用了两项措施:一是竭力为"名士"们立传,务使其姓名及事迹千古不朽。当时知名天下的"三君"、"八俊"、"八顾"、"八及"、"八厨"等,凡"其名迹存者,并载乎篇"(《党锢列传序》)。为其立传记的"名士",累计有 21 人之多。二是务使"名士"事迹详尽,力求传主形象丰满感人。在《党锢列传》

中,但凡能为"名士"们增辉之事,范晔常常是书之不厌其详,不厌其多,甚至将社会上流传的"民谣"也写了进去。有关"名士"事迹的描写,也往往是传情记事,一气呵成,反映得非常成功。例如汝南名士范滂,年少重气节,他因为揭发检举"刺史、二千石权豪之党二十余人",而被诬为"党人",下于狱中。后来,党事稍鲜,范滂开释南归。当是时,送迎场面好不动人:还在他"始发京师"之际,便有"汝南、南阳士大夫迎之者数千辆",同乡殷陶等人,"并卫侍于滂,应对宾客"。又如济北相滕延,也是李膺、范滂一类的人物。他生性耿直,原本就极为痛恨宦官们的专横跋扈及为非作歹,当得知宦官侯览、段珪的宾客仆从们劫掠过往客商的消息后,勃然大怒。他不顾个人安危,毅然捉拿暴徒,处以死刑,并陈尸路衢,时人无不拍手称快。对于敢同宦官恶势力斗争的人,范晔一律视为可敬的英雄,钦慕之情跃然纸上,充满字里行间。

三、表现手法

《史记》、《汉书》、《后汉书》之所以被后人公认为优秀的传记文学著作,除了宣扬爱国主义精神及表现出一定的民生意识以外,还与它们高超的写作艺术有一定的内在联系。在"前三史"中,尤其是《史记》的作者司马迁,史学天才与文学天才完美融合,将文字记录锻炼到炉火纯青、出神入化地步,从而通过塑造人物、语言表达、场景再现、细节描绘等方面,把传记文学的成就推进到空前的高度。

(一)勾勒形象

优秀正史里成功塑造了许多历史人物,往往一个个形象传神,栩栩如生。

《史记》堪称是擅长此道的经典著作。司马迁采用四种方式,使人物形象达到极致。一是善于描绘人物外貌特征。往往寥寥数笔,便勾勒得惟妙惟肖。例如写秦始皇,其人"蜂准,长目,挚鸟膺,豺声",仅仅几个字便刻画出一个生性刚毅、强悍,胸有大略,"少恩"而有"虎狼心"的帝王形象(《秦始皇本纪》)。又如写孔子,"生而首上圩顶","长九尺有六寸"。惟其头有"圩顶","故因名曰丘云";惟其身高"九尺有六寸","人皆谓之'长人'而异之"(《孔子世家》)。这就不仅反映了孔子的形貌特征,还简释了其名与其形之间的若干联系;二是善于描写人物表情。《史记》刻划人物哭泣的地方很多,但"哭"有多种,各具特色(详见第七章第四节);三是善于描绘人物的动作特征。例如在《扁鹊仓公列传》中,当名医扁鹊得悉虢国太子病死症状,断言"臣能活之"后,中庶子闻言,"目眩然而不瞚,舌挢然而不下"。此中以目"眩"而"不瞚",舌"挢"而"不下",将彼时中庶子目瞪口呆的形象描绘得淋漓尽致;四是擅长于通过一系列言行动止,透迤婉转地刻画出人物的性格。例如在《魏公子列传》中的信陵君,他虽然贵为魏国的公子,但是为了救赵卫魏的大业,他不惜屈尊人下,而且谦虚之至。特别需要指出的是,恭迎侯生的一段文字写得相当生动出色:"公子于是乃置酒大会宾客。坐定,公子从车骑,虚左,自迎夷门侯生。侯生摄敝衣冠,直上载公子上坐,不让,欲以观公子。公子执辔愈恭。侯生又谓公子曰:'臣有客在市屠中,愿枉车骑过之。'公子引车入市,侯生下见其客朱亥,俾倪故久立,与其客语,微察公子。公子颜色愈和。当是时,魏将相宗室宾客满堂,待公子举酒。市人皆观公子执辔。从骑皆窃骂侯生。侯生视公子色终不变,乃谢客就车。至家,公子引侯生坐上坐,遍赞宾客,宾客皆惊。"通过侯生的"上坐,不让","故久立,与客语"等一连串十分傲慢的举动,同魏公子的"执辔愈恭"、"颜色愈和"等谦虚态度的鲜明对比,突出了信陵君的爱国重义、尊贤下士的高大形象。

班固《汉书》同样刻画人物形象。班书不仅将李广、苏武等正面历史人物刻画得形象传神,反映其他各种类型的人物也很有特色。试看《霍光金日䃅传》中的霍光其人,这是班固从多方面反映的封建社会一位权臣的形象。霍氏一方面对汉王朝忠心不二,虽具有安定社稷之功,但依然"小心谨慎",连出入宫廷,都"止进有常处",历来"不失分寸";而从另一方面看,他又有权欲熏心、威震主上的行为特征。废黜昌邑王时,霍光"持其手,解脱其玺组",捧与太后,并且诛杀了与昌邑王有牵连者二百余人。在他主持朝政的二十多年时间里,霍家子弟姻亲皆为朝廷显贵。霍光本人上朝更是非同寻常,即使皇帝也要"虚己敛容,礼下之已甚"。在《朱买臣传》中,班固还成功地塑造了一个求学上进,最终改变了个人命运的来自封建社会下层的文人形象。吴人朱买臣家境贫寒,平时"好读书,不治产业",主要以打柴砍樵度日。即使在挑柴赶路的时候,他也颂习不辍,时时不忘钻研学问。他曾"歌呕道中",狼狈至极,其妻"羞之",遂改嫁于他人。后来买臣受朝廷重用,时来运转,出任了会稽太守。"会稽闻太守且至,发民除道,县吏并送迎,车百余乘"。居岁余,又因功"征入为主爵都尉,列于九卿",天下羡之。前后对比,堪称天壤之别。朱买臣故事堪称是"书中自有千钟粟"的一首颂歌,然而个中也揭露了封建时代世态炎凉的人际关系。

　　范晔也是刻画人物形象的高手。在《后汉书》传记中,清晰反映了许多历史人物。例如贪位惧祸、阿谀逢迎的胡广,意气慷慨、威武不屈的臧洪等人物,可谓各具特色,栩栩如生。至于描绘郭泰、冯异、严光、陈蕃、窦武以及文学家蔡文姬等历史人物,更是有血有肉,形象丰满。其中,范滂的传记描写得尤为成功。据有关文献记载,它曾使青年时代的苏东坡深深感动。

　　(二) 语言运用

　　司马迁是中国古代非常杰出的语言大师,他驾驭语言的恰到好处,往往令人拍案叫绝。《史记》中的模拟人物语言,特别生动传神。试看《项羽本纪》里有关鸿门宴后的一个场景:"亚父(范增)受玉斗,置之地,拔剑撞而破之,曰:唉! 竖子不足与谋。夺项王之天下者,必沛公也。吾属今为之虏矣。"一个"唉"字,表现出了范增对项羽不明事理的极度不满和失望。又如在《张丞相列传》中,将周昌生理上的口吃,绘声绘色地再现出来;在《范雎蔡泽列传》中,则把须贾的狼狈相揭示得惟妙惟肖。此外,司马迁恰当地引用一些方言口语,也为《史记》人物传记增色不少(以上有关情况,详见第七章第四节)。

《汉书》、《后汉书》在语言的运用方面,也颇有自己的特色。在《汉书·外戚传》中,有关李夫人的细致描写令人印象深刻。李夫人素以"妙丽善舞"受宠于汉武帝。当其病危时,武帝大驾亲临,这在别人,自是求之不得的恩宠和荣耀。然而,李夫人则以"久寝病,形貌毁坏"为由,"蒙面"拒见君上。武帝告诉她,如能亲见一面,将给李夫人"兄弟尊官",而夫人仍断然拒之:"尊官在帝,不在一见。"虽如是者三,武帝必欲坚持一见,然最终未能如愿。当姊妹们责备李夫人不该任性拒见武帝时,孰料李夫人却道出了意味深长的苦衷:"所以不欲见帝者,乃欲以深托兄弟也。我以容貌之好,得从微贱爱幸于上。夫以色事人者,色衰而爱弛,爱弛则恩绝。上所以挛挛顾念我者,乃以平生容貌也。今见我毁坏,颜色非故,必畏恶吐弃我,意尚肯复追思闵录其兄弟哉!"短短一席话,将李夫人弥留之际埋藏心中的一腔悲哀、惶惧、怨望的心情,表现得入木三分,也将其歔欷叹息的可怜情态勾画得凄婉动人。从而揭示了黑暗的封建社会中,女性"以色事人"、"色衰爱弛"的悲惨命运。

再以《后汉书》为例,该书作者范晔平素即强调为文要"以意为主,以文传意"。正是在"以文传意"的思想指导下,范氏文章语言真切感人。在《党锢列传》中有范滂与其母诀别时的一段对话,这段对话颇为精彩:"其母就与之诀,滂白母曰:'仲博孝敬,足以供养。滂从龙舒君归黄泉,存亡各得其所。惟大人割不可忍之恩,勿增感戚。'母曰:'汝今得与李、杜齐名,死亦何恨!既有令名,复求寿考,可兼得乎?'滂跪受教,再拜而辞。顾谓其子曰:'吾欲使汝为恶,则恶不可为;使汝为善,则我不为恶。'行路闻之,莫不流涕。"言语虽然无多,却写得慷慨悲切,掷地有声,虽千载之后读之,犹足使人动容。

(三) 场面烘托

反映历史生活片断,离不开场面的描写。以一定的场合和环境揭示历史的发展,是优秀传记文学作品的一个特征。《史记》中的场面之多,堪称诸史之冠。其中著名的场面:有巨鹿之战、北伐匈奴那样的战争场面,有鸿门宴、灌夫骂座那样的宴会场面,有专诸刺王僚、荆轲刺秦王那样的惊险场面,有秦赵渑池之会、毛遂与平原君使楚那样的外交场面,也有霸王别姬、易水送别那样的悲壮场面等等。这些场面各有特色,写得生动、逼真,读来恍如身临其境,虽千载后读之犹令人激动不已,甚至是拍案叫绝! 这着实是一种精神享受(详见第七章第四节)。

《汉书》和《后汉书》有关场面的描写,固然远没有《史记》那样多,但场面的描写也不遑多让,同样真切感人。例如在《汉书》苏武本传中,降将李陵为苏武送行的一段描写:"于是李陵置酒贺武曰:'今足下还归,扬名于匈奴,功显于汉室,虽古竹帛所载,丹青所画,何以过子卿! 陵虽驽怯,令汉且贳陵罪,全其老母,使得奋大辱之积志,庶几乎曹柯之盟,此陵宿昔之所不忘也! 收族陵家,为世大戮,陵尚复何顾乎? 已矣! 令子卿知我心耳。异域之人,壹别长绝!'陵起舞,歌曰:'径万里兮度沙幕,为君将兮奋匈奴。路穷绝兮矢刃摧,士众灭兮名已隤。老母已死,虽欲报恩将安归?'陵泣下数行,因与武决。"送别场面虽然不大(仅有李陵、苏武二人),然特定场合更能使李陵在赞扬苏武完节荣归时,极其自然地暴露出个人恩怨与国家民族利益交织一起的复杂心态。通过李陵自惭形秽的表白,同"陵起舞","陵泣下数行"这些叙述的有机结合,立时创造出了一个悲凉凄婉的氛围,从反面更衬托出民族英雄苏武的高大形象。

（四）细节描绘

司马迁、班固和范晔三人，都是通过细节的描绘，以表现历史人物性格的行家里手。三史之中，尤以《史记》最为突出。许多人物刻画得绘声绘色，令读者如见其人，如闻其声，颇有呼之欲出的感受。

试以《史记·李斯列传》为例。秦相李斯，原楚国小吏。他早年见厕所老鼠吃脏物，遇人、犬，即惊吓逃窜。后来进粮仓，"观仓中鼠，食积粟，居大庑（带走廊大房）之下，不见人犬之忧"。由此，他悟出了自己的人生哲学："人之贤不肖譬如鼠矣，在所自处耳。"后来李斯追随荀子"学帝王之术"，学成后投奔秦国，因屡立大功，被秦始皇任为丞相。李斯本来知道太子扶苏是秦朝法定接班人，但因患得患失的老鼠哲学作祟，为了永保富贵，他附和宦官赵高意见，假传圣旨迫令太子扶苏自杀，拥立了秦二世为帝。但李斯从此也一步步陷入赵高阴险圈套中，最终以"谋反"罪入狱致死。试看狱中关于李斯细节的描写：二世委派赵高审李斯案，"赵高治斯，榜掠千余，不胜痛，自诬服。斯所以不死者，自负其辩，有功，实无反心，幸得上书自陈，幸二世之寤而赦之"。于是在狱中上书皇帝，列出自己所谓七大"罪状"（即助秦兼并六国，统一度量衡，修驰道，还有"缓刑罚，薄赋敛，以遂主得众之心，万民戴主，死而不忘"云云）。这哪里是"罪状"，分明是为自己摆功。赵高害怕二世了解真相，在扣下诉状的同时，又派自己门客假扮御史官员，反复审问李斯，"斯更以其实对，辄使人复榜之。后二世使人验斯，斯以为如前，终不敢更言"。"二世喜曰：'微赵君，几为丞相所卖。'"李斯最终"论腰斩咸阳市"，在临刑前的路上，犹憧憬昔日之欢："顾谓其中子曰'吾欲与若复牵黄犬俱出上蔡东门逐狡兔，岂可得乎！'遂父子相哭，而夷三族。"直至处死时，李斯方有所悟，岂非太过迟滞哉？然而，恰恰由于以上之细节描写，才使得李斯患得患失的人物形象更加典型。

再如《史记·刺客列传》中的荆轲。有关刺杀秦王的一段文字，堪称神来之笔，犹如亲见于眼前："秦王发图，图穷而匕首见。因左手把秦王之袖，而右手持匕首揕之。未至身，秦王惊，自引而起，袖绝。拔剑，剑长，操其室。时惶急，剑坚，故不可立拔。荆轲逐秦王，秦王环柱而走。"惶急之际，秦王不知所以，"左右乃曰：'王负剑！'负剑，遂拔以击荆轲，断其左股。荆轲废，乃引其匕首以擿秦王，不中，中桐柱。秦王复击轲，轲被八创。轲自知事不就，倚柱而笑，箕踞以骂曰：'事所以不成者，以欲生劫之，必得约契以报太子也。'于是左右既前杀轲，秦王不怡者良久。"相距咫尺，事发瞬间，连贯动作犹如钱塘江潮，高峰迭起，一浪紧接着一浪地卷地而来。正是在事态突然发展和一连串惊险的细节描写中，使读者目睹了一个誓杀秦王、视死如归的刺客形象。

《汉书》和《后汉书》中的许多细节描写，也同样令人神往。

例如在《汉书》中的《公孙刘田王杨蔡陈郑传》里，记述了一个腐朽的封建官僚人物——御史大夫陈万年。陈万年号称"廉平"，然而，实际上是一个巴结权贵的行家。就是这个陈万年，为了联络外戚许氏和史氏，不惜倾家荡产地去贿赂。为了巴结生病的丞相，他一人"独留"相府，"昏夜乃归"。最典型的事例要数陈万年的"教子术"了。有一次，他重病在身，唯恐不久于人世，遂将儿子陈咸唤至床前，授以为官之道。陈万年喋喋不休，"语至夜半"，本想将切身经验传于儿子，孰料陈咸并不领情，对父亲的说教毫无兴趣，因而听着听着，便昏昏然进入梦境，不小心一头撞在屏风上。"万年大怒"，举杖欲击之，呵斥道："乃公教戒汝，汝反睡，不听吾言，何也？"没想到陈咸的答话竟也理直气壮："具晓所言，大要教咸谄也。"通过这一细节的描写，彻底撕开了陈万年一类经术之士虚伪透顶的面纱。

又如在《后汉书》中的《独行列传》里，着力宣扬了东汉时期"重名节"的社会风尚。其中的戴就，便是一位"意严冬霜"、不惧酷刑的耿介人物。戴氏原本在郡太守成公浮署下做事，主要负责粮仓管理。

扬州刺史欧阳参诬陷成公浮贪赃枉法，戴氏因为此事受到株连，遭到了一连串的严刑逼供："幽囚考掠，五毒参至。"虽如此，他仍然"慷慨直辞，色不变容"。行刑者烧红铁斧，使其"挟于肘腋"。戴就乃对狱卒道："可熟烧斧，勿令冷。""每上彭考，因止饭食不肯下，肉焦毁堕地者，掇而食之。"主事者虽然"穷竭酷惨"，使出浑身解数，然而面对铮铮铁汉，亦"无复余方"。于是一计未可，又生一计。他们把戴就置于船下，"以马通薰之"，连薰一夜二日。众皆谓其已死，及至发船视之，戴就于中"张眼大骂曰：'何不益火，而使灭绝！'""又复烧地，以大针刺指爪中，使以把土，爪悉堕落。"戴氏忍着剧痛，大骂凶手："薛安庸骏，忸行无义，就考死之日，当白之于天，与群鬼杀汝于亭中。如蒙生全，当手刃相裂！"由烧斧"挟于肘腋"、"马通薰之"、"大针刺指爪中"的具体描述，再现了封建社会刑律的残酷；而诸如"掇而食之"的一些举动，则表示了戴就对凶手们的仇恨和蔑视；经受酷刑时的"张眼大骂"，更突出了主人公视死如归的壮烈。正是通过上述一系列细节的描绘，一方面揭露了东汉王朝官场的黑暗，同时也塑造了戴就坚贞不屈，同恶势力以死抗争的英雄形象。

四、流传业绩

通过史籍这一重要的载体形式，播扬古代知名史家尤其是许多著名文学家事迹及其文学作品，这既是纪传体文献的一个特征，也是纪传史家们为促进中国文学的发展所作的一大贡献。

(一)"三史"成就

此处所谓"三史"，特指《史记》、《汉书》、《后汉书》三部优秀著作。纪传体文献显著功能之一，就是经由史籍为平台，流传文学家业绩。所谓"流传文学家业绩"，主要体现在以下两个方面。

第一，著名纪传史家们文学成就的自我保存。有如以上所述，《史记》、《汉书》、《后汉书》等史籍的作者，他们本身就是古代第一流的文章家。譬如班固的文章典雅高华,记事纡叙有致,"不激诡,不抑抗,赡而不秽,详而有体,使读者亹亹而不倦,信哉其能成名也"(范晔《后汉书·班固传》)。又如范晔,才华横溢,他不独对文学理论有深厚的研究,而且生性放达,我行我素,从不附就流俗,品评历史往往憎爱分明,笔挟风雷,更兼"两汉风俗之变,上下四百年间,了如指掌",其"言之切如此,读之能激发人"(王鸣盛《十七史商榷》卷三十八)。

至于司马迁,更是古代史学领域和文学领域中罕见的语言大师。他不但于诸事高屋建瓴,而且匠心独运,文思敏捷,才华有如涌泉不择地而出,文笔汪洋恣肆,达到炉火纯青地步。诚如陈继儒所说:"《史记》之文,类大禹之治水,山海之鬼怪毕出,黄帝张乐,洞庭之鱼龙尽飞。此当以文章论;而儒家以理学束之,史家以义例绳之,史公不受此也。"(《白石樵真稿》)中国现代伟大的文学家鲁迅先生也称赞《史记》是"史家之绝唱,无韵之《离骚》"(《汉文学史纲要》)。司马迁、班固和范晔等人在文学上的深厚造诣和杰出成就,通过"三史"的成功撰修得以充分地体现出来,也通过"三史"的代代流传,使得这些极其宝贵的文学精品保留下来。

第二,借助于史书这一载体,记录了前代文学家光辉事迹并著录其不朽著作。

所谓记录前代文学家"光辉事迹",例如《史记》里关于爱国主义诗人屈原的动人经历,贾谊赴长沙的创作活动,司马相如创作诗赋的事迹;又如《汉书》中记述枚乘、扬雄等人的生平业绩,以及司马迁极不寻常的一生;再比如《后汉书》中对张衡、班固、蔡邕等人的生平事迹,也都有较详尽的描述。所谓著录前代"不朽著作",系指除了反映著名文学家事迹外,还往往原文著录了他们具有影响的代表性作品。试看《史记》中原文著录的作品,有贾谊的《吊屈原赋》(见《屈原贾生列传》),司马相如的《子虚赋》、《大人赋》(见《司马相如列传》);又如《汉书》中原文著录作品,有东方朔的《答客难》(见《东方朔传》),

扬雄的《长杨赋》(见《东方朔传》);再如《后汉书》中原文著录的作品,有班固的《两都赋》(见《班彪列传》),张衡的《思玄赋》、《应间》等(《张衡列传》)。由于这一特殊的记载方式,也使得《史记》、《汉书》、《后汉书》这些史籍,在一定程度上又兼有一代文章总汇的特征。

于此还应该特别指出,范晔发前人未发,在《后汉书》中首创了《文苑列传》,特意著录了那些擅长于诗赋文章的名家成就,这是古代史学领域第一次为著名文学家专门开辟文学园地。继《后汉书》之后,后世诸史也纷纷起而效法,因而历代众多文学家的事迹及其不朽著作,便通过诸史《文苑传》的记载和著录,较好地得以保存下来。

由于史家们基于以上的良苦用心,对于妥善保存和流传古代文学作品,产生了重要意义和深远影响。

(二)后史成就

就整体而言,《三国志》及《三国志》以后的其他纪传体文献,虽然比不上"前三史"极其突出的文学成就,但是以后诸多史籍毕竟大多出自一代名家之手,因而也各有特点,仍有以下可资称道之处。

1. 亦重文史

中国古代文化领域,历来有文史不分的传统。历史上,文人修史的现象并不罕见。很多纪传体史书的作者,原本就是当代文坛上的名流。由于他们具有深厚的文学造诣,因而,出于他们手笔的纪传体史书(特别是其中的传记部分),便不乏优秀的文学特色。

试以陈寿的《三国志》为例。本书文字叙述很有特点,"虽文艳不若相如,而质直过之"(《晋书·陈寿传》引范语)。刘勰就曾高度称赞陈寿三国史书,诸如孙盛《魏氏春秋》、鱼豢《魏略》、虞溥《江表传》、张勃《吴录》之类作品,或者激切虚夸难于相信,或者粗疏阔略抓不住重点。惟有《三国志》"文质辨洽",在文与质方面达到了形式和内容的统一,陈寿辨理明白而又融洽合度。甚至当时名士荀勖和张华也以为,将其"比之于迁、固,非妄誉也"(《文心雕龙·史传第十六》)。刘勰等人的赞扬并不过分,与他史相比,《三国志》不独文字简洁洗炼,且能于简洁中揭示人物特征。例如在《三国志·蜀书·先主传》中,有一段被后人称为"曹操煮酒论英雄"的记述:"曹公谓先主曰:'今天下英雄,惟使君与操耳。本初之徒,不足数也。'先主方食,失匕箸。""失匕箸"三字,可谓点睛之笔。只此三字,便将刘备高度戒备的复杂心理和他平素"喜怒不形于色"的狡黠特征揭示出来。在《吴书·鲁肃传》中也有此等记述:"曹公闻权以土地业备,方作书,落笔于地。""落笔"这一动作,深刻地揭示了曹操极为震惊的心态,因为孙权"以土地业备",可能对自己的统一事业发生潜在影响,干系过于重大。

再以刘昫的《旧唐书》为例。此书虽然纂修于军阀混战、政治动荡的五代时期,但是,由于史家的努力,特别是由于其中有许多资料都是采用唐代名家的"半成品",所以,不少列传依然"叙述详明,赡而不秽,颇能存班、范之旧法"(《四库全书总目提要》)。尤其是《旧唐书》中自唐穆宗长庆(821—824)以前的内容,五代史家几乎是完全照录唐代"旧文","而旧时史官本皆名手,故是传有极工者"。例如其中的《高仙芝传》和《封常清传》,此两传似分似合,颇有特点。《封常清传》内所载的临死谢表,写得"郁勃悲凉",又继之以高仙芝之死,"叹息数语,觉千载下犹有生气"。《旧唐书》中的《郭子仪传》原是裴垍所修,"首尾整洁,无一酿词。因此可知唐史官之老于文学也"(赵翼《二十二史札记》卷十六)。

《旧唐书》以后的《新唐书》、《新五代史》因系文学大家的参预和撰修,更有显著的文学成就。尤其是《新五代史》,此书乃欧阳修独撰,自然非同一般。欧氏独步当代文坛,是唐宋文学领域鼎鼎有名的"八大家"之一。其为文发论,"豪健俊伟,怪巧瑰琦",语言明快,说理透辟。尤其是他的叙事抒情,简洁自然,常常是一唱三叹,音调和谐，颇有一种韵律美。这些可贵的文风，在其力作《新五代史》中得到一定的反映。诸如其中的《伶官传》、《宦者传》等传记，一直是后世读者广泛传颂的名篇。当然，与以上这些史书相比，后来的宋、辽、金、元、明、清诸史，未免在文字上逊色一些。不过，即使后来这些史书中，在许多地方也仍有一定的文学特色，仍有较强的可读性。

2. 亦重"园地"

自《史记》、《汉书》、《后汉书》为知名文学家设立专传，尤其是自《后汉书》为文学家特辟《文苑列传》后，这一文学"园地"引起后人很大兴趣，得到历代史家的首肯和发扬。于是，通过各部史书中的单传和《文苑列传》这样的类传，比较全面、系统地反映了各个时期著名文学家的有关事迹及某些作品。试以《旧唐书》中的《文苑列传》为例，诸如饮誉文坛的"初唐四杰"王勃、杨炯、卢照邻、骆宾王，以及陈子昂、宋之问、贺知章、沈佺期、王昌龄、孟浩然、王维、李商隐、温庭筠、司空图等一代名家，特别是双峰并峙的唐代诗坛巨星李白和杜甫等等，有关他们的生平简历及成就，皆清晰记述于本人传记中。

与此同时，前人许多名篇也因为附着于传主，同样得到了可靠的保存和流传。例如在《三国志·蜀书·诸葛亮传》中，附有诸葛亮著名的《出师表》；在《宋书·谢灵运传》中，附有传主的《劝伐河北书》；在《周书·王褒庾信传》中，附有王褒的《寄周弘让书》、庾信的《哀江南赋》；在《旧唐书》中，附有李密的《讨隋帝檄》（《李密传》）、徐敬业、骆宾王的《讨武后檄》（《徐敬业传》）；在《新唐书》中，附有韩愈的《进学解》、《祭鳄鱼文》（《韩愈传》）和柳宗元的《段太尉遗事状》（《段秀实传》）等等。

不言而喻，记述文学家事迹并保留其作品，这对后人学习和研究古代文学成就，具有非常重要的意义。

第四节　构建通史

国学大师顾颉刚先生当年曾不无动情地说："吾华有五千年之历史！此国人常作之自豪语也。问以史何在？必将曰：《二十四史》不充栋乎？增以《新元史》为二十五，不尤富乎？然史之可贵，匪特在其卷帙之繁重，叙述之详明，裁断之有制，又当字字有来历，其所根据之原料可得而勘证，示人以必信焉。"（《二十五史补编》顾序，中华书局1998年）以顾先生反映五千年史籍之标准，环视世界他国他地之历史，其文化断层现象确令人扼腕叹息，实在有点像《红楼梦》一句名言所说："好一似食尽鸟投林，落了片白茫茫大地真干净。"

毋庸置疑，能够亲眼目睹世界上唯一一部可以全面、系统反映中华民族浩浩荡荡五千年的巨型通史，又有哪位有识之士能不于肃然起敬中叹为观止呢！

说到我国的"通史"，或许有人立刻会想起古代史学领域里，素有双子星美誉的学界巨擘——"两司马"。在他们的两部著作中，一部是反映了上起中华始祖黄帝，下至汉武帝的3000年历史的纪传体通史；另一部则是再现了上起韩赵魏"三家分晋"，下止五代的1362年的编年体通史。毋庸讳言，两部巨著不遑多让，堪称春兰秋菊，双峰并峙，均系泰山北斗式的古代通史名作。然而，我们此处所说的"通史"，既不是司马迁《史记》那样的纪传体通史，更不是司马光《资治通鉴》那样的编年体通史，而是连续反映中华民族五千年历史的鸿篇巨制——"大通史"。

从《史记》到《清史稿》，共计二十六部史书，一向被视为反映中国自古以来的"二十六史"。"二十六史"固然存在着这样或那样的不足（例如其中的《清史稿》，令人诟病之处所在多有），但是这一规模巨大的丛书毕竟比较系统、也比较全面地反映了中华民族起源、形成和发展的历史。因而从一定意义上说,中国的"二十六史"乃是反映中华民族历史由来的一部"大通史",它不愧是世界范围内唯一一部能够连续反映具有五千年民族历史的大型丛书。

为什么会出现连续反映中华五千年的"大通史"呢? 考察其中因素,或许涉及诸多方面。比如中华民族具有"自强不息"、"厚德载物"和脚踏实地的民族精神,这种精神能使中华民族永远屹立于世界民族之林;又比如中国汉字是全世界唯一一直使用至今的最古老文字,这种文字可以由古及今地连续撰写历史文献;再比如中国"四大发明"里有惠及全人类的造纸术和印刷术,这些发明对于文献的印刷和复制功莫大焉。如此等等,或许还可以从一般层面列举出一系列的"比如"和"再比如"。但是,如果我们单就古代史学这一特定领域认真考察,就必然会比较容易地筛选出与"连续反映五千年"关系最密切的三个基本要素。所谓"三个基本要素",便是史官制度、"四史"垂范,还有极其重要的官修史书制。

一、史官建置

作为当代世界上的第二大经济体,对于如今的中国,全世界人民可谓无人不知。然而世人未必都能了解,今天之中国,乃是经由昨天、前天乃至更为遥远的洪荒时期,一步步走来的伟大国度。中国历史之悠久,既有古代文献的清晰记载,又有古代文物的可资佐证。

在我国古代最早的一部史料汇编里曾有这样一段记录:"皇天既付中国民,越厥疆土,于先王肆,王惟德用。"(《尚书·梓材》)意思是说,上天既然把中国的臣民和疆土托付给先王,今王也理应施行德政。这是发现古代文献里关于"中国"两字的最早记录。此外,在1963年出土于陕西宝鸡的西周初期青铜器何尊里,也赫然出现"中国"二字的铭文。按照事物发展的一般规律,但凡尽人皆知的名称,自然是出现于业已客观存在的事实之后。因此中国的悠久历史,显然不能仅仅以"中国"名词的出现时间为标准。然而,循着这一思路却可以获得一个共识,但凡论及中国悠久的历史,尤其是涉及早期原始文字的记录,便毫无疑义地会彰显出古代史官秉笔记录之功。

(一)史官职责

中国史官的建置,可以追溯至相当遥远的古代。据史料记载,早在中华民族始祖轩辕黄帝时期,就已经设立了史官。班固就曾认为:"仓颉,黄帝史。"(《汉书·古今人表》)至于殷商时期,史官设置则一仍其旧。其实,甲骨文里就曾多次出现一个文字符号🖋。🖋这一符号究系何字? 史家虽然各有其说,当以清代吴大澂释义精当:🖋这一符号,记事者也,象执简形(《说文古籀补》)。此说显指商代史官。古代所谓史官,乃是比较规范的一种统称,当时各个时期的具体称谓实则有所不同。先秦时期的名称姑且不论,仅以两汉以后为例,便各有不同。例如北魏设起居注令史,隋朝内史省设起居舍人,唐宋设起居郎,元代以给事中监理,清代以翰林詹事"日讲官"兼任等等。古代史官名称虽然不同,但其肩负的任务却是惊人的一致。随着时代的发展进步,史官们的任务也日益明晰起来。

据史料记载,古代史官除了平素管理图书的任务外,主要担任两方面的工作。

第一,原始文字的记录。《汉书·艺文志》云:"古之王者世有史官,君举必书,所以慎言行,昭法式也。左史记言,右史记事,事为《春秋》,言为《尚书》,帝王靡不同之。"这样的记载,古文献里颇多证据,在《尚书》里即可觅其踪迹。试以《尚书》中的《商书》为例,在商汤攻击夏桀时的誓词《汤誓》,以及《盘庚》、《高宗肜日》、《西伯戡黎》、《微子》等五篇文献里,便足可从中窥其端倪。

考察古代历史文献,大都根源于史官们的原始记录。当然这里所谓的"原始记录",并不仅仅局限于最原始的一条条文字记载。从一定意义上说,也包括了后来陆续出现的"起居注"和"实录"。所谓起居注,专记帝王在位时的言行动止;所谓实录,则是在记录帝王事迹的同时,还兼记一朝的国政大事。这些重要的原始资料,均由各代史官们亲手完成。由于起居注的日渐增加,在唐人编写的《隋书·经籍志》中,还特别首创了"起居注"类,以致后世官修、私修书目也纷纷效法,将历代起居注尽量著录于此。例如在《隋书·经籍志》里,就著录了《汉献帝起居注》、《宋元嘉起居注》等四十多种,达一千多卷。至于实录的出现,显然要晚于起居注。由《隋书·经籍志》可知,最早著录的实录是南朝萧梁时期周兴嗣的《梁皇帝实录》。至唐代,因为吴兢、敬播、刘知几、令狐德棻等著名史家的直接参与,实录水平也得以明显提高。在《新唐书·艺文志》里,就先后著录了敬播的《高宗实录》、长孙无忌的《贞观实录》、令狐德棻的《高宗后续实录》、魏元忠的《则天皇后实录》等著名实录。由于唐代以后长期的战乱,致使五代、辽、金、元各朝实录基本上散佚不存。值得庆幸者,明、清王朝距今不远,两代实录得以完好保存。

第二,撰修国史和重要典籍。史官除了随时写出原始的文字记录外,还有编撰国家典籍的基本任务。换言之,史官还必须对原始文字资料进一步加工,最终将其编撰成可供长期流传的国家层面的历史文献。史官这种行为,早在先秦时文献中就有记载。例如当时流行于世的编年文献——晋之《乘》、楚之《梼杌》、鲁之《春秋》、周之《春秋》、燕之《春秋》等等,便都是史官们在原始资料基础上编纂加工完成的著作。又如在孔子删定"六经"之前的《尚书》,便是夏商周三代史官在其原始记录基础上完成的著作;而儒家"六经"中的另一部经典《春秋》,则是孔夫子在鲁国史官所著《春秋》基础上最终完成的。

东汉时期的名著《白虎通义》,也是史官们参与编撰的结果。据史料记载,汉章帝建初四年(79),太常、博士、议郎、诸生、诸儒集会于白虎观,评议儒家《五经》今古文同异,会后留下了诸如《白虎议奏》之类的许多原始记录。当时的兰台令史班固等史官们,接受了汉章帝指示,最终在这些"原始记录"基础上编撰完成此书。

(二)史官特权

在此,必须提及与原始记录严肃性有重要意义的一项古代制度。即除了史官外,任何人无权接近起居注,甚至贵为至高无上的皇帝也不例外。关于唐代史官朱子屠、郑朗、魏谟故事,史书均有清晰记载:"唐太宗欲观《起居注》,朱子屠曰:'恐开后世史官之祸,史官全身畏死,悠悠千载,尚有可闻乎!'后至文宗,益重其事。每入阁日,左右史立于螭头之下,宰相议事,得以被录","帝尝与宰相议事,适见郑朗执笔螭头下,谓曰'向所论事,亦记之乎? 朕将观之'。朗引朱子屠事对曰:'史不隐善讳恶,人主或饰非护失,见之则史官无以自免,即不敢直笔。'""后帝又欲观魏谟《起居注》,谟曰:'陛下但为善事,勿畏臣不书。'"(赵翼《二十二史札记》"天子不观起居注"条)古代史官固然并非位显权高之重臣,但其分内特权之大,亦由此可见一斑。

平心而论,古代史官负责记录史料、整理和保管史料的"特权",具有两项非常重要的意义。

其一,留下了大量的原始资料。无论是古代最原始的文字记录,还是初步成型的起居注,抑或是进一步完成的实录,都凝结了古代史官艰苦劳动的心血。这些比较原始的成果,为以后编写国史乃至编写正史提供了极其重要的史料来源。

其二,为保护史官"直书"行为建立起一道屏障。因为历史的重要意义在于垂训鉴戒,倘若没有秉笔直书为前提,一切都是枉然。恰恰由于出台了诸如"天子不观起居注"这样的严明制度,所以在一定程度上保证了史料的真实性和可靠性。

由此可见,"史官建置"在提供和保障珍贵史料方面,做出了巨大的贡献。

二、"四史"垂范

这里所说的"四史",即人们习称的"前四史"(司马迁的《史记》、班固的《汉书》、范晔的《后汉书》和陈寿的《三国志》)。学界之所以动辄必提"四史"或"前四史",原因就在于,这四部著作乃是"二十六史"中的佼佼者,即便在整个史学领域里也都称得上永垂不朽的名著。

有关"前四史"的基本成就,已在第一章及其他相应章节里有所论列,此处不再重叙。这里仅提及一点,即便放眼于中华民族"大通史"的规划和构建中,"前四史"亦厥功甚伟。原因何在?这四部著作有一个共同特点,即在体例建设、史料价值诸方面,都做出了不可磨灭的巨大贡献。试逐一论之。

其一,司马迁《史记》的伟大贡献实至名归。该书不仅是中国正史系列中的第一史,也是纪传体"五体裁书"的开创者。司马迁独具慧眼,以本纪、表、书、世家、列传等五种形式统领全书,使西汉以前三千年历史第一次放射出耀眼的光明。从此以后"史官不能易其法,学者不能舍其书"(郑樵《通志总序》)。质言之,《史记》的贡献不仅表现于体例建设上,也表现于内容层面的广度和深度上。如果把中国五千年历史视为一个庞大的建筑群,则先秦诸多史料被视为一堆"残砖断瓦"并不过分。然而,由于司马迁的匠心独运,彻底改变了先秦的这一局面。他巧妙地利用纪传体五种体例,对杂乱无序的"砖瓦"逐一甄别、打磨,最终建立起第一座浑然天成的古代文化大厦。

考察司马迁取得如此惊人成就,儒家经典《尚书》的参考作用厥功至伟。《尚书》是中国历史上最早的一部史料汇编,也是司马迁修史过程中分外倚重的一部名著。该书分为《虞书》、《夏书》、《商书》、《周书》四部分,文字简略,记言记事混杂。但是司马迁慧眼识珠,坚定地以《尚书》内容的前后编排,作为中国古代王朝的编排序列。司马迁的这一指导思想,在《史记》里有清晰反映:试看其《夏本纪》、《殷本纪》、《周本纪》的编排序列,分明就是从《尚书》中的《夏书》、《商书》和《周书》脱胎而来。因为夏代以前的史料严重匮乏,司马迁由此上溯,又创造性地撰写了《五帝本纪》。而这个反映黄帝、颛顼、帝喾、唐尧、虞舜的《五帝本纪》,也同样与《尚书》关系密切。因为也正是在《尚书·虞书》里,已经简要反映了"五帝"序列的漫长史。

其二,班固《汉书》的辉煌成就必须肯定。班固是"断代为书"的奠基人,《汉书》是中国古代第一部纪传体断代史。班固在司马迁《史记》基础上,进一步明确了本纪义例,完善了史表、史志,统一了列传体例,最终以纪、表、志、传四体例形成了更加规范的模式。自班固发端,以后所有的断代正史无不以《汉书》为正宗。此外,《汉书》里的《刑法志》、《地理志》、《艺文志》乃是《史记》所无,属于班固的新创门类,保留了大量珍贵史料。以《艺文志》为例,这是旨在详细反映一个国家一定时期内的文献资源,后世修史纷纷效法,具有深远意义。

其三,范晔《后汉书》的辉煌业绩不容小觑。范晔的《后汉书》荣登正史"季军"宝座,亦非偶然。该书本系断代史籍,但作者在许多列传的序、论中,往往打破体裁限制,不受朝代束缚,上溯至前朝乃至夏、商、周三代,因此征引了许多先秦史书。例如范晔在其"东夷"、"西羌"等列传的序、论中,就曾大量征引《竹书纪年》的资料。《竹书纪年》自唐宋散佚后,各种版本、史料真假莫辨,而《后汉书》里较早征引的资料就显示出更加重要的参考价值。范晔还是一位才华横溢又富于创新的文史大家,在《后汉书》中创立了许多颇有价值的类传。比如他创立《文苑列传》,旨在反映当代著名文章家;他创立《独行列传》,旨在反映谯玄、李业、刘茂那样一批不同流俗的独立特行者;他创立《逸民列传》,旨在反映戴良、韩康那样一批自命清高、隐居不仕和"钓采华名"的文人;他创立的《列女传》尤具价值,旨在反映巾帼不让须眉的一批女杰,但凡"才行高秀者"皆可立传,"不必专在一操",汉末杰出的文学家蔡文姬就是典型一例。

其四,陈寿《三国志》成就同样引人注目。《三国志》,原本是反映魏、蜀、吴三国鼎立的历史,然而著者在该书体例上别出心裁。从表面上看,这部史籍似乎是不偏不倚,为三国各立一"书"(即《魏书》、《蜀书》、《吴书》),然于君王的称谓上,则是俨然有别。三国之中,唯《魏书》称为"帝",例如"武帝操"、"文帝丕"、"明帝睿",而《蜀书》、《吴书》则称为"主",如《蜀书》之"先主备"、"后主禅";《吴书》之"吴主权"等。著者此举,可谓立意高远。彼时虽然三国鼎立,因本书以魏帝之纪作为全书纲领,则中国历史呈现出的文化现象,仍然是统一之势。《三国志》首创"国别史",为以后撰写类似史著产生重要影响。当然陈寿文笔之功,也得到了后人充分肯定。刘宋时裴松之就称赞他"铨叙可观,事多审正,诚游览之苑囿,近世之嘉史"(《上三国志注表》)。此外,《三国志》的引用资料多源于三国时期史官(刘知几《史通·史官建置》:魏称著作郎,蜀称东观令、东观郎,吴称左国史、右国史)的记录,因系当代人第一手资料而显得弥足珍贵。这些资料嗣后尽归晋都洛阳,为陈寿撰修《三国志》提供了不可或缺的帮助。

当然,由于种种原因,《三国志》不单无表、无志,即使从历史资料上看,也显得有些单薄。令人欣喜的是,1996年湖南长沙走马楼发现三国吴国简牍14万片,记事从黄龙元年(229)到嘉禾六年(238),曾被誉为继甲骨文、敦煌文书、居延汉简、明清档案之后的"第五次重大发现"。由于这批丰富资料的出土,不仅可以弥补《三国志》在纪、传方面的文字不足,更可以在一定程度上弥补《三国志》无表无志之憾。

即此可见,"前四史"不仅为建设两晋以前的中国古代史功莫大焉,也为编写以后的史书树立了光辉榜样。

三、官修史书

在中国古代史学领域里,官修史书制远没有私修史书制那样悠久。如果说官修的思想理念源于汉魏之际,则真正意义的官修史书制,可以说一直到隋唐时期才得以确立。

隋唐时期之所以最终建立起了官修史书制,从表面上看,似乎与个别统治者的认识水平密切相关,实则不然。倘若从事物的本质层面看,实则与以下三个基本因素具有密切的内在联系。

第一,基于史学巨大的社会功能。随着社会生产力的发展和人类认识能力的提高,历史文化"经世致用"功能和教化作用也日益显现出来。一个简单的道理摆在眼前:如果说了解历史文献的记载,可以领略历代治乱兴衰规律、参悟治国理政之道的话,则通过直接撰修史籍,还可以着力宣扬本朝功业尤其是本朝的"正统"观念。故而,重视史学尤其是由国家直接修史,便日益成为封建统治者关注的大事。逐一考察古代皇帝之作为,最懂得史学功能并且最有成效的实践者,则非唐代开国之君李世民莫属。据史书记载,唐太宗重视孟子学说,尤为重视孟子的"民为邦本"和民可"载舟覆舟"的思想理念。因而他深知"览前王之得失,为在身之龟镜"(《册府元龟》卷五五四)的道理,甚至经常以三面"镜子"警示自己:"夫以铜为镜,可以正衣冠;以古为镜,可以知兴替;以人为镜,可以明得失。朕常保此镜,以防己过。"(《全唐文纪事》)

第二,基于私修史书对正统观念的冲击。在隋唐以前的一段时期里,史坛上曾经是私修、奉敕私修(即向官修过渡形式)两种形式并存的局面。私修者,往往会依照个人思想观念,自觉不自觉地触碰乃至危害封建统治者的利益。以其思想观念无不"言由己出",他们的评判标准便自然而然地与统治者存在一定差异。何止如此,犹如班固那样的"奉敕私修"者,又何尝不是这样? 表面上看,"奉敕私修"

属于私修性质,然而即便是这样的史家们,也不可能一以贯之非常自觉地维护以皇帝为首的封建集团利益。因而在缺乏监督机制的背景下,这种"言由己出"局面便难免时有发生。基于以上文化背景,隋文帝开皇十三年(593)毅然下诏:"人间有撰集国史、臧否人物者,皆令禁绝。"(《隋书·文帝纪》)从历史发展的因果关系上说,隋朝禁绝私修国史的旨意,实则为尔后唐代颁布官修史籍的新政,造就了一定的舆论基础。

第三,基于古代史学领域的发展使然。随着封建社会的日益发展,尤其进入封建中期以后,无论是史才层面的难得,还是史料方面的不足,都注定了私家修史之弊日趋突显。而与此同时,官修史书则反映出明显的优势,因而建立新型修史制度的必要性,也就日益提到议事日程上来。

考察整个官修制度发展史,有三个问题比较引人注目。

(一)唐立"永制"

在以上所说的历史背景下,深谙史学功能的唐太宗君臣们,很快开启了官修史书制度的先河。据史书记载,"历代史官,隶秘书省著作局,皆著作郎掌修国史。武德因隋旧制,贞观三年闰十二月,始移馆于禁中,在门下省北,宰相监修国史,自是著作郎始罢史职"(《旧唐书·职官志》)。

关于史官修史的具体任务,当时分工已很明确:姚思廉修《梁书》、《陈书》,李百药修《北齐书》,令狐德棻修《周书》,房玄龄主修《晋书》,魏征主修《隋书》,同时以尚书左仆射房玄龄总领兼修,秘书监魏征"总加撰定"。据史料记载,当时多数史书是奉敕私修,唯有《隋书》与《晋书》是真正的集众修史。例如在魏征领衔的《隋书》队伍里,先后有颜师古、孔颖达、许敬宗、李延寿、敬播、赵宏智等人参与。在题为"御撰"的《晋书》修史队伍中,除了唐太宗为宣、武二帝以及陆机、王羲之两传记亲撰四篇史论外,实则尚有其他多人参与,其中由房玄龄、褚遂良、许敬宗监修,由令狐德棻、敬播、李安期、李怀俨"详加条例"(《唐会要》卷六三)。

据史书记载,唐太宗时期就曾先后编写出《晋书》、《梁书》、《陈书》、《北齐书》、《周书》、《隋书》等六部史书,如果再加上李延寿旨在反映南北朝历史的《南史》和《北史》,则仅仅唐代一个王朝就完成了八部正史。唐代修史的巨大成就,既是古代史学领域里空前绝后的一大壮举,也是古代文化领域里的一件盛事,在中国历史上造成了极其深远的影响。这一"深远的影响"就在于:自从唐代官修史书、宰相兼修的制度确立后,历朝历代纷纷效法、相沿为习,成为不可更改的"永制"。质言之,古代的官修史书制由唐代始,一代代承上启下,一直持续到清朝彻底灭亡,才最终退出了历史舞台。

(二)正史承传

唐代不独确立了官修史书的"永制",在古代史坛上有关"正史"的概念,也肇始于唐代。

《隋书·经籍志》云:《隋书》之修,乃是"远览马史、班书,近观王、阮志录,挹其风流体制,削其浮杂鄙俚,离其疏远,合其近密,约文绪义"而成书。论及以往典籍,则又特别表示:魏晋以后,"世有著述,皆拟班、马,以为正史","今依其世代,聚而编之,以备正史"。这里的"正史"称谓,在古代文献里尚属首次出现。唐代以降,纷纷效法,至赵宋王朝更是开启了皇帝"钦定"各朝正史的先河。换言之,在宋代以后的史学领域里,无不以唐人所修《隋志》马首是瞻,史籍的门类排序,亦皆以《史记》、《汉书》为代表的"正史"率先。何以在古代的史籍排序中,"正史"总是名列榜首呢?清代学界对"正史类"的评论可谓一针见血:"凡未经宸断者,则悉不滥登。盖正史体尊,义与经配。非悬诸令典,莫敢私增。所由与稗官野记异也。"(《四库全书总目》)

由于唐代确立了官修史书、宰相监修的"永制",于是在清朝灭亡以前的任何朝代,全都谨遵祖训,依旧制行事,均不敢越雷池一步。换言之,每一个新兴的王朝,都会毫无例外地为前面刚刚消失的王朝撰修国史。正是由于这一制度的推行,客观上也为古代中国连续编修正史,提供了制度层面的有力保障。例如在唐代"官修史书"制的严密操控下,一朝又一朝所撰正史陆续问世:五代的后晋刘昫撰写了反映唐代历史的《旧唐书》,宋代薛居正撰写了反映五代历史的《旧五代史》,宋代的欧阳修则为唐、五代撰写了《新唐书》、《新五代史》,元代的脱脱为宋、辽、金撰修了《宋史》、《辽史》和《金史》,明代的宋濂为元王朝撰修了《元史》,清代的张廷玉则为明朝撰修了《明史》等等。基于如此形式之前亡后续、循环往复,一代代的"正史"便形成了上下紧密衔接,殆无空档的壮观局面。

当然,在反映中华民族历史的"正史"序列里,也有一个不得不说的例外——《新元史》。从《史记》直至《明史》的"二十四史",均可以说是毫无争议的"正史",因为它们都是经由封建皇帝特意钦定的国之正史。然而,柯劭忞的《新元史》则并没有获得皇帝"钦定"。既如此,何以《新元史》仍然被后人称为"正史"呢?简言之,这与本书的完成背景有特殊关系。

在柯书问世前,本来由宋濂主修的《元史》已经问世。柯劭忞之所以要再撰《新元史》,原因就在于,当年宋濂领衔的《元史》主要基于政治考虑而急于求成,前后两次编修时间不足一年,依据的资料仅限于元实录、元典志和丘处机的《长春真人西游记》等三类元人著作。由于史料过于单薄,便导致了柯劭忞《新元史》的编修。柯氏为此付出整整三十年辛劳,广泛搜集和汲取了国内外研究元史各种资料,于1920年终成《新元史》。该书完成之日,古代钦定"正史"的封建皇帝业已彻底退出历史舞台。鉴于《新元史》的骄人成就,1921年中华民国总统徐世昌遂以国家名义颁布政令,将柯书列入"正史"系列。由此在历代公认的"二十四史"以外,再增一史。即此可见,《新元史》

之步入"正史"行列,并非没有合理合法依据。

(三)清史待"清"

清朝是满族入关后建立的封建政权,也是中国封建社会中的最后一个朝代,《清史稿》正是反映清朝历史的一部史籍。本书上起1616年清太祖努尔哈赤建国称汗于赫图阿拉(今辽宁新宾),下止1911年(亦即宣统三年)发生的辛亥革命,前后长达296年。即使从清世祖顺治元年(亦即1644年)入关算起,至1911年武昌起义爆发,前后也有长达268年之久。

然而在中国"二十六史"里,唯有《清史稿》属于另类而并非"正史"。原因何在? 将《清史稿》与《新元史》相比,便可深层次地知其所以然。

两书相比,具有两个明显的相同点。第一,修史背景相同。两书编撰时代大体一样,主要编撰者甚至出现了非常显眼的交集现象。例如柯劭忞既是《新元史》著者,又参与了《清史稿》的编撰。第二,两书均有重要的史料价值。《新元史》自不必说,《清史稿》的史料价值也很突出。该书从1914年开始编撰,到1927年完成,前后长达14年。《清史稿》所用史料相当丰富,主要有六大类。其一,清实录。例如《太祖实录》、《太宗实录》等,共计4374卷。其二,清国史。例如《太祖本纪》、《圣祖本纪》等,可考者达到752卷。其三,清诏书。例如《世祖圣训》、《上谕内阁》等,共计1624卷。其四,清典志。例如《大清会典》、《续清通典》等,达到4938卷。其五,清传记。例如阮元《畴人传》、钱仪吉《碑传集》等,共计1295卷。其六,清纪事。例如《十朝东华录》、《国朝柔远记》等,共计270卷。除此之外,还有官方勒德洪的《平定三逆方略》、来保的《平定金川方略》、奕䜣的《剿平粤匪方略》等大批文献,以及私家蓝鼎元的《平台纪略》、杜文澜的《平定粤匪纪略》、魏光涛的《剿定新疆记》等大量著作。《清史稿》可以征引如此之多的著述,其史料价值之高可以想见。

但是,以两书相比,也有明显的不同点。所谓"不同点",即两部史书的命运大不相同。《新元史》虽然没能得到皇帝"钦定",却获得了民国总统的首肯而步入正史;《清史稿》则一直到了问世90多年后的今天,仍呼其名为"稿",而与"正史"根本绝缘。《清史稿》何以落得如此下场? 完全由于其存在问题尤其是严重政治问题所致。1929年12月,时任故宫博物院院长的易培基,就曾一连列出讨伐《清史稿》的19条理由:1. 反革命;2. 藐视先烈;3. 不奉民国正朔;4. 列书伪谥;5. 称扬诸遗老,鼓励复辟;6. 反对汉族;7. 为"满清"讳;8. 体例不合;9. 体例不一致;10. 人名先后不一致;11. 一人两传;12. 目录与书不合;13. 纪表传志互不相合;14. 有日无月;15. 人名错误;16. 事迹之年月不详载;17. 泥古不化;18. 简陋;19. 忽略。如此之严厉挞伐,可谓条条在理、入木三分,尤其从第一条至第七条属于严重的政治问题,这是任何时期的国家政权都不能认同的。

其实,但凡不带偏见的任何读者,只要系统阅读了《清史稿》(尤其认真阅读了晚清时期的相关内容),便不难感受到,该书字里行间之"政治问题"跃然纸上。概括起来,《清史稿》最尖锐的问题,主要反映于以下三个方面:

一曰否定革命事业。书中对革命活动怀有极度仇视,譬如所写武昌起义:"八月……甲寅,革命党谋乱于武昌,事觉,捕三十二人,诛刘汝夔等三人……丙辰,张彪以兵匪构变,弃营潜逃……嗣是行省各拥兵据地号独立,举为魁者皆称都督"云云。反革命立场何其鲜明,居然将革命烈士呼为"匪党"。倘若《清史稿》中涉及到革命活动,则尽量忽略而不予记载。譬如孙中山当选临时大总统一事:"甲戌各省代表十七人开选举临时大总统选举会于上海,举临时大总统,立政府于南京,定号曰中华民国",选举总统本是国之大事,但因为孙中山是推翻清朝的革命领袖,所以故意不写孙中山名字,故意掩盖临时大总统姓甚名谁。

二曰拥护反革命活动。譬如《清史稿》卷四六九，为恩铭、端方、松寿、赵尔丰、陆钟琦等一批被革命者击毙的督抚写传记，或称"不屈遇害"，或称"骂不绝口"，或称"忠孝节义萃于一门"，篇末甚至论曰"或慷慨捐躯，或从容就义，示天下以大节，垂绝纲常。庶几恃以复振焉"云云。在这些章节中，可以清晰地反映出本书作者群——清朝遗老们反革命的立场。

三曰竭力回护清王朝的丧权辱国行为。晚清与世界列强订立了许多不平等条约，书中往往轻描淡写，语焉不详，即使鸦片战争后签订的南京条约也不例外。试看《宣宗本纪》（道光二十三年）："八月戊寅，耆英奏广州、福州、厦门、宁波、上海各海口，与英国定议通商。"寥寥数十字中，只提五口通商，至于割让香港、协定关税、赔偿军费和烟费等重大事项，则无不付诸阙如。

当然，在看到《清史稿》严峻问题的同时，对于该书成就也应予以实事求是的肯定。就其基本体例而言，该书不独纪、传、表、志四种体例一应俱全，甚至还有所改进。例如《交通》、《邦交》两志，《畴人》、《藩部》、《属国》三传，以及《诸臣封爵》、《大学士》、《军机大臣》、《部院大臣》、《疆臣》、《藩部》六表，这显然是因应时事而与时俱进的创新；就其史料而言，更是征引丰富，其中不乏宝贵的原始资料。单单就此而论，在新编《清史》问世前，《清史稿》还是具有不可替代的参考价值。

于是一个非常尖锐的问题，也就自然而然地摆在眼前。既然"清史"不清，留待何日？组织学界力量，重撰今人认可之《清史》，诚可谓势在必行！

其实，新中国建立以来（尤其是改革开放以来），国家对此事非常重视。据悉，早在21世纪初，编纂《清史》的工程已被列为国家重大项目，并于2002年全面启动。然而迄今整整18年已经过去了，该项目仍未竣工。当然，我们有足够理由相信，今人在《清史稿》的基础上,一定会编撰出符合当代价值观的《清史》以飨读者。鄙人如同许多国人一样翘首以盼,唯愿高水准之《清史》能尽早问世,以圆我中华民族从古代《史记》直至《清史》的"大通史"之梦。

综上所述,中国古代史学领域里产生了许多值得肯定的优良传统,无论是制度层面的史官建置,还是官修史书制的推行,抑或是榜样层面的"四史"垂范,都为中国史学的兴旺发达奠定了坚实的基础。从一定意义上说,既有制度方面的有力保障,又有典型榜样的可资借鉴,这是决定中华民族历史长河能够连续反映的基本要素。正是在这些"基本要素"的作用下,"二十六史"才得以纵向再现中华五千年的壮观图景,而它也由此得以成为全世界唯一一部能反映一个伟大民族发展史的鸿篇巨制。

中国纪传体文献通论

下

王锦贵 著

中华书局

第五章　纪传致用

以《史记》的问世为标志,纪传体文献在整个历史文献中脱颖而出,引起了古代文化领域的格外关注。尤其在魏征撰修的《隋书·经籍志》里,不单首次以"正史"名义著录了《史记》、《汉书》、《后汉书》、《三国志》等一大批纪传体史籍,而且着重指出,"自是世有著述,皆拟班马,以为正史"云云。因而自隋唐以后,纪传体文献便在中国史坛上以正宗地位长期独领风骚。唯其如此,历代学习、研究纪传体史书的致用潮流方兴未艾,与此相关的各种应用成果也犹如雨后春笋般蓬勃发展起来。

一般来说,唐代以前的研究工作主要侧重于对原文的注释;自唐代以后,除了继续以往的文字注释外,颇受学界重视的校勘、考证、评论、增补、辑佚等形式的著作,也呈现出全面发展的基本态势。特别是到了清代中叶以后,以考据学为核心的研究工作更是取得了举世注目的辉煌成就。

当然就整个发展态势言,更显著、更辉煌的时期当推近现代,就中尤以 20 世纪晚期至今数十年的研究成就,最令人感到振奋和鼓舞。在这一时期里,纪传体史书的研究工作可谓硕果累累,不唯数量迅猛增长,从研究的广度、深度以及研究的形式和手段等方面,也都取得了以往任何时期都无法比拟的巨大进展。

也正因为如此,在"致用"篇所涉以下各节中,只能论及较具代表性的重要成果。析而论之,反映纪传体文献自古以来有关致用方面的成就，主要涉及到流传版本、文字注释、考论史书、增补史书、辑佚点校、当代新作，以及检索工具等七个方面。

第一节　流传版本

但凡阅读著作时，最先面临的问题不仅要涉及读什么书，还必然会涉及该书有何种本子。一般著作尚且如此，长期流传的经典著作则更如此。单就纪传体历史文献而言，它们主要有两种本子——手抄本和印刷本。

一、手抄本

依据目前掌握的资料，大抵可以这样说：以活字印刷术产生的时代赵宋时期为分水岭，宋代以前的纪传体文献都是手抄本，换言之，宋代以前的纪传体史书尚无真正意义的印刷本。

我国雕版印刷术发明于唐代。因而自唐代以后，所谓"版本"者，始有其名。从这个意义上说，似乎在唐代以后、宋代以前的这一段时期中，有可能会出现正史的印刷本。然而，事实并非如此。从有关文献记载和实物资料的考证来看，情况有些特殊。在唐代，雕版印刷业尚处于萌芽阶段，当时的写本仍然是主流，印本书简直是微不足道，此时之刻书业大都分散于民间和寺院。彼时刊印之书籍，一般是当时统治者最为推崇的儒家经典，至于正史以及大部头的子部、集部之书，则均未镂版刊刻。

到了五代时期，写本书才开始逐渐从较大的范围向印本书过渡，此时的刻书者也才开始由民间进入封建社会上层。于是，继民间及寺院刻书业之后，又堂而皇之地出现了政府刻书业。不过，纵观整个五代时期，在其雕版印刷品中，主要的仍是经部文献以及子部、集部文献，至于正史，既没有实物流传，亦不见诸文献记载。何以五代时期唯独没有刊印正史？其实，原因也并不复杂。中国史学中素有秉笔直书的传统，对于那些破坏祖国统一、分裂割据的"乱臣贼子"来说，理应会通过史籍中班班可考的清晰记载，遭到后人的口诛笔伐。而五代十国之君恰恰属于这类角色，假若雕印正史，无异于扩大宣传了讨伐此等人物之檄文。是故，当代统治者宁肯雕印九经之类而不雕印正史。唯其如此，整个五代时期的正史，依然是手抄本的流行时期。

遗憾的是，因为年代久远，宋代以前的各种纪传体史书的抄本，也大都先后亡佚而没有流传下来。时至今日，我们有幸能够看到的"抄本"，仅仅是考古发现中极其有限的零碎资料。其中最典型、最有代表性的要数《三国志》了。1965年在新疆吐鲁番的一座佛塔遗址中，出土了西晋写本《三国志》残卷。在此以前的1924年，新疆鄯善县也曾出土过东晋写本《三国志·吴志》残卷。《三国志》撰修于西晋史家陈寿之手，同一朝代的两种写本竟能辗转保留下来，尽管它们都仅仅是残卷，也不能说不是一个很大的奇迹！当然，令人不无遗憾的是，宋代以前的完整的正史钞本早已散佚无存。如若寄希望于有朝一日在考古发现中能够看到完整的手抄本，这大概是十分渺茫的。

二、印刷本

纪传体史书的印刷出版始于宋代。

宋代的刻书业有官刻、私刻和坊刻三大系统。据后人考证，这三大系统都曾刊刻过有关的正史文献。这里仅简单反映有关正史的官刻和私刻情况。

所谓官刻，即国家政府各级机关的刻书业。其中又有中央、地方之别。当时的国子监既是封建社会的最高学府和教育机关，也是中央刻书和出版管理的最高机关，凡经它刊刻的书，统名曰"监本"。有关正史的印行，开始于宋太宗淳化年间。宋人叶梦得《石林燕语》中记载:"唐以前书籍皆是写本,未有模印之法","五代冯道始奏请官镂六经版印行。国朝淳化中,复以《史记》、前后《汉书》付有司摹印"。当时的儒经、正史悉由国子监镂版颁行,数量颇大。宋代国子祭酒邢昺曾经就经书的版片情况,答复真宗:"国初不及四千,今十余万,经、传、正义皆具。"(《宋史·邢昺传》)至于正史的版刻,印行量较大者当推仁宗时期。其中的《宋书》、《南齐书》、《梁书》、《陈书》、《魏书》、《北齐书》、《周书》七部史书,全都是在仁宗嘉祐间下诏修订、校勘和陆续印行的。这一工作一直持续了几十年,直到徽宗政和间方告一段落。

当时所谓"私刻"(亦作家刻),系指私人出资校刻书籍的事业。在流传至今的家塾刻本中,尚可见到黄善夫家塾刻印的《史记集解索隐正义》,蔡梦弼东塾刻印的《史记集解索隐》,蔡琪家塾刻印的《汉书集注》,建安刘元起家塾刻印的《后汉书》等。这些史书版本都曾经著录于宋代及其以后的有关书目著作中。

在宋代的影响下,元、明、清各朝对于正史的刊印,不仅代不绝版,而且日益兴旺、发达,堪称数量持续递增,质量亦日益精美。下面逐一简要地撮述"二十六史"的流传版本。

关于《史记》版本

《史记》的最早版本,是将"三家注"散列于《史记》正文的北宋本(据《四库全书总目提要》)。但此本早已失传。现存最早的本子乃是南宋黄善夫的塾刻本(收入《百衲本二十四史》之中)。以下有《二十一史》明代"南监"、"北监"本,《十七史》明代毛氏汲古阁本,《二十四史》清代乾隆间武英殿本,以及《史记集解索隐正义合刻本》的清代同治金陵书局本等不同版本。

《史记》的最佳版本是中华书局标点本。标点本以清代后期较好的本子金陵书局本为底本,又详为参校其他诸本,经顾颉刚诸位先生逐一分段标点后,然后由中华书局于 1959 年整理出版。

关于《汉书》版本

今日可见的《汉书》最早版本是北宋景祐本（已收入商务印书馆《二十四史》百衲本中）。南宋有比较流行的刘之问的建安本。以下则有明代的嘉靖南监本、毛氏汲古阁本。清代有武英殿本、金陵书局本，清末又有王先谦《汉书补注》本，此书以汲古阁本为主，最后仍"遵用官本（即殿本）校定，详载文字异同"，是清末以前较好的读本。

《汉书》的最好版本是中华书局标点本。标点本以王先谦《汉书补注》本为底本，分段标点，析出注文，只收"颜注"，不收"王注"。同时参考了景祐本、汲古阁本、殿本、局本，可谓集各本之大成。标点本由西北大学历史系的专家分段标点，经傅东华先生整理加工，于1962年问世。

关于《后汉书》版本

北宋太宗淳化五年的初刻本是《后汉书》的最早版本。以后又有宋真宗景德二年校定本，乾兴刻本，仁宗景祐本，神宗熙宁本，南宋绍兴本等。北宋刻本大都散佚，仅剩残本。现存比较完整的《后汉书》本子，以南宋绍兴本为最早。又有元代大德九年宁国路儒学刊本，明代的《十七史》南监本《后汉书》，《二十一史》北监本《后汉书》，毛氏汲古阁本，以及吴勉学、陈仁锡刻本，清代的武英殿本，同治以后的五局合刻本。民国以来又有20年代上海中华书局的《四部备要》铅印本，30年代上海开明书店影印本，上海世界书局影印本等等。其中，绍兴本是宋代以来传世的若干本子中比较好的本子。

《后汉书》中华书局标点本是当今本史最好的版本。它以绍兴本作为底本，参考了汲古阁本、武英殿本，以及前人研究成果，由宋云彬等人最终完成。1965年正式出版发行。

关于《三国志》版本

能够目睹古籍的手抄本已是可喜，能够见到与原作者同一时代抄本，更值得庆贺。《三国志》正是这样，1924年在新疆鄯善县出土了东晋写本残卷。这部分手抄文字,上起《吴书·虞翻传》中的"权于是大怒"的"怒"字,下终《张温传》中的"臣自入远境"的"境"字,计有80行,包括残损字在内,共有1900余字。此抄本残卷已经流入日本,国内仅有影印件。另外,1965年,又于新疆吐鲁番英沙古城以南的佛塔遗址中,令人惊喜地发现了西晋写本《三国志》残卷,计40行,共570余字(包括残损字)。内容是《孙权传》中建安二十五年的后半部和黄武元年的前半部分。

今日可见的《三国志》最早刻本,是北宋咸平《吴志》小字本,《魏志》、《蜀志》业已散佚不存。南宋又有衢州官刻本,以及北宋的大、小字翻刻本。在流传今日的本子中,有据南宋衢州本辗转影印的百衲本,有据明北监本校刻刊行的武英殿本,据明南监本刊刻的金陵书局本,以及据毛氏汲古阁本校刻的江南书局本等版本。

《三国志》中华书局标点本,堪称当今最流行的本子。这个本子采用百衲本、武英殿本、金陵书局本、江南书局本等四种版本,互相校对,择善而从。自1959年起,标点本便开始出版发行。

关于《晋书》版本

在今日可见的《晋书》诸种版本中,亦以宋本为最早(收入商务印书馆影印百衲本)。是后,陆续又有元大德九路刊本,明南监本和北监本,吴琯西爽堂本,周若年刊本,毛晋汲古阁本,清代武英殿本和金陵书局本等版本。

《晋书》中华书局标点本是目前所有《晋书》版本中的最佳版本。标点本以金陵书局本为底本,与百衲本(即宋本)、殿本互校,并参考以上诸本异同,择善而从。标点工作的主要参与者有吴则虞、唐长孺、杨伯峻、吴翊如、汪绍楹、丁晓光、张忱石等。标点本于1974年开始出版发行。

关于《宋书》版本

《宋书》流传至北宋时,已出现漏脱数页和全卷的现象。宋人晁说之云："沈约《宋书》一百卷,嘉祐末诏馆阁校雠,始列学官。尚多残脱骈舛,或杂以李延寿《南史》。"(《嵩山集》卷十二)可见,补阙刊刻在宋代业已开始了。迄今为止,通行的《宋书》版本主要有:宋、元、明三朝的递修本,明代北监本,毛氏汲古阁本,清代武英殿本和金陵书局本,以及商务印书馆影印的三朝本等版本。

当前,《宋书》的最佳版本是中华书局的标点本。这个本子以上述诸本互校,择善而从。在纪传方面,还通校了《南史》、《建康实录》等有关部分;史志方面,也参校了《晋书》、《通典》等有关部分。本书由王仲荦点校,傅璇琮编辑整理,自 1974 年开始出版发行。

关于《南齐书》版本

现存《南齐书》的最早版本,是由宋代刊印的号称"眉山《七史》"的蜀刻大字本。以后又有明汲古阁本,清武英殿本,同文书局本,商务印书馆影印百衲本,开明书店本等版本。

当前《南齐书》的最佳版本是中华书局标点本。标点本以商务印书馆影印的百衲本为工作本,参校了上述各种版本,还参校了沈约《宋书》中的志,以及《南史》、《通典》、《资治通鉴》、《太平御览》等书中的有关部分。本书由王仲荦点校,宋云彬编辑整理。从 1972 年开始出版发行。

关于《梁书》版本

现存《梁书》最早版本亦系南宋四川眉山《七史》本。这是宋高宗绍兴年间,井度(字宪孟)任四川转运使时,以金人南侵,担心嘉祐间所刊"七史"(即《宋书》、《南齐书》、《梁书》、《陈书》、《魏书》、《北齐书》、《周书》)毁于战火,遂拾缀补合,再刊于眉山。以后,又有明南监本、北监本,汲古阁本,清武英殿本,金陵书局本等不同版本。

当前最佳版本是中华书局标点本。本书标点时以上述诸种版本相互参校,并参考《南史》、《资治通鉴》等史书的有关部分,择善而从。本书由卢振华点校,赵守俨编辑整理。从 1973 年开始出版发行。

关于《陈书》版本

《陈书》现存最早版本是南宋四川眉山《七史》本。以后又有明监本、汲古阁本、清武英殿本、金陵书局本、百衲本、开明书店本等各种版本。

目前《陈书》的最流行版本是中华书局标点本。这个本子以百衲本为底本，与上述诸种版本互校，择善而从。还参考了《南史》、《册府元龟》、《资治通鉴》、《资治通鉴考异》等史书中的有关部分。本书由张维华点校，赵守俨编辑整理。从1972年开始出版发行。

关于《魏书》版本

《魏书》的最早版本是北宋初刻本。以后又有南宋绍兴四川翻刻本，惜乎以上两种本子业已散佚而未能流传下来。今日可见的最早本子是宋、元、明"三朝本"。其他还有明万历南监本、北监本，汲古阁本，清武英殿"二十四史"本，同治金陵书局本，光绪武林竹简斋石印本，五洲同文书局石印本，上海集成图书公司铅印本，上海商务印书馆百衲本等各种版本。

当今《魏书》的最流行版本是中华书局标点本。标点本以上述诸种版本互校，择善而从，并且参校了《太平御览》、《册府元龟》、《北史》、《资治通鉴》、《通典》、《通志》中的有关内容。本书由唐长孺点校，魏连科编辑整理而成。从1974年开始出版发行。

关于《北齐书》版本

《北齐书》的最早版本，据宋代晁公武的《郡斋读书志》记载，面世于北宋政和间，惜乎散佚。现在可见的版本有南宋蜀大字本（眉山《七史》本），明代《二十一史》北监本、南监本，《十七史》汲古阁本，清代武英殿《二十四史》本，金陵书局《十七史》本，上海商务印书馆30年代百衲本等版本。

当今《北齐书》最佳版本是中华书局标点本。标点本以百衲本为底本,以上述诸种版本彼此互校,并且还参考了《北史》、《册府元龟》、《通志》、《资治通鉴》中的有关部分。本书由唐长孺、陈仲安点校,王文锦编辑整理。从 1972 年开始出版发行。

关于《周书》版本

本书最早刊刻于北宋熙宁间(据《〈周书〉出版说明》),惜乎首版刻本业已亡佚。以后又有与其他六史同刻于眉山的《七史》本,可惜也没有流传下来。流传至今的有宋、元、明"三朝本",明代赵用贤刻南监本,萧云举刻北监本,毛氏汲古阁本,清武英殿本,金陵书局本,上海商务印书馆影印百衲本等各种版本。

当今《周书》的最佳版本是中华书局标点本。这部标点本以上述诸本互校,并且还参考了《册府元龟》、《北史》等史书的有关部分。本书由唐长孺、陈仲安点校,王文锦编辑整理。从 1971 年开始出版发行。

关于《隋书》版本

现在可见到的《隋书》最早版本,是北宋仁宗天圣二年刻本,可惜早已亡佚,仅存其跋文(附于中华书局标点本《隋书》之末)。目前可见的版本还有:宋刻递修本(即中华书局所说的"宋小字本"),宋刻本(即中华书局所说的"宋中字本"),元大德饶州路刻本(即中华书局所说的"元十行本"),元至顺瑞州路刻明修本(即中华书局所说的"元九行本"),明南京国子监本,明北京国子监本,明汲古阁本,清武英殿本,淮南书局本,商务印书馆百衲本等版本。

当今《隋书》的最佳版本是中华书局标点本。此版本以上述诸种版本彼此互校,择善而从。此外,还参阅了《通典》、《太平御览》、《册府元龟》、《通志》、《资治通鉴》等史书中的有关部分,以及前人的研究成果。本书由汪绍楹、阴法鲁点校,邓经元编辑整理。从 1973 年开始出版发行。

关于《南史》和《北史》版本

《南史》和《北史》问世后,虽然传播范围较广,但是,由于年代久远,不独唐代的抄本早已绝迹失传,即宋代的完整刻本也已不能看到。有关宋代《南史》与《北史》的刻本,今日仅能见到一些残卷。现在能看到的最早的完整版本是元大德本。此后,便是明代汲古阁本,南监本、北监本,清代武英殿本,金陵书局本,商务印书馆百衲本等版本。

　　当今最流行的本子是中华书局标点本。《南史》和《北史》的标点本是以百衲本(即商务印书馆影印元大德本)为底本,以后,《南史》以汲古阁本、武英殿本通校,以南监本和金陵书局本参校;《北史》以南监本、武英殿本通校,以北监本、汲古阁本参校。同时,还参校了《宋书》、《南齐书》、《梁书》、《陈书》、《魏书》、《北齐书》、《周书》、《隋书》和《通志》,还参考了《资治通鉴》、《太平御览》、《通典》等典籍。《南史》由卢振华点校,《北史》由陈仲安点校,赵守俨、魏连科编辑整理。"二史"从1974年开始出版发行。

　　关于《旧唐书》版本

　　宋代因欧阳修《新唐书》出,使《旧唐书》受到冷落,故北宋究竟有没有是书刻本,有关记载很不一致。据《玉海》记载:"咸平三年十月,校《三国志》、晋、唐书,五年毕。《唐书》将别修,不刻版。"这里所说的《唐书》即刘昫所撰《旧唐书》。在另外两部书目——陈振孙的《直斋书录解题》和晁公武的《郡斋读书志》里亦仅记《唐书》之名,而不记刊刻时间。由这些文献可知,欧书问世前,《旧唐书》并没有刻本。然而,在尤袤的《遂初堂书目》中,却又明明白白地著录着《旧唐书》有旧杭本、川小字本、川大字本等若干种版本。可是,令人生疑的是,在以后的元《十七史》刻本、明《二十一史》监本、明《十七史》汲古阁本中却无《旧唐书》。今日可见的最早刻本是南宋绍兴间越州本,全书已散佚,仅存残本67卷。其他还有明嘉靖间闻人诠刻本(中华书局称之为"闻本"),清乾隆武英殿本,道光间扬州岑建功惧盈斋本,同治间浙江书局本,同治间广东陈氏菪古堂刻本,同文书局影印本,图书集成铅印本等多种版本。

当前最流行的本子是中华书局《旧唐书》标点本。本书以扬州岑氏惧盈斋本为底本,参校上述主要版本,并且还参考了《唐会要》、《太平御览》、《册府元龟》等文献中的有关部分,以及前人其他成就。本书最初由刘节、陈乃乾点校,自 1971 年起由于新旧《唐书》、新旧《五代史》和《宋史》改由上海人民出版社组织力量在上海开展工作,故本书点校由复旦大学的朱东润、谭其骧等人完成,由周中民、陆枫等人编辑整理。从 1975 年开始出版发行。

关于《新唐书》版本

欧阳修《新唐书》问世后,因世人喜读而风行天下,版本亦较多。现今可见的本子主要有北宋嘉祐"十四行本",北宋闽刻"十六行本",南宋"十行本"刻本,闽刻"十行本",元代刊行《十七史》本(内有《新唐书》),明代成化间国子监本,万历间北京国子监本(此两种即南监本和北监本),毛晋汲古阁本。清乾隆武英殿刊刻《二十四史》时先修《唐书》(即《旧唐书》),后修《新唐书》,并刻于版上,于是新、旧二书始正式定名。又有翻刻本、影印本、排印本、缩印本、浙江书局本、五局合刻本、开明书店《二十五史》本、商务印书馆百衲本等版本。

在当前的《新唐书》诸种版本中,最流行的是中华书局标点本。本书以百衲本(影印北宋嘉祐"十四行本")残缺部分补以北宋"十六行本",南宋"十行本"为底本,参校了北宋闽刻"十六行本"(影印胶卷残本)、南宋闽刻"十行"影印本(缺 40 多卷)、汲古阁本、殿本和浙江书局本。本书在"文革"前由董家遵进行过初点,1971 年后由华东师大、复旦大学的石淑仪、祝培坤等人负责点校工作,由陆枫、李圣传等人负责编辑整理。从 1975 年开始出版发行。

关于《旧五代史》版本

《旧五代史》自开宝六年面世后,一直未能广泛流行。北宋嘉祐以前的大规模付雕正史,均无《旧五代史》。宋神宗熙宁五年,诏欧阳修《新五代史》付国子监印行,从此二史并行,《旧五代史》的市场进一步受到排挤。南宋时薛史依然流传不广。至金朝时,章宗索性于泰和七年十一月正式颁旨:"削去薛居正《五代史》,止用欧阳修所撰。"(《金史·章宗纪》)"于是,薛史遂微,元明以来罕有援引其书者,传本亦渐湮没。"(《四库全书总目》)好在明代人编纂《永乐大典》时,将《旧五代史》全书收入。所可憾者,以后《永乐大典》亡佚严重,至清代开四库馆时,竟未能从中找到原本。馆臣邵晋涵等人乃从《永乐大典》有关资料中辑佚,再以《册府元龟》、《资治通鉴考异》等文献的有关资料作补充,遂编成薛史辑本。现在通行的本子有乾隆武英殿刊本,湖北官书局翻刻本,五洲同文局石印本,南沙席氏刻本,同文局重写影印本,新会陈氏刻本,丰城熊氏影印南昌彭氏本,吴兴刘氏嘉业堂刻甬东卢氏本,商务印书馆百衲本等版本。

当前以中华书局《旧五代史》标点本为最佳版本。这个本子以熊氏影库本为底本,同时参校了殿本、刘承幹嘉业堂刻本及其他三种抄本,并吸收了前人的研究成果。凡辑本原注《永乐大典》、《册府元龟》卷数有误者,尽量修正。"文革"前,本书由陈垣指导,刘乃和点校。1971年改由复旦大学承担。朱东润、陈守实、胡裕树等人负责点校,由陆枫、蔡亚廉负责编辑整理。从1976年开始出版发行。

关于《新五代史》版本

欧史与薛史相比,问世后流传范围要广泛得多,历朝皆有刊印翻刻。据宋代晁公武《郡斋读书志》记载:"皇朝欧阳永叔以薛居正史繁猥失实,重加修定,藏之于家。永叔没后,朝廷闻之,取以付国子监刊行。"是知北宋熙宁间已有刻本印行。宋人尤袤《遂初堂书目》中反映当朝刊刻本书情况颇详。以后的主要版本有:元大德《十七史》本,明南监本《二十一史》、北监本《二十一史》、毛氏汲古阁《十七史》本,清代武英殿本,新会陈氏重刻本,图书集成局活字本,同文书局石印本,商务印书馆百衲本等众多版本。

中华书局标点本《新五代史》是当前最佳版本。此书以百衲本(影印南宋庆元本)为底本,对校了贵池本、殿本、南昌本,参校了明代汪文盛本、南监本、北监本、汲古阁本,清代的崇文书局本、徐炯注补《五代史记》抄本、清味经书院刻本,以及傅增湘校勘成都书局本本纪部分等。"文革"前,本书的点校工作由柴德赓在陈垣指导下进行。1971 年后,改由华东师大承担。负责本书点校的有石淑仪、李国钧诸同志,负责本书编辑整理的有陆枫、蔡亚廉等。本书自 1974 年开始出版发行。

关于《宋史》版本

《宋史》成书于元代。自元代始,主要版本有:元至正六年杭州路刊本,明成化十六年的成化本(朱英在广州依照元刻本的抄本刻印,以后版本大都以此为底本),明万历北京国子监本,清乾隆四年武英殿本,清光绪元年浙江书局本,1934 年上海商务印书馆百衲本。在上述诸种版本中,因为百衲本是采用了元代至正本和明代成化本配补影印而成,并且又与殿本作过对校,修改了某些错字,所以是一个较好的本子。

当前《宋史》的最流行版本是中华书局标点本。本书以百衲本为工作本,吸收了叶渭清《元椠宋史校记》、张元济《宋史校勘记》稿本的成果,并且参校了殿本和局本。本书由聂崇岐点校,聂氏去世后,由罗继祖继续进行点校工作。1971 年《宋史》改由上海师院、上海社科院、复旦大学负责。参加点校工作的有三所学校的程应镠、方诗铭、王文楚等人。负责编辑整理的是刘德权、郭群一等人。从 1985 年起,此书开始出版发行。

关于《辽史》版本

《辽史》编成后,初刻本是元至正五年与《金史》同时刊刻的,惜乎仅印一百部,早已散佚无存。明《永乐大典》中所收《辽史》可能是这一本子。以后又有明南监本、北监本,清代乾隆、道光武英殿本,商务印书馆百衲本等版本。在上述诸种版本中,商务印书馆影印的百衲本是用几种元末、明初翻刻本残本拼凑而成,有许多胜于他本之处。当然,此本也还有一些脱误。

当今最通行的本子,首推中华书局《辽史》标点本。此本以百衲本为工作本,用乾隆殿本通校,用南、北监本及道光殿本等参校,还利用《永乐大典》所征引《辽史》部分对校。另外,也参考了《册府元龟》、《资治通鉴》、《续资治通鉴长编》、两《唐书》、两《五代史》、《宋史》、《金史》等大量典籍,校正了文中的脱误。本书由冯家声、陈述点校,陈金生编辑整理。从 1974 年开始出版发行。

关于《金史》版本

《金史》初刻本印行于元顺帝至正年间。《金史》附录中曾论及本史刊印情况:"去岁教纂修辽、金、宋三代史书,即目辽、金史书纂修了有,如今将这史书令江浙、江西二省开版,就彼有的学校钱内就用,疾早教各印一百部来呵。"(中华书局本《金史》末附《金史公文》)这是本史最早的本子。以后又有元代复刻本,明代南监本和北监本,清代武英殿本,商务印书馆百衲本等。在上述诸本中,百衲本是以元至正刊本为底本影印的,故此质量较他本为好。

当今流行的《金史》版本中,中华书局标点本是影响最大的本子。此书以百衲本为底本,校对了监本、武英殿本,参考了《大金国志》、《大金集礼》等史书,并且采用了前人校勘成果如施国祁的《金史详校》等。本书 1975 年开始出版发行。

关于《元史》版本

《元史》修成于洪武三年七月,十月即刊刻印行,是为本史初刻的洪武刻本(北京大学图书馆收有残本)。明嘉靖间刊刻《二十一史》,其中《元史》用洪武旧版,此为南监本。南监本后来递修补刻,直至清初。明万历间北京国子监重刻《二十一史》,其中的《元史》便是北监本。清代乾隆间武英殿仿北监本重刻《元史》，是为殿本。道光四年，对《元史》作了较大改动，重新刊印，是为道光本。1935 年，商务印书馆又有影印的百衲本。以上诸本相比较，百衲本质量较好。因为它是商务印书馆以 90 卷洪武残本同南监本配合一起影印的，比较接近于洪武本的旧貌。

中华书局标点本《元史》是当今最佳版本。此本子以百衲本作为底本，利用北大和北京图书馆的有关藏本订正讹误，利用北监本、殿本、道光本校勘，还参考了胡粹中的《元史续编》等书以校正史文。本书于 1976 年出版发行。

关于《新元史》版本

柯劭忞完成《新元史》后，早期版本为 20 世纪 20 年代退耕堂开雕初刻本、庚午重订本。1936 年开明书店出版《二十五史》，亦将《新元史》收录其中。2017 年上海古籍出版社出版《新元史》整理本，它以庚午重订本为底本，"退耕堂开雕"初刻本为校本，同时参校《元史》、《续文献通考》、元人碑传等文献，尽量保持柯书原貌。这个"整理本"是《新元史》迄今为止的第一个点校本，也是目前较好的版本。

关于《明史》版本

《明史》问世后，版本甚多。其中比较重要的版本有，清乾隆武英殿本，商务印书馆影印百衲本，开明书店《二十五史》本，上海古籍出版社《二十五史》本，中华书局标点本等。此外，还有清同治间湖北崇文书局本，同治间岭南陈氏葄古堂仿刊殿本，清光绪间湖南宝庆三味书坊翻刻武英殿本，清同文书局影印武英殿本，五洲同文书局影印本，图书集成局铅字排印本，竹简斋石印本大字本及小字本，竢石斋石印本，史学斋石印横排本，中华书局"四部备要"排印本等等。

在以上诸种本子中，以中华书局《明史》标点本为最佳版本。此本子以乾隆四年武英殿原刊本为工作本，进行标点和分校。前后校勘了《明实录》和《明史稿》，参考了《明会典》、《环宇通志》、《明一统志》、《明经世文编》、《国榷》、《绥寇纪略》、《怀陵流寇始终录》等书。本书由郑天挺等人点校初稿,由白寿彝、王毓铨、周振甫复阅定稿,魏连科编辑整理。本书从 1974 年开始出版发行。

关于《清史稿》版本

《清史稿》成书较晚,是"二十六史"中的最后一部。1927 年,此书初次刊印,一应事宜悉由袁金铠负责,金梁协助经办。第二年共印出《清史稿》1100 部。金梁未经请示馆长核准,即将其中四百部运往东北发行,并对原稿私自做了一些改动,是为"关外一次本"。以后,东北又印过一次,并再次改动若干内容,是为"关外二次本"。清史馆工作者不满于金梁改动,遂对北京所存七百部书做了一些抽毁,是为"关内本"。这三种版本的主要区别有两点:一是全篇有增删,二是同一篇中内容有改动(详见中华书局标点本《清史稿出版说明》)。此外,还有上海联合书店 1942 年影印本,中华书局 1977 年标点本,上海古籍出版社 1986 年《二十五史》缩印本,香港 1960 年文学研究社印本,台北新丰出版公司 1981 年印本等。1961 年,台湾"国防研究院"还组织重编《清史稿》,就中增删少许,易名曰《清史》。

当今发行量最大、影响最广泛的仍推中华书局《清史稿》标点本。标点本以"关外二次本"为工作本,以标点、分段为重点,凡是关内本、关外一次、二次本有不同处,皆加附注说明,并且录出原文,以备参考。本书由启功、王锺翰、孙毓棠、罗尔纲、刘大年、吴树平点校,吴树平、何英芳编辑整理。《清史稿》标点本于 1977 年开始出版发行。

第二节　文字注释

犹如纪传体文献自身的产生和发展那样,纪传体文献的注释工作也同样源远流长。从一定意义上说,早在《史记》、《汉书》问世不久的汉代,相应的文字注释就已经产生了。

唐代著名学者司马贞曾如是考证《史记》:"古今为注解者绝省,音义亦希。始后汉延笃乃有《音义》一卷,又别有《章隐》五卷,不记作者何人。"(今本《史记》中附《史记索隐后序》)也就是说,还在东汉时期,当时的学者延笃就已经开始为《史记》作注解工作了。另据范晔《后汉书·列女传》中记载,就在《汉书》问世的东汉时期,有不少当代人已经读不懂《汉书》,甚至连马融那样的高士也向班固的妹妹班昭请教。班昭因完成其兄未竟之业而熟知《汉书》,她既然向马融传授《汉书》,自然对此书作了些"注释"疏通工作。也由此可见,注释乃是古代文献得以传播的极为重要的手段。

古今名著多有注释,古代正史更是如此。如果将注释与正文比较,喻以车之两轮、鸟之双翼,或许犹有主次失衡之嫌。但是倘若喻之以锦上添花,则可谓恰如其分。有句老话说得有理,"荷花虽好,也要绿叶扶持"。注释与正文之间,实则就是"荷花"与"绿叶"的关系。

纵观"二十六史"之中,注释原著正文者并不罕见。这些注释各式各样,类别、功能不胜枚举。根据注释的内容及特点,可以区别为"前四史"注与其余史书注两部分,兹约略论之。

一、"前四史"注

汉代以降,有关《史记》、《汉书》、《后汉书》等名著的注释大量涌现,几乎是代不乏作。然而令人遗憾的是,还有其他许多纪传体史书问世后,必要的注释工作并没有及时跟上。以致在很长一个历史时期内,"二十六史"里具有注释的史籍并不普遍。于此,显然出现了这样一条规律:史籍注释主要集中于"前四史"。从这个意义上说,"前四史"之所以享誉学林,除了正文的突出成就外,也与史书中的注释不无关系。

发生于古代史学领域里注释过于集中的现象,看似偶然,实则亦属必然。究其原因,离不开两个重要因素。其一,名人名作效应。

"前四史"乃是古代史学大家代表作,史著原文皆具上乘功夫,因而吸引众多学者竞相为之作注,这一文化现象可以说自然而然。其二,时代因素使然。放眼古代文化领域,不独历史人物有时代性,语言文字也必然存在着时代性。换言之,对于后人而言,越是时代久远的著作,书中涉及之名物典制若无相应解说,便越是难以理解。通常情况下,解决这一"时代局限"的根本利器,非注释莫属。考察我国"二十六史",因"前四史"内容距今最为遥远,其中之语言文字障碍(特别是涉及名物典制等问题),不仅赫然存在,从数量和难度上也明显多于以后史书。正是基于以上两个因素,故而注释过多集中于"前四史",也就自然而然成为一种文化现象。

关于《史记》的注释,历代公认成就最大者是"三家注"。所谓"三家注",系指南朝刘宋时期裴骃的《史记集解》,唐代司马贞的《史记索隐》,以及唐代张守节的《史记正义》。"三家注"有原文之字音、字义、人物、史实,亦有天文、地理等社会典章制度,均有相应的疏证解说。一般来说,《史记集解》的特点是征引广博,除了裴骃个人的注释外,还兼采他亲眼目睹的他人有关《史记》的研究成果,并逐一标示出作者姓名;《史记索隐》的特点是阐幽发微,音义并重,注文翔实。不单注释原著文字,还纠正《史记集解》里不当之处,具有很高史料价值;《史记正义》的特点则是地名研究精准,张守节长于舆地之学,对《史记》正文所涉地名予以精辟的考证。

继"三家"注《史记》外,凌稚隆的《史记评林》、泷川资言的《史记会注考证》也颇有成就。明人凌稚隆在《史记评林》中,广搜博采历代评论《史记》资料于一书,具有重要参考价值。《史记会注考证》乃是日本学者泷川资言所著,他以1934年日本所藏《史记》旧抄本为底本,同时参照了"三家注",在搜集其他研究资料基础上,统一合注而成。本书有两个特点:一是搜罗广博;二是征引《正义》资料极丰。该书引自《史记正义》的文字,居然比迄今国内常见各本还多。另外,张大可《史记全本新注》(三秦出版社1990年)也值得参考,这是三秦出版社推出"中国六大史学名著丛书"中的第一部。本书注释内容总计六部分,即序论、五体说明、题解、段意、白文简注、简论等。与以往同类书籍相比,规模大、内容丰富,从不同角度揭示,堪称是本书的一个显著特点。

21世纪以来,有关《史记》的注释仍在继续。田秉锷的新作《高祖本纪汇注》(三晋出版社2021年)就是一例。本书首先将《史记》中与《高祖本纪》相关的传统资料(包括"三家注"中裴骃"集解"、司马贞"索引"、张守节"正义",以及日人泷川资言的"考证"文字)逐一列出,同时还将《史记》中与汉高祖生平、言行、关系、功过有关之资料,也予以尽量搜求、排比和罗列。然后以"合注"形式标示出来,努力与前人"传统阐释"进行"互证"。本书旨在由材料佐证事实。

关于《汉书》的注释,东汉著名学者服虔的《汉书音义》和应劭的《汉书音义》,乃是今人可以看到的最早注释。由汉代迄于南北朝,注家蜂起,其中比较知名者,就有荀悦、服虔、应劭、伏俨、刘德、郑氏、李斐、李奇、邓展、文颖、张揖、苏林、张晏、如淳、孟康、项昭、韦昭、晋灼、刘宝、臣瓒、郭璞、蔡谟等二十余家(据颜师古《汉书叙例》)。然而,由于上述诸家各是其是,使得读者望"注"兴叹,一时难于把握。至唐代,著名学者颜师古奉命注解《汉书》,是为后人熟知之"颜注"。颜师古之注采用集注形式,广泛辑录唐代以前二十三家注释(见《汉书》叙例),然后在"师古曰"之下,或肯定,或否定,或补充遗漏,或修订润色,用以表达个人见解。自颜注出,《汉书》的文字问题基本解决,颜师古也由此获得《汉书》功臣美誉。

明代以降,《汉书》注由以往的侧重文字校勘惯例,转而重视内容研究之风。明万历年间,凌稚隆将东汉至明代期间的注释147家资料集中起来,成其书曰《汉书平林》。凌稚隆在《汉书平林》中,或评其人,或评其书,堪称颜师古之后又一部注释《汉书》的集大成者。到了清代,为《汉书》作注者更多,其中之佼佼者,当推清末民初学者王先谦。王氏继承和发扬以往"颜注"特点,作《汉书补注》120 卷。"补注"征引了唐代以来各种注《汉书》者多达 67 家,排比成书,堪称清代研究《汉书》的集大成的著作。尔后,今人杨树达又在前此基础上,先后写出《汉书补注补正》和《汉书窥管》,对于王氏的"补注"又有了新的补充和订正。

近年注《汉书》者也不乏新作,例如王继如的《汉书今注》(凤凰出版社 2013 年)。本书以南宋蔡琪家刻本为底本,同时参校其他八个重要版本,还广泛吸收已有的学术成果,力求文字准确,注释简明。书内注释文风晓畅,为读者阅读《汉书》提供了一定方便。

关于《后汉书》的注释,以南朝梁代学者刘昭注为最早。刘昭不仅为《后汉书》中的纪、传作注,还为补入范氏《后汉书》中的原司马彪"八志"作注。就像裴松之注释《三国志》那样,刘昭也侧重于补充史实,而略于文字训诂。此后,《后汉书》流传更加广泛。至唐代,太子李贤对刘注犹感不足,遂与张大安、刘纳言、格希玄、成玄一等人为《后汉书》作注,是为"李注"。以"李注"与"刘注"相比,可谓特点鲜明:"刘注"重在补充史实,而"李注"则侧重于训诂诠释。当然,"李注"在史实方面也有增补订正。其征引史实多源于《东观汉记》和谢承的《后汉书》。但凡发现范书原文有误,"李注"往往认真考索订正。例如隗嚣、邓骘、冯勤、苏竟、张酺、陈宠、孔融等人传记中,都一一标上"臣贤按"三字,从不同的角度注释了原文。有时甚至标明范书史料来源,例如在《后汉书·南蛮西南夷列传》之《哀牢夷传》内,赫然写出章怀注:"自此以上并见《风俗通》也"等等。

清代以降,为《后汉书》作注者,仍有许多专家学者。最具代表性者是两家,即惠栋的《后汉书补注》和王先谦的《后汉书集解》。其中,惠栋注仿司马贞《史记索隐》形式,将诸家注释熔于一炉,注文列其出处,间按以己见。后人盛赞其注,"约而不漏,详而不繁"。王先谦所作《集解》网罗宏富,它集中了唐宋以来诸家之说,采用了《汉书补注》的体例,极便读者研习。今人为范书作注者亦多。例如周天游的《八家后汉书辑注》(修订本,上海古籍出版社 2020 年),黄华强、丁绍络的《后汉书选注》等。

所谓"八家"《后汉书》,是指《东观汉记》、范晔《后汉书》以外,反映东汉历史的八部纪传体及编年体史书。《八家后汉书辑注》弥补了汪文台辑《七家后汉书》的不足,除订正错误外,还增补了一些内容,是目前较好的辑本,具有一定史料价值。

关于《三国志》的注释,历代注家之多,不胜枚举。在早期,尤以南朝刘宋时裴松之注成就最大。陈寿《三国志》原文记事简明,因而存在"失在于略,时有所脱漏"之弊。为了弥补《三国志》的不足,南朝宋文帝遂命裴松之为其作注。裴氏学识渊博,曾撰《晋纪》、《宋元嘉起居注》、《裴氏家传》等多种著作,但影响最大者当数《三国志注》,世号"裴注"。裴氏在《上三国志注表》中说:"其寿所不载,事宜存录者,则罔不毕取以补其阙。或同说一事而辞有乖杂,或出事本异,疑不能判,并皆抄内以备异闻。若乃纰缪显然,言不附理,则随违矫正以惩其妄。其时事当否及寿之小失。颇以愚意有所论辩。"裴氏将本人注释归纳为"补缺"、"备异"、"矫妄"、"论辩"四端,逐一考之,果然。一曰"补缺",即补充原书记载之简略和缺漏。例如建安十五年(210)春,曹操颁布《求贤令》。裴氏根据《魏武故事》,以注释形式补充了当年十二月曹氏写的《让县自明本志令》,此篇文章由于裴氏所引得以保存下来,这是研究曹操事迹的重要参考资料;二曰"备异",即同记一事而有几种说法,又不能认定正确意见,于是把几种说法逐一引录,以供后学参考。例如《魏志·三少帝纪》记载高贵乡公被杀事,因为寿书记载隐晦而不易明白当时实情,裴氏便在注文中同时引用了《汉晋春秋》、《晋纪》、《魏氏春秋》、《魏末传》内有关此事之记载,以便后人比对、评判;三曰"矫妄",即针对陈寿原文有错误处,依据其他正确材料予以订正。即凡是陈寿原文中有明显错误之处,裴氏便根据相关材料加以订正。例如《吴志·朱然传》中叙述赤乌五年(242),朱然击败魏将蒲忠、胡质事。裴氏根据孙盛《异同评》中有关资料加以考证,此事当在嘉禾六年(237),亦即曹魏景初元年,可见赤乌五年之说,显然有误;四曰"论辩",即在评论陈寿记载原文和他人注释资料得失时,表明裴氏务求史事接近于实际的严谨见解。例如《魏志·后妃传》记载甄后晚年尝失意,因而流露怨言,终惹怒曹丕被赐死。而注文援引王沈《魏书》记载,甄后系因病致死,曹丕对甄后一向用情,即其死后亦表痛惜。裴氏乃就此评论,王沈所说不符实际,甄后之死也已了然,陈寿断然删去王沈不适之词可谓恰当。

　　其实,"裴注"最突出贡献当为两方面。其一,增补史料。《史记》、《汉书》的旧注一般是侧重于文字、典制的考证;"裴注"固然对文字、典制也有注释,但其侧重点则是补充史料。为了注释《三国志》,裴氏收集了三国时期的原始材料达一百五十多种,博引各家著作的原文,注文总量超出《三国志》原文三倍之多。清代著名学者赵翼认为,"今按松之所引书,凡五十余种",例如"谢承《后汉书》,司马彪《后汉书》,《九州春秋》、《战略》、《序传》、张潘《汉纪》"等等(《二十二史札记·裴松之三国志注》)。其实裴注"引书"远非如此之数。其征引资料涉及传统的"四部",其中"经部二十二家,史部一百四十二家,子部二十三家,集部二十三家,凡二百十家"(沈家本《三国志注所引书目》)。在如此之多的征引典籍里,不仅两汉魏晋著作大都在裴氏参考之列,而且征引材料完整,注文条目翔实。尤需提及的是"裴注"所引古籍,至今已亡佚90%以上已经,这对后人学术研究意义之大自不待言;其二,丰富注史方法。裴松之不单增补史料,还重视深入考辨。他认为碑铭、家传不可尽信,自相歧异者必有误,孤立记载者不足信,敌国传闻者莫轻信等等。

　　应当指出,为《三国志》作注者,何止宋明时期不绝如缕,甚至一直持续至近现代。诸如清代钱大昭、赵一清、潘眉、梁章钜、钱仪吉等知名学者,也都曾先后为《三国志》作注。其中赵一清所作《三国志注补》65 卷,影响较大,尤其在地理考证方面,所论较为精辟。此书有广雅书局刊本,1935 年北京大学影印本中附有补遗。以后又有卢弼模仿王先谦注《汉书》《后汉书》的体例,于 1936 年编写出《三国志集解》65 卷,汇集历代史家注解 140 多种于一书,为后人研习《三国志》提供了有利的条件。今人缪越 1984 年主编《三国志选注》,由中华书局出版。1956 年台湾学者易培基编写《三国志补注》65 卷,由艺文印书馆出版,亦可作参考之用。

当代学者也有研究和注释《三国志》者,张宇的《裴松之三国志注研究》(山东大学出版社 2016 年)就是一例。一望而知,本书旨在专门研究《三国志》之裴松之注。本书正文六章,分别从裴松之注释的背景起因、体例方法、历史评论及史学批评等方面逐一剖析,最终认为裴松之作注并非因为"志文过于简略",而是基于鉴戒三国史实、当时局面,乃至十六国以来历史背景所决定的。

二、其余史注

所谓"其余史注",是指从《晋书》到《清史稿》的注释。

关于《晋书》的注释,早在《晋书》问世不久的唐代天宝年间,即有东京处士何超为之作音注,这就是后来流传的《晋书音义》三卷。何氏主要是对《晋书》中的冷僻字予以注音释义,以后殿本、局本均刊之于书末。唐宋以来,注《晋书》者固然远不如注"前四史"者众多,但宋明以降,尤其进入考据学盛行的清代以后,也出现了多家注释。例如吴士鉴的《晋书斠注》,姚铭恭的《晋书纂注》,马玉龙的《晋书地理志注》、姚怀箴的《晋书纂注》等等。在以上注家注释中,尤以吴士鉴的注释影响为大。吴士鉴曾任职于清史馆,并亲自参与编写《清史稿·艺文志》。他仿照《三国志》"裴注"的体例作《晋书斠注》,网罗众说,纠谬补缺,用功至勤。该书收录各种逸史、诸家注释和校勘成果,区别为溯源、捃逸、辨例、正误、削繁、考异、表微、补缺等八个方面分别会注。是书刊行于1928年。另有姚铭恭的《晋书纂注》十卷,出版于1955年。此书专为《晋书》本纪注解,内容较吴注为详。

考察《晋书》以下的其他纪传体史书,以往那种竞相注释的现象明显淡化而不复存在了。长期以来,无论从参与注释的人数上,还是从注释的水平上,后面史书的注释都远不能与以往的"前四史"注释相比,尤其是不能与《史记》、《汉书》的注释相提并论。何以后世史之注出现了寥落稀疏景象?这或许从《晋书》之后,当时学人基于时代较近而无须加注之故,以致注释领域里出现了某些史书长期无人问津的现象。然而随着社会的发展,历史上的任何一个时代毕竟都会渐行渐远,致使后人蓦然回首而终有所悟。一些史籍的长期"无注",实则已为后人读书治学带来诸多困难。毋庸置疑,这是史学领域很长时期以来发生的失误和不幸。

令人欣喜的是,近现代以来,特别是自我国改革开放后,上述史坛窘况开始引起学界高度关注。当今众多学者正以自己实际行动,不仅打破了以上所说的严峻局面,并且使"窘况"得到了很大的改观。迄今为止,固然还说不上"二十六史"中,每史都有全面、系统的注解,但是有关专家、学者正在认真努力地做着这方面的工作。

从由古至今的整体研究看,关于"前四史"以后的其他纪传体史书的注释,已经出现了不少成果。其中较有成就和影响者,大致可以区别为以下三种情况。

其一,有为某部史书全面注释者。在这方面,有两部史书需要特别提及。第一部史书的注释,乃是明末李清所作的《南北史合注》。这是李氏为《南史》和《北史》逐一作出的注解。他仿照裴松之《三国志》注的体例,广搜博采,"参订异同,考订极为精审"(《四库全书总目提要》)。所遗憾者,李清对《南史》、《北史》的原文随意改动,致使他所注的"二史"似是而非,已非李延寿原作。第二部史书的注释,乃是《清史稿校注》。此书由台湾"国史馆"校注、印行,1980年出版,凡15册。启动这一较大工程的背景,诚如金毓黻先生当年对《清史稿》的评断:本书固然诸志未备,列传有阙;仓促付印,错伪甚多;遗民口吻与往代修史之例不合等等,但是"平心论之,是书积十余年之岁月,经数十学者之用心,又有国史原本可据","信足以继前代正史之后,而同垂于奕矣"(《清史稿札记》)。台湾"国史馆"学者认为,《清史稿》既然重修不易,而其书又有较大的参考价值,故决定暂不改原文,只校注其谬误阙失。这项工作开始于1978年10月,至1984年10月基本结束。尔后复聘专家学者分任审订,最后审重编校,方付印行。

其二,有为某部史书部分内容作注者。早期就曾出现过一些研究成果。例如唐景崇的《唐书注》(仅注欧书中的本纪十卷,北平印本,1935年);罗福葆的《宋史夏国传集注》(上虞罗氏待时轩丛刊本,1937年);王崇武的《明本纪校注》(商务印书馆1948年)等。后来这类著作也陆续问世,例如国务院法制局法制研究室的《清史稿刑法志注解》(法律出版社1957年)。本书序言中说,《清史稿·刑法志》介绍了我国历朝法律制度的沿革、法律条令的编纂与修订、清代刑罚制度的沿革、清代审判及监狱、赦免制度的沿革,虽然"不能算是研究中国法制史的必要文件,但由于它扼要地叙述了关于清朝的法制情况,以及历代封建王朝的法制沿革,多少可以帮助我们了解我国法制史的一些梗概",故此,"先行注解"。本书对文字注释之外,还指出《刑法志》中存在的一些疏漏。

近年以来,也有为某部史书部分内容补注者,陈述的《辽史补注》(中华书局2018年)就是一例。著者历时数十年,利用碑志材料及大量宋人使辽、使金的资料对《辽史》进行补注,同时增补140余位辽人传记,并把古今解释契丹语的有关资料汇集在一起,成"国语解补"。本书征引书目八百种以上,网罗宏富,大大丰富了内容简陋之《辽史》。

其三,还有少量为正史丛书某一领域内容作注者。例如《二十五史人物传记选注》,由上海古籍出版社 1988 年编纂、出版。本书选录了由先秦至两汉魏晋南北朝人物传记共 50 篇,其性质属于干部文史读物。又如周魁一等人编写的《二十五史河渠志注释》(中国书店 1990 年)。本书收入了《史记》、《汉书》、《宋史》、《金史》、《元史》、《明史》、《清史稿》中的《河渠志》,共 23 卷。本书侧重对水利科技内容、工程专用术语、水利职官、人物及有关重要文献予以注释,不仅指出二十五史记载之处,还指出标点本及原作者的失误之处。

第三节　考论史籍

人类要鉴往知来,离不开研究历史,而研究历史又必须以真实、准确的史料为依据。但是,在浩如烟海的史籍中,有残,有缺,有真,有假,有正确记录,有错误记载。要想解决这一问题,就需要考证史事的有无,记载的异同,纠正讹谬,补充遗漏。这种通过对前人记载的探赜索隐,以求得到正确明晰答案的史籍,便属于史考性质的历史文献。

清醒认识史考的重要意义,自然并非自现代始。早在先秦时期,人们已经产生了比较深刻的理解。例如在当时的诸多文献中,不仅业已出现了因重名而导致了"曾参杀人"的史上笑柄(《战国策·秦武王谓甘茂》),而且还出现了认真反思、深入研究的重要论述:"夫得言,不可以不察,数传而白为黑,黑为白,故狗似玃,玃似母猴,母猴似人,人之与狗则远矣。此愚者之所以大过也。闻而审则为福矣,闻而不审,不若无闻矣。"(《吕氏春秋·察传》)即使亚圣孟子也有同样认知:"尽信书不如无书,吾于《武成》,取二三策而已矣。"(《孟子·尽心》)

追踪史考之作,也有久远的历史。据史书记载,汉安帝永初年间,史家刘珍等人著作于东观,"撰集《汉纪》,因定汉家礼仪,上言请衡参论其事"。于是,太史令张衡"收检遗文,毕力补缀。又条上司马迁、班固所叙与典籍不合者十余事"(《后汉书·张衡列传》)。也就是说,张衡除了"补缀"其他史事外,还特别指出《史记》及《汉书》中存在"十余事"的问题。由此可见,真正的史考起码在东汉已经正式出现了。

当然,我们这里所说的"考论",系指关乎以《史记》为代表的纪传体文献的考证、论述和评断。与正史的"注释"相比,"考论"著作之多,同样不胜枚举。以往的这类著述不仅已经遍及各部正史,而且几乎触及到了正史的各个方面。其中,对"前四史"的考论尤为如此。大而言之,如果以规模和范围作标准,则对正史系列丛书的考论可以区分为两种类型:通史考论与专史考论。

一、通史考论

所谓通史考论,是指对整个正史丛书有关方面进行的系统考证、论述或评介。由于这种考论规模巨大,工作艰巨,相对"专史考论"而言,这方面著述的数量要少一些。由汉唐迄于明清,影响最大的通史考论,首推清代乾嘉时期的王、钱、赵三大家,亦即王鸣盛的《十七史商榷》100卷,钱大昕的《二十二史考异》100卷,赵翼的《二十二史札记》36卷。

王鸣盛《十七史商榷》,名曰"十七史",实则包括"十九史",因为除了传统的所谓"十七史"以外,论及的还有《旧唐书》和《旧五代史》。王氏此书所记,介于钱大昕和赵翼著述之间,既有史考,又有史论。在史考方面,他不独校勘原文正误,考订史实,还尤重于舆地、职官等典章制度;在史论方面,往往由史而发,或评政治上的成败得失,或评民心的向背,或评某些具体事件及用人情况。

钱大昕《二十二史考异》,侧重于文字校勘和名物训诂。本书不仅考证了有关正史中的文字衍讹、训注不确、古今异同，还考证了官制、舆地、氏族、天文历算等有关内容。钱氏不局限于传统的以史证史，还往往以经证史，以金石铭文证史，以音韵学训读史书文字。

赵翼著作名曰《二十二史札记》，实则包括了"二十四史"，因为其中也论及了在当时尚未列入正史的《旧唐书》和《旧五代史》。本书作者赵翼可谓博学多识，他善于诗文，与当代蒋士铨、袁枚齐名；又善于考据，尤工论史，其史学成就与钱大昕、王鸣盛鼎足而立。赵氏书中所论，重点不在文字校勘及名物训诂，而是注重政治领域，专详治乱兴衰之迹，条贯历代正史。具体来说，一是考证"二十四史"的编撰时间、体例、书法得失、记事详略及异同等等；二是注意将各史所记重大事件排比归纳，推究考察，或弄清治乱兴衰的原因，或理出事件之因果关系。后者则是全书重点。通过综合史料、排比归纳，赵氏往往能于正史零碎资料的夹缝中，总结出一些带倾向性，乃至带规律性的结论，对于后人学习、研究古代史书，确有借鉴、启迪之功。

近现代以来，从事通史考论的著述一直没有停止过。这一时期的著作，例如范文澜的《正史考略》（北平文化书社 1931 年）、徐浩的《二十五史论纲》（世界书局 1947 年）等等，可以说是这一时期较早问世、也较为有名的论著。其中的范文澜先生，曾被誉为北京大学国文门出身的"旧国学传人"。他曾长期从事教育事业，为了使学生明白经、史、诸子的源流演变与发展，他在国学要略部分先后撰写了《群经概论》、《正史考略》、《诸子略》三部著作。《正史考略》并非考论一部正史，而是遍考从《史记》、《汉书》直至《明史》的"二十五史"。本书考证详细，条理清晰，不失为深入学习研究"正史"的重要参考书。徐氏的《二十五史论纲》分为绪论、本论、结论三编，通过排比整理《二十五史》纪、传、表、志诸体例之异同，书中论述笔法得失，并对一些史事予以评论。本书曾由世界书局 1947 年出版，上海书店 1989 年再版。

系统考论正史的著作，除了以上提到的那些专著外，还有一些是在综合性论著中特意辟出一定篇幅考论正史者。例如唐人刘知几的《史通》，本是论及史学诸多方面的著作。但其中涉及正史内容者颇多，不仅论述了由汉代至唐代诸家所撰纪传体史书的内容体例及特点，还对史料搜集与选择，记述方式与写作技巧，以及纪传体与编年体在体例上的长短得失等等，发表了许多深入的见解。再如顾炎武的《日知录》，该书内容博及经义、史学、吏治、财赋、典礼、舆地、艺文等多种门类。而在其中的卷二十六里，主要论述由《史记》、《汉书》，直至《元史》的各部正史。顾氏这一类的读书札记，虽然不像王鸣盛、钱大昕、赵翼"三大家"那样系统、全面地考论正史，但其治学研究堪称精湛，往往穷原竟委，融汇贯通，明达体用，对于正史有关内容的所考所论，大都恰如其分，尤令时人为之赞叹。

进入 21 世纪以来，考论通史的趋势进一步发展。最具代表性者，首推瞿林东主编的《20 世纪二十四史研究丛书》（中国大百科全书出版社 2009 年）。全书总计 10 卷，所含内容依次为：《20 世纪二十四史研究丛书综述》、《〈史记〉研究》上、《〈史记〉研究》下、《〈汉书〉研究》、《〈后汉书〉研究》、《〈三国志〉研究》、《〈晋书〉"八书"、"二史"研究》、《〈新旧唐书〉与〈新旧五代史〉研究》、《〈宋史〉研究》、《〈辽史〉研究》、《〈金史〉研究》、《〈元史〉研究》、《〈明史〉研究》。本丛书选录了 1901—2000 年间中国学者公开发表的有关正史研究的论文、序、跋等文字。本丛书内容丰富，体例科学，规模巨大，不失为一部名副其实的反映中国近百年历代正史研究成果的集大成者。由于这套大型丛书的问世，无论是研究 20 世纪中国的史学发展史，还是研究古代史学发展史，都具有不可或缺的非常价值。更直接地说，不论对今人还是对后人，在继续研究二十四史方面必将具有重要的历史意义和现实意义。

此外，由王承略等人主编的《二十五史艺文经籍志考补萃编》

（清华大学出版社 2011—2013 年）以及周国伟的《二十四史述评》
（苏州大学出版社 2017 年）等著作，也有一定参考价值。在这两部书
中，前者既收录二十五史中的艺文志或经籍志、宋代至民国间的考
证、注释之作，也收录清代至民国间补撰的各朝艺文志或经籍志，还
收录宋明清三朝的国史艺文志或经籍志，共计 83 种，根据时代和篇
幅分为 27 卷 30 册。这是古代史志目录首次大规模汇集，为贯通考
察典籍的成书、著者、卷帙、真伪、流传等情况，提供了基础和可信的
依据；后者则以二十四史为研究对象，对每部正史的作者情况、史料
来源、编撰体例、版本流传以及史料价值，均予以勾陈辨析和系统
研究。

二、专史考论

所谓专史考论，系指对某一纪传体史书的全部内容或部分内容
进行的考证、论述或评介。有关这方面的著述，如果说古代旧作已不
胜枚举，则现代学界之作更是大量增加。鉴于数量之大相当惊人，范
围之广遍及"二十六史"，是故以下仅择有关十六部专史考论撮述之。

（一）考论《史记》

《史记》考论历代最多，令人格外关注。清代以来比较有名的著
述如清梁玉绳《史记志疑》（有贺次君点校本，1981 年由中华书局出
版）。作者所以编写此书，乃是鉴于《史记》流传久远，不乏讹误衍倒
之处，并存在不少相互矛盾和许多疑难问题。所以，便对《史记》进行
校勘考订，对疑难处提出宝贵的参考意见，并对"三家注"的缺略进行
一定的补充和说明。

朱东润《史记考索》（上海开明书店 1943 年）。以《史记》本文彼
此互校，考证了它的断限、体例及内容上的讹误，还对"三家注"例义
进行整理。在考证中，朱氏力纠强加于古书的那种"强人之救我"、
"强前人以救后人"、"强古之阔略以就今人之文网"的三大流弊，倡

导探究原作的"本意"。

陈直《史记新证》(天津人民出版社 1979 年)。本书可谓另辟蹊径。作者运用自己丰富的考古知识和当前重要的考古资料,如甲骨文、青铜文、碑刻、简牍等,并征引有关文献,对《史记》正文、《史记》"三家注"、《史记会注考证》等各类文献内容和文字予以诠释,有一定新意。

白寿彝《史记新论》(求实出版社 1981 年)。这是根据作者于1963 年为中共中央高级党校理论班学员上课时的讲稿稍加整理、修订后出版的。本书对司马迁编撰《史记》的基本宗旨、历史背景、写作方法,以及《史记》在我国史学史上的重要地位与贡献等等,作了系统、全面的论述。全书紧扣司马迁"究天人之际,通古今之变,成一家之言"这三句话,作了比较深入细致的研究。

张大可《史记研究》(甘肃人民出版社 1985 年)。这是作者本人多年来致力于《史记》研究的论文集,总共收录论文 23 篇,对司马迁的著述条件、编纂方法、政治观、历史观等各类问题,作了系统的探讨,有一定创见。

李长之《司马迁之人格与风格》(三联书店 1948 年)。这是 20 世纪 50 年代前出版的全面介绍和评价司马迁及其著作的一部专著,也是我国第一部从文学角度系统研究和论述《史记》的作品,在学术界有一定的影响。本书于 1984 年由三联书店再版。

肖黎《司马迁评传》(吉林文史出版社 1986 年)。从史学、文学、哲学的角度研究《史记》,并且对司马迁的文学思想、美学思想和人才思想等方面,系统展开论述,具有一定新意。

杨燕起、陈可青、赖长扬编辑的《历代名家评史记》(北京师范大学出版社 1986 年)。分上、下两篇,网罗了东汉以来 430 多家,共五百多部著作中有关《史记》的各种评论资料,然后分门别类编纂而成。本书有 60 万字,是《史记》问世之后的一部研究资料汇辑之作,对推动《史记》的学习、研究和加惠读者,具有重要作用。

张大可、安平秋、余樟华《史记研究集成》(华文出版社2005年)。本书系统总结了《史记》问世两千年来"史记学"的发展历程、内容及成就。本书以14卷巨大篇幅,努力实现"融古今中外成果于一编,聚当今时贤于一堂"之大纲宗旨。

辛德勇《史记新本校勘》(广西师范大学出版社2017年)。著者针对中华书局新点校《史记》付印前的初稿、征求意见本等诸种版本,力求厘清、勘正《史记》文本中的文字错讹,以及由此所涉重要史实,有利于促进《史记》相关问题的解决。

张新科《史记文学经典的建构之路》(中国社会科学出版社2021年)。本书在全面梳理《史记》文学资料和研究历史的基础上,在勾勒《史记》文学经典化历程的同时,揭示了《史记》文学经典形成的内外因素,为文学创作和史书编纂提供借鉴。

(二)考论《汉书》

《汉书》的考论也始终引人瞩目。以往有关《汉书》的考证、论述和评价的论著比比皆是。其中,较有影响者例如宋倪思的《班马异同》(有明刻本,收入《四库全书》),本书对班固与司马迁的不同学术风格作了比较细致的研究,揭示了他们之间的异同点。

明凌稚隆的《汉书评林》是清代以前《汉书》研究的集大成之作。凌氏于万历年间,将东汉以来,直至明代的147家评论《汉书》的有关资料,统统收集起来,汇为一书。前后引用书目有一百多种。本书内容,或评著者,或评文述,对今人研究《汉书》仍有一定参考意义。

近人李景星《汉书评议》("济南四史评议"本,1932年)以比较研究法研究《汉书》。李氏强调:"评者谓持理之平,议者谓定事之宜。"以其名书,其义自显。本书全面评论《汉书》的文法、史法及论赞,对《史记》、《汉书》二史在篇章结构及语言文字方面的长短,亦多有述及。

刘咸炘《汉书知意》(有成都尚友书塾本,1931 年)与李景星之《汉书评议》颇类似,亦以比较研究之法治《汉书》。刘氏研讨古史非常强调"知意"。他不满于以往的《汉书》研究"徒传训诂,不及大义"以及"鲜推义法"之积弊,强调其书"但论义例,不及文词"(《汉书知意序》),对于《汉书》各篇旧议多有新解。其中所论,多有启迪后学之处。

杨树达《汉书管窥》(科学出版社 1955 年)是 20 世纪 50 年代考证《汉书》的一部重要著述。作者借鉴前人校勘、考订成就,"纠举旧注违误",对于诸如"不了班书古义"、"据前人妄窜而改"、"不知班义省略"所造成的种种谬误,皆逐一阐释。其中,也包括对王先谦《汉书补注》中出现的错误,予以辨证厘清。本书对专业人员和一般读者,都有可资借鉴参考处。

陈直《汉书新证》(天津人民出版社 1959 年)同他的《史记新证》一样,亦充分借助于金文、碑刻、汉简等考古成果,以文物资料考证《汉书》,纠正其中原文和注解中的一些讹误。

王锦贵的《〈汉书〉和〈后汉书〉》(人民出版社 1987 年)。这是"祖国丛书"之一,综述了两《汉书》作者生平,考证了两部正史的体例内容、史料价值、文学地位,并且比较系统地论述了历代相应的考评、注释和版本。由于本书以广大青年读者为主要对象,故而遵照出版社文字要求的同时,在写作上力求形式新颖、通俗生动和雅俗共赏。

徐蜀《两汉书订补文献汇编》(北京图书馆出版社 2004 年)。本书共分三册,第一册内容为汉书古义考、汉书蒙拾、汉书辨疑、汉书考异等;第二册内容为汉书补注订误、汉书补注补正、汉书琐言、学古堂日记·汉书等;第三册内容为后汉书拾遗、后汉书补逸、后汉书校语稿本、后汉书注校等。由于本书的问世,对于深入了解《汉书》和《后汉书》有关内容具有一定参考价值。

（三）考论《后汉书》

《后汉书》的考论之作也为数不少。清代以来较有影响的论著，例如钱大昭的《后汉书辨疑》、《续汉书辨疑》，何若瑶的《前后汉书考证》，丁晏的《后汉书余论》，杭世骏的《后汉书蒙拾》，李慈铭的《后汉书札记》，李景星的《后汉书评议》，马叙伦的《读两汉书记》等等。上述诸书，对范晔《后汉书》或考证，或议论，或校补，形式各异。学者们正是通过不同形式，反映了作者的个人之见。

进入 21 世纪以来，出现一个前所未有的新现象，国内北京大学、北京师范大学等许多高校研究生的学位论文，也开始涉足包括《汉书》、《后汉书》在内的诸多典籍相关领域。

（四）考论《三国志》

有关《三国志》的考论也引人瞩目。在清代学者中，诸如何焯、陈景云、沈钦韩、赵一清、杭世骏、侯康、钱大昕、王鸣盛、赵翼、钱大昭、郭麟、潘眉、梁章钜、周寿昌、李慈铭、李景星等人都有专门研究。其中较有影响的，如梁章钜的《三国志旁证》，全书 30 卷，道光年间编成。这部集解性质的著作不惟网罗了前人对《三国志》研究的专著成果，还穷搜博采，征引了前此名家散见于其他地方的有关《三国志》的论述。本书在征引前人著作时，凡遇有不当之处，往往加以辨证厘清。此外，对于史书中的一些疑误也予以指出。

李景星的《三国志评议》（有济南四史评议本，1932 年）具有一定代表性。在这部著作中，李氏不惟对《三国志》各篇纪、传的写作主旨予以探微抉幽的研究分析，还对每篇纪、传的篇章结构，各篇之间、各段之间，乃至《三国志》与他书之间的异同，一一论述。本书还考订了《三国志》原文中的讹误，并从文学角度分析评论了各篇纪、传，对初涉《三国志》的读者有一定的参考意义。

近年来也不乏新作，例如程仁桃、葛瑞华的《〈三国志〉研究文献辑刊》（国家图书馆出版社 2016 年）。本书收录明代至民国时期关于

《三国志》研究文献 37 种,其中有范本礼、赵华基、刘咸炘、潘眉等人的考证著述,具有很高文献价值。书中也汇编了重要的析出文献,例如钱大昕《诸史拾遗》、何焯《义门读书记》等相关论述。此外还辑入了民国时《三国志》研究论文 64 篇,并整理出了"《三国志》相关文献知见目录"。

(五)考论《晋书》

唐代学者撰成《晋书》后,史界褒贬不一。就中论述本书部分内容者多,综论全书各方面者尚无其例。在校勘方面较有影响的著述,如劳格的《晋书校勘记》,周家禄的《晋书校勘记》(以上二书均有广雅书局本),丁国钧的《晋书校文》,李慈铭的《晋书札记》(北京图书馆印,王重民辑)及吴士鉴的《晋书评注》等等。

在以上这些著述中,以吴士鉴的《晋书评注》影响最大。此书 130 卷,依照当年裴松之注《三国志》例,博引 18 家逸史以及唐宋以前文献,并以清代校勘成果订正异同。吴氏将前代有关《晋书》的研究资料、议论、校语等尽行收入,凡引书目达 320 多种。

近年来,张新科等人出版了新著《晋书解读》(华龄出版社 2009 年)。本书以历史事实为依据,从典籍中提炼出有代表性、有价值的问题,内容涉及政治、经济、文化、社会生活各个方面。采用白话文形式,以原典所载内容进行简明扼要回答。

(六)考论"八书"、"二史"

截至上世纪末,有关"八书"、"二史"的考论,远不如上述诸史之多。其中有一定参考价值者,主要是较早一些著作。例如成孺的《宋书州郡志校勘记》,李慈铭的《宋书札记》,曾巩的《南齐书目录序》,吴汝纶的《齐史点勘》,罗振玉的《北齐书斠议》(五史斠议本,1902 年)《梁书斠注》、《陈书斠注》、《周书斠议》、《隋书斠议》(五史斠议本,1903 年),李慈铭的《梁书札记》、《魏书校勘记》、《南史札记》、《北史札记》,温曰鉴的《魏书地形志考证》,李宝全的《北齐书评议》

（汉堂类稿本，1922年），岑仲勉的《陈书求是》（商务印书馆1958年），瞿林东的《南史和北史》（人民出版社1987年）等等。

有关"八书"和"二史"的考论，还可以参见下述论著中的某些章节。例如王应麟的《困学纪闻》，张烒的《读史举要》，顾炎武的《日知录》，朱明镐的《史纠》，赵翼的《陔余丛考》，钱大昕的《读史拾遗》、《十驾斋养新录》，余嘉锡的《四库提要辨证》，张元济的《校史随笔》，以及柴德赓《史籍具要》等大批"举要"的著述等。

21世纪以来，陆续出现多部著作，兹介绍其中三部专著。第一部著作，丁福林的《宋书校议》（上海古籍出版社2002年）。是书专门指正《宋书》谬误，体例仿朱季海《南齐书校议》。运用内外校相结合之法，对《宋书》中的缺文、衍字、误笔等问题进行校勘纠谬，引用资料广泛。对提出的问题，均进行系统考辨，言之有据。第二部著作，朱季海的《南齐书校议·庄子故言》（中华书局2013年）。《南齐书校议》为朱季海先生对二十四史中的南齐书所作的校勘、整理、考订，并有自己的发挥，多立新说。《庄子故言》为对《庄子》文句的训释、疏通。两书均为朱季海先生旧著，今重新修订出版，成为《朱季海文集》中的一个品种。第三部著作，阮仲仁的《魏书·释老志释部撰述原因研究》（台北兰台出版社2010年）。著者认为，《魏书》"释老志"撰著原因在于，北齐天保元年八月十三日，文宣帝颁布《修史诏》，规范兼修魏史、北齐国史，并把魏、齐佛教载入魏、齐史，旨在"弘嗣"魏天命正统。书后有附表及征引书目。

（七）考论《旧唐书》

《旧唐书》的考论之作不少，仅清代就有许多人在这方面有一定研究，例如沈炳震、赵绍祖、岑建功、刘文淇、张道、蔡世钹、张森楷、龚道耕、王先谦、汪宗沂、洪钧等。

其中，尤其要提到沈炳震的《新旧唐书合钞》260卷，这是一部系统研究和考证两《唐书》的巨著。沈氏以为"新书简严，而旧书详备"，"势不能以新书为本而分注旧书"，故而在《合钞》中，他按照如下原则行事：一、"本纪、列传，一以旧书作大文，而新书分注"，"取其事为旧书不载或互异者"；二、但凡旧书所阙志、传，从新书增入；三、旧书诸志多有阙略，"其阙略者固当从新书增入"。然而，由于天文、地理、五行诸志疏漏殊多，没有新书整齐，"故转以新书作大文，而旧书分注"；四、两书记事互异者，"纪、传相参可以折衷者，则用按以正之"(《新旧唐书合钞》例)。本书有功于对刊两史，节省读者大量时间。此外，岑建功、刘文淇的《旧唐书校勘记》(正中书局 1971 年)，也颇有成就。它以恢复旧书原貌为目的，"不沾沾于新旧书之异同"(《旧唐书校勘记》凡例)，是整理、考订《旧唐书》的一部集大成之作。

2014 年比较引人注目。出版界再版了张元济先生的《百衲本二十四史校勘记：旧唐书校勘记》(商务印书馆 2014 年)。《百衲本二十四史校勘记》仅于 1930—1936 年间唯一一次出版，历经社会动荡、战乱、天灾，至今已极为罕见，具有极为重要的史料价值、文物价值和版本价值，堪称极其难得的珍品，在中国史学领域占有重要地位。张元济是近现代出版业的先驱，他的《旧唐书校勘记》鲜明地体现了这一特征。

(八)考论《新唐书》

欧阳修《新唐书》行世未久，即有同代人吴缜撰《新唐书纠谬》起而驳之。《纠谬》一书凡 20 卷，计 460 条，分为 20 类，即"以无为有"、"似实而虚"、"书事失实"、"自相违舛"、"年月时世差互"、"官爵姓名谬误"、"世系乡里无法"、"尊敬君亲不严"、"纪表志传不符"、"一事两见而异同不完"、"载述脱误"、"事状丛复"、"官削而反存"、"当书而反阙"、"义例不明"、"先后失序"、"编次失当"、"与夺不常"、"事有可疑"、"字书非是"等等。造成这些问题的原因是，在《新唐书》中"纪、志、表则欧阳公主之，传则宋公主之，所主既异而不务通知其事，故纪有失而传不知，传有误而纪不见"(《新唐书纠谬》自序)。

吴书是历史上第一部考证《新唐书》的著作，有一定参考意义。

继吴缜之后，又有南宋汪应辰撰《唐书列传辨证》20卷，单考欧书中列传的谬误。至清代，研究《新唐书》的热潮不减。其中较有影响者，例如赵绍祖的《新旧唐书互证》，罗振玉的《唐折冲府考补》，沈炳震的《唐书宰相世系表订误》，万斯同的《唐镇十道节度使表》等等。20世纪末又有黄永年《旧唐书与新唐书》（人民出版社1985年）以及《陈寅恪读书札记·新唐书之部》（上海古籍出版社1989年）相继问世。

进入本世纪以来，又有新作应运而生。例如陈燕、王文光《〈新唐书〉与唐朝海内外民族史志研究》（云南大学2016年）。本书以《新唐书》为研究文本，对于唐宋时期民族史志做了一个大致的梳理，从史籍记载中总结了各民族之间的发展轨迹，对民族史的研究有一定意义。内容包括：古代正史与《新唐书》体例、《新唐书·突厥传》与唐代北方民族史志、《新唐书·沙陀传》与唐代西部民族史志等。

（九）考论《旧五代史》

有关《旧五代史》的考评议论，主要集中于宋、清两朝。

宋代欧阳修耗费20年心血，发誓重撰新史的背景，主要是不满于薛氏旧史。惜乎年代久远，欧氏有关批评文字未能留传下来。时至今日，人们仅能依据陈振孙的《直斋书录解题》得知点滴，即所谓"欧阳修永叔以薛居正繁猥失实，重加修定"云云。其他学者，如李方叔、陈师锡等人都曾在其著述中表明对薛史的看法。宋人补校旧史者有胡旦《五代史略》、王禹《五代史阙文》等。

清代以降，考评薛史者较多，其中有一定影响者如邵晋涵《五代史考异》。是书以新、旧二史加以对比，考证了旧史的利弊得失，指出二者之间异同。又有陈垣《旧五代史辑本发覆》三卷，内附有薛史辑本避讳例一卷（辅仁大学1937年）。陈氏利用《册府元龟》考证出薛史资料194条，据此指出清代的《旧五代史》辑本里，为维护清廷利益而多处删改原文。陈先生认为辑本存在以下十类问题：忌虏第一；忌戎第二；忌胡第三；忌夷狄第四；忌犬戎第五；忌蕃忌酋第六；忌伪忌贼第七；忌犯阙第八；忌汉第九；杂忌第十。辑本中但凡遇到上述禁忌字词必删改或抽毁。此外，陈氏又以《册府元龟》及《永乐大典》残卷复核辑本，发现了辑本引自《永乐大典》者达 816 条，引自《册府元龟》者 300 条。其中，误标卷数者几达十分之二（《〈旧五代史〉辑本引书卷数多误例》，《文史》第三辑，中华书局 1998 年）。此书对恢复和了解旧史本来面貌有重要参考意义。

在上世纪晚期以来著作中，郭武雄的《五代史料探源》（台湾商务印书馆 1987 年）、《五代史辑本证补》（台湾商务印书馆 1976 年），以及陶懋炳的《新旧五代史评议》等，也都有一定参考价值。

（十）考论《新五代史》

欧公新书刊出未久，责难者亦不乏其人。宋代王安石曾经向神宗面奏自己对《新五代史》的看法："臣方读数册，其文辞多不合义理。"（高似孙《史略》卷二）与欧阳修同时代的吴缜则撮述自己见解，再撰为《五代史纂误》三卷。是书纠出欧史讹谬 200 余条。吴氏主要以欧史本文前后互校，指出其矛盾、失实之处。其中，委实存在欧史原本不误而吴缜则强辞夺理者。但是，吴书的基本内容则应当肯定。断不可拘泥于历史传闻（或曰：吴缜当年欲入唐书局，欧公以其年少狂妄而拒于门外，吴氏由是愤而撰述此书云云）以否定吴氏《纂误》。是书已佚，清代从《永乐大典》中整理有辑本。入清以来，杨陆荣《五代史志疑》，吴兰庭《五代史记纂误补》等著述陆续问世，都从不同角度论述了欧史存在的问题。

此外，在宋洪迈的《容斋随笔》、周密的《齐东野语》、王明清的《挥麈录》、高似孙的《史略》，以及清代许多学者的笔记和综合性著作中，也都有关于欧史的研究资料。近人虽然罕见考论欧史的专著，但是，大量的"举要"、"介绍"、"史学史"、"史学概论"之类的史学著作中,也往往有考证《新五代史》的篇章。

21世纪也不乏新作。例如向燕南、瞿林东的《新旧唐书与新旧五代史研究》(中国大百科全书出版社2009年)。在其中"五代史"部分,通过"论欧阳修的《新五代史》"、"欧阳修《新五代史》有关问题探讨"、"欧阳修私撰《新五代史》新论"、"清辑《旧五代史》评议"等专题,对新旧《五代史》进行了深入探讨。

(十一)考论《宋史》

由于《宋史》的编撰"时日迫促,不暇致详",因而,产生了许多诸如失于考证、详北宋而略于南宋,以及在编次、剪裁失当等方面的问题,所以,考辨、改正、订补者甚众。

就中成就较明显者,有明王洙《宋史质》一百卷。是书以宋为正统,书后附本书与《宋史》差异处:旧史本纪,"始太祖终二王,今自赵宋附元迄于我太祖高皇帝即位之元年"。旧志"自《天文》迄《艺文》,中多唐、晋旧事,散漫可厌,兹皆削之",成今"十五志"。旧表"皆无补也,兹变之"。《外国传》,"今退之,统曰《外夷》"云云。又有明柯维骐《宋史新编》200卷,亦有较大成就。是书"会宋、辽、金三史为一,以宋为正统,辽、金附焉;升瀛国公、益卫二王于帝纪,以存统;正亡国诸叛臣之名,以明伦;列道学于循吏之前,以尊儒"(朱彝尊《曝书亭集》卷四十五)。清代的《四库全书总目提要》则在首肯其纠谬补遗之功的同时,又批评其改"元人三史并修"之规,有失于"公论"。

此外,还有明王惟俭《宋史记》250卷、钱士升《南宋书》68卷,清陈黄中《宋史稿》219卷、陆心源《宋史翼》40卷等等。以上诸种著述皆可作为研究《宋史》的重要参考书。以陆心源的《宋史翼》为例:此书依据宋代众多文集、笔记、奏议、方志、碑刻及《续资治通鉴》等作品,补充了大量的史实及人物传记。如正传、附传增补了宋代中央和地方官员达900多人。原《宋史·循吏传》中仅有12人,而陆书增补至128人。

20 世纪晚期，继聂崇岐《校宋史本纪札记》、《宋史地理志考异》（皆附《宋史丛考》，中华书局 1980 年）之后，顾吉辰也出版了《〈宋史〉比事质疑》（书目文献出版社 1987 年）。本书依事质疑，计有二千条目，遍及纪、表、志、传各部分。全书 50 万字，是目前全面考订《宋史》的一部重要专著。此外，邓广铭、程应主编的《宋史研究论文集》于 1982 年由上海古籍出版社出版。本书总共选收了 1980 年宋史研究会的论文三十余篇，内容丰富：有的论及宋代社会经济发展、生产关系；有的论及宋代制度；有的论及发生于 10 至 13 世纪内的阶级矛盾、阶级斗争或民族矛盾、民族斗争；有的论及历史人物；有的关系史事考证、史籍校勘等等。可供研究和学习《宋史》之用。

进入 21 世纪，刘云军出版了《〈宋史〉宰辅列传补正》（河北大学出版社 2017 年）。著者通过对《宋史》中宰辅列传的系统考察，对每一篇宰辅列传均予以钩沉史料，详细补正。有助于学界对南宋历史的深层次研究。

（十二）考论《辽史》

《辽史》问世后，考论其书者始自清代。较有影响的论著，如厉鹗的《辽史拾遗》24 卷。本书广征博引，采用史籍 300 余种。厉氏首先摘录《辽史》有关原文，然后征引其他相关资料于其下，考订异同，按语评述，并辑补其遗阙。但是，厉书忽略了引用《宋会要》等要籍，令人引为憾事。此后，又有李慎儒的《辽史地理志考》、陈汉章的《辽史索隐》等专考辽代地理的著作问世。

自 20 世纪 30 年代以来陆续出版了许多作品，例如 1933 年哈佛燕京学社出版了冯家昇的《辽史源流考与辽史初校》。1958 年上海人民出版社出版了罗继祖的《辽史校勘记》。1984 年中华书局出版了付乐焕的《辽史丛考》。1987 年中国社会科学院历史研究所编辑的《宋辽金史论丛》由中华书局出版。

其中 1987 年陈述主编的《辽金史论集》（共三集）分别由上海古

籍出版社和书目文献出版社先后出版。这是 1949 年以来第一部辽金史研究成果的专集，内容涉及政治、经济、军事、文化各个方面。这些资料的面世，使《辽史》的研究者和读者们从中获益匪浅。

　　21 世纪初，海峡彼岸王民信出版了他的《王民信辽史研究论文集》（台湾大学出版中心 2010 年）。本书从作者数十篇论文中，挑选出具有代表性的十八篇集结而成。所收论文，特别重视主题的多样性，内容包括：辽宋之间的澶渊之盟、契丹统治下的不同族群、辽朝的汉姓集团和赐姓、辽朝的地理与其行政机构等。各篇论文，虽字数长短不一，但皆可见作者见长的细腻考证。

　　（十三）考论《金史》

　　首先考论《金史》的学者是元代的苏天爵。他的《滋溪文稿》中有《三史质疑》，专门考订宋、辽、金三史的有关问题。至清代，考证《金史》的论著如施国祁所著《金史详校》10 卷在肯定《金史》成就的同时，以《金史》的不同版本彼此校勘，以其他金史著述进行对校，共校正出讹衍脱倒 4000 余条。这些问题大致可归属于三大类：一是总裁失检的体例问题；二是纂修纰漏的事实错误；还有写刊方面的校勘讹谬。除《金史详校》外，施氏还著有《金源札记》二卷等。另有宇文懋昭所著《大金国志》40 卷，这是系统反映金朝历史的一部著作，对研究《金史》有一定帮助。今人陈述写的《金史拾补五种》于 1960 年出版，本书广泛搜罗了辽、金、元史及与金史有关的资料，着重对金朝女真族姓氏作了认真考证，可作《金史》研究的借鉴。

　　1985 年《历史研究》编辑部特意编辑了《辽金史论文集》，由辽宁人民出版社出版。本书是中国社会科学院《历史研究》编辑部为了总结新中国成立 30 年以来，历史研究中的主要成果而编辑的丛书系列之一。内容是从学术刊物作品中选择 23 篇论文和 1 篇研究综述，用以反映 30 年来辽金史研究成果。选编时注意到了政治、经济、文化、典制、民族关系、地理位置等。

近年邱靖嘉出版了《〈金史〉纂修考》(中华书局2017年)。本书在前人研究基础之上,广泛搜罗史料,就金史纂修的多方面问题进行了系统研究。不单论述金代的修史制度,梳理了蒙元时期金朝旧臣及元人编纂金史之始末,还分析了元修《金史》的史源问题,分别对本纪、志表、列传各部分的史料来源加以梳理。

(十四)考论《元史》

《元史》是问题较多、质量较差的一部正史,因而是书面世后,很快便有许多学者予以考证、订补或纠谬。例如朱右《元史补遗》、解缙《元史证误》、胡粹中《元史续编》等。上述著作中,前两部书业已散佚不存。胡书16卷,仿照《通鉴纲目》之体,编年系月,记元代由世祖到顺帝间约百年史事,书中评论则援用《后汉书》里的论赞之例。

至清代,考论《元史》者更多。比较有名的论著,如汪辉祖《元史本证》,屠寄《蒙兀儿史记》,邵远平《元史类编》,魏源《元史新编》,洪钧《元史译文证补》,柯劭忞《新元史》等等。其中,《元史本证》50卷,内含《证误》23卷,计1800余条;《证遗》13卷,计1000余条;《证名》14卷,计900余条。邵氏《元史类编》"取本史为梗概,而广搜诸家之纂辑,以正其事之舛迕,辞之繁复,人之乖错,义之驳杂,而有关治道,有裨心学者,增其缺略,润饰大观"(《元史类编自序》)。本书不列表、志,如天文、地理、历律、制度等皆入本纪,故而本纪较为详细。魏源《元史新编》凡95卷,广征博引元代著述百余种及当代研究成果,补充了前四朝缺略史实,以及《开国四杰》、《开国四先锋》、《誓浑河功臣》诸传,对表、志也作了调整。《元史译文证补》是洪钧担任驻外大臣时,得到国外多种珍贵资料后编纂而成的一部著作。是书虽然仍有未当之处,但它首次以外文资料订正《元史》讹误,不失为一条新途径。书中介绍了波斯人拉施特《史集》、伊朗人志费尼《世界征服者史》、阿拉伯人讷萨怖的《苏丹只剌哀丁传》及多桑《蒙古史》等等,开拓了国人视野和研究范围。《蒙兀儿史记》是屠寄参阅、利用前人和当代大量研究成果编纂而成的力作。本书无论时间范围,还是所记内容,都远远超过了原作。例如,对历史上的东北、蒙古及汗国地理沿革考订详尽,对蒙古各部记载亦详于洪书。又如,有关元代前四帝史实都有精细记载,元顺帝北逃后的行迹也记录于《帖木儿传》中。察合台、旭烈兀二王"世次表"也借鉴了外文资料。当然,其中资料亦有不确之处。《新元史》凡 257 卷,既是柯劭忞的力作,也是民国初期《元史》研究的集大成者。不过柯氏书中也有相互矛盾和舛误之处,可以参见陈叔陶《新元史本证》。

上世纪 90 年代,王慎荣《元史探源》问世(吉林文史出版社 1991年)。本书以为,《元史》问题虽然严重,但其史料来源《十三朝实录》已经只字无存,《经世大典》亦仅存"叙录",元人所作碑铭、墓志、家传、行状等文稿大都失传。是故昔日史家讥其粗疏浅陋,所谓征引资料直接移植而不加剪裁者,今日视之,恰系其功绩之所在。为了公正评价《元史》,本书详尽探讨了《元史》本纪、诸志、表、传各部分原始材料的来源,论述其可信或可疑,研究了《元史》编纂的原因,国内外研究成果,并评价了民国时期几部改编之作。

21 世纪以来,以李治安的《庆祝蔡美彪教授九十华诞:元史论文集》(中国社会科学出版社 2019 年)尤为引人瞩目。这是为庆祝著名历史学家蔡美彪先生九十华诞和推动元史研究的繁荣发展,南开大学、中国元史研究会于 2017 年 10 月在天津举办了"庆祝蔡美彪先生九十华诞元史学术研讨会"。会议主题是元代碑刻及八思巴字研究,历史语言视野的元史研究和其他领域的元史研究。这部《论文集》共收入会议论文 50 余篇。内容涉及北方民族与蒙古人,元代职官与军事制度,元代士人与家族,元代社会经济与宗教,元代典籍文献与碑刻金石专题等等。

(十五) 考论《明史》

《明史》是官修正史中耗时极久的一部史籍。它固然有许多显著的成就,但由于种种原因,也存在不少问题。故而,清代以来,出现了一些考证质疑之作。影响较大的著述,如潘柽章《国史考异》、王颂蔚《明史考证捃逸》、段玉裁《明史十二论》、潘永季《读明史札记》、计六奇《明季南略》、丁谦《明史西域传地理考证》等等。

在上述著作中,《国史考异》30卷,今存6卷,乃是潘氏考证太祖、建文、成祖三朝史事之作,对于研究明初历史有重要参考作用。还要提及的是王颂蔚的《明史考证捃逸》,此书计42卷,补遗1卷,乃是作者根据清代国史馆《明史列传考证》之进呈本、稿本及正本等三种钞本,彼此校勘后整理而成的。书中不惟校对出《明史》在文字上的错衍脱倒,考证出诸如年代、地理及职官等典制中的讹谬,指出了其中的矛盾记述,还以明实录增补了许多史实。本书是全面考订《明史》的早期论著,有重要参考利用价值。

民国以来,有关《明史》的评论和考证的文章、著述很多,除了报刊上发表的大量文章以及那些综合性论著中论及的以外,还有许多专著。首先要提到的是《明史》著名研究家孟森的著述。早在30年代,孟先生就率先编出《明史讲义》,为北京大学学生讲授明清史之用。其后,又有谢国桢《晚明史籍考》,对《明史》及明代史籍予以考证。其他著述还有,刘承幹《明史案例》9卷(吴兴刘氏嘉业堂1915年),李晋华《明史纂修考》(哈佛燕京学社1933年),王崇武《明本纪校注》(商务印书馆1948年),黄彰健《明实录校勘记》(台北中研院历史语言研究所1975年)等等,均可作为研究《明史》的参考资料之用。还要特别提到的是黄云眉的《明史考证》。本书是黄先生执教于山东大学30年的力作,全书200万字,由中华书局1979年出版。书中依纪、志、表、传论列,对《明史》订误、补缺、考异诸方面用力极勤。所考内容,如系一段者,则于该段文字后附考;如系一句者,于该句之下考。一般是先列原文,再以小字排出考证文字。这是一部主要考证《明史》文字的著作,对于研究、学习《明史》大有补益。

21 世纪初,赵望秦等人出版了《明史解读》(华龄出版社 2006年)。本书以明史事实为依据,采用答问的形式,从典籍中提炼出有代表性、有价值的问题,并用原典中所载内容进行了简明扼要的回答,以期达到不离正史史料之目的。

(十六) 考论《清史稿》

《清史稿》虽然栖身于"二十六史"行列而非正史范畴,适值专门论述正史考论之际,无妨亦附带在此做一简论。

《清史稿》是"二十六史"中的最后一部,也可以说是问题最多的一部。有关研究、考证《清史稿》的论著,可以参考朱师辙写的《清史述闻》(三联出版社 1957 年)。朱氏是参与并终结《清史稿》的一位著者。因而,《清史述闻》也是当今唯一的一部由撰修者直接回顾的专著。本书 18 卷,内容可分为三部分:一是记述《清史稿》的组织工作,即由发凡起例,分工协作,到最终完成的全过程。其具体纲目有"讨论体例"、"搜罗史料"、"模仿《明史》"、"综核提要"、"撰述流弊"、"撰人变迁"、"画一条例"、"时势迫促"、"窜改更正"、"同名重传"等十项;二是"史例商榷",即有关清史体例、方法的各种文章汇编;三是"清史评论",汇编了《清史稿》问世后的有关评论文章。其中有傅振伦《清史稿评论》、范希曾《评清史稿艺文志》、孟森《清史稿应否禁锢之商榷》等。最后,以作者个人对《清史稿》的述评作结。

在上世纪著作中,还有冯尔康所撰《清史史料学初稿》(南开大学出版社 1986 年)。本书也较详细地评述了《清史稿》的纂修、体例及利弊得失。其他评述《清史稿》的作品,多见诸报刊文章,或是散见于著作中的有关章节,不再赘述。与此相关的还有不久出版的《明清史国际学术讨论会论文集》(明清史国际学术讨论会秘书处论文组编,天津人民出版社 1982 年)。本书资料源于 1980 年 8 月在天津召开的学术讨论会,共选出优秀论文 58 篇。从不同角度探讨了明清时期政治、经济、阶级关系、民众运动、宗教、民族、人物评价、文化思想、资料出版等问题。对研究、把握《清史稿》有可资借鉴之处。

进入21世纪，佟佳江出版了《清史稿订误》（中华书局2013年）。本书就中华书局标点本《清史稿》，根据《清实录》等文献资料，吸收时人研究成果，对《地理志》、《职官志》、《皇子世表》、《公主表》、《藩部世表》、《诸王传》、《藩部传》七部分均进行了考订和纠谬。

第四节　增补史籍

增补史籍，或称"史补"。史补的产生，系由史之不全而起。确切说来，纪传体史书之增补前提，乃是因其体例、内容方面的空白、局限、散佚而造就的一个特殊研究领域。追溯"正史"之增补现象，可以直接对接于"前四史"。换言之，早在"前四史"问世不久，便不同程度地出现了因缺编而增补的文化现象。

一、"前四史"补

"前四史"不止是"二十六史"的典范，因为有关"史补"的情况涉及到诸多方面，所以也同样引人注目。故而特于此处，逐一论之。

《史记》是"二十六史"中的第一部。事实上，纪传体史籍的增补工作，首先也应该从它说起。还在西汉时期，本为130卷的《史记》（按，当时称《太史公书》）就已经是"十篇有录无书"（《汉书·艺文志》）了。这十篇文字，据三国曹魏时期学者张晏考证是《景纪》、《武纪》、《礼书》、《乐书》、《兵书》、《汉兴以来将相年表》、《日者列传》、《三王世家》、《龟册列传》、《傅靳列传》。西汉元、成间，曾有一位"好事者"褚先生（少孙）为之补缺，作《武帝纪》、《三王世家》、《龟册日者传》。张晏曾就此指出，褚补"言辞鄙陋，非迁本意也"（《汉书·司马迁传》张晏注）。经以后史家考证，张氏此论不尽确当。因为在经过补作的《史记》中，以"褚先生曰"作为"褚补"标记者，不限于以上三篇,也不限于褚少孙一人所作。据刘知几考证,"《史记》所书,年止汉武太初,以后阙而不录",其后诸好事者,"相次撰续,迄于哀、平间,犹名《史记》"(《史通·古今正史》)。由此可知,在至今流传的《史记》里,尽管大部分内容确系司马迁原作,其间也夹杂了一些实难区分彼此的后人增补文字。

《汉书》是纪传体中纪、传、表、志四体俱备的史书。虽然如此,后人所补之处依然不少。姑且不说诸如清夏燮《校汉书八表》、万斯同《汉将相大臣年表》之类的具体内容的增补,仅就千百年来《汉书》作者姓名而言,愚以为就存在理应增补的问题。尽人皆知,在古代以来的官修书目、私修书目及史志书目的著录中,无不在《汉书》著者栏中赫然写着"班固撰"的字样,其实这样著录并不尽然。因为当班固因株连窦氏之案而死于狱中时,他为之"潜精积思二十余年"(《后汉书·班彪列传》)的《汉书》并未终篇,不惟书稿散乱不堪,其中的"八表"及《天文志》还有待于完成。最终使《汉书》成为足本者,便是"二十六史"里唯一的女作家——班固的胞妹班昭。与后来多数"史补"显然不同的是,他人所补一般是在该史流传若干年后;而《汉书》中的"八表"及《天文志》则不然,是在《汉书》尚未问世之前,便由同代人补入了。从这个意义上说,在《汉书》的著者项中,似应补上班昭的名字才算公道。

《后汉书》作者范晔才华横溢,然而后世为其书增补者不乏其人。有关《后汉书》内容的增补姑且不论,单就该书之作者如何著录,亦颇有可议之处。从人生轨迹考察,范晔的史学生涯与班固颇为相类。班固以窦氏之案死于狱中,范晔则因拥立义康获"谋逆"之诛。班固死时,《汉书》未及终篇;范晔杀头之际,《后汉书》也没有完成。范氏原作中仅有本纪、列传,而无史表、史志。由于范晔生前曾经说过,要写出体例齐备的《后汉书》,至少要像班固那样"遍作诸志,《前汉》所有者悉令备"(今本《后汉书》附《狱中与诸甥侄书》)。又因为范晔生前曾赞扬过晋人司马彪的《续汉书》，于是，南朝梁代的史家刘昭，便据此将司马彪书中的"八志"补入范书。此后，又有宋代学者熊方著《后汉书年表》十卷，将散缀于范书中的东汉典故，以表格形式"丝联绳贯"，"补所未备"。本表"经纬周密，叙次井然，使读者按部可稽，深为有裨于史学"(《四库全书总目·史部·正史类》)。继刘昭补志、熊方补表之后，增补《后汉书》的工作日益开展，至清代出现了前所未有的增补高潮。

　　陈寿《三国志》问题比较明显。从反映帝王的本纪和反映典型人物的列传上看，其体例大体与《史记》、《汉书》、《后汉书》类似，然而其弊端则异常突出，该史书既缺表，又缺志。同时，由于陈寿过分注重文字简洁，叙述三国许多史实含混艰涩，仅看原著似有如堕十里云雾感觉。惟其如此，后人不单纷纷为其增志、添表，还为其补写大量内容。其中最具代表性者，首推南朝刘宋时期裴松之的《三国志注》。从一定意义上说，裴注名曰注释，实则增补。裴松之所补史料，依清代学者总结，约为六端："一曰引诸家之论，以辨是非；一曰参诸书之说，以核讹异；一曰传所有之事，详其委曲；一曰传所无之事，补其阙佚；一曰传所有之人，详其生平；一曰传所无之人，附以同类。"(《四库全书总目提要》)除了裴松之外，增补《三国志》尚多，兹不赘述。

二、"艺文志"补

　　在"二十六史"里，自司马迁在《史记》里设置"八书"、班固在《汉书》里扩充为"十志"后，由于社会的需要，以后不同的"史志"开始陆续增加。截至《清史稿》问世时，以往出现的"史志"总数达到了二十二种之多。在各种类型的史志中，由于反映一个国家一定时期文献资源的"艺文志"不同凡响，所以于此专论纪传体文献"艺文志"(或曰"史志书目")的基本情况便很有必要。

　　在中国古代文化领域，主要有三大类型的书目：官修书目、私修书目和史志书目。其中的所谓"史志书目",乃是附载于纪传体典籍中的国家文献资源目录。追溯史志书目的历史,发端于班固的《汉书·艺文志》。在班氏《艺文志》中,吸收了刘向、刘歆《七略》的成就,基本完好地保留了西汉时期国家图书目录的原貌。《汉书·艺文志》不单是正史中第一部反映古代图书文献的专篇,也是现存最早和最完整的一部国家图书目录。继《汉书》之后,《隋书》、《旧唐书》、《新唐书》等正史也发扬了班固的思想理念,同样设立了等同于开启古代文化领域的一扇重要"窗口"——艺文志。

通过历代"艺文志"(亦即"史志书目"),"辨章学术,考镜源流"的揭示与报道,产生和起到了三个方面的重要意义。第一,通过"艺文志",不仅可使后人周知某一历史时期国家藏书总体之盛,还可以具体了解当时藏书之基本信息(包括著者、版本、图书主要内容等);第二,借助艺文志尤其借助其子部中的医家、农家、天文、术数等各类文献的著录,可使后人宏观了解古代某一时期国家的科学发展水平;第三,借助艺文志,还可以反映出中国文化发展史的基本脉络。诚如历史学家郭沫若当年的由衷评价:"历代正史多有艺文志,虽仅具目录,但据此也可考察当时文化发展情况之一斑。"(《关于目前历史研究中的几个问题》,《人民日报》1959 年 4 月 8 日)

然而,一个残酷现实却在历史上反复出现:一方面是新"史志"的陆续增加,而由于各种各样的原因,遗漏史志特别是遗漏"艺文志"的现象也随处可见。在"二十六史"遗漏史志的空白点里,其中"艺文志"的遗漏,格外令人触目惊心。当年班固《汉书·艺文志》里反映的仅仅是西汉时期的国家文献资源,至于以后的东汉、三国、两晋、南北朝以及隋朝的 600 年时间里,由于战争连绵、朝代屡更等原因,原有图书尚且难以保全,遑论再编新型图书目录。因而,在相关正史里遗漏"艺文志"便成为很常见的现象。例如不单在唐初期所编撰的《晋书》里全然无载,即使反映这一时期历史的"八书"与"二史"之中,除了《隋书·经籍志》属于个别的例外,其余"正史"也全都付诸阙如!

当然,另外一种新的修史方式,客观上也助长了遗漏"艺文志"现象的继续存在。在清代张廷玉领衔的《明史》里,并没有继承从《汉书·艺文志》到《宋史·艺文志》旨在反映一代藏书之盛的传统。《明史·艺文志》在体例上采用断代体(只纪有明一代著述),在著录方式上属于登记式的知见目录,更兼有编修方面诸多讹误,故而颇受后人指摘:"所掇拾既多挂漏,又往往不载卷数及撰人姓名。其例惟载有明一代著作,而前史所载则不录……诸史之志,惟《宋史》芜杂荒谬,不足为凭,此《志》又出《宋志》之下。"(《四库全书总目提要》)其实,《明史·艺文志》的最大弊端是"惟载有明一代著作",从而彻底抛弃了反映一代藏书之盛的优良传统。既然是仅仅局限于本朝人士著作狭窄范围,则以前各朝所遗漏的"艺文志"自然不可能顾及。

正是由于唐代史家留下遗漏"艺文志"之憾在前,又有《明史·艺文志》的"剑走偏锋"于后,致使古代正史"艺文志"(或经籍志)这一古代文化"窗口",便产生了时启时闭的异常状态。这种现象使古代文化事业蒙受了巨大的损失,也为后人的读书治学设置了严重的障碍。随着"艺文志"的重要意义日益显示出来,上述之"遗漏"现象也日益引起后人关注。文化领域里这一明显变化,客观上也为"艺文志"的填空补缺,提供了空前的机遇和动力。

增补"艺文志"固然古已有之,但从总体上看,以清代学者用力最勤,成果最多。尤其是到了考据学兴盛繁荣、统治者标榜"文治武功"的乾嘉时期,清代学人对于前朝各代"艺文志"之失,进行了比较全面而系统的增修补志工作。经过他们持之以恒的辛勤耕耘,增补"艺文志"领域里出现了粲然可观的巨大成就。据当代学者统计,清人增补著作竟多达30种以上。例如其中有侯康《补后汉书艺文志》四卷,钱大昭《补后汉书艺文志》二卷,陶宪曾《侯康补后汉书艺文志补》一卷,侯康《补三国艺文志》四卷,秦荣光《补晋书艺文志》四卷,王仁俊《补宋书艺文志》一卷,王仁俊《补梁书艺文志》一卷,顾怀三《补五代史艺文志》一卷,黄虞稷《宋史·艺文志补》,王仁俊《西夏艺文志》一卷,杨复吉《补辽史经籍志》一卷,龚显曾《金艺文志补录》一卷,钱大昕《补元史艺文志》四卷,张锦云《元史艺文志补》,傅维麟《明史·经籍志》三卷,尤侗《明史·艺文志》五卷(周少川《古籍目录学》,中州古籍出版社 1996 年)等等。其数量之巨,令人惊叹,不失为传统目录学研究中的重要参考资料。

诚然,历史的遗憾也可以转化为正面警示。魏晋南北朝时期"艺文志"的严重缺失,理应成为后人引以为戒的重要教训。在古代历史上,因为战火连绵,国家典籍失于管理,学者亦无暇专心治学,使得反映这一时期文化成就的"艺文志"严重遗漏成为常态。尽管经过后人千方百计的抢救性增补之后,表面上似乎可窥当时旧貌,但毕竟时过境迁,令人无缘从根本上得见其"庐山"真容。惟其如此,窃以为,有两点启示应当铭刻肺腑:其一,对以前"正史"遗缺之憾,后人仍有继续增补之责;其二,无论任何时期编纂任何相关文献(例如国史、地方志等文献)时,都必须保持重视"艺文志"的清醒意识。

三、史补巨著

"正史"的基本体例本来是纪、传、表、志四种形式,自从陈寿《三国志》里空缺表、志以后,许多纪传体文献便在反映纪、传之外,或者缺表,或者缺志,或者表、志俱缺。在号称正史"二十五史"中,居然有十五种史书缺"表",七种史书缺"志"。这是一个令人扼腕叹息的严重问题。史表、史志绝非可有可无,它们在读书治学中具有不可或缺的重要意义,故而越来越引起后人的高度重视。梁启超先生的一则短评极富见地:"表志为史之筋干,而诸史多缺,或虽有而其目不备。"(《中国近三百年学术史》)在古代相当长的时期内,参与增补史表、史志者并不罕见,但多系东鳞西爪,零星分散,不便后学参考应用。由于普遍的缺表、缺志现象已经造成了与日俱增的巨大缺憾,于是后世史家特别是清代及其以后史家,便孜孜不倦地多方考证,形成了一个空前规模的补表、补志的热潮。其中规模空前、影响深远的成果首推《二十五史补编》。

由二十五史补编委员会编制的《二十五史补编》,堪称为一部名副其实的鸿篇巨制。为了编纂《二十五史补编》,以王伯祥为首的二十五史补编委员会付出了艰巨的劳动。他们首先草拟出目录,然后分寄给国内著名学者毛子水、周予同、柳诒徵、徐中舒、赵万里、顾颉刚等23位大家(见《二十五史刊行预报》第一期),在此期间,他们"往复商榷,几经斟酌,始敢发表"。《二十五史补编》,于20世纪30年代由上海开明书店出版。本书与"二十五史"相辅而行,几乎网罗了以往所有的补表、补志之作,总计多达245种之多,其中之绝大多数著述,来自清代学者之手。顾颉刚先生特别为本书作序,阐明出版此书之重要意义。《二十五史补编》内容极其丰富,具有特殊的参考价值,在学界影响广泛,1955年由中华书局出版并多次重印。

《二十五史补编》布局严整,从《史记》到《明史》,区别为二十二个部分。每一部分均将搜集到的补志之作,以"凡例"要求逐一排列,使人一览了然。以其规模宏伟且影响巨大,兹简列有关各部正史之"补编"目录如下:

其一是《史记》部分:上起清汪越《读史记十表》十卷,下止清刘文淇《楚汉诸侯疆域志》三卷,共计八部著作。

其二是《汉书》部分:上起清夏燮《校汉书八表》八卷,下止沈维贤《前汉匈奴表》三卷,附录一卷,共计二十八部著作。

其三是《后汉书》部分:上起宋熊方《补后汉书年表》十卷,下止沈维贤《后汉匈奴表》二卷,共计二十七部著作。

其四是《三国志》部分:上起清万斯同《三国大事年表》一卷,下止清姚振宗《三国艺文志》四卷,共计二十部著作。

其五是《晋书》部分:上起清万斯同《两晋诸帝统系图》一卷,下止清洪亮吉《十六国疆域志》十六卷,共计四十五部著作。

其六是《宋书》部分:上起清盛大士《宋书补表》四卷,下止聂崇岐《补宋书艺文志》一卷,共计九部著作。

其七是《南齐书》部分:上起清万斯同《齐诸王世表》一卷,下止陈述《补南齐书艺文志》一卷,共计四部著作。

其八是《梁书》部分:上起清万斯同《梁诸王世表》一卷,下止清洪齮孙《补梁疆域志》四卷,共计三部著作。

其九是《陈书》部分:上起清万斯同《陈诸王世表》一卷,下止臧励龢《补陈疆域志》四卷,共计三部著作。

其十是《魏书》部分:上起清万斯同《魏诸帝统系图》一卷,下止谷霁光《补魏书兵志》一卷,共计十二部著作。

其十一是《北齐书》部分:上起清万斯同《北齐诸王世表》一卷,下止清万斯同《北齐将相大臣年表》一卷,共计三部著作。

其十二是《周书》部分:上起清万斯同《周诸王世表》一卷,下止清练恕《北周公卿表》一卷,共计三部著作。

其十三是《隋书》部分:上起清万斯同《隋诸王世表》一卷,下止清姚振宗《隋书经籍志考证》五十二卷,共计七部著作。

其十四是南北史部分:上起清周嘉猷《补南北史年表》一卷,下止清徐文范《东晋南北朝舆地表》二十八卷,共计七部著作。

其十五是两唐书部分:上起清万斯同《唐将相大臣年表》三卷,下止清万斯同《唐诸番君长世表》一卷,共计十四部著作。

其十六是两五代史部分:上起清周嘉猷《五代纪年表》一卷,下止清顾櫰三《补五代史艺文志》一卷,共计十六部著作。

其十七是《宋史》部分:上起宋人《宋中兴三公年表》一卷(藕香零拾刻《永乐大典》本),下止王仁俊《西夏艺文志》一卷,共计七部著作。

其十八是《辽史》部分:上起清万斯同《辽诸帝统系图》一卷,下止黄仁恒《补辽史艺文志》一卷,共计九部著作。

其十九是《金史》部分:上起清万斯同之《金诸帝统系图》一卷,下止清卢文弨之《金史礼志补脱》一卷,共计六部著作。

其二十是《元史》部分:上起清黄大华《元分番诸王世表》一卷,下止清钱大昕《补元史艺文志》四卷,共计五部著作。

其二十一是宋辽金元四史部分:上起清钱大昕《宋辽金元四史朔闰考》二卷,下止清金门诏《补三史艺文志》一卷,共计三部著作。

其二十二是《明史》部分:上起清刘廷銮《建文逊国之际月表》二卷,下止清傅以礼之《残明大统历》一卷,共计六部著作。

一般来说,我中华民族连续不断的五千年历史,借由历代正史的记载,大体得以系统、全面之再现,这既是国人之幸,也是人类之幸。

更确切地说,在"二十六史"中,除了《清史稿》因谬误显著而待正式的《清史》置换外,可以毋庸置疑的一点是:历代"正史"与《二十五史补编》合为一体,对于全面反映我中华五千年文明而言,实可谓珠联璧合,弥足珍贵。

第五节　辑佚点校

在纪传体文献特别是正史的流传过程中,辑佚和点校均属于基础性质的编辑出版工作。无论是辑佚,还是点校,对于后学的治学均可谓至关重要。

一、辑佚成果

辑佚是整理散佚文献的一种重要方法。这种通过对亡佚文献资料的搜集、整理,力图使其恢复原书旧貌的工作起于宋代,发展到清代,可说是蔚为大观了。有些读者或许以为正史中不存在辑佚的问题,其实不然。正史的保存和流传,就其基本面而言,确实可以说相当成功。然而,它与其他许多古籍也有相同之处,即在千百年流传过程中同样有部分乃至整部典籍散佚的现象。尽管这是正史中的个别现象,但也由此与辑佚工作发生了一定的联系。如果从范围和内容上划分,正史中的辑佚可以区别为以下三类。

(一)全史辑佚

正史之中,以整部史书的形式散佚的,只有薛氏《旧五代史》。现今所见《旧五代史》已经不是薛书原貌,而是清朝辑本。据《四库全书总目提要》记载:"金章宗泰和七年,诏学官止用欧阳史,于是薛史遂微,元明以来,罕有援引其书者,传本亦渐就湮没,惟明内府有之,见于《文渊阁书目》,故《永乐大典》多载其文,然割裂淆乱,已非居正等篇第之旧。"就是说,薛氏原书至南宋时已不再流行,至明代已经绝版。

乾隆年间,清人修《四库全书》,使臣从《永乐大典》内辑出《旧五代史》。在薛史的整理过程中,总纂官陆锡熊、纪昀、纂修官邵晋涵贡献尤大。《旧五代史》的复出经过大致是,"谨就《永乐大典》各韵中所引薛史,甄录条系,排纂先后,检其篇第,尚得十之八九。又考宋人书之征引薛史者,每条采录,以补其阙。遂得依原书卷数,勒成一编,晦而复彰,散而复聚"(《进旧五代史表》)。也就是说,首先从《永乐大典》中辑出原文,又先后参考了《新五代史》、《旧唐书》、《五代会要》、《资治通鉴》、《通鉴考异》、《九国志》、《十国春秋》、《太平御览》、《册府元龟》、《太平广记》、《玉海》、《梦溪笔谈》、《容斋随笔》、《职官分纪》、《锦绣万花谷》、《记纂渊海》等一百多种与薛史有关(特别是援引过薛史)的文献,经过艰苦细致考证,"按代分排,随文勘订,汇诸家以搜其放失,胪众说以补其阙残,复为完书"(今本薛史附永瑢《进旧五代史表》)。

由于清廷修书以服务政治为目的,坚持所谓"寓禁于征"的原则,故而在四库馆辑佚薛史时,也进行了删改和抽毁。陈垣先生 30 年代曾以《册府元龟》校殿本薛史,从而撰成《旧五代史发覆》三卷,总共从《册府元龟》中辑出征引薛史资料 194 条。由此表明《旧五代史》既非原文,又经清代特意删改。陈氏所著对恢复薛史和研究薛史有重要参考价值。

(二) 局部辑佚

在"二十五史"中,有些史书在流传过程中,出现部分内容散佚的现象。为了使这些史书尽量恢复其原貌,后人也为此做了大量的辑佚工作,试逐一列述有关情况于下:

《魏书》

《魏书》传至北宋时,已经开始残缺。嘉祐六年(1061),刘攽、刘恕、安焘、范祖禹等人奉命校定《魏书》,据当时的统计,"其书亡逸不全者无虑三十卷"(《魏书·旧本魏书目录叙》)。依照《四库全书总目》及后人考证,残缺者实为二十九卷,其卷目是:卷三《太宗明元帝纪》,卷十二《孝静帝纪》,卷十三《皇后列传》,卷十四《神元平文诸帝子孙列传》,卷十五《昭成子孙列传》,卷十七《明元六王列传》,卷十八《太武五子列传》,卷十九《景穆十二王列传》,卷二十《文成五王列传》,卷二十二《孝文五王列传》,卷二十五《长孙嵩、长孙道生列传》,卷三十四《王洛儿、车路头、卢鲁元、陈建、万安国列传》,卷八十一《綦俊、山伟、刘仁之、宇文忠之列传》,卷八十二《李琰之、祖莹、常景列传》,卷八十三上《外戚列传上》,卷八十三下《外戚列传下》,卷八十四《儒林列传》(不全),卷八十五《文苑列传》,卷八十六《孝感列传》,卷八十七《节义列传》,卷八十九《酷吏列传》,卷九十一《术艺列传》(不全),卷九十二《列女列传》(不全),卷一〇一《氐吐谷浑列传》,卷一〇二《西域列传》,卷一〇三《蠕蠕等列传》,卷一〇四《序传》,卷一五三《天象志三》,卷一五四《天象志四》等等。为了弥补以上阙逸部分,刘恕、刘攽等人,分别从隋魏澹《魏书》、唐李延寿《北史》、张太素《后魏书》、高峻《高氏小史》及《修文殿御览》诸种文献中辑录和辑佚有关资料,然后一一补入《魏书》之相应部分。当然,所补资料,有些已经不是魏收原文了。

《北齐书》

本书自赵宋时代起,即已经残缺不全了。析其致残原因,诚如清代学者王鸣盛所说:"自李延寿作《北史》,人共信之,废各史不观,《北齐书》遂致残缺。"(《蛾术编》卷九《李百药北齐书》)宋代以后,一则由于学术的发展,人们对《北齐书》原著的价值有了重新的认识;二则由于印刷术的日益广泛应用,大大推动出版事业的发展。于是,整理前代散佚之作,使其恢复旧貌的工作,便提到议事日程上来。鉴于李延寿当年创作《北史》时曾经大量征引过《北齐书》,其他文献如《高氏小史》、《通志》等在编纂时,也曾经不同程度地录用过《北齐书》资料,故此,后人遂将上述诸书中的征引和录用部分,稍加整理,重新补入。诚然,在复原后的作品中,有些资料已非李百药原来文字了。清人钱大昕以为,"凡纪、传中有史臣论、有赞及称高祖、世宗、显祖、肃宗、世祖庙号者,皆李氏之旧文;其称神武、文襄、文宣、孝昭、武者,则《北史》之文"(《二十二史考异》卷三十一)。有关情况可参见韩理洲《全北齐北周文补遗》(三秦出版社2008年)等著述。

《周书》

《周书》问世后的命运,类同魏、齐二史,即亦因为李延寿《北史》行世后,读者渐稀,是书由此渐渐残缺。据《四库全书总目提要》考证,今本《周书》中有不少内容引自《北史》,乃是北宋重新刊刻时由李书补入的。当然,辑佚资料中,也不尽是《周书》原文。

《旧唐书》

自欧阳修《新唐书》行世后,《旧唐书》读者亦日见减少。故而,是书流传至明嘉靖中已经残缺。余姚闻人诠志欲刊复,究因"苦无善本"而慨叹不已。至清道光二十三年(1843)岑建功重刻《旧唐书》时,以刘文淇、陈立、罗士琳诸人校勘,撰《旧唐书校勘记》,并辑出《旧唐书逸文》12卷。其书"以宋人所引《旧唐书》为主","不沾沾于新旧书之异同"(《旧唐书校勘记》),目的在于恢复《旧唐书》旧貌。

(三)相关辑佚

有一些关乎经典的重要研究成果,它们虽非正史原文,但与正史原著毕竟存在着极为密切的关系,因此也自然成为后人研究和学习正史的重要参考资料。试以《史记》、《晋书》为例,简论其研究资料的辑佚成果。

关于《史记》参考资料辑佚之作。唐代以后,为《史记》参考资料辑佚者所在多有。以今人所作而言,《史记正义佚文辑校》不失为一部代表作。该书由张衍田辑校,北京大学出版社1985年出版发行。在《史记》"三家注"中,唐代张守节《史记正义》广征博引古代典故,既致详于地理考证,又以精通音韵作文句、文义之诠释。但是"三家注"自宋代合刊后,《正义》即多散佚,致使后人有"可叹"、"惜哉"之慨。《史记》传入日本后,该国一直保存《史记》旧钞本,中国失传的《正义》佚文,由此得以保留。日本学者泷川龟太郎(即泷川资言)《史记会注考证》一书于1934年出版时,即从《史记》旧钞本等古书中辑出《正义》佚文千余条。1957年日人水泽利忠《史记会注考证补校》问世,是书在泷川基础上又辑出《正义》佚文200余条。小泽贤二则对以上两位日本学者所辑佚文加以整理,完成《史记正义佚存订补》。总计《补校》22条,共得1667条。这对研究《史记》大有意义。

关于《晋书》参考资料辑佚之作。唐代以降,围绕《晋书》内容,开展了许多有关资料的辑佚和整理工作。其中,在清人黄奭《汉学堂丛书》中辑录了汉魏六朝佚书215种,里面包括唐以前各家所修晋史。在汤球的《广雅丛书》中也有《晋书纪本》38卷,《汉晋春秋》4卷,《晋纪》5卷,《晋阳秋》5卷等等。特别要提到的还有北魏崔鸿所撰的《十六国春秋》,本书以"五胡十六国"为对象,分国记事,既是后人研究南北朝历史的必读书,也是反映中国古代少数民族历史的一部重要参考资料。当年唐修《晋书》时,其中的 30 篇"载记"内容基本引自崔书。崔书原有 102 卷,《隋书》《唐书》中皆有明确著录,宋代李昉编《太平御览》时也曾引用此书。然至司马光撰《资治通鉴》时,所见仅为简录本,而在仁宗朝编纂《崇文总目》时,已不知所踪。可知是书散佚于北宋。至明代,屠乔孙、项琳等人又从《晋书》《北史》《艺文类聚》《册府元龟》《太平御览》诸文献中,辑佚出十六国史料,汇为百篇,是为今本《十六国春秋》。或以为今本系屠、项二人伪作,而《四库全书》以为,"其文皆联缀古书,非由杜撰"。另外,清人汤球编出《十六国春秋辑补》100 卷。此等资料,对后人阅读、了解《晋书》和研究晋史,都大有补益。

二、点校成果

正史的早期各种版本均无句读标点,亦无段落区分,因而阅读起来殊多不便。自从乾隆年间形成所谓"二十四史"以后,全套合刊者出现了"殿本"、"局本"和"百衲本"三种版本。于是,便有许多学者试图为其中的一部或几部做些句读和批校工作。开此风气之先的首推顾颉刚先生。1930 年,他会同徐文珊一起整理出版《史记》,首次为该史标点、分段,旋即由北平研究院出版。此后,又有部分学者效法顾先生,做了些类似的工作。但是,截至 20 世纪 50 年代以前,因前人所做范围有限,故而影响甚微。从整体上看,真正称得上有组织、有计划的大规模进行点校,并且取得了巨大成就和空前影响者,当推中华书局领导的点校工作。

从 1958 年起,在国务院的直接关怀下,中华书局在北京、上海两地先后组织二十多个高校和科研单位,动员了全国数百名史学专家,对《二十四史》进行了全面的校勘、标点和整理工作。经过整整 20 年的艰苦奋斗，这套三千多卷、四千余万言的史书终于在 1978 年全部标点完毕，由中华书局陆续出版。这是继南宋眉山《七史》、明监本《二十一史》、汲古阁本《十七史》、清武英殿本、金陵书局本以及近代"百衲本"以后，出现的最佳版本。

本着为读者提供最佳读本的神圣愿望，参与这项工作的数百名专家、学者治学严谨，认真负责。他们一般选择精本为底本，复以其他较好的本子（如北宋景祐本、南宋绍兴本、明南监本、北监本、明末汲古阁本、清乾隆武英殿本、同治金陵书局本等）考校，同时参考前人研究成果，以及诸如《册府元龟》、《资治通鉴》等文献，进行断句、标点和分段。虽然有"择善而从"的前提，但是校勘时只校订史文的讹、倒、衍、脱，一般不涉及史实的考订。为了确保史书质量，在点校过程中，还制定了许多切实可行的原则。例如人名、地名有误而又找不到出处者，维持原状；凡原文不通，即点不断，读不通而又无法从版本上校正的地方，适当地做本校和他校工作，在卷末之校勘记中予以说明；凡是前人说到"某书作某"之处，尽可能查对原书，疑有错误而前人没有说到者，也尽可能地查对，找到旁证后，写入校勘记；凡同音异译的人名、地名、部落名称等，一般不改动，仅在本篇略作统一；凡书中避讳之字，尽量改回；对少数民族名称，凡是带有侮辱性的字样，除了旧史中习见的泛称以外，均予以改正；对书中的古体字、异体字、俗体字，尽量划一；凡系改动底本的地方，一般皆用方、圆括号表示。专家们以为，即便是遇到一些显著的版刻错字之类，须依别本改正时，对改正的错字、增删的字句，亦须采取慎重态度。因而在标点本中，应删的字用小一号字排印，并加上圆括号，改正的字或增补的字加上方括号，同时在校勘记中予以说明。凡可改可不改的，尽量不改，但在校勘记中说明问题存在何处。由此可见，由于一大批高水平的专家、学者的参与，也由于切实可行的计划和细则的制定，为确保标点本的高质量提供了最可靠的保障。

为了配合广大读者对正史的阅读和利用,中华书局除了组织编写各部正史的人名、地名等索引工具书外,还出版了一套《二十四史研究资料丛刊》,这是中华书局在标点《二十四史》过程中产生的一项重要成果。其中收录了有关补表、补志、考订史实之类的文章,从而为正史标点本在人民群众中进一步普及和充分发挥作用,做出了又一新的贡献。

第六节　当代新作

这里所谓"当代新作",主要是指由 20 世纪晚期以来有关纪传体文献研究领域出现的新成就。也可以说,是在开拓、创新精神驱动下,这一研究领域中陆续涌现出的有关翻译、图画、电影视频等形式的新成果。

一、翻译成就

语言不通,始有翻译。

其实,中国的翻译工作并非始于近代,也有非常悠久的历史。有史料记载为证,诚如《礼记·王制》云:"五方之民,言语不通,嗜欲不同。达其志,通其欲,东方曰'寄',南方曰'象',西方曰'狄鞮',北方曰'译'。"

即此可见,先秦时期已有翻译之人和翻译之事了。

然而,有一种理解比较狭隘,似乎只有堂而皇之贴上"翻译"标签,才算是真正的译著。其实,翻译的方式很多。汉代以下,历朝历代学者对以往史籍所作的注、疏、解、诂、正义、索隐之类,从某种意义上说,也具有翻译的性质。

古代翻译工作的表现形式,一般都是把古文翻译成当代文字。而近现代的翻译,除了古代最为传统的方式外,又有了进一步的发展。大致可以区分为两大类：一是将中文译为外文；二是将古文译为白话文。

关于"中文译为外文"。由于纪传体文献是中国重要典籍，因而早就引起了国外学者的高度重视。中国的正史，特别是其中的几部上乘之作——《史记》、《汉书》、《后汉书》、《三国志》等著作，更是早就被东、西方学者陆续翻译到外国。诸如韩国、日本、俄国、法国、德国、英国、美国等许多国家和地区的史家、学者们，都努力克服语言文字上的障碍，致力于中国正史的研究，或翻译整部史书，或翻译其中部分内容，为外国读者学习中国文献搭起了桥梁，也为在海外弘扬中国传统文化做出了重要贡献。

同样是基于纪传体文献的重要性，近年来国内各少数民族对相应文献的学习和研究也引人注目。为适应这一需要，文化领域有关单位和部门为此做出了重要贡献。例如民族出版社、内蒙古人民出版社、辽宁人民出版社等单位，分别出版了《史记》的蒙文、朝文的译本和选本，推动了纪传体史书在少数民族中的直接传播和普及。

关于"古文译为白话文"。虽然这项工作早在上世纪五六十年代已经开始，但当时规模小、数量少，而且一般仅限于翻译个别正史中的部分内容。然而，20 世纪晚期则发生了巨大变化，学术界出现了空前未有的翻译热潮。与 20 世纪五六十年代相比，形成了极其鲜明的两个特点，一是规模大，二是数量多。所谓规模大，大到对整部史书进行全面翻译，甚至启动大部头正史丛书系列的翻译；所谓数量多，多到翻译著作的成就难以一一尽述。以上这些成果，若从地域来说，可谓遍地开花：国内与海外，大陆与港台，竞相翻译；若从同一名著来说，则是甲本译著问世未久，又有乙本译著接踵而来，一书甚至有两种、三种、乃至多种的不同译本。这种百花园中春兰、秋菊一试高低之势，是以往正史翻译中从来未曾有过的一个十分可喜的景象。出现这种现象的社会背景是，人民群众迫切需要继承、发扬祖国传统文化,基层读者急于了解、掌握纪传体史书内容。从一定意义上说,白话文这一形式适逢其会,凭借其可以将正史请出殿堂、书斋的特殊功能,打破了"学不下移"的固化局面,为促进高层文化向广大民众的进一步普及,发挥了极为重要的作用。

如果以规模、范围和内容为标准,则正史之全部翻译著作可以区分为两个类别:一是正史丛书译著,二是正史专著译著。

(一)正史丛书译著

一般来说,正史丛书译著基于其部头较大而工程艰巨,所以出现时间要晚于正史专著尤其是正史专著选译著作。以下介绍自20世纪90年代以来,具有一定代表性的三种正史丛书译著。

1.《二十六史精粹今译》

这是国内第一部将"二十六史"作为一个整体加以精选、译注的著作,由门岿主编,人民日报出版社1991年出版。

鉴于"二十六史"中大多数史书迄今没有选注过,所以,作者首次集合"精粹"时,"无章可循,无例可攀",具有一定的难度。这部《精粹今译》是"二十六史"中的精要部分的译注本,总计从正史正文中选出了4500段文字。本书除柯劭忞《新元史》采用了中国书店本作为底本外,其余正史皆以中华书局标点本为底本。选文的标准主要有两条:一是于今天有借鉴意义者;二是在历史上有重大意义和影响者。为了突出选文的内容,编者于每段选文之前均增设一小标题。本书中的译文,一般以直译为主。在文句通顺的情况下,也注意到文采的兼顾。考虑到青年读者们的需要,本书一律采用简化字。

2.《白话二十五史精编》

本书由陈永汉编著,山西人民出版社1992年出版。全书分为上、中、下三册,每册内分为若干编。所选"二十五史"内容,一般情况下是一史为一编,也有数史归于一编者。上册从第一编至第五编,分别选译了由《史记》到《晋书》的有关内容;中册由第六编至第十一编,选译了《晋书》以下诸史,直至《宋书》资料;第三册选译了其余正史有关内容。本书是继门岿《二十六史精粹今译》之后出现的又一部规模较大的正史系列丛书译注选编。对系统了解和把握正史系列丛书,有借鉴意义。

3.《二十四史全译》

在迄今为止的正史丛书译著中,最引人关注和最具影响者,首推《二十四史全译》(同心出版社 2012 年)。本丛书是国家"十五"出版规划重点图书、全国古籍整理出版规划小组重点项目,由许嘉璐任主编,安平秋任副主编。全书近亿字,收录范围是从《史记》至《明史》的二十四部史书,共分 88 册。参加整理、今译的作者,是 200 多位来自北京大学、北京师范大学等全国多所高校文史研究领域的专家。这项工程始于 20 世纪 90 年代初,历经 8 年,完成了全书的整理、今译。此后全国 20 多位专家、编辑,又用 5 年时间反复斟酌、修改,终于圆满完成任务。这套丛书具有诸多突出特点。首先是全书采用文白双栏对照,左栏史书原文、右栏译文的排版方法,文白对照,不作任何删减,是真正的"全本";其次是译文准确,参编者层层把关,对争议文句反复斟酌,努力达到"信、达、雅";再如校勘精到,二十四史版本繁多,本书底本择善而从,充分吸收了前人成果,精心校勘,体例完备。因此,《二十四史全译》不愧是一部内容最全、质量最高、阅读也最为方便的史书译本。

(二)正史专著译著

由于翻译某部正史尤其翻译局部内容,比较正史丛书译著而言,工作量相对小些,故出版周期较短,又有较强的适应性,所以这类著作比较常见。就总体考察,这类著作一般都比较注意普及性。例如早在 20 世纪 70 年代以来,就出现了由上海古籍出版社出版的《史记纪传选译》(1984)、《两汉书故事选译》(1979),以及由成都巴蜀书社出版的《三国志选译》(1990)、《晋书选译》(1991)、《隋书选译》

（1990）、《元史选译》（1991）等等。又如黎虎的《后汉书精华注译》（北京广播学院出版社 1992 年）。本书注意史料价值与文采兼顾，选文使用中华书局的"二十四史"标点本，每段原文之后再加注，每篇之后用现代汉语译出。因而本书体现出一定的思想性、人民性和艺术性。

以下介绍四种具有一定代表性的成果。

1.《白话〈史记〉》

本书是我国全译正史中问世最早的一部，由台湾各有关大学知名教授 60 人共同执笔翻译，1979 年初版于台湾后，在国内外引起较大反响。译者以为，《史记》贯穿经传，整理诸子百家，历述了三代以来历史文化，"是先秦所有典籍无可相比的"巨著。作为中国人，"要了解自家的历史文化，必读《史记》"。但是，因为文字古质，没有相当学力者，不易读通。而当今社会上"学术分科，除专门文史学研究者外，有能力读此书的就更少了"。所以，翻译者的目的，旨在使《史记》普及化，即"适用于一般有基本文史学知识的大众"，并非要以译书代替原书，仅仅是"希望透过本书，使更多人有兴趣及能力研究原文《史记》"。鉴于一人为之，力有不胜，多人为之，自较从容，故数十人同心合力，以两年时间译成 160 万言。

本书并未采用原文与译文对照形式，而是仅排译文，以飨读者。

2.《文白对照全译〈史记〉》

本书由杨钟贤、郝志达主编，1992 年由国际文化出版公司出版。这是继台湾出版的《白话史记》之后的又一部《史记》全译之作。本书两位主编和 30 多位撰稿者协力同心，努力体现本书特点——集普及性读物与研究性成果于一体。其中的白话译文和注释，力求使难解古文字义和历史典故易于畅读，又力求忠实于原著原意。为了方便读者，本书附有《史记》以外司马迁仅存的一文一赋，即《报任安书》、《悲士不遇赋》的译注，体例一仿正文各篇。

3.《元史·诸王表笺证》

著者韩百诗,是法国著名汉学家,由张国骥译,湖南大学出版社2005年出版。《元史》卷一〇八为元代蒙古诸王及其封地表,极具史料价值。遗憾的是,该表存在一些错讹和较多遗漏,且过于简略。法国韩百诗教授撰成《元史·诸王表笺证》,做了大量订讹补漏工作,并对主要人物的血亲世系进行了考证,其史料价值已超过原表。译者张国骥查证了大量史籍,并广泛征求元史研究专家意见,对原作做了必要的注释和考订,使译著更趋完善。外国学者撰写出正史领域比较专业的著作,这是中国正史影响进一步提升的写照。

4.《史记(全本全注全译)》

著者韩兆琦,中华书局2013年出版(套装全9册)。本书对《史记》正文的校勘整理,仍以中华书局点校本为基础,主要校改内容已见于《史记笺证》。不同者是,本书对《史记》正文凡应校改处都做了明确改动,凡是改动处必有相应注释说明。这种有关校勘方面的注释将近500条。之所以这样做,旨在使读者在阅读本书原文时清晰易晓,同时又能知道该句子其他版本样式。这种校勘主要是文字方面的,此外凡是遇到标点方面重要分歧,本书在改变点校本时,也在注释中说明。注释中还收集引证了大量古今学者对《史记》中有关人、事的评论,使之更加鲜活坚实。为了方便读者阅读,本书对《史记》原文逐段进行白话翻译。凡是遇到此前他书译文与校勘不一致、译文与注释不一致,以及译文中不流利、不通畅和不规范处,本书均予以合理解决。

二、图画成果

犹如前面"注释"可视为"翻译"那样,从一定意义上说,图画和表演也可以视为"翻译",只不过是打破常规的另一种形式的"翻译"罢了。图画"翻译"与习见翻译之别仅在于:普通的翻译作品是文字形式的,而图画作品则是形象性的。为弘扬祖国传统文化,为适应广大读者(特别是广大青少年和初等文化程度者)的学习需要,近年来以图画形式"翻译"正史的作品也开始陆续问世。虽然目前这种作品数量有限,所涉内容也仅仅是史书中极小的一部分,但是,它们毕竟是异军突起,以一种不同寻常的方式另辟蹊径。这些作品的问世,犹如一枝枝出墙的"红杏",为广大读者(尤其是青少年读者)送来阵阵春意。正是由于它们的出现,才使得那些最具代表性的传统历史文献,即使在孩童面前也一下子变得更容易接近"地气"了。

国内出版发行历史题材的连环画,并非自今日始。例如反映"三国"、"西游"和"水浒"的"小人书",20世纪50年代以后就曾陆续出现了。但是以往的连环画一般都是依"演义"、野史、传闻、历史小说改作而来,虚构成分很大,许多内容几乎与正史原文有天壤之别。近年出现的许多图画译作,堪称不可同日而语的新生事物,它们具有不同于以往的两个特点:一是堂而皇之地首次以正史之名编绘,编绘的内容一般出自正史之中;二是注意趣味性与知识性相结合,立足弘扬中国传统文化,进行正面的历史教育。诚然,由于服务于特定的读者群,以及图画本身的特点等因素,目前的图画正史中也出现了这样或那样的一些问题,例如尚有基于情节需要而过于夸张乃至虚构的成分等等,但这毕竟是新生事物在发展过程中不可避免的文化现象。在此仅围绕《史记》的画作,从中选出较早和近期出现的三部作品撮述于下。

(一)《〈史记〉:历史的长城》

这是较早问世的一部作品。本书由蔡志忠绘,生活·读书·新知三联书店出版社1990年出版。本书作者是颇有影响的漫画家。20世纪晚期以来,蔡志忠从早期的戏谑嘲讽进军至中国古代经典领域,以浅显易懂的白话和漫画形式,对重要经典作了认真诠释。在他的《蔡志忠经典动画系列》中就有动画片《史记》,其中之四公子尤为引人注目。根据本人对《史记》故事的理解和研究，作者以幽默风趣的风格，将《史记》中的许多人物故事演绎成一幅幅浅显易懂、生动活泼的漫画。本书内容共分五部分：第一，司马迁的一生；第二，战国"四公子"之一的齐国孟尝君；第三，战国"四公子"之一的赵国平原君；第四，战国"四公子"之一的魏国信陵君；第五，战国"四公子"之一的楚国春申君。本书问世后，受到广大读者尤其是青少年读者欢迎。经过著者同意和修订，三联书店于 2000 年再次出版。

（二）《漫画中国——漫画史记》

著者署名洋洋兔，由北京工业大学出版社 2013 年出版，总计 12 册。《漫画史记》，在以漫画形式再现《史记》中有关本纪、世家、列传等内容时，有一个明确的指导思想：既要努力反映出中国雄浑壮美河山、悠远绵长的华夏史，又要突出顽强拼搏、奋发有为的历史人物（例如秦皇汉武、千古贤臣）等内容。司马迁《史记》人物众多，头绪纷繁复杂。《漫画史记》中原创漫画形象多达千人，经过主创人员的精心设计，不单保持了历史人物的本来神韵，又生动可爱，个性十足。在内容方面，则筛选原作中最华彩的章节故事，再三润色，在厘清历史脉络的基础上，力求生动、精彩，做到趣味与深度的完美结合。全书文字简练、情节曲折、语言幽默，以精美插图的艺术形式演绎了司马迁原著，具有较高的可读性和收藏性。

（三）《图解史记》

著者郑晨，由北京联合出版公司 2019 年出版。本书整理选编了《史记》中具有代表性的篇章或是其中的精彩段落，并提炼概括出精准的小标题。著者综合了历代学者研究《史记》的学术成果，对原文作了详细、准确的注释，与明白浅显的译文两相对照，使读者阅读《史记》的时候毫无障碍。还有最重要一点，本书请画家特意绘制了大量精美插图。这些彩色插图有助于读者理解原著，可使广大读者兴趣盎然地学习和领悟《史记》。

三、影视成果

应该特别指出,进入 21 世纪以来的中国文艺舞台,诚可谓百花竞放,喜讯频传。与正史名著有关的各种艺术作品陆续亮相,尤其取材于《史记》、《汉书》的影视作品日益增多,已经先后涌现出了许多颇具影响的新成果。例如电影《赵氏孤儿》,电视连续剧《秦始皇》、《大汉天子》、《汉武大帝》、《美人心计》等等。便是颇受欢迎的作品。

试以电视连续剧《汉武大帝》为例。这是根据《史记》与《汉书》两部著作改编,由胡玫导演的 58 集电视连续剧。自从 2005 年陆续放映后,赢得了广大观众高度认可,很长一段时间以来,几乎成为人们茶余饭后的谈资。由陈凯歌导演的电影《赵氏孤儿》和阎建钢导演的 41 集同名电视连续剧,自从陆续放映后,也同样获得了广大群众高度评价。再以大型历史话剧《司马迁》为例。这是一部由北京人民艺术剧院新编的大型话剧,2015 年 9 月在首都剧场正式演出。该话剧自演出以来,经常是场场爆满,好评如潮,在社会上引起了相当广泛的影响。

特别值得一提的是,2020 年 12 月 1 日伊始,中央电视台为国人奉献了一场宏大的文化盛宴。根据《史记》等名著改编,由延艺等人导演和张鲁一、段奕宏等人领衔主演的 78 集古装电视连续剧《大秦赋》,以撼人心魄的画面和音乐,再现了战国时代鲜活的历史场景,在社会上激发起了久久不息的轰动效应。

很显然,由于电影、电视连续剧和话剧的加盟,这对以司马迁《史记》为首的古代正史进一步走向民间,起到了很大的推动和普及作用。

纪传体文献研究的范围决不止此,有关纪传文献的研究成果也远远不止这些。由上述信息可以预见,未来还会出现更加令人欢欣鼓舞的局面。这样的预见并非信口雌黄,究其原因有以下两点。其

一,纪传体文献里存在着天然的"正气"和"地气"。正是由于这种
"正气"和"地气"在,上自博学多识的大家巨擘,下至天真无邪的启
蒙幼童,都与正史为代表的传统文化有着密切的内在联系;其二,纪
传体文献具有广泛研究的发展空间。尤其正史内容含金量很高,具
有深层挖掘的巨大潜力。例如除了优良的文化传统外,诸如丰富的
文化营养、宝贵的经验教训、珍贵的史料价值,可以说随处可见,这是
奠定群众学习和研究正史的坚实基础。有了人民群众如此积极广泛
的参与,一定会把纪传体文献的研究水平推上一个更高的新台阶。

第七节　检索工具

这里所说的"检索工具",特指很长一个时期以来最常用的传统
检索工具。俗语云:"工欲善其事,必先利其器。"在学习、研究古典文
献过程中,对于读者和用户而言,重要的工具书是绝对不可忽视的。

诚然,即使传统的检索工具,也有狭义和广义之分。从一定意义
上说,前面提到的诸多研究著作,例如注释、考论、增补、辑佚、翻译、
点校等成果,都有特定检索工具的基本功能,无妨理解为广义的检索
工具;而以下即将提及的书目、索引、辞典等著作,更是读书治学过程
中的得力工具,它们自然是名副其实的狭义检索工具。两者的表现
形式虽有很大不同,但在本质与目的上却是一样的。因而对于读者
来说,以上截然不同的两种形式的成果,都是不可或缺的检索工具。

下面着重论述的,乃是狭义层面的常用工具书。

一、书目工具

有关纪传体文献的检索工具,迄今虽然已经出现过许多不同类
型的成果,但是,其中影响最大、也是最主要的检索工具,则首推如下
三大类——书名书目、解题书目、举要书目。

(一)书名书目

所谓书名书目,是指那些仅仅著录纪传体史书名称及著者的书目。

这类书目古已有之。在古代的许多官修书目、私修书目和史志书目中,一般都辟有专门著录纪传体史书的栏目。以正史中的《经籍志》或《艺文志》为例,便往往集中著录在许多纪传体史书里。例如《汉书·艺文志》著录了汉代国家藏书596家,13269卷。又如《隋书·经籍志》反映了隋朝国家藏书兼及六朝文献资源。再如《宋史·艺文志》中,仅仅著录正史类各种史籍即达57部,4400多卷。

在现代各种类型的书目(如馆藏书目、经典书目、推荐书目、专门书目)中,也不乏这类书目。例如中国社会科学院历史研究所编辑的《八十年来史学书目(1900—1980)》(中国社会科学出版社1984年),本书目收集了从1900年到1980年间中国人著译的史学著作共12400余种。全书分上、下两编,在下编"第十七、史学和史料学"部分,比较集中地以书名、著者、出版处、出版年的著录形式,揭示出这一时期围绕"二十六史"的各种研究成果。

此外,在现代人的其他书目著作中,也多有类似情况。例如郑鹤声的《中国史部目录学》(商务印书馆1933年出版,1956年再版),以"史目正录"、"史目别录"、"史目变录"等形式,分别揭示了汉代以来各种官修书目、私修书目、史志书目及现代书目,而反映于这些书目中的纪传体历史文献,无一不是以书名目录的形式出现的。

(二)解题书目

解题书目(亦作提要书目),这是特指那些不仅著录书名,而且还要比较简明地反映史籍基本内容的书目。"解题"之名虽源于宋代目录学家陈振孙的《直斋书录解题》,但是,这种书目却始于汉代刘歆《七略》,形成于唐人李肇的《经史释题》(已佚)。其后,历代不乏解题书目,直至现代。试列举以下三种解题书目为例。

1.《四库全书总目提要》

本书目亦称《四库全书总目》。这是清代《四库全书》编纂官纪昀等人依照弘历旨意,将编纂《四库全书》时所撰写的采入和未采入的古籍提要汇编而成。此书用经、史、子、集四部分类,著录了清代乾隆以前中国古代著作。其中的史部区分为正史、编年、纪事本末等15类。在正史部分,不独分别以"正史类"和"正史类存目"的形式系统著录了从司马迁《史记》到《明史》的纪传体史书的一系列书名,还一一反映了各史书的基本内容、作者及著述情况。其中"正史类"总计38部,3739卷,"正史类存目"有7部,85卷。

2.《中国史学名著题解》

本书目由张舜徽主编,中国青年出版社1984年出版。这是一部适合青年读者自修的一部史学名著通俗读物。内容区分为古史、编年、纪传、纪事本末、实录、制度、学术、传记、地理、杂史、史评史论、史考、金石甲骨考证、历史研究法、笔记、类书丛书、文编、书目、表谱、索引辞典等类目。在其中的纪传类,则一一介绍了有关纪传体作品的基本情况。

3.《中国古典文学名著题解》

本书目由中国青年出版社1980年编辑出版。书中选取了250多部由先秦至近代的重要文学作品。这一"解题"虽着眼于文学文献,其中也包括了《史记》、《汉书》等文史兼备的一批史学名著。作者对于这些文献的内容、作者生平以及流传版本等,都作了扼要介绍。

(三)举要书目

举要书目,是旨在为广大读者指示读书门径而有选择性地编制的书目。

基于为读者服务这一特定使命,举要书目一般有三项职能,即引导入门,揭示内容,提供读书方法。举要书目起于宋人高似孙《史略》，以后诸如清代龙启瑞《经籍举要》、张之洞《书目答问》、梁启超《国学入门书要目及其读法》、《最低限度之必读书目》、杨济仓《治国学门径》、汪辟疆《读书举要》、李笠《国学用书撰要》等等，皆属此类。现代出现的一大批有关中国历史文献的"选读"、"举要"、"要籍介绍"，以及历史文献目录学中的有关内容，也均属这一范畴。

以下试列举古代以来其中四种举要书目。

1.《中国古代史籍举要》（新版）

本书为张舜徽著，东方出版社 2019 年出版。这是一部有关历史经典的普及性学术读物，旨在为学习中国历史的专业学生和历史爱好者介绍一些必读历史文献，指出一些读史门径和研究方法。作者从讲授史籍入手，涉及历史学及历史评价诸多问题，贯穿了作者的史料通识观和学术创新精神。该书文字通俗，但内容的学术性、思想的深刻性、观点的独创性，与专门的学术著作相比毫不逊色。本书对于掌握中国古代历史文献的清晰脉络以及掌握读史治史方法，具有一定意义。

2.《中国历史要籍介绍》

本书为李宗邺著，上海古籍出版社 1982 年出版。李宗邺先生在高校执教 50 多年。早在 1957 年，便以此书作为沈阳师院教材，后又在此基础上进一步修订、出版。

本书共分四编：第一编为先秦——中国历史学萌芽时期，叙述中国历史典籍的发展、分类、经子群书史料价值；第二编为秦汉魏晋南北朝——中国历史学成立时期，着重介绍了从司马迁《史记》至魏收《魏书》的历代正史，同时也介绍了别史、杂史等史籍；第三编为隋唐五代宋元——中国历史学发展时期，详细介绍了封建国家设馆修史的这一时期内所编正史，也反映了有关别史及杂史；第四编明清及近代——中国历史学的科学研究时期，记述了元、明、清三朝正史及此期别史、杂史的情况。

3.《中国历史文献简明教程》

本书由张传玺主编,张衍田、张何清编,北京大学出版社1990年出版。这是为高等学校"历史文选"课编写的一部教材。本教材主要选择了一定数量的历史文献,将目录学、文献学、古汉语三种知识结合起来。

本书分为六章,每章大抵有三项内容:概述、某书简介、范文注解。因为第二章史部为本书最主要部分,所以,除具备上述三项内容外,还对各种史体一一介绍。在其中第二节"纪传体史书与范文"中,首先论述了纪传体体例、正史与别史,然后逐一介绍了《史记》、《汉书》、《后汉书》等各部正史的体例、内容及研究情况,并分别选注各史部分章节于其后。所选"范文",一般是史料价值高,可读性强的文章或资料。

4.《中国古代文学要籍精讲》

本书由费振刚编撰,北京大学出版社2009年出版。基本内容是介绍文学古籍的旧注和旧评。本书在初版的基础上,不单增加了先秦诸子等内容,还在"相关链接"部分专门介绍了《史记评林》、《汉书评林》等以评注为主的现代学者所作的古籍注释本。通过"相关链接"形式,构成了古今人沟通的桥梁。这既是今人注释的依据,也是使读者更贴近作品产生时代的重要途径,由此进一步提升了古籍旧注的学术价值。

二、索引工具

索引,旧称"通检"、"备检"或据英文音译而来的"引得"。这是从文献中摘出有关篇目、字句、主题、人名、地名等,然后依照一定次序排列,标明出处、页码,以供检阅之用的工具书。当前有关纪传体历史文献的索引,就其检索对象的范围而言,大致可以区别为综合性索引、专项索引两大类。

（一）综合索引

这里所谓综合性索引，就是指可以从不同角度检阅某一纪传体史书有关文字的索引。综合性索引工程较大，编制不易。目前这种索引数量较少，但它们在加惠读者、推动学习和研究方面，则是功德无量。试列举以下三种综合性索引为例。

1.《史记索引》（修订版）

本书由李晓光、李波主编，中国广播电视出版社 2001 年出版。本书曾于 20 世纪末出版，当时将《史记》原文 50 多万字，逐一按字、词输入电脑，经软件处理后成书。在编制过程中，除了史料的输入、词的划分、编码对照表的设计采用了传统人工方式外，其余工作统统都由计算机完成。本世纪初，考虑到读者新的需求，编者做了进一步加工，又推出这次的修订版。全书总计 57 万余字，比《左传》多出近两倍，检索利用便捷，对史学、文学、语言学等多种学科研究具有一定助益。

2.《汉书索引》

本书由李波、李晓光主编，中国广播电视出版社 2001 年出版。编者以中华书局 1987 年标点本《汉书》为底本编纂而成，全书分单字索引、人名索引、地名索引、援引著作索引、专有名词索引、补遗索引、衍文索引等部分。

3.《三国志索引》

本书由黄福銮编，香港现代教育研究社 1973 年出版。本索引以中华书局之"四部备要本"《三国志》（殿本）及商务印书馆印行之"四部丛刊"本《三国志》为底本，以书中的名词、重要事项及辞句为检索对象，大体按照《太平御览》分类法而稍加变动，分为人名、地理、氏姓、天时、人事、服用、饮食、土功、学艺、工艺、职官、仪礼、政教、符玺、军事、交通、经济、动物、植物、矿饰、病疗、方伎、征异、谚喻等 24 部，以下再复分为一百多个子目。凡需解释的名词、辞句，皆加简注。本索引的编排方式,一般是在"备要"本、"丛刊"本的本项下,均列有卷数、项数及行数,用阿拉伯数字表示各名词、事项及辞句在该版之位置。使用起来方便、迅速,这是当时比较理想的一部检索《三国志》内容的综合性索引工具书。

(二)专项索引

专项是对综合性而言。这种索引仅仅检索纪传体史书中某一方面的专门内容。以其编制相对单一,针对性强,极便读者检索有关内容,因而此索引类别多,数量大,其影响远比综合性索引广泛。就检索对象划分,截至目前出现的专项索引,大致包括人名索引、地名索引、研究资料索引以及其他索引等四种类型。

1. 人名索引

人名索引出现较早,数量亦较多。就其检索对象的范围划分,主要有正史丛书系列人名索引和正史专著人名索引两类。关于正史丛书系列人名索引,当前流行者较多。在此,仅列举和简介以下三种人名索引。

(1)《二十五史纪传人名索引》

本书1990年由上海古籍出版社、上海书店编辑出版。本索引是根据上海古籍出版社和上海书店联合出版的《二十五史》,以及中华书局出版的标点本《二十四史》及《清史稿》编制。其中,凡属上海古籍出版社和上海书店出版者,简称为"上";中华书局出版者,简称为"中",以示区别;本索引收录《二十四史》和《清史稿》中有纪传(包括列传中传首追述父祖和传末附传以及目录未标出的附见人物)的人名。仅仅提名而无完整事迹者不予收录。《史记》中的"世家",仅收录有专载的人名。《三国志》裴注中有事迹始末者亦予收录。诸史中的少数民族传、外国传,则收录其首领及主要臣属(即标点本中提行人物)的人名。索引中人名下所列的四个数码,分别为上海版精装本《二十五史》的册数、卷数、总页数、栏数,以及中华书局版平装本《二十四史》与《清史稿》的册数、卷数、分史页码。本索引还有几项特殊规定，如历代帝王以习惯称谓（即谥号或庙号前冠以朝代名）为主目，其姓名列为参见条，皇后、太子、公主、王侯以封号或谥号为主目，姓名为参见条；诸史中同姓名人物，按《二十五史》顺序分别立目，以示区别；一人分见于两史以上者，亦按《二十五史》顺序收在一条下；目录中传主姓名与正文有出入者，以正文记载为准等。本索引采用人物姓名首字的四角号码顺序编排。为方便读者，四角号码索引后附有《索引字头笔划检字》。由于本索引正文中每条除标明版本、册数、页数、栏数外，还标明卷数，因此，备有其他版本《二十四史》和《清史稿》的读者，亦可使用。本索引编排科学，检索方便，是当前同类索引中使用广泛、影响很大的一种。

（2）《二十四史纪传人名索引》

本书由张忱石、吴树平编，中华书局1980年出版。这部索引是针对中华书局业已出版的《二十四史》标点本编制的。书中共收录《二十四史》内纪、传（包括附传及有完整事迹的附见人物）的人名，每一条目皆注明在标点本中的册数、卷数、页码。若一人分见于两部以上史书，所记人名有异文异名者，则选择一个为主目，把此人传记所在史书的册数、卷数、页码集中于主目之下，所谓有变化之异名则著录于主目之后，加上括号以示区别。若同为一人而分见于两史，史书所记人名有异体字者，为便于读者检索，将另一异体人名作为参见条目处理。各史同姓名人物，皆分别立目，以示区别。各朝代帝王以习惯称谓（如谥号、庙号）为主目，然后以其本名作为参见条目。只有姓氏的妇女，以其姓氏为主目，其从属关系作参见条目。为便于读者应用，本索引亦用四角号码检字法编排，书后附有笔划索引。《二十四史》标点本是当前最流行的版本，所以检索其中人物，本索引提供很大方便。引为遗憾者，一是仅能查纪、传人物，出现于表、志中者无法检索；二是继《二十四史》之后，又有《清史稿》出版发行，对其中人物亦无能为力。故此,在应用范围上,本索引尚有值得改进之处。

(3)《清史稿全史人名索引》

本书由苏庆彬编写,香港中华书局2015年出版。以往大型工具书《二十四史纪传人名索引》、《二十五史纪传人名索引》等,或者不收《清史稿》,或者虽含《清史稿》而不完备。本书是苏庆彬先生以50年功力编制而成,正好弥补了此前学界空白,堪称是目前诸多《清史稿》索引中最完整的工具书。为了区别同时代和不同时代之同姓名现象,本书还特意在姓名之后,再加上异名、字、号等文字,大大便利学界研究者。

2. 地名索引

这是专门为查阅有关正史中的地名而编制的检索工具。目前所见到的,大多是围绕某部正史而编制的专著地名索引。在此,仅列举和简介有关"前四史"的以下四种人名索引。

(1)《史记地名索引》

本书由嵇超、郑宝恒、祝培坤、钱林书等编,中华书局1990年出版。本索引根据中华书局1959年《史记》标点本编制,总共收录先秦诸侯国名、邑名、地名,秦汉时期属于政区的王国、州、郡、县、侯国,以及城、乡、里、亭等县级以下地名。此外,地区、道路、关塞、山川、津梁、宫苑、门、台、陵、观、祠、庙等等,也一概予以收录。凡是一地有其他称谓者,如简称、别称、异称等,则以常用的称谓作主目,其他称谓则作为参见条目出现,并用括号注于主目之后。

(2)《汉书地名索引》

由陈家麟、王仁康编,中华书局1990年出版。本书依据中华书局1962年《汉书》标点本编制。收录范围是,凡《汉书》中属于行政区划和聚落性质的州、郡、国、侯国、县、邑、道、乡、亭、里、关津、仓、宫殿、陵园,自然界的山、川、湖泊、海洋以及道路名、地区名等,一概收入。凡是一地有其他称谓的,以常用名称立为主目,其余名称作参见条目，并括注于主目之后。凡同名而异地、异类的地名，分别列目，并于其后注明性质。本索引以四角号码编排，书后附有笔划索引。

（3）《后汉书地名索引》

由王天良编，中华书局1988年出版。本索引根据中华书局1965年《后汉书》标点本编制而成。本书收录范围是，《后汉书》中属于政区的州、郡国、属国、县以及城邑、乡、里、亭等县级以下地名。对于山川、湖泊、海洋、洲、陂泽、池塘、津渡、关隘、塞、坂、岭、桥、宫、殿、门、台、苑、陵、园、观、阁、庙、祠、地区、道路等，也都予以收录。凡一地有他名者，以常用称谓为主目，其他名称附于其后，主目、参见目均分别列目，并且皆列其页码。本索引采用四角号码法编排，书后附有笔划、部首检索表，以供参考。

（4）《三国志地名索引》

本书亦由王天良编，中华书局1980年出版。这是根据中华书局1959年《三国志》点校本编制的一部工具书。收录范围包括属于政区的州、郡、郡国、属国、县以及城邑、乡、里、亭等县以下地名，对于山川、湖泊、海洋、洲、陂泽、池塘、津渡、关隘、堤堰、塞、坂、岭、桥、宫、殿、门、台、苑、坞、陵、园、观、庙、馆、仓、地区、道路等名称，一概收入。先秦至西晋初年的国名，以及裴松之注中涉及的地名，也一并收入。凡一地有多种称谓者，以常见者为主目，其余作为参见条目，括注于主目之后，且主目、参见目皆分别列目，并标出各自页码。本书采用四角号码法编制，书后附笔划索引。此书的问世，极便《三国志》有关地名的翻检。

3. 资料索引

所谓资料索引，是指可以帮助检索有关正史研究资料的索引工具书。这些检索工具目前有两类。一类是特意为某部正史研究资料编制的索引；另一类虽范围广泛，也可从中查出有关正史的研究资料。二者相比，前一类索引的数量极少，正有待于专家、学者们努力编纂。在此,仅列举和简介以下两种资料索引。

(1)《史记研究资料索引和论文专著提要》

由杨燕起、俞章华编,兰州大学出版社 1989 年出版。本书分为三部分:第一部分是"《史记》研究资料索引",下分 11 个子目,概括了包括外文学术期刊中的有关研究论文及专著;第二部分是"《史记》研究论文提要",共计写出反映有关论文的提要一百篇;第三部分是"60 种《史记》研究专著提要",评介了数十种专著。这是迄今为止最完备的一部反映《史记》研究资料的专用书。不仅可以为当前和今后的《史记》研究提供资料检索之便,还可以从以往的《史记》研究领域中,领略出一些带有某种特点或规律性的东西。

(2)《中国古代史论文资料索引》

本书由复旦大学历史系编,上海人民出版社 1985 年出版,分上、下两册。本索引收录了 1949 年 10 月—1979 年 9 月共 30 年国内各报刊发表的有关论文资料计三万余篇,分类排比,以供广大读者学习、研究古代史(包括史学理论、通史、断代史、各类专史)参考使用。本索引分为"总类"和"分类"两部分。凡属通论性或跨朝代的文章归于"总类",能用朝代划分的归于"分类"。各类目下的条目依文章发表先后为序,以利检索。有关正史的研究论文集中于上册之"史学史"部分。

4.其他索引

所谓其他索引,是指除人名、地名、研究资料以外,专为翻检正史中某些特定资料而编制的索引工具书。目前,这些索引的品种还比较少。随着正史研究的进一步发展和深入,相信这类索引品种和数量一定会逐渐增多起来。下面仅介绍一种以谣谚为内容的特殊索引——《二十五史谣谚通检》。

《二十五史谣谚通检》,由尚恒元、彭善俊合编,山西古籍出版社 2005 年出版。本通检所收谣谚一律采自《二十四史》和《清史稿》。

所谓"谣",实则包括"歌"与"谣"两大类。"歌"仅限于即兴之口歌，即古人所说的"徒歌"，如汉高祖刘邦的《大风歌》，楚霸王项羽的《垓下歌》，汉武帝刘彻的《瓠子歌》，以及其他民歌之类；"谣"有时谣、童谣、地方谣数种。所谓"谚"，又分为"谚"和"时语"两大类。谚有古谚、鄙谚、地方谚等；时语也就是史书中经常见到的"传言"、"时人为之语"、"军中为之语"、"京师为之语"。本通检网罗了《二十五史》中出现的所有民间口头固定语句。正文的编序是：以每个谣谚立为一个条目，注明其出处（所在史书名称、篇章），摘出原书有关文字，并酌加简释。所收条目，必须是在它们的前面附加有"谣"、"歌"、"谚"、"语"等字样者为限，无此等字样作标识者，一律不收。这部通检编有音序、笔划两种索引。

三、相应辞典

辞典是收集词语加以解释，供人查阅参考的常用工具书。为了配合广大读者的学习和研究，与纪传体历史文献直接有关的辞典很早就出现了。近几十年来，更是层出不穷，各式各样。从所收内容的范围和性质上看，当前与纪传体史书直接相关的辞典，大致可以分为两个类型：通史辞典和专史辞典。

（一）通史辞典

这类辞典工程较大，编制起来具有一定的艰巨性，但经过现代人的联合攻关，这种成果已经逐渐显现。下面介绍一种较早问世的大型"精要辞典"。

《二十六史精要辞典》，门岿主编，分上、中、下三部分，由天津社会科学院、南开大学、天津师范大学、天津教育学院、天津大学等单位的众多专家、学者编制而成，人民日报出版社 1993 年出版。编制此书的目的，旨在为广大读者学习《二十六史》提供方便条件。本书以《二十六史》为底本，取其精、撮其要，又参考了当代学者对"二十六史"的各种研究成果,然后分期分代,以典章制度、历史事件、各种成就、著名人物等为类别,各类下面开列具体条目,予以解释。编排正文时,不以"二十六史"为序,而以朝代为序。

(二)专史辞典

过去很少见到专为某部正史编制的辞典,近年来此风兴起,引人瞩目。其中,山东教育出版社异军突起,陆续编纂出一套包括各部正史的系列辞典,在社会上产生了一定影响。

在此,仅列举和简介以下四种专史词典。

1.《史记辞典》

本书由仓修良主编,山东教育出版社 1991 年出版。这是《二十五史》专史辞典丛书之一。本辞典是《史记》的专书辞典,收录《史记》原文中语词、人名、地名、民族、职官、著作、天文、历算、音乐、动物、植物名称,以及器物、典章制度、历史事件等等,总计收词 16800 余条,其中包括参见条 2200 条在内。本辞典附有《辞目索引》和《索引检字》。这部辞典对文史工作者及中等以上文化水平的读者阅读《史记》具有辅助作用,同时还可供读者研习秦汉及其以前历史时作为工具书使用。

2.《史记人物大辞典》

由段国超、丁德科主编,商务印书馆 2017 年出版。本书是以中华书局标点本《史记》为底本,较早动手编纂的一部《史记》人物大辞典。由渭南师范学院等多个单位学者合作,历经数年修订完成。以人物全、资料细、文字简为编写原则,共收《史记》人名 6821 条。其中凡同名不同人的,分条叙述,同人而多名的,分为主词条和参见条,以备查阅。按照音序排列《史记》中的人物词条,堪称是一部比较详备简约的《史记》人物辞典,是学习研究司马迁与《史记》的重要参考书。

3.《史记鉴赏辞典》

由傅德岷、文成英编撰,巴蜀书社 2018 年出版。本书选取《史记》中的 96 个经典片段进行了注译和赏析,"本纪""世家""列传""书"和"表"均有涉及,尤以"列传"为多。与同类书相比,本书不求全而求广,囊括了《史记》中许多名篇名段。诸如管鲍之交、程婴存孤、蔺相如完璧归赵、刘项鸿门宴、汉高祖约法三章、车同轨和书同文等家喻户晓故事,孔子、孟子、老子、庄子、孙膑、战国四公子、韩信、李广等风云人物,也尽在其中。读者从中可以领略到许多历史故事和典故的原汁原味,学到欣赏《史记》的方法。由此可得以窥见《史记》的面貌及其精华所在。

4.《元史名词术语汉蒙对照词典》

由王石庄编纂,内蒙古人民出版社 2015 年出版。《元史》是一部系统记载元朝兴亡过程的正史,也是研究蒙元历史的基本史料文献,但成书 600 多年来尚无完整的蒙古文译本。编译一部规范实用的名词术语工具书,对于推动《元史》蒙文翻译工作顺利完成,方便广大蒙文读者对照研读,显得尤为重要。本书以中华书局 1976 年 4 月第一版《元史》点校本为蓝本,收录了《元史》正文中出现的人名、地名、民族、部族、职官、名物、典制、封谥、天文、历算、动物、植物、矿产、医药、艺术、科技、著述等内容的名词术语(也包括中华书局《元史》出版说明和《元史》正文附录的进元史表、纂修元史凡例、宋濂目录后记中的名词术语),总计 45000 余条。这部词典的出版,不仅填补了《元史》研究没有蒙汉对照词汇工具书的空白,也将为深入发掘和保护历史文化遗产、繁荣民族文化事业发挥积极作用。

第六章　纪传辩证

　　自从《史记》、《汉书》、《后汉书》等一大批历史名著在社会上广泛流行后,古今学界不单对涉及纪传体文献的官修与私修、通代与断代的不同修史形式表现出格外的关注,对于诸如旧作与新编、纪传与编年、正史与杂著等一系列理论问题,也产生了浓厚的兴趣。尤其是唐宋以降,史坛上有关这些问题的探讨几乎从来没有停止过,即使历代大名鼎鼎的诸多名家也参与其中。当然,与前人相比,我们今天的学术氛围和学术观点早已不可同日而语,但是逐一弄清上述有关问题,并以科学的思想和辩证的态度来把握,对于充分发掘和合理利用珍贵的纪传体文献信息资源,显然仍具有极其重要的现实意义。

第一节　官撰与私撰

　　中国的历史极其悠久,史官修史的制度也很悠久。早在远古轩辕黄帝时期,造字的仓颉本人就是当时著名的史官(许慎《说文解字》序)。嗣后夏桀时期的"终古"(《吕氏春秋·先识》),春秋时期的左史"倚相"(《左传·昭公十二年》)等人,也均以史官之职而名垂青史。在唐代以前的一个较长时期里,"历代史官,隶秘书省著作局,皆著作郎掌修国史。武德因隋旧制,贞观三年闰十二月,始移史馆于禁中,在门下省北。宰相监修国史,自是著作郎始罢史职"(《旧唐书·职官志》)。由于唐初官方行为的介入,从此打破了以往总体上由史官修史的一统局面。

一、修史两大家

如果以编纂者的身份为标准,则"二十六史"的撰修者,大体可以区分为三种类型:即私撰者,官撰者,还有介于二者之间的奉敕私撰者。需要指出的是,"奉敕私撰"虽有官方参预的名义,但最终则仍由私家一手完成。所以从实质上看,当时的"奉敕",不过是沾了点"官气"的徒有其名而已,充其量无非是从私撰向官撰过渡的一种形式,"奉敕私撰"实则仍属于私撰范畴。换言之,所有正史的编撰形式,只有官撰和私撰两大家。

(一)私家修史

我国古代私修史书的历史相当悠久。所谓"私撰",系指独立于"官撰"之外,基本上不受官方约束的一种私人撰史行为。单就纪传体典籍而言,第一部正史——《史记》便是私撰的结晶。司马迁以后,随着纪传体历史文献的社会影响日益扩大,官方开始逐渐认识到应该予以加强控制。特别是从唐代以后,几乎所有正史的编撰都被官方所垄断。虽然如此,在唐代及唐代以后,仍有一些勇敢的史家坚持私撰,他们几乎将个人毕生心血凝聚于独家的编撰。唐代私家撰史者,如李延寿撰《南史》和《北史》。唐代以后的私家撰史者,如欧阳修撰《新五代史》,柯劭忞撰《新元史》等等。在"官撰"正史,"宰相监修"业已成为"永制"的情况下,仍然有私家奋笔独撰,并且取得了一定的成功,这本身也可视为是对官修史书制度的公然挑战。

在古代,特别主张并维护私修形式的突出代表,当数武周时期著名史家刘知几了。刘知几的一生,"三为史臣,再入东观"。当是时,适值宰相韦巨源、纪处讷、杨再思、宗楚客、萧至忠等皆领监修。他以切身的体会,勇敢地就官撰之弊一连向萧至忠们说出"五不可"(《新唐书·刘子玄传》)。刘知几所谓的"五不可",旨在否定官撰史书制。他虽然没有直接表明应当以私撰取而代之,但其崇尚私撰的指导思想是明确的。不言而喻,当他以"五不可"逐条批判官修史书之际,也正是他响亮倡导私家撰史之时。诸如"古之国史,皆出一家,未闻借功于众","古者史氏各有指归"云云,便是他主张私撰的例证。

(二)官修史书

官撰史书制度也有悠久的历史,其萌芽阶段则要追溯至东汉。早在汉明帝时期,就曾设令史于兰台,旋即又移置图书于东观。班固、刘珍、尹敏、边韶等人,都曾参与过《东观汉记》的集体撰修。北魏时,国家设立修史局,以谷纂、山伟监修国史。北齐、隋代也有类似举措。当然,真正具有组织机构和严明职守的官撰形式,则是从唐太宗始。自唐代确立官修史书制度后,历代封建王朝无不效法唐代,都把官修史书、特别是正史的撰修大权牢牢地控制在国家手中。可以说,唐代及唐代以后的历代统治者大都属于官撰派。唐朝统治者既是设馆修史制的确立者,也是官撰正史的杰出代表。自从这种制度确立后,累累硕果,引人瞩目。他们在不太长的时间里,不仅编撰出许多著名的别史、典志及类书,还通过官撰和奉敕撰修等形式,完成了《晋书》、《梁书》、《陈书》、《北齐书》、《周书》、《隋书》等多部正史的编纂工作,其中《晋书》、《隋书》和《周书》都是官方集众修书的直接产物。

官撰与私撰是两种不同的修史形式,纪传体文献正是通过这两种形式完成的。唯其如此,后人在评论"二十六史"之彼此优劣时,便不可避免地要涉及到官修和私修。为了更好把握纪传体史书的质量,很有必要对官撰与私撰两种形式进行全面的比较和研究。

二、关于私撰

人类社会中,任何事物都存在着既对立又统一的两个方面。史学领域里的私修史书也不例外。这种修史形式既有其利,亦有其弊。

(一) 私撰之利

私修史书的最大的特点,就在于一个"私"字。所谓"私",就是与官方政治基本无缘,个人的修史工作大抵不存在国家政府的羁绊和约束。这种比较单纯的"私撰"行为,自然而然地具有"独断之学"的坚实基础。分析和总结私家修史的优势,其中最突出的有利因素体现于如下两条。

1. 直书胸臆

与官撰相比,私撰者有一个相对"自由"的学术环境。对于古今历史,小自一人一事,大至典章经制、国家大事,"私家"可以根据个人研究,直抒己见,能够比较充分地反映作为一个史家的立场、观点和感情。"前四史"的巨大成功,各种因素固然可以列出许多,而其中或许与私家撰史这种形式具有非常重要的内在联系。诚如刘知几所说:"子长之立记也,藏之名山;班固之成书也,出自家庭;陈寿之为志也,创于私室。然则古来贤俊立言垂后,何必身居廨宇,迹参僚属,而后成其事乎?是以深识之士知其若斯,退居清静,杜门不出,成其一家,独断而已……"(《史通·辨职》)

还要特别指出的是,中国古代本来就有重人文、轻自然,重书本、轻实践的学术风气。这样的学术风气,显然极易成为控制官撰史家们的思想桎梏。原因何在?因为官方聚焦正统观念,自然约束重重,一旦出现不合主流之意识,便会被视为"异端",因而被打入"另册"而难以有所作为;然而,对于私修者(特别是其中有识之士)来说,由于不存在听命于上司的行政干预,他们便能够按照学术研究的需要,冲破千百年来被习惯势力固化了的"怪圈"。他们完全可以通过个人的"独立特行",以达到社会调研的初衷。试看《史记》之中,但凡出现"吾适"、"吾如"、"余睹"、"余视"等字眼,便是司马迁走向社会,亲自进行调查研究的标志。《通志》"二十略"中的《昆虫草木略》之类的设立,也是作者重视实践,亲自进行自然科学研究的结果。而所有这些成就，都是官撰正史中难以做到的。

2. 统筹组织

私家撰史，唯有作者一人，从头至尾，完全出自一家炉锤，不特文风一贯，即前后左右之各种复杂关系，也容易彼此照应。倘若发现某处讹误，也极易迅速、准确修正。与之相比，官方之集众修史则不然，不仅思路有别，风格亦彼此差异，稍有不慎，便会产生许多抵牾讹谬。出现歧误后，也不易立即发现和立即修正。是故比较官私两家，私家修史者显然更容易发挥其笔削功夫。

鉴于私撰史书者有此特长，所以私撰正史在后人心目中占有一定地位，这是完全可以理解的。诚如梁启超所云："司马迁忍辱发愤，其目的乃在'成一家之言'，班、范诸贤，亦同斯志，故读其书而著者之思想品格皆见焉。"（《中国历史研究法》第二章，东方出版社 1996 年）

一言以蔽之，私家修史最容易成就其重要成就者，即所谓"独断之学"。

（二）私撰之弊

事物的认定，也往往是相对而并非绝对的。私家撰史既有以上所说之"利"，也有几乎与生俱来之"弊"。就其主要弊端言，最突出的问题体现于如下两条。

1. 资料缺憾

文献资料是修史的基本依据。编撰纪传体史书，尤其是编修正史，自然需要利用大量的文献资料。没有文献资料，固然会慨叹于"巧妇难为无米之炊"，虽有资料而不充分，也必然会为编修史书带来一定的困难。

在古代私家修史者中，倘若是身为史官者，自然以职掌之便，在文献资源充足背景下自可随意取用，根本不存在所谓"无米"之憾。然而倘若并非史官的私撰者，情况就可能出现变化，而且很可能会是截然不同的另外一个样子了。这些人既然本身不是史官,自然不可能像史官那样有"近水楼台先得月"之便,更不可能像"移馆于禁中"的官撰者那样,对皇家藏书具有恣其所需的取用权限。

当然,即使身兼史职的私撰者,当其资料匮乏而又求借无门之际,大约也只能饮以为恨了。试以私撰性质的"前四史"名著《三国志》为例,书中憾事或许即与此有关。作者陈寿,巴西安汉(四川南充)人,生于蜀后主建兴十一年(233)。据《晋书》记载:"少好学,师事同郡谯周,仕蜀为观阁令史。"入晋后,由司空张华举荐为佐著作郎。武帝泰始十年(274)因"撰《蜀相诸葛亮集》,奏之,除著作郎"。以后"撰魏吴蜀《三国志》,凡六十五篇。时人称其善叙事,有良史之才"(《晋书》卷八十二《陈寿传》)。由其履历可知,陈寿不仅担任过史职,又有骄人的实践和成就,由此获得时人"良史之才"的高度认可,足见他是编撰《三国志》的最佳人选。然而《三国志》既缺表又缺志,以陈寿之为人,何以首开正史体例残缺之先河?这或许只有一种解释,当时背景下的史料难觅乃是最大遗憾。

2. 专攻之憾

纪传体历史文献是博极天地、包罗万象的"百科全书"。就私家修史者来说,如果没有超出常人的博学多识,确实难于以一己之力胜任。司马迁是纪传体史书作者队伍中的佼佼者,然而,这样的"通才"毕竟是微乎其微。更何况,此一时也,而彼一时也。随着封建社会的向前发展,各种社会问题变得更加复杂,纪传体文献包含的内容迅速膨胀。在这样的情况下,"闻道有先后,术业有专攻"(韩愈《师说》)的问题便日益突显出来,私家撰史者很难做到应付裕如。换言之,面对后世之现实,倘若再要寻觅像司马迁那样的博学"通才",几乎是不太可能的。从这个意义上说,唐代以后的私撰正史数量远远少于官修,不能完全归结于官方的行政干预,其中恐怕也还有私撰本身学术局限之原因。

有事实为证。以唐代以后的私撰正史《新唐书》、《新元史》为例,其笔削之功固然优于"旧"史,然其内容则终因缺陷严重而未能尽如人意。试看:《新唐书》本纪反不及"旧书"本纪丰富,《新元史》也遗漏了显然不该遗漏的《艺文志》。不妨重审《新元史》撰写背景:在本书编纂之前,为《元史》补《艺文志》者起码有三家:钱大昕的《补元史艺文志》四卷,倪灿的《补辽金元三史艺文志》一卷,金门诏的《补辽金元三史艺文志》一卷。然而,柯劭忞居然无视上述资料,就在他所谓"新编"的《新元史》里,居然也像《元史》一样赫然遗漏了《艺文志》。出现这样的巨大憾事,显然不能完全以史家考虑不周作解释,或许是术业"专攻"层面力所不逮之所致。

历史上出现犹如柯氏之例并非个案,此等现象岂非私家力薄之憾欤!

三、关于官撰

与私家撰史相比,官修史书也有极为类似的情况。即一方面具有与生俱来的明显优势,同时又存在管理层面和意识层面的严峻问题。换言之,所谓官撰同样既有其利,复有其弊。

(一)官撰之利

自唐太宗"官修史书"制度确立之日起,这种由官方主导的集众修书的优点便日益清晰地显示出来。考察这种新型修史方式的优势,主要体现于以下三条。

首先,文献资料充分。官修史书,因系官方出面组织,可以官方为后盾,凡所需文献资料,均可由正常渠道获得。上自国家藏书、政府文件、各类档案,下至各种私人著述,尽可利用。必要时,甚至可以依靠国家行政手段,征集各地有关资料。总之,凡是官修史书急需,而社会上又确实存在的文献资料,都可以取得。与私修相比,官修在文献资料方面占有明显优势。

其次，人才济济。私家修史往往因为社会历史日益复杂化而力不从心，官修史书则因有各类人才、专家的参与，无论何种专业的学术问题皆可解决。有一个现象值得注意：随着社会的发展进步和学术门类所呈现的相应态势，到了封建社会晚期，尤其是到了现代社会，集体著述的现象迅猛增多，许多大型文献都是出自众人的联手合作。这就有力地表明，集众修书制度还是颇有生命力的。

其三，可以保存文献。自从唐代确立设馆修史制度后，一个无可更改的惯例产生了：每一个新生的王朝，都要效法唐代，为前一王朝修史。于是，便从制度层面保障了各朝正史编纂的连续不断，客观上起到了保存文献、推动史学发展的作用。

(二)官撰之弊

然而，犹如私撰史书存在不可避免的劣势一样，官撰史书也有其相当明显的缺陷。概括起来，官撰史书最明显也最尖锐的问题，集中体现于以下三个方面。

1. 不利"独断"

在官撰机构中，要充分发挥个人才学相当不易。首先，常常存在文人相轻的恶习。诚如前人所说，诸多作者中，"人自为荀、袁，家自为政、骏。每记一事，载一言，阁笔相视，含毫不断，头白可期，汗青无日"(《新唐书·刘子玄传》)。其次，还存在封建专制干扰的这一更大问题。撰史者在谨遵皇帝圣谕之外，还要惟监修大员的意愿是从。当年刘知几曾说："史官注记，类禀监修，或须直辞，或当隐恶，十羊九牧，其令难行。"(同上)这是对官撰史书中长官意志的辛辣讽刺。学术发展，贵在百家争鸣和思想自由。任何一位有作为的史家，置身于武周时期那种多元领导的编撰机构中，都难以发挥独断之学。然而，放眼中国历代官修史书工作，刘知几尖锐批评的那种现象决不单单存在于武周时期。官方的意志(特别是皇帝的意志)可以决定一切，这在官撰史书领域中是一个相当普遍的现象。

当年在批判官撰制度时，刘知几曾愤然揭露那些徒有"监修"之名的"恩幸贵臣"们，既"不知善之为善"，"亦不知恶之为恶"，因而"凡所引进，皆非其才"（《史通·辨职》）。刘氏的牢骚显然是就官修机构"择非其人"而发，其实即使"择得其人"，其弊端也仍然存在。清代史学大家万斯同参与《明史》的纂修，诚可谓"择得其人"了。然而，他费尽心血，刚刚删定五百卷《明史》不久，清统治者便打着"存心忠厚"的旗号，连续不断地对此书一改再改。先是命王鸿绪删改，旋即又命张廷玉续改，犹觉不足，复诏刘墉再改。就这样改来改去，最终结果与万氏旧稿不啻天地。设若万氏九泉有知，当不会对此无动于衷。

梁启超先生亦曾于此感慨系之，他以为官方集众修史，"则著者之个性湮灭而其书无复精神"，"若隋、唐、宋、元、明诸史，则如聚群匠共画一壁，非复艺术，不过一绝无生命之粉本而已。坐此之故，并史家之技术，亦无所得施史料之别裁。史笔之运用，虽有名手，亦往往被牵掣而不能行其志，故愈晚出之史，卷帙愈增，而芜累亦愈甚也"（《中国历史研究法》第二章）。细考梁氏此论，其中不无道理。

2. 削弱人民性

由于官方的介入，人民性削弱的政治倾向在正史中相当普遍。不单正牌的官撰正史存在这种现象，即使那些奉敕私撰的史家也有一定反映。"奉敕私撰"虽然大体上仍是私家撰史，但与纯粹私修已有区别。奉敕撰修者因有王命在身，朝廷旨意必然产生一定影响。《汉书》的奉敕私撰堪称是一个典型事例。班固"私撰"期间，汉王朝并非一切放手，不闻不问。永平十七年（74），汉明帝就曾特意召集班固、贾逵、傅毅、杜矩、展隆等人于云龙门，煞有介事地就《史记·秦始皇本纪》中的论赞征求众人意见。当班固表达了个人观点后，明帝便接着指出：司马迁"微文刺讥，贬损当世"，这种人不是忠臣义士；相比之下，司马相如尽管有些浮华不实，但他至死不忘为君上"颂述功德",值得后人效法。明帝名为谈"古",实则论"今"。其弦外之音,自然是要班固撰修《汉书》时,一定要像司马相如那样为汉朝"颂述功德",而不能像司马迁那样"贬损当世"(见《文选》,班固《典引叙》)。事实表明,由于朝廷的授意和官方意识的压力,那些奉敕私撰的正史确实发生了一些微妙的变化。

《史记》是第一部纯属私修的正史,《汉书》是第一部奉敕私撰的正史。只要认真比较这两部同为正史的名著,就会起码发现以下两个方面的显著不同。

其一,对儒学态度的差异。在诸子百家问题上,《史记》基本上持兼容并包的科学态度。班固当年曾批评司马迁是"论大道则先黄老而后六经,序游侠则退处士而进奸雄,述货殖则崇势力而羞贱贫"(《汉书·司马迁传》)。班氏的指责非但不是《史记》的过失,恰恰是《史记》的进步所在,由此也反映了《汉书》与《史记》在思想性方面的差距。其实,司马迁未必是"先黄老而后六经"。因为司马迁推尊孔孟,崇尚"六经",认为"拨乱世,反之正,莫近于《春秋》,甚至还以"小子何敢让焉"(《太史公自序》)的坚定信念,立志要做孔子"五百岁"后的事业继承人,可见其对儒家的崇拜。然而,他坚持"厥协六经异传,整齐百家杂语"(同上),公然申明要成为"一家之言"。由此可见,司马迁是不同意汉代"罢黜百家,独尊儒术"的方针政策的。《汉书》则不然,其中的《艺文志》就是一个典型的证明。班氏于"六略"之中,独以反映儒家经典的"六艺略"居于榜首;在仅次于"六艺略"的"诸子略"中,宣扬诸子百家乃是"六经之支与流裔"的观点,还将儒家列于诸子之首。据此即可看出,《汉书》是在竭力贯彻和反映汉王朝"独尊儒术"的文化政策。马、班二人虽然皆尊儒家,但他们在"尊"字上大有区别:前者是尊而有限,即在尊儒的同时,兼包各家(尤其将道家置于很高地位);后者则尊而无限,即在尊儒同时贬损他家。

其二，对"游侠"、"货殖"态度的差异。在《史记》、《汉书》两部正史中，均设有这两个传记，然细审之则彼此差异甚巨。

在《史记·游侠列传》中，司马迁称颂的人物是"言必信"，"行必果"，"一诺必诚，不爱其躯"，舍己救人，济困扶危的布衣之侠；而在《汉书·游侠传》中，称颂的主人公则是结宾客、广交游，足以形成一股社会势力的人物。于是乎信陵君、淮南王，忠于王莽的楼护、陈遵，以及屡报私仇的原涉之辈，居然与剧孟、郭解等布衣之侠同列，并且一律被斥之为"背公死党"，违背"守职奉上之义"。无怪乎范晔讥讽班固是"排死节否忠直，而不叙杀身成仁之美"（《后汉书·班彪列传论赞》）。

在《史记·货殖列传》中，注重物质的第一性。以为农工商贾的社会活动是人类生活之源，指出财富的多寡决定着地位的尊卑，所谓"千金之家比一都之君，巨万者乃与王者同乐"。司马迁由此反对官方的经济垄断；而《汉书·货殖传》虽然也承认经济活动对人类生活有重要意义，但是，却否认人们的社会地位、道德观念同拥有财产的状况有必然的联系，强调惟有社会上的等级制度才对人们的社会地位、社会分工乃至道德观念具有决定性意义。所以其《货殖传》开宗明义，劈头第一句便是"昔先王之制，自天子公侯卿大夫士至于皂隶抱关击柝者，其爵禄奉养宫室车服棺椁祭祀死生之制各有差品，小不得僭大，贱不得逾贵。夫然，故上下序而民志定。于是辩其土地川泽丘陵衍沃原隰之宜，教民种树畜养"云云，而且还以为天下的不均由等级破坏所致，应当以封建的礼教约束人们的社会经济活动。由此可见，班、马二人在这些重要问题上的指导思想，显然是大相径庭。

同《史记》相比，发生于《汉书》中的这些变化，与其说是文字上的差异，莫如说是由"私修"向"奉敕私修"转变过程中，必然出现的"政治效应"。

3.强化官本位

所谓"官撰",乃是在"奉敕私撰"基础上进一步"官方化"的编纂形式。因而,同私撰正史相比,这种正史的官方意识更加突出。

归纳起来,所谓"官本位"的强化,主要体现于以下两点:

（1）突出正统

因为官方的直接介入,官撰正史的封建性进一步加强。

以唐代官修正史《晋书》与陈寿《三国志》相比,即可从体例内容方面鲜明地反映出封建性加强的态势。晋代与三国不单是紧密衔接的两个历史阶段,而且社会形势也颇为相似:三国时期,魏、蜀、吴三分天下,鼎足而立;东晋时期,称雄于北方的五胡十六国与江南半壁分庭抗礼。然而,《晋书》与《三国志》在帝纪部分的处理方式却很有些不同:陈寿虽在形式上纪曹魏而传蜀、吴,实则三国并叙,对吴、蜀并无明显歧视、贬抑之义。所记蜀、吴君主事迹,与魏纪亦无明显差异,"蜀、吴之主均曰传,然皆编年纪事,于史家之例,实亦纪也"（何焯《义门读书记·三国志·蜀志》）。而《晋书》作者显然基于唐代大一统封建政治考虑,以帝纪记东、西两晋,另以三十"载记"反映入主中原的五胡十六国历史。"载记"的设立,固然也有后人所说的取消了"华夷之辨"的积极意义。然而,字里行间以鲜明的立场、态度将五胡十六国目为"僭伪",不能说不是封建正统观念进一步强化的结果。

以《晋书》列传与前史相比较,还有其他重大发现,即《晋书》作者竭力宣扬封建纲常名教,旨在"敦励风俗"的政治企图。例如《晋书·列女传》,本是上承《后汉书·列女传》而来。当年范晔首创此传,旨在破除"男尊女卑"的腐朽观念。而《晋书》则不然,形式上虽然同样是为妇女写传,内容却发生了变化,将《列女传》写成了"烈女传"。当然翻阅今中华书局标点本《晋书》,表面上仍俨然是《列女传》,而考其所记多节烈之事,且其序言中亦云:"二族交欢,贞烈之风斯著","既昭妇则,且擅母仪","具宣闺范,有裨阴训"等等,显然已经蜕变为《烈女传》(百衲本影印宋本及殿本均为《烈女传》)。《烈女传》绝非以前宣传女性"才行高秀"之性质，而是大肆宣扬"从一而终"的节烈思想。试看其中的"陕夫人"，年十九，嫠居陕县，事姑叔甚谨，其家欲嫁之，"此妇毁面目自誓"。其蒙冤被杀之日，"有群鸟悲鸣尸上"，"盛夏暴尸十日不腐，亦不为虫兽所败，其境乃经岁不雨"。待其冤大白天下，祭其墓，"谥曰孝烈贞妇，其日大雨"。其宣扬"贞操节烈"之义，由此事可窥一斑。以后元代戏剧家关汉卿创作的《窦娥冤》，与此事梗概颇类，或许启发于此。

另外，《晋书》甚至特别设立了《孝友传》和《忠义传》。在《孝友传》中，宣扬孝乃"至亲之道"，用于国，则"动天地而降休征"；行于家，则"感鬼神而昭景福"。于是不惜编造荒诞离奇故事。如东阳人许孜事亲至孝，二亲亡故，躬自负土，"每一悲号，鸟兽翔集"。有鹿触犯其墓旁所植松树，忽见鹿被猛兽所杀，"置于所犯栽下"。又有新兴人刘殷者极为孝行，曾祖母"盛冬思堇而不言，食不饱者一寻矣"。殷时年九岁，乃于泽中恸哭，声不绝者半日，忽"有堇生焉，因得斛余而归，食而不减，至时堇生乃尽"。刘殷"又尝夜梦人谓之曰：'西篱下有粟'"，掘之，得粟 15 钟，且有铭曰："七年粟百石，以赐孝子刘殷"云云，真是信口雌黄之天方夜谭！在《忠义传》中则树立了一大批"忠义"形象，他们全都是"有操行"、"有志节"、"有干略"、"有士操"、"有贞固之操"、"有不可夺之志"、"性果烈"、"为人抗直"之类的英雄。通过这些人物生平的记述，宣扬"君子杀身以成仁，不求生以害仁"的古训；强调要"垂芳竹帛"，就必须以"君父居在三之极，忠孝为百行之先"。

《晋书》为什么竭力鼓吹此道呢？因为忠孝节义乃是服务于封建统治的得力思想武器。诚如《论语·学而》云："其为人也孝弟，而好犯上者，鲜矣；不好犯上，而好作乱者，未之有也。君子务本，本立而道生。"《晋书》正是要通过树立忠孝节义的封建典型，教育当代，"足厉浇风"(《孝友传》),最终达到巩固封建大一统的目的。

《晋书》如此,《晋书》以后的其他官撰正史更是如此。例如唐代以后,诸史于设立"列女"、"孝友"、"忠义"诸传外,还竞相设立"奸臣"、"叛臣"、"逆臣"等类传,这一切都表明:官撰正史中的封建主义思想正在一步步地加强。

(2)轻视邦本

民者,国之根本。有道是"君者,舟也;庶人者,水也。水可载舟,亦可覆舟"(《荀子·王制》)。但是由于官方对修史的直接控制,不仅宣扬封建统治者的正统观念明显提升,鄙视民众乃至否定其正义事业的立场和思想意识也日益突显出来。有关这方面的问题,主要反映于两个方面。

第一,轻忽社会基层。广大基层民众是社会的主体,但在官修正史中,劳动者却没有地位,被置于无足轻重乃至可有可无的田地。特别是社会底层的劳动大众,在官修正史中几乎没有正式存在的空间。在这一点上,即使具有进步历史观的司马迁也不过是差强人意。试看他将全部历史人物划分为三大类(帝王、贵族、官僚士大夫),再分别以本纪、世家、列传来反映。然而,这三类人物大体都是古代社会的统治者:官僚士大夫是统治者的社会基础,贵族是统治者的中坚力量,帝王则是统治者的最高代表。《史记》中出现的下层民众典型,则主要依附于记述官僚士大夫的列传内。至于说以医药救死扶伤的扁鹊、仓公,见义勇为的游侠朱家、郭解、剧孟,以及《货殖列传》等传记里的农、工、商、虞中人、游医、猎户市井草民等等,这些人的数量及反应程度在《史记》中可谓相形见绌,书中占比更是相当悬殊。然而无论如何,下层民众在《史记》里毕竟还是有一方立足之地。与《史记》相比,以后史书可谓相去甚远。尤其后来的所谓"正史"典籍,当其充分反映统治者的同时,还将基层民众本已小得可怜的空间尽量压缩,致使后人很难再看到类似于《史记》里的那些基层形象。姑且不论普通民众，即使那些为国家、民族做出了巨大贡献的社会基层精英人物，在正史中遭到冷落而失于记载的现象，也并不罕见。

第二，敌视正义抗争。有剥削，就有反抗；有压迫，就有斗争，这是中国古代社会里不可否认的事实。但是，基于"家天下"的思想意识和封建社会的长治久安，历代官修正史都对被压迫者的反抗和斗争，一贯持极端仇视的态度。这种"仇视的态度"，鲜明反映于两个问题上。

一是否定农民起义。在漫长的中国封建社会中，农民起义和农民运动历来是一个重大课题。从秦朝末年的陈胜、吴广"揭竿而起"，到19世纪50年代爆发的震惊世界的太平天国运动，各式各样的农民起义和农民反抗斗争，大小总计不下数百次。然而，在"二十六史"中，只有司马迁的《史记》充分肯定了陈胜起义的历史功绩。从《汉书》起，史书著者的立场、态度便发生了明显变化。身为东汉人的班固，居然将秦末农民起义斥之为"盗"（《汉书·叙传》）。对于为汉代崛起曾立下不朽功勋的起义人物尚且如此，对其他起义者自然就更不能容忍，于是动辄以"贼"呼之。例如《汉书·王莽传》：天凤六年（19），关东大旱，青、徐二州百姓背井离乡，老弱死于路，"壮者入贼中"。又如，地皇二年（21），长安一带，"盗贼"众多，大臣恐慌，不敢向朝廷透露"贼情"云云。汉代以后，历代官修正史对农民起义的仇恨变本加厉，"盗"、"贼"、"匪"、"寇"、"妖"、"逆"等字眼，几乎成了农民起义的代名词。虽如此，犹觉不足，从官修《晋书》以后，甚至在反映农民起义的传目名称上，也要涂以鲜明的批判色彩。

二是否定正义斗争。在这一点上，以并非正史的《清史稿》最为典型。从表面看，《清史稿》的编纂形式似乎与以往正史的编撰并无不同，然而若就参编者的身份尤其所代表的根本利益而言，《清史稿》与以往"官修"正史则存在天壤之别。原来《清史稿》所代表的利益，并非当时的官方——辛亥革命后的民国政府，而是已经退出历史舞台的清王朝。《清史稿》的作者全都是清朝遗老,他们在国民革命的形势下,尽管不敢十分露骨地表达自己的爱和恨,终因辛亥革命是推翻和结束封建君主专制的最后斗争,而封建制度则是遗老们的前途、希望之所系,因而《清史稿》著者的政治态度便非常鲜明。一方面,他们以"未之有也"之类的赞语,到处为清朝政绩歌功颂德。对于清政府的残暴统治也予以竭力回护,例如对清兵入关后野蛮的"圈地"行为、残酷的"剃发令"、令人发指的"嘉定三屠",以及遍布各地的阴森可怖的"文字狱"等重大事件,尽量曲笔修饰,讳莫如深。然而另一方面,居然甘冒天下之大不韪,对各种正义斗争极端仇视和诋毁。例如郑成功不但是抗清名将,还是驱逐荷兰人出台湾的民族英雄。郑氏分明有功于中华民族,却被诽谤为"海寇郑成功逐荷兰人";洪秀全金田起义,领导了席卷大半个中国的农民革命,却被连连称之为"粤匪"、"粤寇"。尤其令人不能容忍的是,他们对民主革命先行者孙中山先生领导的辛亥革命斗争更是恨之入骨。书中把辛亥革命说成是"革命党谋乱于武昌",称秋瑾等革命者所为是欲"阴谋乱",称革命志士被枪杀为"伏诛"、"伏法"云云。与此同时,却又极其露骨地惋惜清朝的覆灭,对于那些与辛亥革命为敌到底之顽固派,竟以"慷慨捐躯"、"从容就义"之类的字眼,不遗余力地予以褒奖。如此事例,简直不胜枚举,反动政治立场何其鲜明。

四、综论两家

综上所述,在史学领域的两种修史形式中,无论是私撰还是官撰,无一例外的既有其利,亦有其弊。应该如何看待出自这两种形式下的纪传体文献呢? 大抵有两点提示。

第一,不能笼统地以官撰或私撰作为评判史书质量的标准。一部史书是优是劣,取决于多种因素。首先,无论官撰、私撰,其长其短都是相对的,决不是绝对的。例如,随着中央集权的封建社会的进一步发展,历史文献中"封建性"进一步加强和"人民性"进一步削弱的现象,就不单单是官撰正史中存在的问题,即使在《史记》以后的其他私撰正史中也同样有一定的反映。与官撰正史相比,只不过程度有所不同罢了。其次,无论是官撰正史,还是私撰正史,都有质量高下之分。就官撰正史看,《隋书》、《晋书》乃至《明史》相关内容,都具有一定特色,可说是同类史籍中水平较高的著作。而相比之下,由宋濂领衔的《元史》则贬之为"差强人意"犹觉不足。就私撰正史看,《史记》、《汉书》、《后汉书》、《三国志》等"前四史",皆出自大家手笔,颇受后人欢迎,享誉最高。而《新唐书》、《新五代史》等私撰和奉敕私撰的正史,尽管亦有上乘文字功力,其资料方面的明显缺憾则终不可免。

第二,官撰、私撰有互补性。作为修史的两种形式,私撰、官撰既各有其长,亦各有其短,因而对任何一种修史形式,既不能绝对地肯定,也不能绝对地否定。撰写一部优秀的史书,离不开充足的史料和杰出的史才。以这两个因素检查官撰、私撰,都有值得改进之处。就私撰正史看,固然最能充分发挥"独断之学",但是随着社会历史的日益复杂化,不仅有文献资料不足之虞,更有个人才学穷于应付之忧;就官撰正史看,固然有充足的文献资料,又有丰富的人才资源,但是在专制的封建社会中,组织工作艰巨繁琐,稍有不慎,必将贻误全局。前者如《新唐书》、《新五代史》之未尽人意,后者如《宋史》、《元史》之组织不力。

就此而论,两者如能结合起来,取长补短,即官撰而能择优选才,组织得法;私撰而能得到国家的重视和支持,则编写出高质量的史书,应当说是完全可能的。

正史中的官撰和私撰已成为历史的过去,但是其中的利弊得失,对于我们今天修史,乃至其他方面的科研、著述,仍有一定的借鉴意义。

第二节　通代与断代

通史与断代史是纪传体历史文献中的两种体裁。司马迁是纪传体通史的奠基人,班固是纪传体断代史的开山之祖。或许一则因为通代、断代两种形式并存于整个纪传体历史文献中,二则因为两位史学家成就辉煌,故而在后世学林中,围绕"马史"、"班书"两体裁说长道短者,历来不乏其人。针对马、班两位史家,后学或因该书而论及体裁,或就体裁而论及本书。颂扬通史者有之,是为"主通派";喝彩断代者亦有之,是为"主断派"。本是同一著作、同一体裁,由于认识不同,往往各是其是,互不相让,居然得出了不同乃至截然相反的结论。这些思想认识上的对立,有时确实会使初涉史林的读者感到有些茫然。因而,要想做到实事求是,正确把握各种形式的纪传体历史文献,对于古代学术领域中的"通"、"断"之争,就不能不闻不问了。

一、通断分野

就纪传体文献而言,对通史与断代史的认同,大抵有两种观点。一种观点认为,在"二十六史"中,严格说来,只有司马迁的《史记》是真正的通史,《汉书》及其以下的其他史书悉为断代史。这是学术界早已存在的、比较传统的看法。而另一种观点则认为,"二十六史"中除了《史记》是通史外,还有几部正史也是通史,起码是属于通史性质的史书。这几部"通史性质的史书",不仅包括了唐人李延寿所著的《南史》与《北史》,还有欧阳修与薛居正撰写的新、旧《五代史》。理由何在呢?《南史》连续记述了南朝宋、齐、梁、陈四个朝代,共计170年的历史;《北史》则连续反映了北朝之魏、齐、周、隋四个朝代,共计233年的历史;而欧阳修的《新五代史》与薛居正的《旧五代史》,同样是仿效《南史》与《北史》的体例,不受朝代所限,将后梁、后唐、后晋、后汉、后周"五代"贯通为一,以时间为序反映了这一时期的历史。这些史书规模不及《史记》,然以其打通时代断限,性质则属通史无疑。

对于上述两种观点,即使古代名家也持两种态度。

刘知几显然属于后者。早在武周时期,刘氏便明确指出:"皇家显庆中,符玺郎陇西李延寿抄撮近代诸史,南起自宋,终于陈,北始自魏,卒于隋,合一百八十篇,号曰《南北史》。其君臣流例,纪传群分,皆以类相从,各附于本国。凡此诸作,皆《史记》之流也。"(《史通·六家》)也就是说,在刘知几看来,所谓《南史》与《北史》原本就是通史。当然,也不乏与刘氏意见相左者,清代章学诚便是其中的代表人物。章氏以为,李氏《南史》与《北史》乃是"集史",并非真正通史,"通史各出义例,变通亘古以来,合为一家记载。后世如郑樵《通志》之类,足以当之。集史虽合数朝,并非各溯太古自为家数者可比。欧氏《五代史记》,与薛氏旧史,是其同类,与通史判若天渊者也"。甚至还由此批评刘知几的观点,是所谓"牵合为一,非其质矣"(《丙辰札记》)。现代著名史学家张舜徽先生亦主此说。

其实,在纪传体的所谓"别史"之中,也有通史与断代史之分。

单就古代别史中的通史而言,这类作品虽然不多,但史料记载,至少有《通史》、《科录》、《通志》等三部著作。

其一是《通史》,该书由南朝梁武帝时期的吴均编撰。此书早已亡佚。据《梁书·吴均传》记载:均受诏撰《通史》,"起三皇,迄齐代,均草本纪、世家功已毕,唯列传未就。普通元年,卒"。《武帝纪》亦云:太清二年,"又造《通史》,躬制赞序,凡六百卷。天情睿敏,下笔落章"。在刘知几《史通》中,有关记载更加具体:本书自秦以上,皆以《史记》为本,而"别采他说,以广异闻";至两汉已还,则全录当时纪传,而上下通达,"大抵其体皆如《史记》,其所谓异者,唯无表而已"(《史通·六家》)。据说该书凡620卷,规模之大,已超过司马迁《史记》。

其二是《科录》,该书出自元魏济阴王晖业。本书凡 270 卷。据《史通》记载,"其断限亦起自上古,而终于宋年。其编次多依仿《通史》,而取行事尤相似者,共为一科,故以《科录》为号"(刘书《六家》篇)。

其三是《通志》,该书乃南宋郑樵的扛鼎之作。为撰此书,郑氏十年为经旨之学,三年为礼乐之学,三年为文字之学,五六年为天文地理之学,为虫鱼草木之学,为方志之学(《献皇帝书》),而后"集天下之书为一书"。《通志》一书凡 200 卷,起自三皇五帝,终于隋代,是一部纪、表、志、传诸体俱全的通史。

单就别史中的断代史而言,亦为数不少,其中也有一批曾以各种方式流传的名作。例如反映汉代历史的《东观汉记》,本书由班固、陈宗、尹敏、孟异、刘珍等人集体创作,在隋唐以前甚至被列为"前三史"之一。又如宋王偁的《东都事略》,此书 130 卷,博采宋代史料,修成一书。所记内容上起北宋太祖建隆,下穷钦宗靖康,分为本纪、世家、列传、附录诸体例,全面反映宋代历史。据史书记载,当年元人修《宋史》时,就曾多方征引此书资料。

由此可见,无论是正史中,还是在别史中,都无一例外地存在着通史与断代史的客观事实。

二、通断之争

"主断派"和"主通派"在史书体裁上的意见相当对立。考察起来,每种观点都不孤立,都有一批拥护者。司马迁以及其他通史的作者们,毋庸置疑,都是当然的"主通派"。此外,还有各个时期为通史呼喊、辩解,有思想、有理论的一些知名学者。其中,宋代郑樵、清代章学诚和近人梁启超,堪称是"主通派"的代表人物。同样的情形,诸如班固及历代断代史作者们,毫无疑问都属于"主断派"。就中公然为断代呼喊、辩解,有思想、有理论,堪称"主断派"杰出代表者,首推唐代史家刘知几。此外,清代的钱大昕等人,也是断代为书的拥护者。

（一）主断派

主断派心目中的旗帜，显然是班固的《汉书》。

从一定意义上说，赞扬《汉书》体裁，也就是赞扬纪传体断代史。刘知几正是这样做的。他说："《汉书》者，究西都之首末，穷刘氏之废兴，包举一代，撰成一书。言皆精炼，事甚该密，故学者寻讨，易为其功。自尔迄今，无改斯道。"（《史通·六家》）刘氏对《汉书》发凡起例，断代为书，表示由衷的赞赏。在他看来，以《汉书》为代表的纪传体断代史大有功绩：首先是集中全力反映一个时期的历史，即所谓"包举一代，撰成一书"，如是著述，内容丰富；其次是既然专详某朝某代历史，史料自然相对容易全面、翔实，所谓"学者寻讨，易为其功"，极便后学者检索之用。其三是"萧规"于前，"曹随"于后。自班固《汉书》发断代之端，"自尔迄今，无改斯道"。中国断代之书由此俨然成一泱泱系列。对于《汉书》体裁，钱大昕也像刘知几那样，非常佩服。他以为，"《汉书》刊《史记》之文，以求整齐，后代史家之例皆由此处。《史记》一家之书，《汉书》一代之史"，尽管班彪父子属于采集旧闻，但他们是"别创新意"，所以班固《汉书》堪称是"青出于蓝而胜于蓝"（《潜研堂文集》卷二十八《跋汉书》）。

"主断派"为了突出断代史特长，对于与其相对的通史体裁多方讥弹。刘知几便在其《史通》中尖锐地揭露通史的缺陷："寻《史记》疆宇辽阔，年月遐长。而分以纪传，散以书表，每论家国一政，而胡、越相悬；叙君臣一时，而参商是隔。此其为体之失也。兼其所载多聚旧记，时采杂言，故使览之者事罕异闻，而语饶重出，此撰录之烦者也。"何况南梁《通史》以降，"芜累尤深，遂使学者宁习本书，而怠窥新录。且撰次无几，而残缺遂多，可谓劳而无功，述者所宜深诫也"（《史通·六家》）。在刘知几看来，通史之体岂止是无长处可言，简直是问题丛生，弊端累累：这种史书既有体例上"胡越相悬"、"参商是隔"的彼此割裂之虞,又有内容上"多聚旧记,时采杂言"的重复反映之短,则"学者宁习本书,而怠窥新录"成为刘知几批评通史的结论性意见,也就毫不足怪了。

(二) 主通派

"主通派"心目中的旗帜,显然是司马迁的《史记》。

关于通史的特长,郑樵、章学诚和梁启超都有论述。郑樵在其《通志·总序》中固然有对《史记》五种体例的由衷赞美,但是郑氏更推崇、更强调的则是《史记》包罗万象、纵贯古今的"通史"形式,即司马迁融会《诗》、《书》、诸子百家之"会",和贯通远古至于秦汉之"通",亦即所谓"会通"精神。他对《史记》的评价如此之高,归根结底,是因为《通志》的制作与司马迁的《史记》不谋而合。试看《通志·总序》中的开宗明义:"百川异趋,必会于海,然后九州无浸淫之患;万国殊途,必通诸夏,然后八荒无壅滞之忧。会通之义大矣哉!"

如果说郑樵还只是从原则上和宏观上赞扬通史体裁的话,那么章学诚的总结就要具体得多了。章氏尊重《汉书》,但最推崇者则是《史记》、《通志》那样的通史。他在《文史通义·释通》中集中论述了通史的优点,即所谓"通史之修,其便有六:一曰免重复,二曰均类例,三曰便铨配,四曰平是非,五曰去抵牾,六曰详邻事。其长有二:一曰具剪裁,二曰立家法"。章学诚引古论今,逐条揭示通史体裁的"六便"、"二长",评论之全面、详尽,可谓空前。例如"六便"中的"免重复",系指朝代革易之际,前朝与后代"人物事实,同出并见",譬如董卓、吕布一类人物,《后汉书》与《三国志》中均为立传;在《梁书·敬帝纪》与《陈书·高祖纪》中,则记录着完全一样的禅位诏册。而若以通史记述,则可"免重复"之弊。又如"平是非",所谓"曲直之中,定于易代"。试看18家晋史之中,除习凿齿《汉晋春秋》以蜀为正统外,大都尊魏而纪之;欧阳修亦因涉及本朝的缘故,在《新五代史》中不为周朝的韩通立传。说到底,"国嫌宜慎,则亦无可如何者也"。由此可见,历史人物、历史事件,须待数朝之后,"庶几笔削平允",方可为之公断。而通史对此,则不难为之。再如"去抵牾",断代之书以朝为限,首尾相接处,最容易出现不同,乃至彼此矛盾的现象。试以两《汉书》为例,《汉书·王莽传》中记述平帝驾崩,莽居摄践祚,改元初始,并自称新皇帝云云。而《后汉书·光武纪》中虽然亦从王莽天凤中叙起,却无一语涉及"居摄"。盖班书成于东汉,贬抑新莽,时势使然。而范书成于刘宋,避忌自然不存。复以陈寿《三国志》与《后汉书》相比,范书中刘表、刘焉二传记之颇详,而陈书中"二刘传"则记述简略。诸如此类的现象,假使以通史之体"统合为编,庶几免此"。又如"二长"中的"具剪裁":通史既然汇合以往各史,自然可以裁减其浮冗,弥补其遗漏,"平突填砌",以就"一家绳尺",从而"文省前人"而"事详往牒"。其所以成此功效,盖因生于后代者,耳闻目见,当比前人为多,"凭藉之资,易为力也"。

近人梁启超虽然没有像郑樵、章学诚那样集中议论通史特长,但他对郑、章二人的见地极为钦佩。他指出,"有《通鉴》而政事通,有《通典》而政制通",所以,"吾侪固深赞郑、章之论,认通史之修为不可以已"。他赞扬"郑樵生左马千岁之后,奋高掌,迈远跖以作《通志》,可谓豪杰之士"。以为《通志·总序》所论,"语语皆中核要"。对章学诚的所谓通史有"六便"、"二长"之说,亦颇为赞赏。梁氏甚至指出,郑樵之《通志》自足以不朽,"史界之有樵,若光芒竟天之一彗星焉"(以上见《中国历史研究法》第二章)。

如同"主断派"在倡导断代的同时,竭力攻击通史体裁那样,"主通派"也使用了相同的招数。尤其是郑樵,在宣扬通史特长的同时,尖锐抨击了班固及其《汉书》:"自春秋之后,惟《史记》擅制作之规模,不幸班固非其人,遂失会通之旨,司马氏之门户自此衰矣!""且谓汉绍尧运,自当继尧,非迁作《史记》厕于秦、项,此则无稽之谈也。由其断汉为书,是致周、秦不相因,古今成间隔。"郑氏以为,"后世众手修书,道傍筑室;掠人之美,窃钟掩耳",这一切皆应当归咎于《汉书》。他对后来史家"奔走班固之不暇"感到大惑不解:"奈何诸史弃迁而用固,刘知几之徒尊班而抑马?"或许是为了教育后世史家,所以他转而对断代体的体例发动了猛烈的批判。试引其中一段:"语其同也,则纪而复纪,一帝而数纪;传而复传,一人而有数传。天文者,千古不易之象,而世世作《天文志》;洪范五行者,一家之书,而世世序《五行传》。如此之类,岂胜繁文? 语其异也,则前王不列于后王,后事不接于前事。郡县各为区域,而昧迁革之源;礼乐自为更张,遂成殊俗之政。如此之类,岂胜断缠?"(《通志·总序》)郑氏对于断代史弊端的揭露,可谓痛快淋漓,恰似东海扬波,一浪紧接一浪滚滚而来。

与郑樵相比较,近人梁启超没有那样激烈地抨击班固《汉书》,但他反对断代的态度也相当鲜明。在梁氏看来,"夫史之为状,如流水然,抽刀断之,不可得断。今之治史者,强分为古代、中世、近世,犹苦不能得正当算准,而况可以一朝代之兴亡为之划分耶? 是明白告人,我之此书为某朝代之主人而作也"(《中国历史研究法》)。由此,他甚至把两种史体看作是两种性质不同的史书:"迁、固两体之区别,在历史观念上,尤有绝大之意义焉。《史记》以社会全体为史的中枢,故不失为国民的历史;《汉书》以下,则以帝室为中枢,自是而史乃变为帝王家谱矣。"(同上)

三、通断综论

在学术领域里,就纪传体历史文献的不同体裁产生不同观点,乃至引发论争,本来是很正常的现象。然而,通、断之争异乎寻常,不但使得许多名冠当代的史学大家纷纷发表自己的见解,而且措辞是如此之激烈,褒则抬至九天,贬则一无是处。甚至名家之口竟也放肆村野俗言:"迁之与固,犹龙之与猪。"(《通志·总序》)这一切都表明,通、断问题的争论,具有深远的历史影响。参考前人的论辩,结合古代社会情况,我们可以而且应当从中得出以下两点认识。

(一)背景不同

为什么唐代刘知几为首的"主断派"强调断代,以宋代郑樵为首的"主通派"强调通史?通过研究,后人或许会寻找出这样或那样的各不相同的答案,而就中最基本、最重要的原因,恐怕是古代文献发生巨大变化的形势所致。

在刘知几强调断代体的隋唐时期,历史文献的数量还不算太多。据《隋书·经籍志》记载,截至隋代,被分为"四部"的图书,总共有14466部,89666卷。其中,史部只有817部,13264卷。通计亡书,合874部,16558卷。史部之中,纪传体历史文献计有67部,3083卷。通计亡书,合80部,4030卷。以上数字与当年《汉书·艺文志》所记情况相比,固然有了较大的发展和变化,然而,同唐代欣欣向荣的经济、文化形势相比,特别是同唐代君臣重视史学建设的高起点相比,则当时的文献,尤其是其中的历史文献便不觉其多,而反觉其少。在这样的情况下,时人对于"包举一代,撰成一书,言皆精炼,事甚赅密"的断代史热情欢迎,乃是顺理成章之举;对于部头虽大而"多聚旧记"、"时采杂言"的通史并不赞成,甚至说出"宁习本书,而怠窥新录"的话,也是可以理解的。

然而,唐代以后,特别是到了郑樵竭力倡导通史的宋代,形势远非昔日可比。这一时期,一则由于封建经济的持续发展,二则由于科举考试的直接影响,三则由于官修史书制度的推行,四则由于科学技术的重大发明(继唐代雕版印刷术后,宋代有活字印刷术发明),从而极大地促进了文化事业的发展,推动了历史文献迅速增长和普及。著名文学家苏东坡曾经就此巨变大发感慨:"余犹及见老儒先生,自言其少时,欲求《史记》、《汉书》而不可得。"然而,"近岁市人转相摹刻,诸子百家之书,日传万纸,学者之于书,多且易致如此"(《李氏山房藏书记》,《文献通考》卷一百九十四)。如若放眼宋代藏书机构变化,更可领略文献的迅速发展。北宋初期,国家本已设有史馆、昭文馆和集贤院三大官藏机构,太宗时又增置秘阁,神宗时又在秘阁基础上设崇文院。此外,还陆续设立了龙图、天章、宝文、显谟、徽宗、敷文六阁及太清楼、玉宸殿、四门殿等多座藏书楼。中央以下,各州各府也竞相藏书。官藏之外,私人藏书之风亦起。诸如江正、李昉、王洙、宋绶、叶梦得、晁公武、郑樵、尤袤、陈振孙等人,都是宋代万卷以上的藏书家。据《宋史·艺文志》记载,仅中央藏书,太祖、太宗、真宗三朝,计 3327 部,39142 卷。仁、英两朝,增加 1472 部,8446 卷。神、哲、徽、钦四朝,又增 1906 部,26289 卷。至宣和四年(1122),国家藏书总计 6702 部,73874 卷。南宋初期,文献流失相当严重,至孝宗时,已有所恢复。及至南宋末年,《宋史·艺文志》已著录各种藏书 9819 部,119972 卷。其中史部文献 2147 部,43109 卷。面对如此众多的文献,当年《隋书·经籍志》中的著录自不可与其相比,即如欧阳修所谓唐代"藏书之盛,莫盛于开元,其著录者五万三千九百十五卷"(《新唐·艺文志序》),又岂可与宋代文献之富同日而语!若将宋代私家藏书计入,则悬殊更巨。

　　于是,必然产生这样一个问题,文献的极大丰富,有时反而会使人望洋兴叹,无所适从。例如,早在北宋时期,大史学家司马光已对此有深刻体会。在编纂《资治通鉴》之前,他就对其门人刘恕说过:"春秋之后,迄今千余年,《史记》至《五代史》一千五百卷,诸生历年不能竟其篇第,毕世不能举其大略,厌烦趋易,行将泯绝。"因而,他要"网罗众说,成一家言"(《通鉴外纪后序》)。在《进通鉴表》中,司马光再一次明确指出,他编《通鉴》的动机是基于以往文献的冗杂:"每患迁、固以来,文字繁多,自布衣之士,读之不遍,况于人主,日有万机,何暇周览?"所以,他"欲删削冗长,举撮机要",成为"编年一书"。可见,人们学习、研究历史固然需要历史文献,而当文献多到一定程度后,"厌烦趋易"则是势之必然。于是,集众为一的通史,也就备受世人青睐。从这个意义上说，郑樵如此鲜明地扬马抑班，绝不仅仅因为他自己是通史(《通志》)的作者，就中当然还蕴含着宋代读者们"厌烦趋易"的苦衷。宋代以后，文献更是滚雪球般猛增，而通史在广大读者中也就更有市场。这或许是宋代以来"主通派"阵营日益强大的一个原因。

(二) 各有是非

有如上述，主通派揭示通史特长，主断派强调断代特长；主通派批评断代弊端，主断派批评通史弊端。平心而论，这种各说各话，固然有一定道理，甚至有些观点还富有见地。问题是，他们没有注意到一个事物的两个方面，在强调自身特长的时候而无视其短，在攻击对方缺点的时候而忽略其长。因而，所云虽是，然"是"中有非，犯了以偏概全的错误。

1. 主通是非

主通派对断代体缺点的揭示，大都击中要害，非常贴切。郑樵在《通志·总序》中的所谓"语其同也"、"语其异也"云云，质言之，可以理解为批判断代体的三大弊病：多种体例导致重见迭出，记人、记事、记典制，皆难避免重复之嫌，此其一；上不记前代，下不及他朝，拘限一朝史事，前后不相联属，此其二；修史者各自置身于本朝立场，既从维护当朝统治阶级利益出发，便很难有统一的是非标准，因而必然有"晋史党晋而不有魏"，"齐史党齐而不有宋"的现象接踵发生，此其三。这些弊病确实是断代史中普遍存在的严重问题。

姑且以重复之弊为例，在断代史籍中便非常突出。翦伯赞先生在《史料与史学》一书中曾经指出：以断代史的重复互见而论，形式多种。其中有全部重复者，例如《南史》与《宋书》、《南齐书》、《梁书》、《陈书》，《北史》与《魏书》、《北齐书》、《周书》、《隋书》，《新唐书》与《旧唐书》，《新五代史》与《旧五代史》等等；也有局部重复者，例如《汉书》记汉武帝以前的史实，基本照录于《史记》原文。又如在朝代交替之际的史实,往往是前史既已书之,则后史亦必书之。试看东汉末年之群雄,《后汉书》中有列传,《三国志》中亦有列传。司马懿、司马师、司马昭之事迹,本已笔之于《魏志》,而《晋书》中又重复为之纪。此外,在割据或偏安之际,同时并世的诸王朝,各有史书,于是乎同一史实既见诸此史,又出诸彼史。例如南朝之《宋书》、《南齐书》、《梁史》、《陈书》与北朝之《魏书》、《北齐书》、《周书》、《隋书》,《南史》与《北史》,《宋史》与《辽史》、《金史》、《元史》等等,其中重出互见之史实,不胜枚举。再如记夷狄,则必追尊本系,于是北貊起自淳维,南蛮出于槃瓠;高句丽以鳖桥获济,吐谷浑因马斗徙居等语,则前史已载,而后史再抄,重床迭被,千篇一律。即此可知,断代史的重复问题已经到了十分严重的地步。

　　由此可见,主通派对断代史缺点的揭露不无道理。但是主通派一叶障目,不见泰山,完全没有看到(或许不愿看到)断代史的优点,则是十分错误的。须知,断代体有其短,亦有其长,归纳起来,这种体裁至少有三大长处:古代以来,前朝后代固然不能事事皆可截然划分,而政治上由混乱至于相对"承平",以朝代断限,首尾条贯一书,不无道理,此其一;如若像通史下限那样延及现代,必因牵涉诸多忌讳而不便落笔;如若采用断代之体记前朝史,因为避讳不复存在,修史者自可一扫后顾之忧,自由驰骋,此其二。当代是非曲直,往往当代人反不易明白,正所谓"不识庐山真面目,只缘身在此山中"。而时过境迁后则往往"水落石出",黑白分明。此时写前代业已定论之史,自是清晰豁亮,此其三。由此可见,断代体虽有其短,而复有其长,决不能如主通派那样一概地武断否定。

　　2. 主断是非

　　主断派对通史缺点的揭露,也不无道理。尽管纪传体断代史也有"分以纪、传,散以书、表"的现象,但以其"包举一代,撰成一书",毕竟仅仅局限于一朝范围;而通史跨越历朝,"每论家国一政,而胡越相悬；叙君臣一时，而参商是隔"(《史通·六家》)，可见其分散、割裂史实的程度，远比断代史为甚。试以《史记》、《汉书》列传为例。《汉书》之合传、类传所记人物，虽然并不都是"同年共世"，但前后时序相差无几，充其量，超不出本朝范围(个别人例外)。《史记》则不然，"后生而擢居首帙，先辈而抑归末章，遂使汉之贾谊将楚屈原同列，鲁之曹沫与燕荆轲并编"(《史通·二体》)，其间"差距"就远非一朝一地了。但是，主断派也像主通派那样，只见树木，不见森林。他们只注意到通史的不足，却没有看到通史的长处。

应当承认，章学诚在《文史通义》中总结出来的"免重复"、"均类例"、"便铨配"、"平是非"、"去牴牾"、"详邻事"，也确实是通史的"六便"，"具剪裁"、"立家法"，确实是通史的"二长"。因而，只要采用通史体裁统一安排，综合史料，删繁就简，就可以撰写出具有同一体例、同一认识、同一文风的著作，从而也就可以实现广大读者"厌烦趋易"的愿望，节省他们大量的时间和精力。这是主断派们所始料不及而应当检讨的问题。

3. 综合点评

在古人眼里，通史与断代史委实长短共存，难决高下。作为后人，自然不能厚此薄彼，不能绝对化。那么，应当如何正确地认识它们呢？于此提出两点，就教方家。

第一，社会需要通史，但通史不能取代断代史。关于通史的优点，除了前面郑樵、章学诚、梁启超等名家所论以外，在封建社会里确实具有两大特长。首先是适应了各个阶层读书治学的需要。随着历史文献的急剧增长，"厌烦趋易"的读书倾向进一步突出，于是，具有融众为一、条贯古今功能的通史文献也就自然而然地拥有日益广泛的群众基础。其次是适应了统治者的政治需要。从封建政权的建设和巩固而言，"包举一代，撰成一书"的断代史(始于建国，终于亡国)，固然不失为后世统治者安邦定国的一面镜子，而如果用通史那种囊括历代的另一形式反映历史,则可以从宏观角度、更高层次上,审视、归纳和反省政治领域里治乱兴衰的特征和规律。在纪传体历史文献中,继《史记》问世之后,南朝梁代吴均的《通史》、宋朝郑樵的《通志》的相继编纂,都在一定程度上反映了封建统治者的这一政治需要。放眼其他各类文献中的由"断"而"通"的发展变化,也都极其明显地反映了这一问题的非同寻常的现实意义。试以政书体文献为例,当初它们不过是附着于纪传体史籍的"书志"部分,后来居然演变为杜佑《通典》、马端临《文献通考》等巨型专著。再以编年体史籍为例,早期的《春秋》、《汉纪》之类悉为断代之作,后来也有了贯通战国以来一千三百多年历史的《资治通鉴》的问世。如此等等,无不与政治因素息息相关。

然而,通史毕竟有其自身的重大缺陷。首先,通史不能特别全面、特别集中地反映某一时期的历史。这是因为任何一个王朝、任何一个时期的历史,都仅仅是并且只能是通史中的一个组成部分。惟其如此,任凭采用极其特殊的手段以突出某朝(使其在全书中占有较大的比重),其结果依然是局部存在于整体之中。姑且以《史记》为例。尽管司马迁具有鲜明的详近略远的指导思想,在反映汉代历史上表现出明显的倾向性,然而,最终毕竟由于《史记》的通史性质,叙汉史仍有一个"度"的问题。这与班固《汉书》之专记西汉一朝的历史,自然不可同日而语。其次,通史工程浩大,编撰实属不易。尤其在古代编撰这种史书,其艰巨性远远超过断代史。设若没有充分的文献资料,没有非常的史学才干,没有坚韧不拔的毅力和雄心,要想编纂出象样的鸿篇巨制的通史来,谈何容易!显然由于这一原因,秦汉以降出现这样一种现象:纪传体断代史连绵不绝,几乎代有著述;而通史之作则凤毛麟角,寥如晨星,而且在屈指可数的几部通史中,只有司马迁的《史记》一花独秀。其他史书,吴均的《通史》编撰方就,旋即散佚;郑樵的《通志》虽然有幸流传下来,然仅其中之"二十略"足称不朽,其余大部内容则使人"宁习本书,而怠窥新录"。对于这一局面的症结,或许梁启超的一段分析可以启迪世人:"松柏之下,其草不植。"《通史》、《通志》诸书,"终是向司马迁圈中讨生活"(《中国历史研究法》第二章)。

第二,社会需要断代史,但断代史毕竟也不能取代通史。与通史的情形相类,断代史也有广泛的社会需求。有关断代史的特长,前面多有论及,就中最突出的也有两条。由于它具有最集中、最突出地反映某一时期历史的基本功能,而且可以直接联系本朝利害关系,故而受到当朝统治者的高度赞许;因为仅仅反映一个时期,内容相对丰富,史料比较集中,故而同时也受到广大读者的欢迎。

可是,断代史毕竟也有自身的重大缺陷。其中,"书志"方面的问题就十分突出。"书志"揭示的对象是典章制度,典章制度"贵在会通古今,观其沿革"。而各史既断代为书,便发生两种不可逾越的困难:"苟不追叙前代,则源委不明;追叙太多,则繁复取厌。"况且,各史之中并非皆有"书志",即使有"书志"之史,其篇目亦相互出入。"于是乎有统括史志之必要,其卓然成一创作以应此要求者",便是能够系统反映典章制度沿革变迁的"通史"(梁启超《中国历史研究法》)。其实,断代史之"断代",从来就不是绝对的。如同前面所述,这种史书常常是名"断"而实不断,经常是"断"中有"通"。有关这一现象,张舜徽先生有一段话分析得较为深刻:"后之断代为书者,述及典章制度,靡不溯厥本原,穷搜远绍。良以因革损益,非综述不能明。以此见断代为书之穷,而通史之体,究不可废。自唐以下,有识者鉴于通史之修,不易有功,乃分工而治。有偏详历代典制因革者,杜氏《通典》之属是也。有偏详古今人事变迁者,涑水《通鉴》之属是也。虽非通史之全,而实用通史之用,故通史之体,终亦未废。"(《史学三书平议·史通评议》)

由以上情况可以看出,纪传体历史文献中出现通史与断代史不是偶然的,这两种形式并存至今也不是偶然的。事实说明:"通"不碍"断","断"不碍"通","通"、"断"可以互补,"通"、"断"能够并行,这是文化领域的实际需要。更何况断代史的编撰,可以为通史积累史料,提供经验;而通史的制作,也必然对断代史的撰修有一定的指导意义。

第三节　旧作与新编

通常情况下,一般是也应该是由一种史书反映某一时段的历史。然而在"二十六史"中,却出现了一种非常特殊的文化现象。对于某一时段的历史,明明已有某种史书反映于前,但是又有一种史籍重复反映于后。首开这一记录者,乃是重复反映南北朝历史的"八书"与"二史"。后来,这一"文化现象"又反复上演。例如反映唐代历史者,有《旧唐书》与《新唐书》;反映五代历史者,有《旧五代史》与《新五代史》;反映元朝历史者,则有《元史》与《新元史》。

在上述两两相对的作品中,通常存在着这样一个共同特征:新、旧二书问世的时间间隔并不很远,往往是"旧作"问世于前代,"新编"继出于后朝,甚至还有同出于一朝者(如《旧五代史》与《新五代史》)。何以既有"旧作",复有"新编",而且"旧作"、"新编"居然双双并列为正史?"旧作"与"新编"之间究竟是何种关系?到底应当如何认识和把握反映同一历史内容的两种文献呢?诸如此类的问题,很有必要专门梳理一番。

一、"八书"与"二史"

所谓"八书",是对反映南朝历史的《宋书》、《南齐书》、《梁书》、《陈书》,以及反映北朝历史的《魏书》、《北齐书》、《周书》、《隋书》的简称。所谓"二史",则是对反映南朝历史的《南史》和反映北朝历史的《北史》的简称。就撰写顺序而言，"八书"在前，"二史"在后。"八书"、"二史"之中，除了《宋书》、《南齐书》成于南朝梁代、《魏书》成于北齐外，其余各书均撰修于李唐王朝。其中，"二史"则是由唐代史家李延寿完成的。

在"八书"之中，每一部著作的成就、特点怎样？这里勿需一一具体介绍，只消着眼于唐人李延寿何以撰修《南史》和《北史》，即可了然其中梗概。"二史"是怎样撰修的呢？显然有其特定的文化背景。

首先是政治上的需要。西晋元康元年（291），以贾后谋杀外戚杨骏为契机，引发起祸及天下的"八王之乱"，造成了长期以来的战争动荡，出现了南北分裂、割据的政治局面。而以隋文帝开皇九年（589）隋军的南下灭陈为标志，从根本上结束了以往大约近三百年的混乱形势，一个统一的、中央集权的封建政权出现在眼前。继隋之后，唐王朝削平群雄，建立起更为强大的封建帝国。为了进一步维护和巩固来之不易的胜利果实，唐朝统治者特别重视寻求古代历史借鉴。如果说贞观三年（629）唐太宗亲自组织魏征、颜师古、孔颖达、许敬宗等人撰写梁、陈、齐、周、隋五代历史，乃是为着从以往一个个具体王朝的历史中总结教训的话，那末，李延寿父子不失时机地撰写《南史》和《北史》，则是适应了唐王朝试图从通史的宏观角度进一步把握前代历史的政治需要。正因为如此，当显庆四年（659）李延寿完成了"二史"的编纂任务，并在令狐德棻荐引下，向朝廷上表献书时，唐高宗览表非常高兴。在奖赏之外，甚至亲自御笔为"二史"作序，其恩宠之状，难以尽述。惜乎"该序今已不存"（《崇文总目》卷二《杂史类》）。

其次，在有"八书"存在的背景下，李延寿父子之所以再修《南史》和《北史》，其中也有学术层面的原因。最主要的事由，是在以往编纂的"八书"中，各行其事，标准不一，存在诸多明显的问题。

（一）关于"八书"

反映南北朝各个朝代的"八书"，是经由诸多史家辛勤劳作完成的成果，具有为人称道的成就可谓自然而然。但是，在"八书"取得突出成就的同时，也存在不少明显的缺憾。在此，首先剖析其令人叹息的"缺憾"。

1."八书"问题

"八书"是反映南朝和北朝八个具体朝代的史书，虽然出现的问题较多，而且彼此之间各有差异，但就宏观层面归纳起来，则主要体现于以下三方面。

（1）回护当朝

南北各朝都是国运不永的朝代，"八书"往往在两朝革易之际回护编撰者本朝利益。各"书"皆有此弊，而就中尤以南朝四"书"最为典型。涉及相关方面的事例极多。

例如《宋书》在晋、宋革易之际，常常为刘宋回护；而当涉及宋、齐革易之处时，由于《宋书》作者沈约本人乃萧齐时代人，故而又为萧齐回护。书中对齐高帝萧道成简直颂扬备至，因而对讨伐萧道成者则悉以"谋反"见称（《宋书·顺帝纪》）。

又如《陈书》，作者姚思廉父子因为曾出仕于陈，于是乎多方为陈回护。陈霸先本以武力杀梁敬帝而后登基，《陈书》却说敬帝一再向陈氏"禅让"。还说"禅位"后，梁敬帝被封为江阴王，不久死去等等。在《高祖本纪》中甚至煞有介事地记载江阴王死，"诏遣太宰吊祭，司空监护丧事，凶礼所需，随由备办"。试图给读者造成一种场面庄严隆重，当朝统治者对"禅位"者恩礼有加的印象。其实这是信口开河，欺人之谈。根据《南史》卷六十八之《刘师知传》披露，梁敬帝（江阴王）系由陈霸先一手策划杀害的。当是时，刘师知受陈霸先指派欲击杀敬帝，敬帝大惧，绕床躲避不迭，连声哀号："师知卖我，陈霸先反。我本不须作天子，何意见杀。"师知紧紧抓住敬帝衣服，"行事者加刃焉"。事毕,师知上报霸先:"事已了。"陈嘉奖道:"卿乃忠于我,后莫复尔。"然而,在《陈书·高祖本纪》中则只字不提此事,《刘师知传》内也讳而不书。仅此一例,足见其曲笔之甚。

何至于此,在当时所谓"国际"关系上,回护本朝之风极其突出。试以《南齐书》为例,该书作者为了突出本朝,对并存政权北魏耿耿于怀,分外歧视,甚至特设一传,名曰《魏虏传》。

(2)褒贬不公

"八书"的作者中,有些人以修史为工具,竭力经营个人利害,写人物传记时严重地表现出亲者亲,疏者疏,抑扬浮沉,悉凭好恶行事。相关事例亦随处可见。

例如《南齐书》作者萧子显。此人乃是齐高帝萧道成之孙、豫章王萧嶷之子,因而《南齐书》为尊者讳、为亲者讳的书法十分突出。萧道成原本是弑杀宋苍梧王的主谋,想当初,正是在他的亲自指使下,王敬则伙同杨玉夫弑杀苍梧王。然而,在《高帝本纪》中仅言杨氏弑帝,而以首级交王敬则,后呈送萧道成云云。根本不谈密谋策划经过,完全隐没了萧道成幕后操纵的情事。作为萧道成诸子之一的萧嶷,依照通例,其事迹本应反映于《高祖十三王传》中,且根据萧嶷生平行事,写几十字也就足矣。然而,作者萧子显以父子之亲,不仅公然单独为其父立传,而且洋洋洒洒,笔不停挥,其传竟达数千言!纵观萧嶷一生,并无惊人事迹,即使在他辅助侄儿文惠太子执政时,政绩也不过尔尔。而本传中却极尽推崇吹捧之能事,说他"宽仁弘雅,有大成之量"。甚至以前古圣人周公作比,论赞中直曰:"堂堂烈考,德迈前踪"云云。

又如姚思廉主修的《梁书》和《陈书》也不乏其例。由于姚思廉之父姚察曾出仕于陈,所以在《陈书》的姚察本传中,各类褒奖,"纤屑皆入",一泻千里,传文繁杂令人生厌,居然长达三千余言。

再如《魏书》的作者魏收,为人轻薄,恃才傲物,素有借修史酬恩报怨的意思,以后果践前言。因而,《魏书》刚刚写完,便立即在社会上,特别是在统治集团内部掀起一场轩然大波。或曰:《魏书》"遗其家世职位";或曰:"其家不见记录";或曰:记录"妄有非毁"云云,"前后投诉,百有余人"(《北史·魏收传》)。何以如此呢?《北齐书·魏收传》中记述颇详。原来收作史时,凡亲近者,"饰以美名",而对于"夙有怨者",则"多没其善"。尔朱荣本是北魏末年镇压葛荣起义的刽子手,穷凶极恶,血债累累,但是,仅因"高氏出自尔朱",且作者本人亦收取过尔朱荣子之金,"故减其恶而增其善"。史德果真如此,就怪不得"众口喧然",一时"号为'秽史'"了。

(3)芜杂不精

"八书"各为一史,各是其是,其中芜杂现象相当严重。以《魏书》为例,列传尤其丛冗驳杂,形同常人家谱一般。在反映传主时,往往连篇累牍地将子子孙孙附于传主事迹之后。如此书法,固然对反映当时极重家世谱系之风有所参考,而就史书一般传记而言,则既无必要,又伤繁芜。例如《魏书》中的《封懿传》附录封懿子孙十人;《陆俟传》中附有陆俟子孙17人;《李顺传》中附录李氏子孙20余人。

"八书"中,为例不纯的现象也很突出。南北二朝,由于各国历史都不长久,所以为便于反映史事的沿革变迁,"八书"中便多有不遵朝代断限,接连记载历朝之史者。例如《宋书》之"八志",岂止不受本朝所限,而是由古代叙至刘宋,篇幅之大,几占全书半数。又有传目当立而未立,不当立反而立之者。例如历代史书多有记述医药、养生之道的《方伎传》,而《梁书》独缺。在《梁书》中本来已经设立《处士传》,同时则又设立了含义类似的《知足传》。《隋书》中立传者多达230余人。然而对于波澜壮阔的隋末农民起义军领导人,除了瓦岗军领袖李密外,其余者(如河北义军领袖窦建德、刘黑挞,江淮义军领袖杜伏威等)均未立传。

2."八书"之长

"八书"的缺憾有如上述。从一定意义上说,"二史"的编撰是以

"八书"出现的问题为前提的。但是,"八书"毕竟有其举世公认的成就,这也是它们何以列为正史的原因。

(1)史料丰富

在诸种成就中,最突出的一条是内容丰富、史料珍贵。以《宋书》为例,堪称相当典型。刘宋王朝前后不过 59 年历史,但是,反映这一阶段历史的《宋书》竟有百卷(本纪 10 卷,史志 30 卷,列传 60 卷)之巨。刘知几曾由衷称赞《宋书》所记:"地止江淮,书满百篇",号称繁富(《史通·书志》)。《宋书》所以有如此惊人的规模,大约两个原因:其一,是因为有关部分著录了大量文献。如《武帝纪》中载《禁淫祠诏》,在《何承天传》中载《谏北伐表》,在《谢灵运传》中载《劝伐河北疏》等;其二,是因为史志内容极多。其中有《礼志》、《律志》、《乐志》、《天文志》、《符瑞志》、《五行志》、《州郡志》、《百官志》等八志。"八志"涉及面相当广博,不少"志"写得很有特色,例如其中的《州郡志》便很突出。魏晋以降,州郡沿革变化极大,所谓"名号骤易,境土屡分","亟有离合,千回百改"。本书《州郡志》"以大明八年为正,其后分派,随事记列。内史、侯、相,则以升明末为定"。延及后世,当年之郡国区域,百不存一,户口消长,仅见此志。虽后来唐人修撰《晋书》,有关数字资料亦多由此志转录,足见《州郡志》价值之高。

《宋书》之外,"八书"中的其他各史亦征引和记录了许多宝贵资料,对后人研究古代历史和传统文化,都具有极为重要的价值。

(2)重要记载

在"二十六史"中,"八书"之所以具有不可或缺的历史地位,这与其中不乏重要的史料记载有直接关系。

试以《梁书》为例。在本书之《范缜传》中,保存了范氏著名的《神灭论》、《无因果论》,还为许多著名历史人物设立传记,例如其中有名扬文坛的钟嵘、刘勰,名冠史界的沈约、江淹、裴子野、吴均、萧子显等。

　　再以《魏书》为例。在本书《食货志》中,其中所记的北魏均田制便具有相当重要的史料价值,须知北齐、北周以及隋唐时代均田制,基本上都是在北魏这一制度的基础上发展而来。《魏书》中还首创了《释老志》,系统反映了释、道二教的起源、发展、代表人物及其重要活动,是研究释、道历史的重要参考资料。另外,在《魏书·官氏志》中,前半部分讲官制,后半部分讲氏族,详细地记述了鲜卑各部姓氏名称,以及改换汉姓的具体情形,对研究鲜卑与汉族姓氏关系以及北魏历史,都有重要参考意义。

　　复以其他诸史为例。在《北齐书》之《方伎传》中,记述了綦毋怀文炼钢淬火之事,这是我国炼钢技术的最早记录。在《周书》里不仅记述了西魏府兵制、八柱国、十二大将军等重要制度,还保存了王褒、庾信等一批著名文学家的诗文佳作。尤其要提及的还有《隋书》,它的“十志”记述了梁、陈、齐、周、隋五代有关典章经制。其中的《经籍志》,是继《汉书·艺文志》以后的又一部极其重要的书目著作,它叙述学术源流,考证书籍存亡,是中国古代对各类书籍的第二次大规模的总结,对目录学和传统文化的发展作出了重大贡献。此外,《隋书》还通过某些列传,保存了有关古代音乐、造船、造瓷、织锦等方面的珍贵资料。

(二)关于“二史”

　　由于“八书”问题较多,不能很好地适应社会需要,这在客观上也为新史的撰修提供了契机。于是,李延寿《南史》与《北史》便在唐朝统治者政治需要和当代史坛学术需要的背景下,应运而生了。

　　“二史”问世后,曾经受到唐代统治者和历代的重视,然而“二史”并未能取代“八书”,“八书”也并未因“二史”出现而销声匿迹。这一现象主要牵涉“二史”存在既是又非两问题。

1.“二史”之长

　　李延寿“二史”成就斐然,问世后立刻引起学界关注,这一现象并非出于偶然。综合起来,该著作具有如下三方面的成就。

（1）体例一致

原"八书"中,各史自为体例,相互出入,而且于内容之中亦颇见差异:或彼此之间相互诋毁,或详于本国而略于他国;充斥芜辞杂文者有之,史料单薄、索然无味者亦有之。而"二史"因系独家撰修,史观一致自不待言,同时又将南、北"两朝"分作两部"通史",《南史》综记宋、（南）齐、梁、陈,《北史》综述魏、（北）齐、周、隋。不唯政治上对各朝平等对待,无所偏祖,且在体例上统一组合,井然有序。例如,"二史"中所设的《儒林传》和《文学传》,统一反映南北朝的儒学之士和文学人物;所设《诸臣》、《宗室》二传,统一记述各国勋臣要员。

（2）文字简洁

《南史》、《北史》的这一特点极其突出。文字简净的风格,主要来自两个原因。

一是由于大力删削。李延寿在整个修史过程中,始终坚持"除其冗长,捃其菁华"的指导思想,对于原"八书"中的内容删削之处颇多。特别是在《宋书》中,被删去的内容几占全书半数左右,在《魏书》等其他史书中也砍去不少。删削的重点是诏诰、策文、奏疏、议、赋之类的内容。如《南史·郑鲜之传》删去了原《宋书·郑鲜之传》中的所谓滕羡父丧不废仕宦之"议"长达三千余字,谏北伐表一千余字,以及弹劾刘毅疏等长文。在《南史·谢灵运传》中则将《宋书·谢灵运传》中的谢氏《撰征赋》一万余字,《山居赋》数万字,以及劝伐河北疏二千余字等悉行删去。唯其如此,记述史事枝叶分明,线条更加清晰。

二是由于文笔精炼。李延寿本人是卓越的史学家。还在编撰"二史"以前,他已经先后参与撰修过《晋书》、《五代史志》和《太宗政典》等一系列重要文献。"二史"的撰修,更是倾注了李延寿及其父亲李大师两代人数十年心血。特别值得一提的是,书成之日,还特意聘请了当朝著名学者令狐德棻校阅一过。因而,"二史"之中,"删落酿词,过本书远甚"(《新唐书·李延寿传》)。据统计,"八书"篇幅累积,共计537卷,而"二史"总共才只有180卷,仅占"八书"总卷数的三分之一,以字数论,也只有"八书"的二分之一左右。无怪乎宋代大史学家司马光赞扬此书是"近世之佳史","无烦冗芜秽之辞"(《贻刘道原书》)。

(3)简中有增

"二史"在删削"八书"内容的同时,还增补了"八书"中所没有的一些价值较高的史料。

试以《南史》为例。在《元帝纪》中,增补了元帝对大臣的猜忌;在《后妃传》中增补了徐妃的秽行;在《范缜传》中增补了同王融的一段著名对话等。此外,《南史》还增补了一些人物传记,例如《郭祖琛传》、《柳仲礼传》、《长沙王宝传》、《王琳传》、《张彪传》等。

再以《北史》为例。类似《南史》之增者,也不乏其例。其中比较突出者,是《北史》中记载西魏一朝史事,明显增补甚多。

很显然,"二史"的上述特长,乃是其自立于史坛,得以广为流传的重要原因。

2."二史"之短

认真阅读李延寿《南史》与《北史》,尤其将该书与"八书"对比后,不难发现:他的"二史"同样存在若干问题。最主要是以下两个方面的明显缺点。

(1)"删削"过分

就"八书"而言,繁琐特点确实突出。这是李氏删削的前提,在"二史"中也确有许多地方删削得当。但在李氏大刀阔斧的删削中,有时也确实把一些重要的东西一并"砍去"了。例如在《南史·范缜传》中,就删去了《梁书》中有关范缜论神灭的精彩内容;在《北史·李孝伯传》中的李安世传记里,也删去了《魏书》中李安世有关均田的重要奏疏。此外,关于人民起义和斗争的史实,也删去许多。例如《南史·沈文季传》中删去了《南齐书》本传中有关唐寓起义的经过;在《北史》中,也将北魏、东魏、北齐时期有关民众斗争的史事大多删去。

(2)简中寓"繁"

如上所述,"二史"是以简洁著称的,然而,这是就整体而言,若从局部看,也很有些地方,其中包括"二史"所增加的内容,并非如此。在这些地方,其内容或系无关紧要的闲言琐事,或系怪诞不经的闾巷传闻。诸如《南史》中的《宋武帝纪》、《齐高帝纪》、《梁武帝纪》、《陈武帝纪》中,鬼神、符瑞之类的迷信内容可谓比比皆是,随处可见。清人赵翼曾将《南史》中的梁代部分同《梁书》作一比较,发现其"琐言碎事"之多,简直令人吃惊。例如《元帝纪》中,增写其降生时,武帝梦眇目僧执香炉,托生宫中。适值采女阮姓在侧,武帝"竟感幸之,遂生帝"云云。又如《王僧辩传》中,当叙其攻郢州入罗城时,忽又叙及有大星如车轮坠于贼营,去地十余丈,又有龙五色光耀,入鹦鹉洲水中等事。待师至鹊头,风浪大作,僧辩仰天告誓,风浪遂息。忽又有群鱼跃水飞空,官军上有五色云,双龙夹槛云云。由于增入此类"琐言碎事",且是无端传闻,所以遭到后人尖锐讥讽:"李延寿修史,专以博采异闻,资人谈助为能事,故凡稍涉新奇者,必罗列不遗,即记载相同者,亦必稍异其词,以骇观听。"(赵翼《二十二史札记·南史增梁书琐言碎事》)很显然,"二史"的这些问题,是它无法完全取代"八书",犹需"八书"予以补充的一个重要原因。

由此可见,"八书"虽有不足,但其功亦不可灭;"二史"虽有特色,而缺憾亦在所难免。"二史"与"八书"之间显然有密切的辩证关系:篇卷简略,固然易于披览,而语焉不详毕竟有损于后学;史料繁富,读之自然劳神费时,但于深入研究不无补益。对于如何正确利用"八书"、"二史",清人李慈铭曾谈到过他的一点体会:"本纪宜用南、北史;列传宜用八书,而去其重复,平其限断,除其内外之辞,正其逆顺之迹,更以彼此互相校注,庶为尽善矣。"(《越缦堂日记》)李氏这番议论,乃是经验之谈,有一定参考意义。后人若循此去做,应当说,便基本抓住了"八书"、"二史"的精华。

二、《旧唐书》与《新唐书》

唐代是中国封建社会的鼎盛时期。由于唐王朝的政治、经济和文化不仅在中国古代史上享有重要地位,在世界古代史上也占有光辉灿烂的一页,因而唐代的历史历来为世人所瞩目。五代以来,反映唐代历史的典籍固然不少,但是比较集中、比较全面地揭示这一历史时期的撰著,当推正史中的《唐书》。《唐书》素有"新"、"旧"之分,《旧唐书》成书于前,《新唐书》成书于后。两《唐书》之所以均列诸"正史",并且长期以来并行不悖,其中自然亦有其特定的原因。

(一)当初"旧书"

此处所谓"旧书",系指《旧唐书》。《旧唐书》乃后晋刘昫等奉敕撰修。从常理上说,在唐亡后不久便编撰唐代史书,应当是有很多有利条件的。最典型的一条是,唐王朝不仅国家强盛、国运长久,而且本朝君臣在开国之初就形成了重视修史的风气,诸如史官编写的起居注、实录,史馆撰修的国史等历史资料,都相当完备。然而,遗憾的是,唐代中期以降,迭经战乱,形势发生巨变。特别是756年,安禄山攻占了都城长安,763年,吐蕃军再入长安,又有唐末朱温胁迫唐昭宗东迁洛阳等破坏活动,使得本来比历史上任何朝代都丰富的历史资料惨遭劫难。后晋主石敬瑭深感问题的严重,遂于天福六年(941)下诏:"有唐远自高祖,下暨明宗,纪、传未分,书、志咸阙,今耳目相接,尚可询求,若岁月浸深,何由寻访?"遂命张昭远、贾纬、郑受益、李为光等人撰修《唐书》,命赵莹监修(《五代会要》卷十八)。这样经过了五年左右的共同编纂,到开运二年(945),《唐书》终于完成。因为本书由担任监修职务未久的刘昫上奏朝廷,嗣后主修《旧唐书》者,遂习称为刘昫。

必须提及一点,《旧唐书》本无"旧"字,当初仅名"《唐书》"。至北宋《新唐书》问世以后,为了区别两书,后人遂将原《唐书》更名为《旧唐书》。《旧唐书》上起唐高祖武德元年(618),下终唐哀帝天祐四年(907),前后共计290年历史。全书分为本纪20卷,志30卷,列传150卷,共200卷。

纵观全书内容及编纂情况,可谓良莠参半,长短并蓄。

史料珍贵,是《旧唐书》的特长之一。在《旧唐书》中,列传人物非常丰富。据闻人诠《重刊唐书序》里统计,列传所揭示的各种人物之多,竟有1180有奇,就中保留了大量宝贵的史料。例如,通过李密、王世充、窦建德等25人的传记,反映了隋末农民大起义的革命风暴;通过《叛逆列传》中的"黄巢传"反映了唐末农民大起义的惊人盛况;在《方伎传》中记载了著名天文学家僧一行、医学家孙思邈、佛教高僧玄奘等人的光辉事迹;在《文苑传》中反映了唐代诗坛百花竞放的动人场景;通过各种形式传记,不独反映了唐代许多政治家、军事家、史学家、文学家(如魏征、郭子仪、李白、杜甫、韩愈、柳宗远、姚思廉、孔颖达)的重要业绩,还详细反映了国内外各民族彼此往来(如唐朝与吐蕃、朝鲜、日本、伊朗、印度的关系等)之情况。

条理清晰,是《旧唐书》特点之二。《旧唐书》作者张昭远、贾纬二人,都是后晋时期著名的史学家,他们学有所长,著述颇丰,因而在撰修《旧唐书》的过程中出力最多。同时,唐代自高祖以下,历朝都有出自名家高手的实录、国史。例如贞观十七年,曾经受到朝廷嘉奖的《高祖实录》及《太宗实录》,就是由监修国史房玄龄、史官给事中许敬宗、著作郎敬播等人完成的。高水平的文献资料为编纂《旧唐书》提供了坚实的基础。《旧唐书》中的许多内容节录于唐人所编资料,特别是是书之前半部分(即唐穆宗"长庆"以前)基本是照录。由于这一特定背景，其"本纪惟书大事，简而有体；列传叙述详明，赡而不秽，颇能存班、范之旧法"（《四库全书总目提要》）。

然而，《旧唐书》中存在的问题也很鲜明。

本书成于众人之手，且仅用四年多时间，一部200卷、190万字的大书即告完成，比起以前的《隋书》及后来的《明史》等官修史书的撰修来，进展速度之快，令人吃惊。惟其如此，多处失于统一剪裁和考订。特别是本纪、列传中，严重存在繁、简失于均衡的现象。例如唐高祖李渊起兵建唐，同时又有在位九年的各种社会活动，他的本纪仅为6800多字，而在位时间不足三年的哀帝，其本纪之长竟达13000多字。而是书之《经籍志》，仅叙玄宗以前，诸志内容很少涉及唐末者。特别不应当的是，由于一味照抄，疏于考证，甚至连唐代史官的语气和名字竟也保留于史书之中，因而出现令人捧腹的笑话。例如《高祖本纪》："秦王与薛举大战于泾州，我师败绩。"此处之"我师"，乃是当年唐代史官对唐兵的称呼。又如《玄宗本纪》：史臣曰"吾开元之有天下也"，这更是唐代史官的议论。在《地理志》中，多处沿用"今"字。"今"字本是指德宗时期，《旧唐书》作者因匆忙抄录，致使沿而无改。更有甚者，还有公然以"史臣韩愈曰"、"史臣蒋系曰"、"史臣韦述曰"等字样照录于各篇"论赞"之中者，其粗疏之状，竟至于此。另外，从《旧唐书》整体来看，其后半部（即穆宗长庆以后）内容显系芜杂，编撰质量亦远不如前。推其所以，大抵是迭经唐末、五代战乱，唐朝后期史料毁灭殆尽，缺乏整理，因而，一应文字，须由五代史官们自行采撰搜求，因此质量不佳。

（二）尔后"新书"

此处所谓"新书"，系指《新唐书》。《新唐书》本纪10卷，志50卷，表15卷，列传150卷，计225卷。由宋代欧阳修、宋祁奉敕撰修。本书各部分撰写顺序：先由宋祁撰列传于前，继由欧阳修撰本纪、志、表于后，最后由欧公审订全书，完成于嘉祐五年。

　　为什么要再修《新唐书》呢？宋仁宗诏书中曾说道："古之为国者法后王，为其近于己，制度文物可观故也。唐有天下且三百年，明君贤相相与经营扶持之，其盛德显功，美政善谋固已多矣。而史官非其人，记述失序，使兴坏成败之迹晦而不章，朕甚恨之。"故以欧阳修、宋祁"笔削旧书，勒成一家"，"宏富精核，度越诸子"。以其可以"据古鉴今，以立时治"，所以"布书于天下，使学者咸观焉"（《文献通考·经籍考》）。宋仁宗"甚恨"《旧唐书》的原因，虽然在这里说得相当概括，是所谓"史官非其人，记述失序，使兴坏成败之迹晦而不章"，但是却并不笼统，而是相当鲜明。因为只要将新、旧《唐书》两相对照，就不难看出北宋、后晋两朝作者，在重大问题上的根本分歧。也因此，就不难理解宋天子"甚恨"《旧唐书》的缘由了。

　　1."新书"理念

　　宋王朝之所以再修《新唐书》，重大分歧主要集中于对两个重大问题的思想认识上。

　　（1）藩镇之辨

　　藩镇是"安史之乱"以后特定社会形势下的产物，其危害之大，不言而喻。北宋王朝是在五代纷争基础上建立起来的中央集权的封建帝国，自然对分裂割据分外警惕。他们以为，"安、史乱天下，至肃宗大难略平，君臣皆幸安，故瓜分河北地，付授叛将，护养孽萌，以成祸根"：君不见"一寇死，一贼生，迄唐亡百余年，卒不为王土"。而"当其盛时，蔡附齐连，内裂河南地，为合从以抗天子。杜牧至以'山东，王不得，不王；霸不得，不霸；贼得之，故天下不安'"（《新唐书·藩镇魏博列传序》）。很显然，在北宋统治者看来，藩镇是分裂唐代领土，导致最终亡国的不折不扣的根源。

　　然而，《旧唐书》的观点则不然。由于五代政权系由唐代藩镇割据演变而成（后晋主石敬瑭自己亦由藩镇起家），因而《旧唐书》作者们认可藩镇政权，对其采取容忍姑息态度。《旧唐书》中的具体表现是:从形式上看,没有采用比较突出的类传形式反映唐代藩镇,而是以地域、时间为序,将其事迹分散于各列传中;从思想认识上看,既没有把藩镇视为统一政权的威胁,更没有把它看作亡国的"祸根",而是泛泛议论,总结其自身兴亡,仅强调朝廷如何用人,即所谓"国家崇树藩屏,保界山河,得其人则区宇以宁,失其授则干戈勃起"云云(《旧唐书》卷九十三)。

(2)忠奸之辨

关于"忠"、"奸"、"叛逆"的理解,新、旧《唐书》的作者们也大相径庭。

《旧唐书》的作者,一切基于自身及其政权的特定利益考虑。因而排斥传统的忠君报国思想,书中不仅没有设立"叛臣"、"逆臣"这样的类传,即使行文中偶尔涉及"叛逆"之事,也往往缺乏鲜明态度。诚如宋代曾公亮所说,《旧唐书》作者"不幸接乎五代。衰世之士,气力卑弱,言浅意陋,不足以起其文,而使明君贤臣,俊功伟烈,与夫昏虐贼乱,祸根罪首,皆不得暴其善恶以动人耳目,诚不可以垂劝戒,示久远,甚可叹也!"(《进唐书表》)

《新唐书》的作者,同样基于自身及其政权的特定利益考虑。当此之时,北宋已经结束了五代时期的纷争,但动荡余波和割据思想还对社会产生着一定的影响。特别是在建国之初,就爆发了王小波、李顺"均贫富,等贵贱"的农民起义,而且以后一直没有停止过这类斗争。因此,要想巩固封建政权,必须加强"教化"。而对历史上的动乱现象区别是非,"暴恶扬善",则是思想领域重大举措。为了"扬善",《新唐书》不独将《忠义列传》置于各个类传之首(按,除了诸臣列传前面的后妃传、宗室传之外,《忠义列传》排列于《新唐书》各类传的最前边),还相继确立了《卓行列行》、《孝友列传》,以突出地宣扬封建社会的忠孝节烈思想。其中,宋人特别把"忠义"观念当作人生高尚的道德标准,竭力赞美:"忠义者,真天下之大闲欤!"(《新唐书·

忠义列传序》)为了"暴恶",《新唐书》中还特别新增设了藩镇、奸臣、叛臣、逆臣等四个类传,其排列次序亦极醒目:将亡国"祸根"的藩镇置于《宦者传》、《酷吏传》与"民族传"之间,而以《奸臣传》、《叛臣传》、《逆臣传》安排于全书之末,意在"动人耳目"。在这些方面的思想认识,新、旧《唐书》的作者们确有天壤之别。

2."新书"是非

关于《新唐书》的成就,曾公亮在其《上唐书表》中曾经不无自豪地说过:"名篇著目,有革有因,立传纪实,或增或损,义类凡例,皆有据依。"以《新唐书》与《旧唐书》相比,"其事则增于前,其文则省于旧"。曾氏此言确有一定根据,但客观视之,亦非尽然。

(1)"事增"有理

所谓"事增于前",即《新唐书》中有许多史料是《旧唐书》中所没有,属于宋人重新搜罗增补的。在这些史料中,首先是增加了文章。无论是欧阳修,还是宋祁,他们都素喜散文,凡属这方面的名人名作,必定"采撷不遗"。就中最典型的要数韩、柳二人的文章了。例如《韩愈传》中载其《劝学解》、《祭鳄鱼文》、《潮州谢表》。在《宗室传》中载柳宗元的《封建论》,在《段秀实传》中载柳宗元名篇《段太尉遗事状》等。载入各传的韩、柳文章多达九篇。其次是增补史实。凡是能表现历史人物、特别是能表现重要历史人物性格特点的资料,即便是一些琐言碎事,《新唐书》也尽量补入,务使人物形象丰满、传神。据清代史家赵翼统计,"《新唐书》列传内所增事迹较'旧书'多二千余条",其中,"有必不可不载而'旧书'所无者",赵氏总共列举出杨贵妃、苏良嗣、太子李重润、狄仁杰、姚崇、宋璟、李林甫、段秀实、卢杞、仇士良、田令孜、来俊臣等二十多人的传记,并指出《新唐书》有关部分所增加的具体内容(见《陔余丛考》卷十三)。例如在《窦建德传》中,增补了建德微时智杀群盗之事。在《韩休传》中,增加了皇帝于猎苑中评议韩休之语。另外,在体例上也出现了若干变化。《旧唐书》中仅有本纪、史志、列传三种体例，而《新唐书》则于本纪、史志、列传之外，又增加了史表，计有《宰相表》、《方镇表》、《宗室世系表》、《宰相世系表》等四表。从而恢复了由司马迁、班固创立的纪传体中设立史表的可贵传统。

（2）"文省"有害

所谓"文省于旧"，是指《新唐书》在增加史料的情况下，文字反而有所减少。

平心而论，对于"事增于前"，自然应当肯定，对于曾氏自诩的"文省于旧"则需要另当别论了。宋祁、欧阳修两位作者在喜爱韩、柳古文的同时，极为厌恶四六行文，因而在《旧唐书》中出现的大量诏、诰、章、疏等几乎是不辨甲乙，尽行删去。特别是宋祁，最喜省字，为照顾行文，常常删去年代、数字、官爵等具体内容。这样一来，《新唐书》便由此引发出了三个问题：其一，失去了一些有价值的资料。例如《旧唐书》中录有李密的《讨隋帝檄》，徐敬业、骆宾王的《讨武后檄》等一批有价值的文章，而《新唐书》亦照删不误。其二，造成了某些史实不清。"文省"，贵在恰如其分，如果过分节省文字，必然走向反面。据清人王鸣盛的统计，以《新唐书》与《旧唐书》相比，本纪减去十之六七，列传中也有类似现象。由于大砍大删，致使许多史实眉目不明。其三，有时影响表达文义。观《旧唐书》，其中不乏文字极佳者，例如高仙芝、封常清等传记即写得生气盎然，而《新唐书》删削文字，有时反而相形见绌。除此以外，《新唐书》中还删去了一些本不该删的人物传记。例如《旧唐书》之《方伎传》中记有释家名流玄奘、神秀、慧能、一行等人事迹，而《新唐书·方伎传》中则将上述诸人从中抹去。佛教在唐代得到发扬光大，《旧唐书》的记载适得其所，《新唐书》如此行事是没有道理的。

惟其如此，《新唐书》问世后，宋仁宗不同意废去《旧唐书》。司马光编撰《资治通鉴》时，就专门采用"旧书"而不用"新书"。更有吴缤著《新唐书纠谬》、汪应辰著《唐书列传辩证》等,对《新唐书》诸多缺憾予以尖锐的批评。

王鸣盛在论及《新唐书》时曾说:"新书最佳者志表,列传次之,本纪最下。旧书则纪志传美恶适相等。"(《十七史商榷》)王氏此论,大抵确当。一般来说,旧书本纪富于新书,列传部分亦有特色;而新书之志超过旧书,新书有表而旧书未设。新书列传中虽曾删去60余传,又增设300余传。可见,新、旧二书互有长短,不可偏废。

三、《旧五代史》与《新五代史》

唐代灭亡后,继之而起的是以战争和动荡为社会特征的五代十国时期。重复反映五代历史的两部正史,皆出自北宋史家之手。薛居正等人奉命撰修的"五代史"成书于前,是为《旧五代史》;欧阳修独力完成的"五代史"成书于后,是为《新五代史》。前者系官修正史,后者系私修正史。

(一)《旧五代史》

《旧五代史》的编修,始于宋太祖开宝六年(973)。"四月二十五日戊申,诏修梁、唐、晋、汉、周《五代史》,宜令参政薛居正监修,卢多逊等同修。七年闰十月甲子书成。凡一百五十卷,目录二卷,其事凡记十四帝五十三年。"(王应麟《玉海》卷四十六)据此可知,《旧五代史》的编修仅仅历时一年半即告完成。参与本书撰修者,除薛、卢二人外,还有扈蒙、张澹、李昉、刘兼、李穆、李九龄等人。

1."旧史"成就

此处所谓"旧史",系指薛居正主修的《旧五代史》,本书成就和特点可以归结为以下三条。

(1)叙事公正

薛居正等人具有明确的以史为鉴、古为今用的指导思想,因而,在修史过程中,坚持对历史人物和事件如实反映。诚所谓"善者既书之,其不善者亦书之,庶使后之君子见善如不及,见恶如探汤也"(《旧五代史》卷九十六《晋书》卷二十二)。

所谓"善者既书之",即表彰五代时期引人注目的善政和成就。以梁太祖朱温为例,他本是在农民起义军的血泊中爬上皇位的人物,但因其有奖励农耕、减轻租税之举,作者便表示赞许:"梁祖之开国也,属黄巢大乱之后,以夷门一镇,外严烽候,内辟污莱,厉以耕桑,薄以租赋,士虽苦战,民则乐输。""河南之民,虽困于辇运,亦未至流亡,其义无他,盖赋敛轻而丘园可恋故也。"(《食货志》)作者也赞扬唐明宗李嗣源在位期间革除弊政、惩办贪污、轻徭薄赋的一系列举措,说他"能力行于王化,政皆中道,时亦小康,近代已来,亦可宗也"(《旧五代史》卷四十四《唐书·明帝纪》)。对周太祖郭威的一系列进步改革及政策更为钦佩,说他"有统御之劳,显英伟之量","期月而弊政皆除,逾岁而群情大服;何迁善之如是,盖应变以无穷也";"勤俭之美,终始可称,虽享国之非长,亦开基之有裕也"(《旧五代史》卷一百一十三《周书·太祖纪》)。

所谓"不善者亦书之",是指对于那些黑暗、残暴的社会现象,也坚决予以揭露。《梁书·太祖纪》中记朱全忠为阻止李克用进军,不惜人为破坏滑州黄河之堤(五代时期黄河如是决口者多次)。《唐书·明宗纪》中揭露房知温击杀魏州军士三千余家,漳水为之变色。《汉书·赵思绾传》记晋昌军节度使赵思绾暴虐凶残,在作战中,"经年粮尽,遂杀人充食。思绾尝对众取人胆以酒饮之,告众曰:'吞此至一千,即胆气无敌矣。'"《汉书·史弘肇传》中记弘肇警卫都邑时,"专行刑杀","但云有罪,便处极刑",断舌、腰斩、决口、斮筋、折足者,殆"无虚日"。《僭伪列传》中反映了杨行密、孙儒在扬州以人肉充作军粮的罪行。如此等等,不胜枚举。特别值得一提的是,在本书之诸臣传中,所记人物既有与薛居正等人同仕于五代者,也有其子孙辈与薛氏等人同殿仕宋者,而《旧五代史》对此皆能书法不隐。例如崔协之子崔颂,在宋代官至左谏议大夫,而《旧五代史》中则把颂之父协讽刺为"少识文字,时人谓之'没字碑'"(《唐书·崔协传》)。后晋赵在礼之孙赵廷勋仕于北宋,历岳、蜀二州刺史。然而,在《赵在礼传》中,则记述赵在礼"历十余镇,善生殖货",积财巨万,贪残暴虐,被当时百姓视为"眼中钉"。在礼闻之暴怒,"命吏籍管内户口,不论主客,每岁一千,纳之于家,号曰'拔钉钱'","有不如约,则加之鞭扑"。反映隔朝无干系者,直书不难;至同殿称臣而直书如是,揭露如是,实属不易。

准此而言,薛居正等作者的史德与南朝萧子显、北齐魏收等人相比,尤其显得难能可贵。

(2)史料原始

《旧五代史》能在一年多的时间里迅速成书,在很大程度上是得力于丰富的史料来源。薛居正等人修史,主要依赖于实录和《五代通录》。在当时,梁、唐、晋、汉、周五代实录俱全,共计 360 卷。实录是根据当时的"时政记"、"起居注"、"日历"等档案资料汇萃而成的,它们"取编年、纪传之法而为之"(《玉海》卷四十八),详而有序,所以成为编修国史最基本的原始材料。《五代通录》是一部贯通五代历史的实录简本。凡 65 卷,乃建隆间昭文馆大学士范质手撰,"以五代实录共三百六十卷为繁,遂为一部,命曰'通录',肇自梁开平,迄于周显德,凡五十三年"(《玉海》卷四十八引《中兴书目》)。据有关文献记载,参与编撰实录的张昭远、贾纬、王伸、尹拙诸人都是五代时期著名的史官,而其中的张昭远不独撰修最多,且本人历仕四朝,直至宋太祖开宝五年(972)死去。《旧五代史》的编者大多亲身经历五代,对资料自有一定鉴别能力。

(3)内容丰富

《旧五代史》上起梁太祖开平元年(907)朱全忠灭唐,下穷周世宗显德六年(959)赵匡胤始建北宋,历五朝 14 帝,共计 53 年。所记时间虽然不长,全书却有 150 卷篇幅。其中之五朝本纪尤其丰满。例如《梁书》中的《太祖本纪》有七卷;《唐书》中的《庄宗本纪》八卷,《明宗本纪》十卷;《晋书》中的《高祖本纪》六卷,《周书》中的《太祖本纪》四卷,《世宗本纪》六卷。这一现象,乃是薛居正等人有意效仿《旧唐书》的编纂方法,尽量把那些具有重大影响的史事置于本纪之中,以便连贯地反映历史发展情况。于是,重大事件发生愈多,相对应本纪蕴含的各种信息量也就愈大。诸如《唐书·明宗本纪》中关于官方"依石经文字,刻《九经》印版",《晋书·高祖本纪》中关于石敬瑭雕印《道德经》一事,《周书·世宗本纪》里关于柴荣历次兴修水利工程的活动等等,都有具体的反映和记载。薛居正等人对史志也下了一定的工夫。五代时期的政治、经济和文化制度,虽然大体沿袭于唐朝,而《旧五代史》中仍著有"天文"、"郡县"等十志,比较详尽地反映了这一时期的典章制度。从地理范围上看,"五代史"并不限于黄河流域之梁、唐、晋、汉、周等"五代"地区,还反映了当时与其并存于南方的前蜀(王建)、后蜀(孟知祥)、吴(杨行密)、南唐(李昇)、吴越(钱镠)、南汉(刘隐)、楚(马殷)、闽(王审知)、南平(高季兴),以及北方的刘汉(刘崇)等"十国"。尽管《旧五代史》采用了类似于《晋书》的正统观念,仅以《世袭列传》、《僭伪列传》的形式记述了"十国"历史,但是,对于后人了解和研究这些地区的有关情况,也还是提供了一定的历史资料。从一定意义上说,《旧五代史》范围所及,甚至还不止于此,它对北自契丹,南至占城,西抵党项,东达新罗的这一广大区域内的有关史事,也都有不同程度的反映。

2."旧史"缺憾

当然,《旧五代史》也有明显缺点,否则就不会有欧阳修的再编新史了。它的主要问题是什么呢? 主要集中于如下两条。

(1)有失考订

《旧五代史》只经过 18 个月便告完成,既出众家之手,书成又如此之速，因而不独文字润色上逊于欧史，即剪裁考订上亦显欠功力。诚然，薛史素有内容详备之誉，然文字之繁简，史料之取舍，其失衡处极多。

试以薛、欧二史之本纪相比，薛史本纪远多于欧史，在"多"出的部分中，有不少内容值得改进。例如薛史《梁太祖本纪》多于欧史五卷，其中竟有三卷是记载朱温称帝前的史事。薛史《唐明宗本纪》比欧史多出九卷，内容丛冗繁杂，其中不乏本当略而可不书者。再以"五代"、"十国"相比，通常所说的薛史详于记事，系指记中原"五代"而言；至于对"十国"记事则并非如此，其疏漏简略，委实不成比例。如《僭伪列传》中，仅记"伪主"生平简历，对于"僭伪"大臣则多无传记可表。有些记载反不如欧史之详。《旧五代史》中失于考证而出现明显讹误者也不罕见。例如有关后唐庄宗被弑后，其弟李存霸、李存渥奔太原的记载，薛史《符彦超传》云："及明宗入洛，皇弟存霸单骑奔河东，与吕、郑谋杀彦超与留守张宪。"而《张宪传》中则曰："李存渥自洛阳至，口传庄宗命，并无书诏，惟云天子授以只箭，传之为信。"张宪欲奉之为主，众惑，因杀吕、郑，且系存渥云云。前者以为存霸，后者以为存渥，其说不一。实际情况是，与吕、郑同时被杀者乃存霸。欧史之《张宪传》、《符彦超传》中，亦皆作存霸而并非存渥。又如薛史以南唐刘仁赡有降表于周，并给予官秩之故，遂将刘氏事迹记于《周书》。事实则并非如此。当年刘仁赡誓死固守寿州，其子劝其降，怒，杀子以徇。及其病危之际，副使孙羽乃诈称仁赡书以降周营。世宗褒奖，委以官爵。然诏始出而刘已亡，是仁赡确实未曾降周。而薛史之周本纪及《刘仁赡传》中皆言仁赡病危，上表乞降，旨在保全其后嗣云云。若非后来欧史中剖白此事原委，则刘仁赡在九泉之下，亦不得安息。

（2）回护之笔

薛史虽有直书无隐之处，亦不乏回护之笔，特别是有关五代君主的记述,最为典型。

例如关于唐昭宗被弑事,欧书、《通鉴》皆记作朱温一手所为。而薛史《梁书·太祖本纪》中则作如下记载:天祐元年壬申,梁太祖朱温至河中,"八月壬寅,昭宗遇弑于大内,遗制以辉王柷为嗣"。并未点滴涉及朱温事,显系祖护朱氏。再如李嗣源称帝(明宗)事。据欧史《唐书·庄宗本纪》记载,同光四年,邺都军将赵在礼、邢州军将赵太皆反,东北面招讨使李绍真与成德军节度使李嗣源分兵讨之。"三月,赵太伏诛。李嗣源反。"白纸黑字,表明李嗣源是拥兵"反叛"而称帝的。然而,薛史中却作如下记载:李嗣源奉命平叛,行至邺城,军士哗变,拥李为帝,李甚至欲率师回京自陈原委。及庄宗被弑后,又说李本无即位之意云云。原本是野心勃勃的军阀,偏要为其披一件忠贞可嘉的外衣,无怪乎连清代学者赵翼亦对薛史此说大加讥讽:"天下岂有欲自诉不反,而转举兵向阙者? 本纪所云赴阙自陈,可不辨而知其饰说也。"(赵翼《二十二史札记·薛史书法回护处》)

此外,薛史记五代君主还多以神怪奇闻附会,以表其不同凡响。例如朱温生时,"所居庐舍之上,有赤气上腾"(《梁书·太祖本纪》)。李存勖降生,其母"梦神人,黑衣拥扇,夹侍左右。载诞之辰,紫气出于窗户"(《唐书·庄宗本纪》)。石敬瑭降生,"有白气充庭,人甚异焉"(《晋书·高祖本纪》)。后周郭威"载诞之夕,赤光照室,有声如炉炭之裂,星火四迸"云云。薛史之所以如此这般地描写,是因为它的资料来源主要依靠范质的《五代通录》和五代各朝实录。这些实录多系当朝人编纂,曲加粉饰之处,在所不免,而薛居正等人又急欲成书,未能订正、校实,遂使书中良莠并存。

(二)《新五代史》

《旧五代史》流行60多年后,又有欧阳修的《新五代史》问世。

关于撰修新书的动机,宋人晁公武曾这样说过:"《五代史记》七十五卷,皇朝欧阳永叔以薛居正史繁猥失实,重加修订,藏于家。永叔殁后,朝廷闻之,取以付国子监刊行。"(《郡斋读书志》)其实,晁说虽是,然并不全面,由陈师锡的揭示中可以了解更为深层原因:五代距宋百有余年,故老遗俗,往往垂绝,无能详道其说,而"史官秉笔之士,或文采不足以耀无穷,道学不足以继述作,使十有余年间废兴存亡之迹,奸臣贼子之罪,忠臣义士之节,不传于后世,来者无可考焉。惟庐陵欧阳公慨然以自任,盖潜心累年,而后成书。其事迹实录详于《旧记》,而褒贬义例仰师《春秋》,由迁、固而来,未之有也"(《五代史记序》)。可见欧史的崛起,一是遗憾于薛史的"繁猥失实";二是对薛史未能以"乱世"写五代感到不满。因为"五代之际,君君、臣臣、父父、子子之道乖,而宗庙朝廷、人鬼,皆失其序"(《新五代史·唐废帝家人传》),因而欧阳公显然是秉承《春秋》"尊王攘夷"之旨,论治道,明褒贬,直抒胸臆,意欲借前人酒杯,一浇心中块垒。

欧阳修《新五代史》本纪 12 卷,列传 45 卷,考 3 卷,世家年谱 11 卷,另有附录 3 卷,共 74 卷。欧史问世后,人们发现该书成就突出,但同时也有若干不足之处。

1. "新史"成就

此处所谓"新史",特指欧阳修《新五代史》。《新五代史》问世后,在社会上产生了一定影响。概括该书史学成就,主要集中于以下四点。

(1)义例严谨

义例是修史的主旨和体例,也是关系史书质量的大问题。而欧阳修义例乃是仰师《春秋》,所以《春秋》一书严谨的特点,便在欧史中很自然地反映出来。

在《新五代史》中,诸如史料的选择,叙事的详略,乃至语词的运用,一一都有严格的规定。欧阳修写本纪,"大事则书,变古则书,非常则书,意有所示则书,后有所因则书,非此五者,则否"(《新五代史·梁本纪·太祖下》徐无党注)。观欧史之行文用语,从不苟且,要求和规定极严。例如经常碰到的用兵打仗一事,就很有一番讲究:"两相攻曰攻,以大加小曰伐,加有罪曰讨,天子自往曰征。"战胜得地者,"易得曰取,难得曰克";归顺投降者,"以身归曰降,以地归曰附";杀人含义也各有区别,"当杀曰伏诛,不当杀者,以两相杀为文"。用兵战败者,"我败曰败绩,彼败曰败之";少数民族("夷狄")使者至,"不言朝,不责其礼;不言贡,不贵其物。故书曰来。五代乱世,著其屡来,以见夷之来不来,不因治乱"(同上)。《史记》以来,纪传体文献之多,不胜枚举,而有如欧公用辞立义如此之严者,实属罕见。

(2)文笔简洁

文字简约是《春秋》的一大特征,欧史效法《春秋》,故亦具此特点。

在薛史中,虚文、浮词、重复者甚多,经过欧公大刀阔斧的删削,累赘尽除,故《新五代史》中仅存其要。同样是一部五代史,薛史达150卷,欧史仅有74卷,仅为薛史一半。究其所以,"盖修所作,皆刊削旧史之文,意主断制,不肯以记载丛碎,自贬其体,故其辞极工"(《四库全书总目》)。惟其如此,博得清代学者高度赞扬,赵翼更是对欧史佩服得五体投地:"不阅薛史,不知欧史之简严也。欧史不惟文笔简净,直追《史记》,而以《春秋》书法,寓褒贬于纪传之中,则虽《史记》亦不及也。"(《二十二史札记》卷二十一)

(3)补缺订正

欧史尽管在卷帙上不及薛史,但就内容而言,亦不乏追补新增之处。

例如薛史编写时,以北汉、吴越、南唐三国尚未统一,故难详述;而欧公动笔时,"三国"之归附早成旧事,故此,整个"十国"史事,新书详于旧书。又由于旧史以后,新史料不断涌现,欧阳修故得以为新书中的王景仁、安重诲、李茂贞等一大批人物列传增补许多内容,使传主事迹更为生动,也使其形象更为丰满传神。

与此同时,经过精心的考辨,欧阳修还订正了薛史中的一些讹谬。即此可知,新、旧二史的内容质量不仅与征引的史料有关,也与作者们倾注的心血成正比。清人赵翼谈及二史时,曾说道:"盖薛史第据各朝实录,故成之易,而记载或有沿袭失实之处。欧史博采群言,旁参互证,则真伪见而是非得其真。故所书事实,所记日月,多有与旧史不合者,卷帙虽不及薛史之半,而订正之功倍之,文直事核,所以称良史也。"(《二十二史札记》卷二十一)

(4)恢复史表

表谱功用意义之大,有如前此"体例篇"中所述。然而自《史记》、《汉书》之后,诸史中缺表现象日甚一日。欧阳修明于史法,直追班、马,力矫魏晋以来无视史表之弊。本书"十国世家年谱"和"职方考"附"表",以年为径,以五代十国为纬,将各位君主称帝改元、易号卒绝之事。逐一列之于表,使读者于方寸之中,一览了然。清代王鸣盛对此颇为赞赏:五代地域大小及变迁,"观欧《职方考》自明,此书虽简略,然提纲挈领,洗眉刷目,此则欧公笔力非薛史所能及"(《十七史商榷》)。《新五代史》不独恢复了设表传统,并且有所改进,对宋代以后史学的发展,作出了一定的贡献。

2."新史"缺憾

正像薛史有自身缺憾一样,欧史也有明显不足,集中于以下两个问题。

(1)删削问题

欧公病薛史不精而删砍其浮冗,就中有些删削自然得体,有些则不尽然。由于过于注重文字的简约,有时便不免把一些重要内容也一并删去。如本纪之中,凡属诏令之类,不加区别,一概不载。又如在薛史《周本纪》中,记述赵匡胤披坚执锐,参与和指挥高平、六合、楚州诸战役,而此等要事,在欧史中一概削而不书。并且《周臣传》中也不设赵匡胤传。致使后人不能不突发一问："太祖犹未践祚，当在周臣明矣，何以无传？"（王鸣盛《蛾术编》卷九）如此等等，在欧史中不乏其例。

（2）书法问题

欧阳修以《春秋》作为学习的楷模，因而《春秋》重褒贬而忽叙事的缺憾，《新五代史》也一并继承下来。

因刻意于"微言大义"，字含褒贬，致使史实不清的现象，在欧史中并不罕见。清代学者王鸣盛曾为之慨叹道："欧公手笔诚高，学《春秋》正是一病。《春秋》出圣人手，义例精深，后人去圣久远，莫能窥测，岂可妄效。且意主褒贬，将事实壹意删削，若非《旧史》复出，几叹无征。"（《十七史商榷》）惟其如此，甚至在欧书问世未久的宋代，就曾招致一些名流的不满和非议。当年宋神宗以欧书询问王安石时，王氏就曾回答道："臣方读数册，其文辞多不合义理。"（高似孙《史略》）清代著名史学评论家章学诚亦就欧史序、论中常常以"呜乎"二字起始，讽刺道："若《五代史》只是一部吊祭哀挽文集，如何可称史才也。"（《章氏遗书·信摭》）

薛、欧二史各有特点，即既有其长，亦有其短，这是完全可以确定的。

从体例上看，薛史模仿陈寿《三国志》，一朝一史，独自成篇；欧史则效法李延寿《南史》、《北史》的编撰，打通各朝，分别综合列朝纪、传，一以贯之。从内容和书法上看，薛史叙事详赅，是非之际亦能大体公正待之，然书中多有繁猥及平淡之憾；欧史重义例褒贬，文字简约，笔削功夫堪称上乘，然于基本史实有亏。因而，"有薛史以综事迹之备，有欧史以昭笔削之严，相辅而行，偏废不可"（《进旧五代史表》）。不过，一般读者学习时，大都重在史实，薛史于此更能博得后人青睐。当年的司马光作《资治通鉴》，胡三省作《通鉴注》，便都"专据薛史，而不取欧史"。我们则大可不必如此。正确的态度，应当像沈括、洪迈、王应麟等"一代博洽之士"那样,"其所著述,于薛、欧二史,亦多兼采,而未尝有所轩轾"(《四库全书总目》),这才是积极的正确的态度。

四、《元史》与《新元史》

《元史》,或习称"旧《元史》",由明代宋濂、王祎等人奉敕撰修。是书上起成吉思汗元年(1206),下穷元顺帝至正二十八年(1368),总计162年的历史。

(一)"旧史"是非

此处所谓"旧史",特指由宋濂主修之《元史》。《元史》能列入正史"二十四史",决非偶然,该书的长期存在,自然有其重要成就做支撑。

1."旧史"成就

《元史》流行一段时间后,虽因《新元史》的问世而增加了一个"旧"字,但其成就还是明显的。概括起来,主要体现于以下三个方面。

(1)体例整齐

宋濂等人效法欧阳修《新五代史》的做法,发扬光大了《史记》、《汉书》的传统,把《元史》编制成一部"纪、表、志、传"四种体例齐备的史书。

在编撰方法上,本书尽量汲取明以前历朝纪传体史书写作经验,体例比较严整。用宋濂的话说,《元史》的本纪是效法《汉书》与《后汉书》,史志乃是仿照《宋史》,史表是参考了《辽史》和《金史》,列传则是学习和总结了历代史书编纂之长。在传目设置上,还参照《魏书·释老志》设立了《释老列传》,仿照《新唐书》设立了《叛臣传》、《逆臣传》和《奸臣传》三传。当然,对史书体例也有明显改进之处,如历代史书皆有"论赞"之辞,而"今修《元史》,不作论赞,但据事直书,具文见意,使其善恶自见,准《春秋》及钦奉圣旨事意"(《纂修元史凡例》)。

很显然,无论是"仿照",还收"改进",都突显出《元史》体例整齐的特点。

（2）文字通俗

明太祖朱元璋乃马上皇帝,出身贫苦佃农,自幼少涉文墨。由于这一缘故,登基后便历来主张写书撰文须以浅显易懂为要,其传诸后世之《御制皇陵碑》文足资佐证。

正是在这一背景下,文笔通俗也就自然而然地成为朱元璋命令撰写《元史》的修史原则之一。诚如宋濂所说,《元史》之成书,"欲求论议之公,文辞勿致于艰深,事迹务令于明白。苟善恶了然在目,庶劝惩有益于后人"(《进元史表》)。阅读《元史》之文,确实有别于他史,行文之中明白如话,甚至方言口语并出,宋濂所言并非虚夸。

（3）史料珍贵

以《元史》之纪、表、志、传四部分相比较而言,本纪最为难得。诸本纪之中,除元顺帝一朝事迹系由明朝史官临时采访补入者外,其余史料皆出自元代所编《十三朝实录》及《经世大典》等文献。《十三朝实录》和《经世大典》乃是元朝极为重要典籍,惜乎二书早已散佚,因而,本纪史料之珍贵自不待言。

《元史》的史志也写得相当丰富,总共有13志。其中的《天文志》、《地理志》、《河渠志》的史料价值尤其突出。例如《天文志》中,系统地反映了元代的天文学领域研究成就,特别值得称道的是全面反映了杰出天文学家郭守敬的伟大贡献,相比之下,以前不少正史的《天文志》显得相形见绌;《地理志》是依照《大元一统志》写成的,此志后来成为编纂《大明一统志》、《大清一统志》的重要参考文献;参照欧阳玄的《至正河防记》等文献编写的《河渠志》也颇有特色,它记载了运河、黄河、吴淞江、炼湖、海塘等江河湖海的疏通治理,保留了元代和前人致力于兴修水利、防治水患及内河漕运诸方面的宝贵资料。

2."旧史"问题

旧《元史》的问题特别突出,在所有纪传体文献中均具有一定的典型性。起因很简单:宋濂等人奉命于洪武二年二月开始撰修,至八月,因为缺少顺帝朝实录而暂时告一段落。洪武三年二月重新开史局,至六月间,即大功告成。前后两次纂修,累加起来,亦不足一年时间。

撰修时间既短,问题自然成堆。清代学者钱大昕曾为此不胜感慨:"古今史成之速,未有如《元史》者,而文之陋劣,亦无如《元史》者。"(《十驾斋养新录》)《元史》问题,主要集中于以下两点:

(1)史料单薄

编纂《元史》所依据的最主要的原始资料是元代《十三朝实录》和《经世大典》。除此以外,与元代历史关系密切的重要资料,如反映太祖、太宗活动尤为详尽的《元朝秘史》,耶律楚材的记录西域山川疆域、风土民情的《西游录》等文献,都因为作者的粗疏忽略而未能征引于《元史》。参考资料的贫乏和征引文献的局限,使《元史》内容显得不够丰富。

(2)失于考订

由于成书过于迅速,来不及审核、推敲,不仅各种疏漏之处极多,内容方面的详略悬殊也相当突出。试以《元史》诸本纪为例,太祖、宪宗本纪俱各一卷,太宗、定宗合为一卷,记述相当简略。而《世祖本纪》则有 14 卷,《顺帝本纪》10 卷,此二纪记述甚为详尽,其文字篇幅几占全部本纪的一半左右。至于因为失于订正而造成的各种讹误,更是不胜枚举。钱大昕通过认真考证,曾尖锐批评《元史》,"本纪或一事而再书,列传或一人而两传,宰相表或有姓无名,诸王表或有封号无人名"(《十驾斋养新录》)。

顾炎武经过考证,甚至指出其实在不该发生的具体错误:"《元史》列传八卷速不台,九卷雪不台,一人作两传。十八卷完者都,十九卷完者拔都亦一人作两传。盖其成书不出一人之手。"(《日知录》卷二十六)顾氏复于其集注指出:《元史》之"三十七卷石抹也先,三十九卷石抹阿辛,亦是一人两传"。赵翼则不仅指出《元史》内部存在着"人名不划一"的问题,而且指出更有"金元二史不符处","宋元二史不符处",并且列举出许多具体事例(《二十二史札记》卷二十九)。

除了人名方面存在严重错误外,诸如本纪、列传、史表、史志之间的内容相互重复,彼此颠倒,乃至抵牾而失于照应者,更是比比皆是。

(二)"新史"是非

此处所谓"新史",系指柯劭忞的《新元史》。由于旧《元史》有芜杂疏漏之弊,而与元朝关系密切的整个蒙古汗国又是当时横跨欧、亚两洲的大帝国,所以有关元史以及《元史》的研究,不独引起明代以来诸多中国学者的高度重视,而且也日益引起国外有关专家的关注。其中,国内较有影响的研究有如解缙的《元史正误》,许浩的《元史阐微》,陶宗仪的《辍耕录》,胡粹中的《元史续编》,邵远平的《元史类编》,魏源的《元史新编》,何秋涛的《朔方备乘》,屠寄的《蒙兀儿史记》,洪钧的《元史译文证补》,李文田的《元秘史注》等。国外较有影响的研究专著,如波斯史家志费尼的《世界征服者史》,拉施特的《蒙古全史》,瑞典人多桑的《蒙古史》,意大利学者马可·波罗的《马可·波罗游记》,俄国学者施米德的《蒙古源流》等等。

由元末直至20世纪20年代,国内外元史研究者虽多,而成就最显著者,惟柯劭忞之《新元史》可以当之。

1."新史"成就

《新元史》作者柯劭忞,山东胶州人,清光绪年间进士,历任翰林院侍讲、贵州提学使、资政院议员、典礼院学士及国史馆纂修等职务。他不满于旧《元史》之陋,遂竭个人之力,以30余年心血写成257卷

之巨的《新元史》。与旧《元史》相比较，《新元史》主要有以下两大
特点。

（1）增加史料

由于在《元史》之后成书，因而《新元史》在取材范围上远比《元
史》广泛。柯劭忞不仅高度重视并征引了当年被《元史》疏忽的《元
朝秘史》、耶律楚材的《西游录》、陶宗仪的《辍耕录》等重要史料，而
且还利用了《元典章》、元《经世大典》残本以及明清学者们的许多重
要研究成果，例如陈邦瞻的《元史纪事本末》、薛应旂的《宋元资治通
鉴》，以及魏源、邵远平、张穆、何秋涛、屠寄、洪钧等人的有关作品。

特别值得一提的是，柯劭忞在征引国内成果的同时，还注意并汲
取了当时国外的一些研究成就（如拉施特的《蒙古全史》，多桑的《蒙
古史》等），从而大大地丰富了《新元史》的内容。以本纪为例，旧《元
史》对世祖以前的史实疏于记载，而《新元史》则通过序纪的形式，为
太祖以前增补了大量史料，为世祖以前各本纪亦增补了许多内容。
在史表、史志方面也多有增补。例如《食货志》，从原来五卷扩充到
13 卷的篇幅，内容由 19 门增加到 22 门，所增的三门（户口、斡脱钱、
入粟补官）都有一定的参考价值。在列传部分，也补入了一些曾被旧
《元史》遗漏的重要历史人物传记。

（2）纠正讹误

旧《元史》由于成书迅速而无暇考订，尤其在人物传记方面，出现
的问题极多。除了前面提到的"一人两传"的怪事外，不但出现编排
失序的现象（如元初人耶律楚材、张柔的传记，反而安排于元末泰不
华列传之后），而且还产生了许多人名混乱、重复的错误。据后人统
计，在旧《元史》中，仅称作"伯颜"的人就有九个，称作"脱欢"的有
13 个，而称为"脱脱"的竟有 15 人之多。

所有上述这些问题，柯劭忞在其《新元史》中都一一给予纠正过
来，从而为后人学习和研究元代历史提供了一定的便利条件。

2."新史"问题

《新元史》虽有以上成就,但也并非尽如人意,它仍然存在着两个明显问题。

(1)仍存遗漏

《新元史》问世后,最令人引为遗憾的是其中没有设立《艺文志》。《艺文志》的重大意义自不待言。以往正史中虽然亦有缺少此志者,但一般是由于史料缺乏所致,而《新元史》则不然。在柯劭忞编写《新元史》之前,已经有一些有识之士痛感《元史》无《艺文志》,遂开始了补志工作。其中颇有影响的增补之作就有钱大昕的《补元史艺文志》四卷,倪灿的《补辽金元艺文志》一卷,以及金门诏的《补三史艺文志》一卷等。然而,柯氏却对此视而不见,继续步旧《元史》之后尘,于《新元史》中仍然不设《艺文志》,岂非咄咄怪事欤?

再如,元朝是宗教组织非常活跃的社会,而《新元史》仅仅在旧史《释老传》的基础上略增数人,实在难以反映佛教(包括喇嘛教)、道教、伊斯兰教、基督教等多教并存发展的盛况。

(2)取材局限

在参考文献的范围上,尽管《新元史》已远远超过旧《元史》,但是,在征引当代研究资料(特别是在采用国外研究成果)方面仍然不够充分,致使新史某些内容仍有薄弱之憾。例如,有关元朝同察合台、钦察、伊尔汗等大汗国之间的政治、经济关系,有关元朝时期中国同欧、亚各国之间在科学技术和文化方面的相互往来等等,皆无翔实记录。

虽然如此,《新元史》毕竟在旧《元史》的基础上有了重大改进,具有他书不可替代的成就和特点。有鉴于此,北洋军阀时期,民国总统徐世昌下令以《新元史》编入正史之列。从此,继正史"二十四史"之后,又有了"二十五史"之称。

五、新旧综论

通过以上的"八书"与"二史"、《旧唐书》与《新唐书》、《旧五代史》与《新五代史》、旧《元史》与《新元史》等"旧作"与"新编"的对比分析，不难形成以下三点共识。

第一，任何"新编"的产生，都有其特定的背景。一般的情况是，流行一时的"旧作"由于日益暴露出政治上或学术上这样或那样的严重问题，已经不能适应当代社会政治领域或学术领域的某种需要。改变这种局面的一条重要途径，便是另起炉灶，再编新书。

第二，"旧作"与"新编"之间是一种依存、互补的关系。"旧作"与"新编"之所以能够同列于正史而并行不悖，除了它们在政治思想上大体都符合历代封建统治者的基本需要外，还由于它们在学术问题上存在着既对立又统一的辩证关系：从"旧作"来说，因有其短，方能有"新编"的产生；因有其长，方能于"新编"流行之后而不亡。从"新编"来说，以有其长，始得立于学界；以有其短，又不能完全取代"旧作"。

第三，扬长避短，"新"、"旧"并用。鉴于"旧作"、"新编"各有所长，又各有所短，学习和利用有关文献时，切忌绝对化，亦即：是，则一书皆是；非，则一书皆非。换言之，既不能读"新编"时，一唯"新编"是从而否定"旧作"，也不能学"旧作"时，一唯"旧作"是从而贬抑"新编"。应当用其所长，避其所短，彼此互补，参考使用。沿着这样的终南捷径，方可坐收事半功倍之效果。

第四节　正史与杂著

在浩如烟海的中国传统历史文献中，被称作"正史"的史籍分外醒目。自《隋书·经籍志》将史部析为13类，以《史记》、《汉书》等史书排于"正史"前列,历代官修、私修书目及史志书目无不效法。在诸多种类的史籍中,何以将正史名列榜首? 盖"正史体尊,义与经配。非悬诸令典,莫敢私增。所由与稗官野记异也"(《四库全书总目·史部》)。很显然,纪传体文献、特别是其中的正史具有重大的社会影响。是故"体尊"者曰"正史",此外者曰"杂著"。然而正史毕竟仅仅是诸类历史文献中的一部分,所以在了解"正史"的同时,也应该了解被后人视为"杂著"的其他历史文献,以便正确地把握它们之间的辩证关系。事实说明,这是有益的,也是应当的。

一、正史问题

所谓正史,系由封建皇帝"钦定"或封建国家特别认可的一种特殊的纪传体史书。因而千百年来,正史不仅在纪传体史书中,而且在所有历史文献中,一直理所当然地占据着一种威严、正宗、居高临下的神圣地位。久而久之,似乎中国的历史必由正史来反映,而正史似乎也就等于中国的历史。在古代许多国人的头脑中,这种印象实在是深刻得很。例如赵宋时期,"宋人于十三史之外加以《南北史》及《唐五代》,于是有十七史之名"(《十驾斋养新录》卷六)。以至于南宋末年,当元丞相博罗提出"且道盘古到今,几帝几王"这一问题时,文天祥便毫不犹豫地以"一部十七史"凛然作答(《文山集》卷十七《纪年录》)。

平心而论,"正史"不愧为中国乃至世界史苑中的奇葩。正是由于中国拥有了"正史",世人不单能因此清晰地看到中华民族连续不断的五千年历史轨迹,而且还能比较系统地了解到中国古代以来政治、经济和文化方面的骄人业绩。假如没有汉代及汉代以后历代所撰"正史",则中国的历史尤其是古代极为漫长的先秦史,就可能会是一盘散沙:凌乱、无序、片段、割裂,问题之严重和影响之深远,将会是令人难以想象。

　　然而世间任何事物,皆有对立统一两个方面。"正史"在取得辉煌成就的同时,也存在着明显的问题。有一个道理再浅显不过:"正史"是历代封建王朝特别恩准的史书,其中便必然要涂抹上一层远比一般史籍要浓厚得多的封建的政治色彩,正史也必然会由此产生出要比一般史籍更为鲜明的一系列问题。

（一）正史积弊

　　正史中存在的问题较多,有这方面的,有那方面的,甚至还有其他方面的。但是相比之下,总会有一些带普遍性和规律性的问题。那么这些"带普遍性和规律性的问题",究竟是些什么问题呢？归结起来,主要体现于以下四个方面。

　　1. 传统观念

　　封建的传统观念,是指在两千年封建社会中,逐渐形成并积淀下来的一些具有一定特点的封建的思想、信仰和习惯。由于正史产生于封建社会初期,终结于封建社会之末,与整个封建社会相始终,所以正史中的封建传统观念反映得相当充分,表现于各个方面。

　　封建的传统观念,首先表现于强调封建正统。何谓"正统"呢？欧阳修《原正统论》云:"王者大一统,正者所以正天下之不正也,统者所以合天下之不一也。由不正与不一,然后正统之论作。"（《欧阳文忠全集》卷五十九）其实,所谓正统观念由来已久。还在春秋末期,孔子就表示了他删定《春秋》的宗旨是通过"正名分",使君权篡立,让"乱臣贼子惧"（《史记·太史公自序》）。孔子的这一指导思想,实则成为后世史学极重封建正统观念的源头。诚然,第一部"正史"的作者具有一定的反抗正统的思想。《史记》冲破世俗之见,基本上做到了直笔书史。例如,作者以农民起义领袖陈涉入世家,直与诸侯,乃至与孔子并列;以项羽入本纪,并且跃居汉代诸帝前列等等。然继之而起的班固立意"宣汉",在政治方面的指导思想与司马迁大不相同。且不说将陈胜、项羽归于列传,试以新莽为例,称帝建元十五年,仅因"篡汉",不单不为之写纪而写传,而且还用心良苦地置于《汉书》诸传之末(按,王莽事迹见《汉书·王莽传》,该传在《叙传》之前)。仅此即可看出,从班固时期开始,《汉书》已经举起了史学为封建正统服务的鲜明旗帜。魏晋以降,诸史更是竭力效法。故近人梁启超先生曾大声疾呼:"二十四史非史也,二十四姓之家谱而已。"(《新史学》)此话或许言之过激,然而,细细想来,也不无道理。正史从头到尾以封建帝王为中心,各史又是以各朝先后相承的系统为主线,确系事实。

　　封建的传统观念,也表现于君主神圣。读正史,任何人都会感到,帝王无比高大的形象突兀其间。从编纂形式上说,本纪位在表、志、列传之右,负有统领全书的作用;从人物类别上看,帝王高居于各种人物之首,任是皇亲国戚,名臣显要,也要统统鱼贯而随,屈居其后;就书法而言,强调帝王代天行事,权力无边,号称"天子"。不论是奴隶社会的夏、商、周,还是战国以降的整个封建社会,历代帝王都是天下的共主,都是最高权力的象征。惟其如此,对所谓有"德"之君,诸如尧、舜、禹、汤、文王、武王、唐宗、宋祖等等,称之为天生"圣人"、"贤明神武",大肆颂扬自不待言,对有"过"之君,也理所当然地要"为尊者讳"。例如,汉成帝本系酒色之徒,奸人妻女(《五行志》),而《汉书》本纪则美化为"尊严若神,可谓穆穆天子之容者矣";即使对残暴无道之君,亦以其为天下至尊而为之敛迹。隋炀帝杨广当年急欲篡夺皇位,明明与杨素勾结,谋弑其父隋文帝,而《炀帝纪》中则仅云"高祖崩",只字不提杨广阴谋。宋徽宗本以腐朽著称,而《宋史》徽宗本纪里则为其力辩"失国之由",说他"非若晋惠之愚,孙皓之暴,亦非有曹、马之篡夺,特恃其私智小慧,用心一偏"云云。然而在君臣之间,面对无上的君权,虽贵为公侯,亦须绝对服从。设若有所不满,必被目为"反叛"。起义者,被呼为"贼寇";斩杀者,被称为"伏诛";甚至被诛者死前还要叩拜谢恩,喊一声"皇天圣明,臣罪当诛"。

为了宣扬君权神圣,即使在一般人物传记中,也必须尽量体现封建的
"三纲五常",必须以"君君臣臣父父子子"为极则。其中有些传目,
甚至在名称上也直言不讳地反映出这一指导思想。例如《孝义列
传》,不言而喻,旨在突出、强调"立人之道,曰仁与义","夫仁义者,
合君亲之至理,实忠孝之所资"(《宋书·孝义列传》)。说到底,也还
是为了宣传忠君思想。

　　封建的传统观念,也表现于以胜败论英雄。无论军事战争,还是
政治斗争,对立双方终有胜负。在正史中,对胜利者往往肯定、颂扬,
誉之为英雄;对失败者则往往否定、非议,将其置于批判之列。试看
隋末暴虐,群雄并起,李世民混一天下,被尊为一代英主;王世充、窦
建德最后败亡,虽亦曾称帝建元,却被史家目为"终行篡逆"、"盗据
河朔"(《旧唐书·王世充窦建德列传》)。元朝末年,朱元璋、陈友
谅、张士诚皆下层揭竿而起,陈、张二人虽曾先后即位建元,因非最
后胜利者,故其传中书曰:"起刀笔负贩,因乱僭窃。"(《明史》卷一百
二十三)朱元璋则因最终削平群雄,定鼎华夏,故于其本纪中,自生至
死,悉以"太祖"尊称。明朝末年,李自成起兵,建元"大顺",一度进
占北京,然以其最终失败,岂止无纪可言(特设一《流贼传》),动辄以
"贼"呼之。而明末,清顺治虽无绝对优势,因假吴三桂之手一战而入
北京,成为开国之君,不独被誉为"龙章风姿,神智天授",更有甚者,
早在"诞之前夕",其母便"梦神人抱子纳后怀曰:'此统一天下之主
也。'"(《清史稿·世祖本纪》)诚然,也有例外。司马迁不仅为先前
屡战屡败而最终取胜的汉高祖刘邦立本纪,也为屡战屡胜而最后以
"乌江自刎"了却一生的项羽立了本纪。但是,汉魏以降,《史记》却
由此遭到一连串的非难和攻击。于是,史书中以胜败论人之风愈炽,
致使历史上的许多风云人物,或为"神圣",或为"盗贼"。其实,"神
圣"与"盗贼"之间,绝无天然鸿沟,仅在一步之差:胜者为王,败者为
寇。可见,从某种意义上说,正统与非正统也是以胜败为前提的。

封建的传统观念,还表现于从本朝利益出发,以此确定何为"正统",何为"僭伪"。这一现象在正史中屡见不鲜。例如南北朝时期,北魏、北齐等政权在北朝被视为正统,而南朝《宋书》等史籍则称其为"索虏";相反,刘宋、萧齐诸朝在南朝被当作正统,而在北朝的《魏书》等史籍中则被斥之为"岛夷"。要正确解释这一历史现象,应当从南北朝史家的当朝利害关系中去寻找答案。再如薛、欧《五代史》中悉以梁、唐、晋、汉、周"五代"为正统,而以其余之"十国"为僭伪。他们在这一问题上的观点如此一致,并非偶然。薛居正、欧阳修两位作者既系宋代官员,自然要虑及本朝渊源所自:赵宋由灭周而起,由周上溯,曰后汉,曰后晋,曰后唐,曰后梁,五代一以贯之,成为一个系统。而与"五代"并存的其余"十国",割据一方,自然属于俨然相持之另一系统。是故,要"宣宋",则须"正周",而要"正周",则又必当正其所自出。

封建的传统观念,甚至还鲜明地表现于史书内容的排序上。试翻检任何一部正史目次排序,与其说这是正文的浓缩形式和简明标识,毋宁说是一篇生动形象的封建社会政治关系图。在这幅"图"中,帝王因系天之骄子,故以本纪形式雄居榜首;而史表因能揭示前朝大事脉络,史志可以提供典制教训,多半紧随本纪之后;列传因有三六九等众多人物,故大体区别为四个系列依次展开(《晋书》以后历代官修正史里更明显):一是皇室宗亲系列,其中包括后妃、宗室、诸王、公主诸传;二是臣子系列,其中包括诸臣、循吏、儒林、忠义、孝行、文苑、方技、外戚、列女、宦官诸传;三是叛逆系列,其中包括叛臣、逆臣、贼臣、奸臣诸传;四是蛮夷、外国系列,其中包括周边少数民族、部族、邻邦以及远方外国诸传。在各部正史中,上述序列一再重复出现,决不是偶然的,它是古代统治者思想观念的自然流露,也是森严的封建政治关系的真切反映。

2. 民族歧视观念

自古以来,中国就是一个包含诸多民族的大家庭。黄河流域的中原文化最先发达起来，汉民族也很自然地成为这个"大家庭"中的主体民族。

在揭示中国古代历史的正史里，既有反映汉族所建政权的正史，例如《史记》、《汉书》、《后汉书》、《三国志》、《晋书》、《隋书》、两《唐书》、《宋史》和《明史》等。也有反映其他民族所建政权的正史，例如《魏书》、《北齐书》、《周书》、《北史》、《辽史》、《金史》、《元史》，以及并非正史的《清史稿》等。

在司马迁《史记》之后，传统文化领域里逐渐形成了后朝人编撰前朝正史的积习。由于撰写正史的依据，主要是在前朝时期形成的原始资料，所以无论后朝编撰者来自汉族还是其他民族，正史里的政治立场和观念都必然与前朝有密切关系。试以反映汉族政权的正史为例，无论是朝代兴替之大事，还是国典朝章和国计民生，相关内容可谓承传不辍，均有详细记载；而有关其他民族的事迹，便出现了犹如《三国志》、《陈书》等正史那样并无专篇反映之现象，或者虽有《四夷传》附于某部正史那样的记载，其内容也是极其简略而语焉不详。

正史中有一条无一例外的弊端。在反映不同政权的正史里，凡是建立政权的民族，无不以正统自居。例如在《元史》里，国民被区分为蒙古、色目、汉人、南人四个级别，然而字里行间似乎是天经地义。又如在类似正史的《清史稿》里，满汉两族间的区别亦令人震惊，但是字里行间也似乎是自然而然。至于古代的两晋时期，亦不失为典型一例。当时的北方，以匈奴、鲜卑、羯、氐、羌为代表的游牧民族入主中原，俗称"五胡十六国"时期。客观地说，这些游牧族进入中原后，曾经引发过民族间的争端和动荡。但他们在与汉族杂居过程中，也陆续吸收了中原汉文化，并推行了一系列进步举措（诸如稳定社会秩序、崇尚儒教、力图统一之战等），最终不仅实现了北朝对南朝的压倒性胜利，也为隋王朝的出现提供了坚实基础。在古代文献中，以上现象明明应该以"五胡入华"书之，而许多正史里却常常出现"五胡乱华"的负面评价。

正史里的民族歧视现象尚不至此。在反映对立双方的大型战争时,便尤其鲜明。每当战端一开,不同民族或政权同样以正统自居,于是歧视性语言便一目了然。对于"敌国"或对方,最常使用的称谓,要么是"寇"、"附"、"反"、"叛"、"乱"等词语,要么是"平"、"伐"、"征"、"讨"、"击"等字眼。

然而,彼此之间的交往与和谐共处,毕竟是所有民族长期以来的渴望和不懈追求,也是国家走向大一统的基石和晴雨表。每当民族矛盾达到一定程度时,便预示着国家大一统的来临,正史里的这种现象曾一再出现。例如由春秋战国动荡到秦统一,由三国鼎立到晋统一,由南北朝对峙到隋统一,由宋辽金征战到元统一。特别是从元代起,中国历史上更是出现了元明清连续数百年的大一统局面。

当代中国是由 56 个民族构成的命运共同体。客观地说,倘若以民族团结、和谐共处为基准而环视世界诸国,则无出中华民族之右者。

有句流传很广的老话:"水有源,树有根。"只要稍微放眼中国古代正史和近现代史,就不难看出一个发人深省的社会现象:在中华民族起源、演进的发展史上,确实有一条极其悠久、相当清晰,同时又日益向好的发展轨迹。

3. 唯心史观

正史是封建社会的产物。由于时代的局限和阶级的局限,唯心史观犹如一条长线贯穿其中。

帝王将相在史书中占据着绝对篇幅。正史不单以本纪、世家宣扬帝王圣贤是肩负历史使命,绝非常人的"超人",还以数量众多的列传、史表和史志等形式,鼓吹帝王将相是历史的创造者,是历史的主人。在正史的作者们看来,古代的历史不单是通过皇帝和圣贤这类非凡人物的非凡意念实现的,而且他们的重大举措,甚至与上天的意旨息息相通。所谓"其本在地,而上发于天","政失在此,则变现于彼,犹景之象形,响之应声"(《汉书·天文志》)。

中国古代社会的整个历史,究竟是按照何种形式发展、前进呢?在这一重大理论问题上,正史作者们的观点具有惊人的一致性,大都用"五德终始"(或"五德转移"、"五行之德")的学说来解释。在他们看来,中国古代任何朝代的兴衰演进,都不仅严格地按照水、火、木、金、土这五种物质的德性相生相克,而且还是周而复始,循环往复,以至无穷的运行。譬如以夏、商、周三代为例,它们分别属于木、金、火三德,于是三代的递嬗演进,便可以作如下解释:火(周)克金(商),金克木(夏)云云。正是在这种观点支配下,各个朝代便无一例外地纳入了"五德"之序:秦为"金"德,色尚白;汉为"火"德,色尚赤,如此等等。于是乎从汉高祖斩白蛇中,便附会出赤帝子斩白帝子一幕。试看斩白帝子这"一幕"何等逼真:当初汉高祖刘邦"以亭长为县送徒骊山",夜经泽中,遇大蛇当道,高祖拔剑斩之。后人遂见一哭泣老妪,诉之曰:"吾子,白帝子也,化为蛇,当道,今为赤帝子斩之,故哭。"(《史记·高祖本纪》)以此认作汉(火德,尚赤)灭秦(金德,尚白)之应;其实刘秀中兴,也有类似的《赤伏符》上应天命的怪谈:当刘秀引兵至鄗(河北柏乡)时,有人献上《赤伏符》,上面写:"刘秀发兵捕不道,四夷云集龙斗野,四七之际火为主。"(《后汉书·光武帝纪》)这里的"四七"是二十八,系指自刘邦即位至刘秀起兵为228年,火为汉德,因而刘秀称帝乃"受命于天"。

唯心主义的历史循环论,犹如浓浓雾霭弥漫于古代史学领域之中,虽以司马迁那样的伟大天才,也不免坐困其中。试看《史记》里的循环论:"三王之道若循环,终而复始"(《高祖本纪》);"三王之道若循环,穷则反本"(《历书》);"天运"者,"三十岁一小变,百年中变,五百载大变,三大变一纪,三纪而大备,此其大数也。为国者必贵三五,上下各千岁,然后天人之际续备"(《天官书》)。在司马迁眼里,社会的前进不是螺旋式上升,而是以一种固定程式无限地循环,且"穷则反本"、若干年一"变"的形式是由上天安排的。在这一问题上,作为杰出史学家的司马迁尚且冲不出唯心论的怪圈,其他正史究竟如何,自不待言。

4. 忽视科技

科学技术历来是文化领域中的一个极其重要的子系统,也是社会生产力中极其重要的组成部分。历史已经证明并将继续证明,人类的每一次科学技术的重大飞跃,都必然会导致社会文明的长足进步。毫无疑问,历史学应当而且必须全面反映科学技术。

在古代世界科技领域里,中国人民的突出贡献是举世公认的。在长达两千年的封建社会里,中国的科学技术蓬勃发展,气象万千。如果说我国先秦时期的科学技术尚有古希腊与之比肩,两汉的科技犹有古罗马与之匹敌,那末,隋唐时期科技领域的各种巨大成就便可以说举世无双,或许只有毗邻的印度可以望其项背。中国古代先进的科学技术与其他文明世界相比,尤其与欧洲长达千年的中世纪"黑暗时期"相比,更形成鲜明的对照! 英国著名科学家李约瑟曾经说过:中国古代"在许多重要方面有一些科学技术发明,走在那些创造出著名的'希腊奇迹'的传奇人物的前面,和拥有古代西方世界全部文化财富的阿拉伯人并驾齐驱,并在公元三世纪到十三世纪之间保持了一个西方所望尘莫及的科学知识水平"(《中国科学技术史》中译本第一卷)。

然而,对于古代世界中像中国这样的泱泱科技大国,正史里并没有给予应有的反映,而是从头至尾,存在着如下令人遗憾之重大疏忽。

(1)罕辟"特区"

此处所谓"特区",系指专门反映科学家科技成就的一席之地。试以正史"二十五史"里的单传、合传、类传为例。这里的传记之多,令人眼花缭乱,然而极其罕见的传记,当数科学家的传记。诚然古代个别科学家的事迹,也可以从正史的一些传记中捕捉到相关信息,诸如《史记》中之扁鹊(《扁鹊仓公列传》),《后汉书》中之张衡(《张衡列传》)等等。但是这种情形乃是偶然为之,十不有一,何况所获信息粗浅而不系统。

更加普遍和严重的问题,则是以下两种形式。

其一,索性不载。有关这方面的例子简直不胜枚举。东汉张仲景是中国古代医林泰斗,被后人誉为"医圣",他写的《伤寒论》、《金匮要略》两部著作,至今仍被中医学界视为经典。然其人其事,《后汉书》不载;隋代李春设计制造的安济桥,"奇巧固护,甲于天下"(《赵州志》),是世界历史上最早的大型敞肩拱桥,至今犹完好地坐落于河北省的赵县。然而,查阅《隋书》,却不见李春事迹;唐代瓷器名闻天下,越窑青瓷更是举世无双,晚唐名士陆龟蒙曾写诗赞曰:"九秋风露越窑开,夺得千峰翠色来。"(《秘色越器》)然而,在《唐书》中不见制作者踪迹;著名工匠喻皓的《木经》问世后,对当代和后世建筑技术的发展产生过重大的影响,然而其人其事既不见于《宋史》,亦不见于《五代史》;黄道婆是元代著名的女纺织家,她曾只身去往崖州,带回纺织技术,改进纺织工具,利被松江,为江南和北方纺织业的发展做出了重大贡献。然而,其人其事虽载于明代陶宗仪之《辍耕录》,却不见于明代官修的正史《元史》之中;明人宋应星是古代著名的科学家,他通过实地观察和研究,写出了总结我国古代农业和手工业生产技术的重要科技文献《天工开物》。然而,偌大一部《明史》,同样是只字不提。

诸如此类的事例,正史之中不一而足,疏忽之处何其多也!

最令人引为憾事者,是对"四大发明"的态度。我国是"四大发明"的故乡,然而正史之中不单对火药、指南针的发明疏于详载,对信息技术伟大发明的记述也不尽如人意:蔡伦是造纸术的发明者,他的有关事迹显然因为他是知名的宦官,才有幸著录于《后汉书·宦者列传》(此书犹非官修正史)中;雕版印刷术发明于唐代,然而,遍视官修两《唐书》,并无发明者的蛛丝马迹;活字印刷术的发明者本来确凿无疑是宋人毕昇,然而,因为他仅仅是一介"布衣",在特大部头的近五百卷的《宋史》中,居然一字无载!设若不是宋代科学家沈括在《梦溪笔谈》中论及活字印刷,则毕昇的名字连同他的伟大事迹将不为人所知,而会永远地湮没于历史的长河之中!

其二,混迹他处。很多科学家即或见载于正史,也大多混迹于其他人物行列,仅能从短文之夹缝中略窥其迹。试以《后汉书》为例,其中虽记述了以外科医术名扬天下的华陀事迹,然而,作者依照传统归类方法,竟将他与故弄玄虚的方士为伍(《方士列传》);又如,以同样方式将造纸术发明家蔡伦与民贼宦官单超、侯览一起,写入了《宦者列传》。再如,宋代沈括在许多领域卓有建树,日本数学家三上义夫曾极力赞扬其数学成就:"沈括这样的人物,全世界数学史上也找不到,唯有在中国出了这样一个人。"李约瑟甚至称赞沈括的伟大著作《梦溪笔谈》是"中国科学史的里程碑"(《中国科学技术史》)。对沈括这样极其罕见的科学界的一代伟人,《宋史》中虽然有所记述,但是其人其事既不是以合传、类传形式反映,更不是以单传形式出现,而是以"附传"的形式附载于沈遘之后。沈遘者,沈括之从兄,"举进士,廷试第一",知开封府,迁龙图阁直学士。可以想象,倘若没有政治上如此显赫的"从兄",则沈括的事迹真不知还能否提及于《宋史》。诸如此类的事例,正史里又何止上述区区数人!

当然,这种情形也并非一成不变。到了20世纪20年代,清朝遗老们似乎清醒了一点,终于在他们编撰的《清史稿》中创立了一个《畴人列传》。在整个"二十六史"中,这是用以反映古代科学家的第一个类传,也是唯一的科学家类传。然而,令人遗憾的是,这个姗姗来迟的类传主要记述"推步之学",侧重反映天文历算成就,至于其他诸多范围则罕有提及。

（2）反映片面

我国古代辉煌的科学技术涉及许多领域。早在汉代，以农学、医学、天文学、算学四大学科为主体的实用科学体系已经基本形成，地理学也有巨大成就。试以技术发明为例，早在殷商时期，中国的青铜冶炼已很发达。至晚在春秋中叶，已经掌握了生铁冶炼技术。两汉时候，中国在炼钢、铸造、水利、水力动力、造船、建筑、简单机械制造、制瓷、造纸、指南针、纺织等许多个技术领域，已经全面发展，并且遥遥领先于全世界。唐宋时期，中国的印刷术更是为世界科学技术再添新章。如此等等，不一而足。然而在正史之"史志"中，值得一提的固定"栏目"，不过是《天文志》、《律历志》、《五行志》、《地理志》等几种专志。这些史志，自从《史记》和《汉书》发其端，以后历代正史大都继承并发扬了这一传统，从而为后人研究天文、律历及地理之学提供了重要资料。然而，它们毕竟局限于为数不多的几个领域（其中还常常夹杂大量迷信和糟粕），而前面提及的其他科技领域则多未述及，或虽有记述而碎片化，这是令人十分遗憾的问题。

昔日刘知几批评编年体的局限时曾经说过："故论其细也，则纤芥无遗；语其粗也，则丘山是弃，此其所以为短也。"（《史通·二体》）窃以为，倘若借用刘知几的话来品评正史所反映的科学技术领域，则似乎也可以这样说：故论其细也，则"五星聚于东井"，"此高皇帝受命之符"（《汉书·天文志》），异鸟止于宰臣朝冠，系"践之不祥"（《宋史·五行志》），堪称"纤芥无遗"；语其粗也，则科学巨星可以无载，重大发明隐而不彰，诚可谓"丘山是弃"，此其所以为短也。

中华民族不但是一个勤劳勇敢的民族，也是一个具有高度智慧和伟大创造力的民族。中华民族不仅在古代农、医、天、算诸多科学领域的伟大成果班班可考，在诸如材料技术、制造技术、动力技术和信息技术领域里，也取得了举世无双的成就。我国古代科学技术的成就明明相当伟大、辉煌,曾经长期走在世界的最前列,然而在正史中为何会严重疏忽而未能系统反映呢?追究这一问题,显然会与当今学界熟知的"李约瑟之谜"发生交集。李约瑟基于其皇皇巨著《中国科学技术史》的深入研究,就曾提出过这方面的问题。在李约瑟看来,在很长一个时期里,古代中国的科学技术都曾长期遥遥领先于欧洲。然而曾几何时,近代科学技术发生于文艺复兴后的欧洲,而不是出现于中国。中国传统科技何止没有及时地步入近代世界的科学技术殿堂,反而明显地由盛而衰,甚至在一个时期里与西方的差距越拉越大。个中原因究竟何在?这就是著名的"李约瑟难题",又名"李约瑟之谜"。很显然,求解这一问题的答案比较复杂。但就其大者而言之,除了封建社会专制制度的束缚、古代选举制举荐标准(尤其是科举制考试内容)的逆向影响外,也与意识形态领域里两个根深蒂固的观念导向有重要关系。

其一,贵德贱艺价值观。

"贵德贱艺"说出自《礼记》:"德成而上,艺成而下。"这一价值取向不仅把"德"(伦理道德)、"艺"(科学技术)二者绝对地对立起来,还确定了"德"的至高无上和"艺"的卑微低下的政治地位。在这种传统观念束缚下,古代科学技术长期被视为"奇技淫巧",甚至直到近代,犹不能望"德"之项背:"立国之道当以礼义人心为本,未有长恃术数而能起衰振弱者","人若不明大义,虽机警多智,可以富国强兵,或恐不利社稷"(中国史学会《中国近代史料丛刊·洋务运动》)。既然科学技术在封建统治者的眼里被统统目之以"贱",则从"艺"者的前途命运之惨也就可想而知了。一般的"巫医乐师百工之人",固然要被"君子不齿"(韩愈《师说》),即使是知名的科技工作者,甚至是为中国乃至世界文明作出伟大贡献的科学家,也不免遭到社会冷遇而疏于记载。

其二,重实践轻自然传统理念。

在中国传统文化领域里,一向以人文为本位。习惯于重社会,轻自然;重人伦日用,轻怪异鬼神。孔子就是这方面的忠实实践者,他一生不仅"述而不作,信而好古",而且从来"不语怪、力、乱、神"(《论语·述而》)。这里素为孔子不齿的"怪",究竟作何解释? 或系怪异现象,或为玄妙难测事物。这从实质上看,无异于根本不鼓励人们探索包括"自然"在内的未知世界。荀子说得更为直接:古书云"万物之怪,书不说",是故"无用之辩,不急之察,弃而不治;若夫君臣之义,父子之亲,夫妇之别,则日切磋而不舍也"(《荀子·天论》)。于是在封建社会里,"君臣"、"父子"之类的伦理道德观念,因系人伦日用之大事,故而可以永无休止地"切磋"下去;至于那些与此无关的一切学问,因系"无用之辩,不急之察",自然在"弃而不治"之列。反观我国正史中,但凡有幸得以偶尔反映的科学技术,则必然是具有实践应用之特征。例如古代的天文研究,不单是服务于生产管理的重要工具,而且又能适应封建统治的政治需要。它通过"司天台占候灾祥",宣扬"天人合一"、"王权神授"的理论,从而直接为封建统治服务。正是基于这一原因,《天文志》在正史中长期占有一席之地;又如地理学情况亦复如是。中国自古以来,疆域辽阔,人口众多,欲求中央集权的有效统治和封建政权的"长治久安",就必须加强行政管理。而要加强行政管理,首先必须了解山川、疆域、水利、物产、户口、田亩乃至民情风俗等情形。正是基于这一背景需求,地理学受到了特别重视而发展起来,正史里也便相应地出现了一个几乎固定不变的史志——《地理志》。

不言而喻,正史中忽视科技乃是事出有因,而无论是出于什么样的原因,都是不可原谅的重大疏忽。

(二)积弊主因

正史中的积弊现象不胜枚举,仅就以上"四大问题"(传统观念、民族歧视观念、唯心史观、忽视科技)为例,已足令人震惊。人们不禁要问,正史里何以会出现如此严重的积弊呢? 换言之,产生这些现象的主要原因是什么呢? 这一问题的答案牵涉面甚广,但综合研究分析起来,当与社会及文化层面的四个因素有重要关系。

1. 政治因素

中国古代社会主要是奴隶社会和封建社会两种形态,源于这两种社会的正统观念根深蒂固、影响深远。古代统治者固然重视史书资治当代、"垂训鉴戒"的重要作用,同时也尤其重视统治者的政治生命。史书可以使人流芳百世,也可以使人遗臭万年,因而回护上层利益的正统意识,便理所当然地成为撰修史书的一条重要指导思想。唐朝宰相韦安石的一席话可谓一针见血:"世人不知史官权重宰相,宰相但能制生人,史官兼制生死,古之圣君贤臣所以畏惧者也。"(《新唐书》卷一百一十五《朱敬则传》)考察"二十四史"的编撰过程,往往伴随着最高统治者的直接干预。这种干预从《史记》到《明史》,从来没有停止过。

第一部正史就有"干预"的踪影。曹魏秘书监王肃云:汉武帝获悉司马迁写《史记》,遂"取孝景及己本纪览之",以其中记事"不虚美,不隐恶","于是大怒,削而投之。于今此两纪有录无书"(《三国志·魏书·钟繇华歆王朗传》)。如果说汉武帝是在成书后予以"干预"的话,那么汉明帝对第二部正史《汉书》的"干预",就要积极主动得多了。永平十七年(74),《汉书》的编撰正在进行中,汉明帝便迫不及待地在云龙门召见班固,以名为谈"古"实则论"今"的方式向他面授机宜(《文选》,班固《典引叙》)。《史记》、《汉书》之后,封建皇帝直接插手正史编纂的事更是时有发生。以《宋书》为例,其中原本"多载宋明帝鄙渎事",由于梁武帝有所顾忌,曾训示作者:"我经事明帝,卿可思讳恶之义。"于是"鄙渎事"遂不见载于史。北齐神武帝高欢甚至公然要挟《魏书》作者魏收:"我后代声名,在于卿手,最是要事。"(《唐会要》修史官条)李唐王朝也不例外。唐太宗李世民不仅一再驾临史馆，千方百计地想亲眼一睹正史的重要资料——起居注，而且还上演了历史上皇帝亲自执笔修史的典型一幕。

宋代以后，随着封建社会的发展进入后期，文化专制日甚一日，朝廷对正史编撰的控制空前加强，因修史而起的文字狱屡有发生。凡是敏感的问题及政治上的重大事件，即使地位显赫的总裁官也不敢自专。史官们不但在编撰过程中要谨慎从事，动辄必须仰承"圣裁"、"钦定"。史书编成后，还要正式上表呈报朝廷，只有得到皇帝的恩准后，始得刊行。就封建皇帝而言，下达例行的旨意犹觉不足，还往往亲自出马，严加过问。清朝编《明史》时，康熙、雍正、乾隆三帝除了平时下达"史书务纪其实"，"彰善瘅恶，传信去疑"（王先谦《东华录》）之类的冠冕堂皇的圣旨外，还常常审书定稿，事必躬亲，甚至一纪、一卷之具体内容也要当面过问。而每经过一次"御览"和"审核"，便不可避免地进行一次曲笔回护的重大改动。例如康熙帝在听取汇报后，就曾明确训示史官："尔等纂修《明史》，其万历、天启、崇祯年间之事，应详加参考，不可忽略。"（《康熙实录》卷二百五十四）因有这一明确训示，于是乎不仅建州方面的历史在《明史》中成为一块空白，清兵入关后的诸种罪行以及各地如火如荼的抗清斗争也难见踪迹。假如不是有野史在，或许后人还会以为历史本来就是如此。

上述事例表明，史书的作者有时并不是本书的主宰，当朝统治者才是营构本书的灵魂。正是由于朝廷（特别是由于皇帝）的直接介入，一个无形的然而又是强大的政治压力，便自然而然地笼罩在修史者的头上。史家修史既然不得不虑及朝廷的政治需要，以及个人的前途荣辱和安危所系，所谓"直书"自然受到影响，"曲笔"现象自然极易产生。

2. 儒学因素

昔刘知几云："肇有人伦，是称家国。父父子子，君君臣臣，亲疏既辨，等差有别。盖'子为父隐，直在其中'，《论语》之顺也；略外别内,掩恶扬善,《春秋》之义也。自兹已降,率由旧章。史氏有事涉君亲,必言多隐讳,虽直道不足,而名教存焉。"(《史通·曲笔》)依照刘氏所见,古代史书曲笔现象,其源可直追孔子。《论语》是夫子语录集成,个中言论诚然有其影响,而儒家经典《春秋》乃孔子亲手删定之书,影响之巨,或许更为深远。

在《春秋》中,对历史上发生过的种种现象,究竟是"书",还是"不书",以及应当"如何书",孔子都有一个既定的严格标准。这个标准就是,一切问题都要经过周礼的检验,符合于"礼"者则书;"非礼"者则不书;不合于周礼而又不得不书者,则采取"婉而成章"的方法,亦即为尊者讳,为亲者讳,为贤者讳。由于坚持这样的既定方针,所以在古代著名的"践土之会"上,明明是欲霸天下的晋文公召见了周天子,而孔子鉴于"以臣召君,不可以训",乃赫然在《春秋》中写为"天王狩于河阳"(《左传》僖公二十八年)。难怪同时代的韩宣子聘问鲁国,见到《易》、《象》与鲁《春秋》时,禁不住连连击节赞叹道:"周礼尽在鲁矣。"(《左传》昭公二年)由此可见,所谓"《春秋》笔法",从某种意义上说,实则为曲笔修史披上了一层合法的外衣。孔子是儒家创始人,《春秋》是先秦史学中颇具代表性的典籍,因而,《春秋》大义及其书法,不仅仅对于汉代史学家,而且对于长期受儒家思想左右的整个封建史学界,无疑都具有潜在的极为深远的影响。

历代正史的作者为了实践史学"经世致用"的宗旨,岂止是从"《春秋》笔法"中学到了"为尊者讳"、"为贤者讳"的方法技术,更为曲笔修史找到了堂而皇之的理论根据。

3. 史家因素

正史中许多问题的产生,固然不排除编纂者的力所不逮,亦即不排除刘知几所谓"史学三长"中的才、学、识诸条件的制约,但是也有不少问题并非由于这些因素造成。从一定意义上说,还与史家的学术操守(即章学诚所谓的"史德")有直接关系,这在正史中并不罕见。

　　如果说刘知几所说的"班固受金而始书,陈寿借米而方传"(《史通·曲笔》)犹有不足凭信的话,那末诸如沈约、姚思廉父子的越轨行为则是班班可考(参见本章第三节"八书"与"二史"之内容)。至于《魏书》的作者魏收其人,史德更逊一筹,他以史官压人之不可一世,着实令人惊叹:"何物小子,敢共魏收作色,举之则使上天,按之当使入地。"(《北齐书·魏收传》)以如此品行修史,书中能够毫无"秽"迹者,史学领域未之有也。

　　4. 史料因素

　　编撰正史需要大量的文献资料,就中尤以起居注、实录和国史等原始文献最为重要。在这些基础性的文献资料中,秉笔直书者固然不乏其例,但曲笔现象亦不罕见。以曲笔史料为例,清朝实录堪称史上罕见之典型。从雍正到乾隆初年,曾先后三次篡改太祖、太宗、世祖三朝实录,以后的各朝实录也都在皇帝的直接授意下多次修改,致使各朝实录今昔相比,几乎面目全非。

　　关于实录"不实",古人早有察觉。著名史家万斯同就曾指出明代实录的不可尽信:"高皇帝以神圣开基,其功烈固卓绝千古矣。乃天下既定之后,其杀戮之惨一何甚也!当时功臣百职,鲜得保其首领者。迨不为君用之法行,而士子畏仕途甚于阱坎,盖自暴秦以后所绝无而仅有者。此非人之所敢谤,亦非人之所能掩也。乃我观《洪武实录》,则此事一无所见焉。纵曰为国讳恶,顾得为信史乎? 至于三十年间,荩臣硕士,岂无嘉谟嘉猷,足以传之万祀者? 乃一无所记载。而其他琐屑之事,如千百夫长之祭文,番僧土酋之方物,反累累不绝焉。是何暗于大而明于小、详于细而略于巨也?"(《群书疑辨》卷十二《读太祖实录》)虽然采用什么资料,以及如何采用资料,修史者有其选择自由,但毕竟不能否认这样一个事实:原始资料中原本就存在的诸多问题,是很容易影响正史质量的。

至此,我们已经可以而且应当得出这样一个结论:以历代正史为代表的纪传体历史文献,虽然是中国传统文献中极其重要的一种,但是由于上述诸种问题的存在,要想全面、系统地揭示或了解中华民族伟大的五千年文明史,倘若完全依靠一种文献而无视其他文献,就难以达到实事求是和充分客观公允之目的。

二、杂著范畴

研究或了解中国古代的历史,既然不能完全依靠纪传体正史,则利用其他相关文献来补充,也就势在必行了。所谓其他相关文献,一言以蔽之,就是人们常说的"杂著"。

这里所谓杂著,特指史料杂著。近人梁启超先生曾说过:"中国古代,史外无学,举凡人类智识之记录,无不丛纳之于史。"(《中国历史研究法·史之改造》)梁氏此说固然有史学汗漫无际、难以把握之嫌,但是客观地讲,社会上的一切文献确实都蕴含着一定的历史资料,都可以成为研究历史的依据。这些包含着历史材料的许多文献,或许原本是具有独立性质的非史学著作,而从服务于历史研究这一点上来说,则都可以视为史料杂著。

所谓"杂著",从一定意义上说,也有狭义"杂著"和广义"杂著"之分。

(一)狭义杂著

所谓狭义杂著,即传统四部分类中的史部杂著。关于史部杂著的具体类别和内容,还在经、史、子、集四部分类正式命名的唐代,刘知几就曾深入地进行过研究。他将史部"杂著"区别为十类:"爰及近古,斯道渐繁,史氏流别,殊途并骛。权而为论,其流有十焉:一曰偏纪,二曰小录,三曰逸事,四曰琐语,五曰郡书,六曰家史,七曰别传,八曰杂记,九曰地理书,十曰都邑簿。"(《史通·杂述》)应当说,这十类文献基本概括了古代史部中的有关历史材料。现代著名史家翦伯赞先生在其《史料与史学》一书中,不仅就这十类杂著的性质一一加以注释,还颇为精细地论述了十类杂著以后的发展情况。参考翦先生当年所论,今分析撮述于下:

刘氏所谓"偏纪",系指记录某一朝代中的一个段落,或当时耳闻目见之事。这种史实往往不见于正史,或是虽有而语焉不详。正如刘知几所说:"若陆贾《楚汉春秋》、乐资《山阳载记》、王韶《晋安帝纪》、姚最《梁昭后略》,此之谓偏纪者也。"(按,见《史通·杂述》。下引刘知几语,同此)这类著述,以后或截录一时,或专记一事。前者如宋李纲之《建炎时政记》、明李逊之《三朝野记》;后者如宋辛弃疾《南渡录》、清王秀楚《扬州十日记》、朱子素《嘉定屠城纪略》等等。

刘氏所谓"小录",是作者仅就为自己熟知的人物所写的传记。这些人物,或不见于正史,或虽载于正史而记载粗略。正如刘知几所说:"若戴逵《竹林名士》、王灿《汉末英雄》、萧世诚《怀旧志》、卢子行《知己传》,此之谓小录者也。"此类作品,也有许多后继之作。例如明朱国桢《皇明逊国臣传》、清陆心源《元祐党人传》、陈鼎《东林党人传》等等。

刘氏所谓"逸事",是指可资弥补正史遗逸的记事或记言之作。正如刘知几所说:"若和峤《汲冢纪年》、葛洪《西京杂记》、顾协《琐语》、谢绰《拾遗》,此之谓逸事者也。"这类著述后来向多方向发展:其一为辑佚之作,其二为补逸之作,其三为存逸之作。而存逸之书,以明清两朝最多。例如明无名氏《江南闻见录》、黄宗羲《海外恸哭记》、清邹绮《明季遗闻》等等。

刘氏所谓"琐言",与正史中的诏令奏议之类绝不相同,系指街谈巷议、小说卮言,流俗嘲谑,多半系正史中所无。正如刘知几所说:"若刘义庆《世说》、裴荣期《语林》、孔思尚《语录》、阳松玠《谈薮》,此之谓琐言者也。"这类著作,宋代甚是发达,有如周密《癸辛杂识》、朱彧《萍洲可谈》等等。

刘氏所谓"郡书",乃记人物之作。不过,不如正史之遍及国内,而是仅录其乡贤。所以这等人物多不载于正史,或虽载之但记述不详。正如刘知几所说:"若圈称《陈留耆旧》、周斐《汝南先贤》、陈寿《益都耆旧》、虞预《会稽典录》,此之谓郡书者也。"这类著作,后世亦有撰述。如宋句延庆《锦里耆旧传》、元刘一清《钱塘遗事》等等。

刘氏所谓"家史",乃是作者反映自己家族世系之书,与正史之世家仅记贵族世系大不相同。正如刘知几所说:"若扬雄《家牒》、殷敬《世传》、孙氏《谱记》、陆宗《系历》,此之谓家史者也。"这类著作,隋唐以前已书不胜书,至唐而极盛,诸如韦述《开元谱》、柳芳《永泰谱》等,皆有盛名。唐代以后,但凡民间望族,大多有自己的谱牒,此外又有与族谱并行的家系之书——家史。

刘氏所谓"别传",是指为那些在历史上有一定地位或影响的人物所作的传记。这类人物或不见于正史,或虽见于正史而记述不详。正如刘知几所说:"若刘向《列女》、梁鸿《逸民》、赵采《忠臣》、徐广《孝子》,此之谓别传者也。"这类著作,后世亦较发达。例如唐郑处诲《明皇杂录》、宋曹溶《刘豫事迹》、清钱名世《吴耿尚孔四王合传》等等。

刘氏所谓"杂记",虽系反映鬼怪神仙之类的杂书,然与正史之《五行志》、《符瑞志》中所记的灾异、符瑞之类不同,乃是着眼于闾巷异闻趣事、民间迷信传闻。正如刘知几所说:"若祖台《志怪》、干宝《搜神》、刘义庆《幽明》、刘敬叔《异苑》,此之谓杂记者也。"这类作品往往散见于后世笔记、野史之中,也有比较典型而有影响的志怪小说,例如《封神榜》、《西游记》、《聊斋志异》等等。

刘氏所谓"地理书",非如正史《地理志》之总记一代疆域、物产,而是体裁各异。正如刘知几所说:"若盛弘之《荆州记》,常璩《华阳国志》、辛氏《三秦》、罗含《湘中》,此之谓地理书者也。"后来的地理书朝三个方向发展:其一曰方志,如唐代《元和郡县志》、宋代《元丰九域志》之类；其二曰游记，如晋法显之《佛国记》、唐玄奘《大唐西域记》、元耶律楚材《西游录》、马可·波罗《游记》、明马欢《瀛涯胜览》、明徐宏祖《徐霞客游记》之类；其三曰历史地理考证，此类著述，唐代以下各朝皆有，就中尤以清代蔚为大国。

刘氏所谓"都邑簿"，乃是专记宫阙陵庙、街廛郭邑之书。因为历代都邑于正史中皆无专门记载，所以，这类著作辨其规模、明其制度，可以弥补正史之不足。正如刘知几所说："若潘岳《关中》、陆机《洛阳》、《三辅黄图》、《建康宫殿》，此之谓都邑簿者也。"此类著述，后世代不乏作。其中如宋周密《南宋故都宫殿》、吴自牧《梦粱录》、孟元老《东京梦华录》、清雪樵居士《秦淮见闻录》等等。

（二）广义杂著

将狭义史料与广义史料相比较，则广义史料杂著的范围要广泛得多。总括起来，大抵可以归于四部之内杂著和四部之外杂著两大区域。

1. 四部之内

一般人最习用的传统分类方法是经、史、子、集，泾渭分明。所谓史籍者，似乎是舍其中之"史部"著作莫属。诚然，从形式上看，群经、诸子和集部之书不像"史部"之书那样是专记史实的历史文献，但是考察"史部"以外的其他三"部"，其中确也不乏珍贵史料和特定意义的历史著述。明代著名思想家李贽曾经非常明确地指出，经部之书是历史文献。用他的话说，"《春秋》一经，春秋一时之史也；《诗经》、《书经》，二帝、三王以来之史也；而《易》则又示人以经之所自出。史之所从来，为道屡迁，变易匪常，不可以一定轨也，故谓古经皆史也"（《焚书》卷五《经史相为表里篇》）。子部之书，既号称诸子百家之作，也与历史有密切关系。例如，其中之儒、墨、道、法、阴阳等各家著述，乃是研究哲学史的资料。诸如天文、历算、农学、医学、五行等方面的作品，则是研究各有关学科问题及其发展历史的重要参考资料。

集部之书,又何尝不是如此!例如不为常人注意的"小说家"之作品中,也都包含有重要参考价值的史料。被世人誉为古典小说名著的《儒林外史》、《红楼梦》等,便是最典型的例证。此外,夹杂于集部中的奏议、游记之类的文献,原本就是直接记录史事和史迹的历史资料,即使其中的诗词歌赋之类的所谓"纯文学作品"(特别是那些继承和发扬现实主义典范《诗经》遗风的作者,例如杜甫、白居易、陆游等人所创作的诗词歌赋),也都可以从中检索到具有很高史料价值的参考资料。

在历史文献研究领域中,清代乾嘉时期的章学诚造诣极深,堪称独树一帜之史学大家。章氏最具代表性的理论学说,反映于《论修史籍考要略》中。就中论之极详的,是他由史籍分类总结出的所谓"十五项原则":一曰古逸宜存;二曰家法宜辨;三曰剪裁宜法;四曰逸篇宜裁;五曰嫌名宜辨;六曰经部宜通;七曰子部宜择;八曰集部宜裁;九曰方志宜选;十曰谱牒宜略;十一曰考异宜精;十二曰版刻宜详;十三曰制书宜尊;十四曰禁例宜明;十五曰采摭宜详。在此,对"十五项原则"中的其他"原则"姑且不论,单就经、子、集部而言,章氏均有极其明确的表述:"经部宜通","子部宜择","集部宜裁"。

所谓"经部宜通",系指"经"中有史。古代本无经、史区别,"六艺皆掌之史官,不特《尚书》与《春秋》也。今六艺以圣训而尊,初非以其体用不入史也。"六艺本书,实为"诸史根源,岂可离哉?"

所谓"子部宜择",系指诸子之书"多与史部相为表里"。例如《周官》法典,多见于《管子》和《吕氏春秋》;列国琐事,多见于《晏子》和《韩非子》,"若使钩章句,附会史裁,固非作书体要;但如《官图》、《月令》、《地园》诸篇之鸿文巨典,《储说》、《谏篇》之排列记载,实于史部,例有专门",自宜择取其主要,入于篇次,这样方可"使求史者无遗憾矣"。

所谓"集部宜裁",系指集部与史部息息相关,切勿等闲视之。试看唐人文集，就中"间有纪事"，宋元以来文人之集，"传记渐多"。史学文才，混而为一，"耳闻目见，备记应求，则有传记志状之撰，书事记述之文"，"此乃史裁本体，因无专门家学，失陷文集之中，亦可惜也。是宜取其连篇累卷，入史例者，分别登录"（以上所引皆见《章氏遗书·论修史籍考要略》）。

也就是说，传统的经、子、集部文献之中，都可以通过章学诚所说的"互著"、"别裁"等方式，与传统的史部文献相沟通。诚然，在章学诚之前的学者中，诸如明人李贽那样持"经史同科"之见者确已有之，但是，能像章学诚那样立足史坛，主张经、史、子、集各部统统打通，有理论又有具体实践者，则前所未有。乾隆五十二年（1787），章学诚为了推动史学的发展。会同毕沅、洪亮吉、凌廷堪、武亿、谢启昆、钱大昭等十多位著名学者共同编纂《史籍考》。这部书目著作正是在章学诚"十五项原则"指导下，经过三次校理增订，历时60年最终完成。全书分11部55类，凡325卷，这是中国古代规模最大的史籍专科目录。惜乎此书因保藏不慎而焚于火。章学诚主张"经、史、子、集各部统统打通"的观点，与传统的仅仅局限于史部的观念相比，又迈出了可喜的一步，这也是古代史学发展的必然。

2.四部之外

随着人类文明的进步和社会的发展，史学的空间正在逐渐扩大，由史部而经部，而子部，而集部。又由经、子、集部继续向外拓展，于是发现"四部"之外，尚有史学更为广阔的天地。在这一宽广博大的天地中，所有史料杂著大抵可以区别为纸文献和非纸文献两大类。关于纸文献，主要包括以下五大类：

（1）档案

档案是国家机关、社会组织或个人在社会活动中直接形成的有一定保存价值的历史资料。所以，历史档案也就理所当然地属于史料杂著范围。中国古代的档案形式繁多，浩如烟海。由于数量惊人，或以为不屑一顾,甚至视同废纸,这是完全错误的。因为在这些档案资料中,往往包含有极其重要的史料。例如在北京的中国第一历史档案馆的明代档案中,其反映时间上起明初,下至崇祯,贯穿明代各朝;档案形式有诏、敕、诰命、铁券、题本、奏本、呈文、手本、揭帖、咨文等;主要内容涉及政治、经济、文化各方面。如永乐八年颁发西藏释迦摄聂喇嘛的敕谕,九边图、大明混一图等。在原清朝内阁大库中,各方面的档案资料难以统计,其中就有关于鸦片战争的机密文件,甚至还有当年康熙朝与俄皇彼得大帝、法兰西国王路易十四之间往来的文件。据统计,收藏于中国第一历史档案馆的档案,共 1000 多万件(74 个全宗)。其中有 3000 多件(一个全宗)是明代档案,其余的都属于清朝档案。

(2)方志

方志是揭示地方历史状况的文献。刘知几《史通·杂述》中虽然业已述及,但语焉不详。我国地方志起源于先秦。汉魏以来,历代皆有编纂。宋代以降,更是日见繁富,至清代达到鼎盛。在地方志中,有官修的,也有私修的;有反映较大范围的,也有反映较小地区的。地方志数量之大,内容之富,犹如一座亟待开发的矿山。由于它有许多特长,例如"地近则易核,时近则迹真"(章学诚《修志十议》),"以一方之人修一方之书,其见闻较确而论说亦较详"(张恕《同治鄞县志序》),因而,地方志中有许多资料是正史中没有,或虽有而语焉不详者。

(3)类书

类书是采辑有关文献资料,尔后依其类别或韵目统一编排起来的文献。其形式有综合性的,如明代所编《永乐大典》计 22937 卷,反映领域包罗万象;也有专门性的,如《全芳备祖》反映植物,《三才图会》反映图录,《事物镜源》反映事物起源。正史中提到的许多文献或许早已散佚,然其中某些资料则往往凭借类书的包容得以留存下来。

（4）表谱、图录

表谱和图录是古代史学的宝贵财富。秦汉以降，不仅历代撰修表谱，而且形式多样。其中，有年表、历表，有揭示历史现象的大事记，有反映家族世系的谱系表，有反映官僚制度的职官表，以及反映不同时期地名变化的地理沿革表等等。在图录中包括古代许多珍贵的地图，如宋代沈括《天下州县图》，元代朱思本《舆地图》，以及附于茅元仪《武备志》中的《郑和航海图》等等，都是古代地图中的珍品。除了地图之外，图录还包括那些用图像表现人物、事物或文物的文献。

（5）出土文献

出土文献，无论是因地下发掘而得，还是以往秘不示人而今公诸天下者，均具有很高史料价值。大规模发掘的出土文献，如敦煌文书和吐鲁番文书等。特别是在莫高窟发现的古代写本文书，其数量之多，竟达四万多件。时间跨度之长，上追晋室，下迄赵宋。文种除汉字外，还有许多少数民族文字。内容除佛教、道教、儒家经典外，还有大量有关文学、语言、史地、科学等方面的材料。

以上五类文献属于纸文献。此外，还有大量非纸文献。非纸文献主要包括以下四类。

其一，甲骨文献。甲骨文献是以龟甲兽骨为载体的殷商王朝的记事档案资料。这种特殊的文献自清光绪二十五年（1899）发现以来，历经官方和私人的多次发掘，迄今已经出土甲骨十多万片。这些甲骨文献以当时的文字记述了从盘庚迁殷到帝辛灭亡，前后总计270多年的有关史事。伴随着大量甲骨的出土，甲骨学应运而生。诸如王国维《殷卜辞中所见先公先王考》、董作宾《甲骨断代研究例》、郭沫若《卜辞通纂》、《殷契粹编》等优秀论文和专著大量涌现，为商代研究开辟了一块新天地。

其二,金石文献。为了使记录传之久远,避免文献载体朽烂缺脱,青铜文献与石质文献随之产生。青铜文献是以彝器、乐器、兵器、钱币、印章等铜器作为载体的特殊文献,这类文献自公元前 14 世纪问世后,各代多有制作,蔚为大观。其中铸造于毛公鼎、盂鼎、散氏盘、虢季白盘上的长篇铭文,都是颇具特色的青铜文献。秦代以下,石质文献兴起。在这类文献中,除了现存最早的秦代石鼓文外,最具影响者当推历代所刻"石经"。例如汉熹平石经、魏正始石经、唐开成石经、五代广政石经、宋嘉祐石经、高宗御书石经、清乾隆石经等,都是其中珍品。

其三,竹木文献。这是以竹木为载体的一种古老文献,名曰简册或方策。在纸张出现以前的公元前 5 世纪至公元 3 世纪的大约八百年间,是简册流行的黄金时期。近现代以来,我国陆续发现大批古代竹木文献。例如 1972 年在山东临沂银雀山汉墓出土了 4400 多枚竹简,其中还有《孙子兵法》和《孙膑兵法》等重要文献。

其四,缣帛文献。由于缣帛具有轻柔、易卷舒、易着墨诸种特点,所以在纸张出现以前的竹木文献时期,缣帛文献也广为使用起来。近现代以来,我国考古发现许多帛书。例如 1973 年在长沙马王堆西汉墓中第一次出土了大批帛书,约 12 万字。其中尤为珍贵的是《老子》、《战国策》、《战国纵横家书》、《五星占》等十多种古代文献。它们是迄今发现最完整的古代缣帛文献。

三、杂著意义

在阅读、研究和利用正史的时候,无论是以上所说的狭义史料杂著,还是广义史料杂著,在很多情况下都具有极其重要的参考价值。

(一)狭义杂著

在阅读正史时,狭义杂著常常能够作为重要的参考。特别是由于触及敏感的政治问题,在正史显然曲笔避讳的情况下,某些杂著便会显示出重要作用。撮述要义,起码体现以下四点。

其一,可补因政治因素漏载之憾。例如清兵入关后,扬州城遭到洗劫,嘉定三屠尤为惨烈,《清史稿》避而不书。然而,因为有王秀楚的《扬州十日记》和朱子素的《嘉定屠城纪略》在,则清兵血洗反抗之细微末节便昭然若揭。

其二,可补地方名人漏载之憾。古代正史多以政治地位为标准,收录对象主要是统治者及上层人士,在野者及下层人物,则多有疏忽遗漏,或虽记之而不详。然大量的地方志于当地名人,有则必书,书则必详。试以《天工开物》的作者宋应星为例,其人其事在洋洋大观的《明史》中只字不载。然而,从江西《分宜县志》、《奉新县志》、安徽《亳州志》以及福建的《汀州志》中,则可以系统地知道如下情况:宋应星乃是江西奉新人,字长庚,万历间举人,先后在江西分宜、福建汀州、安徽亳州等地任职。再以宋代历史上轰动一时的宋江起义为例,起义军情况在《宋史》中的记载简略殊甚。但由于有周密的《癸辛杂识》以及龚圣与《宋江三十六人赞》存在,则梁山泊英雄业绩便勾勒出了轮廓。

其三,可补都市及地区简略记载之憾。正史里一般记都市皆粗疏不详,而刘知几提到的有关"都邑簿"之类的文献,则恰可补此遗漏。读杨炫之《洛阳伽蓝记》,可使北魏当年洛阳市容宛然在目;读吴自牧的《梦粱录》和孟元老的《东京梦华录》,可使宋都汴梁城市之繁华喧闹情景如在眼前。读郦道元《水经注》及《徐霞客游记》,可以增进了解正史《地理志》、《河渠书》。

其四,可补域外略载之憾。正史中反映四夷、外国情况一向简略,欲闻其详而不能,然由于有各种游记等地理文献在,自可弥补这一缺憾。读法显《佛国记》,可补《晋书》之不足;读玄奘《大唐西域记》,可补《唐书》之不足;读马可·波罗游记等文献,可补《元史》之不足;读马欢《瀛涯胜览》,能够再现作者当年追随郑和下西洋时亲身经历的二十国航路、海潮、地理、政治、风土、气候、物产及人文信息，可补充《明史》之不足。

（二）广义杂著

同样，广义杂著对阅读和研究正史也有极重要的参考意义。

试以"四部"以内之经、子、集部文献为例，诚如章学诚所说，无不与史相通。正史中关于先秦历史的记载相当简略，堪称后世读者之一大遗憾，而其中某些疏漏恰可借助于经、子、集部文献有关内容，或予以澄清，或勾勒其大概。试以《诗经》为例，分明以朗朗上口的诗文形式，从一个侧面再现了商周时期的历史画卷。譬如周族历史，司马迁《史记》述之不详，而《诗·大雅》之《公刘》篇，则反映了周族在其祖先公刘带领下，开荒、种地、战胜敌人的事迹。而《大明》篇则反映了周武王伐纣的历史。先秦下层人民生活情况，《史记》中严重疏漏，而《诗·魏风》之《伐檀》篇则反映了劳动人民对剥削者不劳而食的强烈不满情绪。《齐风》之《东方未明》篇反映了穷苦人民当差、服役、受监视的情景。《豳风》之《七月》更以较长篇幅反映了奴隶们在贵族的残酷剥削压迫下，终年劳苦，仍不免于饥寒交迫的悲惨状况。复以"四部"以外纸文献为例。清人修《明史》时，以政治原因不载明清关系。而辽宁省档案馆中，此类资料极其丰富。其中明辽东指挥使司及所属各卫所的档案多达八百余卷，因而对于研究清兵入关前明朝与东北各部族关系往来，具有极其重要的史料价值。

再以"四部"以外的非纸文献为例。商朝有五百多年历史，而《史记》中的《殷本纪》，全篇不足四千字，内容过于简略。由于甲骨文是殷人亲手记录的原始文献，我们可以通过研究这些极其珍贵的第一手资料，从中更为直接地揭示商代的地理范围、阶级关系、民族交往、生产状况、生活情形、语言文字，乃至气候变化之类的史实。又如今本《老子》与司马迁所述雷同。《史记·老子韩非列传》云："于是老子乃著书上下篇，言道德之意五千余言而去。"而湖南长沙马王堆出土的汉代帛书中，却出现了两种写本的《老子》，其内容顺序与今本不同，乃德经在前，道经在后。甲本卷后与乙本卷前均有四篇近三万字的佚文，不失为研究黄老思想和考证《史记》有关记载的重要参考资料。再如，后人了解和研究战国时期纵横家苏秦、张仪等人的情况，其主要史料来源一向是《战国策》和《史记》中的《苏秦列传》与《张仪列传》。而马王堆出土的帛书《战国纵横家书》则完全是一个新版本。它全文28篇，共计11000多字，是一部地地道道的隐藏了多年的佚书。这部书所记载的苏秦、苏代等人的言行，大都不见于今本《史记》和《战国策》。这无疑是向传统的正史提出了挑战。

综上所述可知，史料杂著也是了解和研究中国历史和中国文化的重要参考文献。它们中的有些资料，可以订正正史讹误，补充遗漏，有些资料甚至可以填补历史研究空白，揭开历史之谜。当然，我们也不应当厚此薄彼，不能过誉杂著，更不能把杂著与正史对立起来。须知正史中固然存在曲笔现象，而杂著中也并非没有；正史之修，多依实录、国史等原始文献，诸如史实发生之年月、经过，尤其典章制度之沿革变迁等等，一般来说，还是言之有据的。而杂著既非专门史书，所记、所论，有些则难免东鳞西爪，失之系统，有些或因体裁性质决定，则不免于文学夸张，有些则基于某种原因，更可能渗入大量"水分"，造成严重失真。再有一点，利用史料杂著，有时还需要事先做些艰难而繁琐的考证，而这一点也并非人人皆能做到。

第五节　三大史体

纪传体、编年体、纪事本末体，号称中国历史文献中的"三大史体"。长期以来，"三大史体"均以其鲜明的特点各领风骚，蔚为大国。其中纪传体文献以历史人物为中心，编年体文献以时间顺序为中心，纪事本末体文献以历史事件为中心，三者在历史文献中呈鼎足之势,一直强烈地吸引着众多史家和学者。

一、三体历史

为了更全面、更深入地了解、研究中国历史与中国传统文化,同时也是为了更充分、更科学地发挥纪传体历史文献的作用,不仅有必要从理论上厘清纪传体自身的优点与缺点,还要梳理出与纪传体关系极为密切的编年体、纪事本末体文献的历史、特征,以及"三大史体"之间的相互关系。

(一)"编年"述略

此处所谓"编年",系指编年体和编年体文献。编年体在"三大史体"之中的历史最为悠久。这一特点不独在中国古代如此,放眼具有悠久历史的世界其他文明国家也如此。何以世界范围内会出现这一带有规律性的文化现象呢?窃以为,这或许与人类早期带有共性的最简单也是最基本的思维定式有密切关联。

单就我国编年而言,早在先秦时期,这类文献已经流行。倘若以其性质及基本特征划分,则当时编年可区分为两大类:传统编年和原始编年。

1. 传统编年

所谓"传统编年",系指那些相对成熟且具有较大影响的编年体文献。《汉书·艺文志》云:"古之王者,世有史官,君举必书","左史记言,右史记事,事为《春秋》,言为《尚书》"。此处所谓"春秋"作何理解?既不能理解为"春秋"时期(前770—前403)的时代概念,亦非孔夫子删定的那部《春秋》著作,更非京剧《智取威虎山》里"甘洒热血写春秋"的"历史"泛称。准确地说,它是古代编年史籍的代称。

追溯"春秋"之作,"其先出于三代,按《汲冢琐语》记太丁时事,目为夏殷春秋"(刘知几《史通·六家》)。如果按照刘氏这一观点,则大抵在商周时期就已经出现这种名曰"春秋"的编年文献了。商代和商代以前,以其距今遥远,当时的编年体史书没有也不可能流传下来。虽然如此,后人无妨另辟蹊径。从当时流行的甲骨文和金文来看,尽管文字记录极为简单,且东鳞西爪,几无联系,然观其叙事多以干支纪日,乃至记事有首尾粗备者,则其编年体特征业已稍露端倪。讫于东周,已有很多编年史书是确定无疑的。据《左传》记载:晋国韩宣子聘鲁,"见《易象》与《春秋》"(昭公二年)。墨子则明确提到,当时他曾目睹所谓"周之《春秋》","燕之《春秋》","宋之《春秋》","齐之《春秋》",甚至于说:"吾见百国春秋。"(《墨子·明鬼》)孟子也曾说过"晋谓之《乘》,楚谓之《梼杌》,而鲁谓之《春秋》,其实一也"云云(《孟子·离娄篇》)。

(1)前期"编年"

先秦编年体杰出代表作,首推孔子在鲁国《春秋》基础上删定的《春秋》。此书以鲁国记事为纲,上起鲁隐公元年(前722),下止鲁哀公十四年(前481),凡242年历史。本书之所以成就斐然,从一定意义上说,得益于如下四个方面鲜明表现。第一,开创了标准的编年体例。作为我国现存最早的一部编年史,它"以事系日,以日系月,以月系时,以时系年",亦即依日、月、时、年之序反映历史,被誉为编年体始祖。第二,确立了"属辞比事"的修史方法。此言源出《礼记·经解》:"属辞比事,《春秋》之教也。""属辞"即修辞,"比事"即排比史事。《春秋》的所谓"属辞比事",是通过"义"、"事"、"文"三者的高度统一实现的。第三,在一定程度上反映了当时历史。书中不仅以大量篇幅反映了当时的社会情况(征伐、会盟、朝聘等),也以一定篇幅记录了当时自然现象(日食、月食、山崩、地震、陨石、水旱、冰雹、异鸟等)。第四,大一统观念的深远影响。诚如董仲舒所论:"《春秋》大一统者,天地之常经,古今之通谊也。"(《汉书·董仲舒传》)

当然,《春秋》也存在三个突出问题:其一,复古思想。当时奴隶制处于"礼崩乐坏"之时,"孔子惧,作《春秋》"(《孟子·滕文公下》），他试图以"正名分"方式恢复所谓"君君臣臣父父子子"的西周社会；其二，首开"曲笔"先河。《春秋》不止强调"义含褒贬"，还提倡"婉而成章"。历史上著名的"践土之会"原本是晋文公通知周天子赴会，《春秋》为避"以臣召君"之讳，居然不顾事实地改写为"天王狩于河阳"；其三，文字简约，语焉不详。一件史事，较多者仅用十数字，最少仅用一个字（例如僖公三年六月："雨"）。难怪由此招致后人不满情绪："苟不知其事迹，虽以圣人读《春秋》，不知所以褒贬。"（《四库全书总目》）尽管如此，孔子删定《春秋》之价值显而易见。

毋庸置疑，先秦时期是编年体史书产生、发展的时期，也是编年体史书成为史籍主流并独霸史坛的时期。然而，正当编年体如日中天之时，由秦朝的"焚书坑儒"引来一场浩劫："秦既得意，烧天下诗书，诸侯史记尤甚"（《史记·六国年表》），举凡此前史籍，"非秦记皆烧之，非博士官所职，天下敢有藏诗书百家语者，悉诣守、尉杂烧之"，"所不去者，医药、卜筮、种树之书"（《史记·秦始皇本纪》）。因此，能够有幸流传下来的编年著作堪称寥若晨星，委实是屈指可数了。后人可见者，唯有《春秋》、《左传》、《竹书纪年》（辑本）等文献，所谓先秦时期颇具代表性的编年著作仅此而已。

汉魏六朝时期，编年体处于持续发展时期。为何这一时期编年文献处于"持续发展"状态呢？就当时的文化背景看，主要是取决于以下两个问题。

第一，基于史学领域编纂水平的明显提高。例如，这时著史特别强调史义。所谓"史义"，自然是"名教之本，帝王高义"。《后汉纪》作者袁宏说得明白："今之史书，或非古人之心，恐千载之外，所诬者多，所以怅怏踌躇，操笔恨然者也。"（《后汉书·自序》）又如，编纂方法也有创新，《汉纪》作者荀悦提出写史有五志："立典有五志焉，一曰达道义，二曰彰法式，三曰通古今，四曰著功勋，五曰表贤能"，同时又有"十六条例"（《汉纪·自序》）。晋代邓灿在其《晋纪》中也有一定创新。《文心雕龙》曾评价道:"《春秋》经传,举例发凡。自《史》、《汉》以下,莫有准的,至邓灿《晋纪》,始立条例。"(《文心雕龙·史传篇》)惜乎邓书后来亡佚,无法查考。

　　第二,基于史家竞相著述的可喜局面。汉魏六朝时期,社会动荡,战事频仍,疆域分治,邦国林立,私家修史蔚然成风。据《隋书经籍志》记载,这一时期的编年体著作数量相当可观。仅修东汉史者即有十二家,修三国史者十六家,修晋史者二十三家,修十六国史者三十家,修南北朝史者三十二家。而在以上著作中,属于编年体者,占据重要地位。例如修晋史的编年体作者,其中有陆机、干宝、曹嘉之、习凿齿、邓灿、孙盛、刘谦之、王韶之、徐广、檀道鸾、郭季产等十一人。他们所撰之书,"或谓之春秋,或谓之纪,或谓之典,或谓之志,虽名各异,大抵皆依《左传》以为的准焉"(刘知几《史通·六家》)。也就是说,他们所撰基本是编年著作。之所以能出现这种一代之史、众家竞修的局面,并非偶然。约略考之,固然与当时的丰富史料及学术领域自由竞争之风有关,也应该与当时造纸术日益广泛的应用有密切关系。

　　隋唐时期,编年体明显处于式微状态。这一时期的编年史籍主要有两类:比较有代表性的是"实录"(详见本节"原始编年"),至于传统编年则罕有名著流传,著录于《新唐书·艺文志》的,无非是赵毅《隋大业略记》三卷、张太素《隋后略》十卷以及吴兢《唐春秋》三十卷等等。隋唐时期何以传统编年处于低潮?除了编年体自身局限外,主要还与以下两个因素有关。其一,封建专制的影响。随着社会的发展进步,历史典籍察往知来和"垂训鉴戒"的功能日益突显,封建社会最高统治者的控制欲日甚一日。开皇十三年,隋文帝公然颁布天下:"人间有撰集国史臧否人物者,皆令禁绝。"(《隋书》卷三)于是导致这时的编年文献,"或有或无,不能使时代相续"(《四库全书总目提要》);其二,史籍体裁走向多样化。尤其是由于纪传体史书的应时而起,不单垄断了"正史"的地位,而且高居于各种史体榜首,编年体便只能屈居于后。诚如先贤精彩见解:"自《隋(书)·经籍志》著录,以纪传为正史,编年为古史,历代依之,遂分正附,莫不甲纪传而乙编年。则马、班之史,以支子而嗣《春秋》,荀悦、袁宏,且以左氏大宗,而降为旁庶矣。"(章学诚《文史通义·书教下》)

(2)《通鉴》问世

赵宋王朝时期,以往衰微的编年体终于迎来了蓬勃发展的鼎盛局面。开创这个局面的杰出代表,便是司马光的《资治通鉴》。在古代史学领域里,司马光是继司马迁以后出现的又一位史学大家,后人给以中国古代史学领域"两司马"之誉。司马光,字君实,北宋陕州夏县(今山西夏县)人,生于宋真宗天禧三年(1019),卒于宋哲宗元祐元年(1086),终年68岁。他一生经历了仁宗、英宗、神宗、哲宗四朝,从政长达48年之久,先后担任天章阁待制兼侍讲、龙图阁直学士、翰林学士兼侍读学士、御史中丞等要职。宋哲宗元祐元年,他又以68岁高龄位极人臣,担任了尚书左仆射兼门下侍郎这一宰相之职。司马光早年即勤奋好学,往往废寝忘食、"不知饥渴寒暑"(顾栋高《司马温公年谱》)。因而,他一生学问广博,经史百家、天文、律历、音乐、术数无所不通,其中对史学最有兴趣,用他自己的话说:"自幼至老,嗜之不厌。"(《进书表》)司马光著述很多,仅仅著录于《宋史·艺文志》里的各种著作就有数十种,除了巨著《资治通鉴》外,还有《司马温公传家集》、《易说》、《法言集注》、《涑水记闻》等著作。

司马光撰写《资治通鉴》有两个特定背景。第一,严重的政治危机局面。例如在农民与地主阶级之间,因土地兼并引发的王小波、李顺的农民大起义;又如在国家政府层面,因"冗官"、"冗兵"、"冗费"等三冗现象,造成了入不敷支的严峻局势等等。所有这些问题,都使得朝野上下求治之声不绝于耳;第二,特定学术背景的呼唤。早在唐代初期编写的《隋书·经籍志》里,其中的史部文献就被区分为正史、古史、杂史等13类,以后历代史籍更是大量增加。但是,无论是以往的编年体史籍,还是以往的纪传体史书,都存在着对以往历史反映不力的缺陷。更为急迫的问题是:在司马光以前,还从来没有出现过一部由远而近、直达宋代的通史。司马光编撰《资治通鉴》的指导思想是古为今用,其基本宗旨主要体现于"为君"和"为民"两方面。所谓"为君",就是供皇帝"御览"。诚如司马光奏章中说:自《史记》、《汉书》以来,史书文字繁多,布衣之士尚且读之不遍,当今人主日理万机,何暇周览?所以他要把历代要事写成编年通史,以便君主"善可为法,恶可为戒","鉴前世之兴衰,考当今之得失";所谓"为民",就是为天下读书人着想。读书人面对茫茫书海,颇有望洋兴叹之感。司马光就曾向刘恕说过:从《史记》到《五代史》,仅仅正史就多达1500卷,"诸生历年莫能竟其篇第,毕世不暇举其大略",所以他要适应读书人"厌烦趋易"的文化心理,决心编一部"网络众说,成一家书"的简明通史(刘恕《通鉴外纪》)。

《资治通鉴》上起周威烈王二十三年(前403),下至周世宗显德六年(959),共294卷,300多万言,记述了1362年历史,是中国古代第一部规模恢宏的编年体通史。司马光担任主编的鸿篇巨制《资治通鉴》,之所以能够应运而生并且产生了巨大的社会影响,归根结底与如下五个基本因素有重要关系。

第一,司马光具有杰出组织能力。刘恕、刘攽、范祖禹都是名重当代的史学家,在本书的编纂过程中,司马光始终得到了这些得力助手的协助和通力合作,使得整个编纂工作得以顺利进行。此外,司马光还拥有科学的工作方法。他不单将编纂工作分为三个步骤——制作丛目、勒定长编、删削定稿,还注意在写作过程中汲取和借鉴纪传体史书特长(尤其借用描写人物的追叙法、并叙法)。

第二,得到了皇家的高度认可。《通鉴》的撰修工作,一直以封建国家重大项目的名义顺利进行。在本书编撰的整个过程中,始终得到了封建社会最高统治者的全力支持。不止是宋英宗特批国家图书馆崇文院设立修史局,恩准作者可以随时借阅皇家图书资源。宋神宗在为该书命名"资治通鉴"的同时,甚至还亲笔为其撰写了序言。

第三,《资治通鉴》的成就令人惊叹。试看其以下两方面的特殊成就。其一,极为丰富的史料价值。《通鉴》名义上是一部长篇政事史,实则还蕴含着诸如天文、地理、兵、刑、礼、乐等典章制度的变迁,河渠、陂塘之兴修,典籍聚散、文人著述,以及科技成就等丰富的历史资料和极具借鉴意义的见解。胡三省就曾对此感触颇深:"温公作《通鉴》,不特纪治乱之迹而已,至于礼乐历数天文地理,尤致其详。读《通鉴》者,如饮河之鼠,各充其量而已。"(《通鉴》卷二百一十二,唐开元十二年注)其二,关于"正闰说"(亦即封建王朝正统与非正统之说)的高明举措。司马光对此坚持两条原则:一是凡"混一九州"者,则采天子之制。实施这样的标准,历史上的"周、秦、汉、晋、隋、唐,皆尝混一九州,传祚于后","故全用天子之制以临之。其余地醜德齐,莫能相一,名号不异,本非君臣者,皆以列国之制处之,彼此均敌,无所抑扬,庶几不诬事实,近于至公"(《通鉴》卷六十九)。二是凡"离析之际",标传承之国者,仅借年以系事。对历史上并存政权应如何处理呢?司马光认为必须保持传承国时序的一贯性,仅仅是借其"岁、时、月、日以识事之先后",譬如"据汉传于魏而晋受之,晋传于宋以至于陈而隋取之,唐传于梁以至于周而大宋承之,故不得不取魏、宋、齐、梁、陈、后梁、后唐、后晋、后汉、后周年号,以纪诸国之事,非尊此而卑彼,有正润之辨也"(同上)。

第四,司马光具有卓越的文学修养。他以优美的文字和传神的语言,为读者刻画出了许多栩栩如生的历史人物。例如汉末董卓,听其言,观其行,一个残暴妄为的巨奸跃然纸上。又如汉初的淮阴侯韩信、三国时飒爽英姿的吴帅周公瑾,通过书中叙事及其言谈举止,将这些早已退出历史舞台的艺术形象再次呈现于后人面前。

第五,上乘注释之珠联璧合。《资治通鉴》能成为不朽之作的另一个重要原因是,元代胡三省为《通鉴》作出了最好的注释。古代名作与注释,堪比衣之表里,相辅相成。犹如读《史记》必读"三家注"(裴骃《史记集解》,司马贞《史记索隐》,张守节《史记正义》),读《汉书》必读颜师古的"颜注",读《三国志》必读裴松之的"裴注"那样,读《资治通鉴》则必读胡三省的"胡注"。与《三国志》"裴注"相比,"胡注"之艰巨性有过之而无不及。"裴注"仅注《三国志》60 年历史,且有当时许多"旁注"可作参考,又有承平年月之劳作空间;《通鉴》"胡注"则不然:原著长达 1362 年历史,不单自《晋书》至《五代史》缺乏"旁注"参考,而且适值社会动荡,安全受到威胁,胡氏甚至连遭"三失"原稿之痛。但"胡注"价值之高,着实令人赞赏。一是注文丰富,天文、历法、赋税、职官、刑法、郡县、职官,以及民族、边疆皆在注释之列;二是彼此呼应,竭力克服以往编年体排比史事中"遭其初莫绎其终,揽其终莫志其初"(杨万里《通鉴纪事本末》序)的窘境,往往在有关文字下指出史事呼应处;三是注校相兼。胡氏娴于"本校"、"他校"和"理校",一旦发现原著有误,悉为之校正;四是抒发爱国情怀。适值国家危急存亡之秋,故国之念,种族之痛,往往于注文中触景生情,常常发出"鸣呼痛哉"、"天乎人乎"、"我朝"、"我宋"的呼声,令读者为之动容。"胡注"上述之鲜明特色,为《通鉴》增色,功莫大焉。

(3)《通鉴》学

《资治通鉴》问世后,以其质量上乘而影响极其深远,文化领域里学习与研究《通鉴》蔚为风尚,居然出现了以"续"(续修)、"仿"(仿制)、"节"(节选)、"论"(评论)、"改"(改写)、"注"(注释)等形式为特征的《通鉴》学。

其中,属于"续修"类型者,例如宋李涛的《续资治通鉴长编》520卷,本书上起宋太祖建隆元年(960),下止宋钦宗靖康元年(1126),

记北宋九朝共计 168 年历史。又如宋李心传的《建炎以来系年要录》200 卷,本书上起建炎元年(1127),下止绍兴三十二年(1162),记录了南宋高宗一朝的历史;属于"节选"类型者,例如宋吕祖谦的《通鉴详节》100 卷,此书为《资治通鉴》删节本。又如宋陆唐老的《增节音注资治通鉴》120 卷,此系适应科举士子之需而编纂的节本;属于"注释"类型者,例如元胡三省的《资治通鉴音注》294 卷,上起"三家分晋",下终五代后周世宗,注文本身近 300 万字,堪称《资治通鉴》最佳注释。又如清陈景云的《通鉴胡注举正》1 卷,此书订正胡三省《资治通鉴音注》之误 63 条,所正地理居多,可资后学参考;属于"评论"类型者,例如宋王应麟的《通鉴答问》5 卷,是书以"通鉴答问"为名,其中多涉朱子纲目。又如清初王夫之的《读通鉴论》30 卷,此系古代评论《资治通鉴》中的上乘之作。本书以朝代为序,评论重要历史事件、历史人物,富有见地,启迪后人;属于"改编"类型者,大体又可区分为"本末"体和"纲目"体两种形式。其中属于"本末"体者,例如宋袁枢《通鉴纪事本末》42 卷,本书乃纪事本末体首创之作,上起战国"三家分晋",下终后周世宗征淮南,以 239 个题目分记由战国至五代的 1362 年史事。又如明陈邦瞻的《宋史纪事本末》26 卷,本书上起宋太宗建隆元年(960),下终宋赵昺祥兴二年(1279),记述两宋 300 余年历史;另外还有"纲目"体者,例如宋朱熹的《资治通鉴纲目》59 卷,此系纲目体的创始之作,上起周威烈王二十三年(前 403),下止后周世宗显德六年(959)。又如清吴承权的《纲鉴易知录》107 卷,本书上起盘古开天,下终明朝末年。是书具有学史入门之用,故有《易知录》之称(详见本书附录五:编年体历代要籍一览表)。

无论放眼于政治思想,还是放眼于文化学术上,司马光的《资治通鉴》都堪称古代编年体文献发展史上的一块里程碑。胡三省的评论可谓掷地有声:"为人君而不知《通鉴》,则欲治而不知自治之源,恶乱而不知防乱之术。为人臣而不知《通鉴》,则上无以事君,下无以治民。为人子而不知《通鉴》,则谋身必至于辱先,作事不足以垂后。"(《新注资治通鉴序》)清代著名史家王鸣盛甚至如此赞扬《通鉴》:"此天地间必不可无之书,亦学者必不可不读之书。"(《十七史商榷》卷一百)

由南宋至元明清,这一时期的编年体史籍借助于《通鉴》余威,仍处于继续发展时期。在这一时期的著作里,既有南宋李焘的《续资治通鉴长编》、明代薛应旂与王宗沐的同名著作《宋元资治通鉴》,以及清代徐乾学的《资治通鉴后编》那样的《通鉴》类著作,也有同属于编年体的实录类文献(参见下面专论,兹不赘述),还有像南宋李心传的《建炎以来系年要录》、徐梦莘的《三朝北盟汇编》等其他编年文献。这些文献以编年形式叙事,均有一定参考价值。正是由于如此之代代相续,由先秦迄于清代,编年体文献不仅早已自成系列,而且同样可以像纪传体文献那样由远而近地、毫无间断地反映出中国几千年的历史。

2. 原始编年

此处所谓"原始编年",特指相对于传统编年文献而言,属于比较原始的或基础性的编年文献。在这类文献中,起居注和实录堪称两类典型性的著作。

(1)起居注

起居注,是古代专门记录帝王言行录的原始资料。因其严格按照时间顺序记录史事,所以属于编年文献。

倘若追根溯源,早在先秦时期,起居注就已经出现了。《左传》云:"君举必书,书而不法,后嗣何观?"(《左传·庄公二十三年》)《汉书·艺文志》亦云:"古之王者,世有史官,君举必书,所以慎言行,昭法式也。"在这里,《左传》与《汉书》不仅均有"君举必书"之说,而且目的都在于警示后人。由此看来,这里所谓"君举必书"以后的所成之"书",基本上可以认定,就是我国古代最早的起居注,最起码也是起居注的滥觞。

根据史料记载,具有确切名字的起居注始于汉代,例如西汉武帝的《禁中起居注》以及东汉明帝的《明帝起居注》。汉代以后,几乎历代帝王都有起居注,一直延续到清朝。早期起居注多为宫内编撰,并无专职人员撰写。自晋朝开始,特别设立起居令、起居郎或起居舍人之类的官员,专司撰修之职。令人非常遗憾的是,虽然晋朝以后各代均有起居注,由于朝代更替及战争动乱等原因,清代以前的各朝起居注大多散佚不存。

(2)实录

实录,是反映皇帝在位时期国政大事的原始文献。从编撰形式上看,以其严格按时间顺序反映当朝政治、经济、军事、文化、灾祥等内容,所以也属于原始编年体文献。据《隋书·经籍志》记载,最早实录是南朝梁周兴嗣所撰《梁皇帝实录》。到了唐朝,开始将前朝皇帝起居注、时政记、日历等原始著作汇编为实录。由此相沿,成为定制,一直持续至清朝退出历史舞台。令人遗憾的是,由于同样的原因,除了明、清两朝属于例外,元代以前的实录大都遭遇厄运而散佚无存了。

起居注与实录所记内容和组织编排相对单一,它们都是以封建社会最高统治者为中心。前者旨在反映皇帝在位时期之一言一行,后者旨在反映皇帝在位时期之国政大事。两者的显著区别仅在于,起居注唯记皇帝本人之言行动止(古人所谓"左史记言;右史记事"),范围较狭;实录则还要反映皇帝以外之各种国事,范围较广。但从其性质及功能上看,它们都是以时间先后为顺序的编年体文献,并且都顺理成章地成为以后编撰"国史"和"正史"时不可或缺的重要史料。

在史部分类中,起居注与实录也占有重要席位。最早开辟起居注类目者,是唐代编写的《隋书·经籍志》。在《隋志》中,将所有史籍区分为十三类,第五类便是起居注。此例一开,后世之官修书目、私修书目以及史志书目纷纷效法。当然,也曾出现一些明显变化:有将实录独立为一个专类的,例如晁公武《郡斋读书志》、钱大昕《补元史艺文志》等无不如此;也有将起居注与实录合二为一者,例如《旧唐书·经籍志》、《新唐书·艺文志》、《直斋书录解题》、《通志·艺文略》、《国史·经籍志》等,均将实录附于起居注。

(3)留存信息

历史上出现的起居注和实录,曾经数量惊人。仅据《隋书·经籍志》记载,截至隋代时期,以前的起居注累计已达一千多卷。例如《汉献帝起居注》五卷,《晋咸宁起居注》十卷,《晋咸康起居注》二十二卷,《晋永和起居注》十七卷等等。实录虽然晚于起居注,但自唐代以后也是各朝视为必备之作。在《新唐书·艺文志》中,即有很多著名实录。例如敬播的《高宗实录》二十卷、《今上实录》二十卷,长孙无忌的《贞观实录》四十卷,令狐德棻的《高宗后续实录》三十卷,武后的《高宗实录》一百卷,魏元忠的《则天皇后实录》二十卷等等。所遗憾者,战争动乱破坏严重,今人有幸尚能目睹者,唯有保存于《韩昌黎文集》中的《顺宗实录》而已。

唐代以后,严峻的散佚形势并未改变。例如两宋的实录,仅有钱若水的《宋太宗实录》残卷得以保留。至于五代、辽、金、元各朝实录,皆散佚不存。令人感到欣慰的是,明清两朝或许是由于距今不远,大量实录得以完好保留下来。以明代为例,当朝的实录属于官方的编年体史料长编,由当时的翰林院特设修撰、编修、检讨,掌修国史。明代的实录,从明太祖到明熹宗共计 13 朝,500 多册,凡 2925 卷。清朝设立实录馆,实录以满、汉、蒙三种文字抄写为 5 份,分藏于北京、沈阳。清实录始于太祖努尔哈赤,历经顺治、康熙、雍正、乾隆、嘉庆、道光、咸丰、同治、光绪,凡 11 朝实录,另有《宣统政记》,总计 1220 册。

（二）纪传述略

毫无疑问，纪传体文献是继编年体之后崛起的另一种新型文献。这种文献不仅历史悠久、体例新颖、内容丰富，而且发展轨迹相当清晰。尤其从司马迁《史记》崛起于史坛后，立刻引起了很大的社会反响。尽管在该书问世后的一段时间内，由于汉代统治者以顽固的正统观念予以约束，但仍然无法控制由《史记》日益释放出来的勃勃生机。随着班固《汉书》、陈寿《三国志》等著名典籍的陆续入列，纪传体文献犹如史坛上一股不可遏止的洪流奔腾向前。特别是到了唐代，由于《隋书·经籍志》在"史部"中竖起了一通高高的"正史"巨碑，从此以司马迁《史记》为首的纪传体"正史"丛书更是如日中天。在中国史学领域里，"正史"影响能量之大、涉及范围之广，不仅其他诸多史籍无法望其项背，即使在整个文化领域里引起的反响也是巨大和永久的。

有关纪传体文献详尽发展历史，参见第一章纪传源流，兹不赘述。

（三）"本末"述略

此处所谓"本末"，系指纪事本末体和纪事本末体文献。有一种观点以为，纪事本末体源于司马光的《资治通鉴》，这种观点表面上似乎有所依据，其实也并不尽然。

1. 早期"本末"

考察纪事本末体之来龙去脉，这种文献同样具有相当悠久的历史。本末体萌芽阶段之早，同样可以追溯到先秦时期。在儒家经典《尚书》之《周书》中，其中的《金縢》、《康诰》、《顾命》等三篇文献，便都是以纪事本末形式写成的。例如《金縢》是一篇记载周成王和周公的故事。周武王病危，其弟周公旦祷告上苍，表示本人"多材多艺，能事鬼神"，愿意以身替代，他事后将祷词置于金縢（金属保险柜）中。武王去世后，年幼的成王继位，国家由周公摄政。此时，文王第三子管叔等人散布周公谋反的流言蜚语,并勾结殷商遗民背叛王家。周公东征平叛之后,成王怀疑周公之心不减。后来偶然见到金縢中的周公祷词,终于良心发现,疑虑顿消,出郊亲迎周公;又如《康诰》是一篇事涉治国理政的故事。西周平定三监(管叔、蔡叔、霍叔)武庚发动的叛乱后,周成王封幼弟康叔于殷地,这是周公在康叔上任前所作的告诫,强调"克明德慎罚,不敢侮鳏寡",亦即尚德慎刑、敬天爱民之意。事项与训示娓娓道来,可谓层次分明。本篇内容之具体细节,在《史记·卫世家》里亦有记载;再如《顾命》篇,"顾命"二字有眷顾之义,这是"成王将崩,命召公、毕公率诸侯"辅佐嗣主的故事。其实,篇内主要是反映周成王丧礼和周康王即位的典礼,叙述详尽具体,细致入微。例如末尾叙述:"王三宿,三祭,三咤"(王接受酒杯和瑁,前进三次,祭酒三次,奠酒三次),以及"太保降,收。诸侯出庙门俟"(太保走下堂,礼毕,撤去全部陈设仪仗。诸侯卿士们走出祖庙之门,恭候康王视朝)。以上三篇文章——《金縢》、《康诰》与《顾命》,记事条理清晰,首尾毕具,可以说已大体具备了纪事本末的雏形。

从两汉到隋唐,是纪事本末体逐步发展和进一步奠定基础的漫长时期。从这一时期的《越绝书》、《吴越春秋》、《隋书》等三部著作中,可以爬梳出纪事本末体日益发展的明显轨迹。

首先是《越绝书》。本书又名《越绝记》,作者为谁,其说不一。据《四库总目提要》以原书之序鉴别:"以去为姓,得以乃成"是袁字,"厥名有米,复之以庚"是康字,"禹来东征,死葬其疆"是会稽人,最终认定东汉会稽袁康所作。本书主要叙述春秋时期吴、越两国史事,尤重伍子胥、子贡、范蠡、文种等人外交军事等活动。本书之《外传及宝剑》篇,记述了欧冶子、干将铸剑事。

其次是《吴越春秋》。本书系东汉赵晔所撰,《后汉书·儒林传》里有载。该书反映春秋时期吴越两国史事。记载吴国自太伯至夫差、越国自无余至勾践期间之往事,对吴越两国争霸记载尤为详细。

其三是《隋书》。作者王劭,为隋朝著作郎,曾撰写编年体《七志》、《七书》、《平贼记》。代表作《隋书》八十卷,征采编纂隋开皇至仁寿间旧事,多为文帝起居记录、言论口敕,兼采迂怪不经典故和街头巷尾传闻轶事,分门别类,编而次之。以作者乃当代人,故而其中史料弥足珍贵。

从以上三部著作内容上看,史料更加丰富、翔实;就其表现方式上考察,也开始明显地从以往散见单篇的形式逐渐向专著规模发展过渡。如果说东汉袁康的《越绝书》、赵晔的《吴越春秋》是"过渡"时期的桥梁和中介,则隋唐时期王劭的《隋书》以及反映"安史之乱"的《河洛春秋》等著作,就可说是初具纪事本末体样式的专著了。

2. "本末"崛起

南宋时期是纪事本末体真正崛起于古代史坛,并占据一席之地的重要时期。杰出的代表作是袁枢的《通鉴纪事本末》。袁枢(1131—1205),字机仲,南宋建州建安(今福建建瓯)人,宋孝宗进士,历任严州教授、国史院编修、工部侍郎、处州知府、江陵知府等官职。《通鉴纪事本末》一书,就是袁枢出任严州教授时完成的。

从总体上看,袁枢的《通鉴纪事本末》与《资治通鉴》并没有根本区别。譬如就政治功能而言,两部书都有体现于政治层面的资治鉴戒作用;就内容起讫断限而言,两部书也并没有不同之处,全都是上起"三家分晋"的战国时代,下终五代后周世宗。

然而,两书毕竟也有不同点。与《资治通鉴》相比,袁书在政治上的"鉴戒"功能有过之而无不及。原因何在呢?这就不能不说到制约《资治通鉴》功能的两个因素:其一,鸿篇巨制,难以尽读。在《资治通鉴》问世前,诚如司马光言,从"《史记》至《五代史》一千五百卷,诸生历年不能竟其篇第,毕世不能举其大略"(《通鉴外纪后序》)。《资治通鉴》虽然汇集一书,但依然卷帙庞大,还在北宋时期,人们已"苦其浩博"。司马光本人也曾感慨叹息:"修《通鉴》成,惟王胜之借一读，他人未尽一纸，已欠身思睡。"(《新注资治通鉴序》)其二，即便穷尽烟海史籍，亦难把握事理。各朝历史，悠悠千载，治而复乱，乱而复治，史事繁杂犹如牛毛。面对茫茫史海，"资治当代"谈何容易！

相比之下，《通鉴纪事本末》不仅继承了《通鉴》"资治"功能，而且又从如下三个方面巧妙地适应了特殊需要。第一，详"乱"略"平"，立足于"治"。历史上有动荡时期，也有稳定时期。基于"资治"的政治目的，对"承平"时期不求苛细，对于历史上的治乱兴衰则务求详尽。例如两汉长达430年，由于这一时期相对安定，《本末》仅用四十三个专题反映。而为了揭示由三国至南北朝370年特别动乱的历史，却用了102个专题。第二，详今略远，古为今用。例如记述战国和秦朝二百年历史，仅用三个标题("三家分晋"、"秦并六国"、"豪杰亡秦")，而接近于作者的五代时期虽然只有50年历史，却用了22个专题。第三，叙事详备，一览了然。袁枢将294卷的《资治通鉴》精简为42卷，对其中庞杂的史料经过筛选、整理、排比后，归纳为239个专题，然后由先秦至五代统一编排。从根本上说，《本末》避免了一般史籍里那种"遭其初莫绎其终，揽其终莫志其初，如山之峨，如海之茫"的弊端(杨万里《通鉴纪事本末序》)。况且在《本末》中，无论事简事繁，皆聚类条分，自为标题，自具起讫，前后一贯，有因有果，有呼有应，依年月顺序记录任一事件之全过程。通过如此的归纳与概括，将原本错综复杂的事件刻划出清晰完整的历史脉络。梁启超先生对此也颇为赞赏："夫欲求史迹之原因结果，以为鉴往知来之用，非以事为主不可。"(《中国历史研究法》)当本书刊行时，袁枢挚友朱熹、杨万里、吕祖谦皆为之撰写序跋，都对该书推崇备至。无怪乎宋孝宗闻之喜出望外，不仅下旨尽快加印，将此书分赐于东宫及江上将帅，令其"熟读"，还特别赞叹："治道尽在是矣。"(《宋史》卷三百八十九本传)

或许是由于袁书与《资治通鉴》之间太过密切的关联，梁启超曾由此批评袁氏："善抄书者,可以成创作,荀悦《汉纪》而后,又见之于宋袁枢之《通鉴纪事本末》。"(《中国历史研究法》)平心而论,把一部名著和一种新型史籍体裁的诞生,武断地说成是源于"善抄书",这种观点使人不敢苟同。荀悦《汉纪》如何姑且不论,单就《通鉴纪事本末》而言,即颇有商榷之处。试问袁枢何以能创造出新的史籍体裁呢? 归根结底,离不开以下两个重要原因。

其一,基于经世致用的文化修养。袁枢素有"爱君忧国之心,愤世嫉俗之志",深知把握治乱兴衰规律的重要意义。因而他不单"喜颂司马光《资治通鉴》",还在孝宗面前"历陈往事,自汉武而下至唐文宗偏听奸佞,致于祸乱"云云(《宋史》本传)。袁枢的文化修养还体现在高尚的史德上。在袁枢担任史官期间,当朝宰相章惇的家属曾以同乡关系,希望袁枢能利用职务之便,为章氏立一"佳传"。袁枢对此不念私情,断然予以回绝:"子厚(章惇字)为相,负国欺君,吾为史官,书法不隐。宁负乡人,不可负天下后世公议。"(同上)

其二,基于简明史事的特殊追求。袁枢非常喜爱《资治通鉴》,但"苦其浩博","乃区别其事而贯通之,号曰《通鉴纪事本末》"(同上)。只要将《宋史》本传中的这段文字与《本末》之内容体例有机地联系起来,则袁枢当年工作程序就会清晰地展示于眼前:他在阅读《通鉴》过程中,随时将史事区别抄撮,排比先后次序。每件史事不仅独立为篇,标出相应题名,而且详述事件始末,每事首尾毕具。待《通鉴》中所有史事逐一分篇完成后,再将各篇编为一书,于是中国古代第三大史体便由此应时而起。不言而喻,新型史籍体裁纪事本末体正是在这样背景下诞生的。

惟其如此,袁枢之《通鉴纪事本末》并非一部普通历史著作,它是古代史籍编纂方法上具有改革创新意义的一种新型专著。以《通鉴纪事本末》的问世为标志,纪事本末体由此真正确立于史林,并与编年体、纪传体呈鼎足而三之势,长期活跃于中国史学领域。

由宋代迄于明清,堪称纪事本末体文献迅速发展的黄金时期。在这一时期,纪事本末体著作犹如雨后春笋般纷纷问世。试看其中颇具代表性的两部著作。一部是宋杨仲良的《皇宋通鉴长编纪事本末》150卷。本书是在李涛《续资治通鉴长编》基础上分门别类,以北宋九朝各为事目,部分事目下再分子目,首尾一贯,采缀成篇,成为袁书之后又一重要的纪事本末体著作。另一部是明陈邦瞻的《宋史纪事本末》26卷。是书问世前,冯琦、沈越均曾以纪事本末体撰写过宋代史事。陈邦瞻将二书合为一编,统一排比史事,脉络清晰,叙述生动,是一部颇具影响的纪事本末体著作。截至清末,以"本末"体裁写成的史书,业已组成了蔚为大观的系列丛书。据《四库全书总目》统计,纪事本末体史籍达到二十六部。倘若将其中主要史籍连接起来,分明就是一套纪事本末体历史丛书。这套"丛书"也具有编年体、纪传体系列丛书同样的功能,也可以由远而近地、毫无间断地反映中国数千年历史(详见本书附录六:纪事本末体历代要籍一览表)。

二、三体是非

此处所谓"三体",自然是以上所说编年体、纪传体与纪事本末体三种体裁。在"三大史体"之间,彼此关系极其密切。这不仅因为它们在古代传统文献领域中产生很早、影响很大,还由于它们在体裁体例上具有相当密切的互补性。

(一)编年是非

无论是纪传体、编年体也好,还是纪事本末体也好,有关它们的基本特点,前人多有论述。虽然在具体观点和看法上不尽一致,但也有一个最大的公约数,即不外乎优点与缺点两方面。下面依这个最大的"公约数",对编年、纪传、纪事本末逐一论之。

1.编年之长

从成就方面看,这种体裁主要有以下两大优点。

其一，编年体以时间为经，以史实为纬，便于揭示同一时期大事。用刘知几的话说，即所谓"系日月而为次，列岁时以相续，中国外夷，同年共世，莫不备载其事，形于目前"（《史通·二体》）。也就是说，编年体以时间为序，可以把同一单位时间内的里里外外的所有大事，统统反映出来。

其二，内容集中，避免重复。编年体既然以"日月时岁"作为记事之纲，自然容易做到"理尽一言，语无重出"（同上）之效。由于编年体具有这样的特征，所以最适宜于长编。时间愈长，记事愈多，部头愈大，便愈能加倍地显示出编年体的这一优越性。试以荀悦和司马光两位史家为例。荀悦是东汉著名史学家，他写的《汉纪》30卷，上起汉高祖创业，下至王莽篡汉，是一部反映西汉王朝的编年史。荀书是在《汉书》基础上，以时间为中心改编而成，被梁启超称为"此现存新编年体之第一部书"（《中国历史研究法》）。司马光基于以往史书内容驳杂，篇卷文字相互重复，所以决心"仿荀悦简要之文，网罗众说，成一家言"（《通鉴外纪后序》）。这部仿照荀悦《汉纪》写成的《资治通鉴》，虽然上起周威烈王二十三年（前403），下穷后周世宗显德六年（959），前后连续反映1362年的历史，然全书也只有294卷，并且年经事纬，历史之发展梗概，堪称尽收眼底，一览了然。

2. 编年之短

编年体也有它与生俱来的缺点，概括起来主要集中于如下两点。

其一，不宜反映同一事件前前后后之有机联系。过往历史之事件，固然有繁有简，有大有小，然而从发生到结束，都有其一定的连续性。事件简而小者，或仅数日，或亘数月；事件繁而大者，或历数年、数十年，乃至更长时间。这样，"编年体之记述，无论如何巧妙，其本质总不离账簿式。读本年所记之事，其原因在若干年前者，或已忘其来历；其结果在若干年后者，苦不能得其究竟。非直翻检为劳，抑亦寡味矣"（梁启超《中国历史研究法》第二章）。当然，像《资治通鉴》

那样的优秀编年史书,其记述史事并非绝对地依照时序进行,有时或许会附带记述他事,更有不少情况下,还会追叙往事。例如在《资治通鉴》正文中,但凡遇到以"初"字开头的句子,就很有可能是追叙往事的开始。试看《通鉴》卷十二记高帝十一年淮南王英布谋反事:"秋,七月,淮南王布反。"紧接着便是"初,淮阴侯死,布已心恐"。由此开始追叙淮南王英布谋反前的一系列举动。采用这一类的方式,虽然可以暂时克服或缓解"事以年隔"之弊,但这毕竟是局部的,并不能解决编年体在整体上的这一重大缺陷。

其二,国典朝章无所依附。研究历史,离不开典章制度。无论是就封建统治者的治国安邦考虑,还是从后人反省历史,"古为今用"出发,国典朝章的重要意义都是显而易见的。然而,古代的编年体文献长于反映政治上的治乱兴衰之迹,却短于揭示典章制度的沿革变迁。虽然行文中有时也偶有所及,终因体例所限,疏漏殊甚,致使许许多多重要的典章制度无法反映。不言而喻,这确实是编年体史书在体例上存在的一大遗憾。

(二)纪传是非

从一定意义上说,正是基于编年体的上述缺点,刺激了新型史体纪传体的产生。与编年体相比,纪传体史书在体例上具有一些鲜明的优势。还在南朝刘宋时期,《后汉书》的作者范晔就已经注意到了纪传体与编年体之间的差异了。他特别指出,"春秋(这里是指以'春秋'为名的编年体史书之代称)者,文既总略,好失事形,今之拟作,所以为短;纪传者,史、班之所变也,网罗一代,事义周悉,适之后学,此焉为优,故继而作之"(《隋书·魏澹传》引)。在今天看来,范氏所论固然还有些不太全面,但他终究是历史上对比纪传与编年二体优劣的第一位史家。

1.纪传之长

纵观前人种种评议,纪传体史书的特长主要有以下三点。

其一,揭示社会等级,层次分明。以远古时期的"禹传子,家天下"为标志,中国由此进入了阶段社会。夏代以后,社会中的等级制度是客观存在的。在奴隶制时期,"天有十日,人有十等,下所以事上,上所以共神也。故王臣公,公臣大夫,大夫臣士,士臣皂,皂臣舆,舆臣隶,隶臣僚,僚臣仆,仆臣台。马有圉,牛有牧,以待百事"(《左传》昭公七年)。奴隶制崩溃后,取而代之的封建社会,其等级更加森严,人际关系也更加复杂。纪传体史书恰恰是以人物为中心的体裁,它巧妙地以本纪、世家、列传等体例分别反映各个层次的历史人物:帝王高高在上,诸侯、贵戚、将相显臣以及其他各式各样的历史人物,次第匍匐环列,恰似"二十八宿环北辰,三十辐共一毂",众星捧月般生动形象地把中国古代社会等级秩序再现于后人。

其二,涵盖内容广博,应有尽有。纪传体史书中,有关体例涉及到各方面的历史内容,其中,"纪以包举大端,传以委曲细事,表以谱列年爵,志以总括遗漏,逮于天文、地理、国典、朝章,显隐必该,洪纤靡失"(《史通·二体》)。换言之,纪传体既有纪、传以详治乱兴衰,又有表、志以述典章制度,堪称古代文化领域里的百科全书。假若弃纪传而用编年,则有关政治方面治乱兴衰之迹固然可以反映,而典章制度等内容则必因无所依附而疏漏尤多。

其三,体例组织灵活,适宜各类读者。由于纪传体各体例自有区域,分工严明,因而便为广大读者提供了各种方便条件:想要提纲挈领地浏览历史大事,可以阅读本纪;想要稍进一步了解情况,可以阅读史表、史志;想要更加全面掌握具体内容,还可以阅读各种列传。有时间、有愿望,可以依顺序阅读各种基本体例的全部内容;时间紧、有偏爱,可以选读任何一种体例或是其中任何一篇。若弃纪传而用编年,则此种情形便不复存在。譬如即使手捧《通鉴》那样的辉煌著作,若想查阅遗忘年月之史实,便必须从头至尾逐页翻检。如是劳苦,自然咎不在司马温公,而在编年体例自身之局限。

2. 纪传之短

尽管纪传体文献具有以上诸多可取之处,但在反映史实方面也存在不容忽视的遗憾。概括起来,集中于两大弊端。

其一,割裂之嫌。纪传体以人为纲,以事系人,因而将事件、史实分散于若干人物传记之中,本来完整的历史事件和史实,或许一下被肢解、切割为若干碎片。刚刚接触纪传史籍的读者,不单在这些“碎片”中难以把握一个事件的概貌,也很难了解各事件之间的相互联系。

其二,宗要不明。既然历史上年不一事,事不一人,则纪传体中凡与某“事”有牵涉者,必然都要写上一笔,如是,岂止重复,还容易导致中心不明,主次混杂。清代章学诚对此感触颇深:“纪传之书,类例易求而大势难贯”,“一朝大事,不过数端;纪传名篇,动逾百十,不特传文互涉,抑且表、志、载记无不牵连;逐篇散注,不过便人随事依检,至于大纲要领,观者茫然。盖史至纪传而义例愈精,文章愈富,而于事之宗要愈难追求,观者久已患之”(《文史通义·史篇别录例议》)。诚然,为了尽量克服“分在数篇”,“前后屡出”这些弊病,《史记》、《汉书》等许多纪传体史书也曾经采用了一些“互见法”之类的技术手段,例如“于《高纪》则云语在《项传》,于《项传》则云事具《高纪》”(《史通·二体》)等等,然而,毕竟是修枝剪叶之举,并未从根本上解决重复以及因重复而造成的宗要不明问题。

(三)本末是非

此处所谓“本末”,系指纪事本末体这一史籍体裁。由以上论述可以看出,纪传、编年二体虽各有其长,亦各有其短。其长处姑且不论,仅就其缺陷而言,有的可以采用对方长处作技术性弥补,有的则是两种体裁共有的弊病,仅仅依靠“二体”的互补,便难以从根本上奏效。

纪传体与编年体共同缺憾是什么?简言之,就是不能够完整地集中地反映重大历史事件发生、发展的全过程。在"年不一事，事不一人"的这一客观事实面前，纪传、编年二体因为受到自身体例所限，于是在完整叙事方面便无能为力，都不能完成"欲求一事之本末，原始而要终"（闵萃祥《汇刊七种纪事本末序》）的历史任务。截至赵宋以前，历史上曾有不少卓越的学者，例如南朝刘宋范晔、唐代刘知几、皇甫湜等人，在论及二体特长时，同时也都曾指出其致命弱点。虽然在他们的评论里还没有明确揭示出具体的努力方向，但是诸如此类的议论已经朦朦胧胧地有意无意地昭示后人，创建一个新型史体的任务应该摆到议事日程上来了。换言之，恰恰是纪传、编年之短，为纪事本末体的产生提供了契机。袁枢《通鉴纪事本末》正是适应了史学发展的需要，继编年、纪传之后迅速崛起于史坛。但是，即使面对这一新型史体，也应该从两方面予以分析和认识。

1. 本末之长

袁枢的《通鉴纪事本末》是在司马光《通鉴》基础上完成的，因而两书既有相同处，也有不同点。所谓"相同处"，特指两书的内容。由于《通鉴纪事本末》取材全部源于司马光的《资治通鉴》，两书内容没有任何异样，因而袁书便说不上什么史料价值。所谓"不同点"，亦可视为本末之长。主要体现于两点：第一，规模大大精简。《资治通鉴》有 294 卷之巨，经由袁枢的改进，浓缩为只有 42 卷的《通鉴纪事本末》；第二，采用新的编纂方法。司马光是按照传统编年方式撰成《通鉴》，而袁枢则不然。他以事件为中心，将司马光原著内容全都打散，将历史内容区别为事件，每事有标题，有首尾，突显出历史事件之前因后果。这样的组织编排，叙事详明，既可以弥补纪传之遗憾，也能弥补编年之不足，颇有益于世人的历史研究。

当年杨万里对比编年与本末两类文献感触颇深："予每读《通鉴》之书，见事之肇于斯，则惜其事之不竟于斯。盖事以年隔，年以事析，遭其初莫绎其终，揽其终莫志其初，如山之峨，如海之茫，盖编年系日,其体然也。今读子袁子此书,如生乎其时,亲见乎其事,使人喜,使人悲,使人鼓舞未既而继之以叹且泣也。"(《通鉴纪事本末序》)清代学者章学诚则在盛赞袁书的同时,还点出了纪事本末体克服纪传、编年二体弊端的特殊功能:"按本末之为体也,因事命篇,不为常格;非深知古今大体,天下经纶,不能网罗隐括,无遗无滥。"纪事本末体,"文省于纪传,事豁于编年,决断去取,体圆用神",著者"沉思冥索,加以神明变化,则古史之源,隐然可见","故曰神奇化臭腐而臭腐复化为神奇,本一理耳"(《文史通义·书教下》)。章氏所谓"神奇化臭腐而臭腐复化为神奇"之说,固然有形象调侃的意味,而"文省于纪传,事豁于编年"的评断,则是章学诚乃至后学对纪事本末体特长的中肯赞扬。即使集古代书目之大成的《四库全书总目》,也曾盛赞袁枢创造史籍新体裁的功绩:"包括数千年事迹,经纬明晰,节目详具,前后始末,一览了然。遂使纪传、编年贯通为一,实前古之所未见也。"(《四库全书总目》卷四九史部)

2. 本末缺憾

就像纪传、编年二体兼具长短那样,纪事本末体也有自身缺憾,归纳起来有以下两点。

其一,政治至上,轻忽其余。从袁氏《通鉴纪事本末》以及袁书以后的其他纪事本末体史书来看,它们所记史事明显侧重于政治,与此同时则明显忽视甚至缺载了经济、文化部分。尽人皆知,经济、文化与政治一样重要,而其中的经济则尤其重要。对此,翦伯赞先生曾形象地说明政治、经济与文化三者间的密切关系:"经济是历史的骨骼,政治是历史的血肉,文化艺术是历史的灵魂。要写出一部有骨骼有血肉有灵魂的历史,不要写出一部没有骨骼的历史,也不要把历史写成一个无灵魂、无生命的东西。"(《对处理若干历史问题的初步意见》,载《光明日报》1963 年 12 月 22 日)不言而喻,经济、文化部分的极其薄弱和疏漏,大大降低了纪事本末体的史料价值,堪称其一大弊端。

其二，专注事件，割裂整体。无论是自然界，还是人类社会，都是由相互依赖、相互联系，又相互制约、相互作用的事物构成的统一体。作为揭示事物发生、发展的历史著作，自然也应该体现出这一要义。纪事本末体以事件为中心，注意到了一事之本末，原始而要终，确实为读者了解某一事件全过程提供了方便。但是，由于它把错综复杂的历史整体分解成一个个事件，并且彼此孤立。这样的结果，不止是割断了事件之间的内在联系，同时也为读者把握某一时期历史发展的整体面貌，设置了一道道人为的障碍。

由此可见，纪事本末体既没有纪传体博及天地，包罗万象的巨大信息优势，也缺乏编年体那种"中国外夷，同年共世，莫不备载其事，形于目前"（《史通·二体》）的宏观视野。从这一点上说，纪事本末体显然不是万能的，它同样离不开纪传、编年之长的有益补充。

三、三体综论

纵观纪传、编年、纪事本末三大史体发生、发展的历史，尤其是研究它们彼此的特点及相互关系，不难从中得出以下两点共识。

第一，在纪传、编年、纪事本末三大史体中，虽然各有其长，亦各有其短，但纪传体在总体上毕竟技高一筹。"这种体裁，可以说是《尚书》等四种体裁之综合。其中'纪'以编年，犹《春秋》之经也；'传'以记事，犹《左氏》之'传'也；'世家'以分国录诸侯，犹《国语》之分国为史也；又尝录帝王之制诰命令，则又犹《尚书》之载典、谟、训、诰、誓、命之文也。一言以蔽之，这种体裁，已并'编年'、'纪事'、'纪言'、'分国'诸体于一书，别而裁之，融而化之，使其相互为用，彼此相衔，以各家之长，济各家之短，而又益之以表历，总之以书志，卓然自成为一种新的历史体裁。"（翦伯赞《史料与史学·论刘知几的历史学》）翦伯赞先生的总结堪称精当。由此不能不想到另外一个重要问题:封建统治者既没有选择编年体,也没有选择纪事本末体,而是选择了纪传体作为"正史"的体裁,可以说事出有因。仅从体例结构即可看出端倪:纪传体具有编年体、纪事本末体都不具备的特长,因而反映的内容也最为全面。

第二,纪传、编年、纪事本末三大史体关系密切,彼此可以互补。在纪传、编年、纪事本末各体之间,并没有截然的鸿沟,其实在每一体裁中都隐含有其他史体的痕迹。首先说纪传体。它本是以人物为中心反映历史的体裁,但在人物传记中却不乏纪事本末形式的记述。譬如本纪,可说是直接移植了以年月为序的编年体记事方式,各史之本纪板块俨然是一部简明的编年史。其次说编年体。它本是以年月为序记述历史的体裁,但其中却也不乏人物传记的模式。特别是记述某人卒年时,往往以倒叙形式加入其生平简历。同时,编年体里也有纪事本末的痕迹。譬如《左传》庄公十年有关于齐鲁长勺之战的记述,全文二百余字,系统地反映了战争的时间、地点、经过以及对战争的分析和研究。最后说纪事本末体。它固然是以"揭事为题,类聚而条分,首尾详备"的方式反映历史,但每一"事目"的叙述,则采用了编年体依年月顺序编排史事的方式。另外,纪事本末体中也不乏人物传记式的记载。例如在《明史纪事本末》中,关于山东农民起义领袖唐赛儿的记述便是。

虽然每种史体都"隐含"有其他史体的痕迹,但毕竟是局部的,这并不能影响和改变三大史体的基本特征。换言之,每一种史体在突显其长处的同时,它们各自的缺点仍依然存在。鉴于人类历史的复杂性和内容的丰富性,若要做到既能全面揭示,又能深入反映,还要条理清晰而易于被后人接受,则"三大史体"中的任何一种史体都难于担此重任。即便是优点最为突出的纪传体文献,也仍然需要编年、纪事本末诸类历史文献的相互扶持。由此可见,要想很好地研究中国的古代历史,不能够也不应该只局限于某一种体裁的历史文献。

第七章　纪传经典(上)

自从纪传体登上史坛后,这种文献生机盎然,两千多年来蔚为大观。纪传文献林林总总,为了在读书治学中能更好地发挥作用,从中推举出经典名著,便自然而然地提到议事日程上来。换言之,从诸多成果中筛选出最具代表性和权威性的经典文献,对于从整体上进一步深入理解、把握和利用文献资源,显然不仅具有极为重要的历史意义,也具有极为重要的现实意义。

然而,经典著作既不是后人随意确认的,更不是著者本人自封的。一个无可否认的事实是,但凡真正的经典文献,不仅是自然而然形成的,而且必须符合相应的严格标准和条件。

第一节　经典概论

在文化领域中,经典文献是随时随地都可能碰到的一个常用词汇。那么何谓"经典",经典文献的基本概念是什么呢? 仅就纪传体文献而言,不单有必要逐一明白诸如经典价值、经典定义、经典特点,也有必要厘清何谓正史经典,何谓非正史经典,以及何谓名副其实的真正经典等问题。质言之,洞悉上述这些问题,不仅是完全应该的,也是十分必要的。

一、经典价值

放眼古今中外之阅读领域,时常会出现一种看似幼稚,实则质朴而又普遍的文化现象。许多人尤其广大青少年,似乎都曾萌生过一个极其美好的愿望:图书的数量是"无限"的,人的生命是"有限"的。在读者有限的生命旅途中,最好能毕其功于一役,能够尽早读到一种可以囊括一切知识的书籍。然而现实是残酷的,这个"愿望"不过是美好的乌托邦幻想。所谓"囊括一切知识"的书籍,何止从来不曾有过,而且注定永远也不可能成为现实。这种幻想固然不会实现,但含金量极高、鹤立鸡群的典籍,则是实实在在地存在于文化宝库里。这样的"典籍",何止属于人们意识里的"重要文献",它们自身或许就是经典文献的同义语。

一般来说,具有一定历史价值或参考价值的著作,都可称之为重要文献。然而,即使"重要文献",也是一个相当复杂的大家族。一方面,其数量之大,涉及面之广,犹如茫茫云海之难穷涯际;另一方面,在其"历史价值"和"参考价值"层面上,也存在着一定的差异甚至是巨大的差异。

经典文献的认知和筛选比较难于决断,这主要与两个因素的难以精准把握密切相关。首先是创作成果的付出。经典文献都是历经"大浪淘沙"保存下来的上乘著作。在这一点上,司马迁见解可谓掷地有声。他在《报任安书》中曾对先秦时期八大经典作过精彩点评:周文王被拘押,推演出六十四卦的《周易》;孔子遭受困厄,删定了《春秋》;屈原被楚王放逐,写出了《离骚》;左丘明失明后,撰写出《国语》;孙子被砍去双脚,编写了《兵法》;吕不韦迁徙蜀地,方有《吕氏春秋》问世;韩非被秦国囚禁,完成了《说难》《孤愤》;儒家典籍《诗经》,乃是圣贤发愤的成果。在司马迁看来,上述经典均系"倜傥非常之人","皆意有所郁结,不得通其道",尔后通过辛勤汗水和坎坷经历创造出来。依照司马迁的理解，凡是经典文献，无一不是经过千锤百炼、艰难拼搏之后的成果；其次是成果的文化价值。但凡经典文献，一般都具有很高文化价值。这种文献不单会出现于不同领域，还往往有不同的表现形式。例如，有开风气之先的原创性大作，有匠心独运的里程碑式成果，有融汇诸家的集大成者，也有"青出于蓝而胜于蓝"的极品。尽管表现形式有所不同，但只要认真考察其本质特征，就会发现它们具有惊人的一致性。所谓"本质特征"，即在事物诸多特征中，特指那种最能体现该事物基本性质并以此区别于其他事物的根本特征。经典文献的"本质特征"，自然体现于它极为突出的文化价值上。由于这类著作一般都是经过社会实践严格考验的文化精品，所以它们都能深刻反映人类社会发展的文明进步。惟其如此，相比于一般文献，或许这些文献永远只是同类文献中罕见的个例，亦即永远属于文献家族中的极少数，然而它们却是支撑整个文献家族的脊梁和领军者。亦惟其如此，经典文献的文化价值之大，远非寻常文献可比。人们有理由如是认为，无论在日常读书治学时，还是在重要的科研活动中，后学们都会从这些"经典文献"中感悟良多，都能从中汲取一般文献难以企及的巨大正能量。

很显然，文化价值不仅是以上"两个因素"中的主要因素，也是经典根本意义之所在。

二、经典定义

人们不禁要问：究竟什么样的文献，才算是严格意义上的经典著作呢？

自上世纪晚期以来，许多学术著作尤其是许多大型工具书，都曾对经典定义做过理论层面的界定。从以往这些定义上看，可谓见仁见智，不尽相同。试看上海辞书出版社 1979 年版的《辞海》："一定的时代、一定的阶级认为最重要的、有指导作用的著作"；商务印书馆

1991 年版的《辞源》更加概括:"旧指作为典范的书";在《汉语大词典》(汉语大词典出版社 1991 年)中,有关"经典"的义项则多达三个。第一个义项是,"旧指作为典范的儒家载籍";第二个义项是,"指宗教的典籍";第三个义项是,"权威著作;具有权威性的"。细细品味前两种工具书的定义,前者时代烙印较深,后者则过于一般概括。相比之下,《汉语大词典》的诠释确实要更谨慎也更周全一些。但是该词典的前两个义项明显缩小了经典的外延,后一个义项则依然存在着过于"一般概括"的印象。总的说来,以上这些解释固然不无道理,但对于不同文化程度的广大读者而言,毕竟还存在一些有待改进之处。为了能够从理论层面更清晰、更准确地理解和把握经典文献,针对这种文献作一些更具时代特色或者更接地气的解释和界定,还是具有一定现实意义的。

据此,我们或许可以这样界定经典文献的认知。所谓经典文献,系指那些在人类社会发展进程中,能够深刻反映某一领域文化现象并能深刻揭示事物本质,具有强大生命力的文献精品。

三、经典特点

经典文献在长期发展过程中,形成和显示出了自身独有的诸多特点。这种"独有的"特点究竟是什么呢? 有关这一问题,学术界亦可谓"仁者见仁,智者见智",各抒己见,莫衷一是。愚以为,与一般文献相比,经典文献在时代、空间、与时俱进,以及读者群体层面的特点,均表现得最为突出。换言之,凡是真正意义的经典文献,理应具备如下四个鲜明的特点,亦即所谓"四性"——时代贯通性,空间穿透性,知识常新性,读者广泛性。

(一)时代贯通性

但凡经典文献,自然是众人瞩目的一流成果。与一般的文献相比,经典文献最突出的不同点就在于,它不止反映的内容极为丰富,还对事物的观察入木三分,能够深层次地揭示事物的本质,故而具有打通时代隔阂的强大力量。惟其如此,在由远而近的历史长河中,经典文献永远不会被时代所遗忘。这种文献往往凭借自身蕴含的强大能量,总会在传承过程中畅通无阻地一往直前。诚然,经典文献有时也可能会出现特殊的窘况,例如因为与某一时代特定的意识形态相抵触,也会因此遭到一定时期的限制甚至于封杀,但在总体上则无碍于自身的继续传播,最终依然会迎来"野火烧不尽,春风吹又生"的可喜局面。试问:这种局面转机的根本原因何在呢? 一言以蔽之,经典的根须早已深深扎牢于人们心灵中的文化土壤,任凭什么力量都不能将其动摇,更不能将其摧毁。

在我国传统文化领域里,那些具有"时代贯通性"的经典文献并不罕见。试以形成于先秦时期的儒家"五经"为例,它们何止是遭到了秦代"焚书坑儒"的灭顶之灾,在以后长期的意识形态领域里,也并不总是顺风顺水。然而,横亘于前进道路上的一切障碍,最终都没能屏蔽其自身发射的光辉;复以医学领域为例,以《黄帝内经》、《神农本草经》为代表的中医经典,虽然同样成书久远,但其强大的生命力也同样令人折服。这些经典在至今的中医领域里仍然大显神威,诺贝尔大奖的获得者屠呦呦,正是从这些典籍中获得灵感,制造出泽及世界的青蒿素;再以史学领域的司马迁《史记》为例,它问世距今已有两千年之久,其间尽管经历了走马灯般的改朝换代和令人发指的封建时代的文字狱,但是所有残酷的斗争和凶险的政治风浪,从来没有阻挡也不可能阻挡住后学们对"太史公书"的一往情深。

（二）空间穿透性

长期以来,人们往往会看到这样一种相当普遍的文化现象:但凡真正的经典文献,以其具有的强大生命力,它可以纵横驰骋于任何空间和区域。换言之,无论任何力量,都不能阻止其广泛的影响和传播。

　　回顾21世纪初市场经济背景下,国内文化领域里曾经出现过令人不齿的一些低俗现象。为了将平平之作推向社会,揠苗助长者有之,弄虚作假者有之,利用媒体大肆炒作者更是不乏其例。然而与此相反,真正的精品尤其是经典文献则不然,它们从来不需要任何特殊"外力"的助推。这种文献与生俱来的生命力实在太大、太强,它不仅在时间序列的纵向传递中从来没有"代沟",在空间序列的横向传播中也从来没有不可逾越的障碍。换言之,无论是任何不同的地域,任何不同的语言,抑或是任何不同的社会习俗,都不可能成为阻挡经典文献广泛传播的藩篱和屏障。

　　经典文献传播的事例之多,古今中外简直不胜枚举。例如世界无产阶级导师马克思的《共产党宣言》1848年诞生于布鲁塞尔,但其能量之大,不限于诞生之国比利时,也不限于欧美,犹如一大把生命力超强的种子,漂洋过海播撒于世界各地。它何止曾经在俄国的田园里开花结果,在东方中国的土地上,更是令人难以置信地深深扎下根来。英国伟大戏剧家莎翁的《哈姆雷特》、《罗密欧与朱丽叶》不独在西方影响巨大,即使在东方世界也受到了极其广泛的欢迎。至于我国有关经典著作的故事,可以说更多也更精彩。例如"国家汉办"筹建的孔子学院,2004年11月首先在韩国首都挂牌,仅仅两年后的2006年底,便有120所孔子学院出现于全世界。质言之,随着120所孔子学院的兴起,儒家经典《论语》也一并走向了世界各地。君不见,孔子"己所不欲,勿施于人"的金句,便镌刻于联合国总部大厅里。又如古代兵家的经典《孙子》,虽然该书仅有十三篇,全文不过六千余字,但丝毫无碍于它从中国走向世界各国军事领域。即使美国著名的西点军校里,也尊奉它为不可或缺的重要教材;明代李时珍的《本草纲目》,乃是一部旨在为人类健康谋福祉的中医学巨著。自该书面世后,不仅在国内拥有数十个版本,在国外也以多种不同译本广泛流传。于此有一插曲,敝人就曾亲眼目睹:在莫斯科大学主楼大厅墙壁上,环列着世界级的科学家浮雕,中国古代有两位科学家荣登殿堂:一位是南北朝时期大数学家祖冲之,另一位便是明代《本草纲目》的著者李时珍。

由此可见,经典文献"空间穿透性"的巨大威力,并非虚言。这种文献,简直像风驰电掣于时空隧道中的文化专列,满载着珍贵的货物高速运行而又从不会停歇。

(三)知识常新性

通常情况下的一般性著作,以其内容简单而一览无余,读一遍就算有耐心。勉强再读,便无兴趣可言。即使稍好一些作品,通读两遍或许可以,倘若继续再读,乏味感觉也会自然袭来。经典文献则不然,不论是距今几十年、几百年甚至更久远的著作,以其文化底蕴丰厚、立意高远且文字鲜活隽永,故而总能"与时俱进"而不乏知音。面对这样的著作,即使后学们一而再,再而三,乃至多次的反复阅读,也总会产生新意屡出、常读常新的异样感受。经典的这种巨大魅力,或许只有用儒家弟子对其至圣先师的高度赞美,方能达到恰如其分的深刻理解:"仰之弥高,钻之弥坚;瞻之在前,忽焉在后。"(《论语·子罕》)换言之,只有认真阅读了含金量极高的"经典"后,才可能真正品味和理解到孔子"温故而知新"的深层含义。

放眼中国传统文化领域里,含金量极高的"经典"真可谓数不胜数。例如儒家的"五经"、《论语》,道家的《老子》、《庄子》,兵家的《孙子兵法》,医学领域的《黄帝内经》、《本草纲目》,算学领域的《周髀算经》、《九章算术》,史学领域的《史记》、《资治通鉴》、《史通》、《文史通义》,文学领域的《诗经》、《楚辞》、唐诗、宋词、明清小说等等。当广大后学们尤其是专业和准专业范围的后学们,每每读到这些经典著作时,往往会越读越有滋味,越读体会越深。倘若一定要寻找一个比喻来形容,则无妨可以如是说:经常与经典文献为伴,犹饮陈年老酒,何止齿颊留香,简直余味无穷而受用终生。

（四）读者广泛性

经典文献不仅区别于一般文献，也与各个时期备受关注的"畅销书"有很大不同。"畅销书"以其迎合社会时尚和一时的潮流，往往也可以流行于一时，在特定的时段内甚至会受到一些人竭力地点赞和吹捧。但是，这种书籍大都不能流行一世，更不可能长期流行下去。时间是最公平的裁判者，随着岁月的无情推移，"畅销书"中的绝大多数，都难以做到继续"畅销"。其中，有些已成为"强弩之末"者，或许尚能在特定情况下博得少数读者眼球；而更多者，则迎来了"世界末日"，在广大读者脑海中早已成为过眼云烟：犹能残留书名、著者名者，已属万分幸运，至于其苍白的洋洋万言早已淹没于"滚滚长江东逝水"了。

经典文献全然是另一番景象。由于这种文献完美地反映了某一领域深层次的文化现象，不单极易与广大读者的心灵交集一起，而且还会随时撞击出火花，随处产生由衷共鸣。诚如唐代诗人云："静默将何贵，惟应心境同。"（张说《清远江峡山寺》）经典文献与读者间最容易发生也是最可贵的文化现象，恰恰就是唐人所说的"心境同"三字。这种因阅读经典而产生的深层会意、认知与呼应，犹如一条拉力极强的无形连线，将经典文献与广大读者的"心境"紧密地联结起来。惟其如此，稍加留心的读者都会发现一条永恒不变的规律，历史上的各个时代总会反复上演着同一个文化场景。与一般文献的门可罗雀相比，经典文献可谓迥然有别：地无分南北，人无分职业，但凡深入接触者，总不乏熙熙攘攘的读者朝着经典纷至沓来，由此自然而然地构成了一道人气极盛的亮丽壮观的风景线。

四、正史经典

提起中国的正史，或许人们会立刻在脑海里浮现出有关经典丛书的许多概念来，诸如"前二史"、"前四史"、"十三史"、"十七史"、

"二十二史"、"二十四史",乃至"二十五史"等等正史丛书。在这些冠以不同数字的丛书中,规模最惊人者是"二十五史"。在这套规模巨大的史籍丛书里,总共包括了二十五部正史:即以司马迁《史记》为首,历经此后汉魏六朝、隋、唐、宋、辽、金、元、明、清各朝,乃至民国时期史家所撰相关史籍。这二十五部正史比较全面、系统地反映了我国古代社会治乱兴衰之迹,经过历史长河的冲刷和积淀,日益显露出它们宝贵的文化价值,因而得到了封建统治者和后世的首肯。仅从这个意义上说,包含于这套丛书中的任何一部正史,视之为"经典性"的历史文献都不过分。

"二十五史"并非一家之言,各种典籍学术水平存在明显差异,若能从中筛选出最具影响力的代表,显然是更好把握正史丛书的一剂良方。但是"二十五史"毕竟各具特色,要想从中筛选出"最具影响力的代表"谈何容易。为达这一目的,假如着眼于广大读者在社会实践层面的真切感受,或许不失为一条行之有效的终南捷径。

但凡接触过正史的读者,大抵均不免产生以下两个惊人相似的印象。

第一,通读正史难。在正史里,有纪、表、志、传四种基本体例。从一般规律看,阅读其中的"纪"、"传"相对容易,而要读懂其中的"表"就会困难一些,至于要读懂那些相对晦涩的反映专业知识的"志",对很多人来说就会更加困难了。当然,即使具备一定的文化功底,要通读全部正史也决非易事,因为正史系列丛书实在太大了。仅仅其中的"二十四史",即有 3240 卷,4000 多万字。如果把民国时期认可的《新元史》也考虑在内,则整个正史系列丛书真可谓名副其实的鸿篇巨制了。要想系统阅读这套世界上记述内容最广、起讫时间最长的历史百科全书,喻之以"蜀道之难,难于上青天"或许并不过分。因为假如以既要通读,又要读懂为标准,按照每天读一卷的速度进行,仅仅通读"二十四史",就需要大约九年时间。这对生活节奏快的当代读者而言,实在是很大的挑战。

第二,选读正史易。既然"二十五史"部头惊人,采用选择性的阅读,可说是切实可行的唯一方法。究竟如何选择性地阅读其中的优秀文献呢? 人们从长期的社会实践中业已形成共识,在整个正史系列丛书中,最应该选读的典籍非"前四史"莫属。

为何自古以来阅读领域会形成"前四史"的共识呢? 原因就在于,与其他正史著作相比,"前四史"除了均有极其卓越的语言表达能力外,还在另外两个方面占有绝对优势。这里所说的两个"优势",一是著者的独具慧眼,二是注者的上乘功夫。单就著者"慧眼"而言,固然会涉及到诸多方面,但其中最主要者,当推体例的创新和重要史料的反映。当然,无论是考察著者的慧眼独具,还是欣赏注者的上乘功夫,"前四史"都称得上是正史里的突出代表。

(一) 著者高屋建瓴

司马迁的《史记》高居于"前四史"魁首之位,令人钦佩。《史记》不但是纪传体的开创者,也是我国历史上第一部纪传体通史,是正史中影响最为深远的著作。

《史记》的成就之大,古人早有深刻认识。以宋代大史学家郑樵为例,他对司马迁的学术成就可谓推崇备至:"仲尼既没,百家诸子兴焉,各效《论语》以空言著书,至于历代实迹,无所纪系。迨汉建元、元丰之后,司马氏父子出焉。司马氏世司典籍,工于制作,故能上稽仲尼之意,会《诗》、《书》、《左传》、《国语》、《世本》、《战国策》、《楚汉春秋》之言,通黄帝、尧、舜至于秦、汉之世,勒成一书,分为五体。"(《通志·总叙》)明代学者何乔新亦盛赞《史记》开创之功,"司马迁负迈世之气,有良史之才,其作《史记》也,措辞雄健,寓兴深远,秉史笔者未能或之先也。今观其书,本纪者天下之统,世家者一国之纪,列传者一人之事,书著制度沿革之大端,表著兴亡理乱之大略,此其大法也"(《何文肃公文集》卷二《史记》)。

　　班固《汉书》屈居"前四史"榜眼之位，可谓顺理成章。本书不单是纪传体断代史的开创者，而且四种体例俱全。它在纪传体的体例建设上厥功甚伟，不仅进一步完善了纪、表、史、传四种体例，而且在其设立的十个史志中，《刑法志》《五行志》《地理志》和《艺文志》全都属于班固独创。

　　《汉书》除了体例方面的贡献外，在内容方面也多有建树。赵翼在对比《史记》与《汉书》后，不仅特意列出"《汉书》多载有用之文"、"《汉书》增传"、"《汉书》增事迹"等题目，还在各题目下列出诸多典型事例。例如在"《汉书》增传"里就曾指出，"《史记》无《吴芮传》，蒯通则附《韩信传》内，伍被则附《淮南王传》内，《汉书》俱另立传"；"《史记》有《齐悼惠王世家》，而赵隐王如意、赵共王恢、燕灵王建、皆无传，赵幽王友附于《楚元王世家》内。然皆高帝子也，何得阙之？《汉书》皆立传"；"《史记》李陵附《李广传》后，但云陵将步骑五千人出居延，与单于战，杀伤万余人。兵食尽欲归，匈奴围陵，陵降匈奴，其兵遂没，得还者四百余人。盖迁以陵事得祸，故不敢多为辨雪也。《汉书》特为陵立传，详叙其战功，极有精彩。并述司马迁对上之语，为之剖白。"（赵翼《二十二史札记》卷二《史记》《汉书》）

　　范晔《后汉书》位居"前四史"之三，亦属众望所归。本书在基本体例上虽无开创可言，但在传记设置上则有明显独到之处。例如作者发前人未发，将传统的"外戚传"改为《皇后纪》，这是东汉皇后和外戚地位日益强盛的形势使然。又如《后汉书》中的七个类传，令人眼前一亮。其中《党锢列传》反映了东汉封建统治阶级内部两大政治集团腥风血雨的残酷斗争，《宦者列传》揭示了东汉时期宦官势力兴起、发展的全过程，《文苑列传》反映了文化领域里一大批重德轻文的文学之士，《独行列传》记载了谯玄、李业、刘茂、刘翔、王烈等二十多人在特定背景下区别于常人的独立特行，《方术列传》集中记载了古代一大批医药、占卜和神仙中人的怪异事迹，《逸民列传》专门反映了地主阶级内部那些自命清高、隐居不仕的知识分子,《列女传》更是发凡起例地反映了一大批"才行高秀"的巾帼英雄(详见第四章第三节)。

尤其值得一提者,范晔本人才华横溢,往往是"就卷内发论,以正一代得失"。《后汉书》各卷的"序"和"论",不仅深得唐代史学家刘知几的赞许(见《史通·论赞》,即使范晔本人也极为自负:"吾杂传论,皆有精义深旨",尤其"《循吏》以下及《六夷》诸序论,笔势纵放,实天下之奇作","赞自是吾文之杰思,殆无一字空设,奇变无穷","自古体大而思精,未有此也"(范晔《狱中与诸甥侄书》)。客观地说,范晔的这种自负确有一定根据,并非是信口雌黄。惟其如此,《后汉书》也荣登"前四史"之列。

陈寿《三国志》位列"前四史"殿军,亦属确当。本书成就和特色突出体现于四方面。其一,开启了纪传体分国记事的先河。魏、蜀、吴三个国家是由统一的东汉政权分裂之后形成的,它们不仅并列对峙,彼此交往也极其密切。因此,作者基于三国并立的社会现实,将三个国家的历史《魏书》、《蜀书》和《吴书》合并为《三国志》,本书承上启下,内容可分可合,堪称正史中的一大创新;其二,实事求是划分历史断限。断代史皆有断代问题,而魏、蜀、吴三个国家的建立与灭亡并不相同。从建国时间说,魏国最早,蜀国次之,吴国最晚。从亡国时间看,蜀国最早,吴国次之,最后统归于晋。基于此,陈寿不为王朝年限所拘束,重视历史发展的基本特点,没有定于曹丕建国,而是起于汉灵帝末年。这样的断限固然符合历史实际,也体现了作者的远见卓识;其三,叙事巧妙。史书人物众多,同一事件涉及多人,叙事极易造成重复。陈寿则记事严密,详略忽见,既避免了文字重复,也再现了历史原貌。其中的赤壁之战即可见一斑,这场决定孙、刘两家生死存亡的战争错综复杂,作者在《吴书·周瑜传》中叙述颇为详尽,而在《魏书》、《蜀书》之相应篇章中则是寥寥数语,甚至是一笔带过;其四,保存可贵史料。该书不仅有声有色地反映了官渡、赤壁、彝陵等极其重要的战事,还保留了其他许多难得史料。以《三国志·魏书》为例,譬如在《华佗传》里保存了古代中医学实践的事迹,在《张燕传》里保留了黄巾起义后继续斗争事迹,在《乌丸鲜卑东夷传》里反映我国少数民族的同时,也反映了朝鲜半岛之高句丽、三韩(马韩、辰韩、弁韩)地理习俗,以及东方"依山岛为国邑"的倭人信息;又如在《三国志·魏书》之《张鲁传》和《三国志·蜀书》之《刘焉传》里,保存了五斗米道原始资料。

当年司马迁曾在《孙子吴起列传》中盛赞孙武:"西破强楚,入郢,北威齐晋,显名诸侯,孙子与有力焉。"联想《史记》、《汉书》、《后汉书》、《三国志》诸史,因何并列为"前四史"呢? 此处无妨借用司马迁评孙武语作答:从本质上看,著者的远见卓识"与有力焉"。

(二)注家上乘呼应

"前四史"在"正史"中能够脱颖而出,除了自身内容丰富的因素外,书中的注释也起到了重要的作用。因为此前已有这方面的专题论及,下面仅作简略撮述(详见第五章第二节)。

《史记》最著名的注释是"三家注"。凡是《史记》正文中不易理解或容易产生歧义之处,例如文字音义、人物、史实、天文、地理等方面问题,"三家注"往往都能及时地提示其正确的义项,注释简明,解说得体。"三家注"各有所长。试以《史记·秦始皇本纪》为例:"三十三年——贾人略取陆梁地,为桂林、象郡、南海,以适遣戍。"《史记索隐》于"陆梁"处提示:"谓南方之人,其姓陆梁,故曰陆梁。"《史记正义》在此处解释为:"岭南之人多处山陆,其性强梁,故曰陆梁。"《史记集解》则在"适遣戍"处说明:"《集解》徐广曰'五十万人守五岭'。《正义》适音直革反。戍,守也。《广州记》云'五岭者,大庾、始安、临贺、揭阳、桂阳'。《舆地志》云'一曰台岭,亦名塞上今名大庾;二曰骑田;三曰都庞;四曰萌诸;五曰越岭'。"

《汉书》的名注是唐代颜师古注和清代王先谦注。班书流传到汉灵帝时期(168—189)，学者服虔的《汉书音义》与应劭的《汉书音义》先后问世，这是今人可以看到的最早注释。此后为《汉书》注释音义者，不绝如缕。由于各家注释各是其是，令人难于把握，至唐太宗时期，尤精训诂之学的颜师古（其事迹见《旧唐书》卷七十三及《新唐书》卷一百九十八本传），奉太子李承乾之命，对《汉书》详加注释，是为著名的"颜注"。至清代，又有王先谦在"颜注"基础上撰写出《汉书补注》。由于"颜注"和"补注"的出现，出色地解决了《汉书》正文里几乎所有的注释问题。

《后汉书》名注是唐代李贤注（"李注"）和清代王先谦注（"王注"）。"李注"重在训诂，在音义、名物制度等方面颇有成就。从形式上看，"王注"迥异于"李注"。所谓"王注"，亦即王先谦的《后汉书集解》。在这部《集解》中，王氏采用《汉书补注》的体例，网罗了唐宋以来诸家之说，为《后汉书》作出较为翔实注解，无愧为范书注释中的佼佼者。

《三国志》名注是南朝刘宋裴松之注。"裴注"除了增加大量史料外，另有三点值得称道。一是文字注释。包括字音、字义、名物、典故、校勘；二是考订讹误。凡是《三国志》原文存在可疑之处者，"裴注"悉为订正。例如《魏书·武帝纪》记官渡战前曹操"兵不满万"，"裴注"则于此处罗列事实，表示"未应如此之少"；三是发展文学批评。所评人物史事，既有本人的见解，也有转引他人评语。在《三国志注》中，此类事例随处可见。例如在《魏书·高贵乡公注》内说："张璠、虞溥、郭颁，皆晋之令史"，"璠撰《后汉纪》，虽似未成，辞藻可观。溥著《江表传》，亦粗有条贯。惟颁撰《魏晋世语》，蹇乏全无宫商，最为鄙劣"。在被评对象里，有前朝政治人物，也有史学家，甚至有对《三国志》著者陈寿的评论。例如在其《上三国志注表》中评议陈寿"铨叙可观，事多审正，诚游览之苑囿，近世之佳史"，然"失在于略，时有所脱漏"云云。

由此足见,对于名著原文而言,相应之上乘注释具有锦上添花之功。其实,当这些名注与《史记》、《汉书》、《后汉书》、《三国志》原文融为一体,最终荣膺"前四史"美誉时,由于注家们的曾经付出,也同样获得了荣誉和后人的尊重。

毋庸讳言,"前四史"均系名副其实的历史名著。然而这是否意味着,其中每一部著作均为正史丛书里真正意义的"经典"呢? 非也。客观地说,将"前四史"之后三种典籍视为具有一定影响力的"名著"或一般意义上的"经典性"著作,似乎并无不妥。但是,倘若要在整个正史系列中推举出不二人选的魁首,那就要另当别论,亦即还必须再做一番更深入、更严格的筛选方可。

五、非正史经典

这里所谓的"非正史",系指那些被排除于"正史"之外的纪传体著作。自古以来纪传体中的"非正史"著作,同样林林总总,数量甚多。但是,若论其中最有成就和最具影响者,当推宋代郑樵的《通志》和20世纪20年代所编的《清史稿》。当然,这两部著作与其说是"非正史经典",毋宁说"非正史名著"更准确些。析其原因,以《通志》之卓越贡献,冠以"经典性"著作的桂冠犹差强人意,而《清史稿》因涉及问题太多,实与"经典"二字存在较大距离。但是无论怎么说,在《通志》之后的非正史系列中,《清史稿》毕竟还是一部具有一定影响力的著作。仅为叙述之便,姑且将《清史稿》也置于"非正史经典"之列。

(一)郑樵《通志》

宋代郑樵的《通志》,无疑是继司马迁《史记》之后又一部纪传体通史力作。本书在以往纪传体史书基础上,改"表"为"谱",改"书"为"略"。全书计有帝纪18卷,后妃传2卷,年谱4卷,略52卷,世家3卷,宗室8卷,列传130卷,载记8卷,总计200卷。本书开篇有总序,书内有小序、夹注和按语。

郑樵的一生,既重视学术著作层面的研究,又重视社会实践层面的调研。因而这种既有深层学术研究又有丰富实践体验的思想观念,便鲜明地反映于《通志》之中。也因此,《通志》具有两个最明显的特点,故于此简略述之。

1. 注重实学

郑樵一生反对浮夸,尤为重视实学。他甚至尖锐批评只留意宪章、徒尚空言的史家,犹"当家之妇,不事缝餐,专鼓唇舌,纵然得胜,岂能肥家"(《通志》总序)。他强调必须将史学从"说教"和"浮言"中解脱出来,能够成为"详于事实"和社会实践的一门学科。

或许正是基于社会生活和学术文化之现实需要,他在《通志》中特意撰写出了氏族、六书、七音、都邑、校雠、图谱、金石、昆虫草木等二十略。"二十略"极富特色,多系社会需要而为他史所未载者,因而意义重大且影响深远(参见第四章第二节有关内容)。

2. 注重会通

郑樵在《通志》中开宗明义:"百川异趣,必会于海,然后九州无浸淫之患;万国殊途,必通诸夏,然后八荒无壅滞之忧。会通之义大矣哉。"基于这种会通指导思想,他力图汇集各种资料,依照年代之先后整理编排,用以揭示历史发展的来龙去脉。诚如他本人所说,"总《诗》、《书》、《礼》、《乐》而会于一手,然后能极古今之变"(《通志》总序)。

《通志》是郑樵苦心研究数十年的血汗结晶,获得了后人广泛好评。清代乾嘉学者章学诚就曾高度赞扬郑氏,"创例发凡,卓见绝识"。为表达个人敬慕郑樵之意,章氏还特别在《文史通义》中设立《申郑》、《识通》和《答客问》篇,以此彰显郑樵成就。其实,郑樵本人对《通志》也相当自负,对于该书中的《二十略》则尤为自负:"今总天下之大学术而条其纲目,名之曰略,凡二十略,百代之宪章,学者之能事,尽于此矣。"

平心而论，郑樵《通志》，特别是其中的《二十略》旨在考镜源流而条其纲目，开启了各门专科学术研究之先河，扩大了历史范围，丰富了历史研究课题。例如《氏族略》之于社会学，《六书略》之于文字学，《校雠略》之于校勘学，《金石略》之于考古学等等，就是非常典型的例证（参见第一章第四节、第四章第二节）。

（二）《清史稿》

1911 年，"辛亥革命"推翻清朝政权后，中华民国政府命赵尔巽领衔编纂清史，参加编写工作的，先后有缪荃孙、柯劭忞等一百多人。1920 年编成初稿，1926 年修订一次，1927 年秋基本完稿，前后历时14 年。本书有本纪二十五卷，志一百四十二卷，表五十三卷，列传三百一十六卷，总计五百三十六卷。记事上起 1616 年清太祖努尔哈赤在赫图阿拉建国，下至 1911 年清朝灭亡，共 296 年的历史。

毫无疑问，《清史稿》是一部规模很大的纪传体史书，也是迄今为止比较全面和系统反映清朝历史的一部著作。《清史稿》固然位居"二十六史"之列，但在这一丛书系列中，唯有《清史稿》始终称"稿"，而被排除于正史之外。《清史稿》处境如此尴尬，并非偶然。1929 年12 月，故宫博物院聘请有关专家审查《清史稿》，结果发现问题触目惊心：反革命，藐视先烈，不奉民国正朔，例书伪谥，称颂遗老鼓励复辟，反对汉族，为清朝讳，体例不一致，人名先后不一致，一人两传，目录与书不合，纪传表志互不相合，有日无月，人名错误，事迹之年月不详载，泥古不化，简陋、忽略，如此等等。《清史稿》存在问题固然很多，但最主要最突出的则是政治立场问题。例如作者们"自诩忠于前朝，乃以诽谤民国为能事"，"遂至乖谬百出，开未有之奇"，"若任其发行，实为民国之奇耻大辱"。因而早在民国时期，《清史稿》就曾一度被列为"禁书"（详见第四章第四节）。

当然，对《清史稿》也不可完全否定。本书毕竟是依据《清实录》、《宣统政纪》、《清会典》、《国史列传》和许多档案资料写成。它不仅内容丰富，规模宏大，而且体例严整，纪史叙事亦自有特色，尤其是集中并系统整理了有清一代翔实史料，为后人研究清代历史提供了丰富的素材。惟其如此，在没有更合适史书将其置换的一个较长时期里，还不能忽视厕身于"二十六史"殿军之位的《清史稿》。

六、真正经典

在中国古代史坛上，纪传体文献可谓琳琅满目。无论是正史丛书里的文献，还是正史以外曾经提及和未曾提及的纪传体文献，它们中的绝大多数都是经过历史长河洗礼而积淀下来的典籍。这些文献之所以能历经坎坷留存下来，无不与自身所拥有的特定文化价值有关系。因而，将这些经过历史筛选和考验过的典籍定位于"重要文献"，是完全可以的，也是应该的。然而事实上，完全符合经典文献所必备的各种条件，能够在所有纪传体文献中鹤立鸡群而永远遗泽后世学者，以凤毛麟角喻之当不为过。

于此，自然应该把目光锁定于第一部辉煌的纪传通史《史记》。司马迁利用本纪、表、书、世家、列传等五种体例，不单以巨大篇幅纵向反映了先秦以来3000年中国历史，以前所未有的系列专篇反映了中国古代文化相关领域的专史，同时还以《朝鲜列传》、《大宛列传》、《匈奴列传》等传记，反映了时人可见的周边世界。《史记》规模之巨大，反映之巧妙，前所未有。由此观之，司马迁不愧是古代史坛上极为罕见的博学通才，是继孔子之后又一位名副其实的文化巨人。

毋庸讳言，符合经典"四大特性"，能够荣膺真正意义上的"经典"名号者，唯司马迁《史记》可以当之。换言之，无论是正史"二十五史"中的任何一部著作，还是正史以外的任何其他纪传体典籍，称之为具有一定影响力的"名著"（甚至尊称为"经典性著作"）犹可，若视之为能与《史记》分庭抗礼或首屈一指之"经典"者，则令人不敢苟同。

世人每每论及一举而倍利之事，往往以"一箭双雕"喻之。单就研修《史记》受益论，何止"双雕"，诚可谓"一箭三雕"。"三雕"者何？一曰史学雕，二曰文学雕，三曰涵盖文史而覆盖面极广之文化雕也。事实证明，虽以"三雕"赞《史记》，亦非过誉之词。

后人委实应该怀着深深的敬意，由衷感念两千年前的司马迁。只有认真阅读这位先贤的《史记》，方能领悟到这部经典在许多领域里折射出的夺目光彩。

第二节　《史记》概观

毋庸置疑，在包括正史和非正史的所有纪传体文献著者中，司马迁可说是最杰出的领军人物。他不仅是伟大的史学家，伟大的文学家，还是一位具有卓越贡献的科学家。

司马迁出生于具有悠久历史的史学世家，10 岁即开始学习古文，早年曾先后受教于古文经学家孔安国、今文经学家董仲舒。他在读书的同时，还重视社会实践，漫游各地，采集传闻。初任郎中时，曾奉命出使西南。元封三年（前 108）继承父业任太史令，太初元年（前104），与唐都、落下闳制订出《太初历》。此后致力于撰写《史记》，期间因为李陵辩护下狱，遭受残酷腐刑。出狱后继续发愤修史，最终完成了生平唯一巨著《史记》（参见第一章第二节）。

司马迁的《史记》光耀千古，令人敬仰。对于广大读者而言，要深入学习和准确把握《史记》，还是很有必要正确把握与《史记》密切相关的基本事项。所谓"基本事项"，具体说来，即起码要了解书名、体例、倒书、续补、注释以及入门钥匙等六个问题。

一、《史记》名称

司马迁的著作当初并不叫《史记》，而是《太史公书》。在汉代前后的很长一个时期里,"史记"往往是一般史书之共名,正如流传至今的《春秋》书名,也曾经是古代编年体史书的共名。《史记》作为史书共名,甚至司马迁本人也曾多次提到过。例如《史记·六国年表序》:"秦既得意,烧天下《诗》、《书》,诸侯史记尤甚";又如《史记·天官书》:"余观史记,考行事";再如《史记·孔子世家》:孔子"乃因鲁史记作《春秋》"。由此可见,"史记"这一名词当初并非司马迁著作的专用名。司马迁的著作当初被称为《太史公书》,这也是言之凿凿。在《史记·太史公自序》里,司马迁曾说:其书"凡百三十篇,五十二万六千五百字,为《太史公书》"。而在刘歆《七略》及班固《汉书·艺文志》中,也同样著录为"太史公百三十篇"。当然,刘歆、班固所说的"太史公",乃是"太史公书"的简称。

据文献记载,以《史记》作为司马迁书名,是在三国时代才逐渐流行开来的。

二、基本体例

《史记》体大思精,通过五种体例反映历史。所谓五种体例,即本纪十二卷,表十卷,书八卷,世家三十卷,列传七十卷,共一百三十卷,五十二万言。在这五种体例中,以"本纪"记帝王,以"世家"记诸侯,以"列传"记社会各种典型人物,以"表"勾勒国家大事,以"书"记自然现象与典章制度(详见本书第三章纪传体例)。这里必须强调一点,以上五种体例不单可分可合,各有区域,而且都显示出极具智慧的创造性。所谓"创造性",集中体现于以下三点。

其一,在五种体例中,每种体例皆能充分显示作者匠心独运之布局。

试以本纪为例。司马迁利用十二本纪把历史分为上古、近古、今世三部分,其中揭示古代历史者四篇,即《五帝本纪》、《夏本纪》、《殷本纪》、《周本纪》。这四篇突出反映了儒家宣扬"德治"政治的变迁兴衰,例如《五帝本纪》记载尧舜禅让,此乃儒家之理想政治;揭示近代历史者三篇,即《秦本纪》、《秦始皇本纪》、《项羽本纪》。这三篇本纪,旨在反映春秋战国及秦汉之际霸权兴衰的历史;揭示当代历史者五篇,即《高祖本纪》、《吕太后本纪》、《孝文本纪》、《孝景本纪》、《孝武本纪》。这五篇本纪,旨在反映汉家王朝乃是得人心者得天下。

再以史表为例。司马迁以时间为红线,采用表格形式同样由远而近地揭示上古、近古、今世三阶段历史。其中揭示上古历史者两篇,即《三代世表》、《十二诸侯年表》。前者上起黄帝,下终西周共和,反映积德积善的远古时代;后者上起西周共和,下终孔子去世(即前841—前479)反映王权衰落、霸政迭起的时代。揭示近代历史者两篇,即《六国年表》、《秦楚之际月表》。前者上起周元王元年,下终秦二世灭亡(前475—前207),反映暴力征伐取天下的战国时代;后者上起陈胜起义,下终刘邦称帝(前209—前201),反映五年间天下三嬗的剧烈变革时代。揭示现代历史者六篇,即《汉兴以来诸侯王年表》、《高祖功臣侯者年表》、《惠景间侯者年表》、《建元已来侯者年表》、《建元已来王子侯者年表》、《汉兴以来将相名臣年表》。这六篇年表,详细反映大一统西汉时代的天下大事。

其二,在五种体例中,往往因特殊背景而有不拘成例之创新。

试以本纪为例。本纪原本是记述帝王的尊贵体例,非帝王者,自然不当入之。然而《史记》中有许多处破例,即并非帝王者居然也采用了本纪这一体例。试看夏、商、周三本纪中的历代先公先王也入了本纪,《秦本纪》中便以诸侯入了“本纪”(按,春秋战国时期的秦国,地位等同于一般诸侯);吕太后非皇帝而设《吕太后本纪》,汉惠帝这位皇帝却无《惠帝本纪》;项羽系西楚霸王且无纪元年号,居然设立了《项羽本纪》,如此等等。其实司马迁这样做,另有一番良苦用心:之所以为夏、商、周三代设立系统的“本纪”,旨在上溯远古时期历史,只有这样才能使中国古代历史叙事形成完整序列;之所以设立《秦本纪》，实有"正名实"之意，早在秦始皇之前的秦国第四代国君秦献公时，秦国已经凭雄厚实力，成为"常雄诸侯"之国了；之所以设立《吕太后本纪》《项羽本纪》亦有"正名实"原因。刘邦死后，汉惠帝名为皇帝，实则是地地道道的挂名皇帝，所有国政大事，均由吕氏裁决。所以设立《吕太后本纪》而没有"惠帝本纪"。再说《项羽本纪》。秦汉之际，天下大乱。在那个特殊时期里，项羽"乘势起陇亩中，三年，遂将五诸侯灭秦，分裂天下，而封王侯，政由羽出，号为霸王，位虽不终，近古以来未尝有也"。考察当时历史，太史公此言不虚。

再以世家为例。原本是非诸侯不得采用这一体例，然而破例之处亦无独有偶。孔子本是落魄流浪布衣之士，却设立了《孔子世家》；陈胜乃"锄禾日当午"之一介草民，也设立了《陈涉世家》。何以至此？之所以设《孔子世家》，是基于孔子的文化成就："周室既衰，诸侯恣行。仲尼悼礼崩乐坏，追修经术，以达王道，匡乱世反之正，见其文辞，为天下制礼法，垂'六艺'之统纪于后世。作《孔子世家第十七》"（《太史公自序》）；之所以设《陈涉世家》，是基于陈胜的政治成就："周失其政而《春秋》作，秦失其政而陈涉发迹，诸侯作难，风起云蒸，卒亡秦族。天下之端，自涉发难。作《陈涉世家》第十八。"（《太史公自序》）质言之，孔子乃文化泰斗，自当以非常之礼待之；陈胜于逐鹿中原时振臂一呼，在推倒大秦和西汉崛起中，得无其发难之功乎？！

其三，在五种体例中，理应特别关注行文中画龙点睛之"太史公曰"。

"太史公曰"是《史记》中的史学评论形式，后称"论赞"，它具有明确揭示作者立场、观点和思想感情的作用。《史记》中的"太史公曰"，虽然并不是一个独立体例，但它却是史书的灵魂。

诚然，史学评论这一形式并非自司马迁始。早在先秦时期，一些文献中已经出现。最早有评论内容的是《左传》，其中的"君子曰"就是评论的同义语，总共有 84 条。一般采用形式是"君子曰"、"君子谓"、"君子是以知"等名目。然而，两书相比，大有区别。《左传》评论仅限于对具体事实的褒贬，而且一般是采用前人所谓"君子"名义的方式进行评论。例如春秋时期颍考叔建议郑庄公掘地见母后，"君子曰：'颍考叔，纯孝也。爱其母施及庄公。《诗》曰：'孝子不匮，永锡尔类。'其是之谓乎？"(《左传·隐公元年》)又如郑、息两国发生战事，"君子是以知息之将亡也。不度德，不度量，不亲亲，不征辞，不察有罪，犯五胜而以伐人，其丧师也，不亦宜乎！"(《左传·隐公十一年》)

但是，与《左传》相比，《史记》中的"太史公曰"显然有两个最大的不同：第一，它是作者本人的观点，而且采用直接表达的形式，此等事例极多。第二，它不是就事论事，而是根据内容发表见解，篇幅或长或短，与正文浑然一体，具有浓厚理论色彩。"太史公曰"还采用篇前论、篇中论、篇末论各种形式，灵活多变。特别是在"篇中论"里，往往就某一具体史实夹叙夹议，发表个人独到见解。试看在《酷吏列传》中对王温舒残酷用刑、杀人无数的点评，在《货殖列传》中对触及各种典型史事的见解，着实令人为之一振。当此之时，著者往往意气风发，夹叙夹议，从头至尾，几如一气呵成。例如齐桓公任用管仲取得重大成就时，司马迁就连发感慨："故曰'仓廪实而知礼节，衣食足而知荣辱'。礼生于有而废于无——故曰：天下熙熙，皆为利来；天下攘攘，皆为利往。"这里的"太史公曰"给人印象深刻，可谓妙语连珠，简直如群山峡谷之泉，不择地喷涌而出。

平心而论，做事当有规矩，"无规矩不能成方圆"。但在特定情况下，又不可过分拘泥陈规俗套。乾嘉学者章学诚云：古今载籍，"撰述欲其圆而神，记注欲其方以智"，以《史记》与《汉书》相比，"马则近于圆而神，班则近于方以智也"(《文史通义·书教》)。而章氏此处所谓《史记》的"圆而神"，恰恰可视为司马迁卓尔不群的高明之处。

三、"倒书"现象

通常情况下，文字内容都是依照人们使用习惯和正常语序编排的。而所谓"倒书"，则是在正文中出现特意倒置文字的现象，这是绝对不合乎汉字排列习惯的一种例外。然而，在1959年中华书局标点本《史记》里，就出现这种情况。为此，甚至有一些读者直接写信，表达了对著名出版社居然出现这一低级"失误"的不满。是读者无中生有吗？自然不是，有例为证：试看《史记·汉兴以来将相名臣年表》中，在"高皇帝五年（前202）"下，便赫然倒排着"罢太尉官"四个大字。诸如此类，此表中还有多处这种现象。例如在"孝惠二年"下之"七月辛未何薨"，"高后四年"下之"置太尉官"，"孝文二年"下之"十月丞相平薨"等处，无一例外地出现了倒书现象，这显然不是出版社的"失误"，而是必有其他隐情。

作为著名的经典著作，为什么会出现"倒书"现象呢？对于这一问题的探讨，至今并无统一看法。有一种观点认为，这是作者本人另有深意。例如施丁就曾指出，"倒书主要是揭露将相的危难境遇及可悲下场的"，有"笔削之微旨"及"弦外之音"。但也有其他不同观点，认为是《史记》问世后的"好事者"伪作。当年王国维认真考证后就曾指出，司马迁卒年"与武帝相终始"，亦即公元前86年。然而《将相表》最后写到汉成帝鸿嘉元年（前20）。汉朝帝王次序是文、景、武、昭、宣、元、成、哀、平，既然司马迁在汉昭帝初年已经死去，怎么可能撰写出以后几代帝王时期的历史呢？

倒书原因和意义究竟是什么，至今依然各说各理，莫衷一是。如果从本源上找缘由，则首先还是应该尊重作者本人见解。司马迁在《太史公自序》中明确宣示，所谓"贤者记其治，不贤者彰其事，作《汉兴以来将相名臣年表》第十"云云。窃以为，倘若以此作为考察"倒书"的切入点，或许更有利于找到著者"倒书"之初衷。

四、《史记》续补

今本《史记》130 卷,名义上是"司马迁撰",其实并不都是司马迁本人所写。据班固《汉书·司马迁传》记载:早在东汉时期,在《史记》的 130 篇里,即有 10 篇"有录无书"。也就是说,东汉时期著名史学家班固父子看到的《史记》,已经不是足本而是 120 篇,另外的 10 篇只有目录而无内容。三国曹魏时期经由学者张晏考证,不仅指认出失踪 10 篇的具体名称(按,《景纪》、《武纪》、《礼书》、《乐书》、《兵书》、《汉兴以来将相名臣年表》、《日者列传》、《三王世家》、《龟册列传》、《傅靳列传》),而且还对元、成间的续补者褚少孙进行了点评(详见本书第五章第四节)。

虽然褚氏续补部分,都有"褚先生曰"字样,以示区别(例如《陈涉世家》、《田叔列传》、《外戚世家》诸篇),但是经过后学考证,也有一些不带标识而属于褚少孙所为者。例如《张丞相列传》:韦丞相玄成病死,"孝元帝亲临丧"。此处显然并非司马迁手笔。因为司马迁死于公元前 90 年,亦即大约 70 年后的汉元帝时期。所以后学由此推断,必是褚氏所补。更有一些学者认定,今本《史记》从总体上保持了原貌,原文流传于今者大约可达 97% 左右。

五、《史记》注释

就整个"二十四史"的注释地位而言,尤以"前四史"为高,而在"前四史"中,则又以《史记》之"三家注"最为典型。

自古以来注释《史记》者甚众。相比之下,"三家注"解说最为得体。事实表明,"三家注"是经过历史大浪淘沙流传下来的上乘注释(详见第五章第二节)。

文化领域里尝有"两司马"美谈。愚以为,此处所谓"美谈",应当不独涵盖其书,亦当涵盖其注。纵观古代史学领域,不止《史记》与

《资治通鉴》双峰并峙，《史记》之"三家注"与《资治通鉴》"胡注"（见第六章第五节），亦可谓春兰秋菊，并誉学林。单就《史记》而言，古今注释者固然不绝如缕，唯其中之"三家注"影响最为深远，不愧为福泽后学的头号功臣。

六、入门钥匙

要想深入了解司马迁当年何以撰写《史记》的第一手研究资料，迄今依然可以有幸看到著者亲撰的两篇文字：其一是司马迁的《报任安书》，其二便是《史记》里的《太史公自序》。

《报任安书》，是司马迁入狱后写给好友任安的亲笔信（《汉书》卷六十二《司马迁传》）。任安，字少卿，其事迹见《史记》卷一百四《田叔列传》中褚先生所补《任安传》。正是在这封致老友的信中，司马迁满怀激愤之情，述说了自己因李陵之祸而遭受的奇耻大辱，表达了郁积胸中的苦闷，揭露了朝廷大臣的自私和汉武帝的刚愎自用。最使后人感动者，当属司马迁遭遇塌天大祸后，毅然坚持"隐忍苟活"的内心自白："人固有一死，有重于泰山，或轻于鸿毛。"司马迁在一连列举了从"西伯拘而演《周易》"到"《诗》三百篇"等八项伟大成就之后，总结出一个结论：这些成就源于"意有所郁结，不得通其道，故述往事、思来者"，"大抵圣贤发愤之所为作也"。读到两千年前这篇文字，至今令人感佩、动容，仍能从中获得重要精神启迪。当然，这种精神也是司马迁得以完成《史记》的根本动力。

《太史公自序》，是屈居《史记》殿军之位的一篇文章。本文虽处全书之末，却相当于现代编排于正文前的"序言"，堪称阅读《史记》的一把入门钥匙。读《史记》，自然应该先读《太史公书》。通过阅读这篇文章，至少会获得四条信息：其一，可以了解司马氏自远祖以来家族世系的传递、史学渊源，以及作者的生平；其二，可以了解司马迁之父司马谈"论六家要旨"的学术思想，及其对司马迁《史记》的深远影响;其三,可以了解司马谈临终之际的谆谆遗嘱,以及司马迁撰写《史记》根本动机(即"究天人之际,通古今之变,成一家言");其四,可以了解作者本人历述撰写《史记》的经过、体例、各篇内容和要义。

第三节 《史记》史学篇

司马迁是中国古代伟大的史学家。因为《史记》内容丰富多彩,博大精深,故而从一定意义上实为古代难得一见的百科全书。古人有所谓"文史不分家"之说,这在司马迁身上得到了充分的反映。无论在史学方面,还是文学方面,司马迁的《史记》均有卓越的建树和极其深远的影响。

单就史学领域看,司马迁具有极其深厚的文化修养和丰富的社会实践。他在这一领域独具慧眼的创新,特别是由原创性成果《史记》所引发的巨大影响,可谓无人能及。因而与此相关的一系列疑问,也同样提到议事日程上来:司马迁到底有哪些异于常人的史学素质?《史记》是在什么样的具体背景下问世的? 在"班马"并称下的《史记》与《汉书》,究竟孰高孰低?《史记》在中国史学领域里究竟产生了怎样的深远影响? 以下试就上述各个问题,从不同方面尽可能寻找出客观、明确的答案来。

一、良史之材

东汉班固是第二部正史的作者。虽然他在某些史学观点上与司马迁存在明显不同,但是对司马迁本人的文化素质和《史记》的巨大成就,还是给予了比较客观的评价:"自刘向、扬雄博极群书,皆称迁有良史之材,服其善序事理,辨而不华,质而不俚,其文直,其事核,不虚美,不隐恶,故谓之实录。"(《汉书·司马迁传》)

所谓"良史之材",乃是汉代文化界送给司马迁的一项名副其实的桂冠。这里所说的"良史"和良史之"材"，着实耐人寻味。很显然，称职史家或优秀史家肯定是有条件、有标准的。那么从历史上看，衡量史学家是否"称职"或"优秀"，究竟有哪些条件和标准呢？

（一）时代标准

中国史学相当悠久，重视史家素质的历史也相当悠久。在古代，衡量史家素质的标准并非一成不变。随着社会的发展和后人视野之逐渐开阔，有关优秀史家的相应评价标准，也呈现出由简单到全面的发展态势。

1. 先秦标准

先秦时期衡量优秀史家素质的标准，主要体现于是否能坚持秉笔直书。所谓秉笔直书，即能够不惧强暴，敢于实事求是地反映历史。南宋名诗云："时穷节乃见，一一垂丹青。在齐太史简，在晋董狐笔。"（《正气歌》）文天祥在这里提到了两位史家，一曰齐太史，一曰晋董狐。这两人都是先秦时期著名史官，也是历史上能够坚持操守、秉笔直书的史界典范。

试以其中的齐太史为例。为了将权臣崔杼"弑君"的事实昭告天下，齐太史毅然写出"崔杼弑其君"的历史记载。后来，齐太史及其两位弟弟都因为这样的秉笔直书而献出了宝贵生命。但是，齐太史幼弟及另一位史官南史氏，却仍然坚持在史书上写下"崔杼弑其君"五个大字（《左传》襄公二十五年）。很显然，齐太史及其兄弟们刚正不阿的"直书"精神，乃是他们得以名垂青史的根本原因。

2. 唐代标准

唐代是非常重视历史研究的朝代，也是准确提出"称职"史家必须具备相关标准的朝代。吏部尚书郑惟忠曾经咨询著名史家刘知几："自古文士多，史才少，何耶？"刘知几答曰："史才须有三长，世无其人，故史才少也。三长，谓才也，学也，识也。"（《旧唐书》刘知几本传）

在中国史学发展史上，刘知几是在认真研究后提出史家基本素质的第一人。在他看来,优秀史家必须具备三个条件:史才、史学和史识。所谓史才,特指创造性才干,包括编纂能力,文字表达能力;所谓史学,特指历史知识、历史资料的拥有和掌握;所谓史识,特指历史见解、历史眼光。刘知几认为,由于"称职"史家的条件涉及多个方面,所以古代很多文人可以治文,却不可以治史。

3.清代标准

清代乾嘉时期,"称职"史家的必备标准又有了新的提升。著名史学评论家章学诚认为,还应该在刘知几三条标准的基础上,再加一条——史德。换言之,仅有刘氏之说还不够,还必须强调史家的学术道德。按照章学诚观点,"称职"史家必须具备才、学、识、德这四个条件。那么这里的"德"作何解释呢? 章氏特作"史德"篇开宗明义:"德者何? 谓著书者之心术也。"(《文史通义·史德》)章学诚不仅解释了史德的含义和重要性,还揭露了忽视史德的危害性:"夫秽史者所以自秽,谤书者所以自谤,素行为人所羞,文辞何足取重! 魏收之矫诬,沈约之隐恶,读其书者,先不信其人,其患未至于甚也。"(同上)在章学诚看来,对于缺乏"史德"的魏收、沈约之书,后学们以"秽史"、"谤书"视之,并非偶然。

其实,不独史学界必须强调一个"德"字,又有哪个领域不是如此? 例如教育领域之注重"师德",医学领域之提倡"医德",武学领域之要求"武德",商业流通领域竭力宣扬的"童叟无欺"等等,不同领域中皆有一个"德"字,何其相似乃尔! 即使书法艺术领域也不例外,在宋代的苏、黄、米、蔡"四大家"中,唯独对蔡氏兄弟(蔡襄、蔡京)尚存争议,足见"德"字之重大了。古代认知如此,现代亦然。国学大师王国维也有类似观点:"天才者,或数十年而一出,或数百年而一出,而又须济之以学问,帅之以德性,始能产真正之文学。此屈子、渊明、子美、子瞻等所以旷世而不一遇也。"(《王国维文集·文学小言》)如果说这里的"济之以学问"系指刘知几所谓的"才"、"学"、

"识"，那么"帅之以德性"就是章学诚所谓的学术操守了。相关条件如此严苛，无怪乎文学领域唯有"屈子、渊明、子美、子瞻等所以旷世而不一遇"，王国维先生所论不无道理。

（二）大家司马迁

平心而论，若仅就以上所说的某一个"条件"来考察，则"称职"史学家应该是大有人在的。但如果用"四个条件"进行全面而深入的考察，则古代真正"称职"的优秀史家诚可谓凤毛麟角。司马迁的综合素质究竟如何呢？毋庸讳言，即使以极为严苛的"四个条件"逐一衡量，司马迁也属于史学领域中鹤立鸡群的不二人选。以上所说的所谓"四个条件"，在司马迁身上全都具备。实事求是地说，他将才、学、识、德"四要素"集于一身，其非凡的文化素质举世罕见。以下无妨逐一论之。

1. 良史之"才"

司马迁的创造性才干，在《史记》中体现得淋漓尽致。本书以本纪记帝王，以世家记侯国，以十表记大事，以八书记制度，以列传反映各类人物。由《史记》发凡起例之"五体裁书"，从此成为后世史家效法的楷模。本书是中国真正意义的第一部纪传体通史：就时间上看，上起黄帝，下终汉武，具有三千年历史的空前跨度；就空间上看，从天上到人间，从本土到国外，包罗万有，无所不统。《史记》何止是第一部中国通史，甚至可说是当时难得一见的"中外交流史"。

司马迁创造性才干，不仅体现于宏观层面的"五体裁书"，在写作技术层面的闪光点也令人惊叹。单就系统反映历史事件而言，"三大史体"中的编年体、纪事本末体各有特长：编年体是以时间为中心，系统反映历史的一种体裁；纪事本末体是以历史事件为中心反映历史的体裁，每个事件有始有终而一览了然。然而，"三大史体"中的纪传体则不然。它是以人物为中心反映历史的体裁，因而在反映历史事件中存在诸多难点。最常见的问题，不仅是"年不一事"，而且是"事不一人"。怎样才能避免叙事中的内容重复呢？司马迁特别发明了彼此参考的"互见法"。所谓"互见法"，即但凡遇到必须重复叙述同一事件时，司马迁往往不再重叙，而是在此处注明，"事见某篇"或"语在某篇"。例如在《萧相国世家》中，当写到萧何荐引韩信时，注明"何进言韩信，汉王以信为大将军。语在《淮阴侯》事中"；又如在萧何谋诛韩信时，注明"吕后用萧何计，诛淮阴侯，语在《淮阴》事中"。由于采用了这种"互见法"，不只节约了篇幅，避免了重复，还将《萧相国世家》与《淮阴侯列传》紧密联系起来，亦即使人物事迹有始有终，一览了然。假如没有两个"语在《淮阴》事中"，就不可能对萧何之为人行事有全面了解，也就不易确切理解"成也萧何，败也萧何"这一成语了。很显然，"互见法"不失为司马迁叙述史事的一种高明形式。

司马迁创造性才干，还表现于他杰出的语言表达能力。《史记》文字生动形象，内容感情真挚，一直是文学领域里极为难得的学习典范。有关著者这方面的成就于后论及，兹不赘述。

2. 良史之"学"

司马迁拥有丰富的知识积淀。他一方面博览群书，重视"有字之书"的学习，诚如本人所说："天下遗文古事，靡不毕集太史公"；同时他还注重社会上"无字之书"的研究，亲自到国内许多地方调查民俗古迹，广泛搜集各种有价值的史料，由此为撰写《史记》聚集了深厚的知识储备。

司马迁继承并发展了司马谈《六家要旨》思想，为文化领域七家代表人物（即儒家、道家、法家、兵家、医家、纵横家、杂家）立传，系统地反映了这些人物的生平事迹和文化活动。犹感不足，他还注意到社会各个阶层人物，为不惧生死的曹沫、专诸、豫让、聂政、荆轲设《刺客列传》，为"以武犯禁"的朱家、剧孟、郭解设《游侠列传》，为长安卜者司马季主立《日者列传》，为经商者立《货殖列传》，为医学家立《扁鹊仓公列传》，为宫廷巫祝立《龟策列传》等等。与此同时，还注意到当时域内外民族（如匈奴、大宛、乌孙、康居、大月氏、安息、奄蔡、朝鲜、西南夷、东越）风尚，也逐一为之撰写列传。

3. 良史之"识"

司马迁拥有犀利的历史眼光。他在学术思想方面的许多见解，对人物、事件和诸多问题的基本看法，对相关史料的抉择去取，往往都具有惊人的合理性和正确性。例如，司马迁并不盲从古代传说。他曾直言："百家言黄帝，其文不雅训，荐绅先生难言之"（《史记·五帝本纪》太史公曰），"《禹本纪》、《山海经》所言怪物，余不敢言也"（《史记·大宛列传》）。又如，对于古代以来的许多传统观点（比如农与商方面的"重农抑商"思想，物质与意识方面的"重义轻利"观念等等）司马迁往往是反其道而行之。例如司马迁并不完全认同"重义轻利"观念，他非常强调物质的重要意义，曾经鲜明指出，"仓廪实知礼节，衣食足知荣辱"，"天下熙熙，皆为利来，天下攘攘，皆为利往"（《史记·货殖列传》）。

4. 良史之"德"

司马迁具有高尚的治学风范。他是真正的性情中人，秉笔直书，光明磊落，极具人格魅力。

每每阅读《史记》，著者朴实而鲜明的人民性往往如一股清风，从字里行间扑面而来。司马迁爱憎分明，他赞美屈原人品高尚，"虽与日月争光可也"（《屈原贾生列传》）；他痛恨草菅人命的酷吏，揭露他们的暴行，"皆以酷烈为声"，说他们罪恶多端，"何足数哉！何足数哉！"（《酷吏列传》）司马迁甚至敢于通过汲黯之口，揭露顶头上司汉武帝的真面目："陛下内多欲，而外施仁义。"（《史记·汲郑列传》）

即此可知，司马迁将"才"、"学"、"识"、"德"各要素完美地集于一身，无愧荣膺我国文化领域"史学之父"的光荣称号。

二、巨著成因

司马迁能撰写出《史记》决非偶然,其中必然蕴含了多种因素。仅就主要方面而言,大抵包括两个原因:一是离不开西汉时期特定的客观环境,二是离不开司马迁个人努力的主观因素。两个因素同等重要,没有特定的"客观环境"固然不可,没有特殊的"主观因素"亦属枉然。

(一)社会背景

单从史学的视角看,司马迁可谓生当其时,西汉时代为中国史学的大发展营造了极其优越的社会环境。无论着眼于当时的政治领域,还是着眼于当时的经济、文化领域,都为司马迁创造辉煌巨著提供了很理想的条件。

1.经济繁荣

还在西汉初期,铁制农具的使用已经相当普及。在牛耕作为主要畜力形式的同时,还出现了马耕。汉武帝时期,以赵过"代田法"为标志,生产技术也有很大的发展。还值得一提的是,西汉前期采取了一系列有利于发展生产的措施。例如减轻田租,轻徭薄赋,召集流民,解放奴婢,推行与民休息的"无为而治"的政策。生产工具的进步,生产技术的提高以及正确措施的推行,大大提高了生产力,社会经济获得空前的发展。

由西汉建国(前206)到武帝即位的建元元年(前140),虽然只经过了半个多世纪,但经济领域的巨大变化令人震惊:汉代初年是"接秦之敝,丈夫从军旅,老弱转粮饷,作业剧而财匮,自天子不能具钧驷,而将相或乘牛车,齐民无藏盖"(《史记·平准书》)。而到了汉武帝时期,则截然是另一番景象:"汉兴七十余年之间,国家无事,非遇水旱之灾,民则人给家足,都鄙廪庾皆满,而府库余货财。京师之钱累巨万,贯朽而不可校。太仓之粟陈陈相因,充溢露积于外,至腐败而不可食。众庶街巷有马,阡陌之间成群。"(同上)事实说明,至汉武帝时期,战国后期逐渐确立的地主阶级的经济基础已经得到了空前的巩固。司马迁曾明确指出:"'仓廪实而知礼节,衣食足而知荣辱。'礼生于有而废于无。"(《史记·货殖列传》)毫无疑问,汉武时期繁荣的社会经济为文化事业的发展创造了有利的物质条件。更重要的是,经济基础决定上层建筑,有什么样的经济基础,必然要有什么样的上层建筑。正如恩格斯所说:"每一时代的社会经济结构形成现实基础,每一个历史时期由法律设施和政治设施以及宗教的、哲学的和其他的观点所构成的全部上层建筑,归根到底都是应由这个基础来说明的。"(《反杜林论》,《马克思恩格斯选集》第三卷第66页,人民出版社1972年)

就汉代封建地主阶级政权而言,自然也需要与其经济基础相适应的上层建筑。放眼当时的史学领域,有一个亟待解决的现实问题摆在面前:即如何以全新的封建史学取代业已过时的旧史学。从这一点上来看,司马迁的《史记》乃是封建社会经济基础呼唤的产物。

2. 政治一统

早在西汉之前,以秦王朝的崛起为标志,春秋战国以来的长期分裂割据的动荡局面,已经基本结束,先秦时期那种邦国林立的奴隶制国家,已被中央集权的泱泱封建大国所取代。秦朝二世而亡后,汉代继承秦制。历经西汉统治者一代代的不懈努力,新兴地主阶级的各种政治制度从根本上得到了巩固。

与秦王朝相比,汉王朝是个更为强大、也更为统一的中央集权的封建帝国。据班固《汉书·地理志》记载:秦分天下三十六郡。汉兴以来,"自高祖增二十六,文、景各六,武帝二十八"。至汉平帝时,"凡郡国一百三,县邑千三百一十四,道三十二,侯国二百四十一。地东西九千三百二里,南北万三千三百六十八里。提封田一万万四千五百一十三万六千四百五顷","民户千二百二十三万三千六十二,口五千九百五十九万四千九百七十八。汉极盛矣"。在这个空前强大的疆域里，如果说汉代初期建立的"郡国并行制"还有些不甚明智的话，那么，自汉文帝以后则是千方百计地加强封建的中央集权制。从文、景时期采纳贾谊的《治安策》和晁错的《削藩策》，到汉武帝时期实行主父偃的《推恩令》，通过这样一系列政策，逐步消灭了异姓王和同姓王，从根本上铲除了割据势力，实现了中国名副其实的真正的统一。与此同时，在强大、统一的汉帝国，还推行了一系列统一的政策法令。战国时期，"去其典籍，分为七国，田畴异亩，车涂异轨，律令异法，衣冠异制，言语异声，文字异形"（许慎《说文解字》第十五上）。这种各行其是的社会现象，通过秦朝大张旗鼓的"统一"政策，本已发生了较大变化，而历经继之而起的西汉王朝的持续努力，万里同风的社会习俗又有了进一步的发展。诸如关系国计民生的文字、货币、度量衡等均在更大范围内获得统一和推行。

　　由上述情况可以看到，在司马迁的时代，国家上层建筑领域已经发生了很大的变化。由多元到一元，由分裂到统一，这不仅是历史发展的总趋势，也是汉代突出的社会现实。不言而喻，封建社会日益建立、健全的各种统一的政治制度，对更新古代史学内容形成了特定的文化氛围，具有一定的渗透、启发和影响，对发展封建史学具有催化剂一样的推动作用。

　　3. 重人氛围

　　我国夏商时期，由于生产力低下和认识能力的局限，神的地位至高无上，人的地位屈居其下，因而文化领域中"重神轻人"的趋向相当突出。在《诗经·秦风》之《黄鸟》篇中，秦国民众就曾对上层统治者的人殉行为表达了强烈不满："彼苍者天，歼我良人。如可赎兮，人百其身。"自春秋时期开始，随着生产力的逐渐发展和认识能力的提升，"人"的价值也逐渐突显出来。试看儒家大师浓厚的人文思想，不仅从"弟子三千"的实践、"有教无类"的理念中可窥端倪，仅仅考察《论语》记载,相应思想即所在多有。其《述而》篇云:"子不语怪力乱神";《先进》篇云:"季路问事鬼神。子曰'未能事人,焉能事鬼?'"只此两句,不难看到这一事实:孔子对虚无飘缈的"神"是轻视或否定的。如果说前句是后学的总结而非孔子亲口所说,则后句不仅是孔子语言,而且还明确地将"人"的地位凌驾于"神祇"之上。其实春秋时期,人的作用和"人谋"的意义,在军事领域引起更大重视。诚如孙子云"百战百胜,非善之善者也;不战而屈人之兵,善之善者也"(《孙子兵法·谋攻》)。

正是由于意识形态领域里"人"的价值和地位得到空前提高,因而在战国以后尤其是汉代史学园地里,才真正崛起了以"人"为中心的纪传体著作。

（二）主观因素

《三字经》里"人之初,性本善,性相近,习相远",可谓字字珠玑,发人深省。为什么面对同样的社会环境,史学领域中人平平淡淡者多,而司马迁独能发聋振聩、风生水起呢? 说到底,这也与他个人的特殊背景尤其是后天的发奋努力,具有相当密切的关系。

1.家学渊源

司马迁乃名门之后,他的祖先是秦国司马氏,其八世祖司马错是秦国名将,曾与白起一起立下赫赫战功。就此而言,司马氏有兵学渊源;司马迁高祖父司马昌是秦国铁官,其曾祖司马无泽是汉初长安市长,掌管经济。就此而言,司马迁的经济名篇《货殖列传》亦有特殊渊源;此外,司马迁家教优越,其父司马谈博学多识,文化造诣极深。《太史公自序》云:司马谈当初受过名师指点,曾经"学天官于唐都(唐都是杰出天文学家),受易于杨何(杨何是武帝时期易经大师),习道论于黄子"(黄子即黄生,汉景帝时期道学大家)"。司马谈曾写专著《论六家要旨》,深入研究了阴阳、儒、墨、名、法、道六家学术流派,在评论前五家长短的同时,充分肯定了道家思想。

先秦时期也曾有评论诸子百家的著作,但基本上都是零星分散的,而《论六家要旨》则是古代早期系统研究诸子百家的一部理论著作。有如此博学之父,自然容易传承博学之子,在司马迁的《史记》里很容易找到其思想踪迹。

2. 名师教诲

司马迁的老师,有据可考者就有两位著名学者——董仲舒和孔安国。

董仲舒,西汉著名今文经学家。他的《春秋》公年学研究对社会产生深远影响。司马迁成长的时代,适逢汉武帝采纳董仲舒"罢黜百家,独尊儒术"的时代。董仲舒《公羊春秋》对司马迁影响很深,《太史公自序》里清晰记载"余闻董生曰"云云。至于孔安国,乃孔子第四代孙,是武帝时期著名的古文经学家。司马迁长期向他学习《古文尚书》,《史记》中转引之处颇多。《汉书·司马迁传》也明确记载:"司马迁从安国问故。"在汉代经学领域里,司马迁由一"今"一"古"两位顶尖级大师的共同栽培,再次印证了"严师出高徒"的规律。

正是基于上述家学渊源和名师传承的文化氛围熏陶下,司马迁顺利地担当起"孔子卒后至于今五百岁,有能绍明世,正《易传》,继《春秋》,本《诗》、《书》、《礼》、《乐》"(《太史公自序》)的既伟大又艰巨的历史使命。

3. 知行合一

现代所说的"理论"与"实践"的关系,也就是古代所谓"知"与"行"的关系。认真阅读《史记》,司马迁在"知"与"行"两方面体现得淋漓尽致,做到了相当完美的统一。

司马迁的"知"就是"读万卷书"。司马迁出生于文化修养很高的家庭,自幼勤奋好学,"年十岁则颂古文"。他不只从父亲《论六家要旨》专著中,学到了许多专业知识,还向古文经学大师孔安国、今文经学大师董仲舒等人虚心讨教。司马迁青年时期便博览群书，经学、诸子，无不涉猎。自从担任太史令后，更是如愿以偿，如鱼得水。《太史公自序》："天下遗文古事，靡不毕集太史公。"这就为他如饥似渴地咀嚼皇家图书馆典藏提供优越条件，为他以后攀登中国第一部通史的崇山峻岭，提供了最基本的精神食粮。

司马迁的"行"，就是社会实践。司马迁既重视"有字之书"，也重视"无字之书"。他的"无字之书"，也就是"行万里路"。司马迁从20岁起，就开始了游历祖国大好山河的壮举。中国古代壮游祖国山川大河者不乏其人，唐代之玄奘、明代之徐霞客都是闻名天下的代表人物。然而追踪溯源，司马迁才是开中国历史上"壮游之风"的第一人！他的"壮游"大体可以区别为三个阶段。第一阶段：入仕之前。即青年时期独自游历于中原，东南各地；第二阶段：出任郎官后。曾奉命出使于川、滇等"西南夷"地区；第三阶段：担任太史令。司马迁任太史令后，机遇更多。因为汉武帝是个喜动不喜静的皇帝，据文献记载：半年之中。武帝曾巡幸6次。司马迁适逢其会，便多次追随武帝于各地。司马迁在《太史公自序》中说：他曾到浙江探"禹穴"，到湖南看九嶷山，到山东考察孔子的遗风。如果说在他步入仕途初期就曾奉命出使过巴蜀一带的话，当其真正成为汉武帝的随从后，就更是常常出游各地。其游历范围：北起长城，南至西蜀，东自齐鲁，西达甘肃。司马迁的足迹几乎走遍了大半个中国。如此丰富的社会阅历，可以增广见闻，胸中自有沟壑。不仅使他开拓了视野，陶冶了情操，也积累了大量素材和许多灵感，为他后来撰写《史记》提供了极其充分的学术铺垫。例如，他到"会稽"探"禹穴"，为写《夏本纪》提供灵感；到齐鲁大地去寻踪，为写《孔子世家》提供条件；跑到江苏沛县访问当地父老，为写《高祖本纪》以及汉代开国功臣肖河、曹参、樊哙等人的传记，提供了丰富的素材。

三、马班高下

史学领域里有一个习惯,常常将马班并举,史汉并列。不言而喻:"马班"里的"马"字,自然是指司马迁;而那个"班"字,自然是指班固。"史汉"里的"史"字,乃是《史记》的简称;至于那个"汉"字,显然是指《汉书》。在整个文化领域里,《史记》与《汉书》均可谓举足轻重:一个是第一部纪传体通史,另一个是纪传体断代史开山。毋庸置疑,司马迁与班固都为中国历史学的发展做出了卓越的贡献。但是两人真的是难分高下吗? 实事求是地说,尽管他们同为史界巨擘,但由此认为两人不分伯仲而平起平坐,这一观念还是值得商榷的。他们的学术造诣固然有许多相同处,但在政治观、历史观和处世哲学、表现手法等方面,毕竟还存在着明显差异。

(一)政治观不同

班固在《汉书》中固然为司马迁特别设立了专传,甚至还引用了扬雄、刘向的观点,称赞司马迁"善序事理,辨而不华,质而不俚,其文直,其事核,不虚美,不隐恶,故谓之实录"云云(《汉书·司马迁传》)。但是与此同时,班固也为司马迁结结实实地扣上了一顶"是非颇谬于圣人"的政治帽子。扣这顶帽子主要是基于三条理由,亦即"三条罪状":"论大道则先黄老而后六经,序游侠则退处士而进奸雄,述货殖则崇势力而羞贫贱。"平心而论,这里所说的"三条罪状",非但不能成立,恰恰表明了司马迁思想的过人之处。

所谓第一条罪状,无非是指责司马迁重道轻儒。然而,无论考察《史记》的体例,还是阅读传记的内容,都找不到任何可以成立的理由。司马迁固然与父亲司马谈一样佩服道家,但在其本人心目中,儒家的地位显然要更为高尚。试看《史记》表现儒、道两家创始人传记的迥然不同:道家创始人老子的传记,不仅属于普通的列传,而且并非列传中的"单传"形式,而是"合传"(《老子韩非列传》)。至于道家另一位领袖人物庄子则更为窘迫,仅以"附传"形式附于老子之后。当然,司马迁于此也揭示了老、韩"合传"的缘由:韩非法家行为,"其极惨礉少恩,皆源于道德之意,而老子深远矣"(同上)。然而,对儒家创始人孔子则是另一番的良苦用心,不仅将其事迹升格于"列传"之上的"世家"(《孔子世家》),而且评价之高,推崇之至,无以复加:"《诗》有之:'高山仰止,景行行止。'虽不能至,然心向往之。余读孔氏书,想见其为人。"(《史记·孔子世家》)

至于后两条罪状,无须说今人之不以为然,即使古代前贤也早有独到见解,清人蒋中和便说得鲜明而到位:"愚以为班马之优劣更系于识而非徒系于文。如马迁传《游侠》,盖有鉴于王道微而霸业兴,鲁俗衰而秦风炽,排难解纷,权归草野,所以寄慨也,而班误以为进奸雄。马迁传《货殖》,盖有鉴于井田废而兼并横,赎刑滥而饮恤隐,福善祸淫,权归阿堵,所以示讽也,而班误以为羞贫贱。其暗于识如此,又曷足以窥龙门之奥而论异同哉?"(《眉三子半农斋集》卷二《马班异同议》)

(二)历史观不同

梁启超先生于20世纪初曾说过:"二十四史非史也,二十四姓之家谱而已。"(《饮冰室合集·中国之旧史》)此说虽不能使后学们完全苟同,却也并非没有一定道理。我们假如认同梁氏"二十四姓家谱"理念并追踪溯源的话,则始作俑者非东汉班固之《汉书》莫属。

从体裁规模上看,《汉书》与《史记》显然不同:《史记》是通史,《汉书》是断代史。为什么要写断代史呢? 当年班固的著述宗旨说得明白:"汉绍尧运,以建帝业",必须有"宣汉"宗旨。然而用这一标准来衡量,《史记》岂止不符合条件,甚至有背道而驰之嫌。此前之《史记》是通史性质,顺序反映历史乃是撰写通史的通则。然而在这一"通则"下的《史记》,不单无法"宣汉",甚至将汉朝"编于百王之末,厕与秦、项之列"(系指将《史记·高祖本纪》编排于《秦始皇本纪》及

《项羽本纪》之后），这也恰恰成为班固从政治层面攻击司马迁的主要口实。事情远不止此，倘若按照这一"通则"继续编写东汉历史，则光武帝刘秀不仅要与"新市"、"平林"等农民起义者并列，甚至还将置于"大逆不道"的王莽之后！因此，班固在通史体裁之外，另起炉灶撰写《汉书》。这既是实施班固"宣汉"宗旨的动力，也是他否定通史体裁、创造断代体裁的最主要原因。

汉代以后，学术领域里曾长期出现通、断之争。追捧断代者认为，断代体"包举一代，撰成一书，言皆精炼，事甚赅密，故学者寻讨，易为其功"（刘知几《史通·六家》）；赞扬通史者更是振振有辞，认为通史有"六便"、"二长"（章学诚《文史通义》）等优点。

《史记》、《汉书》两种体裁究竟孰优孰劣姑且不论，然而考察两人修史的着眼点，却显然有伯仲之分：司马迁编修史书不限于一朝一代，而是着眼于中华民族数千年的"大一统"理念，他的《史记》是视野开阔的中华文化范畴的大历史观；班固当然也强调"大一统"思想，但他是立足于宣扬汉朝天威，因而其《汉书》具有非常鲜明的封建正统观念，显然仅仅是局限于"刘汉"王朝正史的历史观。

（三）治史方式不同

考察班、马两人的治史方式和表达手法，也存在明显的差异。关于这方面的思想理念，前人虽有很多议论，但大体无非两种见解。以为同等看待、难分高下者不乏其人，以为高下明显、不能同日而语者，也大有人在。

前一种观点，犹如明人茅坤云：《史记》与《汉书》皆"千古绝调"，若以"治兵"论，司马迁如秦将白起、汉将韩信那样，"无留行，无列垒"而出奇制胜；班固则像汉代赵充国，三国诸葛亮那样，计划周密而"百不失一"（《史记钞·序》）。

后一种观点，犹如清人章学诚云：史书有两大系统，一曰记注，一曰撰述。记注是资料性的，旨在"藏往"，故最高境界是"方以智"；撰述则是创造性的，旨在"知来"，故最高境界是"圆而神"。相比之下，司马迁"则近于圆而神"，班固"则近于方以智"（《文史通义·书教下》）。

窃以为，以《汉书》与《史记》相较，确实各有所长：一个是"方以智"里的中规中矩，一个是"圆而神"里的悉本天然。但是毕竟存在差异：前者固然不失为史界的楷模，而后者更是后学仰望的高山。

（四）处世哲学不同

倘若从宿命论理念考察，班固、司马迁两人的生平经历何其相似乃尔！譬如两位著名史家都出身于"史学世家"。试看班氏一家，其中三位都是史学中人。班固本人自不必说，其父班彪学识渊博，早在班固《汉书》之前就曾撰写过《史记后传》。至于胞妹班昭，更是续写《汉书》最得力的接班人。班固死后，《汉书》中来不及撰写的"八表"及《天文志》，全都是由妹妹班昭一手完成的。司马迁的家学更是源远流长。父亲司马谈是汉代的"太史公"，司马氏世代史官的悠久历史，甚至可以由汉代追溯到周代，由周代一直追溯到夏代。又譬如班、马两人都是赫赫有名的史学大家。司马迁以一部《史记》名垂青史，班固以一部《汉书》彪炳千秋。他们两人之中，一人为通史开山，一人为断代鼻祖。班、马两人都是忠诚于汉朝的臣子，但阴差阳错，又都经历了极其悲惨的"牢狱之灾"。

初看以上这些经历，确实很有些类似，但仔细考察起来，却是大有不同。试以"牢狱之灾"为例，同样是入狱，首先是入狱的具体起因不同。班固入狱的导火索表面上是持家不严、放纵下属，因得罪洛阳令种竞而遭捕，但根本原因则是出于政治。他依附权贵，与皇亲国戚窦宪关系莫逆，一向过从甚密。窦宪以外戚专权被迫令自杀后，班家由此受到株连；司马迁的入狱，固然也是基于政治，但具体背景显然有别。在天汉二年的汉匈战争中，司马迁不单没有为战败的皇亲国戚贰师将军评功摆好，反而为弹尽粮绝的败军之将李陵辩解，因而极大地触怒了汉武帝。由此看来，即使从导火索之表面形式考察，亦有明显不同：前者起于家事，其性质属私；后者则是起于国事，性质属公。其次是两人的最终抉择大相径庭。班固基于政治后台窦氏的彻底垮塌，自感班家复兴绝望，在百般无奈和巨大精神刺激下，自杀于狱中；司马迁在牢狱中所受折磨，比班固有过之而无不及，"交手足，受木索，暴肌肤，受榜棰"，以后更是由于"家贫，财赂不足以自赎"，因而惨遭"腐刑"，每念斯耻，"肠一日而九回"，"汗未尝不发背沾衣"（《报任安书》）。然而，为了完成撰写中华通史的宏大誓愿，司马迁却选择了连好友任安都难以理解的形式"隐忍苟活"下来。同样的牢狱之灾，却是截然不同的两种选择！孰是孰非，自有后人评说。

由以上四个方面不难看出，司马迁与班固两人尽管均系史界巨擘，但其成就、地位和造诣毕竟存在一定差距。学界出现"仁者见仁，智者见智"的现象不足为奇，但以班、马两人对比，究竟孰为"状元"、"榜眼"，毕竟事实俱在，公道自在人心。

四、史界影响

《史记》问世后的一段时间里，也曾有因与正统观念相左遭遇的一些坎坷经历，但是从唐代以后已经彻底扭转了这种局面。特别是到了近现代和当代以来，后学对司马迁的关注度何止是有增无减，他的巨著已经以"史记学"饮誉天下。面对这部皇皇巨著，许多学人都会有一种"仰之弥高，钻之弥坚，瞻之在前，忽焉在后"的感觉。可以实事求是地说，《史记》在当代史学领域里业已成为"显学"，不仅在国内出现了学习和研究的热潮，甚至走向了全世界。

（一）国内影响

以研究的内容和研究程度为标准，有关《史记》的研究大体可以分为两个时期。1949年以前的整个历史阶段，大体可称为第一个时期;1949年之后,可称为第二个时期。

当司马迁完成巨著时,适逢汉武帝"罢黜百家,独尊儒术",作为不合正统思想的"谤书",自然不能得到上层重视。司马迁去世后,经其外孙杨恽之手,《史记》在社会上逐渐传播开来。从总体上说,在汉代以后的很长一段时期里,《史记》的影响并没有超过能够充分体现封建正统思想的《汉书》。但是,经过南北朝社会动荡的洗礼,《史记》在史学、文学上的卓越成就得到学界高度认可,特别是经由唐代将其排于正史榜首,《史记》地位终于得到了名副其实的确定。不仅著名的"三家注"是在这一背景下出现的,学习和研究《史记》之风也明显普及开来。在唐代,无论是诗仙李白,还是文学大家韩愈、柳宗元,均曾受到《史记》影响。赵宋时代,借助于印刷术发明之功,《史记》得到空前传播。唐宋"八大家"中的欧阳修、王安石、三苏等人,无不争相学习研究。南宋史学家郑樵更是尊崇有加,在他看来,"六经之后,惟有此作"。元明清三代,《史记》为当代文化学术的发展立下了不朽功劳。例如在元代,《史记》的精彩素材成为元杂剧的重要选题,一大批与其相关的剧目被纷纷搬上了舞台;在明清两代,学界对《史记》的关注更进一步。尤其是进入考据学盛行的清乾嘉时期,有关《史记》的研究进入了空前高潮。据悉,这一时期的相关学者达到300多人,涌现出了诸如王鸣盛、赵翼、钱大昕等许多名重一时的考据和评论著作。

考察上述"第一个时期"的研究状况,基本上侧重于"史料"层面。研究方向主要反映于以下几个方面:司马迁之生平及其学术渊源;《史记》的基本体例、《史记》的材料;《史记》的成就、《史记》的流传;《史记》文字、训诂、名物典章;班、马比较研究等等。以上的这些研究成果,显然为后人进一步研究《史记》积累了丰富的资料。

1949年至今,属于研究《史记》的第二个时期,也是"《史记》学"逐步形成、确立和发展的时期。

这个时期里的《史记》研究发生了根本性的变化。早在20世纪50年代"向科学进军"的大背景下,文化领域里即呈现出一派生机。由于大批专家学者积极研究的影响,由于中华书局面貌一新的《史记》标点本以及其他形式的各种选读本的推出,使《史记》在学界释放出日益强大的魅力。正是在这一形势下,中华书局标点本出现了一版再版、一印再印的可喜现象,仅仅1982年版至2006年3月即印刷了20次之多。

改革开放以后,《史记》研究更是迎来了百花盛开的春天,出现了更为可喜的新局面。据统计,20世纪80年代以后,每年发表论文达100多篇。仅仅从1980—1998年的19年中,就发表论文1835篇,著作131部,总字数64万字。考察这些成果,无论是从研究论著数量之多,研究专题之广泛,还是从研究程度之深入,研究方法之多种多样,都是历史上所没有过的。仅以研究领域之广为例,就着实令人惊叹。学者们早已不再局限于传统的史学和文学两个层面,诸如政治、经济、军事、民族等各个领域,不仅已经开展了深入的研究,而且业已取得了丰硕的成果。据徐兴海先生《司马迁与史记研究论著专题索引》(陕西人民教育出版社1995年)统计,仅本书中即收录了专著236种,论文3300余篇。在该书著者看来,"这一统计结果意味深长,因为只此一点即已说明了对《史记》的研究已经超过了对于中国历史上任何一部著作的研究,说明了司马迁和他的著作在中国历史上影响之大超过了任何一个人。对于司马迁思想与《史记》的研究内容之富,所涉及范围之广,也是独一无二的,这充分说明了司马迁在中国历史上的地位是其他人所无法比拟的"。

20世纪80年代以后,国内先后成立了韩城市司马迁学会、陕西省司马迁研究会、中国史记研究会。这些学会成立后,在举办年会活动的同时,发表了许多有水平的学术论文,有力地推动了《史记》研究的深入发展。与此同时,《史记》的研究也登上了高校的课堂。在北大、北师大等国内许多院校里,有关司马迁《史记》的教学活动,也成为备受学生欢迎的研究生课。犹如专门机构的相继建立那样,高校教学的加入也为《史记》研究增添了一定助力。2007 年,北京大学信息管理系博士生王素芳同学在选修笔者课程"经典文献研究——司马迁与史记"时,曾经做了一番深入的调查研究,尔后精心制作出一个反映国内研究《史记》成果的统计一览表。放眼这个一览表,学界研究热潮由此可窥,相关信息扑面而来。

1998—2006 年《史记》相关研究论文主题统计一览表

研究主题领域	论文数量	百分比%
史学研究	299	23.19
文学艺术和美学领域	271	21.02
训诂、校勘、注释、考证、资料整理等基础研究	193	14.97
经济思想(总论、义利观、商品经济、创新经营、理财、消费思想、人才观、经济区划、善因论、经济伦理等)	94	7.29
政治思想和社会现象(总论、法律、政绩观、神学政治、礼学、乐学、礼乐制度、公正、"尚让"思想、仁学思想、政治伦理、官制、田租税律、社会组织、人口状况、自杀现象、风俗史等)	65	5.04
解读、阐释以及美学研究	48	3.72
哲学思想(总论、历史哲学、伦理、道德价值观、道家思想、易家思想)	35	2.71
民族思想与民族精神	31	2.40
宗教神话、侠义、占卜、天命观/神义论	22	1.70
文献学(文献考订、文献传播等)、目录学思想、档案学	18	1.39
新闻学、编辑学思想、秘书工作	18	1.39
心理学(梦心理、心理分析)	8	0.62

续表

研究主题领域		论文数量	百分比%
自然科学领域	农业水利和生态观9	22	1.70
	医学5		
	地理学4		
	天文历法2		
	建筑学1		
	交通1		
研究综述、书评、比较研究、综合研究、学术史或学术继承、史记学研究、会议报道		133	10.32
其他(如教育教学、大学生人文素养教育等)		32	2.48
合计		1289	99.94

从这个简表中可以看到,1998—2006 年短短数年的《史记》研究,已经突显出百科全书式的价值,涉及到了以往无法想象的诸多领域。不仅遍及人文科学和社会科学领域之史学、文学、艺术、语言、文字、哲学、政治、经济、军事、外交、民族、民俗、档案、文献、目录诸方面,同时也涉及到了自然科学领域之天文、历算、农学、医学、地理、水利、生态、建筑、交通等方面。尚不止此,人们还会有许多前所未有的新发现,比如还触及到了司马迁的档案思想、美学思想、价值观、人才观、妇女观、新闻、传播等其他领域。

总结迄今为止的第二个时期(或称"阶段"更合适),《史记》的研究情况,无论从广度还是从深度考察,都远远超出第一个时期。不言而喻,《史记》的研究已经进入了"史记学"的新时代。从文化领域看,因为一种书的巨大影响和盛大气象而演变为"学"者,可谓凤毛麟角,少之又少。诸如《资治通鉴》之成为"通鉴学",《红楼梦》之成为"红学",便是相应之佐证。学界尝有"史界两司马"之说。尽管"两司马"春兰秋菊、双峰并立，而且司马光《资治通鉴》成"学"于先，司马迁《史记》成"学"在后，但这并不妨碍学界有足够理由形成如下共识：司马迁的"《史记》学"一定会"后来居上"。

（二）国外影响

司马迁《史记》以其无穷的魅力，不仅在国内引起世人瞩目，而且还由近而远、跨洋过海，使许多外国学人也为之折服。迄今为止，世界上有关《史记》的学习和研究虽然还很不均衡，但从区域范围上已经涉及五大洲。尤其在俄罗斯、日本、朝鲜、韩国、法国、美国、德国等国家，不仅对《史记》的研究由来已久，而且成就显著，在中外文化交流史上做出了重要贡献。

1. 周边国家

我国周边邻国中关于《史记》的研究，以朝鲜、韩国和日本最为典型。

（1）朝鲜与韩国

早在魏晋南北朝时，《史记》已开始外传。近水楼台先得月者，自然是朝鲜半岛国家。《旧唐书·高丽传》记之颇详：古代朝鲜人有爱书习俗，"至于衡门厮养之家，各于街衢造大屋，谓之扃堂，子弟未婚之前，昼夜于此读书习射。其书有儒家《五经》及《史记》、《汉书》、范晔《后汉书》、《三国志》、孙盛《晋阳秋》、《玉篇》、《字统》、《字林》，又有《文选》，尤爱重之"。由此可见，早在高句丽朝时，《史记》不止传入了朝鲜半岛，而且在贵族中具有广泛影响。以后高丽王朝在中央建立太学，其学习内容除了儒家《五经》外，还专讲"三史"。

《史记》自从传入朝鲜后，长期受到半岛民众青睐，韩国国民所受影响尤为突出。1145 年，金富轼就曾参考《史记》模式，编著出版了朝鲜现存最早的《三国史记》。本书是一部记述朝鲜半岛新罗、百济、高句丽历史的"三国"正史。计有《新罗本纪》12 卷，《高句丽本纪》10 卷，《百济本纪》6 卷，《年表》3 卷，《志》9 卷，《列传》10 卷，共 50

卷。无论从本书的编纂体例，还是其反映内容上，均可清晰感觉到《史记》所留下的深刻影响。近代以来，因为深受日本侵略的动乱影响，韩国学者的《史记》研究一度停滞。

从 20 世纪 60 年代起，随着经济发展，韩国文化学术研究进入一个新阶段。特别是从 60 年代中期以来，用韩文翻译出版的《史记》不绝如缕，截至上世纪末已多达 10 余种。其中第一部《史记》韩译本《史记列传》，1965 年由汉学家崔仁旭完成。本书克服了《史记》原文中的文字障碍，为韩国广大读者学习和研究《史记》提供很大方便。后来本书作者又与金荣洙合作，出版《史记列传》两册。1973 年汉学家李英根先生付出极其艰苦的劳动，翻译出版了《史记》六册，这是第一部韩文全译本，从此韩国读者可以了解《史记》的全貌。与此同时，文璇奎先生也翻译出版了《史记列传》三册。此书以具备中等以上文化程度为对象，注意通俗性。这是将中国古籍翻译为韩文的新尝试，为《史记》在韩国的普及工作做出了新贡献。1977 年洪锡宝教授又出版了另一部《史记列传》（汉城三省出版社）。数年后，洪锡宝又与著名小说家合作，以小说形式完成全译本《史记》共 10 册。这部著作问世后，使更多韩国人能从文学角度欣赏《史记》这部杰出的名著。上世纪八九十年代，陆续又有更多韩译本《史记》问世。其中，成均馆大学丁范镇教授率领的博士研究生团队值得一提，他们合作翻译《史记》共七册，其中第一册首先对《史记》的体例及内容作了清晰的说明。

据统计，从 1971—1994 年的短短 20 多年时间里，韩国学术刊物上发表论文 26 篇，研究专著 4 部。在论文中，有硕士论文 7 篇，博士论文 5 篇。截至上世纪末，由于良好的文化氛围和鼓励政策，韩国已涌现出一批《史记》专家，以朴宰雨、李寅浩、金圣日为代表的一批中青年专家已经崭露头角，他们功底扎实，学风端正，对《史记》的研究业已登堂入室。例如朴宰雨的《史记与汉书比较研究》（中国文学出版社 1994 年),全书分为五章,从不同层面论述了《史记》与《汉书》异同关系,甚至得到了中国知名专家的首肯。

进入 21 世纪以来,韩国学者对《史记》的研究有了更深入发展,出现了更多、涉及面更广的新作品。例如诸海星译注的《史记精选》(启明大学出版社 2007 年),以其质量上乘,被列为"启明大学教养丛书"之一。本书包括了《项羽本纪》、《孔子世家》、《屈原贾生列传》等八篇。本书除了注释、译文外,作者还特别论述了司马迁生平、《史记》的体例及内容。又如徐元南教授,他的研究成果也相当突出。仅在 2001—2010 年的 10 年内,他陆续撰写并发表的著作就有:2002 年的《论清代的〈史记〉研究》(博士论文),2003 年的三篇论文(《汉唐之间〈史记〉的注释考察》、《清代学者对〈史记〉体例的研究》、《〈史记〉三家注所引用的〈说文〉初探》),2004 年的《〈史记〉的文字用例考》,2005 年的两篇论文(《清代学者对〈史记〉的考证》、《〈史记〉及三家注的文字、训诂学的价值考察》),2006 年的《由文献整理看三家注与〈史记〉的文献价值》,2007 年的《由〈史记〉三家注看〈史记〉古今字之研究》,2008 年的《〈说文解字〉所引用的〈史记〉研究》,2010 年的《〈史记〉列传中的通假字研究》(诸海星《近四十年来韩国〈史记〉研究综述》,《唐都学刊》2011 年第 5 期)。韩国对《史记》的钟爱和研究,由此可窥一斑。

(2)日本

《史记》在日本的研究也具有悠久历史。大约公元 6 世纪左右,《史记》便通过第一批"遣隋使"带入日本,该书由此在那里传播开来。《古事记》是日本最早的一部史书,实则是一部日本古代传说集。《日本书纪》堪称是日本至今最早的正史,原名《日本纪》,与《古事记》合称为"记纪"。无论是前者还是后者,从其基本体例上皆可找到深受《史记》影响的影子。自从 701 年日本大学国学制设立以后,《史记》即被定为重要教科书,成为学生必修课。无论史学家、文学家、经学家，还是汉学研究者，几乎没有不研究司马迁《史记》的。

1925 年日本塚本哲三出版了《对译史记》，采用了原文与译文对照形式，极便读者理解和阅读。由此《史记》在日本的研究可谓长盛不衰，逐渐形成了一支持之以恒的研究队伍。这支队伍中名家辈出，例如泷川资言（泷川龟太郎）、宫崎市定、水泽利忠、加地申行、野口定南、池田四郎次郎（池田芦洲）、池田英雄、伊藤德男、小仓方彦、内山俊彦、新田幸治、佐藤武敏、福道中郎、福岛吉彦、今鹰真、藤田雄九、早苗良雄等，总计不下百余人。这些学者可谓硕果累累，其中不但有大量高水平的论文，还出版了 600 多种著作。这些研究成果不仅数量大，品种也比较齐全：既有全译、选译，各种注本，研究专著，还有各类检索工具书。其中不乏很有影响的成果，例如池田英雄的《从著作中所见本国先哲的史记研究》，水泽利忠的《史记会注考证附校补》，武田泰淳的《司马迁》，冈琦文夫的《司马迁》，大岛利一的《司马迁与史记的撰写》，宫崎市定的《说史记》，小仓芳彦的《生活于古代的中国》，大滨皓的《史记和史通的世界》，伊藤武敏的《司马迁的旅行》，山田伸吾的《汉太史令的世界》，今鹰真的《史记所表现的司马迁的因果报应思想和命运观》，内山俊考的《司马迁和历史》，上田早苗的《关于汉初的长者》，川胜义雄的《中国人的历史意识》等等，均有一定的参考价值。

在以往的日本学者研究队伍中，必须特别提到两位重量级学者——泷川资言和池田四郎次郎。在《史记》的校勘和训诂研究方面，最有成就者是泷川资言，他的《史记会注考证》及《校补》享誉学林。这两部书不单在日本学界有重要影响，传到中国后也引起中国学界的很大轰动，这一研究成果对促进《史记》研究起到了一定的作用。著名学者池田四郎次郎，又名池田四郎，在其辛苦研究的重要成果中，除了《史记补注》（上下卷）外，还有他本人撰著、池田英雄校订增补的《史记研究书目解题》（日本明德出版社 1978 年）。本书区分为注释、校勘等部分,品评了 600 多种研究《史记》的著作,其中包含了日本学者研究《史记》的著作 190 多部。本书体大思精,基本反映了一千多年来我国《史记》研究的发展变化。

进入 21 世纪以来,日本学界又出现了许多研究成果。例如在 2015 年前的成果中,既有涉及面很广的学术文章,还有正式出版的研究著作。据统计,单是专著即有 15 种。其中有传记《司马迁和那个时代》,有学术游记《司马迁之旅:寻访〈史记〉古迹》,有漫画《〈史记〉——司马迁》,有短篇小说《司马迁的妻子》《父亲司马迁》,有合传《中国历史家们:司马迁、班固、范晔、陈寿的列传注释》,有冈崎文夫《司马迁》(再版,附藤田胜久解说),有村山孚《〈史记〉的人生训》(再版),有导读《通向富豪之王道:解读〈史记·货殖列传〉》,以及《改变人生的〈史记〉读法:学习司马迁的不屈之志》,《一口气读完〈史记〉:司马迁描写最棒最有趣的英雄物语》,《继续读〈史记〉:司马迁的传记文学》,《〈史记〉的人间学》等(陈玲玲《20 世纪以来日本的司马迁与〈史记〉研究》,《现代传记研究》2017 年 2 期)。仅从题目上即可看出,内容丰富多彩,体例各擅胜场。学术性与应用研究都在继续增长,文学性、趣味性也各具特色。

2. 欧美诸国

在众多欧美国家中,有许多国家很早就开始涉猎《史记》了。但相比较而言,其中研究《史记》成就最突出的当属俄罗斯、法国、美国等国家。

(1)俄罗斯

无论是当今俄罗斯还是苏联,学术界都对中国传统文化极其重视,尤其对司马迁的《史记》格外重视。在其高等院校和研究机构里,无论研究方法有何不同,凡是研究中国史学的学者们,往往都格外关注司马迁的《史记》。汉文版《史记》在公共图书馆和莫斯科大学等高校图书馆里都很容易看到,至于许多汉学家的书房中,司马迁的

《史记》通常都是摆放于极为显眼的位置上。惟其如此,在苏联和当今的俄罗斯,先后出现了许多从事《史记》翻译和研究的学者。

1955 年 12 月 22 日,是个非常值得纪念的特殊日子。这一天,苏联学术界在莫斯科举行了一场规模盛大的文化活动,主要是隆重纪念中国伟大的史学家、文学家司马迁诞辰 2100 周年。

举行如此规模的纪念活动,自然具有广泛的群众基础。因而在众多的汉学家里,很有必要详尽地介绍其中一位最负盛名,也是最为感人的学者维亚特金。鲁道夫·弗谢沃洛多维奇·维亚特金,出生于 1909 年。他曾任苏联科学院中国学研究所副所长,汉学造诣颇深,50 年代初曾参加苏共中央交办的《毛泽东选集》1—4 卷的俄译任务。维亚特金对司马迁的《史记》情有独钟,或许基于这一深厚情结,他曾先后三次来到中国。1961 年之后,他便开始日复一日地专注于《史记》的翻译工作。其宏伟目标是,在有生之年将《史记》130 篇按 9 卷本全部翻译出来。然而仅仅翻译其中的第一卷,就用了整整 11 年(1961—1972)。1998 年 9 月,这位以 36 年精力翻译《史记》的俄罗斯老人与世长辞了。他生前已完成七卷,其中第一卷和第二卷是由他和塔斯金合译的,其余 5 卷由他独自完成,每卷正文前写有序言,介绍本卷内容、要点,以及世界各国翻译和研究的情况,同时还提出自己的看法。当他去世的时候,还有 30 篇尚未完成,以后的工作由其儿子阿纳托里·维亚特金和莫斯科大学亚非学院汉语教研室的卡拉佩季扬茨教授共同完成。维亚特金先生治学极为认真,他还先后围绕《史记》发表了许多文章,例如《〈史记〉和对它的研究》(《亚非人民》,莫斯科,1964 年第 4 期)、《司马迁的世界观和历史方法(文学典型)》(《中国的历史问题和历史学》,莫斯科,1968 年)等论文,以及他在《史记》俄译本序言里撰写的每一篇文章,可以说都是具有很高水平的学术论文。

2010 年,适值隆重纪念维亚特金百年诞辰之际,俄译注释本《史记》第九卷出版了。至此,用时整整半个多世纪的完整俄译注释本《史记》终于全部问世。这既是俄罗斯翻译出版的第一部完整的《史记》,也是整个欧洲首部全译注释本《史记》。

21世纪以来,在维亚特金为代表的汉学家们辛勤耕耘和巨大影响下,关注司马迁及其《史记》已经成为俄罗斯"汉语热"的一大亮点。未来必会走向更加深入的研究。

(2)法国

西方汉学界翻译与研究《史记》已有百余年历史。其中,法国便是较早传播《史记》的国家之一,而汉学家沙畹则为此作出了开创性的贡献。

爱德华·沙畹(1865—1918),是国际汉学界公认的19世纪末20世纪初最有成就的世界中国学大师,也是法国敦煌学研究的先驱者,一向被视为世界上最早整理研究敦煌与新疆文物的学者之一。但是他一生最重要的贡献,却是翻译了司马迁的巨著《史记》。从1895—1905年十年间,沙畹陆续翻译了《史记》前47卷,也就是将本纪、年表、书以及一部分世家卷的内容,译成法文并加以注释,名曰《司马迁的传体史》(五卷)。这是当时学界公认的优秀范本。然而沙畹于1916年不幸逝世,他生前并没有完成《史记》的全部翻译工作。

2015年,也就是爱德华·沙畹去世百年之后,经过法国其他汉学家共同努力,法文版《史记》全套共九卷,由巴黎友丰书局(Paris Editions You Feng)的潘立辉先生主持出版。在这套《史记》法文版中,除了沙畹业已翻译的五卷外,还包括法国高等研究院学术导师康德谟补译的《荆燕世家第二十一》、《齐悼惠王第二十二》,以及汉学家雅克·班巴诺教授续译的"列传"。这是自2010年《史记》俄文全译本之后,又一部法语全译本问世。法语与欧洲其他语言的相通性要大于俄语,由于《史记》法文全译本的出现,必将会进一步促进西方对中国的了解。

（3）美国

美国虽然是立国较短的国家，但一向非常重视历史，仅仅从关注中国历史特别是认真研究《史记》上，即可略窥一斑。在众多学者里，较有影响者是华特生和倪豪士。

华特生从 1954 年左右开始研究《史记》。他在沙畹五卷本《史记》译著基础上，继续翻译沙畹从未翻译过的汉代世家与列传。因为他是按照日本的学术成就从事翻译，泷川龟太郎的《史记会注考证》对他有较大的影响。在《史记》诸多内容里，华特生已翻译了秦朝和汉代两部分。

倪豪士（W. H. Nienhauser Jr）生于 1943 年，1972 年获得美国威斯康星大学博士学位，曾任该校东亚语言文学系主任。他从事汉学研究三十余年，著述颇丰。除了发表许多文学方面的论文和书评外，以他为首的学术团队还努力从事《史记》的翻译、研究工作。他们走的是终南捷径的翻译形式，即并非从头翻译司马迁《史记》，而是在法国学者沙畹及华特生等学者翻译成果的基础上，继续翻译前人没有完成的其余部分。他们有一个远大目标，即要为英文读者们提供一部附有注解的《史记》读本。他 1989 年开始领衔全译《史记》，计划将整部《史记》翻译为九卷本。2016 年前，该团队编写的《史记》英译本 7 卷，已交由印第安纳大学出版社陆续出版。

2019 年 5 月，倪豪士的《史记》英文版四册新书在中国的南京大学发布。关于《史记》英文翻译工作，除了正式出版者外，其余部分仍在翻译中。倪豪士始终认为，在翻译《史记》中碰到的各种问题里，"写注解是最难环节"。他曾多次表示，要把"中国古今学者各种观点都写进去"，利用《史记》英译本帮助西方学者更深入地研究中国古代历史（人民网 2019 年 5 月 23 日电）。

五、后学评论

"两司马"之书问世后,都曾引起社会高度关注。如果说《资治通鉴》因为是资治层面的历史典籍,凡治史者尤其政治家无不从中领悟资治之道,相关议论可谓不绝如缕,则《史记》更因其内容是极为广博的经典文献,凡治史者乃至整个文化中人无不从中汲取丰富营养,相关热议更可谓大浪滔滔。考察后人对司马迁《史记》的评论,概括起来大约有两个特点。第一,评论广泛。若就该书内容论,由头至尾凡130篇,篇篇没有空白,都有学者评议;若就社会时代论,历朝历代乃至今人,参评者不计其数。第二,评论深入。首先,历代知名学者,几乎无不发表个人见解。由于这些知名学者大都慧眼如炬,所论所见常能入木三分,启迪后人。其次,随着时代的发展,评论观点呈现出"由低到高,由浅入深"的明显走势。譬如早期学者曾经误解《史记》的某些观点,无须司马迁本人从坟墓里爬出来自行辩解,常有后学们为司马迁"鸣冤叫屈",纷纷批判"早期学者"的愚昧而不自知。

总之,在《史记》面世后的两千多年间,无论是历代学人就《史记》整体和宏观层面发表的见解,还是就《史记》各篇尤其名篇热点抒发的观感,以上所说的"由低到高,由浅入深"基本态势都具有明显的反映。

(一)整体评论

《史记》经由司马迁外孙杨恽之手流向社会后,诸如刘向、扬雄、桓谭、王充、班固,以及班固之父班彪等两汉诸多学者,都曾先后发表过个人的观点。

早期的多数评论或失之于简单,或失之于肤浅。真正对《史记》作出比较全面之评价者,最早当推《汉书》的作者班固。班氏不单在正史中特别为司马迁设立了传记——《司马迁传》,还发表了个人对司马迁及其《史记》的基本看法。他在该传中曾着力赞扬了司马迁有良史之材，"据《左氏》、《国语》，采《世本》、《战国策》，述《楚汉春秋》，接其后事，讫于天汉。其言秦汉详矣"云云。但是班氏紧接着笔锋一转，便批判起史料采摭的疏略抵牾，特别在"论大道"、"序游侠"、"述货殖"诸方面，司马迁具有"是非颇缪于圣人"的三大罪状。

但时间是试金石，汉代以后对《史记》的认识日益趋于正面。宋代欧阳修从文学角度表示了个人的心得："余固喜传人事，尤爱司马迁善传……喜读之，欲学其作，而怪今人如迁所书者何少也，乃疑迁特雄文，善壮其说，而古人未必然也。及得桑怿事，乃知古之人有然焉，迁书不诬也。"（《欧阳文忠公全集》卷六五）至南宋史学家郑樵，已有了更加正面的惊世骇俗之评，所谓《史记》五种体例各有其义，"使百代而下，史官不能易其法，学者不能舍其书。六经之后，惟有此作"（《通志·总叙》）。在古代意识形态领域里，儒家经典神圣不可侵犯，郑氏居然把《史记》提高到与儒家经典并驾齐驱的地位，而且扬言《史记》是六经以后的唯一著作！无独有偶，清代乾嘉时期著名史学评论家章学诚也有同样认知："夫史迁绝学，《春秋》之后一人而已"，又言"史氏继《春秋》之后，莫如马、班"，但马、班仍有很大不同，"马则近于圆与神，班则近于方以智也"（《文史通义·书教下》）。很显然，宋代以后之古代学者，对《史记》的推崇业已达到无以复加的高度。

耐人寻味的是，即便 20 世纪以来的现代人也有同样认识。鲁迅先生站在文学角度上，不仅赞赏茅坤观点，所谓"读《游侠传》即欲轻生，读《屈原贾谊传》即欲流涕，读《庄周》、《鲁仲连传》即欲遗世，读《李广传》即欲立斗，读《石建传》即欲俯躬，读《信陵》、《平原君传》即欲养士"云云，还将《史记》学术地位推向了更高——"不失为史家之绝唱，无韵之《离骚》"（《鲁迅全集》第九卷《汉文学史纲要》）。当代学者徐兴海先生的一席话，也令许多人感同身受：对《史记》研究得愈多，了解得愈深刻，"愈能知晓它的深奥之处，便愈觉得研究得不够,深有'仰之弥高,钻之弥坚,瞻之在前,忽焉在后'(《论语·子罕》)的感觉"(《司马迁与史记研究论著索引》前言,陕西教育人民出版社1995年)。

(二)诸篇评论

历代学者的评论遍及《史记》各篇,关注点涉及诸多方面。以篇幅所限,仅就司马迁眼界、谋篇布局以及特殊类传三方面,略述如次。

有佩服司马迁慧眼如炬者。清人李景星认为,"太史公作《孔子世家》,其眼光之高,胆力之大,推崇之至,迥非汉唐以来诸儒所能窥测,故刘知几、王安石辈,皆横加讥刺,以为自乱其例,不知史公之不可及处,正在此也"(《史汉评议》卷二)。明代学者朱鹤龄指出,"太史公《货殖传》,将天时、地理、人事、物情,历历如指诸掌,其文章瑰玮奇变不必言,以之殿全书之末,必有深指。或谓子长身陷极刑,家贫不能自赎,故感愤而作此,何其浅视子长也!"朱氏虽然基本认同赵汸观点,"《货殖传》当与《平准书》参观。《平准》讥横敛之臣,《货殖》讥牟利之主",但他以为此篇要义是尽于"善者因之,其次利道之,又次整齐之,最下者与之争"(《愚庵小集》卷十三)清人蒋中和认为,"马迁传《游侠》,盖有鉴于王道微而霸业兴,鲁俗衰而秦风炽,排难解纷,权归草野,所以寄慨也,而班误以为进奸雄。马迁传《货殖》,盖有鉴于井田废而兼并横,赎刑滥而饮恤隐,福善祸淫,权归阿堵,所以示讽也,而班误以为羞贫贱。其暗于识如此,又曷足以窥龙门之奥而论异同哉?"(《眉三子半农斋集》卷二《马班异同议》,齐鲁出版社1997年)

有赞扬司马迁谋篇布局者。清人刘光贲认为,《史记》之列传以《伯夷传》始,以《货殖传》终,须两相对勘:"彼传荡漾夷犹,如天半赤霞,晴空舒卷,以高妙胜也;此篇雄深郁勃,如深山大壑,万峰回环,以博大胜也。"(《烟霞草堂遗书》之《史记货殖列传注论》)唐人司马贞云:"观其本纪十二,象岁月之一周,八书有八篇,法天时之八节,十表仿刚柔十日,三十家比月有三旬,七十列传取悬车之暮齿,百三十篇象闰余而成岁。"(《补史记序》)明代何乔新云:"司马迁负迈世之气,有良史之才","三代而下,秉史笔者未能或之先也。今观其书,本记者天下之统,世家者一国之纪,列传者一人之事,书著制度沿革之大端,表著兴旺理乱之大略,此其大法也"(《何文肃公文集》卷二)。

更有特别推崇《货殖列传》者。纵观《史记》有关各篇的评论中,不仅引起最大反响、评论最多者当数《货殖列传》,而且在高度评价方面也有惊人的相似处。清人许新堂认为,"太史公此篇,嬉笑怒骂皆成文章,形容居贿情状,为千古殷鉴。其文之面目音节,如风水相遭,自然波浪浩荡,文中有画有诗意"(《日山文集》卷三)。梁启超先生亦钦佩有加:"西人言富国学者,以农矿工商分为四门。农者地面之物也,矿者地中之物也,工者取地面地中之物,而制成致用也,商者以制成致用之物流通于天下也。四者相需,缺一不可,与《史记》之言若合符节。"(《饮冰室合集》第二十六册《史记货殖列传今义》)近人潘吟阁将整部《史记》形容为"吾国文学界的京都,吾们一到京城里头,觉得形形色色,非常好看,有种种不同的人物、宫室,非他处所有"。至于联系到自己心目中的《货殖传》,潘氏就更是语惊四座了:"读中国书而未读《史记》,可算未曾读书;读《史记》而未曾读《货殖传》,可算未读《史记》。美哉《货殖传》! 美哉《货殖传》!"(《史记货殖传新诠·读者弁言》)

回顾两千年间无数学者的评价,我们似乎可以感觉到这样一条铁律:司马迁崇高的学术地位已经稳如磐石,《史记》泽及后人的丰富营养是任何人都不能否认的。

第四节 《史记》文学篇

司马迁不单是伟大的史学家,也是伟大的文学家。

司马迁是继屈原之后，在中国文学发展史上出现的又一位文学巨匠。他以如椽大笔，塑造了众多千古不朽的历史人物。审视这些历史人物，一个个形象鲜明，栩栩如生，虽千载后读之，依然如见其人，如闻其声。司马迁的《史记》，曾被唐宋"八大家"视为学习的典范，更被明清文学界尤其是清代的桐城派奉为古文正宗。一言以蔽之，《史记》早已被公认为古典传记文学最杰出的代表作。他在文学方面的巨大成就光耀千古，令历代后学们钦佩敬仰。

《史记》文学成就的巨大感染力具体表现在哪里呢？就其大端而言，无论是考察作者在写人、叙事方面的非凡造诣，还是研究其语言文字等方面的卓越成就，不单会使后人产生如沐春风的感受，还会获得司马迁何以能够成为伟大文学家的圆满答卷。

一、反映人物

人物是传记文学里描绘的基本对象，但是历史人物千千万万，所涉事迹错综复杂。这就面临一个很现实的问题：在有限的文献篇幅中，到底应该写什么人，不应该写什么人？司马迁在这方面可谓匠心独运，做得恰到好处。他写的人，自然不是一般人，而是有一定代表性的历史人物。那么究竟怎样筛选出这些"有一定代表性"的历史人物呢？

在从黄帝到汉武帝三千年的历史长河中，司马迁所选择的对象可谓多矣。但这些人物都无一例外地具有一个共性，即他们都是在一定时期里能够反映一定历史本质的人物。

（一）选择典型

司马迁选择历史人物只有一个标准，即以社会作用或社会影响为尺度。换言之，司马迁选择历史人物的时候，并不是以社会地位的高低为前提，而是以其社会作用或社会影响作为衡量的标准。于是《史记》中出现如是现象者不乏其例：对于那些地位显赫而平庸无奇的尸位素餐者,一般都不会为之立传。试看其中的《张丞相列传》。传记名曰"张丞相列传",实则属于张苍、周昌、任敖、申屠嘉四人的合传。尤其在四人之后,还附有陶青、刘舍、许昌、薛泽、庄青翟、赵周等多位丞相,但对于后面这些要人均一笔带过。为何如此呢? 因他们谨小慎微,"为丞相备员而已,无所能发明功名有著于当世者"。惟其如此,司马迁并没有为这些"备员而已"的丞相特意立传。

然而,对于那些地位低下而做出突出贡献或有重要影响的人物,却要为他们立传记。这方面的实例也很多。例如在《扁鹊仓公列传》中,为服务民众、精通医术的神医扁鹊、仓公设立合传。又如在《刺客列传》、《游侠列传》中,无论是战国时代刺王僚的专诸、刺秦王的荆轲,还是汉代朱家、郭解等等,他们都是社会下层人物。再比如在《货殖列传》中,其中的巴寡妇清、蜀卓氏等历史人物,也全都是中国古代"重农抑商"背景下的经商者,但以其助益社会经济的发展,故为之特立传记。

还要提及的是,司马迁很重视为文化领域的先贤和杰出人物立传,这在《史记》里占有较大比重。春秋战国时代是我国文化学术发展史上第一个群星灿烂时代,司马迁慧眼识珠,选择了许多具有代表性的历史人物,并一一为之立传。例如在《管晏列传》中,为春秋时期齐国的两位卓越政治家管仲和晏子立传;在《孔子世家》、《孟子荀卿列传》里,为儒家领袖孔子、孟子、荀子立传;在《李斯列传》里为法家代表人物立传;在《老子韩非列传》里,为道家老子、法家韩非两位杰出人物设立合传;在《孙子吴起列传》里,为两位兵家领袖设立了合传;在《吕不韦列传》里,也为杂家代表人物设立了专传等等。

(二)突出主旨

选定人物之后,应该如何反映这些历史人物呢? 在写作方法上,《史记》很注意突出一条主线,亦即前人所说的"主旨"。明代学者陈仁锡就曾明确指出:"子长作传,必有一主旨。如《李广传》以'不遇时'三字为主,《卫青传》以'天幸'二字为主。"(《史记评林》)尔后学者高步瀛也有同感:"史公之文,每篇各有主旨,如《吴太伯世家》以'让'、'争'二字为主,《鲁周公世家》以相臣执政为主,《陈丞相世家》以阴谋为主,《魏其武安侯列传》以权势相倾为主,《大宛传》以通使兴兵为主。"(《史记举要》)这些经典之评,发人深思。

试以《魏其武安侯列传》为例,用高步瀛的话说,其主线旨在"权势相倾",可谓言之有理。这篇传记名义上是魏其侯、武安侯两人合传,实则出场历史人物很多,最主要者是三个大人物:一位是汉文帝皇后从兄子窦婴,因平定"七国之乱"被封为魏其侯;一位是汉景帝皇后同胞弟田蚡,因田氏贵幸而被封为武安侯;还有一位是"为人刚直使酒,不好面谀",因平定"七国之乱"而被封为将军的灌夫。这三个历史人物不单地位高,又都是权力斗争中的核心人物,而最后则无一例外地成为权力斗争的牺牲品。残酷斗争以宴会上的灌夫"骂坐"为导火索,三人由此钩心斗角,互不相让,斗争愈演愈烈。最后结局是:灌夫"夷族",魏其侯"弃市",武安侯亦因病中屡见魏其、灌夫索命而不得善终。三人故事曲折动人,你死我活的斗争贯穿首尾,但最后三位重要人物都在权力斗争中化为过眼云烟。

(三) 细节描写

从一定意义上说,《史记》的辉煌成就,是司马迁以史学、文学两支如椽大笔恰到好处的完美结合完成的。他采用的这两支大笔各有妙用:史笔以写实,文笔以写虚;史笔以记粗,文笔以记细。此处所谓"文笔以记细",即以文笔方式作"细节描写"。

何谓细节描写? 就是在行文中采用了"刻细"的表现形式。细节描写,既是构成故事的组成部分,也是文、史结合的产物。一个细节,长的可以是一个完整的故事,小的可以仅仅是一个动作、一个眼神,或者一个瞬间之闪念。细节是形象的细胞,哪怕是历史著作,如果没有一定数量和质量的细节描写,就很难构成生动活泼的形象来。

在最初的历史著作《春秋》中，因为基本上都是宏观的"微言大义"，自然也就无所谓"细节"的描写了。所谓细节描写，是在以后的历史著作中逐渐出现的，而开启这一先河的著作则是《左传》。试看《左传》庄公十年，其中的"曹刿论战"就是典型一例。当鲁国部队击退齐军后，鲁庄公想要立即追杀，却遭到曹刿的阻止。接下来，便是曹刿的细节行为："下视其辙，登轼而望之"，由此才得出了可以追击的结论。原来曹刿恐怕对方欺诈有埋伏，当发现对方车辙混乱、旗帜不整，确认敌人真的败退了，才下令追赶。正是有了这样的细节描写，不仅合情合理，还使人产生一种身临其境的感觉。

《左传》的细节描写固然给人留下了一定的印象，然而历史文献里将细节描写发展到极致者，则非司马迁莫属。《史记》中的各类细节描写不仅生动形象，而且俯拾即是。试看《史记·张仪列传》：张仪与楚相一起喝酒，对方丢了一块玉，明明不是张仪所为，仅因其穷困潦倒之故，便被对方不明不白地痛打一顿。然而事后的张仪，居然还调侃妻子："吾舌尚在不？"妻子答："在"，张仪居然还高兴地说："足矣。"通过这个细节描写，把一个游说者的本相，入木三分地揭示了出来。再以《高祖本纪》为例：楚汉两军对阵，刘邦历数项羽十大罪状，"项羽大怒，伏弩射中汉王。汉王伤胸，乃扪足曰：'虏中吾指！'汉王病创卧，张良强请汉王起行劳军，以安士卒，毋令楚乘胜于汉。汉王出行军，病甚，因驰入成皋"。为了写出汉王刘邦的特点和个性，这里有两个细节：一是本来射中胸部，为转移视线，乃扪足曰："虏中吾指"；二是本来伤势很重，但为了稳定军心，居然在"病创卧"的情况下，还与谋士张良一起"劳军"。通过这个细节描写，表明刘邦确实有机警、狡猾的一面。

阅读《史记》人物传记中的这些细节描写，看似作者信手拈来，其实都有良苦用心。其中有三个特点尤为突出。

1.关注举止

在《史记》中,写历史人物伤心哭泣之处者甚多。但同样是"哭",因为背景不同,哭泣的具体表现也截然不同。试看孝惠帝、楚霸王、吕太后三人,其哭状之异何等耐人寻味!

据《吕太后本纪》记载,当孝惠帝亲见其母吕太后残害戚夫人之形象后,"乃大哭"。为什么孝惠帝亲眼目睹戚夫人惨状后会放声"大哭"呢?因为这种"哭"是对两个因素的宣泄:一方面是基于戚夫人惨遭毒手的极度惊恐,另一方面则是因为生母歹毒的精神刺激而又无法解脱的巨大哀伤。

据《史记·项羽本纪》记载,楚霸王的"哭"也令人难忘。项羽兵败后,被围困于垓下。当是时形势万分危急:兵少,粮尽,夜闻汉军四面楚歌,此时的项羽大惊失色。当他感到灭顶之灾已经不可避免时,遂慷慨悲歌,演出霸王别姬一幕。试看其言行动止:"项王则夜起,饮帐中。有美人名虞,常幸从;骏马名骓,常骑之。于是项王乃悲歌慷慨,自为诗曰:'力拔山兮气盖世,时不利兮骓不逝。骓不逝兮可奈何,虞兮虞兮乃若何!'歌数阕,美人和之。项王泣数行下,左右皆泣,莫敢仰视。"这是项羽与属下共同哭泣情形。设身此情此景,刻画入情合理,尤其末句堪称神来之笔:所谓"项王泣数行下",意在表示穷途末路的一代英雄,在大局已定、确实无可奈何情况下,这时的泪水自然并非滴滴答答,而是热泪喷涌而"下";所谓"左右皆泣,莫敢仰视",意在表示左右随从为了维护项王的自尊,不愿意与项王目光相遇,所以不敢看、不忍心看,而是自顾自地埋头哭泣!后来班固在《汉书》中也曾写到这个细节,但他把《史记》里的"泣数行下"改为"泣下数行"。后人曾就此评论:虽然仅仅颠倒一字,但感觉大不相同,足见太史公妙笔神韵。

据《吕太后本纪》记载,在吕太后的"哭"里也大有玄机。当孝惠帝驾崩发丧时,"太后哭,泣不下"。俗语云,"母子连心"。汉惠帝是太后唯一儿子,惠帝死,太后为何"泣不下"? 其实当时包括丞相在内的文武大臣都蒙在鼓里,不解其中奥妙。此时,开国谋士张良之子张辟强虽然年仅 15 岁,却看出了其中原委:汉惠帝没有儿子,吕后担心大权旁落,忌惮政权剧变,因而政治上的恐惧压倒了心理上的悲痛。唯有让吕太后兄弟吕禄、吕产"为将,将兵居南北军,及诸吕皆入宫,居中用事,如此则太后心安,君等幸得脱祸矣。"于是"丞相乃如辟强计。太后悦,其哭乃哀"。此处之细节描写,何等精彩:前边的"泣不下"固然是哭,但仅仅是一般的哭;后边的"其哭乃哀"则大不相同,那是尽情地放声大哭。前后都是哭,但两相对照,深层意境截然不同。正是通过这个细节描写,将一位女政治家生性刚毅的心理变化活脱脱地刻划出来。

2. 性格刻划

《史记》很注意通过特定场合,刻划人物性格,这方面的事例不胜枚举。尤其是荆轲、韩信两人的性格描绘,给后人留下了深刻的印象。

据《刺客列传》记载,秦王安排在咸阳宫接见燕国使节。于是"荆轲奉樊於期头函,而秦舞阳奉地图柙,以次进。至陛,秦舞阳色变振恐,群臣怪之。荆轲顾笑舞阳,前谢曰:'北蕃蛮夷之鄙人,未尝见天子,故振慴。愿大王少假借之,使得毕使于前。'"须知,"色变振恐"的秦舞阳并非一般下人,他乃是燕国大名鼎鼎的武夫,"年十三,杀人,人不敢忤视"。然而,就是这样一个赳赳武夫,在防卫森严的秦王大庭里竟也吓得变毛变色;那么荆轲又怎样呢? 不仅镇定自若,还冷静机智地为秦舞阳打圆场。通过勇士秦舞阳的这种反常行为和荆轲的临场发挥,淋漓尽致地衬托出了荆轲大无畏的英雄气概。

据《淮阴侯列传》记载,淮阴侯韩信在年少时就有远大志向。他的行为异于常人。"淮阴屠中(屠夫中)少年有侮信者,曰:'若虽长大,好带刀剑,中情(内心)怯耳。'众辱之曰:'信能死,刺我;不能死,出我胯下.'于是信熟视之,俯出胯下,蒲伏.一市人皆笑信,以为怯."在这一情节中,屠中少年的行为,显然是对韩信人格的莫大侮辱.但韩信却没有像一般人那样勃然大怒,而是按照对方的吩咐,从胯下爬了过去.但是,在韩信爬下以前,有一个动作——"熟视之",即紧盯住那个少年无赖打量一番."熟视之"三字,写得极为传神,很有深度,实可谓点睛之笔!清代学者吴见思曾于此评论道:出胯下,已是侮辱了;又加"匍匐"二字,更加难堪.然而,因有"熟视之"三字,则韩信自然是筹画在胸,"岂孟浪哉!"也就是说,有了"熟视之"三字,便表现出韩信行为是清醒行为,乃是虎落平原受犬欺.而倘若没有这三字,则韩信岂不是成了一个十足懦夫的大笑话?

由韩信特殊行径,不免联想到宋代苏轼的《留侯论》:古代"所谓豪杰之士,必有过人之节".危急之际,一般人与非常人,往往有不同表现:"匹夫见辱,拔剑而起,挺身而斗,此不足为勇也";而非常之人则是"卒然临之而不惊,无故加之而不怒".以苏子言比照韩信,诚可谓真知灼见!

3. 心理描写

针对不同历史人物,以不同方式描述心理活动,展示其内心世界.在《史记》中,这样事例可谓比比皆是.在《淮阴侯列传》、《孔子世家》、《高祖本纪》里的心理描写,堪称典型.

据《淮阴侯列传》记载,韩信担任汉军元帅后,屡立大功.但韩信功高盖主,高祖担心其谋反.后来吕后采用萧何计谋将其处死.汉高祖闻讯,心情十分复杂.请看司马迁是如何描写的:高祖从外地来,"至,见信死,且喜且怜之,问:'信死亦何言?'吕后曰'信言恨不用蒯通计'.高祖曰:'是齐辩士也.'乃诏齐捕蒯通".寥寥数笔,就把汉高祖深层次的心理活动刻划得入木三分!

据《孔子世家》记载,圣人亦有普罗大众的一面.在司马迁笔下,虽帝王圣贤者,也有七情六欲,因而一个个大人物全都要返朴归真.

孔子乃至圣先师,在中国文化领域的神圣无以复加。然而司马迁并没有把他当作高不可攀的神圣,而是客观地实事求是地反映了他的一生。例如关于孔子定《春秋》事,"子曰'君子病没世而名不称焉,吾道不行矣,吾何以自见于后世哉?'乃因史记作《春秋》"。在这里,司马迁把孔子作《春秋》与其成名成家思想联系起来,既符合事实,又自然而然。司马迁的这一做法也遭到一些人的非议,诸如"诬圣"、"大不敬"云云,真是岂有此理。

据《高祖本纪》记载,高祖刘邦是一个城府极深的历史人物。本文反映了刘邦豁达大度、知人善任的一面,又揭露其流氓、无赖的一面,还揭示其自大、自负、狂傲一面。试看以下三个阶段的自我表现:当他斩杀了白蛇,听老妪"赤帝子杀白帝子"的传言,自以为并非凡人,于是"乃心独喜,自负";当秦始皇以为东南有天子气,派人镇压时,"高祖即自疑";当刘邦躲避山间,吕后找到他,并告知他头上"有云气","高祖心喜"。这里用字简单:"独喜"、"自疑"、"心喜",仅仅六个字,就将刘邦深藏不露的心理活动入木三分地揭露出来。

二、记叙事件

反映历史自然离不开叙事。司马迁是叙事的巨匠,驾驭史事的能力可谓古今罕见,令人拍案叫绝。归纳起来,主要表现为层次分明,而尤为难能可贵者,则是将结论自然地反映于叙事之中。

(一)叙述井然

写文章,叙事很难。若平铺直叙,势必平淡无味。司马迁《史记》则擅长于叙事,穿插变化,参差错落,笔法句法,堪称一绝。清人冯班曾形象称赞道:"《史记》叙事,如水之傅器,方圆深浅,皆自然相应。"也就是说,《史记》里的叙事,就像水附之于器物那样浑然一体。换言之,有什么样的器物,就有什么样的"水"形,起伏变化,因应无穷妙境。

　　试以《史记》里的《外戚世家》为例,其中窦太后的传奇故事就使人叫绝。窦太后前半生命运坎坷,后半生大富大贵,一生极富传奇色彩,其中之变化往往出人意料。但是,在司马迁的笔下娓娓道来,叙述得井然有序。

　　窦太后当初以"良家子"入宫,前期多称为"窦姬"。分赐"诸王"时,宦者遗忘窦姬嘱托,误将她分至偏远的代国。临行时,"窦姬涕泣,怨其宦者,不欲往,相强,乃肯行。至代,代王独幸窦姬,生女嫖,后生两男"。吕太后驾崩后,代王被立为皇帝——汉文帝。窦姬自然成为皇后(以后又成为至尊无上的窦太后),其二子一女也由此一步登天,以后分别成为汉景帝、梁孝王和长公主。

　　窦太后的传奇还远不止此,胞弟窦广国也极富传奇。姐弟自幼失散,直至窦氏当了皇后,两人才偶然相遇。姐弟共忆往昔,"果是。又复问他何以为验? 对曰:'姊去我西时,与我决于传舍中,丐沐沐我,请食饭我,乃去。'于是窦后持之而泣,泣涕交横下,侍御左右皆伏地泣,助皇后悲哀"。这是一幕典型的悲欢离合的喜剧,其间之阴差阳错与祸福递进,皆处理得自然而然。本来姐弟关系已经确认,但后面又加一句:"又复问他何以为验?"由此引出窦广国儿时回忆。于是姐弟抱头大哭,情绪达到高潮。这样叙事既真实,又有艺术感染力,当此高潮处再加一笔:"侍御左右皆伏地泣,助皇后悲哀。"由此,又渲染出众声同悲、感人至深的动人效果。

　　清代学者吴见思曾就此道:窦太后一生,往往出乎意料,阴差阳错,大都与误字关联:想当初,"因遣而请,因请而误,因误而怨,乃至独幸……因缘福泽皆在误中,非人之所能为也"(《史记论文》)。

(二)寓论于叙

　　清初学者顾炎武《日知录》云:"古人作史,有不待论断而于序事之中,即见其指者,唯太史公能之。"顾氏这一评价或许有过誉之嫌,但是倘若没有一定写作功力,确实很难做到这样。阅读《史记》传记,这类事例可以说不胜枚举。

《龟策列传》堪称典型。古人以乌龟壳占卜，以此断定吉凶祸福。司马迁不相信这种迷信，但他并不正面直说，而是从另一方面说这种占卜有一定妙用：春秋战国以前，乌龟很灵、很神。凡遇国家大事，皆可以龟壳决断吉凶。例如历史上就有许多灵验事例——三代贞祥，周武王伐纣，晋文公、晋献公、楚灵王占卜云云。但是司马迁说至此处，笔锋一转，别出新意，说自己在江南地区曾经亲眼所见，"江傍家人常蓄龟饮食之，以为能导引致气，有益于助衰养老，岂不信哉！"全文至此，戛然结束。这样一来，所谓占卜虽有前面"灵验妙用"事例，皆因忽然插进"亲眼所见"一句，便不能不使人浮想联翩：乌龟既然很灵，怎么连自己生命还保不住呢？则著者之良苦用心亦于此最终显现。

《淮阴侯列传》本是一篇为韩信翻案的传记，写法也有异曲同工之妙。西汉初年，功高盖主的韩信以莫须有的"谋反"罪，被吕太后逮捕杀害，而且"夷信三族"。韩信果真是谋反吗？至少司马迁不这样看。然而纵观《史记》全文，通篇不仅看不到司马迁为韩信翻案的字眼，甚至还以大量事实，表明韩信有功于汉家。例如在传记前半部分，写韩信亡楚归汉，大权在握，带数十万大军，连连取胜，逼得项羽乌江自刎，因而为汉家打下半壁江山。这一部分突出了一个"功"字；在传记后半部分，写韩信帮刘邦平定天下后，大权在手，功高震主，引起汉高祖猜忌。从云梦被捕，由齐王降为淮阴侯，直至最后遭到吕后捕杀、"夷三族"。这一部分突出了一个"怨"字。其实，韩信也逐渐意识到汉高祖"可以共患难，不可以享天下"的险恶用心，可惜他于此优柔寡断，以至最终灭亡。韩信当年在云梦被汉高祖擒拿时，有几句话可谓发人深思："果若人言：'狡兔死，良狗烹；高鸟尽，良弓藏；敌国破，谋臣亡。'天下已定，我固当烹！"阅读《淮阴侯列传》全文，淮阴侯韩信究竟是否谋反，不言自明。

(三)描绘场面

"场面",是历史人物活动的特定空间舞台。《新华词典》如是解释:所谓场面,是"文学作品或戏剧演出中构成故事情节的基本单位。是人物同人物在一定时间和环境中相互发生关系而形成的生活画面"。历史记事固然离不开真实场面,但两者毕竟有很大的不同:历史记事是依时间为序纵向展开,而场面描写则是以空间为序横向铺陈。司马迁既擅长于历史记事,用事件表现历史人物;也擅长于场面描写,用场面揭示人物风貌。

1. 场面类型

在《史记》中涉及的场面很多,但最引人瞩目的是宴会、战争、诀别、惊险等四类场面。

关于宴会场面,《史记》里颇为常见。比较有名的宴会场面,例如渑池会(见《廉颇蔺相如列传》),鸿门宴(见《项羽本纪》),灌夫骂坐(见《魏其武安侯列传》),高祖还乡宴(见《高祖本纪》)等等。古代诸如此类的大型宴会,多半是甲乙双方乃至多方进行政治斗争、外交斗争的场所。从一定意义上说,由于这种场合往往是反映参与者们大智大勇的特殊地方,因而也是很容易引人入胜的章节。

关于战争场面,《史记》里也很常见。古代岁月激烈动荡,战争连绵,刀光剑影,所以这种场面不胜枚举。例如田单火牛阵(见《田单列传》),项羽巨鹿之战(见《项羽本纪》),韩信井陉之战(见《淮阴侯列传》),卫青、霍去病漠北战役(见《卫将军骠骑列传》)等等。

从历史上看,《左传》开启了描写战争场面的先河。且不说《左传》与《史记》有关战争描写的力度不可同日而语,即使在反映战争的宗旨上也有很大区别:《左传》是通过战争写历史场景;《史记》则是通过战争场面写历史人物。

关于送别场面,也屡屡见诸《史记》。其中最典型者,莫过于流传千古的两个壮阔场面:一个是楚霸王垓下别姬(见《项羽本纪》),另一个便是燕国太子丹的易水送别（见《刺客列传》）。两个场面，两个背景，场景描写之传神，给后人留下了永不磨灭的印象。

关于惊险场面，《史记》里也颇为常见。但凡惊险场面，往往有扣人心弦妙用。为了使历史人物、历史事件更加鲜活，因而惊险场面的刻划大都突显妙笔功力。仅以《刺客列传》为例，其中春秋时期的曹沫劫盟、专诸刺王僚，以及战国时代的荆轲刺秦王等等，都是以经典传神之笔将英雄定格于古代的历史时空中。

2. 场面特色

以上各类场面无不发生于特定时间、特定地点，所以这些场面往往可以催生特定思想感情，也往往可以使读者们从不同角度去解读和领悟。具体说来，主要体现于以下两点。

第一，特定场面必然流露特定感情。例如《高祖本纪》里汉高祖还乡场面，堪称典型。刘邦当了皇帝，回到家乡沛县后，曾举行一场盛大宴会。当宴会达到高潮时，刘邦异常激动，即兴作歌："大风起兮云飞扬，威加海内兮归故乡，安得猛士兮守四方！"他不仅亲自教孩子们歌唱，自己也兴奋地舞蹈起来。可恰恰在兴致达到极点时，人们却发现这位至高无上的皇帝"慷慨伤怀，泣数行下"。当了皇帝，衣锦还乡，为什么宴会上居然"慷慨伤怀"，甚至"泣数行下"呢？这是由于此时的开国君王心情十分复杂：一方面是功成名就、众星捧月般的极度兴奋；同时也伴随着天下初定、急需勇猛将士的隐忧：当年一起打江山的著名将领韩信、彭越等人已经被自己屠戮殆尽，一旦国家有事，"安得猛士兮守四方？"由此可见，这里既有对屠戮一干战将的追悔，也有对保国良将的殷殷企盼，有喜有忧，喜忧参半，怎么能不使这位皇帝"慷慨伤怀，泣数行下！"

又如《刺客列传》中"易水送别"场面，有三个特别之处。其一是太子丹送行氛围："皆白衣冠以送之。"因为此次行刺，无论胜利与否，注定是有去无回，所以从色调上营造了一层悲凉气氛；其二是送别活动："高渐离击筑，荆轲和而歌，为变徵之声。"所谓"变徵之声"，相当于 F 调，苍凉凄婉，这就从音乐层面使悲凉色彩变得更加浓厚；其三是生离死别：荆轲义无反顾，视死如归，高歌"风萧萧兮易水寒，壮士一去兮不复还"，此时"士皆瞋目，发尽上指冠"。于此将悲壮氛围推向最高潮。在"易水送别"中，由于司马迁将自己一腔浓浓的爱憎之情融入其中，所以也使后人产生了感同身受的震撼效果。

第二，特定场面融入生动细节。在场面的描写中，司马迁往往融入一些细节。由于细节描写的巧妙结合，使场面描写变得锦上添花，熠熠生辉。试以《项羽本纪》之鸿门宴为例。当宴会上出现"项庄舞剑，意在沛公"时，张良告诉樊哙速速解围，于是出现了樊哙救主的细节描写。其中给人印象最深刻者，尤以三个具体细节衬托出司马迁神来之笔。首先是采用一个"闯"字："即带剑拥盾入军门，交戟之士欲止不内，樊哙侧其盾以撞，卫士扑地"；其次是突出一个"怒"字："瞋目视项王，头发上指，目眦尽裂"；然后则突出一个"武"字：项王赐猪腿，樊哙置于盾牌上，"拔剑切而啖之"，则英武之气逼人，就连项王也有些许忌惮。通过以上"闯"、"怒"、"武"三个细节，刻划出樊氏英雄气概。这个细节不过是鸿门宴整个场面的一部分，由于这些细节的切入，便使得整个场面更加精彩，生机盎然，情趣陡增。

（四）诗人情怀

司马迁高度钟情于屈原的人品行为，在《史记》的许多地方都会感受到《离骚》的踪影。从文学角度看，《史记》属于"史传散文"。史传散文与抒情诗原本属于不同文体，形式各异，但学术界将《史记》与"无韵之《离骚》"并提，可见司马迁的"史传散文"深得《离骚》抒情诗之神韵。唯其文学成就如此之高，博得古今学界喝彩之声不绝于耳。

清代章学诚云："夫《骚》与《史》，千古之至文也。"（《文史通义·史德》）今人李长之称赞《史记》，是"中国的史诗"（《司马迁人格与风格》)。吴汝煜则不仅认为《史记》是类似《离骚》的美丽诗篇,还一一指出其中流光溢彩之篇目特点:《项羽本纪》是一首充满悲壮叹惋之情的英雄史诗;《伯夷列传》是一首喷发出愤激不平之情的怨刺诗;《魏公子列传》是一首满怀崇敬之情的赞美诗;《滑稽列传》是一首洋溢轻松愉快之情的幽默诗;《司马相如列传》则是一首包藏炽热感情和富于浪漫色彩的恋爱诗(《史记论稿》)。

更有甚者,清朝学者刘鹗的《老残游记》自序里说得更为别致:历代名著之所以能够深刻反映作者心声,其实都是作者自己在"哭泣"。譬如"《离骚》为屈大夫之哭泣,《庄子》为蒙叟之哭泣,《史记》为太史公之哭泣,《草堂诗集》为杜工部之哭泣;李后主以词哭,八大山人以画哭;王实甫寄哭泣于《西厢》,曹雪芹寄哭于《红楼梦》"。

以上学者所论皆有道理,而其中当以刘鹗所评尤为感人。刘氏评判中国两千年来中国文学发展史,居然将其中著名的诗词、散文、传记、戏曲、小说、绘画,全都说成是作者的"哭泣",此种比喻可谓入木三分,确是别有一番情趣。司马迁乃性情中人,感情丰富,爱憎分明。这种鲜明性格在其泣血著作《史记》里自然会有鲜明流露,亦即在"喜"、"慕"、"怒"这些截然不同的感情层面上,必然会有淋漓尽致的表达和发泄。试看《史记》中关于敬仰和愤怒两方面的精彩描写。

1. 仰慕之情

在《史记》的人物传记里,但凡属于令人尊敬的对象,司马迁都会明确表达钦慕情怀。尤其对于那些品行高尚的历史伟人,司马迁更是由衷地抒发,爱慕和敬仰之情鲜明地涌动于字里行间。

孔子在司马迁心目中,可说是最敬仰的文化巨人。对于中国文化领域里的这位至圣先师,司马迁不仅破例为其设立了《孔子世家》,而且还表达了对其伟大成就的无限感慨:"高山仰止,景行行止","余读孔氏书,想见其为人"。在这里,司马迁颂扬孔子像高山那样令人敬仰,犹觉不足,还追加了一句"想见其为人"。"想见其为人"虽然仅为五字,但正是在这寥寥的五个字里,后世读者分明能亲切地感受到,作者已将自己无限的爱戴深深地融入其中,试图努力实现拉近与心中偶像时空距离的梦想!

以"想见其为人",用来表达作者极度敬仰的偶像,这在《史记》里唯有两人:一位是孔子,另一位则是屈原。

屈原,在司马迁心目中,同样是最敬仰的伟人。屈原有才干,有操守,刚直不阿,为与恶势力斗争宁死不屈。司马迁满怀激情地赞扬:"其文约,其辞微,其志洁,其行廉,其称文小而其指极大,举类迩而见义远。其志洁,故其称物芳;其行廉,故死而不容自疏。濯淖污泥之中,蝉蜕于浊秽,以浮游尘埃之外,不获世之滋垢,皎然泥而不滓者也。推此志也,虽与日月争光可也。"不仅评价如此之高,在篇末的"太史公曰"里,还极力抒发了意犹未尽的情感:"余读《离骚》、《天问》、《招魂》、《哀郢》,悲其志;适长沙,观屈原所自沉渊,未尝不垂涕,想见其为人。"司马迁对屈原的仰慕,达到了心驰神往和溢于言表的程度,这就不能不引发后人的丰富联想。或以为,司马迁名曰写屈原,实则写自己:"司马迁作《屈原传》,是自抒其一肚皮愤懑牢骚之气,满纸皆是怨辞。盖屈原获罪被放,司马亦获罪被刑。其获罪同,而所以获罪则不同。"屈原之怨愤是"怨君蔽于谗佞","若司马之怨,不过为庇一李陵而不得耳"(李晚芳《读史管见》卷二)。或以为,此两人合传应改为三人合传:"以古今人合传,一部《史记》只得数篇。鲁仲连邹阳外,此篇最著。盖鲁仲连、邹阳,以性情合,此篇以遭际合也。通篇多用虚笔,以抑郁难遏之气,写怀才不遇之感,岂独屈、贾两人合传,直作屈、贾、司马三人合传读可也。"(李景星《史记评议》卷三)

战国时期"四公子"之一的信陵君魏无忌,也是深受司马迁爱戴的英雄。魏无忌以国家利益为重,置生死于度外,其"窃符救赵"的正义行为令作者动容。在洋洋洒洒的《魏公子列传》中,在全篇文字147处涉及魏无忌,但司马迁始终尊称其为"魏公子"而不直呼其名,表达了作者对魏无忌的充分肯定与热爱。

2. 愤怒之情

对于历史上那些反面人物尤其是手握生杀大权的恶人,司马迁总是要竭力发泄无法容忍的愤怒情感。《史记》中的《酷吏列传》,就是专为十名酷吏设立的类传。这里的郅都、宁成、赵禹、张汤、义纵、杜周、王温舒等人,全都是执掌司法大权、残酷用刑、草菅人命的酷吏。这些人残酷成性,虽千载后读其传记,犹使人不寒而栗。譬如酷吏王温舒,"少时椎埋为奸。已而试补县亭长,数废。为吏,以治狱至廷史。事张汤,迁为御史",他逮捕郡中豪滑千余家,杀人如麻,"至流血十余里"。依汉朝制度,只有冬季行刑。而王氏杀人成为嗜好,居然感叹:"嗟乎,令冬月益展一月,足吾事矣!"司马迁对此愤怒至极:"其好杀伐行威不爱人如此!"书中鞭挞此类人物"皆以酷烈为声",罪行累累,"何足数哉!何足数哉!"为了使这批酷吏永远钉在历史耻辱柱上,揭露其"以酷烈为声"犹感不足,还连用两个重复句子"何足数哉",可见司马迁的愤怒已经达到了无法忍受的极点!

司马迁是一个具有高度智慧的聪明人,他知道酷吏之所以横行无忌,乃是由于皇帝在背后撑腰。因此司马迁在《酷吏列传》里,曾多处暗示酷吏们与汉武帝的连带关系。譬如其中《赵禹传》云:"上以为能";《张汤传》云:"于是上以为能";《义纵传》云:"上以为能";《王温舒传》云:"天子闻之以为能。"很显然,司马迁是在利用这种特殊形式以表达自己极其强烈的不满情绪。

三、语言文字

司马迁是驾驭语言文字的大师,他的文字表达能力达到了一般人难以企及的炉火纯青地步。原本是普普通通的文字,经由司马迁"点石成金"之手,立刻变得妙趣横生,耐人寻味。请看《史记》里的《魏世家》。当魏公子谈到援助韩国的重要意义时,居然一连用了五个"魏"字:如果援韩成功,则"韩必德魏、爱魏、重魏、畏魏,韩必不敢反魏"。在这五个地方,虽然用的是同一个"魏"字,但因为是从不同角度强调效果,就使得支援韩国的意义也层层深入,让人口服心服。

毋庸置疑,与其他史学家相比,《史记》语言文字极具特色。概括起来,最为主要之处,则是体现于通俗化、个性化、口语化、民俗化等四个方面。

(一)通俗化

同一般历史事物一样,语言也有时代性。明代袁宗道曾说:"时有古今,语言也有古今。今人所诧为奇字奥句,安知非古文街谈巷语耶?"(《白苏类稿》)即使对西汉时期的司马迁而言,先秦时期的许多古典文献也已相当遥远,同样存在古文今译问题。

然而,当我们将《史记》与《汉书》认真对比,就会发现一个有趣现象:《史记》要比《汉书》易读易懂得多。为什么问世在后的《汉书》有些难读难懂,反倒是问世于前的《史记》却易读易懂呢? 原因就在于,司马迁做了大量的古文今译工作,而班固则有些差强人意了。

宋代学者王观国,曾将司马迁《史记》与《尚书》、《战国策》、《国语》、《左传》等典籍逐一对比,发现司马迁把其中许多古文字改变为通俗文字。例如"绩用"改为"功用","肆觐"改为"遂见","九载"改为"九岁","烈风"改为"暴风","克从"改为"能从","胄子"改为"稚子","降丘"改为"下丘","宅土"改为"居土"等等。无独有偶,明代著名文学家袁宗道也做过类似研究,他将《论语》与《史记》中的《仲尼弟子列传》认真对比,也发现其中文字也多有改动处。例如"毋固"改为"无固","性与天道"改为"天道性命","未若"改为"不如","滔滔"改为"悠久"等等。由此可见,《史记》文字的易读易懂,是司马迁用古文今译的辛劳汗水造就的。

(二)个性化

在反映历史人物的时候,司马迁往往将其描绘得惟妙惟肖,至于反映那些特殊的历史人物，更是达到出神入化的程度。以至于千载之后，当人们阅读这些传记的时候，依然有如见其人、如闻其声的感觉。试看以下三例。

在《史记》之《张丞相列传》里，描写周昌口吃的内容令人拍案叫绝。高祖刘邦想废掉太子刘盈而另立戚夫人之子赵王如意，于是向生性倔强而又口吃的御史大夫周昌征求意见。周昌急忙阻拦，越着急就越口吃："臣口不能言，然臣期期知其不可。陛下虽欲废太子，臣期期不奉诏。"在周昌两句话中，有四个"期"字，皆口吃者说话时的象声词。恰因此处反复出现的象声词，把耿直而又口吃的御史大夫在"盛怒"下的形象，极为传神地表现出来。

《史记》之《高祖本纪》和《项羽本纪》里的两首歌，也耐人咀嚼。通过这两首歌，鲜明地反映出两个历史人物在不同背景下的个人性格。试看《高祖本纪》中，刘邦衣锦还乡时的《大风歌》："大风起兮云飞扬，威加海内兮归故乡，安得猛士兮守四方"；再看《项羽本纪》中，项羽舞剑自刎时的《垓下歌》："力拔山兮气盖世，时不利兮骓不逝。骓不逝兮可奈何，虞兮虞兮奈若何！"同样是歌，感情迥异："大风歌"慷慨激昂；"垓下歌"则悲壮呜咽！从这两首歌里，分明可以折射出作为帝王一兴一衰的两种气象来。

在《史记》之《范雎蔡泽列传》里，作者把须贾的狼狈相刻画得淋漓尽致。须贾曾是范雎的主人，曾将范雎折磨得奄奄一息。当须贾以后出使秦国，发现秦国丞相就是昔日的范雎时，简直被吓得三魂出窍，不仅"肉袒膝行"，就连说话也语无伦次："贾不意君能自致于青云之上，贾不敢复读天下之书，不敢复与天下之士。贾有汤镬之罪，请自屏于胡貉之地，唯君生死之。"须贾的这几句话，是何等的低三下四，又是何等的杂乱无章。然而正是通过他语无伦次的求饶，才把一个大难临头者的狼狈相刻画得入木三分，跃然纸上。

（三）口语化

在《史记》中，还经常引用一些方言口语。正是由于这些方言口语在特定场合的巧妙出现，为传记文章增色不少。试看以下三例。

例如《史记》中的《滑稽列传》。秦二世骄奢淫逸，想用油漆涂饰城墙，宫人优旃不无讽刺地向皇帝进言："漆城荡荡，寇来不能上。"意思是说，城墙油漆得漂漂亮亮的，敌人来了也爬不上。表面上看，优旃没有对秦二世的荒唐之举予以正面抨击，仅仅用一句口语敷衍之，但恰恰是这句看似普通的口语，直击了统治者的要害。

又如《史记》中的《陈涉世家》。陈胜称王以后，昔日伙伴来拜访，见到殿堂巍峨，伙伴们不禁感叹："夥颐，涉之为王沉沉者。"通过"夥颐"这一感叹词，反映了陈涉那些曾经"锄禾日当午"的农友们，对眼前陈涉的巨变所流露出的惊讶之状！

再如《史记》中的《吴王濞列传》。吴、楚七国作乱，御史大夫晁错劝汉景帝削除侯国势力："今削之亦反，不削之亦反。削之，其反亟，祸小；不削，反迟，祸大。"此处这些口语，可谓简朴明快，读起来形象生动，似乎如见其人，如闻其声。

（四）民俗化

司马迁的语言之所以形象、生动和鲜活，关键要素之一就是非常注意从民间基层汲取营养，其中包括采用了大量生动活泼的民间歌谣、成语、警句与谚语。叙事的民俗化，能使读者顿感清新自然，大大拉近了与读者之间的距离。试看以下典型事例。

《史记》里的成语、警句令人印象深刻。成语、警句固然字数不多，却为传记增色不少。书中的成语、警句之多，可谓俯拾即是。例如《项羽本纪》："楚虽三户，亡秦必楚。"表明"楚国"子民誓死灭秦的决心。当年"楚国"地域涵盖今天湖南、湖北，两湖人自古以来以英勇不屈性格著称；又如《魏世家》："家贫思良妻，国乱思良相。"这是魏文侯对文臣李克说的话，意思是家境贫穷时最想得到贤妻，国家危急时最想得到贤相;又如《乐书》:"满而不损则溢,盈而不持则倾。"意思是满足了不减损就会流出来,多余了而不扶持就会倾斜;又如《春申君列传》:春申君曾任楚相,而楚王无子。小人李园将妹妹送春申君怀孕后,又转送楚王,所生之子被立为太子。李园惧怕泄密欲杀春申君,春申君因优柔寡断,终遭杀身之祸。是故篇末云:"当断不断,反受其乱。"该警句提示,应当决断时不做决断,反过来就要遭受祸患;又如《李将军列传》:"桃李不言,下自成蹊。"意思是,桃李树不会说话,树下却自然地被人踩出一条小路。这是以桃李树比喻李广为人,赞美其高尚品德;又如《范雎蔡泽列传》:"鉴于水者见面之容,鉴于人者知吉与凶。"这是燕国人蔡泽游说应侯(秦相范雎)时说的一段话。意思是用水作镜子,可以看清自己面容,用别人作镜子可以知道事情吉凶;又如《孙子吴起列传》:"能行之者未必能言,能言之者未必能行。"此篇末警句,是对孙膑、吴起的评论。基本意思是,说与做未必统一:能做的不一定能说,能说的不一定能做;又如《韩长孺列传》:"虽有亲父,安知其不为虎? 虽有亲兄,安知其不为狼?"这是汉代梁国内相韩安国劝梁孝王交出私藏罪犯,不要抵触朝廷。意思是说,治理天下者,即便是亲生父亲又怎知不会变成猛虎,即便是亲兄弟又怎知不会变成豺狼。

　　《史记》里还使用了很多民间歌谣、谚语,同样为传记增色不少。例如《酷吏列传》:"宁见乳虎,无值宁成之怒。"此歌谣揭露了酷吏宁成的极端残暴,说他比猛虎还厉害;又如《淮南衡山列传》:"一尺布,尚可缝;一斗粟,尚可舂。兄弟二人不能相容。"淮南王刘长谋反,汉文帝刘恒将其流放四川,结果刘长在路上绝食而死。这则歌谣,旨在讽刺兄弟骨肉相残;又如《魏其武安侯列传》:"颍水清,灌氏宁;颍水浊,灌氏族。"这则谚语用意鲜明,旨在揭露灌夫家族横行乡里的罪行。

　　在《史记》诸多传记中,《货殖列传》里的歌谣、谚语不仅多,而且寓意颇为深刻,令人难忘。例如:"谚曰:'千金之子,不死于市。'此非空言也。"意思是说,千金之家的子弟,不会因犯法而在市上被处死,这决非无谓的空话;又如"百里不贩樵,千里不贩籴"。意思是说,卖柴的不能超过一百里,卖粮食的不能超过一千里(因为这是一般规律,否则必然赔本)。

四、深远影响

司马迁《史记》的文学成就举世瞩目,它对后世文化层面的许多领域都产生了极其深刻的影响。因其范围之大,实难尽述,是故以下仅就生活用语、传统戏剧领域的影响,予以简要撮述。

(一)催生成语

所谓"成语",乃是语言领域里长期以来约定俗成的固定短语。它不仅有意义完整、结构定型的特点,也有表达凝练、含义丰富的功能。考察今人所用的许多成语,大都导源于古代先哲先贤们的各种名著之中。司马迁无愧为语言大师,在他生动叙事的著作中便催生了大量成语。

从《史记》的本纪、世家到列传,其中蕴含的成语几乎俯拾即是。仅就以下数篇之中,即可窥一斑。例如焚书坑儒,指鹿为马(《秦始皇本纪》);一败涂地,约法三章,明修栈道,暗度陈仓,运筹帷幄,高屋建瓴(《高祖本纪》);抱薪救火(《魏世家》);卧薪尝胆(《越王勾践世家》);韦编三绝,招摇过市(《孔子世家》);鸿鹄之志(《陈涉世家》);不鸣则已,一鸣惊人(《滑稽列传》);毛遂自荐,脱颖而出,歃血为盟,一言九鼎(《平原君列传》);完璧归赵,负荆请罪,刎颈之交,怒发冲冠,纸上谈兵(《廉颇蔺相如列传》);一字千金,奇货可居(《吕不韦列传》);图穷匕见(《刺客列传》);鸡鸣狗盗,狡兔三窟(《孟尝君列传》);肝脑涂地(《刘敬叔孙通列传》);背水一战,多多益善,一饭千金,鸟尽弓藏(《淮阴侯列传》);虚左以待,一言半语,修身洁行(《魏公子列传》);鲍子知我(《管晏列传》)等等。

以上成语乃是源于《史记》诸篇,更有一篇之中,即衍生出多个成语者。《项羽本纪》堪称其中典型。在这篇本纪里,涌现出的成语之多,简直令人惊叹。其中尤以"四字成语"为多,例如,分我杯羹,沐猴而冠,亡秦三户,政由己出,彘肩斗酒,霸王别姬,不足与谋,蜂拥而来,杯羹之让,不胜杯杓,才气过人,弃书捐剑,拔山扛鼎,冲冠眦裂,各自为战,取而代之,破釜沉舟,所向披靡,决一雌雄,慷慨悲歌,劳苦功高,秋毫无犯,以一当十,四面楚歌,披坚执锐,异军突起,作壁上观,等等;也有"八字成语"者,例如,人为刀俎,我为鱼肉;项庄舞剑,意在沛公。此外,还有三字成语或多字成语者。前者如"鸿门宴",后者如"无面目见江东父老"(由原文"纵江东父兄怜而王我,我何面目见之"演变而来)等等。

《史记》中的这些大量成语,之所以能成为后人喜闻乐见的表达形式,显然与司马迁长期的辛勤劳作和发愤流淌的汗水有关。无论是四字成语、三字成语、八字成语乃至多字成语,都具有文字简练的特征。考察这些"简练"成语,几乎无一例外,乃是对特定历史人物或历史事件最精彩的浓缩和再现。每每使用这些传神成语时,不仅可以确切表达后学们的本意,又蕴含有丰富的历史文化内涵,不失为锦上添花之举。饮水思源,在丰富汉语言的文化平台上,司马迁的《史记》可谓功莫大焉。

(二)戏剧素材

在中国戏剧发展史中,最早成为真正意义戏剧的是元杂剧。

考察当年的元杂剧,剧目内容大多选自古代优秀文学作品,尤其是"前四史"中的人物传记,往往成为改编戏剧的基本素材。例如源于《史记》的"将相和";源于《汉书》的"苏武牧羊";源于《三国志》的历史人物曹操、关羽、诸葛亮等等。

单就"前四史"而言,显然以取材于司马迁《史记》的剧目最多。

姑且不论现代戏曲研究大家王国维先生在其《宋元戏曲史》中所论诸多剧目，仅仅根据当代两位学者窦楷、任孝温的研究，《史记》为元杂剧提供的历史素材，其数量亦非常惊人。据统计，与《史记》内容有直接关系者，即达到二十三个剧目。

兹区别为两种形式，略述如次。

第一种形式，有剧目名称，有剧作家姓名，但属于散佚剧本者。这类剧目总计有十六种。它们是：1.《相府门廉颇负荆》，高文秀作，该剧史事见《史记·廉颇蔺相如列传》；2.《高祖归庄》，白朴作，该剧史事见《史记·高祖本纪》；3.《汉高祖斩白蛇》，白朴作，该剧史事见《史记·高祖本纪》；4.《孟尝君鸡鸣度关》，庾天锡作，该剧史事见《史记·孟尝君列传》；5.《吕太后人彘戚夫人》，马致远作，该剧史事见《史记·吕太后本纪》；6.《穷韩信登坛拜将》，武汉臣作，该剧史事见《史记·淮阴侯列传》；7.《吕太后定计斩韩信》，李寿卿作，该剧史事见《史记·淮阴侯列传》；8.《吕太后醢彭越》，石君宝作，该剧史事见《史记·魏豹彭越列传》；9.《歌大风衣锦还乡》，张国宾作，该剧史事见《史记·高祖本纪》；10.《霸王垓下别虞姬》，张时起作，该剧史事见《史记·项羽本纪》；11.《会稽山越王尝胆》，宫天挺作，该剧史事见《史记·越王勾践世家》；12.《济饥民汲黯开仓》，宫天挺作，该剧史事见《史记·汲郑列传》；13.《放太甲伊尹扶汤》，郑光祖作，该剧史事见《史记·殷本纪》；14.《秦赵高指鹿为马》，郑光祖作，该剧史事见《史记·秦始皇本纪》；15.《纵火牛田单复齐》，屈恭之作，该剧史事见《史记·田单列传》；16.《郎中令袁盎却坐》，王仲元作，该剧史事见《史记·袁盎晁错列转》（见《史记论丛》，陕西人民出版社2004年）。

第二种形式，有剧目名称，有剧作家姓名，属于完整保留下来之剧本者。这类剧本尚有七种。它们是：1.《须贾诨范雎》，高文秀作，该剧史事见《史记·范雎蔡泽列传》；2.《说鱄诸伍员吹箫》，李寿卿作,该剧史事见《史记·伍子胥列传》;3.《汉高祖濯足气英布》,尚仲贤作,该剧史事见《史记·黥布列传》;4.《冤报冤赵氏孤儿》,纪君祥作,该剧史事见《史记·赵世家》;5.《忠义士豫让吞炭》,杨梓作,该剧史事见《史记·刺客列传》;6.《辅成王周公摄政》,郑光祖作,该剧史事见《史记·鲁周公世家》;7.《萧何月下追韩信》,金仁杰作,该剧史事见《史记·淮阴侯列传》(同上)。

在此,有必要特别提及其中的第4个剧目——《冤报冤赵氏孤儿》,元代以降,这个剧目尝名《赵氏孤儿大报仇》,简称《赵氏孤儿》。该剧叙述了春秋时期晋国赵氏孤儿复仇的故事,内容跌宕起伏,引人入胜。它不仅是元杂剧重要剧目,也成为后来京剧、秦腔、豫剧、越剧、话剧等其他剧种的保留剧目。于此还值得一提的是,当年该剧目由法国文豪伏尔泰改编为《中国孤儿》后,在巴黎、伦敦等地获得极大震动,被誉为中国的《哈姆雷特》。国学大师王国维认为:在元杂剧中,“其最有悲剧之性质者,则如关汉卿之《窦娥冤》、纪君祥之《赵氏孤儿》。剧中虽有恶人交构其间,而其蹈汤赴火者,仍出于其主人翁之意志,即列之于世界大悲剧中,亦无愧色也”(《王国维文集·宋元戏曲史》,燕山出版社1997年)。

举世闻名的中国京剧,素有“国粹”之誉。追溯京剧的历史,则根源于昆曲。由昆曲再向上追溯,则可直接导源于在古代影响深远的“元杂剧”。仅仅准此而言,司马迁《史记》对中国戏曲事业发展的重要贡献,也由此可窥一斑。

第八章　纪传经典（下）

　　《史记》最可贵之处还在于，它不是局限于某一具体领域的经典，堪称是古代历史上难得一见的百科全书。司马迁以如椽大笔驰骋于古代史坛与文坛，在文史两大领域取得了极其辉煌的骄人成就。与此同时，他还深耕于今人所谓自然科学、社会科学乃至人文精神园地中，在这些"园地"里也同样累累硕果，收获了令人由衷钦佩的辉煌业绩。

第一节　《史记》自然科学篇

　　从古代历史上看，我国自然科学领域里以农、医、天、算"四大学科"为主体的实用科学体系，至晚在两汉时期已经基本形成。司马迁不单绝对是一流的史学家和文学家，还对"四大学科"进行了登堂入室的深入探讨，将诸子百家冶于一炉。换言之，他在着力反映政治、经济、军事、外交、民族、宗教、民俗等领域的同时，还对其他诸多科学领域进行了深入的研究，无愧为我国古代有突出贡献的科学家。生活于21世纪的国人有理由感到庆幸，我们居然在2000年前的《史记》里，仍能清晰地看到古代先人们有关天文、地理、农学、医学、建筑等诸多领域的辉煌成就。

一、天学

在《史记》的五种体例中,居于中央位置的"八书"依次是:礼书、乐书、律书、历书、天官书、封禅书、河渠书、平准书。此处所谓"八书",堪称是中国正史里最早进行分门别类,以此揭示八个文化领域重要成就的专篇。在"八书"之中,《律书》、《历书》和《天官书》三部著作,属于反映古代天学的专门论著。当然,学界对"三部著作"的后两部似无异议,唯独对《律书》尚存微词。犹如唐司马贞云:"《兵书》亡,不补,略述律而言兵,遂分历述以次。"(《史记索隐》)后人就此形成一种观点,《史记》原有"兵书"、"律历书"而无"律书",后之好事者以"兵书"亡,遂分割"律历书"为"律书"与"历书"。

不可否认,上述三部论著尤其是《历书》和《天官书》,毕竟在很大程度上揭示了秦汉和先秦时期的天学成就,同时也在一定程度上反映了司马迁在这一领域里的杰出造诣。

(一)天象观测

在天象观测方面,司马迁的重要贡献令人瞩目。主要反映于以下三个方面。

1. 恒星数量

古代生产力不甚发达,在不借助于精密仪器的背景下,要想最理想地观测恒星,大抵需要具备四个条件。所谓"四个条件",即最好的时间(亦即农历每月初一的所谓"朔日"时分)、最好的地点(高地山坡)、最好的天气(晴朗之夜),此外还需要观测者本人有最好的视力。在这四个条件全都具备的情况下,才可以观测到 678 颗恒星。

将上述"四个条件"完全统一起来,自然相当困难。然而汉代的司马迁居然以一己之力,在北纬 34 度的长安城里,观测到了 558 颗恒星。不借助后人所说的天文仪器,居然观测到了"558 颗恒星",这是一个什么样的概念呢? 这就意味着,司马迁仅凭个人努力,最终观测到了北半球四等以上恒星的绝大多数。

2. 恒星类型

按现代天文学观点，从亮度由强到弱，可分为 20 多等恒星，这 20 多等恒星，只有借助现代射电望远镜才可以全部看到。

从《史记》记载可知，司马迁已经注意到恒星的不同颜色和亮度。按照亮度，他把恒星依次区分为"大星"、"明星"、"小星"、"若见若不见星"等四种类型。试以《天官书》所记"大星"为例："后句四星，末大星正妃"，"其东有大星，曰狼"，"牵牛为牺牲。其北，河鼓，河鼓大星"。复以《天官书》所记"小星"为例："轸为车——其旁一小星曰长沙"，"毕曰罕车——其大星旁，小星为附耳"，如此等等。

司马迁这样区分恒星的思想理念很有意义。他一方面为古人识别恒星确立了可以相对认知的标准，同时又使用了具有一定伸缩性的"大"、"明"、"小"以及"若见若不见"等概念，这就为后人进一步研究恒星预留下一定的空间。

3. 变星信息

变星，在古文献中一般称之为"客星"，乃是恒星中的特殊类型。普通恒星亮度长期不变，变星则有明显变化。引人注目的爆发型变星，亦即现代所说的新星、超新星。

现代人所说的"新星"，特指短时间内亮度可猛增至数千倍乃至数万倍，并可以持续一段时间的恒星；现代人所说的"超新星"，特指那种变光性质与新星相似，其亮度可猛增至上千万倍乃至更加惊人程度的恒星。

根据当代学界研究，司马迁在《天官书》中起码有以下三处变星记录。

其一，"有句圜十五星属杓，曰贱人之牢。其牢中星实则囚多，虚则开出"。这里所谓"贱人之牢"，主要包括北冕星座的半圆部分，现代已知"其中有好几颗变星 R，RR，RS，W，V，T，U，S，SW 等等"（吴守贤《司马迁与中国天文学》,陕西人民教育出版社 2000 年)。

其二,"中六星曰市楼,市中星众则实,其虚则耗"。此处所谓"市中",是指在天市中,"这里是巨蛇座、武仙座和蛇夫座的范围",现在已知"其中有巨蛇座 X 星和巨蛇座的 R 星,以及武仙座 U 星共三颗变星,内侧还有巨蛇座 U,武仙座的 S,α,Y,SS 和蛇夫座的 K,U,I,XX,RS,Y 等变星"(同上)。

其三,"中有三柱,柱不具,兵起"。此处所谓"三柱",系指五帝车舍之五星范围,犹如三根立柱。其中西北一柱"有御夫座 ζ、ε、η 三颗星,而 ζ 和 ε 是两颗变星"。稍许令人遗憾者,司马迁在这里是"用星占术的观点看待这一现象"。当然尽管如此,也并不妨碍"我们把司马迁称之为变星观察的先驱"(同上)。

根据有关文献记载,西方天文学家直到 16 世纪末才发现了变星,然而早在公元前 2 世纪初,司马迁就真正地观测到了这一现象,而且以文字形式明确表达出来,这是人类历史上首次发现的最早记录。

(二)制定历法

《史记》以轩辕黄帝开篇,下限"至太初而讫"。司马迁将"太初"作为《史记》的下限,个中意味令人深思。

据文献记载:黄帝时期使用的历法是"定星历",夏朝是"夏历",商朝为"殷历",周代曾用"颛顼历",秦朝仍沿用"颛顼历",并由此一直持续至西汉初期。汉元封六年(前 105),汉武帝认同了太史令司马迁提出重修历法的建议。这次新型历法的制作,实际上是由司马迁组织开展起来的。在当时的工作人员中,既有星官射姓、历官邓平、史官司马迁、壶遂等官方代表,也有落下闳、唐都等卓越的民间专家。这次新历法的编撰,是在参考以往史官的原始记录和天象实测的基础上完成的。新历法完成后,汉武帝大喜过望,不仅为其定名《太初历》,还立刻下诏颁行天下,并将"元封七年"改为"太初元年"。

与以往历法相比，由司马迁参与编修的这部新历法具有明显的进步性。《太初历》不单规定一年为 365.2502 日，一月为 29.53086 日，将"十月"为岁首的积习，明确更正为以"正月"为岁首；调整了太阳周天与阴历纪月不相合的矛盾；尤其值得一提的是，《太初历》还总结出了 135 个朔望月的日食周期（大约 11 年发生 23 次日食）。"自从有了这个周期，历家可以校正朔望，日食现象也不再是什么可怕的天变而是可以预计的科学知识了"（范文澜《中国通史简编》，人民出版社 1965 年）。

更值得一提的是，新历法还编入了具有中国特色的"二十四节气"。"二十四节气"起源于黄河流域。远在春秋时代，就出现了仲春、仲夏、仲秋和仲冬等节气称谓，以后不断地改进与完善，到秦汉年间，二十四节气已完全确立。《太初历》第一次正式把"二十四节气"写于历法，明确了二十四节气的天文位置，从此所谓春种、夏耘、秋收、冬藏，便可以做到不误农时，从而对农业经济的发展具有非常重要的意义。由于《太初历》的巨大成就，从公元前 104 年直至公元 84 年，这部历法一直使用了将近 200 年。《太初历》是我国历史上第一部有完整记录的历法，也是当时世界上最先进的历法。

（三）五宫星官说

司马迁是一个具有高度智慧的科学家，他通过对恒星世界的深入观察和研究，还创立了引人注目的"五宫星官"说。对于许多人来说，晴朗夜空，繁星点点，犹如一盘散沙，似乎毫无秩序可言。为了解决这一难题，司马迁首先把整个星空划分成五个区域，每个区域自称一"宫"。整个星空，总计有五宫：中宫曰天极，东宫曰苍龙，西宫曰咸池（即以后所说之白虎），南宫曰朱鸟（即以后所说之朱雀），北宫曰玄武。为了更准确也更方便地反映每宫中的恒星，《史记》中采用了封建社会帝王将相系列的统属关系予以命名，凡是被命名的恒星通称"星官"。由于人世间帝王将相系列的隶属关系具有严格级别，因而在天体"星官"之间也就自然地出现了秩序井然的隶属联系。

试以"中宫"为例。中宫是"五宫"之核心,乃是天帝宫阙,又名紫微垣或紫宫。在《史记·天官书》中,是这样描写"中宫"布局的:"天极星,其一明者,太一常居也;旁三星三公,或曰子属。后句四星,末大星正妃,余三星后宫之属也。环之匡卫十二星,藩臣。皆曰紫宫……紫宫左三星曰天枪,右五星曰天棓。"这里所谓的"天极星"即北极星,古人以为其接近于天极,故称天极星。在现代,北极星具有辨别方向的使用价值,在古代则另有深意:以其固定不变,且有众星围绕,故其地位具有至尊至贵的文化意义。《史记》中的天极星因名列榜首,故名之曰"太一"(相当于民间所说玉皇大帝);所谓"旁三星三公",是说天极星身旁三星等同于人间"三公"之位(丞相、太尉、御史大夫);所谓"后句四星"者,即天极星身后四星属于"后宫眷属",最亮者为"正妃",其余三星乃"偏妃";所谓"匡卫十二星,藩臣",即周围十二星是护卫皇帝的十二位文武大臣;所谓紫宫"左三星"、"右五星"者,犹如皇宫左右之镇殿将军。于是司马迁这一学说便形成了以天极星为首的三大系统:其一为中枢系统,三星(三公),四星(后妃);其二为文武大臣系统,由十二星组成(环之匡卫十二星,藩臣);其三为保卫系统,由"紫宫"以外包括"左三星曰天枪,右五星曰天棓"等诸星构成。联系到司马迁的著述动机,这或许就是用以实施他所谓"究天人之际"的基本构思。

其余之东、西、南、北四个"宫",每宫皆有7星宿(星座),每星宿含若干恒星。即东宫7星宿(角、亢、氐、房、心、尾、箕),共含94颗星;西宫7星宿(奎、娄、胃、昴、毕、觜、参),共含117颗星;南宫7星宿(井、鬼、柳、星、张、翼、轸),共含135颗星;北宫7星宿(斗、牛、女、虚、危、室、壁),共含134颗星。因为四宫各有7星宿,故有"二十八宿"之说。

司马迁的"五宫星官说"具有重要意义。有如上述,星空世界原本纷繁复杂,毫无秩序可言,由于"五宫星官说"中采用了封建社会帝王将相隶属关系的文字说明,使得原本一盘散沙的星空世界一下子变成了秩序井然的恒星体系。由于这个学说的出现,为后人提供了学术层面具有共同语言的操作平台,对天文学的发展和研究做出了重要贡献。

二、地学

人类认识世界,首先是从人们赖以生存的地球和自然界开始的。在司马迁的《史记》里,记载了许多有关地学方面的宝贵知识。这里既有关乎广义的地学理论层面的天地观、灾异观,也有关乎狭义的实践层面的资源开发与文明辐射说。

(一)天地观念

认真阅读《史记》,可以从中看到两千年前我们前人的天地观。古人的思想理念虽然早已离今人远去,但细细想来,其中不乏宝贵的知识和借鉴。前人的有关思想理念相当丰富,归纳起来,主要体现于道德、秩序与规律三个方面。

1. 德配天地

《史记·五帝本纪》是全书第一篇,地位颇为重要,其基本思想对全书具有高屋建瓴的指导意义。五帝距今遥远,司马迁是怎样揭示本篇主题的呢?"维昔黄帝,法天则地,四圣遵序。"(《太史公自序》)所谓"四圣",即黄帝之后的颛顼、帝喾、帝尧、帝舜。也就是说,早在中华民族初祖黄帝时期,已经确立了"法天则地"理念,以后的"四圣"亦遵循不改。

何谓"法天则地"?即既要效法天,又要效法地,其核心则是要"修德",亦即道德应适应于天地。具体来说,即人类社会行为尤其统治者的行为,一定要像天地那样行德不止。试看《史记·吴太伯世家》里,季札受吴王派遣聘问鲁国,目睹《招箾》之舞而大呼"至德":

"德至矣哉,大矣,如天之无不焘也,如地之无不载也",甚至说"虽甚盛德,无以加矣。观止矣,若有他乐,吾不敢观"。考察以后孔子的相应思想,与这种认识何其相似乃尔!《礼记·孔子闲居》:子曰"天无私覆,地无私载,日月无私照,奉斯三者以劳天下,此之谓三无私"。类似这样的思想理念,在司马迁的笔下也多有记载。例如《史记·孝景本纪》称赞"文景之治":"汉兴,孝文施大德,天下怀安。至孝景,不复忧异姓","而诸侯以弱,卒以安";又如《史记·儒林列传》借公孙弘口称赞:"今陛下昭至德,开大明,配天地,本人伦,劝学修礼,崇化厉贤,以风四方,太平之原也"云云。在《史记》中,诸如此类的修德之说,实难一一尽述。

2. 社会有序

《史记》中的《乐书》,是反映古代音乐理论和音乐实践的专篇。本篇主旨固然是音乐,而就中强调由"秩序"达到"和谐"理念,堪称一大特点。试看如下耐人寻味的两段文字。

《史记·乐书》云:"乐者,天地之和也;礼者,天地之序也。和,故百物皆化;序,故群物皆别。乐由天作,礼以地制。过制则乱,过作则暴。明于天地,然后能兴礼乐也。"意思是说:"乐"是模仿天地的和谐产生的;"礼"是模仿天地的有序产生的。"和谐",才能使万物化育生长;"有序",也才能使群物有所区别。"乐"是根据天做成,"礼"是仿照地所制。所制过分了就会贵贱不分而生祸乱,所做过分了就会因上下不和而生强暴。只有明白了天地性质,才能制礼作乐。

《乐书》又云:"天尊地卑,君臣定矣","动静有常,大小殊矣。方以类聚,物以群分"。意思是说:自然界和人类社会万事万物,原本都有其天然的定数,诸如君与臣,尊与卑,动与静、大与小,类聚与群分那样。

以上两段文字所叙内容,形式上固然有别,但彼此存在密切关联,都在强调"秩序"。第一段文字形式上似乎纯谈音乐,实则强调音乐本质和功能是"和谐"，而"和谐"则源于天地习性，由此特别强调一个"自然秩序"问题；第二段文字直接将君臣与天地同列，似感不足，又辅之以"动静"、"大小"等概念，倡导人类社会不该是一盘散沙，而应该是既要注重区别，又要注重联系，基本宗旨则是特别强调一个"社会秩序"问题。

诚然，对前人所谓君尊、臣卑的封建纲常社会应该有所批判，但从建立必要的社会秩序而言，还是有一定积极意义的。所谓社会"秩序"，毕竟是人类社会基本需要的形式，即使到了未来最高境界的共产主义，人类仍然有分工，仍然有上级、下级，仍然会有管理者与被管理者。

3. 尊重规律

规律之要义不言而喻。按规律办事，事半功倍；不按规律办事，事倍功半。

在司马迁的《史记》中，"按规律办事"的基本思想多有反映。例如《太史公自序》里便有此经典之论："春生夏长，秋收冬藏，此天道之大经也，弗顺则无以为天下纲纪，故曰'四时之大顺，不可失也'。"司马迁强调阴阳四时，人类应该而且必须遵从天地自然规律。

（二）灾异观念

毋庸置疑，灾异是客观存在的现象。因为这种现象不以人的意志为转移，是故灾异观便成为天地观的重要组成部分。

早在战国时代，孟子便对自然界的变化已有客观认识，所谓"天行有常，不为尧存，不为桀亡"。但在当时社会里，这种思想认识并非主流观念。整个先秦时期因认识能力局限，人们往往将灾异视为天意的警示。试看《诗经·小雅·十月之交》："日有食之，亦孔之丑"（大意是说，上天出现日食，大事很不美妙），"日月告凶，不用其行"（大意是说，日月告人凶灾象，就是不行轨道上）。这是反映周代掌权贵族乱政殃民的一首讽刺诗：统治者遇到日食月食了，还依然故我地没有触动。

这种"天人感应"或"休咎之应"的思想观念影响深远。至汉代，日食之类的自然现象仍然被视为大凶先兆。试看《史记·吕后本纪》明确记载："己丑，日食，昼晦。太后恶之，心不乐，乃谓左右曰：'此为我也。'"至次年，吕后果然驾崩云云。其实早在秦汉之际，人们对日食的原理和发生的规律已经有所认识了。试看《史记·天官书》记载："月食始日，五月者六，六月者五，五月复六，六月者一，而五月者五，凡百一十三月而复始。故月蚀，常也。"于此不单说明了月食发生周期，最难能可贵者，还得出这是月食之"常"的结论。

然而先秦时期尤其是远古时期，毕竟生产力低下，人们认识能力有限。基于天灾人祸、洪水猛兽危害惨烈且频仍而难于抗拒，《史记》里也屡有各种灾异的记录。但是分析司马迁的灾异观，仍然可以从中归纳出以下三条可贵的思想意识。

1. 反常生灾

任何事物都有其内在规律可循，一旦出现了不符合规律的反常现象，很可能会因此出现滋生灾异的征兆。司马迁这样的思想观点，在《史记》里也多有记载。例如《史记·乐书》："寒暑不时则疾，风雨不节则饥。"又云："土弊则草木不长，水烦则鱼鳖不大，气衰则生物不育，世乱则礼废而乐淫。"

从气象不顺的遭灾，气衰败的"生物不育"，乃至乱世致"礼废而乐淫"，均表明了司马迁发自内心的思想认识：无论自然界还是人类社会，万事万物都理应保持其正常状态。一旦出现了反常现象，则最终必然会造成相应灾害而危害社会和人民。

2. 灾可战胜

通过人为的努力，灾异是能够战胜的，这种思想在《史记》中也随处可见。

在司马迁看来，中国水害影响深远，自古"尤甚"，据《史记·河渠书》记载：当年黄河泛滥，大禹不畏艰险，勇往治水，他"随山浚川"，"功施于三代"；又记载：汉代"河决瓠子"，水害严重，适逢武帝封禅泰山，"自将军以下皆负薪填决河"，"于是卒塞瓠子"。司马迁曾亲身参与了这次"负薪塞河"，最终战胜了这次的大河决口。因而他本人萌发了深刻的切身感受："甚哉，水之为利害也！余从负薪塞宣而作房，悲《瓠子》之诗而作《河渠书》。"事实表明，只要有组织，有信念，有行动，就可以战胜灾害。

3. 灾可预警

可以预警灾害的思想，无需说在遥远古代的重要意义，即使在今天也同样弥足珍贵。当年的司马迁便具有这样的思想理念。他一向认为，只要通过调节人类的社会活动，就可以达到预防或减少自然灾害的目的。

在《史记·天官书》里，有一段颇有意思的"太史公曰"："凡天变，过度乃占，国君强大、有德者昌；弱小、饰诈者亡。太上修德，其次修政，其次修救，其次修禳。"在国家因"天变"而采取的四项措施里，可以清晰突显出司马迁的思想脉络："修德"、"修政"、"修救"三措施，都有一定的进步性。尤其是"修德"，被视为排于首位的最佳措施。至于愚昧迷信的"修禳"之举，实属无奈的下下策。无独有偶，在《史记·孝文本纪》里也有类似记载：文帝二年发生了异常的天象，"十一月晦，日有食之。十二月望，日又食"。然而，汉文帝则秉持本人观点而另辟新意："朕闻之，天生蒸民，为之置君以养治之。人主不德，布政不均，则天示以灾。"这里所谓"天示以灾"之说，不能简单理解为封建迷信的天人感应，实则具有非常积极的重要意义。

由此不能不联想至现代之当下，由于林木过度砍伐、植被严重破坏，自然界生态已经严峻失衡。1992 年全球科学界 1575 名科学家（含 99 位诺奖得主）联名发表了《世界科学家对人类的警告》："大自然在滴血，人类的母亲在哭泣，科学家的警告十万火急！对于当代世界来说,用来扭转人类遭受巨大不幸和地球发生突变的基本趋势,所剩的时间实在已经不多了!"自然界的"严峻失衡",1575 名科学家的特别《警告》,可以说是千真万确地向世人"预警"了。大自然不会犯错误,会犯错误的现代人应该猛省了!

(三)资源观念

由于山林湖海、矿产资源的保护和开发,乃是关乎国计民生的头等大事,因而两千年前的司马迁不仅注意到了这些问题,而且做过了深入的调查和研究,特意创立了旨在反映社会经济的《平准书》、《货殖列传》等专篇。作者有关社会经济的基本观点,尤其在《货殖列传》中得到了充分体现。概括起来,其相应的思想理念主要涵盖如下两个方面。

1. 资源分布

有关自然资源的分布,《货殖列传》中有一段精彩论述:太行山以西盛产木材、竹子、野麻、玉石;太行山以东生产鱼、盐、丝、漆和乐器;江南出产楠木、生姜、桂花、金、铝、锡、珠和象牙;龙门、碣石以北,则盛产良马、牛、毡裘、筋角(兽筋兽角)。铜和铁的存在,则犹如棋子般布列于千里之大山中。

2. 资源开发

有关资源的开发,《货殖列传》也有多处精彩论述。例如以上各处的资源,"皆中国人民所喜好,谣俗被服、饮食、奉生、送死之具也。故待农而食之,虞而出之,工而成之,商而通之"云云(详见本章第二节)。

(四)居中观念

此处所谓"居中观念",系指司马迁关于"居中"与"四方辐辏"的思想学说,也是与地理位置有关的两个文化层面的基本概念。

所谓"居中",即位居活动中心的位置,系指人类"文明辐射源"都处于天下的中心位置;所谓"四方辐辏",系指四面八方的各个地区都依附于"文明辐射源"。即使用现代眼光看,这一学说也有科学的辩证思想:如果没有一个文明地区首先发展,其他地区便会由于没有学习的榜样,找不到方向,很难缩小差距;如果没有四面八方像车轮辐条那样向着轴心聚拢,也不会形成公认的中心——文明辐射源。

《史记》中的有记载,反映了中华民族以中央文明为核心和具有强大凝聚力的光荣历史和传统。析其所论内容,主要反映了围绕"中心"观念所展开的四个问题。

1. 政治中心

司马迁认为,人类文明早期,领袖人物所在地是地球中心或天下之中。《五帝本纪》云:黄帝英明神武,被诸侯推其为天子,天子"监万国,万国和"。又说:帝尧时代,以黄帝为榜样,行仁德,分天下"十有二州";帝尧死后,帝舜受诸侯拥戴,于是"之中国践天子位"。

在此以前,有关"中国"两字的记载,最早见于《尚书·梓材》。当时周公曾说,上天把"中国"交于先王云云。然而司马迁在这里把"中国"的概念,从商周以下迳直提前到了尧舜时代。由此表明,还在史前文化时代,中国已有大一统思想意识。

2. 地理中心

司马迁认为,洛阳文明发达早,是夏、商、周三代中心。据《周本纪》记载,周武王建国伊始,在首都镐京曾因未定"天保"(即皇统国运)夜不能寐。周公旦至武王住处问其原因,武王道:要想永葆周朝国运,不仅要修德,还要靠近天帝居室。我仔细查看过洛水、伊水,地势平坦没有险阻,而且距离天帝居室不远,是建都的好地方。周武王死后,成王即位。据《周本纪》记载:"成王在丰(即丰邑),使召公复营洛邑,如武王之意。周公复卜审视,卒营筑,居九鼎焉。曰'此天下之中,四方入贡道理均'。作《召诰》、《洛诰》。"

在今人看来,所谓"天下之中,四方入贡道理均",既有政治中心的意识,又有地理中心的含义。平心而论,一个国家要想国运长久,固然离不开重要的政治因素,也有诸如建都于"天下之中"的地理因素。

3. 次级中心

在司马迁看来,中国领土广大,政治经济发展很不平衡,除了全国最发达的"中心"以外,还会有其他一些经济、文化也比较发达的地区,它们也可以成为次一级辐辏中心。这样的"次一级辐辏中心",在《史记》里所在多有。

例如《史记·苏秦列传》:苏秦游说齐宣王时,精心描绘齐都临淄繁荣富饶的景象:"临淄甚富而实,其民无不吹竽鼓瑟,弹琴击筑,斗鸡走狗,六博(下棋)蹋鞠(踢球)者。临淄之途,车毂击,人肩摩,连衽成帷,举袂成幕,挥汗成雨,家殷人足,志高气扬。"足见当时诸侯国的都城,已经是中国次一级辐辏中心。

又如《史记·货殖列传》:汉代建立后,随着政治、经济、文化的大发展,当时的中国除了一级都城长安外,全国各地还出现了许多著名的大都会。其中有河北的"邯郸",河南的"洛南",山东的"临淄",湖北的"江陵",安徽的"寿春",广东的"番禺"。在司马迁的笔下,临淄之富堪称一目了然:"膏壤千里,宜桑麻,人民多文采布帛鱼盐",亦海岱之间一都会也。

4. 中心可变

司马迁认为,所谓地理中心并非固定不变,它可以随着政治、经济、文化的发展而转移,从而在新的条件下出现新的中心。据《刘敬叔孙通列传》记载:汉代建国之初,高祖刘邦欲建都洛阳。大臣刘敬表示了不同意见:当年周成王以洛阳为中心,是因为周人重德、修德,以德治天下。洛邑者,无险可守,"诸侯四方纳贡职,道里均矣,有德则易以王,无德则易以亡";而今陛下带兵打仗,"大战七十,小战四十",死人无数,当下"哭泣之声未绝,伤痍者未起",陛下却想效法周代建都洛阳,那又怎么行呢?相比之下,秦地(长安)"四塞以为固,卒然有急,百万之众可具也"。最后,刘邦听从刘敬建议,选取了易守难攻的"四塞之地"长安为都城。于是，以长安为核心的新的地理中心出现了。司马迁赞赏刘敬思想理念，并由此引发感慨：刘氏此举，"建万世之安，智岂可专耶！"

在中国的历史长河中，"辐辏中心"的变化之大也显而易见。例如宋代时期的开封，曾是当时全中国的一级"辐辏中心"，也是全世界第一流的大都会，那时的香港不过是一个普普通通的小海港。但是曾几何时，开封业已褪去昔日光环，而香港则成为一颗耀眼的东方明珠。这种现象也恰恰证明了司马迁的观点——"辐辏中心"可变论。

三、农学

在中华文明发展史里，古代农业具有异乎寻常的重要意义。《史记》总计130篇，其中并没有涉及农业的题目。然而，经由《史记》的五种体例（本纪、表、书、世家、列传）的铺陈，有关古代农事的相应论述尤其是点点滴滴的记载，得到了相当广泛的反映。倘若以时代久远、相对全面作为反映农事的考评标准，则"封诸侯，建藩卫"的西周不失为一座分水岭。西周前，"本纪"居首，"书"次之，"表"居末位；西周后，随着"三十世家"、"七十列传"的相继跟进，涉及农事之各种史料日益增加，各种体例中关于农事的文字叙述，便以更加具体和清晰的形式反映出来。

（一）古代农业

《史记》里固然没有明确的农业专题，但是并不意味《史记》的疏于记载。恰恰相反，司马迁对古代农业经济相当重视。后世很多人之所以忽略了著者在这方面的贡献，或许主要原因就在于，书中除了《历书》、《河渠书》等少数专篇"间接"关乎农事外，其余涉及农事之大部分文字记录，犹如浩瀚天宇之点点繁星，散落、点缀于各个地方。然而，表象终归是表象，事实终归是事实。若着眼于《史记》有关古代农业发展轨迹，即可区分为五帝、三代和东周秦汉三个历史时期。

1. 五帝时期

此处所谓"五帝",依司马迁所说,自然是指黄帝、颛顼、帝喾、唐尧和虞舜。据《五帝本纪》记载,早在黄帝初期,农耕文明的肇始者神农氏业已衰落,"诸侯相侵伐"。黄帝平定纷争后,遂以黄河流域为中心,"治五气,艺五种,抚万民,度四方","时播百谷草木,淳化鸟兽虫蛾","节用水火材物",因"有土德之瑞,故号黄帝"。这里所谓"治五气",即关注四时气象变化;所谓"艺五种",即种植黍、稷、稻、麦、菽等各种谷物。由此可知,黄帝时期不单大抵知道了农事要顺应时令季节之变、重视牲畜的调教驯养,还萌生了用度节俭的早期意识。

继黄帝以后,在颛顼、唐尧、虞舜时期,还透露出有关农事的三条重要信息。其一是观象授时。颛顼时注重农事,"养材以任地,载时以象天"。以后更进一步,帝尧"乃命羲和,敬顺昊天,数法日月星辰,敬授民时"(《五帝本纪》)。由此可知,当时农事已经大致遵循天象,依照历法行事了;其二是重视治水。农事与水的关系极其密切,因以下有《河渠书》专题论及,此处从略;其三是设立农官。据《五帝本纪》记载,为了发展农业,帝舜与四岳(分管四方诸侯的首领)商议,决定设置专官:以契掌管农业,以禹掌管水利,以益掌管山泽畜牧,以垂掌管手工业等等。

2. 三代时期

此处所谓"三代",特指夏、商、西周时期。据史料记载,夏朝的土地属于奴隶主国家所有制。在《夏本纪》里,就曾先后述及"九州"(冀州、兖州、青州、徐州、扬州、荆州、豫州、梁州、雍州)各地的信息及农事。由于自然环境、人文环境和土壤成分的差异,各地农业发展并不均衡,故而"禹乃行相地宜所有以贡"(《夏本纪》)。即大禹根据各地情况,规定应缴纳的贡赋。在我国现存最早记录农事的历书《夏小正》里,也反映了当时若干农事。是故司马迁说,"孔子正夏时,学者多传《夏小正》云。自虞、夏时,贡赋备矣"(《夏本纪》太史公曰)。亦即司马迁认为,孔子曾经校正夏朝历法,许多学者均曾传习《夏小正》。早从虞舜、夏代时期始,进贡纳赋的规定就已经完备了。

商代经济在夏代基础上,有了明显发展。商族一向崇尚农耕,农业是其最重要的生产领域。甲骨文里不仅反复出现用以农耕的"田"字,还有商王祭祀活动中每每祈求丰收的愿望。为了振兴国家,商汤建国伊始即废除夏朝政令,写《汤诰》以劝勉诸侯,并修改了历法。尤其武丁时期,以傅说为相,"修政行德,殷道复兴",使经济发展达到彼时之鼎盛(《史记·殷本纪》)。由于农业的发展,也促进了手工业特别是青铜工艺的发展。早在黄帝时原本就有"采首山铜,铸鼎于荆山下"之说(《史记·孝武本纪》),至商代武丁时,有了更大发展。曾经发生的野鸡飞"鼎耳"鸣叫事,便是力证(《史记·封禅书》)。殷商青铜业的辉煌成就着实令人惊叹,这不但有20世纪30年代发现的后母戊鼎可以表明,80年代发现于四川三星堆的青铜人像也是典型例证。与此同时,甲骨卜辞里频频出现的致"牛"、致"马"、致"豕"、致"犬"等文字,均系当时祭祀所用的牺牲,这也从侧面印证了商代畜牧业的繁荣。

西周农业与夏商两朝相比,《史记》里有了更多也更详尽的反映。司马迁通过这一时期本纪、世家和列传的记载,为后人保留了农业方面的许多珍贵记录。周族有擅长农耕的习俗,先祖弃甚至在儿时已立大志,"及为成人,遂好耕农,相地之宜,宜谷者稼穑焉,民皆法则之",后来甚至成为帝尧欣赏的"农师"(《史记·周本纪》)。

西周的土地制度是奴隶主贵族国有制。周朝建国伊始,便推行了"封侯侯,建藩卫"的政治制度。所谓"封侯侯,建藩卫",实际上就是"分土封侯"制。全国土地名义上均属于周王,"溥天之下,莫非王土;率土之滨,莫非王臣"(《诗经·小雅·北山》)。为了实行更有效的统治,周天子将全国土地及臣民分赐予诸侯。诸侯、卿大夫也以此类推,将其名义下的土地及臣民,再次分封予下属,由此促进了农业的发展。

西周的土地是划分为方块的"井田制"。虽然这种形式早在商代已经出现,但周代显然在亩制、灌溉等农田管理方面,均取得了进一步的发展。这种"发展"相当广泛,无论是黄河流域的北方,还是长江流域的南方,都出现了很大的变化。试以北方的齐鲁地区为例。齐地乃姜太公封地,都营丘(山东昌乐);鲁地是周公长子伯禽封地,都曲阜。当初齐鲁两地的农业并不发达,还有叛乱发生。"周公乃奉成王命,兴师东征,作《大诰》"(《史记·鲁周公世家》),最终平定乱局,稳定了社会经济的发展。姜太公亦复如是,他"至国,修政,因其俗,简其礼,通商工之业,便鱼盐之利,而人民多归齐,齐为大国"(《史记·齐太公世家》)。正是在类似的社会背景下,南方长江流域的荆楚、吴越两地,也有了很大发展。当初这两个地域的农业并不发达,荆楚甚至曾被视为"蛮荒"之地(《史记·楚世家》)。入周后的荆楚鉴于西周分封诸国的影响和威胁,遂奋发图强,开疆拓土。到了楚灵王"三年六月,楚使使告晋,欲会诸侯。诸侯皆会楚于申"(《楚世家》),此时之楚已俨然成为长江中游强国;至于被周武王封于吴地的太伯一系,也有相应记载。"自太伯作吴,五世而武王克殷,封其后为二:其一虞,在中国;其一吴,在夷蛮。十二世而晋灭中国之虞。中国之虞灭二世,而夷蛮之吴兴。"(《史记·吴太伯世家》)此处由所谓"夷蛮"一跃而为"吴兴"的文字记录,亦不失为吴越地区社会经济发展的佐证。

西周末期,还有一条信息值得关注。周宣王时,"既亡南国之师,乃料民于太原"(《史记·周本纪》)。所谓"料民",亦即今人所谓人口普查和统计。由此可知,古代土地私有制的萌芽记录已于此处透露出来。当然,从宏观层面看,"三代时期"仍属于比较原始的农业状态。但也正是由于这种早期农业生产的不断进步和发展,最终为古代传统农业的后来居上，奠定了坚实的基础。

3. 东周秦汉时期

此处所谓"东周秦汉"，特指春秋、战国、秦朝，直至司马迁所在的西汉阶段。有关这一时期的农业经济，通过《史记》各种体例，或以一定篇幅的着意立论，或于不经意间的只言片语，为后人反映出关乎农业各个方面的更多也更精准的相关信息。

这一时期的土地私有制业已合法化。秦始皇三十一年（前216），在《秦始皇本纪》里就有明确记载："使黔首自实田。"所谓"黔首"，系指基层民众，这是全国土地私有制合法化的有力佐证。既如此，则彼此攻伐、掠夺土地，也就成为常态。其实早在春秋晚期，大肆掠夺的现象就已突显出来。例如齐、晋、楚、秦四大强国，"其在成周甚微，封或百里，或五十里"，显系当时小国（《十二诸侯年表》）。然而，经过贪得无厌的掠夺侵吞，曾几何时，"晋阻三河，齐负东海，楚介江淮，秦因雍州之固，四海迭兴，更为伯主，文武所褒大封，皆威而服焉"（同上）。不但国家层面如此，民间之土地赏赐、买卖、争夺等具体情形，也在《史记》里随处可见。例如在《齐太公世家》、《田敬仲完世家》中，以及《商君列传》、《孟尝君列传》、《廉颇蔺相如列传》、《白起王翦列传》、《扁鹊仓公列传》等传记中，即均有具体的描述和反映。

这一时期农业经济的中坚力量是农民，小农经济成为普遍现象。在《高祖本纪》中，就透露了即使汉高祖刘邦这样的开国之君，也有不为人知的农家故事："高祖为亭长时，常告归之田。吕后与两子居田中耨，有一老父过请饮，吕后因餔之。"这一时期的农民一旦失去土地，最常见者就是像陈胜那样，"为人佣耕"、依附于地主的佃农（《陈涉世家》）。当然，依附于上层权贵之"食客"者，数量也相当惊人。战国四公子门下，就曾聚集了许多这样的佣人。例如齐国孟尝君厚待下人，"以故倾天下之士，食客数千人"（《孟尝君列传》）。又如赵国平原君，"喜宾客，宾客盖至者数千人"（《平原君列传》）。再如魏国信陵君，因平素"不敢以富贵骄士，士以此方数千里争往归之，致食客三千人"（《魏公子列传》）。楚国春申君又如何呢？有一次，平原君派人使楚，为了震慑赵人，"春申君客三千余人，其上客皆蹑珠履以见赵使，赵使大惭"（《春申君列传》）。

　　这一时期关于农业技术和田间管理的各种信息也有很多反映。无论是铁器与牛耕的使用，还是适时播种以及开渠灌溉等生产实践，也均曾多处提及。关于铁器使用，在《范雎蔡泽列传》里，秦昭王便向范雎表示了自己的忧虑："吾闻楚之铁剑利而倡优拙，夫铁剑利则士勇，倡优拙则思虑远，夫以远思虑而御勇士，恐楚之图秦也。"可见楚国铁剑锋利，已引起秦国不安。在《苏秦列传》中，苏秦也曾游说韩宣王："韩卒之剑戟皆出于冥山、棠溪、墨阳、合赙、邓师、宛冯、太阿，皆陆断牛马，水截鹄雁，当敌则斩，坚甲铁幕。"其他如《商君书》、《管子》、《荀子》、《淮南子》等文献中，也都有相应记载；关于牛耕的使用，在《楚世家》里，申叔时就曾对楚庄王说："鄙语曰，牵牛径入田，田主取其牛。径者则不直矣，取之牛不亦甚乎？"在《赵世家》里也有类似记载，平原君赵豹就曾对赵孝成王道："且夫秦以牛田之水通粮蚕食"，"必勿受也"云云；关于春耕、夏耘、秋收、冬藏等农业常识和具体的田间管理技术，此时也已经有明显的发展和普及。

　　这一时期有关西汉农业经济的反映，显得尤为清晰和丰满。从汉初至汉武这一历史阶段，无论是在这一时期的"本纪"和"世家"中，还是在各种人物之"列传"里，所涉农事不仅多处可见，而且言之凿凿。试看以下三方面历史信息，无不为后人留下极为深刻的印象。其一，社会经济发生显著变化。汉初，因楚汉之际连年战争的影响，整个社会困苦至极。诚如史料所载，建国伊始，"接秦之弊，丈夫从军旅，老弱转粮饷，作业剧而财匮，自天子不能具钧驷，而将相或乘牛车，齐民无藏盖"（《史记·平准书》）。但经过多年不懈努力，到汉武时期,已远非昔日可比:"京师之钱累巨万,贯朽而不可校;太仓之粟陈陈相因,充溢露积于外,至腐败不可食。"(同上)其二,农田管理技术已相当成熟。在《史记·齐悼惠王世家》里有一则典型故事:年方弱冠的朱虚侯刘章熟悉农事,在吕太后举办的宴会上,以一首《耕田歌》使满座皆惊。其歌云"深耕溉种,立苗欲疏,非其种者,锄而去之"。其三,汉代已经出现了深刻的阶级对立和分化。所谓"官家之惠,优于三代,豪强之暴,酷于亡秦"(荀悦《汉纪》)。以平"七国之乱"而晋升为将军的灌夫,便是"豪强"中的典型。正是这位将军,一贯横行乡里,强占民田,民恨之入骨。于是社会上便流传出了一首指向鲜明的民谣:"颍水清,灌氏宁;颍水浊,灌氏族。"(《魏其武安侯列传》)

基于生产力和生产关系的变化,这一时期的农业经济也发生了前所未有的巨大变化。大抵从这一时期的后期尤其从秦汉时代起,以往那种相对原始的农耕经济已经逐渐进入了空前繁荣的传统农业时期。

(二) 基本理念

古人云:"夫稼,为之者人也,生之者地也,养之者天也。"(《吕氏春秋·审时》)司马迁不单非常认同这个被后人誉为关乎农事的"三才"论,而且在其基础上,又有了远远超迈前人的继承和发展。归结起来,司马迁的农学成就主要体现于三个方面。他不单非常强调农业经济的重要意义,同时还非常重视与农业实践密切关联的另外两大要素——天文现象和水利建设。

1. 农者本业

毋庸置疑,《史记》中的《货殖列传》是特别为商者设立的传记。既然言商,就不可避免地要涉及到其他经济领域。在司马迁看来,宏观经济层面主要有四个极其重要的领域——农、工、商、虞。农者,不仅赫然其中,而且名列榜首。在这篇传记里,虽然通篇旨在为商者讨公道,但司马迁从来不排斥农业。非但并无丝毫排斥之意,而且"农者本业"的思想贯穿全篇。这一重要思想理念,主要体现于基础地位和国运两方面。

第一,农为百业之基。自古以来,农工商虞、五行八作,固然各有要义,但无不以农业为根基。其实原因也很简单,"农不出则乏其食",农乃"民所衣食之源也"(《货殖列传》)。各行各业倘若没有这个基础,则一切均无从谈起。只有"待农而食之"(同上),其他领域方可正常运行。农事不单为百业基础,即使在"求富"途径上,由农而富也是首选。在司马迁看来,致富道路有上、中、下三条,最荣耀者则是"本富为上"。这里所说的"本富",就是以农致富。对于那些因农而富,尤其是对那些以大规模经营农牧致富而堪比"一都之君"的"素封"者,在司马迁的笔下,从来不乏由衷的褒奖和赞叹。

第二,农为国运之基。中国有句老话,"民以食为天"。研究我国古代历史不难发现,农业固然关乎民生,实则亦亦关乎政治,乃至于堪称"国运之基"。在古代历史上,农兴,则国兴;农衰,则国衰,几乎成为一条不可改变的规律。封建社会的广大农民为何起义?大都与饥饿、剥削、民不聊生有关,质言之,与农业遭到严重破坏紧密关联。试看秦朝晚期,"天下苦秦久矣",失去土地、"与人佣耕"的雇农(《陈涉世家》)又何止陈胜一人?当是时,朝政日非,"男子力耕,不足粮饷,女子纺绩,不足衣服,竭天下之资财以奉其政,犹未足以澹其欲也"(《汉书·食货志》上)。因而最终导致了陈胜与吴广的"揭竿而起",爆发了中国历史上第一次农民大起义。入汉以后,又相继发生了西汉末年的绿林赤眉起义,东汉末年的黄巾大起义。两汉之末,何以相继出现了社会动荡、"国本"动摇的现象呢?时代固然不同,原因则如出一辙。诚如汉代贡禹的有感而发:"今民大饥而死",死而无力下葬,至有"为犬猪所食"者(《汉书·王贡两龚鲍传》);同一时代的鲍宣甚至总结出在地主阶级剥削下,农民不单有"豪强大姓蚕食亡厌"等"七亡"之痛,复有"岁恶饥饿"等"七死"(同上)之苦。即使在这一时期的"正史"里,也同样言之凿凿:永初三年,"京师大饥,民相食"(《后汉书·安帝纪》)。永元十二年,"比年不登,百姓虚匮","黎民流离,困于道路"(《后汉书·和帝纪》)云云。

2. 天象关乎农事

司马迁编撰《史记》的宗旨很明确,"亦欲以究天人之际,通古今之变,成一家之言"(《报任安书》)。为何将"究天人之际"置于著述宗旨之首句?究其深义,不外乎两点。首先,是对古代所谓"天人感应"尤其对董仲舒相应学说的半信半疑,故而司马迁想要彻底厘清天道与人事的关系;其次,也是更重要的一点,基于农事与天象的密切关联,所以必须着力于天象的深入研究。

从总体上看,在关乎农事的天象研究方面,司马迁以实际行动做出了卓越的建树。无论是《史记》里特设有关天象的专篇,还是认真研究历法尤其是亲自参编历法,均不失为著者心怀农事的例证。

其一,设天象专篇。司马氏文化世系悠久,天官家学渊远流长。追溯其始祖,甚至可以上溯至唐虞之际职掌天地的重黎氏。岁月沧桑,司马谈于汉代继"掌天官"(《太史公自序》)。在秉承家学和深入研究的基础上,司马迁将关乎农事的天象研究(《天官书》、《历书》、《律书》等),特别以专篇形式设于《史记》。这些专篇在揭示天体现象认知的同时,也反映了天文星象与地上万物的相应联系和规律。其中最引人注目者当推《历书》。它反映了由五帝、三代直至秦汉时期的历法演进,堪称中国历史上第一部系统研究历法史的专著。我国古代有关天象与历法的研究和应用,具有悠久的历史。早在黄帝时期,就已懂得将相关知识运用于农业社会实践,"顺天地之纪,幽明之古,死生之说,存亡之难,时播百谷草木"云云(《史记·五帝本纪》)。

其二,参编《太初历》。历法是根据自然界天象变化规律而定,服务于农业的功能显而易见。据史料记载,我国先秦时期曾先后出现过多种历法。既有五帝时期的《黄帝历》《颛顼历》,还有后来的《夏历》《殷历》《周历》和《鲁历》,是为古代"六历"。至秦朝时,改用《颛顼历》。汉承秦制,汉初亦用秦朝历法。由于《颛顼历》每每出现"朔晦月见,弦望满亏"(《汉书·律历志》)的误差,汉武帝遂命史官司马迁、星官射姓、历官邓平以及民间历算学家唐都、落下闳等人,重新编制历法《太初历》。这部新修订的历法,是根据天象实测和史官多年的文字记录制定的。《太初历》不仅更加精准地推算出了135个月的日食周期(称为"朔望之会",亦即大约11年里出现23次日食),还是历史上首次(前104)将"二十四节气"写入历法。

"二十四节气"起源于黄河流域,也形成于黄河流域,相关文字记载首见于《淮南子·天文训》。司马迁特别强调二十四节气的重要作用:"夫阴阳四时、八位、十二度、二十四节各有教令,顺之者昌,逆之者不死则亡。"(《太史公自序》)"二十四节气"之所以有"重要作用",根本原因就在于,它反映了太阳在一周年运动中的二十四个固定位置,准确揭示了一年内有关寒暑、阴晴、日照长短等天象方面的变化规律。从而,无论是对北方播种还是南方插秧等相关农业实践,都能做到不误农时,具有及时指导农业生产活动的重要意义。

3. 水系农之命脉

司马迁虽然出生于史官家庭,却从来不是"四体不勤,五谷不分"。他自幼"耕牧河山之阳"(《史记·太史公自序》),对农业与水利的关系有深刻、独到的见解。正是基于本人这种切身领悟,他在《史记》里特别设立了堪称我国古代第一部水利专史的《河渠书》。《河渠书》以大禹治水开篇,直至西汉元封二年(前109)抗洪黄河瓠子口结束。文中涉及了黄河、长江、淮河、济水、淄水、漳水等河流,还提到了都江堰、郑国渠等许多水利工程。

《河渠书》以一个"水"字贯穿全篇。观其内容,既言决堤、水患之弊，又言引渠灌溉之利。关于水利之"弊"，姑且不论远古时期洪水如何肆虐，即使汉代时期亦触目惊心："孝文时河决酸枣，东溃金堤"，武帝元光间"决于瓠子，东南注巨野，通于淮泗"（《河渠书》）；关于水利之"利"，例如鸿沟等工程建成后，"皆可行舟，有余则用溉浸，百姓飨其利"（同上）。当然，文中叙述较多亦较突出之处，则是河水走向以及水利工程建设之艰。

《河渠书》末尾一段文字，可谓著者点睛之笔。元丰二年（前109），汉武帝自泰山回长安，适值黄河瓠子口（今河南濮阳南）爆发洪灾。武帝下令随从官员及数万民众奋力抢险，司马迁也亲身参与了这次抗洪斗争。经过这次瓠子口的治理，水利之"利"跃然纸上。"自是之后，用事者争言水利。朔方、西河、河西、酒泉皆引河及川谷以溉田。而关中辅渠、灵轵引堵水；汝南、九江引淮；东海引钜定；泰山下引汶水：皆穿渠为溉田，各万余顷。佗小渠披山通道者，不可胜言。然其著者在宣房。"

犹觉不足，司马迁还在《河渠书》末尾的"太史公曰"里再辟高论："余南登庐山，观禹疏九江，遂至于会稽太湟，上姑苏，望五湖；东窥洛汭、大邳，迎河，行淮、泗、济、漯洛渠；西瞻蜀之岷山及离碓；北自龙门至于朔方。曰：甚哉，水之为利害也！余从负薪塞宣房，悲瓠子之诗而作《河渠书》。"很显然，由于河渠与农事关系实在太大了，因而司马迁决定将《河渠书》独立成篇。这既是著者特设《河渠书》的初衷，也集中反映了司马迁关于"水系农之命脉"的指导思想。

司马迁的《河渠书》不单主旨立意高远，也得到了历史实践的验证。观其全文，尤以引水灌溉之"利"令后人感慨。如果说商周时期还仅仅是局限于原始的沟渠灌溉农田，则春秋战国时期各国为了富国强兵，各种大型水利工程的先后崛起确实令人震惊。试举三例。其一，漳水十二渠。当年魏国邺地一带，民众素为水患所苦。魏文侯时，邺令西门豹率民众凿漳河水为十二渠，"引河水灌民田，田皆溉"。

因十二渠水滋养大片农田，"故西门豹为邺令，名扬天下，泽流后世"（《史记·滑稽列传》）。其二，都江堰。巴蜀地区一向饱受岷江水患。秦昭王时，郡守李冰带领民众"凿离碓，辟沫水之害，穿二江成都之中"（《史记·河渠书》）。自都江堰建成后，成都平原焕然一新："水旱从人，不知饥馑，时无荒年，天下谓之天府。"（《华阳国记》）其三，郑国渠。郑国渠兴建于秦王政元年（前246）。它西引泾水，东注洛水，长达300余里，可谓规模空前宏伟的一项水利工程。自郑国渠建成后，使得周围多山的关中发生了巨变："渠就，用注填阏之水，溉泽卤之地四万余顷，收皆亩一钟。于是关中为沃野，无凶年，秦以富强，卒并诸侯，因命曰郑国渠。"（《河渠书》）也就是说，关中平原由此形成了巨大的灌溉系统，受益农田达到了四万余顷。

（三）深远影响

通过《史记》单篇或散见于全书的相关记载，反映了司马迁在农学方面的巨大贡献。这是作者为后人留下的一笔弥足珍贵的精神财富。在《史记》问世以后的岁月里，司马迁的农学成就引发了深远的社会反响。最引人注目者，当推以后的传统文化领域：不单直接影响了正史的编撰，对于农书、政书的研究，也产生了极其深远的社会影响。

1. 正史编撰

此处所谓"正史"，首先是指紧步《史记》后尘，对正史丛书系列具有承上启下作用的《汉书》。实事求是地说，司马迁的"农学"成就，对第二部正史相应领域产生了非常重要的影响。析而论之，这种影响何止作用于"农家"的提出，尤其对以后正史"书志体"（相当于《史记》"八书"）的合理布局，也具有重要的指向意义。

（1）"农家"溯源

从历史上看，司马谈的《论六家要旨》堪称现存比较系统研究诸子百家的第一部学术专著。然而，司马谈于此仅仅论述了阴阳、儒、墨、名、法、道等六家学派。司马迁继承和发扬了"六家"学说，在《史记》里特别增设了纵横家、杂家、兵家、医家等学派的人物传记。然而有关农家事迹，《史记》中既没有为之设立专传，也不见于合传和类传，更没有以独立成篇的"书志"直接集中地论及农事。

"农家"之名，最早见于班固依刘歆《七略》编写的《汉书·艺文志》。根据该书中的"诸子略"记载，在"诸子百八十九家，四千三百二十四篇"里，便有农者一家。班固不单于此明确提出了"农家"，将其列于诸子前"十家"（儒、道、阴阳、法、名、墨、纵横、杂、农、小说）之第九位，还就历史上的所谓"农家者流"，娓娓道来（《汉书·艺文志》）。班固在这里何以忽然清晰地提出了"农家"？这在传统文化领域里，可说是一个耐人寻味的学术问题。考察其提出"农家"的深层原因，实与特定的时代背景和文化背景有很大关系。

首先是时代背景。就司马迁所处的西汉前期看，农业经济已经比较发达（参见《史记·平准书》、《汉书·食货志》等有关记载）。此后的汉代农业经济仍在持续发展，特别是农业技术和农田管理等方面，也呈现出日益提高的态势。很显然，繁荣的农业经济对于班固"农家"的提出，可以说是一个不可忽视的社会因素。

其次是文化背景。西汉宣帝以后，司马迁的《史记》经由其外孙杨恽的公布，已经在社会上广泛流传开来。因而《史记》里的"农学"成就，对于启发和引领班固提出"农家"，也自在情理之中。所谓"情理之中"，试看以下两点。其一，有很多事例可以证明，司马迁"农者本业"的思想，已经深深作用于《汉书》之字里行间，特别是其中的《食货志》等专篇尤为典型；其二，《汉书》里关于农家源流的叙述，亦不失为有力佐证。班固曾有所谓"农家者流，盖出于农稷之官。播百谷，劝耕桑，以足衣食"云云（《汉书·艺文志》）。反观司马迁《史记》，显然不乏直接呼应处。例如黄帝时"播百谷草木"，帝尧时"敬授民时"，帝舜时则与"四岳"议定农事专官（《五帝本纪》）。至于在其《货殖列传》里，更是鲜明指出了农业作为"本业"的重要意义：夫农者，"民所衣食之原也"。

牛顿有句名言，他之所以拥有后来的成就，是因为有幸站在前代"巨人的肩上"。很显然，这句话也适用于班固关于农家的提出。因为早在汉武时期，司马迁已为农家竖立起了一座堪称宏伟而惜乎"隐形"的巨碑。

（2）追踪"书志体"

司马迁的"农学"成就，对于《汉书》及其以后正史的"书志体"，也产生了非常深刻的影响。在《史记》里，司马迁曾设立了与农事相关的《天官书》、《历书》、《河渠书》等史志。班固有感于此，在《汉书》中也设立了相应的《律历志》、《天文志》、《沟洫志》。由于《史记》与《汉书》在史学领域的崇高地位和影响，以后历代正史的"书志体"，更是无不视"前二史"马首是瞻，大都设立了相应史志。只要认真盘点司马迁"农学"成就的这一深远影响，就不能不令人敬佩有加。例如在《史记》以后的正史里，设立类似于《史记·河渠书》者，有《汉书》、《宋史》、《金史》、《元史》、《新元史》、《明史》等6种正史；设立类似于《史记·历书》者，有《汉书》、《后汉书》、《晋书》、《宋书》、《魏书》、《隋书》、《旧唐书》、《新唐书》、《旧五代史》、《宋史》、《辽史》、《金史》、《元史》、《新元史》、《明史》等15种正史；至于设立类似于《史记·天官书》者，更是呈现了惊人的常态化现象，居然出现了《汉书》、《后汉书》、《晋书》、《宋书》、《南齐书》、《魏书》、《隋书》、《旧唐书》、《新唐书》、《旧五代史》、《新五代史》、《宋史》、《金史》、《元史》、《新元史》、《明史》等16种正史。

2. 农书编撰

汉代中叶以后，随着生产力的提高和农业经济的发展，致力于"农学"研究的著作陆续问世。在后世诸多农书中，最负盛名者当推享誉天下的"四大农书"。所谓"四大农书"，即西汉氾胜之的《氾胜之书》,北魏贾思勰的《齐民要术》,元代王祯的《农书》以及明代徐光启的《农政全书》。这四部"农书",虽然成书时代、编纂体例以及著者之主要关注点各不相同,但是研究对象无不围绕着农事展开。如果考察其学术渊源,则无不与司马迁农学成就存在着非同一般的传承关系。

何谓"非同一般的传承"? 对于"四大农书"无需一一论辨,仅仅剖析群书之首的《氾胜之书》即可窥豹一斑。是书著者氾胜之,西汉晚期人,曾任职汉成帝议郎,在三辅教田。《氾胜之书》是我国历史上第一部系统而完整的农学著作,惜乎该书早已散佚,至今仅有后世辑佚之作。考察《氾胜之书》的问世,同样与当代社会及文化背景具有密切关系。所谓社会背景,特指汉代发达的农业经济。例如书中所谓"以亩为率"、注意行距、株距以及沟深诸项的"区田法",又如"凡耕之本,在于趣时和土,务粪泽,早锄早获"的"耕田法",又如"收种法"、"溲种法",以及区别五谷的种植管理技术等等,都是汉代农业实践的生动反映。有关这些内容,《史记》里固然没有也不可能有如此详尽的论述,但氾书与司马迁农学成就的密切关联则不言而喻。氾氏上距司马迁时期不远,早在氾书问世前,《史记》已经广泛传播开来。

在撰写《氾胜之书》的过程中,氾胜之究竟如何得益于司马迁的农学思想呢? 姑且不论务虚层面之大道理,仅仅放眼于以下两点即可了然。

其一,重农思想。氾氏曾在书中明确表示农业的重要意义:"神农之教,虽有石城汤池,带甲百万,而无粟者,弗能守也。夫谷帛,实天下之命。"(《氾胜之书·杂项》)而司马迁原本就有鲜明的重农色彩,例如始终强调农乃"衣食之源",以及农者"本业"等思想理念。两相对比,何其相似乃尔!

其二,著者自述。氾氏在论及"农士惰勤,其功力相什倍"时,曾特意留下了一段耐人寻味的文字:"吴王濞开茱萸沟,通运至海陵仓,北有茱萸村,以村立名。故《史记》云:'邗沟即吴王夫差所开,漕运以通上国。'"(同上)"邗沟"者,乃先秦著名运河。彼时长江、淮水间遍布湖沼。吴王夫差为北上争霸,始筑城、挖邗沟。有关信息散见于《史记》诸篇。毋庸讳言,在氾胜之"自述"的这段文字里,既然明确提到了司马迁的《史记》,自然是著者撰写《氾胜之书》时,确实参考过《史记》的一个更加有力的佐证。

3. 政书编撰

所谓"政书",一般是指那些汇编历代或某一朝代政治、经济、文化制度等史料的古代史书。从一定意义上说,它们也是专门研究和反映国家层面治乱兴衰的政治典籍,对于治国理政具有特殊重要的意义。

就我国古代的重要政书而言,当推以唐代《通典》为首的"十通"。所谓"十通",即唐代杜佑《通典》、宋代郑樵《通志》、元代马端临《文献通考》、清(官修)《续通典》、清(官修)《续通志》、清(官修)《续文献通考》、清(官修)《清朝通典》、清(官修)《清朝通志》、清(官修)《清朝文献通考》,以及刘金藻编撰的《清朝续文献通考》。

考察政书的起源,同样与司马迁的农学成就有密切关联。表面上看,政书与农书,明显分属于两个不同的文化领域。为什么它们之间会有"密切关联"呢? 原因就在于,在"以农立国"的中国古代长河里,无论是"政"之于"农",还是"农"之于"政",任何一方都离不开另外一方的参与和支持。两者间互相依存的关系,犹如早期之书画同源一样密不可分。具体言之,两者间究竟密切至何种程度? 我们自然无须一一考辨"十通"诸书,仅仅剖析"十通"之首(也是最具影响力)的《通典》,即可坐收一目了然、触类旁通之效。

在杜佑《通典》中,"农"之于"政"的积极影响堪称典型。著者一向重视"实学",素以"经邦济世,富国安民"为基本准则,该书集中反映了他的这一指导思想。杜佑在该书中，总共设立了九门：即"食货"、"选举"、"职官"、"礼"、"乐"、"兵"、"刑"、"州郡"、"边防"。其中之"食货"不单列于九门之首，而且在"食货"门下，又次第排列了以"田制"为首的十八个子目：即"田制"、"乡党"、"赋税"、"钱币"、"漕运"等等。考察、分析《通典》内容，何以将"食货"列于九门之首？"食货"门下，又何以将"田制"高高地列于其他子目之冠？著者深层的指导思想于此掷地有声："农者，有国之本也"，"谷者，人之司命也"（《通典》卷一）。这种思想理念不单与司马迁"农者本业"的意识惊人一致，也表明：为"政"之根，深植于"农"的要义。杜佑此风一开，以后历代政书莫不视之为典范。很显然，无论是"政"之于"农"，还是"农"之于"政"，两者之间的关系确实密不可分。

于此，似乎还应特别提及《农政全书》中的"荒政"观念。所谓荒政，乃是用赈灾救荒以维持政权的法令。以往的许多著作（如贾思勰《齐民要术》、王祯《农书》等），因主要着眼于生产技术和知识，属于纯粹的技术性农书。但徐光启的《农政全书》则不然。该书设农本、田制等12目，凡60卷。作为殿军的"荒政"1目，竟然多达18卷，占全书三分之一篇幅。即此可见，在农为国本，农为国基，以及农、政一体方面，徐光启确有继承前人的更深层次的历史眼光。

由春秋战国讫汉初，乃是我国传统文化日趋形成和着力奠基的重要时期。不言而喻，即使在中国传统文化支流之一的农学领域里，司马迁也同样做出了异乎寻常的重要贡献。

四、医学

中医学是中国传统文化中的一个子系统，不仅历史悠久，而且成就灿烂辉煌。即使世界历史车轮运行到近代时期，当中国原本领先世界的其他诸多科技领域纷纷落伍的背景下，唯中医学仍能一花独秀，生机勃勃，表现出旺盛的生命力。正是在这一背景下，《史记》中的有关记载更让后人怦然心动。司马迁以其神来之笔,特意为古代两位医者撰写了一篇传记——《扁鹊仓公列传》。尽管2000多年过去了,但是即使今天了解到古代这两位医者(扁鹊、仓公)的事迹,仍能令人从心灵深处感到很大的震撼。

《扁鹊仓公列传》从以下三个方面,为后人留下了弥足珍贵的精神财富。

(一)神医典故

《扁鹊仓公列传》是扁鹊与仓公的合传,它反映了2000年前令人敬仰的两位神医的故事。

第一位令人敬仰的主人公是"神医"扁鹊。其实"扁鹊"这一称谓,并非本人真名。他原本姓秦,名越人,以其医道高超,人们遂以传说中的神医"扁鹊"作为他的代称。他治病救人的医案很多,而且事迹生动感人,此处仅举两例。

医案一:救活太子事。扁鹊途经虢国时,恰好碰到该国太子刚刚"死"去事。略懂医道的中庶子(太子属官)详细介绍了太子以往的病情:血气运行没有规律,阴阳交错而不能疏泄,猛烈爆发于体表,造成内脏伤害。因正气不能制止邪气,邪气积累而不能发散,以致阳脉弛缓阴脉急迫,所以突然昏倒死去。当扁鹊获知太子尚未入殓,以及"其死未能半日"的详细信息后,立刻请中庶子禀告虢君:太子并未死,"臣能生之"。并告知中庶子如若不信,可以再去诊视太子:必会听到太子耳内有鸣响,其两腿阴部"尚温也"。闻听此言,中庶子惊讶至极,"目眩然而不瞬,舌挢然而不下!"在司马迁神来之笔下,此时的中庶子分明是一副活脱脱目瞪口呆的经典形象。扁鹊命弟子"厉针砥石,以取外三阳五会",亦即在磨砺针石之后,取百会穴下针,"有间,太子苏",原本"死"了的太子,居然又"活"了过来。由此天下人纷纷赞扬扁鹊"能生死人"。扁鹊则就此纠正说,"非能生死人",而是"死者"根本没有死。

医案二：警示齐桓侯事。扁鹊曾经先后四次见到齐桓侯。初次见面，即忠言相告，"君有疾在腠理，不治将深"；第二次见面，又忠言相告，"君有疾在血脉，不治将深"；第三次见面，仍忠言相告，"君有疾在肠胃间，不治将深"。桓侯非但不听良言相劝，还大为不悦。然而当扁鹊第四次见到桓侯时，知其业已病入膏肓，故一言不发，扭头就走。不久桓侯果然一如扁鹊当初所言，最终无医可治而死。

第二位令人敬仰的主人公是"神医"仓公。其实"仓公"者，亦非本人真名。他复姓淳于，名意，因其职守是负责管理齐国粮仓，故得"仓公"之名。与扁鹊相比，仓公的动人医案似乎更多一些，而且大多以仓公口述形式来反映。这里也简举两例。

医案一：预判"舍人奴"病死事。有"齐丞相舍人奴"（家臣的奴仆），随主人进王宫。仓公看到舍人奴面部有"病气"，就告诉他已经生病了，到了春季将"不能食饮"，若拖延到夏季则"泄血死"。然而那位患者居然回答，"无病，身无痛者"。但是，"舍人奴"的最后结局一如仓公所言，"至春果病，至四月，泄血死"。

医案二：为宋建疗疾事。仓公参加齐王黄姬哥哥举办的家宴，看到王侯之弟宋建脸色异常，就对他说：你四五天前腰胁应该是疼得不能俯仰，而且不能小便。宋建回答：果然如此。原来五天前下雨，宋建想举起库房方石，"不能起，即复置之"，当晚便"腰脊痛，不得溺"。当宋建服用了仓公调制的汤药后，十八天就痊愈了。

在《扁鹊仓公列传》里，诸如此类的经典医案还有很多。

（二）宣传医理

《史记》中这篇传记的可贵之处就在于：它不是泛泛记录一个又一个典型的医案，而是通过名医之口，深入浅出地解说生理学说、病理学说，以及相应的医药知识。

试以扁鹊为例。关于为虢太子治病事，扁鹊不仅说明了太子之病叫"尸蹶"，还利用阴阳学说和经络学说，解释了导致"尸蹶"的病因。通常情况下,人体的阴阳二脉是平衡的。假如出现"阳脉下遂,阴脉上争,会气闭而不通",此时就会造成"上有绝阳之络,下有破阴之纽,破阴绝阳,色废脉乱,故形静如死状"。关于扁鹊警示齐桓侯事,始末缘由也说得令人心服口服。前三次见面时,桓侯之病还在发展阶段:初次见,"疾在腠理";再次见,"疾在血脉";第三次,"疾在肠胃间"。虽然前三次的病情是在一步步加深,但尚在可治阶段。第四次刚刚见面,扁鹊为什么扭头就走? 因为桓侯此时之病已"在骨髓,虽司命无奈之何"。

再以仓公为例。关于预判"舍人奴"病死事,仓公看到患者脸上呈现"死青"色,知道这是"伤脾"的症状。然而一般庸医不明就里,常常误诊为蛔虫病,殊不知这是伤脾的缘故。仓公之所以判定患者春天会生病,是见其因脾病脸色发黄,黄色在五行上属土,脾土不能胜肝木,故到了肝木强盛之春季即生病。至于夏天"泄血"死的原因,按照"脉经"所说,病情严重而脉象正常者,是得了"内关"病。这种病表面上似乎没有痛苦,然而再添任何一种病,就会死于仲春二月。如果患者精神愉快一些,则会拖到夏天死去。关于仓公"为宋建疗疾事",是因为目睹宋建面部,"太阳色干,肾部上及界要以下者枯四分所,故以往四五日知其发也"。也就是说,当日看到宋建太阳穴色泽干枯,两颊显示肾病部位边缘四分处色泽亦枯干,所以知道四五天前病发。于是他以"柔汤使服之",故而十八日"病愈"。

(三)折射背景

这篇传记的可贵之处还在于:透过司马迁不经意间的叙述文字,也为后人展示出了当时深层次的社会文化和时代背景。试看本传里扁鹊之为人行事:"过邯郸,闻贵妇人,即为带下医;过洛阳,闻周人爱老人,即为耳目痹医;来入咸阳,闻秦人爱小儿,即为小儿医,随俗为变。"扁鹊为什么过邯郸、过洛阳、过咸阳会"随俗为变"呢? 其所以如此,就不能不联系到当时列国间的政治生态。换言之,这种风俗后面都有一定的社会背景。早在明代，这一问题就被著名学者于慎行找出了答案。"邯郸何以贵妇人？邯郸者，佳丽之所都，六国之侯王将相皆争取邯郸之女以充后宫。邯郸以女为利，故贵之也。秦人何以贵小儿？秦戎狄之俗，贵壮而虐老，慈子嗜利，如贾生所陈，又其俗重首房，务本也，以子为利，故贵之也。乃若周人，则有先王之遗泽，睹庠序之教，存孝弟之风，故贵老也。"

但凡有一定文化修养者，在阅读《史记》之《扁鹊仓公列传》后，一定会进一步加深对祖国传统医学的理解和热爱。司马迁的《史记》素有"信史"之誉，传记中记载的一系列奇异现象，不应该也不可能是信口雌黄的空穴来风。2000 年前的医学领域里之所以发生上述"奇异现象"，这与中医学理论的强大支撑不无关系。换言之，早在战国时代，以经典著作《黄帝内经》为代表的中医理论已经基本形成。在其难能可贵的生理学说和病理学说中，已经折射出许多宝贵的整体观念和辩证法。例如生理学说中的"阴阳说"："人生有形，不离阴阳。"上部为阳，下部为阴；体表为阳，内脏为阴；形气互为依存，彼此转化：没有形，则气无处所；没有气，则形不可移。又如病理学说中的"六气说"。所谓"六气"，乃是自然界六种现象——风、暑、湿、燥、火、寒。"六气"正常，则各司其积极功能；"六气"异常，则必然导致为负面因素的所谓"六淫"。

生于 2000 年前的司马迁，想必也曾为祖国医学的博大精深感到自豪。后人不难感觉，在《扁鹊仓公列传》中，分明有一颗热诚敬仰之心一直跳跃于字里行间。惟其如此，无论是史书中有关当年中医实践的叙述，还是对相应中医理论的揭示，迄今仍能使后人感受到传统中医的光芒。

五、建筑

建筑学是一门横跨工程技术和人文艺术的学科。在它所涉及的建筑技术与建筑艺术之间,既有明显区别,又有密切联系。建筑曾被世人视为"石头的史书"、人类文化的纪念碑。中国古代建筑历史悠久,成就辉煌,举世公认。在百科全书式的《史记》中,虽然形式上没有也不可能有系统的建筑学理论,但它不仅记录了大量都市、城邑、宫殿、园林,陵墓和庙宇等建筑,而且还从中突显出许多可贵的建筑思想和理念。

(一)选都原则

一个国家的都城究竟建于何处?这是关乎一个国家形象和未来发展的特大事项。如果说现代人对此事严肃对待,而从一定意义上说,古代人甚至有过之而无不及。据《史记》记载:周武王克殷以后,回到了原来的都城镐京,夜不能寐。思虑焦点之一,就是要在洛阳建设一个新的政治中心,后来果然在那里建立都城;刘邦建汉后,群臣们也曾围绕着首都究竟是建在长安还是洛阳,进行了激烈的争辩,之后才最终建都于长安。在古代长期建都实践中,前人积累了非常丰富的经验,最基本的思想则源于西周、西汉的宝贵实践。所谓"宝贵实践",也就是周公旦提出的"择中"思想,以及西汉刘敬提出的"形胜"理念。

1. 择中说

所谓"择中",即选择天下之中而立国。据《周本纪》记载:周公旦秉承周天子之命,考察新都地点,最后确定洛阳。原因何在呢?此地乃"天下之中",既是政治、经济、文化中心,又便于诸侯前来纳贡。

其实"择中"原则并非周公原创,前人早已有之。《货殖列传》云:"昔唐人(帝尧)都河东(晋阳),殷人都河内(安阳),周人都河南(洛阳)。夫三河在天下之中,若鼎足,王者所居也。"可见"择中"原则历史悠久,周人也是学习前人而为之。

2. 形胜说

所谓"形胜",即位置优越,地势险要。这种思想可追溯于先秦。

战国时代的荀子不仅具有"形胜"理念,并且还就此做出了明确解释:"其固塞险,形势便;山林川谷美,天材之利多,是形胜也。"(《荀子·强国》)

西汉建都前,朝廷官员们首先对比了洛阳与长安两地环境。就洛阳而言,地理形势有一个最大弱点,不仅无险可守,四面受敌,而且田地也并不肥沃;然而就长安来看,地理形势则有一个最大优点,"被山带河,四塞为固",即周围有巍峨大山,一旦发生情况,可当百万之众,而且这里乃"膏腴之地"。因此,建都关中乃是上上策。朝廷最后形成决议,舍弃洛阳而建都长安。

3. 后世影响

古代关于"择中"与"形胜"的建都思想,对以后产生深远影响。试以中国当代首都北京城为例,在她身上便呈现出极大的典型性。北京不仅是中国"四大古都"之一,还是中国历史上最近五个朝代(辽、金、元、明、清)建都地。当然,辽朝是以北京为陪都,真正建都始于金代。假如从辽朝算起,北京已有1100多年的建都史;即便从金代算起,也已经有近900年的历史了。

在中国古代的历史上,为何许多朝代都屡屡定都于北京呢?其中就深刻地蕴含着"择中"与"形胜"的思想理念。从地理位置看,北京地处华北平原北端,是连接东北、西北与华北三大区域的天然交通枢纽;从形势险要上说,北京西、北、东北三面环山,东南面海,向南则是一马平川的华北平原。这一理想的建都环境,在明代大臣力陈建都北京时就已经表达得十分清晰:"伏惟北京,圣上龙兴之地,北枕居庸,西峙太行,东连山海,俯视中原,沃野千里,山川形势,足以控制四夷,制天下,成帝王万世之都也。"(《明实录·太宗实录》)

(二)都城布局

都城一旦确定,接下来就是城市如何布局的建设问题了。都城代表一个国家形象,必须体现统治者长治久安的指导理念,自然不能随意建设。古代城市布局的基本思想是什么呢？就是模拟天象的"象天立宫"思想。所谓"象天立宫"，即城市的布局应该依照天空星象结构那样进行建设。这样思想指导下的历史实践，史书中不乏清晰的记载。

秦始皇三十五年，地处渭河南岸的上林苑，就是仿照天象建立的朝宫。在建设朝宫前，曾特意建立一座天桥，由此跨过渭水，把新建朝宫与咸阳城连结起来。其中寓意："以象天极、阁道，绝汉抵营室也。"（《史记·秦始皇本纪》）也就是说，以此象征北极星、阁道星，跨越银河直达营室星。相比之下，无名氏的《三辅黄图》所说似乎更加简明，它不止描绘了汉代长安建筑，对于秦都咸阳的布局，更是直接指示出呼应之形象："渭水贯都，以象天汉"；"横桥南度，以法牵牛"。

（三）宫殿建筑

宫殿建筑是首都最重要的组成部分。首都一旦确定，体现皇家特权的宫殿建筑便立刻提到议事日程上来。那么宫殿建筑指导思想是什么？简言之，应当反映出壮丽重威的基本理念，即必须体现出辉煌威严之气势。

据《史记·高祖本纪》记载：丞相萧何曾为汉朝营造了高大的未央宫。然而，"高祖还，见宫阙壮甚，怒，谓萧何曰：'天下汹汹苦战数岁，成败未可知，是何知宫室过度也？'萧何曰：'天下方未定，故可因遂就宫室。且夫天子以四海为家，非壮丽无以重威，且无令后世有以加也。'高祖乃悦"。萧何的指导思想是：只有壮丽的宫殿，才能营造庄严肃穆气氛，才能张扬震慑威力，也才能与"四海为家"的帝王之尊相匹配。

其实"壮丽重威"意识，既是皇权神圣的一种表现形式，也是一种美学思想。这一思想与《周易》中的"大壮"理念颇为吻合。《周易·系辞》：上古穴居野处，后来才开始营造宫室，"上栋（大梁）下宇（四壁）"，"取诸'大壮'（大壮卦，大者强壮）"。将"大壮"与建筑联系起来,确实能够显示所谓的"阳刚之美"。

追溯历史上"大壮"思想的社会实践,可谓不乏其例。春秋战国时期,"大壮"思想已体现于宫殿建筑,"高台榭,美宫室"成为历代统治者追求的时尚。司马迁在《史记》里,多有此类记载。例如《史记·楚世家》:楚灵王建章华台,因其甚高,需休息三次方可到达,故称"三休台"。又如《史记·淮南衡山列传》:吴王夫差造姑苏台,高三百丈,上有馆娃宫、春霄宫等,横跨五里。《史记》里关于西汉宫殿的记载,汉初有未央宫,汉武帝有建章宫。建章宫有各种宫殿 26 座,周长 30 里,千门万户,气势磅礴。

当然,若论"大壮"思想发挥至极致,则非秦代阿房宫莫属。试看曹雪芹《红楼梦》第四回"护官符":"阿房宫,三百里,住不下金陵一个史。"如果说"护官符"衬托"史家"之富已有过誉之嫌,则唐代杜牧名篇的描绘,着实更令人触目惊心:"六王毕,四海一。蜀山兀,阿房出。覆压三百余里,隔离天日。"(《阿房宫赋》)在这里,文学作品的夸大自然不免,但阿房宫曾经的大规模建设总不至于无中生有。

(四)庙坛建筑

庙坛建筑,既是城市建筑中的重要组成部分,也是古代宣扬礼仪制度的基本场所。古代国家级别的庙坛建筑,主要是天坛、地坛、社稷坛以及宗庙等各种类型的建筑物。这些高级别庙坛建筑的基本特点是什么呢?追踪其建筑风格,当然也要遵循庄严肃穆的指导思想。

所谓天坛,乃是天子祭祀上天的建筑物。通过天子的亲力亲为,旨在祈求上天赐予风调雨顺,国泰民安。关于古代天坛的文字资料,自《史记·五帝本纪》以后,多有记载。例如《史记·孝武本纪》:元狩四年,武帝在甘泉宫筑太一坛,"坛三垓,五帝坛环居其下,各如其方,黄帝西南,除八通鬼道"。《孝武本纪·索引》于此解释:"垓,重也。言为三重坛"云云。

　　所谓地坛,乃是祭祀地神的建筑。西周时期,天子"夏日至祭地祇",这或许是最早地坛记录。《史记·孝武本纪》如是记载:元狩四年,"天子遂东,始立后土祠汾阴脽上"云云。

　　所谓社稷坛,乃是祭祀土地神和谷神的建筑。《史记·夏本纪》即有"社坛"记载:禹令徐州"贡维土五色"。在《史记·封禅书》也有"稷坛"的记载:"自禹兴而修社祀,后稷稼穑,故有稷祠,郊社所从来尚矣"云云。

　　所谓宗庙,乃是慎终追远、怀念先人和祭祀祖宗神灵的场所。在古代,宗庙是庄严肃穆之地,也是相当讲究等级之处。据《史记·礼书》记载,宗庙等级规定极严,"有天下者事七世,有一国者事五世,有五乘之地者事三世,有三乘之地者事二世,有特牲而食者不得立宗庙"。也就是说,古代天子七庙;诸侯五庙;大夫三庙;士二庙;庶人不得建庙。庙坛建筑,早从周代已定规矩。《周礼·考工记》:"左祖(宗庙)右社",即宗庙在宫殿左边,社稷坛在右边。封建社会后期甚至直到明清两代,也仍然遵循这个原则。试看当今天安门附近布局即源于古制:"太庙"在故宫东侧之劳动人民文化宫内;"社稷坛"在故宫西侧之中山公园内。

　　从建筑风格上看,以上各类国家级别的庙坛建筑无一例外,也都必须体现出庄严肃穆的气象来。试以北京天坛为例,其建筑高大宏伟,总面积达4000多平方米,主要建筑有祈年殿、回音壁等,只要身临其境,必会令人顿生肃然起敬之感。

(五)陵墓建筑

　　陵墓既是古代建筑的重要组成部分,也是古代帝王生活的另一个世界。建筑帝王陵墓的指导思想是什么? 自然是强调犹如死者生前所居那样庄严雄伟。还在先秦时期,人们已确认死亡不可避免,但统治者麻醉自己,宁愿相信灵魂不灭之说。于是幻想死后,即使在阴间也能与人世一样享受生活。由于这一思想的蔓延,便滋生出重视厚葬、"视死如生"的丧葬习俗。

古代帝王死后常有葬于大山习俗,《史记》里便有许多帝王"依山为陵"、"凿山为陵"的记载。首开"依山为陵"先例者,当推中华民族始祖轩辕黄帝之陵。《五帝本纪》记载"黄帝崩,葬桥山"（所谓"桥山",即子午岭中部向东之支脉）。延及西汉时期,同样遵从"凿山为陵"的习俗。当然,若论古代帝王陵墓规模最惊人者,当推秦始皇陵。据记载:秦始皇即位之初,就想到死后构建墓之事,于是大力开凿骊山。平定六国后,更是加派 70 万人日夜修造。据《史记》记载,始皇陵豪华无比:"上具天文,下具地理",不仅营建各种宫殿,还布列百官位次,奇珍异宝;又用大量水银制成江河湖海;以人鱼膏为蜡烛,长久燃烧照明;出于安全考虑,还以能工巧匠制作弓箭,有"近者辄射之"（《秦始皇本纪》）。这座建于陕西临潼骊山主峰北侧的秦始皇陵,尽管经历了 2000 多年的风雨侵蚀,现在仍然东西宽 345 米,南北长 360 米,高 47 米,规模宏大,气势宏伟。

这里自然有一个严肃问题:为什么古代帝王陵墓一般都要依山而建呢? 追根溯源,其深层意识大抵基于如下两种思想理念。

其一,基于山川自然的感悟。在古人看来,山岳不仅高大壮观,又能兴云布雨,因而认为这是地面与上天最接近地方,也是天神在人间居住之处。因而对山岳产生敬畏、崇拜之情。

其二,基于德智观念的影响。早在先秦时期,中国文化里就产生如是理念:河水流动不居,富有朝气,具有智慧的特点;而山岳则沉稳博大,养育万物,具有仁德的特点。许多经典文献都有类似解释。诚如《论语·雍也》:"智者乐水,仁者乐山。智者动,仁者静。"

正是由于以上两种观念的深远影响,遂逐渐成为帝王葬于山中之俗。当然从一定意义上说,这种丧葬习俗似乎也可理解为缅怀和敬仰先人的一种形式。

第二节 《史记》社会科学篇

《史记》内容包罗万象,涉猎的领域极其广泛。用今天的学科分类观点看,除了前面提到的史学、文学以及自然科学外,《史记》在社会科学诸多领域里也有深入的研究和巨大成就。

一、窥豹"多"斑

成语"窥豹一斑",出自南朝刘义庆《世说新语》方正篇。原文云:"管中窥豹,时见一斑。"这一成语本义,几与"一叶知秋"同,均有以局部见整体之意。司马迁拥有无人能及的文化视野,以大量篇幅和文字反映了西汉和西汉以前三千年间,有关政治、经济、军事、民族、民俗、外交、法律、教育等诸多方面的文化现象和重要成果。为充分展示事物全貌计,与其仅睹"一斑",毋宁"多斑"。质言之,以"窥豹多斑"为目,实因《史记》社科领域的闪光点太多,仅"一斑"难免过于狭隘片面。当然虽如此,也不可能逐一论及,只能就政治、军事、民族、民俗、教育等方面的成就作简要撮述。

《史记》里有很多关于政治方面的论述。在这一领域里,尤其强调以德治国的思想。试看《刘敬叔孙通列传》:"有德则易以王,无德则易以亡。"中华民族始祖轩辕黄帝何以能够统一中华? 因其德也。"炎帝欲侵削诸侯,诸侯咸归轩辕。轩辕乃修德振兵,治五气,艺五谷,抚万民,度四方","诸侯咸尊轩辕为天子,代神农氏,是为黄帝"。在《孝文本纪》中,也对汉文帝多有褒扬之语:"专务以德化民,是以海内殷富,兴于礼仪。"在《孝景本纪》里,则有"汉兴,孝文施大德,天下怀安"云云;相反,夏桀"不务德而武伤百姓,百姓弗堪","汤修德,诸侯皆归汤,汤遂率兵以伐夏桀。桀走鸣条,遂放而死"。无独有偶,汉武帝以民间"多事"而重用酷吏王温舒、杜周之流,结果"百姓不安其生,骚动",致盗贼滋起(《酷吏列传》);政治领域也强调人才治国思想。春秋时期,诸侯争霸,齐国何以称霸天下? 显然与任用贤才有直接关系:齐桓公任管仲为相后,"以区区之齐在海滨,通货积财,富国强兵",齐桓公"九合诸侯,一匡天下,管仲之谋也"。之后又以晏婴为相,"以节俭力行重于齐","国有道,即顺命;无道,即衡命。以此三世显明于诸侯"(《管晏列传》);在《商君列传》中,则以《诗经》直言:"得人者兴,失人者崩";政治领域也强调革新变法思想。读《商君列传》可知,商鞅非常重视一条原则:"治世不一道,便国不法古。"当秦孝公任用商鞅变法后,秦国大为改观,"行之十年,秦民大悦,道不拾遗,山无盗贼,家给人足。民勇于公斗,怯于私斗,乡邑大治"(同上)。

　　《史记》里有很多关于军事方面的论述。在这一领域里,司马迁精心撰写了《司马穰苴列传》《孙子吴起列传》《伍子胥列传》《白起王翦列传》《乐毅列传》《蒙恬列传》《淮阴侯列传》《李将军列传》《卫将军骠骑列传》等一系列军事人物的传记。通过这些"将军传记",比较集中地反映了古代以来一大批杰出军事将领们在军事方面的重要贡献。因为是人物传记,虽然没有也不可能系统地展示其军事理论,但在他们军旅生涯的具体实践中反映出的用兵之道,依然令后人唏嘘感叹。军人传记中尤其强调军纪严肃性。《孙子吴起列传》开篇便是孙武受命吴王操练女兵事,因女兵一再违规,"乃欲斩左右队长",吴王求情,"孙子曰:'臣既已受命为将,将在军,君命有所不受。'遂斩队长二人以徇"。很显然,在军纪面前,虽贵为天子也不可逾制。在《绛侯周勃世家》里,有汉文帝到周亚夫军营劳军场景,"天子先驱至,不得入。先驱曰:'天子且至!'军门都尉曰:将军令曰'军中闻将军令,不闻天子之诏'。居无何,上至,又不得入。于是上乃使使持节诏将军:'吾欲入劳军。'亚夫乃传言开壁门。壁门士吏谓从属车骑曰:'将军约,军中不得驱驰。'于是天子乃按辔徐行。"寥寥数语,军威之尊跃然纸上。在军人传记中也非常强调关爱士卒的用兵之道,飞将军李广堪称其中典型:"广廉,得赏赐,辄分其麾下,饮食与士共之。终广之身,为二千石四十余年,家无余财,终不言家产事。""广之将兵,乏绝之处,见水,士卒不尽饮,广不近水;士卒不尽食,广不尝食。宽缓不苛,士以此爱乐为用。"(《李将军列传》)无怪乎将军壮烈牺牲时,"广军士大夫一军皆哭。百姓闻之,知与不知,无老壮皆为垂涕"。

《史记》里有很多关于民族方面的论述。司马迁在重点反映汉民族历史的同时,还专门设立了《匈奴列传》、《南越列传》、《东越列传》、《朝鲜列传》、《西南夷列传》、《大宛列传》等传记,通过这些传记,比较系统地反映了古代以来与汉民族有关的其他民族的发展史。仅以反映西南地区少数民族的《西南夷列传》为例,其中便不乏精彩论述。"西南夷君长以什数,夜郎最大;其西靡莫之属以什数,滇最大;自滇以北君长以什数,邛都最大:此皆魋结,耕田,有邑聚。其外西自同师以东,北至楪榆,名为嶲、昆明,皆编发,随畜迁徙,毋常处,毋君长,地方可数千里。自嶲以东北,君长以什数,徙、筰都最大;自筰以东北,君长以什数,冉駹最大。其俗或土箸,或移徙,在蜀之西。自冉駹以东北,君长以什数,白马最大,皆氐类也。此皆巴蜀西南外蛮夷也"。尤值一提的是,文中所记地理交通颇有意义和历史价值:"秦时常頞略通五尺道,诸此国颇置吏焉。"此处所谓"五尺道"乃秦朝开辟,以宜宾为起点,直达云南腹地。汉武帝元光六年,曾派唐蒙为中郎将率巴蜀兵民续修改建五尺道,史称南夷道或夜郎道。虽名曰"五尺道",却是西南夷与中原建立密切联系的唯一要道。

《史记》里有很多关于民俗领域的论述。于此不能不提及《货殖列传》。这篇传记乃是论述经济的专篇,但因经济而涉及民事,因而也是反映民俗民风的名篇。其中有论及因地域不同而民俗各异者,试看巴蜀、三河、勃碣、齐地、邹鲁、梁宋、西楚、东楚、南楚、九嶷苍梧、颖川等地之民风差异：巴蜀，"四塞，栈道千里，无所不通，惟褒斜绾毂其口，以所多易所鲜"；三河，"其俗纤俭习事"；勃竭，"地踔远，人民希，数被寇，大与赵、代俗相类，而民雕捍少虑"；齐地，"其俗宽缓阔达，而足智，好议论，地重，难动摇，怯于众斗，勇于持刺，故多劫人者，大国之风也"；邹鲁，"犹有周公遗风，俗好儒，备于礼，故其民龊龊。颇有桑麻之业，无林泽之饶。地小人众，俭啬，畏罪远邪。及其衰，好贾趋利，甚于周人"；梁、宋，"其俗犹有先王遗风，重厚多君子，好稼穑"；西楚，"其俗剽轻，易发怒，地薄，寡于积聚"；东楚，"其俗类徐、僮。朐、缯以北，俗则齐。浙江南则越"；南楚，"其俗大类西楚"；九嶷、苍梧南至儋耳，"与江南大同俗，而杨越多焉"；颖川、南阳，"夏人之居也。夏人政尚忠朴，犹有先王之遗风"（《货殖列传》）。其中也有论及因社会发展而民俗变化者。司马迁认为，老子所憧憬的原始"理想"社会早已不复存在，"至若《诗》、《书》所述虞夏以来"，社会风俗明显改变，"耳目欲极声色之好，口欲穷刍豢之味，身安逸乐，而心夸矜势能之荣。使俗之渐民久矣，虽户说以眇论，终不能化"。因而在这种背景下必须改变政策，"善者因之，其次利道之，其次教诲之，其次整齐之，最下者与之争"（同上）其中还有论及因人口迁徙而民俗变化者。譬如关中沃野乃周人世代生息之地，至武王治镐时，"其民犹有先王之遗风，好稼穑，殖五谷"，及至秦穆公以降，"居雍，隙陇蜀之货物而多贾"。及至汉代徙民关中而立都长安，"四方辐辏并至而会，地小人众，故其民益玩巧而事末也"（同上）。

《史记》里还有很多关于教育方面的论述。在这一领域里，尤其强调培养君子的教育宗旨。《吴太伯世家》里记载，"延陵季子之仁心，慕义无穷，见微而知清浊。呜呼，又何其闳览博物君子也"。在《韩长孺列传》之"太史公曰"："余与壶遂定律历，观韩长孺之义，壶遂之深中隐厚。世之言梁多长者，不虚哉！壶遂官至詹事，天子方倚以为汉相，会遂卒。不然，壶遂之内廉行修，斯鞠躬君子也。"在教育领域里,还强调以"六艺"为内容的全面发展模式。譬如《太史公自序》里,就将"六艺"视为提高人生境界的根本教材。原因何在呢?"夫《春秋》,上明三王之道,下辨人事之纪,别嫌疑,明是非,定犹豫,善善恶恶,贤贤贱不肖,存亡国,继绝世,补弊起废,王道之大者也。《易》著天地、阴阳、四时、五行,故长于变;《礼》经纪人伦,故长于行;《书》记先王之事,故长于政;《诗》记山川、溪谷、禽兽、草木、牝牡、雌雄,故长于风;《乐》乐所以立,故长于和;《春秋》辨是非,故长于治人。是故《礼》以节人,《乐》以发和,《书》以道事,《诗》以达意,《易》以道化,《春秋》以道义"。

虽然以上以窥豹"多"斑行事,由于《史记》里所涉社会科学领域太广,是故仍然不免未能触及之处。仅以篇幅所限,相关领域只可遗憾从略。以下唯就司马迁在社会经济学、文献目录学两方面的特殊贡献,予以重点论述。

二、社会经济学

《史记》里有关经济领域的论述甚多。纵观《史记》全书,反映社会经济内容者,主要集中于三篇——《平准书》、《河渠书》和《货殖列传》。其中,《平准书》是第一部反映西汉社会经济发展史的专著,不仅系统记载了满足于军事供给的卖爵、置武功爵、屯田、养马等政策,详细反映了增加国家赋税收入的货币改革、盐制官营、算缗、告缗等举措,还清晰论述了宏观层面之均输平准措施;《河渠书》是农业发展领域有关水利工程的专篇。在"河灾衍溢,害中国也尤甚"的思想指导下,不仅反映了上起夏商周三代,下至秦汉三千年间关乎水利工程建设的有关信息,还特别记载了公元前109年司马迁亲自参与瓠子口塞河工程的切身经历;《货殖列传》则是通过为工商业者立传的形式,表达司马迁经济理念的专篇。这三篇论著,既反映了古代以来社会经济的发展和成就,也体现了司马迁有关经济领域的理论和思想。

在司马迁专论社会经济的三篇著作中,尤以《货殖列传》最为典型。据统计,在《史记》130篇中,《货殖列传》长期引起后人高度关注,有关这篇列传的研究论文迄今一直高居诸列传榜首。1996年,还曾经出人意料地爆出一大新闻:香港中文大学外籍经济学家L·扬格认为:《国富论》作者亚当·斯密有盗窃司马迁《史记》的嫌疑(《市场之道:司马迁与看不见的手》,载《太平洋评论》,1996年第1卷第2期),国际学术界也一度由此引起轩然大波。亚当·斯密究竟是否"盗窃"了司马迁的思想姑且不论,于此透露出如下两条信息则十分重要。一是后人对历史名篇《货殖列传》的关注度从未间断;二是《货殖列传》反映了司马迁在社会经济领域里诸多重要思想理念。

(一)挑战传统

中国是一个具有五千年悠久历史的国家,也是一个一直强调"以农立国"的国度。为了发展农业经济,中国古代长期把"重本抑末"作为重要的基本国策。所谓"重本抑末",即只有农业才是国家的根本,至于工商等其余领域,则全都属于附在农业之下的细微末节。

在两千年前的司马迁看来,"重本"可以理解,"抑末"则大谬不然。所以他拍案而起,从根本上否定了"重本抑末"的偏见,认为经济领域的农、虞、工、商各行各业都应受到重视。在司马迁的眼里,显然即便是身处社会底层的商者,也是社会不可分割的一部分。诚如《货殖列传》云:"农而食之,虞而出之,工而成之,商而通之","此四者,民所衣食之原也"。因而,他从以下两个方面向腐朽的传统观念提出了尖锐的挑战。

1. 为富正名

关于物质需求的思想认识,诸子百家有所不同。老子宣扬无欲、无求;墨子保守,倡导"节用";儒家重道德,强调重义轻利。孔子一向认为,"君子喻于义,小人喻于利"(《论语·里仁》)。"子罕言利"

（《论语·子罕》）；孟子似乎更进一步："何必曰利？亦有仁义而已矣。"（《孟子·梁惠王上》）在孔孟眼里，道德修养至高无上，至于事关个人利益的物质财富，似乎不必谈，也不应该谈。由此长期给人一个印象：似乎求利、求富，有悖于孔孟之道。

在这一点上，司马迁显然与儒家观念相左。班固曾尖锐批评司马迁："论大道，则先黄老而后六经，序游侠则退处士而进奸雄，述货殖则崇势利而羞贱贫，此其所蔽也。"（《汉书·司马迁传》）很明显，班氏所谓"述货殖"这条罪状，既是对孔孟观念的积极响应，也是对司马迁的尖锐批评。然而，这恰恰是司马迁高人一筹的可贵之处。司马迁显然属于当时的另类，在物质和意识的辩证关系上，他首先看重的是物质财富。恩格斯曾经明言：有一个长期被忽略的事实，"即人们首先必须吃喝住穿"，而后才能"从事政治、宗教和哲学等等，……这一明显的事实在历史上应有的地位终于被承认了"（《马克思恩格斯文选》第一卷，第162页）。

司马迁基于人类的本性和欲望，不仅发现了追求物质财富是人类本能的需要，还发现了人的本能欲望在人类一生中的能动作用。所谓"富者，人之情性，所不学而俱欲者也"（《货殖列传》）。奥地利学者弗洛伊德在这一点上与司马迁也具有异曲同工之妙："人格"由三部分构成：本我、自我、超我。"三我"之中，最关键的是"本我"。亦即人格的各个方面，无不源于生物本能。

为了表明"求富"乃人之本性这一命题，司马迁一连列举并分析了社会上九类人物（即军人，恶少年，郑国女子，游闲公子，猎人，赌徒，医生方士，官吏，农工商贾）的行为目的。以上九类人物，涉及五行八作，虽其表现行为各不一样，然而根本目的则是惊人的一致：他们无一例外，全都是为了"求富"。譬如猎人，他们为什么"犯晨夜，冒霜雪，驰坑谷，不避猛兽之害"呢？"为得味也"；又如郑国女子，她们为什么"设形容，揳鸣琴，揄长袂，蹑利屣，目挑心招，出不远千里，不择老少者"呢?"奔富厚也";再如贪官污吏们,他们为什么"舞文弄法,刻章伪书,不避刀锯之诛"呢?原来是"没于赂遗也"(即陷于他人贿赂)等等。正是根据以上各类人物、各种行为及其目的,司马迁做出掷地有声的结论:"故曰'天下熙熙,皆为利来;天下攘攘,皆为利往'。夫千乘之王,万家之侯,百室之君,尚犹患贫,而况匹夫编户之民乎!"(《货殖列传》)

2. 为商立传

《货殖列传》并非仅仅议论财富,实则为商者正名,为商业定位,为古代长期处于社会底层的"商人"树碑立传。在《货殖列传》里涉及到的经济领域中人,大多是经营商业的正面典型。其中固然有大规模经营的富商大贾乌氏倮、巴寡妇清、白圭等人,却也有小规模操持"贱业"的"编户小民"。例如游街串巷的货郎担,专为牛马治病的兽医等等。歌颂商业活动,专门为经商者立传,可谓前无古人,司马迁在这一领域开启了历史先河,成为中国历史上率先为商人立传的第一人。在洋洋大观的《二十六史》中,《史记》也成为唯一为商者立传的正史。

在《货殖列传》中,总共列举了先秦以来著名经商者 16 人。属于春秋战国时期 7 人:范蠡、子贡、白圭、猗顿、郭纵、乌氏倮、巴寡妇清;属于西汉时期者 9 人:蜀卓氏、程郑、宛孔氏、曹邴氏、刀间、师史、宣曲任氏、桥姚、无盐氏。对于这 16 位经商者,司马迁无不逐一介绍其身世、经历,经商成就。

司马迁介绍上述人物,并非平铺直叙。读者稍加留意,即可了然作者如下两个智慧举措。

首先,树立典型楷模。在这篇传记中,令人印象最深刻者当数范蠡。在司马迁的笔下,范蠡是一位令人尊敬的儒商形象。在 16 位商人中,他不只是名列榜首,其动人事迹也是商界的典型。《史记》里有这样记载:范蠡,字少伯,春秋末期楚国宛县(河南南阳)三户人。他经商"十九年之中,三致千金,再分散与贫交疏昆弟,此所谓富好行其德者也"。也就是说,在他经商19年间,曾有三次赚得千金之财,居然有两次分散给贫穷友人和远房兄弟。范蠡不仅有"三致千金"的卓越经商能力,更可贵的是他还多次接济他人。历史上的范蠡,曾经协助越王洗雪会稽被困的耻辱,曾经在政治上大有作为。然而他从政界全身而退后,乘小船漂泊江湖,隐姓埋名,至陶邑改称朱公。后人谈论到财富时,莫不称颂"陶朱公"。可见,范蠡不止是后人学习的榜样,也是司马迁心目中敬仰的典型,因而点评他,"故君子富,好行其德"。

其次,强调经营有术。韩愈曾说"闻道有先后,术业有专攻"。此言堪称金石之论,其他行业如此,商业领域也不例外。司马迁通过认真研究,揭示了经营商业方面的两大奥秘。所谓两大"奥秘",实为如下两条规律。

第一条规律,必须把握机遇。《货殖列传》通过两个典型人物,披露了古代商业领域生财之道。其一,计然之术。计然是春秋时期越国人,他深谙经商之道,总结出自己的经验:"旱则资舟,水则资车,物之理也","以物相贸易,易腐败而食之物勿留,无敢居贵。论其有余不足,则知贵贱。贵上极则反贱,贱下极则反贵。贵出如粪土,贱取如珠玉"。不能不说,在何时经营何种货物以及何时出手货物方面,计然能辩证把握机遇的经营之道,虽今人亦应钦佩。其二,白圭之术。白圭是战国时代魏国人。他的经验即使放在两千年后的现代,也显得弥足珍贵。试看《货殖列传》记载:"白圭乐观时变,故人弃我取,人取我与。夫岁熟取谷,予之丝漆;茧出取帛絮,予之食。"他曾自言:"吾治生产,犹伊尹、吕尚之谋,孙吴用兵,商鞅行法是也",对于那些没有真才实学者,"虽欲学吾术,终不告之矣"。"盖天下之治生祖白圭。"

第二条规律,贵在"诚一"。发家致富不仅应该掌握经商诀窍,还必须坚持"诚一"的行事原则。所谓"诚一"，就是专心致志做好一项事业。为了说明专心做事的重要性，司马迁列举了大量典型事例："田农，掘业（即笨重行业），而秦扬以盖一州。掘冢，奸事也，而田叔以起。博戏，恶业也，而桓发用富。行贾（即行走叫卖），丈夫贱行也，而雍乐成以饶。贩脂（即油脂），辱处（即低下行业）也，而雍伯千金。卖浆，小业也，而张氏千万。洒削（即洒水磨刀），薄技也，而郅氏鼎食。胃脯，简微耳，浊氏连骑（即马队相连）。马医，浅方（即浅薄小术），张里击钟。此皆诚壹之所致。"司马迁由此得出论断："富无经业，则货无常主。能者辐辏，不肖者瓦解。千金之家比一都之君，巨万者乃与王者同乐。岂所谓'素封'者邪？非也？"在司马迁不惜笔墨的反复举例中，"诚一"之要，于此可见。

（二）论财富

通过对财富进行深入研究后，司马迁揭示出了平素不曾引人关注的许多思想理念来。他的研究有理有据，发人深思。

1. 财富功能

在司马迁看来，财富具有多种功能。无论任何人，一旦拥有了财富，并不仅仅局限于自己的物质享受，还会具有一般人容易忽略的如下四大功能。

（1）扩大影响

拥有了财富以后，其地位、名望也会随之提升。《货殖列传》中列举两个典型人物：乌氏倮与巴寡妇清。第一位是乌氏倮，他经营畜牧业，待牲畜众多时，将它们全部卖掉；然后购买各种奇异物品和丝织物，暗中送给戎王，戎王则以十倍的价钱赏赐他。他的牛马之多，达到了用山谷来计算的程度。秦始皇也很赏识他，嘉奖他的地位与"封君"同列，可以按时与众大臣进宫朝拜。

另一位巴寡妇清，其先祖是开采朱砂矿的，财富不计其数。"清"是一个寡妇，不仅能守住先人的家业，还能用钱财保护自己，不被他人侵犯。秦始皇同样很赏识她，以客礼待之，还特意为她修建了一座"女怀清台"。司马迁对此很有感触："夫保鄙人牧长，清穷乡寡妇，礼抗万乘，名扬天下，岂非以富邪？"

(2)免灾解难

有了钱财，当自己出现危难时，首先是可以为本人免除灾祸。司马迁对此有切肤之痛。按照汉代法律，被判刑者可以用钱财赎罪。他本人因李陵事件判刑后，就是因为自身贫穷才遭受腐刑："因为诬上，卒从吏议。家贫，财赂不足以自赎。"（《报任安书》）因此，司马迁对民间流传的一句老话深信不疑："谚曰：'千金之子，不死于市。'此非空言也。"（《货殖列传》）

在司马迁看来，钱财不单能为自己免灾除祸，还具有为他人排忧解难的功能。在《货殖列传》里，还介绍了财富在儒学发展中的重要作用。孔子一向清高。尝言"不义而富且贵，于我如浮云"，又有所谓"君子喻于义，小人喻于利"云云。仅仅就此而言，孔子似乎与钱财没有什么瓜葛，实则不然。在孔子七十名高足中，有两人（子赣和原宪）堪称正反两方面的代表。子赣学成后在卫国做官，还到曹国、鲁国经商，平时坐豪华马车，携带厚礼访问、馈赠。所到之处，连国君都尊重他；而那个叫原宪的，却是"不厌糟糠，匿于穷巷"，贫困潦倒至极。于此司马迁不能不由衷感慨：能使孔夫子名扬天下的原因是什么？"子贡先后之也。此所谓得势而益彰者乎？"（《货殖列传》）也就是说，孔子的事业确实离不开子贡人前人后的资助。

(3)役使他人

在司马迁看来，财富与支配权力成正比。一个人拥有了财富，也就拥有了支配他人的权力。财富愈多，支配权力就愈大。《货殖列传》云："凡编户之民，富相什则卑下之，伯则畏惮之，千则役，万则仆，物之理也。"其大意是说，对于财富超自己十倍者，本人就会低声下气，即腰杆子就硬不起来了；多出百倍者，就会感到畏惧；多出千倍者,就会被人役使;至于多出万倍者,就会沦为他人奴仆,这是事物的常理。

所谓拥有了财富,便可役使他人的事例,在《史记》中不胜枚举。战国"四公子"(魏国信陵君、齐国孟尝君、赵国平原君、楚国春申君)堪称代表人物。由于他们一个个拥有巨额财富,故能豢养大量门客。这些门客们受到主人优厚待遇,便甘心供其驱使,为其效力。以孟尝君为例,当年被扣秦国,其门客便演绎出"鸡鸣狗盗"的典故。

拥有了财富便可役使他人的事实,自然不限于《史记》。清代的蒲松龄显然是司马迁这一思想理念的忠实信仰者,其名著"田七郎"活脱脱就是这一思想理念的典型人物。据《聊斋志异》记载:东村猎户田七郎人品好,辽阳人武承休为了与之交往而多次厚赠,但屡遭七郎之母拒绝。七郎不解,母训诫儿子:"受人知者分人忧,受人恩者急人难。富人报人以财,贫人报人以义。无故而得重赂,不祥。"由于田七郎后来接受了武承休的特殊恩待,最终只能以自己生命为代价报答了对方。这种"富人报人以财,贫人报人以义"的理念,深刻地印证了司马迁财富可以役使他人的道理。

(4)滋生道德

财富与道德,一是物质,一是意识,原本是两个截然不同的概念。但在司马迁看来,二者具有密切的内在联系。具体来说,首先就是财富可以滋生道德。试看《货殖列传》里令人深思的两段话:一曰"'仓廪实而知礼节,衣食足而知荣辱'。礼生于有而废于无";二曰"山深而兽往之,人富而仁义附焉"。

这两段话有两层深意。其一,物质是意识的基础。物质是第一性的,意识是第二性的。所谓"礼节",所谓道德,必须以一定物质条件为前提。换言之,人只有解决了衣食住行这些最基本的生存条件后,才可能产生较高一级的礼节、道德等精神境界。其二,富与仁、利与义并不矛盾。在司马迁看来,"富"与"仁"可以统一,"利"与"义"

也可以统一。在《货殖列传》中,司马迁曾列举大量事实以说明这一道理。例如前文所说范蠡因经商有术,曾"三致千金",但他并未把财富完全据为己有,而是慷慨赠人;又如孔子学生子贡经商致富后,以财富资助孔子事业,有功于儒学事业的发展。

2. 富有差等

前人把商业活动分为两种,行者曰商,居者曰贾。行者,是贩运货物到各地做买卖的商人;居者,是在各都市或村镇开设店铺做买卖的商人。在司马迁看来,无论行者或是居者,都是以求利为主。"求富"乃是人的本性。但司马迁还指出:致富的"途径"有上下之分,富者的"行为"也有很大区别。

(1)致富途径

司马迁认为,致富途径主要有三条:本富、末富、奸富。

所谓"本富",是指以从事农业生产活动而致富者;所谓"末富",是指以从事工商活动而致富者;所谓"奸富",是指以作奸犯科手段(诸如盗挖坟墓、赌博绑票、杀人越货)而致富者。对上述三种致富形式应该怎样为之定位呢? 司马迁认为:"本富为上,末富次之,奸富最下。"

在这里,司马迁虽然沿用了先秦以来"本"与"末"两个概念,但在致富方面丝毫没有"重本抑末"之嫌。正所谓"君子敛财,取之有道",司马迁对"本富"、"末富"都是充分肯定的,唯独对"奸富"持否定态度。

(2)富者行为

司马迁认为拥有财富者,必然会出现两种不同行为。具体来说,即"君子富,好行其德,小人富,以适其力"。所谓"好行其德",就是喜好做仁德之事;所谓"以适其力",就是按照自己意愿随心所欲行事。

按照司马迁的学识与修养,显然是重君子而轻小人。因而,他大力倡导"君子富,好行其德"的为人处事。与此同时,则鲜明批判了"小人富,以适其力"的错误行径。原因何在呢?但凡没有根底的"小人",一旦暴富起来,极易昏昏然不辨是非,做出不智之举。

3. 贫富莫夺

司马迁高度重视农、工、商、虞,认为"此四者,民所衣食之原也。原大则饶,原小则鲜。上则富国,下则富家。贫富之道,莫之夺予"。意思是说:社会上或贫或富这种现象,决不能凭借行政强权或法律,予以剥夺或赐予。贫富现象如何形成的呢?自有其一定的内在原因,此乃基于人的能力和智慧差异所造成,正所谓"巧者有余,拙者不足"。"能者辐辏,不肖者瓦解。"

如何解决贫困现象呢?司马迁开出一剂药方。人类都有"求富"的本性欲望:"富者,人之情性,所不学而俱欲者也。"因此,只要调动人的这种欲望和本性,就会自然而然地推动社会经济的不停运转:"各任其能,竭其力,以得所欲。故物贱之征贵,贵之征贱,各劝其业,乐其事,若水之趋下,日夜无休时,不招而自来,不求而民出之。"此处所谓"若水之趋下"之说,就是西方所谓司马迁"低流之水"这一命题的出处。

(三) 论国策

国策,乃是一个国家发展的基本方针。历朝历代都有自己的国策,国策意义之大自不待言。司马迁认为,社会要发展进步,国家就必须制定和推行正确的基本政策。

1. 国策有别

在司马迁看来,一个国家的基本国策可以区别为五种形式:"善者因之,其次利道之,其次教诲之,其次整齐之,最下者与之争。"(《货殖列传》)换言之,司马迁在此提出了发展社会经济的五种国策。第一种国策是顺其自然,对人民的经济生活不加干涉;第二种国策是从实际出发,因势利导国民;第三种国策是根据社会现实,采用教育的方法说服人民;第四种国策是用刑罚统一和管制人民;第五种国策是以国家名义,强行与民争利。

怎样评判这五种国策的高下呢? 司马迁的观点是:社会经济的发展有其自身的规律,国家和政府不应该予以干涉;如果出面干涉,就必然会打乱和破坏经济发展的正常秩序。当然,在经济发展的过程中,一旦出现不可避免的问题和矛盾时,国家和政府出面"教诲"或建立相应制度,这是完全可以理解的。但是总体看来,最好的政策是"善者因之",即一切顺其自然;而最不好的政策则是"与之争",亦即与民争利,这种国策乃是最坏的政策。

2. 重要措施

就一个国家社会经济的健康发展而言,厘清和认定基本国策是极其重要的。司马迁不仅在理论层面区别了基本国策的上下优劣,还在实践层面提出了一系列举荐措施。

(1)农末并重

中国自古以农立国,重视农业具有悠久的历史传统。战国时期法家代表李悝、商鞅、韩非均认为,农业是人民衣食之源,也是富国强兵之本。在这一认识基础上,以后逐渐滋生出一个"重农"必须"抑商",或径直称之为"崇本抑末"的思想理念来。

一个国家要着力发展农业经济,该不该推行"重农抑商"或"崇本抑末"的政策呢? 2000年前的司马迁对此提出异议。他认为不应该"崇本抑末",而应该农末并重,即农、工、商、虞各有其用,缺一不可。原因何在? 试看《货殖列传》中经典之论:"《周书》云'农不出则乏其食,工不出则乏其事,商不出则三宝(即粮、器物、财富)绝,虞不出则财匮少'。此四者,民所衣食之原也";"农末俱利,治国之道也。"尤其难能可贵者,司马迁还深层次地揭示出一条不以人的意志为转移的客观规律:"人各任其能,竭其力,以得所欲","各劝其业,乐其事,若水之趋下,日夜无休时,不召而自来,不求而民出之。岂非道之所符,而自然之验邪?"(《货殖列传》)早在 2000 年前,司马迁居然提出了"若水之趋下"的市场经济理念,这一超前的思想意识实在耐人寻味。

(2)矿产开发

人类物质生活离不开自然资源,其中包括埋藏于地下的矿产资源的开发。中国地大物博,矿产资源异常丰富,司马迁对矿产资源的开发和利用十分重视。古代掌管山泽之官曰"虞",矿产资源的开发,归"虞"负责。司马迁认为,合理开发、利用矿产资源,是"中国人民所喜好",也是富国强兵之道。

司马迁在"读万卷书"和"行万里路"方面均有出色的实践,所以对国内各地矿产资源非常熟悉,大量的第一手资料了然于胸。他在《货殖列传》里简直如数家珍:"夫山西饶材,竹、穀、纑、旄、玉石;山东多鱼、盐、漆、丝、声色;江南出楠、梓、姜、桂、金、锡、连、丹沙、犀、玳瑁、珠玑、齿革;龙门、碣石北多马、牛、羊、旃裘、筋角;铜、铁则千里往往山出棋置。此其大较也。"尤其令人震惊者,司马迁在这里特别指出了矿源布局规律:"铜、铁则千里往往山出棋置。"也就是说,铜矿、铁矿分布于千里远近的山中,有如下棋的棋子。这一结论反映了古代铜矿、铁矿开采时纵横交错,有如"棋子"的壮观图景。

在我国现代的"大地构造学派"中,有一派认为:中国东西向的构造与南北向的构造相迭加,或曰东北向与西北向相迭加,形成了所谓"棋盘格构造系",在棋盘格的网状交汇处往往有利于成矿。按照这一规律,可以顺利引导探寻矿藏。这与 2000 年前司马迁关于铜矿、铁矿的"棋置"构造论相比,何其相似乃尔!

(3)因地制宜

在《货殖列传》中列举了许多著名大都会,除了国都长安外,还有河北邯郸、河南洛阳、山东临淄、安徽寿春等十多个地方。以上这些地方之所以成为大都会,除了政治因素外,关键还在于地方经济的发展。例如姜太公当初的封地营丘,自然条件并不理想:"地潟卤,人民寡。"但姜太公注意调动各种积极因素,努力发展地方经济:"劝其女功,极技巧,通鱼盐,则人物归之。"通过因地制宜的措施,人才、财物纷纷依附于此地,最终成为东方强国。

从司马迁因地制宜的举措中,还折射出地理环境决定生产形式的一条基本规律。《货殖列传》中列举了许多典型人物。例如乌氏倮,地处戎地(今甘肃平凉一带),比较适合放牧。他充分利用这一地理环境,大力发展畜牧业,最终积累巨额财富,甚至获得很高政治待遇;又如巴寡妇清,地处西南山区丘陵,适合开山炼矿,"其先得丹穴(丹砂矿),而擅利数世",而她"用钱自卫,不见侵犯",由此得到秦始皇的赞赏,于是特别"为筑女怀清台";又如秦灭六国后,许多赵国人士遭流放,别人向官吏行贿,希望迁徙到近处,唯独卓氏自动要求远迁西南铁矿地区临邛。卓氏在那里大规模开矿炼铁,"富至僮千人,田池射猎之乐,拟于人君"。

(四)后世影响

《货殖列传》一经面世,便长期在社会上引起很大反响。总体看来,对《货殖列传》虽有批评者,更有赞扬者。或者说,指摘者甚少,赞扬者极多。所谓赞扬者,主要是基于内容宏旨,好评如潮而不绝于耳。下面从膜拜者中摘录其中点滴,以飨读者。

明代学者朱鹤龄云:司马迁对天时、地理、人事、物情,历历如指诸掌,"其文章瑰玮奇变不必言,以之殿全书之末,必有深指。或谓子长身陷极刑,家贫不能自赎,故感愤而作此,何其浅视子长也。赵子常汸云:'《货殖传》当与《平准书》参观。《平准》讥横敛之臣,《货殖》讥牟利之主。'此论得之,而有未尽。愚以为此篇大指,尽于'善者因之,其次利道之,又次整齐之,最下者与之争'"(《愚庵小集》卷十三)。

清代学者许新堂云："说者谓《史记·货殖列传》是太史公发愤而作，因'家贫货赂不足以自赎'一语故也。呜呼，失子长之意远矣……太史公此篇，嬉笑怒骂皆成文章，形容居贿情状，为千古殷鉴。其文之面目音节，如风水相遭，自然波浪浩荡，文中有花有诗意。《史记》百三十篇中，无此传笔致之生动。譬如一场演戏，少一优人弄丑，何以穷物态之秒。班固谓崇势力而羞贫贱，何以谬视此传之旨欤！"（《日山文集》卷三）

清末学者刘光赉云："此传文法之美至极，无以复加。列传以《伯夷传》始，而以此传终，须两相对勘"："其文之美，人多知之，而其用意亦即在此。《伯夷传》是欲义之极，此传是欲利之极，利义不同，要皆是欲，无此欲则无世界。自黄帝尧舜以来，治以此治，乱以此乱，圣君贤相之所经纶，儒生学术之所讲习，以及下吏走卒之所率由，乱臣贼子之所悖逆，无不以此。"（《烟霞草堂遗书》之九）

国学大师梁启超云："西人言富国学者，以农矿工商分为四门。农者地面之物也，矿者地中之物也，工者取地面地中之物而制成致用也，商者以制成致用之物流通于天下也。四者相需缺一不可，与《史记》之言若符节。"（《饮冰室合集》第二十六册）

现代学者李长之云："富者人之情性，所不学俱欲者也。……农工商贾畜长，固求富益货也。……这真是拆穿后壁的说法了。他从军士之勇在为贾，流氓之轻生在为财，妓女之卖笑在为奔富贵，一直说到浮浪子弟，打猎、赌博、技术专家、贪官污吏、农工商贾等，都是为吃饭。倘就这点看，司马迁实在是一个彻底的唯物论者。……他比韩非统摄得还广泛，他比王充看得还纯粹，他应当怕是古代思想家中最能就唯物观点而论世的了。"（《司马迁之人格与风格》）

民国时期的潘吟阁，更是语惊四座："读中国书而未读《史记》，可算未曾读书；读《史记》而未读《货殖传》，可算未读《史记》。美哉《货殖传》！美哉《货殖传》！"（《史记货殖传新诠·编者弁言》）

以上几位学者显然是对《货殖列传》竭力称颂,在这种称颂里或许不免于过誉之嫌。即便如此,无论从哪个角度审视,《货殖列传》都不失为中国古代以来永远说不完、道不尽的一篇奇文。这篇文章留给后人的承载格外厚重,它不仅会让人无尽地联想,也会令人无尽地沉思,更会在沉思中给人无尽的启迪!

三、文献目录学

《史记》中关于社会科学领域的内容涉及很多,除了以传记形式明确反映特定领域的成就外,还蕴含了并未显示于传记"标题"的许多文化领域的专门研究。譬如涉及文献学领域里的编辑学、考据学、校勘学、目录学等等,尽管在司马迁的"一百三十篇"中根本找不到相应的篇名,但隐含其中的深层研究和重要贡献,则是无可否认的。于此特别应该论及者,是在中国传统文化的继承与发展过程中,厥功甚伟的文献目录学。

我国文献目录学不仅历史相当悠久,而且在与诸多学科并行发展过程中,逐渐呈现出后来居上之势。单就目录学的确立和以后的巨大发展而言,显然离不开司马迁早期为之付出的卓越贡献。遗憾的是,由于种种原因,他的这一"卓越贡献"长期淹没于学海,从来未能引起学界关注。

考察文献目录学的发展史,起码有三个重要的时间节点引人关注。如果从汉代刘歆的《七略》算起,已有 2000 年的历史。如果从孔子整理"六经"算起,则有 2500 多年的历史。而倘若采用当代国学大师王重民先生的甲骨文观点说,则这一领域的历史更是要追溯到距今 3000 年前的殷商时代了。

在古代,图书目录对于读书治学的作用之大,无论怎样评价都不为过。因而,自汉代刘歆所编《七略》问世后,便在社会上引起很大反响。经过以后历代学者前赴后继的不懈努力,各种大型书目异彩纷呈,成就辉煌。其中最为引人关注的书目主要是三种形式:一是由中央政府组织人力物力,对国家所藏图书认真整理而形成的"官修书目";二是由历代著名史学家在官修书目或相关书目基础上,认真编制的"史志书目";三是由民间著名学者根据个人藏书、著述或本人关注范畴的图书,认真编纂而成的"私修书目"。

由于明显的治学功能和社会需要,不单由此形成了独立的一门学科目录学,而且随着文化事业的日益发展,这门学科的学术地位也迅速攀升。犹如先秦时期诸子百家中的儒、墨两家成为当时的"显学"那样,目录学至晚在清代乾嘉时期也成为名副其实的"显学"了。目录学这门"显学"究竟"显"到了何种程度呢? 著名学者王鸣盛的几句话可谓醍醐灌顶:"目录之学,学中第一要紧事。必从此问途,方能得其门而入。"还进一步指出:"凡读书最切要者,目录之学。目录明,方可读书;不明,终是乱读。"(王鸣盛《十七史商榷》)

考察传统书目文献之佼佼者,后人似乎早已形成了清晰的共识:《汉书·艺文志》反映了汉代及先秦时期的学术文化,《隋书·经籍志》反映了隋代及南北朝时期的学术文化,清代的《四库全书总目》则是在反映中国古代学术文化方面做出了全面、系统总结的一部集大成之作。是故如要全面揭示司马迁的目录学成就,首先就有必要认真回顾一下鼎鼎大名的《四库总目》的基本情况。

(一)从《四库总目》说起

《四库全书总目》,又称《四库总目》,《四库总目提要》或《四库提要》。

本书目不但是清代最大的一部解题书目,也是打开清代乾隆以前中国现存古籍宝库的一把极其重要的钥匙。

这部书目究竟有多大影响呢? 国学大师余嘉锡在其《四库提要辩证》中的切身感受可谓言之凿凿:"余之略知学问门径,实受《提要》之赐。"

　　纵观古代书目文献,或许有这样那样的区别,但在审核其质量的标准上却并没有多大的不同。从总体上看,一部上乘的书目文献必须具备两大要素:其一是基本理论的正确指导,其二是众多款目的完善组织。前者是务虚层面所必备的相关理念的展示和演绎,后者则是务实层面所必须的书目款目的具体揭示和建设。二者彼此为用,犹如车之两轮,鸟之双翼,缺一不可:没有前者,后者便是一盘散沙;没有后者,前者就成为空中楼阁。

　　《四库全书总目》之所以被视为古代书目集大成之作,在很大意义上可以说不仅具备了上述两大要素,而且成就之优异达到了前所未有的最高水平。

　　1. 书目理论

　　《四库全书总目》的书目理论令人钦佩。大概不会有人否认,《四库全书总目》是一部全面继承并且发扬了汉代《七略》以来目录学优良传统的代表作。

　　以书目文献所必备的理论要素为例,《四库全书总目》堪称这方面的典型。本书根据图书的学科内容和特定的分类标准,对书中著录的所有文献逐一分门别类,最终形成了包括一级类、二级类、三级类(“属”)的一个极其完整的分类体系(永瑢等《四库全书总目》)。在这个完善的分类体系中,无论在任何一级的图书分类中,都无一例外地采用了简明序言这种形式的文字说明。例如在一级类中,以篇幅较长的大序(部序)说明该类文献的性质、历史、源流和特点;在二级类及三级类(属)中,同样以适当篇幅的类序做出了必要的理论解说。不仅如此,本书还通过凡例 20 则、款目按语以及书目提要等形式,逐一在相应地方做出必要的论列和提示。

　　从表面上看,本书著者的思想理论似乎被分割于各个地方、各种形式之中,并不是汇聚在一起的所谓完整模块。然而恰恰是通过这种灵活多变的形式,亦即既有集中又有分散的不同形式,才使得本书的基本理论得到了全面、彻底的落实,使著者的指导思想发挥得淋漓尽致。毋庸置疑,由于《四库全书总目》理论层面的如此运作,因而便凸显出了三方面的重要意义:第一,可以将本书收录的所有图书(无论是正式著录的,还是作为"存目"著录的),都能够各就其位,由此构筑成一个秩序井然的有机体,从而成为极便后人读书、治学的一把利器。第二,由于充分反映了本书作者有关分类的思想理念和标准,因而可以使读者对本书的排兵布阵产生"不仅知其然,而且知其所以然"的深刻理解。第三,由于本书充分反映了作者有关学术渊源的理论学说,从而也完美地体现了章学诚所谓"辨章学术,考镜源流"的目录学基本思想。

2. 款目组织

《四库全书总目》中的款目组织同样令人钦佩,这部书目文献有两个极其显著的基本特点。

其一,逻辑序列井然。《四库全书总目》收录1万多种图书,正式著录的有3461种(79309卷),"存目"著录的有6793种(93550卷)。本书不仅规模空前,款目的组织建设也极为引人注目。书中正文以三级分类,具体情况是:一级类区别为4个部分,即经部、史部、子部和集部;二级类区分为44类,诸如"经部"之易类、书类、诗类,"史部"之正史类、编年类、纪事本末类,"子部"之儒家类、兵家类、农家类,"集部"之楚辞类、别集类、总集类;三级类曰"属",总计66子目,诸如经部"小学类"下之训诂、字书、韵书3属,史部"诏令奏议类"下之诏令、奏议2属,子部"天文算法类"下之推步、算术2属,集部"小说类"下之杂事、异闻、琐语3属等等。本书所收典籍众多,总括起来有洋洋200卷之巨,然而不仅毫无杂陈混乱之象,而且上下隶属之逻辑关系异常突出,真可谓按部就班,雁行有序。这也就再次印证了宋代郑樵有关分类意义的经典理念:"类书犹持军也,若有条理,虽多而治;若无条理,虽寡而纷。类例不患其多也,患处多而无术耳。"(郑樵

《通志》)

其二,反映信息丰富。众所周知,书目文献的主体是由诸多款目构成的。

一个完整的款目应该包含两部分:一是书目著录;一是书目提要。前者旨在揭示文献的外形特征,后者则是以简明扼要的文字揭示文献的内容特征。两者固然都很重要,但书目提要的重要意义更是不言而喻。在书目提要领域里,尤其是三大提要(按,即叙录体、传录体、辑录体)中的叙录体,之所以成为后来书目提要的主流形式,决非因为它的起源之早,而是这种形式最容易系统地反映有关图书文献的内容信息。在《四库全书总目》中,虽然聚集了正式著录和存目著录的上万种图书款目,但几乎所有款目都做到了比较全面地反映相关信息。换言之,本书款目不单完整著录了诸如书名、卷数、著者、版本等诸多事项,还采用了以叙录体为主流的提要形式,更深层次地揭示了文献内容方面的各种信息:亦即不仅往往介绍了作者姓名、时代、籍贯、生平简历,还往往反映著述过程、基本内容以及本书的重要价值。如果说这种提要对于原著尚存时期的读者具有一定助益的话,对于欲求其书而该书业已亡佚的读者就更是天大的喜事了。

(二)司马迁目录学研究

如果以《四库全书总目》体现的极其经典的两大要素为标准,要在《史记》中找出与之对应的内在联系似乎并不困难。因为就像《四库全书总目》那样,《史记》也有相应的突出贡献。概括起来,司马迁的目录学研究主要反映于以下四个方面。

1. 诸子分野

在书目文献领域里,图书分类之重要人所共知。有了科学的分类,诸多书籍才会井然有序;没有科学的分类,众多书籍必然杂乱无章。然而,科学分类离不开一个基本前提——学术思想领域的相关研究。倘若没有相应领域的研究成果,要进行科学的图书分类简直是难以想象的。

　　我国春秋战国时期，是中国由奴隶制向封建制转化的大动荡、大分化时期，也是中国传统文化的重要奠基时期。当此之时，由于社会发生的巨大变化，诸子林立，派别纷争。各家各派纷纷对自然界和人类社会万千事物表达自己的观点和认识，于是出现了意识形态领域里所谓"百家争鸣"的壮观场景。然而，当时到底有哪些"家"？每家的基本思想是什么？他们的学术渊源又是什么？在司马迁之前，尽管出现过诸如《庄子·天下》篇、《荀子·非十二子》等梳理诸家思想的散文，但相比之下，《史记》中对诸子百家的系列研究则有过之而无不及。仅以其中的《论六家要旨》为例，就深入辨析了儒、墨、名、法、道、阴阳等诸家思想，堪称是一部最早以学术专用名称系统反映司马迁父子关于诸子学说的名篇。与《汉书·艺文志》相比，《史记》里固然没有集中反映书目理论的特定模块，但是司马迁则通过《天官书》、《平准书》、《十二诸侯年表》、司马谈《论六家要旨》等有关篇章的逐一论列，尤其是采用了专传、合传、类传、附传等各种形式，为重要学术流派代表人物树碑立传，比较系统地反映了诸子学说和成就，揭示了先秦学术发展的清晰脉络和线索。

　　在《史记》中，司马迁重点为儒家、道家、法家、兵家、医家、纵横家、杂家等七家领军人物树碑立传，努力反映各派代表人物生平事迹和各派的学术活动，比较系统地再现了当时各派的一系列文化活动。关于儒家，司马迁特别设立了《孔子世家》、《孟子荀卿列传》、《儒林列传》、《仲尼弟子列传》。通过这些传记，反映儒家学术思想和社会活动；关于道家，《史记》中为道家创始人老子设立了个人传记——《老子列传》（见合传《老子韩非列传》），还以"附载"他人传记的形式浓缩了"庄子传记"（见《老子列传》）。通过这些传记，反映了道家学术思想和社会活动；关于法家，《史记》中设立了《商君列传》、《韩非列传》（见《老子韩非列传》）。通过这些传记，反映了法家学术思想和社会活动;关于兵家,《史记》中设立了《孙子吴起列传》、《司马穰苴列传》、《白起王翦列传》、《淮阴侯列传》。通过这些传记,反映了兵家学术思想和社会活动;关于医家,《史记》中为著名医学家秦越人、淳于意设立了个人传记——《扁鹊列传》、《仓公列传》(见合传《扁鹊仓公列传》)。通过这些传记,反映了医家学术思想和社会活动;关于纵横家,《史记》中为纵横家杰出领袖苏秦、张仪设立了两个专传——《苏秦列传》、《张仪列传》。通过这些传记,反映了纵横家学术思想和社会活动;关于杂家,《史记》中为杂家代表人物吕不韦设立了专传——《吕不韦列传》。通过这一传记,反映了纵横家学术思想和社会活动。

与此同时,尽管有关阴阳家、墨家、名家、农家的文字资料比较缺乏,司马迁仍然通过"附传"形式尽可能地反映了这四家学术流派的文化活动。关于阴阳家,《史记》中没有阴阳家专传,但本派代表人物驺衍事迹则附载于《孟子荀卿列传》、《封禅书》以及《田完世家》中;关于墨家,或许是由于早期《太史公书》部分篇章出现散逸之故,《史记》中居然没有墨家创始人的专传,但墨子的相关资料仍散见于《孟子荀卿列传》以及《史记·太史公自序》中;关于名家,《史记》中没有为名家设传记,但本派代表人物公孙龙的事迹,在《史记·平原君虞卿列传》和《仲尼弟子列传》中依稀可见;关于农家,《史记》中没有农家专传,但本派代表人物许行的事迹,则散见于《史记·货殖列传》中。

重视诸子代表人物的生平简历,也是司马迁治学的一大特色。在《史记》中,但凡涉及到学术领域各派人物,司马迁总是努力反映传主生平事迹,尽可能地透露其学术思想和社会行为。司马迁重视学者的生平简历,起码具有两方面的基本用途:一是对一般读者了解各家各派有一定的知识普及作用;二是即使对层次较高学者们的读书治学也有重要的参考价值。清人章学诚在《校雠通义》中曾专门论及此事，其中的一席话不止一针见血，而又恰如其分："读《六艺略》者，必参观于《儒林列传》，犹之读《诸子略》，必参观于《孟荀》、《管晏》、《老庄申韩列传》也。《诗赋略》之《邹阳》、《枚乘》、《相如》、《扬雄》等传，《兵数略》之《孙吴》、《穰苴》等传，《数术略》之《龟策》、《日者》等传，《方技略》之《扁鹊仓公》等传，无不皆然……《艺文志》虽始于班固，而司马迁之列传，未尝不与学术渊源，文词流别，反复而论次焉。……以书而言，谓之叙录可也；以人而言，谓之列传可也。"（章学诚《文史通义》）

2. 辨章学术，考镜源流

自从章学诚将中国目录学优良传统揭示为"辨章学术，考镜源流"后，不少人认为这一传统由刘向刘歆的《别录》、《七略》发其端。其实，早在刘氏之前的汉武时期，司马迁已经开始了这项工作。除了书中某些章节的论说外，司马迁特别通过人物传记形式揭示了文化领域的学术源流，《史记》堪称是清晰再现古代学术发展脉络的一座高峰。试以《史记》中有关儒、道两家著述原委为例，其班班可考的记载就不失为反映诸子学术源流的佐证。

首先以儒家为例。《史记·孔子世家》中有关儒家经典文献的专门记载，从以下三处清晰可辨。其一是关于《诗》、《书》、《礼》三部经典的论述："孔子之时，周室微而礼乐废，《诗》、《书》缺。追迹三代之礼，序《书传》，上纪唐虞之际，下至秦缪，编次其事"，"故《书传》、《礼记》自孔氏"；其二是关于《易经》的描述："孔子晚而喜《易》，序《彖》、《系》、《象》、《说卦》、《文言》"；其三是关于《诗经》的整理，这一过程更是娓娓道来："古者《诗》三千余篇，及至孔子，去其重，取可施于礼仪，上采契、后稷、中述殷、周之盛，至幽、厉之缺，始于衽席，故曰'《关雎》之乱，以《风》始，《鹿鸣》为《小雅》始，《文王》为《大雅》始，《清庙》为《颂》始'。三百五篇，孔子皆弦歌之，以求合《韶》、《武》、《雅》、《颂》之音。礼乐自此可得而述，以备王道，成六艺。"以上这段文字叙述颇为详尽,不单反映了《诗经》整理的前后过程和内容,而且其中不乏点睛之笔。此外,在《史记》的一些"类传"中也可以得到充分印证。例如《史记》中的《儒林列传》,简直就是一部儒学发展史。本传将儒学的由来划分为五个发展阶段:一是孔子发端,二是七十子活动,三是秦代停滞,四是西汉复兴,五是武帝鼎盛时期。于是通过司马迁之如椽大笔,将儒学发展的历史轨迹简明扼要地勾画于读者眼前。

再以道家为例。有关道家重要人物庄子的学术情况,《史记·老子韩非列传》中这样记载:"其学无所不窥,然其要本归于老子之言。故其著书十余万言,大抵率寓言也。作《渔父》、《盗跖》、《胠箧》,以诋訿孔子之徒,以明老子之术。《畏累虚》、《亢桑子》之属,皆空语无事实。"在这里,虽然司马迁不过是寥寥数语,极为简练,但是庄子思想的流派渊源却显示于眼前。为了进一步揭示庄子学说的特色,司马迁甚至还在传记末尾"太史公曰"中写到:"老子所贵道,虚无,因应变化于无为,故著书辞称微妙难识。庄子散道德,放论,要亦归之自然。"通过老、庄这两位领袖人物的对比,不仅指出他们的学术思想同属道家,也指出了庄学具有纵意推论的不同特点。

3. 历数学者著述

为了使古代经典名篇扬名于后世,司马迁在反映诸子的传记中并非一味叙述其生平事迹,还非常注意反映其学术成就,往往是不失时机地利用以下两种方式揭示他们的各种论著。

第一种方式:简单著录书名或篇名。凡是历史上著名文化人物,司马迁几乎无一例外的或直接著录,或以第一人称,尽量反映他们的相关著作。例如在《孟子荀卿列传》中,孟子"退而与万章之徒序《诗》、《书》,述仲尼之意,作《孟子》七篇";又如在《儒林列传》中,"叔孙通作《汉礼仪》";在《平原君虞卿列传》中,虞卿"不得意,乃著书,上采《春秋》,下观近世,曰《节义》、《称号》、《揣摩》、《政谋》,凡八篇";又如在《孙子吴起列传》中,列出孙、吴两人著作,"世俗所称师旅,皆道《孙子》十三篇,吴起《兵法》";又如在《管晏列传》中,列出管子、晏子著作,"吾读管氏《牧民》、《山高》、《乘马》、《轻重》、《九府》,及《晏子春秋》";又如在《商君列传》中,"余尝读商君《开塞》、《耕战》书";又如在《屈原贾生列传》中,列出屈原著作篇名,"余读《离骚》、《天问》、《招魂》、《哀郢》",还照录了屈原《怀沙赋》、贾谊《吊屈原赋》、《鹏鸟赋》的原文;又如在《老子韩非列传》中,先后反映了四人的著作:一是老子著作,"著书上下篇,言道德之意五千言";二是《庄子》书中的若干篇名,"《渔父》、《盗跖》、《胠箧》";三是申不害著述,"本于黄老而主刑名,著书二篇,号曰《申子》";四是韩非著作,逐一列出韩非书名,"作《孤愤》、《五蠹》、《内外储》、《说林》、《说难》十余万言"。

第二种方式:突出重点,抄录全文。从书目文献层面看,司马迁在《史记》中可谓惜字如金。但是也有例外,凡是他认为个别有重要价值或比较欣赏的著作,便毫不吝啬地抄录其全篇文章。例如在《老子韩非列传》中,司马迁便以原文形式反映了韩非的《说难》篇。更具代表性者是《史记》中的《司马相如列传》,这篇传记堪称"以文传人"的杰出典型。在本篇传记中,司马迁居然一字不落地全文照录了司马相如《子虚赋》、《上林赋》、《喻巴蜀檄》、《大人赋》、《封禅文》等八篇文章的原文。毫无疑问,这对于汉代及汉代以前学术领域的相应研究,特别是对同一时期校勘学领域的研究都具有重要意义。

4. 创立互见法

首创并广泛运用"互见法"也是司马迁的一个重要贡献。《史记》中的所谓"互见法",就是通过巧妙安排材料,突出主要人物事迹和性格,亦即后人所谓"本传晦之,而他传发之"的表现方法。司马迁采用"互见法"与重视人物形象统一性有关。基于既不妨碍统一,又要忠于史实的这一宗旨,仅仅在特定人物传记中比较详细地反映该人生平事迹,至于其他相关人物传记中涉及此事,便只是简明提示而不再重复记载。当然"互见法"的形成有一个过程,如果考察其原始萌芽,似乎一直可以追溯到先秦时期的《左传》。然而,将这种方法创造性地应用于纪传体文献中,则毫无疑问发端于《史记》。从《史记》里可以看到,司马迁在许多地方卓有成效地使用了"互见法"。例如鸿门宴事件在《项羽本纪》已有详细叙述,则《留侯世家》涉及此事时,仅言"语在《项羽》事中";在《淮阴侯列传》中详尽叙述了萧何推荐韩信为大将军,则《萧相国世家》中仅言"语在《淮阴侯》事中"。在《李斯列传》中记载秦始皇病危,遗诏公子扶苏奔咸阳,则《秦始皇本纪》中单言"语具在《李斯传》中";在《齐悼惠王世家》中交代了诸吕欲谋乱、齐王带兵向西进发,则《吕太后本纪》浓缩此事为"语在齐王语中"。如此等等,这样的事例还有许多。

当然,应该承认《史记》中使用的所谓"互见法",主要是局限于人物事迹之间的彼此"互见"。但是,当东汉班固等人受到这一方法的启发,将其引用于书目文献领域后,由此产生的两项意义便引人注目了:一是因为"互见法"的引用,可以避免重复记载,减小文字篇幅;二是因为彼此互见,还可以扩大读者检索利用信息的渠道。

(三)《汉志》与《史记》

如果放眼于古代各种书目文献,能与司马迁《史记》发生密切关系者,首推班固的《汉书・艺文志》(亦简称《汉志》)。这不仅因为两书作者均系著名史学家(一位是纪传体通史之开山,一位是纪传体断代史的鼻祖),还因为两书在"书目文献"这一层面存在着千丝万缕的内在联系。众所周知,中国古代第一部大型书目《七略》散佚以后,《汉书・艺文志》基本上成了《七略》的"复制品"。正因为如此,只要关乎汉代以前文献领域的读书治学,《汉书・艺文志》就会显示出其他任何书目文献都无可替代的特殊作用。清人金榜的一席话说得相当到位:"不通《汉书・艺文志》,不可以读天下书。《艺文志》者,学

问之眉目,著述之门户也。"(王鸣盛《十七史商榷》)

然而即便在班固《汉书·艺文志》中,也无法掩盖司马迁洒下的大量汗水。

1. 同重国史平台

司马迁深谙史学功能,开启了以国家正史这一载体反映古代文化的先河。对于司马迁的这一首创,班固有继承,也有发展。姑且不论《汉书》中的纪、表和列传,即便从反应典章制度的"十志"中也可找到许多例证:其中的《礼乐志》、《律历志》、《天文志》、《郊祀志》、《沟洫志》、《食货志》等"六志"乃是分别从《史记》的《礼书》、《乐书》、《律书》、《历书》、《天官书》、《封禅书》、《河渠书》、《平准书》演变而来,即便是《汉书》中用以揭示图书文献的《艺文志》也有同样情况。诚然《史记》中没有"艺文志"那样的专篇,然而只要将《汉书·艺文志》与《史记》认真对比,两者仍然存在着千丝万缕的紧密联系。

从一定意义上可以说,司马迁以国史反映古代文化的伟大创举直接催生了《汉书》"艺文志"的出现。很难设想,没有《史记》大幅反映文化成就于前,会有后来《汉书·艺文志》的呱呱坠地。当然,班固在借鉴司马迁创举的同时,并非简单地把刘歆《七略》整块置于国史,也做了些进一步的改造工作。事实证明,当班固借鉴了司马迁的智慧首创,将《艺文志》这种形式嫁接于正史后,真可谓实现了强强联合的双赢:一方面大大提升了正史的含金量,扩大了正史的学术地位和影响,同时也有助于提高书目文献自身的学术地位,而且从此还为后人检索信息资源提供了一个永不消失的重要平台。当然,我们还可以从另一层面来理解。即由于"艺文志"板块加盟正史,不单可以反映我国历史上的一代藏书之盛或一代著述之盛,还可以体现书目文献的另一种文化功能:"历代史书多有艺文志,虽仅具目录,但据此也可考察当时文化发展情况之一斑。"(郭沫若《关于历史研究中的几个问题》,《人民日报》1959年4月8日)

　　2. 同重学术流派

　　如果说司马迁《史记》中已经体现出了"辨章学术,考镜源流"的思想理念,那么班固不仅像司马迁那样重视这种思想理论,甚至还往往从《史记》中汲取相应营养,以便确立自己的理论观点。

　　试以"诸子百家"的研究为例。当年刘歆《七略》中曾为先秦诸子列出了十家(儒、道、阴阳、法、名、墨、纵横、杂、农、小说),对比之下可以发现,《汉书·艺文志》基本沿袭了刘歆"十家"之说。但是,班固又有所保留:"诸子十家,其可观者九家而已。"言外之意,还有"不可观者"一家,这就是置于"十家"之末的"小说家"。班固对"小说家"的保留态度耐人寻味。这究竟是为什么呢? 原来答案出在司马迁那里。

　　所谓"小说家",如果按照鲁迅的观点,其性质实则属于"半人半神"的古代传说而已(《鲁迅全集·中国小说的历史变迁》)。考察《史记》一百三十篇,虽然也能从中偶然发现所谓"小说家"的痕迹(按,例如瞽叟加害帝舜事,见《五帝本纪》),又如刘媪与龙交而诞刘邦事(见《高祖本纪》)等。然而,这在《史记》中仅仅是只言片语的个案。若从整体上看,司马迁对"小说家"的态度则是基本否定的。究其表现有二:一是司马迁从未为"小说家"立传。虽然《史记》传记覆盖了刘歆"十家"中的绝大多数,甚至还多出了兵家和医家,然而唯独没有"小说家"。不仅在专传、合传或类传等传记中没有触及,即使"附传"中也没有其连带信息。二是司马迁对"小说家"始终持怀疑态度。例如在《史记·五帝本纪》中:"百家言黄帝,其文不雅驯","择其言尤雅者";在《史记·三代世表》中:"五帝、三代之记,尚矣","疑则传疑,盖其慎也"。在《史记·大宛列传》中:前人曾说"河出昆仑,昆仑高二千五百里",《禹本纪》、《山海经》里还说到"所有怪物,余不敢言也"。

　　由此可见,在班固对"小说家"的保留态度中,不难发现司马迁

《史记》的重要影响。

3.同重文献辨析

《史记》之所以被后人高度赞扬并认定为"信史",这与司马迁严谨治学的态度有关系。犹如世人高度认可司马迁那样,班固对《史记》中的记载也有很高的信赖度。只要从以下三个方面认真考察,就很容易看出《汉书·艺文志》与《史记》之间存在的密切关联。

其一,自觉与《史记》建立互动。对比两书,可以发现一个现象:凡是《汉书·艺文志》所录文献能与《史记》建立联系者,班固总是特别注明,以飨读者。仅以《汉书·艺文志》里儒学"五十三家"为例,就出现了四处:"《晏子》八篇。名婴,谥平仲,相齐景公,孔子称善与人交,有列传";"《孟子》十一篇。名轲,邹人,子思弟子,有列传";"《孙卿子》三十三篇。名况,赵人,为齐稷下祭酒,有列传";"《鲁仲连子》十四篇。有列传"。这里的所谓"有列传"三字,究竟所指为何物呢? 唐代大儒颜师古在班固所谓"《晏子》八篇"之后,特别以注释形式标明:"有列传者,谓《太史公书》。"

其二,以《史记》记载为佐证。如上所述,《汉书·艺文志》大体上是刘歆《七略》的"复制品",主体内容大部分雷同,也有些属于不同见解。然而,考察其中的一些"不同见解",居然能与《史记》中的文字记载挂起钩来。试以儒家《春秋》经的研究为例。《史记·儒林列传》云:"及今上即位,赵绾、王臧之属明儒学,而上亦乡之,于是招方正贤良文学之士",从此,"言《春秋》于齐鲁自胡毋生,于赵自董仲舒"。刘歆显然不同意《史记》的观点,《七略》中肯定的人物是左丘明:"丘明恐弟子各安其意,以失其真,故论本事而作传,明夫子不以空言说经也。"(《汉志·春秋类序》)然而,班固却又根据司马迁见解而否定刘歆观点:"言《春秋》,于齐则胡毋生,于赵则董仲舒。"(班固《汉书》)

其三,同样重视互见法的应用。为了突出重点和节省篇幅,司马迁在《史记》人物传记中创建了"互见法"。班固不仅在《汉书》的众多人物传记中也多处采用了"互见法",甚至还把这种方法引进到《汉书·艺文志》中广泛应用。例如"《商君》二十九篇。名鞅,姬姓,卫后也,相秦孝公,有列传";"《晏子》八篇。名婴,谥平仲,相齐景公,孔子称善与人交,有列传";"《孙卿子》三十三篇。名况,赵人,为齐稷下祭酒,有列传";"《吴起》四十八篇。有列传";"《魏公子》二十一篇。图十卷。名无忌,有列传";"《蚩尤》二篇。见《吕刑》"等等。

两相对照,固然由此可以看出,班固的《汉书·艺文志》与司马迁的《史记》之间存在着极其密切的关系,更可以由此看出司马迁《史记》对《汉书·艺文志》的重要影响。

(四)司马迁目录学成就

自然界和人类社会,万千事物,纷繁复杂。从历史上看,出现为事物定性或定位并不尽然者所在多有。以司马迁为例,只要提起这个名字,人们脑海中就会立刻闪现出属于他的两项桂冠:伟大的史学家,伟大的文学家,其实司马迁同时还是一位杰出的科学家,即使在目录学领域里也做出了重要贡献。然而,或许是由于他头顶上的前两个光环太过耀眼,所以不少人一个时期以来忽略了他作为科学家的存在,至于他在目录学领域的成就更是长期淹没于其他华丽的光环中。

为什么会出现以上情形呢? 究竟怎样做才算是客观评价司马迁在目录学领域的成就呢?

1. 奠基之功

犹如以上所说,刘歆的《七略》是中国古代第一部大型综合性目录。《七略》完成于汉成帝年间,而早在汉成帝之前的汉武帝时期,司马迁的《史记》已经问世了。《七略》彻底亡佚后,其成就主要是通过《汉书·艺文志》才得以基本再现的。

英国物理学家牛顿有句名言:"如果说我比别人看得更远些,那是因为我站在了巨人的肩上。"从这个意义上说,《汉书·艺文志》的光芒虽然离不开刘歆《七略》的深厚基础,但也离不开司马迁目录学成就的巨大影响。倘若追根溯源,甚至可以说:如果没有司马迁《史记》的成就在前,姑且不论会直接影响到班固的史志目录《汉书·艺文志》,即使对刘歆的《七略》而言,起码也会影响到该书中比如诸子百家之类的理论根基。

前面说过,《史记》中确实没有班固《汉书·艺文志》那样反映图书文献的专篇。但是,司马迁毕竟是一位立志高远的史学巨匠,平心而论,要完成《汉书·艺文志》那样的"专篇",既非司马迁不想,亦非司马迁不能。《史记》中之所以缺失《艺文志》那样的论著,主要是因为当时尚未出现刘歆《七略》那样全面普查皇家藏书的基础性成果。然而即便面对如此不利局面,司马迁依然在目录学宏观层面做出了不容忽略的卓越贡献。例如他开启了反映文化成就于正史平台的先河,深入论述了诸子百家的分野,撰写了五彩缤纷的学者传记,著录了各大学术流派的一系列成果,开创了影响后世的"互见法"的应用等等。可以实事求是地说,无论上述任何一项创举,都具有极其深远的影响和意义。

试以司马迁开启了反映文化成就的"正史平台"为例,可以说功莫大焉。由于受到《史记》的启发,不仅直接催生了后来班固的《汉书·艺文志》,而且由此出现了以后正史中的一系列连续反映。无论是后来的《隋书·经籍志》、《旧唐书·经籍志》、《新唐书·艺文志》,还是《宋史·艺文志》、《明史·艺文志》、《清史稿·艺文志》,以及其他形式的这样或那样的大量"补志"之作等等,无一不与《汉书·艺文志》的一脉相承有关,而如若由此追溯这一文化现象的最早源头,自然又都与司马迁的"首创"存在紧密的联系。

再以司马迁首创"论述了诸子的百家分野"为例,这个创意同样是影响深远。无须说它直接启迪了以后正史"艺文志"、"经籍志"同样重视学术渊源的研究,我们甚至有理由这样说,即使在宋元以后出现的学术专门史研究"学案体"论著里,也同样可以追溯到司马迁"首创"的最早源头。

再以开创"互见法"的应用为例,同样具有深远影响。所谓"互见法",在历史上的图书分类中亦称"互著法"。无论是在《史记》以后的刘歆《七略》中,还是在班固的《汉书·艺文志》中,都使用过这种方法。乾嘉学者章学诚甚至在《校雠通义》中特别辟出专篇研究,他不仅论述了使用"互著"的背景(按,即遇到"理有互通,书有两用"时,在相关类目中"兼收并载",甲乙呼应),还特别指出"互著"的两大功能:第一,可以使文献作用得到充分发挥;第二,还可以避免彼此"抵牾错杂"(章学诚《文史通义》)。

2."隐形"解析

在长期被视为"显学"的目录学领域里,榜上有名的大家们不胜枚举。诸如官修书目领域之刘向、刘歆、荀勖、纪昀,史志书目领域之班固、魏征、郑樵、焦竑,私修书目领域之王俭、阮孝绪、晁公武、陈振孙等等,真可谓明星闪耀,前赴后继。然而在一列列"明星"队伍中仔细搜寻,却怎么也看不到司马迁那原本不该置身事外的踪影。平心而论,这既是对司马迁认同的不公,也是目录学领域里不应该出现的重大缺失!

探讨这种局面的形成,实在与司马迁成就的表现形式有重要关系。现代著名目录学家姚名达说过:"分类之应用,始于事物,中于学术,终于图书。"(姚名达《中国目录学史》)用姚氏这一理念考察,司马迁在这方面的成就主要体现于对事物的分类和对学术的分类,至于图书文献方面的分类,则主要反映于诸子百家传记中的简单"著录"。此外,从文献性质上界定,《史记》确实属于史籍,而且正文中也没有班固《汉书》里旨在揭示图书文献的专篇"艺文志"。如果就此而言,将《史记》排斥于书目文献之外似乎也不足怪。然而,司马迁在以上所说的各个方面,毕竟做出了举世瞩目的重要贡献。据此,我们有理由认为:《史记》是一部具有特殊表现形式的书目文献,质言之,它不愧是一部规模空前的隐性书目文献。

因为是"特殊表现形式"的"隐性书目文献",所以通常情况下便不易引起人们的特别关注。为了揭示问题的真相,我们最好将班固《汉书·艺文志》与司马迁《史记》认真比较,以便从各个角度的对比中探究一二。

试看:《汉书·艺文志》是通过图书分类反映诸子百家的学术成果,而《史记》是通过不同类型的人物事迹揭示学术流派的文化成就。一个是以集中模块为载体,一个是以分散形式为舞台;一个是集中于文字著录,一个是散见于生平业绩;一个是常见的平面简介,一个是罕见的立体姿态;前者是显性的展示,后者是隐性的反映。或许正是由于上述截然不同的两种表现形式,最终导致这样的结果:前者成为习以为常的正宗,后者则成为熟视无睹的异类。然而,笔者经过反复思考后则认为,班、马之书好有一比:班氏《汉书·艺文志》譬如滔滔江河,司马之书酷似上游滥觞。凡大河必有源头,无滥觞无以成江河。

回顾目录学数千年发展史,司马迁当年所做的奠基性劳动,不仅早于刘歆的《七略》,更早于班固的《汉书·艺文志》。《七略》与《汉书·艺文志》长期被视为古代杰出的书目文献,刘歆、班固也一直位居杰出目录学家之列,然而为此做出过重要贡献的司马迁,却因为劳动成果的"隐性"表现形式,长期陷于门可罗雀的"冷宫"世界。

司马迁所在的汉武时期已经距今 2000 多年了。在 21 世纪的今天,我们是否应该认真盘点,还原历史的本来面貌,为司马迁在目录学领域的成就讨个公道呢? 诚然,由于长期的积习使然,这个问题极具复杂性和专业性,欲讨"公道",谈何容易! 但是,"实事求是"毕竟是历代学者治学的一个基本原则,是故敝人最终不单就这一专题进行了深入思考,而且还拟定了自以为名正言顺的篇名——"数典勿忘祖,显学隐巨擘"。(本节参见拙文《数典勿忘祖,显学隐巨擘:为司马迁目录学成就正名》,《中国图书馆学报》2014年第2期,本书有所订补)

第三节　《史记》人文精神篇

人文精神,不单是传统文化领域里的重要内容,也是衡量一个民族、一个国家文明程度的重要尺度。作为推动社会进步正能量的人文精神,在整个人类发展过程中的重要意义之大,简直如同陈年佳酿,回味无穷;又似春风化雨,润物无声。

中华民族历史悠久,具有许多优秀的文化传统和可贵的人文精神。毋庸置疑,中华文化之丰富,人文底蕴之厚重,堪称世所罕见。在司马迁的《史记》里,闪闪发光的人文精神充溢于一百三十篇之字里行间,诚可谓俯拾即是。

梁启超先生似乎参透了司马迁的良苦用心,"著书最大目的,乃在发表司马氏'一家之言',与荀卿著《荀子》,董生著《春秋繁露》,性质不同。不过其'一家之言',乃借史的形式以发表耳"(《要籍解题及其读法》,岳麓书社2010年)。诚然,《史记》全书均系"借史的形式"发表见解,但是重中之重者,则当数倡导优秀的人文精神。如果说至圣先师孔子从伦理高度揭示了传统文化中高尚的人格基准,则史学大师司马迁可谓匠心独运,以典型化、具体化的传记模式,塑造了一组又一组中国历史上确曾出现过的一大批鲜活人物的立体群像。司马迁的宗旨很明确,通过这些历史人物活灵活现的言行动态,努力将人性中最本质的一面永远定格于历史舞台,务使优秀的人文精神在中国落地生根,最终能在炎黄子孙的心灵中一代代永远传承下去。

司马迁在《史记》中宣扬的优秀人文精神究竟是些什么呢？愚以为，概括起来，至少可以集中体现于大一统观、爱国主义、浩然正气、诚信至上、自尊尊人、建功立业、舍生取义、道德回归等八个方面。

一、大一统观

中国的"大一统"观念，可谓举世闻名。有关这一概念的解释，至晚可以追溯至战国时期成书的《春秋公羊传》。该书云：隐公"元年春，王正月。元年者何？君之始也。春者何？岁之始也。王者孰谓？谓文王也。曷为先言王而后言正月？王正月也，何言乎王正月，大一统也"。至于"大一统"观念的起源，则理应要追溯至儒家"五经"之一的《尚书》。《尚书》不止是我国现存最早的一部史料汇编，也是清晰反映中国"大一统"理念的最早文献。本书基本框架由四部分组成——《虞书》《夏书》《商书》和《周书》。惟其如此，《尚书》也揭示了虞、夏、商、周纵向传递的清晰序列。可见早在遥远的先秦时期，中华文化已经开启了"大一统"观念的先河。

董仲舒是西汉著名的今文经学大师，他的"大一统"观念鲜明而坚定。他曾掷地有声地说过："《春秋》大一统者，天地之常经，古今之通谊也。"（《汉书》卷五十六《董仲舒传》）作为董仲舒弟子的司马迁，不仅认真地继承和发扬了师尊的基本思想，也认真地继承和发扬了《尚书》的基本观念。翻阅《史记》可知，无论在体例上还是思想上，都毫无例外地体现了中国"大一统"的思想观念。其中的"本纪"，表面上是反映历代帝王，实则是旨在揭示中国朝代递进的一种体例。《五帝本纪》是反映中华民族远古历史的第一个本纪，其中内容可谓甲乙丙丁，秩序井然：中华民族始祖轩辕黄帝名列榜首，接下来是颛顼、帝喾、帝尧和帝舜。这个"五帝"系列一以贯之，连续不断，传承有序。由《五帝本纪》迈入文明时代以后，则以《夏本纪》反映夏代,《殷本纪》反映商代,《周本纪》反映周代,直至《孝武本纪》反映司马迁所在的汉代。就这样,由黄帝发端,夏、商、周、秦、汉,代代相接,由"大一统"主线支配的编纂体例一目了然。

不仅如此,司马迁还直接说明了自己的指导思想:"王迹所兴,原始察终,见盛观衰,论考之行事,略推三代,录秦汉,上记轩辕,下至于兹,著十二本纪。"(《太史公自序》)在《史记》的五种体例中,写人的形式有三种——本纪、世家和列传。而在这三种体例中,司马迁将十二本纪放在第一位,可见本纪是全书的纲领,是全书的灵魂。三十世家、七十列传与本纪是什么关系呢? 司马迁说得明白:"二十八宿环北辰,三十辐共一毂,运行无穷,辅拂股肱之臣配焉。"也就是说,世家、列传与本纪的关系,就像"二十八宿"与"北辰"的关系,又如车的辐条与车轴的主次关系一样。

诚然,在中国古代文献里,宣扬"大一统"思想并非司马迁最早提出,以谋篇布局形式反映"大一统"理念也并非司马迁首创。但是,能够充分运用自己的思想和智慧,鲜明而系统地诠释"大一统"思想的首创者,在中国古代史学领域里则非司马迁莫属。

二、爱国主义

爱国主义精神并不是一个空洞的概念。从历史上看,它是一些人乃至一个族群,千百年来生于斯,长于斯,老于斯,日出而作,日落而息,世代生息于斯地,由此生发出眷恋故土、热爱家乡,乃至升华为爱国主义的思想。但凡具有爱国主义思想的史学家,通过塑造一批历史人物形象,用以着力反映其政治观、民族观,以及难能可贵的爱国情怀,可说是自在情理之中。

司马迁是一个具有浓厚爱国主义思想的性情中人。

就政治观而言,司马迁拥有坚定的"大一统"思想,这种思想本身就是爱国主义的一种体现。因为战争和动乱是造成经济凋敝、民不聊生的重要根源,无论是先秦战火的破坏,还是西汉"七国之乱"的灾难,都在司马迁脑海中留下了刻骨铭心的残酷记忆。只有实现大一统局面,才是安邦定国的重要前提。正是基于这一原因,司马迁对眼前的一统局面由衷颂扬,犹如其"月表"序云:"王迹之兴,起于闾巷,合从讨伐,轶于三代。"为何汉家功绩超越三代(夏商周)?通过由衷歌颂一统,其中道理不言自明。

就民族观而言,中华民族是以汉民族为主体的多民族大家庭,尽管文化领域里曾经出现过"东胡"、"西戎"、"南蛮"、"北狄"之类的歧视性称谓,在司马迁身上却毅然体现出了相对平等和包容共存的民族意识。《史记》在详细反映汉民族发展史的同时,也反映了周边其他少数民族历史情况。只要阅读其中的《匈奴列传》、《南越列传》、《东越列传》、《朝鲜列传》、《西南夷列传》等传记,就会从中获得许多宝贵的信息。

从爱国情怀上看,司马迁确实成功塑造出了一系列熠熠生辉的爱国主义者的形象。诸如齐国将军司马穰苴,"受命之日则忘其家,临军约束则忘其亲,援枹鼓之急则忘其身"(《司马穰苴列传》);又如楚人申包胥为了解除楚国危亡,毅然赴秦求援。秦初不许,"包胥立于秦廷,昼夜哭,七日七夜不绝其声"(《伍子胥列传》)。虽然哭泣乃是弱者所为,但为国家计仍令人感佩;再如《田单列传》中的王蠋,在燕军威吓下之大义凛然:"国既破亡,吾不能存,今又劫之以兵为君将,是助桀为暴也。与其生而无义,固不如烹!""遂经其颈于树枝,自奋绝脰而死。"

特别令人感动的是,司马迁在《屈原贾生列传》里,浓墨重彩地塑造了中国历史上第一位爱国主义诗人屈原的光辉形象。屈原,战国时代楚国人,才华横溢,仅仅二十六岁便担任了楚怀王左徒之职。他"博闻强志,明于治乱,娴于辞令。入则与王图议国事,以出号令;出则接遇宾客,应对诸侯。王甚任之"。屈原有操守,刚直不阿,与恶势力斗争宁死不屈。司马迁对屈原人格的赞扬不遗余力:"其文约,其辞微,其志洁,其行廉,其称文小而其指极大,举类迩而见义远。其志洁,故其称物芳;其行廉,故死而不容自疏。灌淖污泥之中,蝉蜕于浊秽,以浮游尘埃之外,不获世之滋垢,皭然泥而不滓者也。推此志也,虽与日月争光可也。"在《屈原传》末尾,更是以"太史公曰"的评论,将司马迁内心的激情推向了高潮:"余读《离骚》、《天问》、《招魂》、《哀郢》,悲其志;适长沙,观屈原所自沉渊,未尝不垂涕,想见其为人。"其心驰神往之情,咏叹不已之状,可谓跃然纸上。

于此提及一点。由于司马迁采用了合传形式,将屈原与贾生(贾谊)放在一起,也因此引发后人诸多评论。而纵观后人所评,无不心系屈原爱国主义精神:"太史公盖以为七十子之后,周、汉相望,百余年之间,有王佐制作之才者,惟屈原、贾生两人而已。""于是旷世低回,而独默许此两人,为之示其微尚所在而下不恤,特与扁鹊、仓公同例。若曰医民疾者,周时独有扁鹊,汉时独有仓公;医国病者,亦独周屈原汉贾生耳"(陈三立《散原精舍文集》)。

三、浩然正气

民族英雄文天祥名言垂后:"天地有正气,杂然赋流行。下则为河岳,上则为日星。于人曰浩然,沛乎塞苍冥。"(《正气歌》)浩然正气,既是儒家所说的"君子人格",也是中国传统人文精神的结晶。何谓"浩然正气"? 或许儒经《周易》里的两句话就是最好的诠释:"天行健,君子以自强不息";"地势坤,君子以厚德载物"(《易传·系辞》)。在《史记》里,属于"浩然正气"者,主要有如下三类典型人物。

(一)圣人形象

号称至圣先师的孔子,其事迹见《史记·孔子世家》。孔子是儒家创始人。为实现政治理想周游列国,他艰难险阻,吃尽苦头。尽管这样,他仍然无改初衷,并为此奋斗一生。

孔子是司马迁最为倾心敬仰的伟人。在《孔子世家》中,司马迁充分表达了这种感情:"诗有之:'高山仰止,景行行止。'虽不能至,然心向往之。余读孔氏书,想见其为人。适鲁,观仲尼庙堂车服礼器,诸生以时习礼其家,余祗回留之不能去云。天下君王至于贤人众矣,当时则荣,没则已焉。孔子布衣,传十余世,学者宗之。自天子王侯,中国言六艺者折中于夫子,可谓至圣矣。"在这篇极为特殊的"世家"里,司马迁何止对夫子发出"高山仰止,景行行止"(《诗经·小雅》)的感慨,表现出"祗回留之不能去"的流连忘返,甚至表达了"想见其为人"的奢望。在《史记》中出现"想见其为人"者,唯有两处:其一是《屈原贾生列传》里对爱国主义诗人屈原的无限膜拜,其二便是这里的"余读孔氏书,想见其为人"。司马迁对孔子的敬仰,不仅表现于《孔子世家》中的"太史公曰",还表现于《太始公自序》中追述孔子的功业:"周室既衰,诸侯恣行。仲尼悼礼废乐崩,追修经术,以达王道匡乱世反之于正,见其文辞,为天下制礼法,垂'六艺'之统纪于后世。作《孔子世家》第十七。"

尤其应该指出一点:历代后人之所以敬仰夫子,几乎无一例外地要追踪到司马迁在《孔子世家》里精心塑造的伟人形象。诚如清代学者林春溥云:"后世尊孔子,自史迁始,故布衣也,而列之世家。"《竹柏山房十五种》另一学者李景星也曾强调:司马迁作《孔子世家》,"其眼光之高、胆力之大,推崇之至,迥非汉唐以来诸儒所能窥测,刘知几、王安石辈,皆横加讥刺,以为自乱其例,不知史公之不可及处,正在此也"(《史汉评议》卷二)。

(二)重臣楷模

通过司马迁如椽大笔的描绘,《史记》再现了一大批身居高位、忠诚国家的伟人形象。无论是西周初期的周公旦,还是战国时代的蔺相如,都永远地定格于中国古代的历史舞台上。由于《史记》设立传记的率先垂范,但凡具有高风亮节的一代伟人,便都会在相应的"正史"里矗立起光辉的形象。例如《汉书》里"富贵不能淫,贫贱不能移,威武不能屈"的苏武,后来《三国志》里"鞠躬尽瘁死而后已"的诸葛亮,以及《宋史》里"人生自古谁无死,留取丹心照汗青"的文天祥等等,便都属于这方面的典型代表。

中国正史中之所以具有反映先贤的光荣传统,归根结底,与司马迁在《史记》中最早塑造了周公旦的光辉形象不无关系。据《史记·鲁周公世家》记载,周公旦乃周武王之弟,一向对国家事业殚精竭虑、忠心耿耿。譬如从以下两件事上,便可表露无遗。

其一,周公对周武王忠贞不贰。他坚定支持武王伐纣,并为此立下不世之功。被封为鲁周公后,他毅然"留佐武王",未到封地山东曲阜享清福。在武王晚年重病时,周公忧心如焚,甚至祷告上苍:自己"多材多艺,能事鬼神",情愿以身代之。忠诚之心一以贯之,天日可表。

其二,周公的敬业行为垂范后世。在周朝,若论大臣地位之高,堪称无人能与周公比肩。周公是文王之子、武王之弟,又是开国功臣,而且还是周成王的亲叔父。然而,周公对国家事业从来都是鞠躬尽瘁、兢兢业业,至于他的礼贤下士之举,更是古代身居高位者的最高典范。汉语里有个成语"握发吐哺",盖源于"一沐三握发,一饭三吐哺"的著名典故。据《韩诗外传》记载:周成王封周公之子伯禽于鲁地,周公为此告诫儿子为人处世之道:自己是"文王之子,武王之弟,成王之叔父",并且贵为一国之相,但从来不敢轻忽天下人。为了接待来客,他曾在沐浴时三次握发而中止,曾在吃饭时要停下数次而忙政事。为什么这样呢?"犹恐失天下之士",害怕怠慢了天下有德有才之人。周公教育后人礼贤下士之风影响深远,曹操在《短歌行》里就充分表达了对这种高尚品德的充分认可:"山不厌高,海不厌深。周公吐哺,天下归心。"

继周公之后,司马迁在《史记》里还塑造了其他一些令人敬仰的国家肱股之臣。其中颇具典型性的人物,当推战国时期的蔺相如。在《史记》合传《廉颇蔺相如列传》中,司马迁通过以下两个重要活动的娓娓道来,将蔺相如光彩动人的形象充分展现于世人面前。作为国家使臣,蔺相如曾在秦赵两国举行的渑池会上怒斥秦王,大义凛然而不辱使命。更加难能可贵的是,在大将廉颇蛮横无理的行为面前,已经身居高位的蔺相如反而一再低头谦让。他之所以如此,自有其合理的行为格言——"先国家之急而后私仇"。这种高风亮节获得了司马迁由衷的点赞:蔺相如出使强秦,"威信敌国";对内谦让,"名重泰山"。蔺相如的故事深入人心,通过戏剧舞台上传统剧目"将相和"的表演,更是将这位历史人物的爱国主义情怀演绎到了极致。

(三)君子风采

在《史记》中还有一类特殊历史人物,他们既非贤相柱石,更非至圣先师,但从他们身上依然能够折射出令人由衷的赞赏和真诚的尊重。

譬如伯夷叔齐兄弟,其事见《史记·伯夷叔齐列传》。兄弟二人,本为商末孤竹君之子。孤竹君死后,两人基于正统观念彼此推让,均不愿接受君位。周武王伐纣,两兄弟扣马谏阻。商亡后,他们"意不食周粟",采薇果腹,最终饿死于首阳山中。在后人看来,其事固愚而精神可嘉,堪称诚信礼让、秉持操守的仁人典范。故而司马迁不但将其置于七十列传之首,还援引颜渊追随孔子而"益显"之事,有感而发:"云从龙,风从虎,圣人作而万物睹。伯夷、叔齐虽贤,得夫子而名益彰。"甚至由此进一步感叹:"悲夫!闾巷之人,欲砥行立名者,非附青云之士,恶能施于后世哉?"

又如先秦时期鲁仲连,其事见《史记·鲁仲连邹阳列传》。本传记载:齐国隐士鲁仲连游历赵国,适逢秦军东围邯郸,鲁仲连大义凛然地驳斥了魏国使者辛垣衍诱赵降秦的意图。赵国欲加封赏,鲁仲连则"辞让者三。终不肯受";以后又逢齐国田单攻聊城,"士卒多死而聊城不下"，鲁仲连修书晓以利害，聊城遂破。对方由此"欲爵之"，鲁仲连则不仅断然拒绝，还迅速"逃隐于海上"。他这种异于常人的特立独行，在司马迁的笔下得到了高度认可："好奇伟俶傥之画策，而不肯仕宦任职，好持高节。"

在《史记》里，伯夷、叔齐、鲁仲连，可说是历史上的"大人物"。其实，即使来自社会基层的一些无足轻重的"小人物"，也同样具有非常感人的精神和亮点，侯赢、渔父就是这方面的典型代表。

侯赢，乃是隐居于市井的小人物，其事见《史记·魏公子列传》。据本传记载：侯赢"年七十，家贫"，原是"大梁夷门监者"，即大梁诚东门的守门人。魏公子带着厚礼去拜访，而侯赢"不肯受"，理由是自己"修身洁行数十年，终不以监门困故而受公子财"。但为了救赵大业，他积极为魏公子出谋划策，上演了一场"窃符救赵"的动人故事，最终还义无反顾地献出了自己宝贵的生命。

渔父，本是江边摆渡的小人物，其事见《史记·伍子胥列传》。本传记载：春秋时期楚国人伍子胥，因其父兄被楚平王杀害而投奔吴国。途中后有追兵临近，前有大江阻隔。当此万分危急之时，恰好江边出现摆渡渔父，"知伍胥之急，乃渡伍胥"。为报救命之恩，伍子胥解下佩剑道："此剑价值百金"，要请对方收下。令人意想不到的是，渔父笑曰：依照"楚国之法，得伍胥者赐粟五万石，爵执珪，岂徒百金耶!"很显然，伍子胥完全低估了渔父的思想境界。在这里，一位普通"摆渡者"的可贵形象跃然纸上，这一形象显得那么美好，那么高大!

四、诚信至上

"言必信，行必果"，是中国古代一些历史人物信奉的精神理念。这种思想契合于孔子强调的人生五大信条——"恭、宽、信、敏、惠"（《论语·阳货》）的文化内涵，特别与其中所谓的"信"字完全一致。司马迁对此充分肯定，因而在《史记》里着力反映和讴歌了一系列诚信至上的历史人物。

(一)以诚相待

以诚相待的典型人物名叫季札,其事迹见《吴太伯世家》。季札,吴国人,在出使鲁国途中,与徐君结交为友。季札随身佩带一把宝剑,徐君对此物甚是喜欢。但由于是初次见面,徐君不好意思直接表达。季札明白徐君愿望,但因出使大国,必须保持一定的礼仪形式,是故也未曾赠之。

当完成出使任务返回时,徐君已死,这使季札十分悲伤。他解下自己佩剑,恭恭敬敬挂在徐君墓旁树上,作别而去。随从问:徐君已死,为什么还要这样做? 季札曰:"始吾心已许之,岂以死倍吾心哉!"

中国有句老话——童叟无欺,本义旨在强调守信原则,即人际交往中应该以诚相待。这种所谓的以诚相待,通常是指生活于现实世界的"活人"之间。然而,季札的行为则更进一步,是对"死者"的以诚相待。这种诚信,可以说达到了人世间诚实守信之极致!

(二)侠肝义胆

在《史记·游侠列传》中,司马迁还特意塑造一批著名的游侠人物。为什么塑造"游侠"呢? 在司马迁看来,这些人有一种令人钦佩的品德:"言必行,行必果","已诺必诚,不爱其躯"。也就是说,这些人只要是答应人家的事,就一定设法去实现,必要时甚至不惜贡献自己生命。在《史记》里,司马迁塑造的两位游侠形象令人敬佩。

一位是朱家。"鲁朱家者,与高祖同时。鲁人皆以儒教,而朱家用侠闻。所藏活豪士以百数,其余庸人不可胜言。"受其保护的人为何如此之多呢? 原来他是一个急人所急甚至超过自己的人,"专趋人之急,甚己之私"。

另一位是郭解。郭解一生中,"折节为俭,以德报怨,厚施而薄望"。凡是答应过别人的事,他都会努力去做。例如他到别的郡国为人办事,凡能办者一定办好;办不成的,也要使各方满意,"然后乃敢尝酒食"。有一个儒生污蔑郭解，郭的门客杀了儒生而郭不知情，御史大夫公孙弘遂诛灭郭解及其家族。司马迁对此表示痛惜："天下无贤与不肖，知与不知，皆慕其声，言侠者皆引以为名。谚曰'人貌荣名，岂有既乎！'於戏，惜哉！"

遵守信用、"取信于人"，是传统文化中肯定的优良品质。当然，作为今人，我们理应保持清醒头脑：古代所谓侠义、信义，多系情感层面的伦理观念，尚不能等同于社会责任层面高尚之理性精神，两者显然还是有所区别的。

五、自尊尊人

既要强调人格自尊或义不受辱，又要尊重他人尊严，也是《史记》着力弘扬的一种文化精神。这种精神不卑不亢，磊落光明，正所谓"士可杀而不可辱"，"三军可夺帅也，匹夫不可夺志也"。在《史记》里反映的许多历史人物中，无论是地位低下的介子推、郦食其，还是身居高位的战国"四公子"，他们的言行动止都给后人留下了深刻的印象。

（一）人格不屈

介子推，晋国义士，事迹见《史记·晋世家》。晋文公重耳长年流亡在外，与介子推有患难之交。在最饥饿时，介子推甚至"割股啖君"。但后来晋文公论功行赏时，居然忘掉了他。介子推由此赌气，进山隐居。后来文公再三召唤，介子推坚不出山。文公最后以火烧山，欲迫使其出来。介子推终不肯出，被火烧死。司马迁对此颇为感慨：晋文公是古代"明君"，流亡国外十九年，曾与随从患难与共，"及其即位行赏，尚忘介子推，况骄主乎？"

郦食其，本是高阳"寂静落魄"的一位文人。据《郦生陆贾列传》记载：郦食其晋见汉高祖刘邦，当时刘邦正坐床上，由两个婢女洗脚，态度甚是傲慢。郦食其发怒质问：你如果还要打天下，为何"倨见长者"？刘邦一听此言,立即停止洗足,站起来,请郦氏上座。

无论是介子推,还是郦食其,都属于社会基层之普通人。但是,他们并没有因为自身地位而自卑。在他们看来,地位与人格显然不是一回事。

(二)礼贤下士

"人格不屈"与"礼贤下士"均属于文化修养范畴,但表现形式截然不同。前者,一般是地位卑微而"自尊";后者则大多是位高权重而"尊人"。在司马迁看来,战国四公子(亦称战国四贤君)堪称"礼贤下士"典型代表。所谓"四公子",即齐国孟尝君,魏国信陵君,赵国平原君,楚国春申君。四君子皆有"养士"之风,少则数百,多则数千。当时的"士",虽然是依附于"四公子",被称作"食客",但其人格独立,依然要受到尊重。试看平原君与信陵君的传记中,那些被称作"士"的典型事迹。

赵国之平原君,其事迹见《史记·平原君虞卿列传》。平原君有一宠姬,某日在楼上见一跛足者行走怪样,忍不住大笑。次日,跛足者上门告状,希望杀掉美姬以泄愤。平原君不以为然,结果手下宾客大半年内走掉大半。平原君不明原因,有一门客告知是由于"爱色而贱士"。平原君恍然大悟后,遂杀美人向跛足者致歉,走掉的门客又回来了。不言而喻,平原君杀人可谓残酷。但是,残疾者的人格也必须受到尊重。

魏国之信陵君,其事迹见《史记·魏公子列传》。为了实现救赵大业,信陵君礼贤下士。义士侯嬴是地位低下的看门人。但信陵君尊重侯嬴的人格,亲自驾车迎接他,而侯嬴则故意做出一系列不近人情的狂傲之举:先是登车后,居然上坐;接着是途中故意下车与人长谈,以此考察魏公子诚意;最后是进入相府,又主动占据上座。在此一系列活动中,突出表现了侯嬴保持独立人格的姿态,而信陵君则始终保持礼贤下士之风。明代学者陈仁锡对此颇为感慨:"四君传,《信陵》篇为最,一篇中凡言'公子'者一百四十七,大奇大奇!"(《陈评史记》)明代另一学者茅坤也说"信陵君是太史公胸中得意人,故本传亦太史公得意文"(《史记钞》卷四五)。

在司马迁笔下,保持人格自尊者还有很多。例如平原君破格用毛遂,萧何月下追韩信等等。《史记》宣传人格尊严,既表明秦汉时期人的主体意识的觉醒和提高,同时也是司马迁心中理想的体现。近年曾有学者认为中国人的主体意识觉醒于魏晋,由此看来,这一观点还是很值得商榷的。

六、建功立业

儒家、道家有不同处世思想:道家是"清静无为"的出世哲学;儒家是建功立业的"入世哲学"。儒家特别强调"修齐治平",以"立德"、"立功"、"立言"形式实现最高理想,这是秦汉时代士人的普遍价值取向和人生格言。中国传统文化里长期重视光宗耀祖的思想意识,所以从一定意义上说,孝道是"建功扬名"、实现人生价值的原动力。

司马迁本人就相当典型。司马氏父子两代孜孜以求地撰《史记》,一方面固然由于史官职责,不使历史湮没;另一方面也是为了司马氏祖先"扬名"于后世。《太史公自序》里有司马谈弥留之际的场景:"太史公执迁手而泣曰:'余先周室之太史也。自上世尝显功名于虞夏,典天官事。后世中衰,绝于予乎? 汝复为太史,则续吾祖矣……且夫孝始于事亲,中于事君,终于立身。扬名于后世,以显父母,此孝之大者。'"

在《史记》中反映的许多显赫人物,似乎都曾遵循着如是一条规律:成功前,大都经历过异乎寻常的艰难困苦,而由于他们的发愤努力和忍辱负重,最后终于功成名就。无论是周初的明君周文王,春秋时期的齐相管仲,还是儒家至圣先师孔夫子,无不如此。其实,在那些取得成功的下层人物中,道路之曲折、经历之残酷,岂止不亚于前者,甚至有过之而无不及。《史记》里的苏秦、张仪和范雎,堪称这方面的典型代表。

（一）自强不息

苏秦与张仪,两人是战国时期最著名的纵横家,其事迹分见《苏秦列传》和《张仪列传》。两人皆系鬼谷子学生,他们一心游说诸侯,最终名扬天下。其中之苏秦,合纵家;张仪,系连横家。苏秦成名在前,张仪成名在后。在两人刚刚闯天下时,无不坎坎坷坷,极不顺利。

苏秦先于张仪"出游",闯荡数年,"大困而归"。尽管"兄弟嫂妹妻妾窃皆笑之",但是苏秦不为所动,最后历尽艰难,游说成功,身披六国相印。在其组织领导之下,齐、楚、燕、韩、赵、魏等东方六国,共同结盟抗秦,"秦兵不敢窥函谷关十五年"。

张仪完成学业后,外出游说诸侯时,也曾被人瞧不起。他与楚国丞相一起饮酒,楚相丢失了一块玉璧。门客首先怀疑他,"仪贫无行,此必盗相君之璧",于是"共执张仪,掠笞数百"。张仪回家后遭妻子嘲笑:若非游说,哪会自取其辱? 而张仪则对妻子道:"视吾舌尚在否?"当妻子微笑回答后,张仪居然说"足矣"。司马迁以寥寥数笔,把以游说为职业的策士本相,淋漓尽致揭示出来。后来张仪果然凭三寸不烂之舌,游说成功,受到秦国重用。

（二）生死度外

为了建功立业,范雎堪称置生死于度外的罕见典型,其事迹见《范雎蔡泽列传》。范雎是魏国大夫须贾门客,满腹经纶,又极富辩才,曾追随须贾出使齐国。齐国人赏识范雎才华,厚遇之。大夫须贾忌讳范氏,回国后在丞相魏齐面前竭力诬陷之。魏齐阴狠毒辣,命人杖击范雎,不止打断其肋骨,还打掉其牙齿。范雎昏死,生命垂危,又被放置于厕,任由他人在身上便溺。范雎虽遭受人格侮辱和残酷折磨,但因胸怀大志,早将生死置之度外。他于厕中佯装死去,伺机逃脱魏国,终以"张禄"之名投奔秦国。

范雎的卓越才学很快得到秦王赏识。当"张禄"详谈治国之策时,秦王倾听入神,文中反复出现一个"跽"字(按,挺直上身两腿跪地),例如"跽而请曰","复跽而请曰",敬重之态溢于言表。当听完"张禄"见解后,秦王非常感动:"寡人得受命于先生,是天所以幸先王,而不弃其孤也。"于是"范雎拜,秦王亦拜"。这位易名"张禄"的范雎,最终封侯拜相,位极人臣而扬名天下。

七、舍生取义

杀身成仁,舍生取义,道德高于生命,是中国传统人文精神中又一重要思想理念。孟子云:"生亦我所欲也,义亦我所欲也,二者不可得兼,舍生而取义者也。"(《孟子·告子上》)从传统观念的角度看,这种牺牲精神伟大而又悲壮,堪称生命意义的最高完成形式。在《史记》中,司马迁满怀深情,浓墨重彩地塑造了一系列为正义献身的典型历史人物。

《史记》里有两个"类传"的性质颇为近似,一个是《刺客列传》,另一个是《游侠列传》。这两个传记均以宣传"士为知己者死"的侠义精神为主线,亦即宣传侠客们为了报答"知遇之恩",不怕艰难险阻,甚至不惜牺牲自己生命。试看其中四位典型人物——聂政姐弟、豫让和荆轲。

聂政、聂荣,本系姐弟二人,事迹见《史记·刺客列传》。韩国严仲子与韩相侠累有仇。严仲子知聂政乃义士,送厚礼,并亲自为聂母寿。但聂政以母在,不接受。母亲病故后,聂政为报严仲子恩德,同时也想获得"士为知己者死"的美名,毅然身入虎穴,杀死韩相侠累。为了不连累家人,聂政自杀时,"自皮面决眼,自屠出肠"。韩国将聂政暴尸街头,出重金请人辨认。聂政姊聂荣,赴现场认出胞弟,悲痛至极。为使胞弟英名传世,聂荣遂当众披露真相,韩人"大惊",她接着"大呼天者三",终因过度哀伤而死于聂政身旁。

　　豫让,事迹载《刺客列传》。豫让本为晋人,受智伯赏识,二人关系莫逆。后来智伯被赵襄子灭,其头颅被做成溺器。豫让获悉此事后,认为"士为知己者死,女为悦己者容",发誓要为智伯报仇。他隐姓埋名,曾以"入宫涂厕"由,携利刃刺赵襄子,但被赵发现并释放之。豫让不甘心失败,故意自残,不惜采用生疮、吞炭变哑等手段,"使形状不可知"。尔后伺机躲桥下再次刺杀,又未成功。赵襄子细问缘由,豫让强调:智伯以"国士遇我,我故国士报之"。襄子"喟然叹息而泣曰:'嗟乎豫子!'"最终答应了豫让以"衣而击之"的请求,还"使使持衣与豫让"。于是豫让"拔剑三跃而击之",大喊"吾可以下报智伯矣!"遂伏剑自杀。

　　相比之下,荆轲堪称是最具悲剧色彩的雄杰,也是最令人荡气回肠的刺客。为了挽救岌岌可危的燕国命运,他与太子丹制定了一个刺杀秦王的冒险计划。而在此以前,为了实现这一计划,两位名士田光、樊於期业已先后自杀。荆轲明知此去秦国,不论成功与否,都断无生还之理。但是他义无反顾,毅然西行,慷慨悲歌:"风萧萧兮易水寒,壮士一去兮不复还",最终壮烈殉难。近人吴见思的评价可谓一针见血:"刺客是天地间第一种激烈人,《刺客列传》是《史记》中第一种激烈文字",所以"浅谈之则须眉四照,深谈之则刻骨十分"(《史记论文》第六册)。

　　这种不惜捐躯、甘洒热血的精神,激励着一代又一代的志士仁人。特别是每当以后适逢国家和民族生死存亡之秋,这种精神往往会转化为英勇献身的巨大推动力。

　　八、道德回归

　　《史记》是司马迁身心遭受巨创后的泣血之作,所以书中往往反映出强烈的社会责任心。他一方面深情讴歌了光明磊落、为国为民的崇高品德;同时也尖锐批判了那种俗不可耐乃至道德沦丧的卑劣行为,就此由衷呼唤人间真情之道德回归。在《史记》里,这样的典型事例并非绝无仅有。

(一)冷眼世态

这里自然要说到苏秦家人。据《史记·苏秦列传》记载:苏秦当初以"连横"劝说秦国,"出游数岁,大困而归",遭到家人白眼冷落,"兄弟嫂妹妻妾窃皆笑之,曰:'周人之俗,治产业,力工商,逐什二以为务。今子释本而事口舌,困,不亦宜乎!'"然而,当他转而以"合纵"游说成功,身佩六国相印衣锦还乡时,家人态度却发生巨变:"苏秦之昆弟妻嫂侧目不敢仰视",甚至"俯伏侍取食"。苏秦见状"笑谓其嫂曰:'何以前倨而后恭也?'"其嫂则不仅蒲服膝行,还以苏秦"位高多金"实言相告。行文至此,身为"史学之父"的司马迁也不禁大发感慨,他假借苏秦之口尖锐批判道:"此一人之身,富贵则亲戚畏惧之,贫贱则轻易之,况众人乎!且使我有洛阳负郭(靠近城郭)田二顷,吾岂能佩六国相印乎!"

目睹此状,不能不使人联想到吴敬梓《儒林外史》中范进中举的相似场景。同是一个范进,中举前因系一介寒儒,在其岳父胡屠户眼中,可说是一百个被瞧不起,乃至申斥为"现世宝";然而中举后,骤然发生巨变。昔日的"现世宝"何止是被胡屠户"一百个瞧得起",还匪夷所思地变成了天上的"文曲星"下凡,乃至于看到范进衣裳有了皱褶,身为岳父的胡屠户也要赶忙"低着头替他扯了几十回"。

以2000年前的苏秦家人,与封建社会后期的范进家人相比,何其相似乃尔!

由此观之,世态炎凉,古今有之。然而个中滋味,实在是可悲、可叹而不足取。

(二)悔不当初

这里自然要说到李斯。李斯,原系楚国小吏,事迹见《史记·李斯列传》。司马迁曾严肃评价李斯:"持爵禄之重,阿顺苟合","人皆以斯极忠而被五刑死,察其本,乃与俗议之异"。也就是说,李斯所以落得个杀头下场并不奇怪,因为他原本就是个鼠目寸光的可悲人物。

阅读李斯本传,有两个细节描写与李斯人生哲学的形成有密切关系。

一是他年少时,曾为郡小吏,"见吏舍厕中鼠食不絜,近人犬,数惊恐之"。而当他以后进入仓库,见仓中之鼠居然是另一番景象:"食积粟,居大庑之下,不见人犬之忧。"于是他禁不住由此大发感慨:"人之贤不肖譬如鼠矣,在所自处耳。"短短一句话,暴露出李斯患得患失的人生哲学。正是在这种人生哲学的支配下,李斯不仅使胡亥、赵高篡权的图谋最终得逞,他本人也落得个被赵高腰斩的下场。

二是在去杀头的刑场路上,李斯似有所悟。他"与其中子(次子)俱执,顾谓其中子曰'吾欲与若复牵黄犬,俱出上蔡东门逐狡兔,岂可得乎!'遂父子相哭,而夷三族"。在命将归阴的黄泉路上,犹牵挂于昔日"优哉游哉"的声色之娱,堪称可怜而又可悲。司马迁对此显然有感而发:"人皆以斯极忠而被五刑死,察其本,乃与俗议之异。不然,斯之功且与周、召列矣。"换言之,李斯位高权重而苟且行事,一生奉行"老鼠哲学"。他最终之所以落得如此下场,考察本源,单就其一贯的指导思想而言,着实令人浮想联翩。

从李斯的一生可以清晰看出,政治上的巨大成功与人性上庸俗的"老鼠哲学",发生了不可逆转的直接冲突。或许有人不解:在炙手可热的李斯身上,何以酿成此等人生悲剧?原因并不复杂,诚如古人所说:"天作孽,犹可违;人作孽,不可逭。"(《尚书·商书·太甲》)若从哲学层面看,这种历史与道德的不可调和性,难道不是发生于古代社会的所谓二律背反的一个鲜明例证吗?读了《李斯列传》,又怎能不令人联想到一句老话:"早知如此,何必当初!"

第四节　《史记》阅读感悟篇

　　在20世纪与21世纪之交的中国当代文化领域里,出现了一个引用频率极高、至今仍为人们津津乐道的词汇——创新。由"创新"而深入讨论,所谓"原创性"一词,也就自然而然地被推进到更加前沿的位置而浮出水面。从形式上看,"原创"是由"原"和"创"这两个单义词,共同构成的复合词。在这个复合词里,蕴涵着如下意思:"原创"的"原",本义是原始、首创、原生态。"原创"的"创",本义是"初始"、"始造"。作为复合词的"原创",则将两字的内涵更紧密地联系一起,因而也成为汉语里经常使用的词汇。最为人们熟知者,例如"创作"、"创造"、"创立"、"创建"、"首创"、"创刊号",乃至于当下十分流行的社会效益或经济效益方面的"创收"等等。

　　从一定意义上说,所谓"原创",既可以理解为完全独立的创造,也可以理解为人无我有的"独特"性。那么究竟应该如何理解"独特"的意涵呢? 可以是独特的形式、独特的内容,也可以是独特的思维、独特的模式,抑或是独特到前所未有。

　　在科学文化领域中,有创造已属困难;有创造而又属于原创性者更难;有创造而又属于辉煌之原创性者,更是难上加难。但"世上无难事,只要肯登攀"。纵观人类世界,毕竟还是涌现出了很多做出过这类伟大贡献的人物:例如蒸汽机的伟大发明者英国人瓦特,相对论的发现者德国物理学家爱因斯坦,揭示元素周期律的俄国化学家门捷列夫等等。在中国的历史上,也从来不乏这样的历史伟人。其他领域中人姑且不论,2000年前的司马迁就是诸多伟人中的一位,他在中国传统文化领域里的贡献就具有"辉煌之原创性"。

一、石破天惊的重大突破

众所周知，在世界"四大文明古国"中，古埃及、古印度、古巴比伦三国，由于各种重要原因，特别是由于外来势力的入侵，都先后在历史上出现过大幅度的文化断层。只有中国是个例外，她是"四大文明古国"中唯一一个从来没有出现文化断层的、具有上下五千年连续记录的国度。但是，在司马迁所处那个时代以前的基本情况，亦即西汉以前的中国3000年历史，也曾经是片片断断，远没有我们现在所知道的那样系统而又清晰。

我国古代很早就有"史官"修史的制度。据《汉书·艺文志》记载："古之王者，世有史官，君举必书。"经过历代史官、历代先人努力奋斗，诸如竹木简牍之类的各种典籍已经取得可喜成就。换言之，到了西汉建国前夕，即使由先秦时期保留下来的著作，也已达到了相当规模。西汉建立后，国家更加重视文化建设，一方面大量编写和整理文献，同时还积极鼓励民间捐献图书。尤其在汉武帝时候，"建藏书之策，置写书之官，下及诸子传说，皆充秘府"（《汉书·艺文志》），图书文献的增长规模更加惊人。

事物都有对立统一的两个方面，日益积累的大量图书犹如一把双刃剑。它一方面可以使读者读到比较多的图书，或者说使比较多的读者有书可读，但与此同时，也使众多的图书与读者特定需要之间的矛盾日益突出起来。西汉初期和西汉以前的文化人也许有这样或那样的遗憾，而最大的遗憾莫过于，眼前的历史文献虽然很多，但彼此割裂，互不联系。对于后来举世瞩目之中国文化大厦而言，当下图书犹如一大堆残砖断瓦，或者说是一大堆杂乱无序的木石材料。换言之，截至司马迁以前，居然还从来没有出现过能够满足世世代代渴望的、可以全面系统反映中华民族始祖轩辕黄帝以来三千年历史的书籍。何止一部没有，就连半部也没有！

从历史上看,但凡原创性意识和原创性成果,往往诞生于问题最集中、矛盾也最尖锐的时间和空间。汉武帝元封三年(前108),38岁的司马迁继任太史令,他以大无畏的精神开始了撰写《史记》的征程。《史记》是作者毕生唯一的著作,但也是炎黄子孙看到的第一部中国通史。这就应了中国一句老话"不鸣则已,一鸣惊人",司马迁的劳动成果在以后学术领域里引起的影响之大,用"石破天惊"一词来形容当不为过,正是在这部著作里出现了许多个"首创"。

(一)首创以人为本的鸿篇巨制

中国史学领域里素有声名远播的"三大史体":编年体、纪传体、纪事本末体。细细考之,其中当以编年体的历史最为悠久。甚至可以这样说,但凡历史悠久国家的早期文献大都采用编年体形式,世界其他国家是这样,中国也是这样。考察整个先秦时期,可以说是编年体文献一直称霸史坛的历史时期。

先秦时期流行编年体固然有许多原因,而人类缺乏主体意识应该是其中最主要的原因。由于那个时候生产力低下,大致是"人"屈从于"神"的时代,因而"人"在编年体文献里并不占据重要地位;后来出现了纪传体固然也有许多原因,而人类主体意识的确立则显然是最主要的因素。因为春秋以后,随着生产力的发展,"人"的社会地位明显提高,鬼神的影响明显下降。孔子就有一句名言:"未能事人,焉能事鬼。"(《论语·先进》)也就是说,人世间的事情还没有搞明白,又怎么能去奢谈鬼神之事呢?可见,"人事"的觉醒已经成为意识形态领域里一道亮丽的风景线。特别是到了战国时代,经过政治、经济、军事、民族、外交等各个领域惊心动魄的大洗礼,"人"的社会作用进一步突显出来。意识形态领域的这一重大变化,为把"人"塑造成历史学领域中的主体角色奠定了坚实基础。

《史记》是第一部真正以人物为中心的纪传体通史。从一定意义上说,它是时代呼唤的产物。在它以前,还没有真正意义的纪传体文献；正是由于《史记》的出现，才真正填补了这一历史空白。

（二）首创耳目一新的编排形式

《史记》上起黄帝，下穷汉武，将三千年历史冶于一炉。司马迁不仅编著了贯通古今的第一部通史，还构建起由"五种体例"打造而成的纪传体基本框架。

所谓"五种体例"，就是以五种特定形式揭示历史。

首先，司马迁将历史人物区分为帝王、诸侯、官僚士大夫及特殊人物三大类，而后通过"本纪"反映左右天下局势的帝王；通过"世家"反映割据一方的诸侯；通过"列传"反映社会各阶层方方面面的典型人物。

其次，作为人物的补充资料，司马迁还通过"表"这一简明的视觉形式，反映了诸多历史事件之间的内在联系；通过"书"这种专史形式，反映了编年体文献没有办法反映的各类典章制度。司马迁创立"五种体例"的可贵之处还在于，这五种形式既可以彼此独立，又可以互相配合。也就是说，分开来，五种体例各有区域，各自成为一个系列；合起来，五种体例又可以浑然一体，连锁成一个完整系统。

正是通过以上"五种体例"的构建和实施，中华民族始祖轩辕黄帝以来的中华文明史，才第一次井然有序地揭示出来。换言之，西汉以前的中国三千年历史才第一次放射出了耀眼的光明。

（三）首创中华文明的诸多亮点

如上所说，截至汉武时代，反映中国历史的资料已经很多。但是不论从哪个角度看，它们都不过是中华文明大厦中的木石材料，犹如一盘散沙，片段割裂。司马迁于"残砖断瓦"中组织史料，高屋建瓴地构建起中华文明发展史上的诸多亮点。

亮点一：司马迁首创经济史传，开启了中国历史学注重社会经济发展的先河。在《史记》中，《平准书》、《河渠书》与《货殖列传》是研究社会经济问题的专篇。其中，《平准书》是第一部揭示从汉初到武帝时期宏观经济发展史,《河渠书》是第一部反映从大禹治水至汉武时代的中国水利发展史,《货殖列传》则是古代史学中第一部为工商业者设立的专传。作者的独到见解,随处可见。例如强调物质利益第一性的观点(即所谓"富者,人之情性,所不学而俱与者也";"天下熙熙,皆为利来;天下攘攘,皆为利往"云云),再比如批判"重农抑商"腐朽传统,提倡"农末俱利"的经济发展观等等,即使今日读之,也令人由衷感到折服。

亮点二:司马迁首创民族史传,开启了中国历史学注重华夏各族共同发展的先河。中华民族是以汉族为主体的各个民族共同发展的大家庭,由于儒家"华夷之辨"的正统观念作祟,致使少数民族常常被摈弃于历史之外。司马迁坚持进步的历史观,在反映汉民族历史的同时,还特别在《史记》中设立了反映少数民族历史的传记:《西南夷列传》(云贵川地区少数民族)、《大宛列传》(在古代西域中也反映我国新疆一些情况)、《南越列传》(两广地区)、《东越列传》(浙江、福建沿海一带)、《匈奴列传》(古代北方一带)。司马迁的这种民族观念为以后的正史树立了光辉榜样。

亮点三:司马迁首创学术史传,开启了中国史学重视科学文化发展的先河。在《史记》里,通过《孔子世家》、《老子韩非列传》、《孙子吴起列传》、《商君列传》、《屈原贾生列传》等大批先秦人物传记,以及《天官书》、《十二诸侯年表》等有关篇章,反映了诸子百家有关学说,揭示了先秦学术发展的脉络和线索;还通过司马谈《论六家要旨》的专篇形式,比较集中地论述了儒、道、名、法等诸家学术源流。司马迁的这个创意影响深远:它不仅启发了汉代以后正史里反映图书文献的"艺文志"、"经籍志",也成为明代以后学术史专门研究(即"学案体")的最早源头。

亮点四:司马迁首创爱国英雄传,开启了中国史学领域弘扬爱国主义精神的先河。古代历史长河里,朝代更替,简直是走马灯一样旋起旋灭,诸多往事终成过眼云烟,但塑造爱国形象却是《史记》中一道亮丽的风景线。其中之典型人物,犹如申包胥、司马穰苴那种高尚的国家情怀,蔺相如"先国家而后私仇"的高风亮节,特别是屈原那种"与日月争光可也"的高大形象,不仅教育着一代代后人,也为以后编修史书指出正确方向。

二、司马迁的治学经验

在自然界和人类社会中,任何事物的形成都有一定的背景和原因。那么,司马迁为什么能够写出辉煌的著作《史记》呢? 其中的因素固然很多,但从一定意义上说,他那极不平凡的一生,特别是他极其宝贵的治学经验,则是各种因素中最主要的因素。司马迁的治学经验是一面历史的镜子,很值得后人从中认真思考、认真借鉴。

概括起来,司马迁治学方面的宝贵经验主要集中于五个"统一"。

(一)理论与实践统一

理论与实践,在哲学上属于知与行的关系。认真考察司马迁的一生所为,无论是"知"的领域,还是"行"的方面,可以说他在这两个层面都做到了相当完美的统一。

司马迁的"知",就是"读万卷书"。司马迁出生于文化修养很高的家庭,自幼勤奋好学,"年十岁则颂古文",不只从父亲《论六家要旨》等著作中学到了许多专业知识,还向古文经学大师孔安国、今文经学大师董仲舒等人虚心讨教。他青年时期已经博览群书,经学、诸子,无不涉猎。自从担任太史令后,更是得偿所愿,简直是如鱼得水。犹如本人云:"天下遗文古事,靡不毕集太史公。"(《太史公自序》)如此优越的家庭文化环境,为他汲取来自父亲和师长们耳提面命的教诲提供了无与伦比的上乘条件;如此难得的史官制度背景,则为他如饥似渴地咀嚼皇家图书典藏提供了最理想的治学空间。而归根结底这一切,都为他以后勇攀中国第一部通史的崇山峻岭准备了极其丰富的精神食粮。

司马迁的"行",就是"行万里路",亦即社会实践。司马迁既重视"有字之书",也重视"无字之书"。人类的知识并非全部蕴含于"有字之书",还蕴含于天地万物构成的"无字之书"中。析而论之,大至日月星辰,小至山川木石、鸟兽虫鱼,乃至人类社会的一切重要活动,都是组成"无字之书"的基本单元,都是应该了解和掌握的重要知识。至于"无字之书"与"有字之书"的彼此关系,前者为源,后者为流;前者为母,后者为子。因而,司马迁一向高度重视"无字之书"。在经历了"耕牧河山之阳"的少年时代后,司马迁的壮游之旅就拉开了序幕。可以说,司马迁是中国历史上开启壮游之风的第一人!他在《太史公自序》里说:以前曾经到浙江探"禹穴",到湖南看九嶷山,到山东考察孔子的遗风。在他步入仕途当了郎官以后,还曾奉命出使过巴蜀以南。作为汉武帝的随从,更是常常出巡各地。其游历范围:西达平凉、空桐,南到巴蜀、邛、筰、昆明,东访齐鲁之地,北抵长城脚下,中部则江、淮、汴、洛,无所不至,司马迁的足迹几乎走遍了大半个中国。如此丰富的社会阅历,不单使他开拓了视野,陶冶了情操,也积累了大量素材和灵感,为他后来撰写《史记》提供了极其充分的学术铺垫。例如在他撰写的《信陵君列传》里曾说:"吾过大梁之墟,求问其所谓夷门。夷门者,城之东门也";在其撰写的《春申君列传》里说:"吾适楚,观春申君故城,宫室盛矣哉";而在他撰写的《淮阴侯列传》里则说:"吾如淮阴,淮阴人为余言:'韩信虽为布衣时,其志与众异。'"

由此可见,对于司马迁《史记》的成书而言,"读万卷书"固在情理之中,而"行万里路"中的"无字之书"也功不可没。

(二)继承与创新统一

继承是进步的基础,创新是发展的灵魂。没有继承,前进就没有根基;没有创新,就只会踏步不前。司马迁的《史记》做到了继承与创新的完美结合。先秦时期，随着"左史记言，右史记事"制度的发展，史学领域不仅出现了"燕之《春秋》"、"宋之《春秋》"、"齐之《春秋》"、"百国《春秋》"（《墨子·明鬼》），甚至还出现了由孔子删订的《春秋》，以及注释这部《春秋》的《公羊传》、《穀梁传》、《左传》等一系列名著。但是在整个先秦时期，除了无名氏的《世本》外，汉代以前几乎所有的历史文献都属于编年体。

编年体固然有以年叙事的特长，却也存在着诸如典章制度无法依附等缺憾。当此之时，司马迁"参酌古今，发凡起例，创为全史"，以五种体例交互反映，"一代君臣，政事贤否得失，总汇于一编之中。自此例一定，历代作史者，遂不能出其范围，信史家之极则也"（赵翼《二十二史札记》）。如果说先秦历史曾经像一盘散沙一样因为无法统属而难以系统反映，那么到了汉代，由于司马迁《史记》的问世，才使得汉代及汉代以前的历史第一次放射出光明。汉代以后，纪传体逐渐取代编年体而称霸史坛，并最终被选择为"正史"体裁。由《史记》牵头的"二十六史"上下衔接，以统一、严谨的纪传体例再现了中华民族五千年历史，这在世界各文明古国里都是仅见的特例，司马迁首创之功不可磨灭。

（三）广博与专深统一

当今人议论起近代欧洲文艺复兴时，往往会想到达·芬奇。因为他博学多才，"不仅是大画家，而且也是大数学家、力学家和工程师，他在物理学的各种不同门类都有重要发现"（恩格斯《自然辩证法·导言》）。其实，与达·芬奇相比，两千年前的司马迁也毫不逊色。中国古代传统学术只有经、史、子、集之别，并无今日之学科划分。倘若一定要用现代专业来衡量，则司马迁知识结构之完善简直令人难以置信。他不仅是伟大的史学家，杰出的文学家，在天学、地学、农学、医学、经济、建筑诸领域中，也都有很专门的研究。

"博"与"专"，既对立又统一。学术界似乎都承认，没有广博的基础,专业研究便很难提升层次。实际上对于这二者,尤其对于"博"的理解,显然还有若干误区。或者以为,"博"应该限定于专业的周边,没必要将知识面"广博"到远离本专业而徒劳精力;或者以为,既然注重"广博",便很难于"专深"等等。这些误区应当澄清。因为"科学是内在的统一体,它被分解为单独的部门不是由于事物的本质,而是由于人类认识能力的局限性。实际上存在着从物理学到化学,通过生物学、人类学到社会学的连续链条"(普朗克《世界物理图景》)。司马迁的行为从一个侧面印证了这一真理,他居然横跨了今人所说的人文科学、社会科学、自然科学三大学科。他的知识面之广固然使人折服,而他在许多领域的深入研究更令人惊叹。在司马迁身上,我们看到了大大超越常人的博学功底与不同专业深层研究的完美统一。他的学问已经做到了良性循环的田地:广博的学术功底已经融会贯通,致使不同领域的研究也能无一例外地登堂入室;而不同领域的登堂入室,反过来又进一步夯实了他博学的根基。

(四)文采与求实统一

"华而不实"这个成语有时容易造成一种误解,似乎凡系"华"者,很可能就是不"实"。其实,是否如此姑且不论,谁都无法否定一个简单的认知:以文章著作论,只有既"实"且"华"者,才是学界之至爱。而即使用严苛的标准来审视,也可以说《史记》是既"华"又"实"的典范,在文采与求实之间的关系上达到了完美的统一。

《史记》中的所谓"华",在很大程度上是说它有光昌流丽的文采美。关于此书之文学特色,明人陈继儒云:"余尝论《史记》之文,类大禹治水,山海之鬼怪毕出;黄帝张乐,洞庭之鱼龙尽飞。"(《陈太平评阅史记》)现代文学大师鲁迅也对《史记》高度肯定,称它是"史家之绝唱,无韵之离骚"。以上对司马迁抒情"文采"的赞美固然不无道理,但司马迁的文采别有一番境界。诚如金圣叹云:"其实,《史记》是以文运事,《水浒》是因文生事。以文运事,是先有事生成如此如此,却要算计出一篇文字来,虽是史公高才,也毕竟是吃苦事。因文生事即不然,只是顺着笔性去,削高补低都由我。"(《读第五才子书法》)敝人认同当代学者邹然先生的观点:"以文运事说显然有其重大价值,它揭示了《史记》不同一般的创作方法:不是机械刻板的自然主义,也不是天马行空的浪漫主义,而是既尊重史实又注重文采的形象历史主义,这是司马迁独到的创作方法,贯穿于《史记》全书。"(见安平秋《史记论坛》)的确,就像李白的诗篇有一种胸襟开阔、博大雄浑的盛唐气象那样,司马迁的《史记》也有一种光风霁月、生机勃勃的强汉气象,这在"二十六史"中是仅见的。当然,自古以来也有一种思想观念,似乎历史著作就应该与文采无缘。然而早在春秋时代,孔夫子就曾强调文采的重要性:"言之无文,行而不远。"(《左传》襄公二十五年)其实,不论什么性质的作品,即便是史学著作,也需要文采润色,司马迁著作的久传不衰,也证明了这一点。

《史记》里的所谓"实",是说它有严谨求实的精神。《史记》的文字,特别是人物传记部分,虽然写得神采飞扬,所涉史实却是多以严肃的考证为基础。在征引古代史料方面,他往往采用三种态度区别对待:涉及一般史料,便以儒家经典为标准。例如《伯夷列传》云:"夫学者载籍极博,犹考信于六艺";对于诸说并存的史料,则经过比较,选择有根据而较为可靠者。例如《五帝本纪》云:"百家言黄帝,其文不雅驯",最后"择其言犹雅者";对于一时难以决断的史料,则坚持"疑则传疑"的做法。例如《三代世表》云:"五帝、三代之记,尚矣",因为难得其详,"故疑则传疑,盖其慎也"。此外尤需值得一提者,司马迁还非常重视社会调查。他游历于全国各地时,总是努力从社会层面为《史记》挖掘第一手原始资料。例如写《项羽本纪》,他亲到楚汉战场旧址;写《蒙恬列传》,亲往长城脚下;写《孔子世家》,亲访齐鲁之地;写《屈原贾生列传》,徜徉于汨罗江畔;写汉代开国君臣,亲去高祖故乡咨询沛县父老;写《游侠列传》,亲自访问大侠郭解;

"吾视郭解,状貌不及中人,言语不足采者";写《李广列传》,则直接造访本人:"余睹李将军,悛悛如鄙人,口不能道词"云云。在《史记》传记正文尤其在篇末之《太史公曰》中,但凡出现"吾视"、"吾适"、"吾如"、"余睹"等字样者,大都属于司马迁本人亲历亲为,进行社会调查的清晰印记。

(五)逆境与事业统一

有俗语云:"天有不测风云,人有旦夕祸福。"但凡致力事业、希望有所作为的人,不会有谁盼望着逆境的降临。但从整个社会发展或整个事业发展的基本面来看,有顺利,就会有逆境。所谓"逆境",从广义上说,也可以理解为"艰难困苦"。在很多情况下,逆境不以个人的意志为转移:一般的困难自不必说,有时还可能是"祸从天降",有时甚至是"祸不单行"。问题不在于是否碰到逆境,而在于如何面对它。总体说来,对待逆境的态度有三种:或是极其可悲地彻底倒下,以死了之;或是虽然活了下来,但由此无所作为而一蹶不振;或是勇敢地奋起抗争,最终化逆境为动力。

司马迁是正确对待逆境的光辉典范。他遇到的逆境并非一般意义的逆境,而是不齿于士流的奇耻大辱。但是因有"草创未就"的《史记》在胸,他不仅没有一蹶不振,更没有一死了之,而是以此为契机,爆发出更加旺盛的生命力。每当阅读《汉书·司马迁传》里的《报任安书》,笔者总是久久不能平静。后人不仅可以从文中不时听到"刑余之人"字字血、声声泪的愤怒呼喊,更可以感受到一代伟人坚毅挑战自我和发奋事业的巨大动力。在司马迁的眼里,但凡历史上的光辉事业,大都离不开残酷逆境的磨练:"西伯拘而演《周易》;仲尼厄而作《春秋》;屈原放逐,乃赋《离骚》;左丘失明,厥有《国语》;孙子膑脚,《兵法》修列;不韦迁蜀,世传《吕览》;韩非囚秦,《说难》、《孤愤》",还有那流传千古的《诗经》,均系圣贤们"发奋之所为作"的产物。平心而论,对于追求事业的人来说,有了这样坚定的信心和充分的思想准备,还有什么艰难困苦不能克服,还有什么大不了的逆境不能顺利度过呢?

由此联想起当下非常流行的一句箴言——知识改变命运。司马迁不单胸怀锦绣、学富五车,而且所做学问在古代几乎无人能与之相比。然而在其有生之年,他始终没有看到这句箴言在自己身上得到落实。很显然,这是封建社会"人才观"的巨大悲哀。但是,太史公如果有在天之灵,想必一定会对《史记》问世后所获得的巨大成功而含笑于九泉!

三、原创性成果的有益启示

原创性成果之所以引人关注,原因就在于,除了原创性成果本身泽及后人外,还能为后世留下许多有益的启示。考察司马迁与他的《史记》,至少可以从以下三个方面为我们提供深层思考的空间。

(一)原创性成果遗泽无穷

《史记》的品位之高、影响之大,前人已有很多精辟论述。那么,这部著作被历代称道的根本原因何在呢? 就其大者言之,窃以为应该是基于以下两条。

第一,宝贵的史料价值。《史记》素有"信史"的美誉,这不仅是因为作者有严肃认真的学风,也就是后人称赞他的著作"其文直,其事核,不虚美,不隐恶"(《汉书·司马迁传》)的"直书"精神,还因为他这部著作提供的许多信息资料能经得起长期的历史考验。例如《史记·十二诸侯年表》里纪年的开始——周共和元年(前841),在21世纪以前的相当长的时间里,一直是作为中国有确切纪年的开端;20世纪末的国家重点项目"夏商周断代工程"的启动,也同样是以"周共和元年"为起点,由此将中国确切纪年向前大大推进一步;又如,历史上曾有人怀疑《史记·殷本纪》的可靠性,而1899年出土的甲骨文不单以事实印证了《史记》的记载与之完全吻合,也为后人高度重视《史记·夏本纪》中的有关记载加大了砝码。

第二,丰富的文化营养。《史记》既是伟大的历史著作,也是杰出的传记文学著作,而且还是全方位反映中国三千年文化的一部"百科全书"。自本书问世以来,它为后人提供的营养价值之高,从历代学者发自肺腑之言中可窥一斑:宋代著名史学家郑樵以为,"六经之后,惟有此作"(《通志·总序》),也就是说,《史记》可以与儒家的"六经"平列。现代国学大师鲁迅以为,本书是"史家之绝唱,无韵之《离骚》"(《鲁迅全集·汉文学史纲要》),也就是说,司马迁的《史记》无论在史学领域,还是在文学领域,都达到了后人难以企及的高度。近人潘音阁的一席话更是令人震惊,他说:"读中国书而未读《史记》,可算未曾读书;读《史记》而未读《货殖传》,可算未读《史记》。"(《史记货殖传新诠·编者弁言》)前人的评价也许有过誉之嫌,但是,从司马迁《史记》这座文化宝库中流淌出来的丰厚营养,滋补了一代又一代的学人,则是无可否认的历史事实!

(二)原创性成果激励后人

司马迁的《史记》属于原创性劳动成果。从一般规律看,要完成原创性劳动成果,必须付出超常的脑力劳动和体力劳动。而原创性的劳动成果一旦完成后,由此引起的连锁反应也是显而易见的。《史记》问世后就是这样,仿效学习之风,举世瞩目。影响最显著者,起码有两个方面:

第一,纪传体体例的巨大影响。中国历史文献门类众多,然而其中纪传体地位之高,无以复加,它常常以自己体例的优势在历史文献分类中名列前茅。汉代以后,纪传体不仅取代编年体正统地位,最终还被确定为封建社会"正史"的唯一体裁。举世闻名的"二十六史"上下衔接,以统一的纪传体例再现了中华民族五千年历史,这在世界各国都是仅见的特例,由此可见,司马迁厥功至伟。

第二,通史体裁的巨大影响。通史有很多优点,清代学者曾总结出六大特长。司马迁首创"通史"形式后，历代仿效，通史著作不绝如缕。例如编年体中有司马光的《资治通鉴》；纪传体中除了司马迁的《史记》外，还有梁代吴均的《通史》，宋代郑樵的《通志》；政书体中有杜佑的《通典》，元代马端临的《文献通考》；史评体中有刘知几的《史通》，章学诚《文史通义》等等。

（三）原创性成果需要条件

实现原创性成果离不开两个最基本的条件：特定的主观因素和特定的客观因素。失去任何一方因素，司马迁便不能成其为司马迁。此处姑且不论主观因素，单就客观条件而言，以下三点可谓催生《史记》的极其重要的原因。

其一是日益繁荣的经济环境。由于西汉初期采取了一系列有利于发展生产的政策，到汉武帝时期，出现了一派欣欣向荣的景象："京师之钱累巨万，贯朽而不可校。太仓之粟陈陈相因，充溢露积于外，至腐败而不可食。"（《史记·平准书》）也就是说，国库里的货币成千上万，因为长期积压，以至于穿钱的绳子都糟朽了而无法清点；粮仓里的粮食年年积压，以至于无处存放而霉烂变质不可食用。欣欣向荣的经济形势，为发展包括司马迁《史记》在内的文化事业奠定了最基本的物质基础。

其二是放手用人的政治环境。为了促进国家统一大业，汉武帝大胆采用了以推荐、征召为主、考试为辅的选士用人制度。随着这一政策的推行，一大批年轻有为的才俊之士脱颖而出：军事家卫青、霍去病，经济学家桑弘羊，天文学家唐都、落下闳，外交家张骞，农学家赵过，经学家董仲舒，文学家司马相如等人，可谓是五彩缤纷地活跃于空前广阔的汉代历史舞台上。也正是在这一背景下，既铸造了司马迁"非我其谁"的修史气概，也最终实现了他完成中国第一部通史的宏大志愿。

其三是厚积薄发的文化环境。英国物理学家牛顿曾说，他之所以能为人类做出巨大贡献,是因为"有幸站在前代巨人的肩上"。司马迁之所以创作出《史记》,也与"前代巨人"有关。这其中除了耳濡目染的家教熏陶外,还有两位历史伟人的事迹对他影响极大:一是孔子及其整理的"六经",二是屈原及其创作的《离骚》。如果说前者为司马迁提供了正确的思维模式和史料源泉,那么后者则是在为他提供一定的精神食粮之外,还赋予了他文学浪漫的灵感。

四、创新联想

司马迁是中国古代伟大的史学家、伟大的文学家和杰出的科学家,是中国历史上继孔子之后出现的又一位文化巨人。司马迁的唯一著作《史记》,堪称穷尽作者一生的泣血之作。从本质上看,这是作者将创新精神付诸社会实践的辉煌结晶。从一定意义上说,无论是过去、现在,还是将来,司马迁的创新精神都永远值得我们学习和发扬。

《史记》问世于2000多年前的西汉。中国的现代与汉代自不可同日而语,今天中国的实力不仅已经成为全世界第二大经济体,当今文化领域里也发生了沧桑巨变。在当代社会里,不止"创新"一词屡屡出现,各单位、各领域乃至国家层面也每每出台大力鼓励"创新"的政策。因而国人对"创新"的理解,从来没有像今天这样深刻和如此的重视:所谓创新,乃是在综合运用已有知识和理念的基础上,做出有别于常规或常人思路的一种发明和创造。创新不止意味着抛弃旧思想、旧观念,也意味着创立新思想、新观念。因而要想真正达到创新的终极目标,不仅需要有坚强的意志和勇气,更需要有非常的智慧和信心。

在21世纪的当下,创新精神不单成为一个民族进步的灵魂和一个国家兴旺发达的不竭动力,也是每一位勇于担当的国人都应该而且必须具备的文化素质。与历史上任何时代相比,当今中国的创新环境和基本条件空前优越。我们祖国欣逢盛世，举国上下，各个领域呈现一派生机，炎黄子孙如沐春风。清代著名史学家赵翼《瓯北诗抄》有两句话说得精辟："江山代有才人出，各领风骚数百年。"我们完全有理由相信，依照现在正确的道路走下去，今后的中国不止会继续出现像司马迁《史记》那样的辉煌著作，也一定会继续出现像王选激光照排、袁隆平高产杂交水稻、屠呦呦青蒿素那样的原创性科技发明，也一定还会继续出现像钟南山院士那样为了人类的健康福祉，做出了力克世界级"瘟疫"那样的伟大贡献！（本节参见拙文《成就·治学·原创性成果的有益启示》，《北大讲座精华集》，北京大学出版社 2014 年，本书有所增补）

附 录

一、"二十六史"作者简况一览表

姓名①	朝代②	生卒年③	籍贯	任职④	编撰史籍	编撰形式
司马迁	西汉	汉景帝中元五年(前145)—汉武帝征和三年(前90)※	左冯翊夏阳(陕西韩城)	太史令、中书令	史记	私撰
班固	东汉	汉光武建武八年(32)—汉和帝永元四年(92)	扶风安陵(陕西咸阳东)	兰台令史、中护军	汉书	奉敕私撰
范晔	刘宋	晋安帝隆安二年(398)—宋文帝元嘉二十二年(445)	顺阳(河南淅川)	左卫将军、太子詹事	后汉书	私撰

续表

姓名	朝代	生卒年	籍贯	任职	编撰史籍	编撰形式
陈寿	西晋	蜀汉后主建兴十一年(233)—晋惠帝元康七年(297)	巴西安汉(四川南充)	著作郎、治书侍御史	三国志	私撰
房玄龄	唐	陈宣帝太建十一年(579)—唐太宗贞观二十二年(648)	齐州临淄(山东淄博)	尚书左仆射	晋书	官撰
沈约	萧梁	宋文帝元嘉十八年(441)—梁武帝天监十二年(513)	吴兴武康(浙江德清)	尚书右仆射、中书令	宋书	奉敕私撰
萧子显	萧梁	齐武帝永明六年(488)—梁武帝大同三年(537)	齐南兰陵(江苏武进)	国子祭酒、仁威将军	南齐书	私撰
姚思廉	唐	梁敬帝太平二年(557)—唐太宗贞观十一年(637)	万年(陕西西安)	散骑常侍	梁书、陈书	奉敕私撰
魏收	北齐	魏宣武帝正始三年(506)—齐后主武平三年(572)	巨鹿下曲阳(河北晋县西)	中书令	魏书	奉敕私撰
李百药	唐	北齐后主天统元年(565)—唐太宗贞观二十二年(648)	定州安平(河北安平)	礼部员外郎	北齐书	奉敕私撰
令狐德棻	唐	陈后主至德元年(583)—唐高宗乾封元年(666)	宜州华原(陕西耀县)	国子祭酒、崇贤馆学士	周书	官撰
魏征	唐	陈宣帝太建十二年(580)—唐太宗贞观十七年(643)	巨鹿(河北巨鹿)	秘书监、侍中	隋书	官撰

续表

姓名	朝代	生卒年	籍贯	任职	编撰史籍	编撰形式
李延寿	唐	※生卒年待考	相州（河南安阳）	崇贤馆学士、符玺郎	南史、北史	私撰
刘昫	后晋	唐僖宗光启三年（887）—后晋出帝开运三年（946）	涿州归义（河北容城）	司空同中书门下平章事	旧唐书	官撰
欧阳修	宋	宋真宗景德四年（1007）—宋神宗熙宁五年（1072）	庐陵（江西吉安）	翰林学士、枢密副使等	新唐书、新五代史	私撰⑤
薛居正	宋	后梁太祖乾化二年（912）—宋太宗太平兴国六年（981）	开封浚仪（河南开封）	参知政事	旧五代史	官撰
脱脱	元	元仁宗延祐元年（1314）—元惠宗至正十五年（1355）	蒙古乞部	中书右丞相	宋史、辽史、金史	官撰
宋濂	明	元武宗至大三年（1310）—明太祖洪武十四年（1381）	浦江（浙江浦县）	学士承旨知制诰	元史	官撰
柯劭忞	民国	清宣宗道光三十年（1850）—民国二十二年（1933）	胶州（山东胶州）	国史馆纂修	新元史	私撰
张廷玉	清	清圣祖康熙十一年（1672）—清高宗乾隆二十年（1755）	桐城（安徽桐城）	保和殿大学士、军机大臣	明史	官撰
赵尔巽	民国	清宣宗道光二十四年（1844）—民国十六年（1927）	辽宁铁岭	奉天都督	清史稿	官撰

注：①"姓名"栏中反映某支书作者，如某支系多人撰修，则以历史上习惯署名为准，且仅记其中有代表性者一人。

②"朝代"栏系作者主要生活年代,若有跨越朝代者,则以其撰成该史书的时间为准。

③"生卒年"栏中凡有"宓"标识者,系有不同说法或史书无载。

④"任职"栏中的职务,是作者修史时的身份或最高职务。

⑤欧阳修,宋祁《新唐书》系官督私撰,欧阳修《新五代史》为私撰。

二、"二十六史"体例、规模一览表

书名	本纪（卷）	史表（卷）	书志（卷）	世家（卷）	列传（卷）	其他（卷）	总计卷数	内容起讫时间	总计年数
史记	12	10	8	30	70		130	轩辕黄帝—汉武帝	3000
汉书	12	8	10		70		100	汉高祖元年（前206）—王莽地皇四年（23）	229
后汉书	10		30		80		120	新莽灭亡（23）—汉献帝建安二十五年（220）	197
三国志	4				61		65	魏文帝黄初元年（220）—吴末帝天纪四年（280）	60
晋书	10		20		70	30载记	130	西晋武帝泰始元年（265）—东晋恭帝元熙二年（420）	155

续表

书名	本纪（卷）	史表（卷）	书志（卷）	世家（卷）	列传（卷）	其他（卷）	总计卷数	内容起讫时间	总计年数
宋书	10		30		60		100	东晋安帝义熙元年（405）—南朝宋顺帝昇明三年（479）	74
南齐书	8		11		40		59	齐高帝建元元年（479）—齐和帝中兴二年（502）	23
梁书	6				50		56	梁武帝天监元年（502）—梁敬帝太平二年（557）	55
陈书	6				30		36	陈武帝永定元年（557）—陈后主祯明三年（589）	32
魏书	12		20		98		130	北魏道武帝登国元年（386）—魏孝静帝武定八年（550）	164
北齐书	8				42		50	北魏分裂（534）—北齐灭亡（577）	43
周书	8				42		50	西魏建国（535）—北周灭亡（581）	46
隋书	5		30		50		85	隋文帝开皇元年（581）—隋恭帝义宁二年（618）	37

续表

书名	本纪（卷）	史表（卷）	书志（卷）	世家（卷）	列传（卷）	其他（卷）	总计卷数	内容起讫时间	总计年数
南史	10				70		80	宋武帝永初元年（420）—陈后主祯明三年（589）	169
北史	12				88		100	北魏道武帝登国元年（386）—隋恭帝义宁二年（618）	232
旧唐书	20		30		150		200	唐高祖武德元年（618）—唐哀帝天祐四年（907）	289
新唐书	10	15	50		150		225	唐高祖武德元年（618）—唐哀帝天祐四年（907）	289
旧五代史	61		12		77		150	后梁太祖开平元年（907）—后周世宗显德七年（960）	53
新五代史	12	1	3	10	45	3 四夷	74	后梁太祖开平元年（907）—后周世宗显德七年（960）	53
宋史	47	32	162		255		496	宋太祖建隆元年（960）—宋帝昺祥兴二年（1279）	319

续表

书名	本纪（卷）	史表（卷）	书志（卷）	世家（卷）	列传（卷）	其他（卷）	总计卷数	内容起讫时间	总计年数
辽史	30	8	32		45	1 国语解	116	唐昭宗天复元年（901）—辽天祚帝保大五年（1125）①	224
金史	19	4	39		73		135	金太祖收国元年（1115）—金哀宗天兴三年（1234）	119
元史	47	8	58		97		210	铁木真称成吉思汗（1206）—元顺帝至正二十八年（1368）	162
新元史	26	7	70		154		257	铁木真称成吉思汗（1206）—元昭宗八年（1378）	172
明史	24	13	75		220		332	元顺帝至正十二年（1352）—明崇祯十七年（1644）②	292
清史稿	25	53	142		316		536	清太祖努尔哈赤建国（1616）—清宣统三年（1911）③	295

注：①历史上辽国实际建国于916年（辽太祖耶律阿保机称帝），终于1125年（天祚帝耶律延禧被金兵俘获），总计209年。
②③《明史》记事上起朱元璋起义（1352），而明朝历史实则当始于1368年，即明太祖洪武元年。

③1616年清太祖努尔哈赤在辽宁新宾（赫图阿拉）建国，一般计算清朝时间始于爱新觉罗·福临入关第一年，即清顺治元年（1644）。

三、"二十六史"书志一览表

书名	志目名称																					
	1	2	3	4	5	6	7	8	9	10	11	12	13	14	15	16	17	18	19	20	21	22
史记	礼书	乐书	律书	历书	天官书	封禅书	河渠书	平准书														
汉书	礼乐志		律历志		天文志	祭祀志	沟洫志	食货志	刑法志	五行志	地理志	艺文志										
后汉书	礼仪志		律历志		天文志	祭祀志				五行志	郡国志		百官志	舆服志								
三国志																						
晋书	礼志	乐志	律历志		天文志			食货志	刑法志	五行志	地理志		职官志	舆服志								

续表

书名	志目名称																					
	1	2	3	4	5	6	7	8	9	10	11	12	13	14	15	16	17	18	19	20	21	22
宋书	礼志	乐志	律历志		天文志					五行志	州郡志		百官志		符瑞志							
南齐书	礼志	乐志			天文志					五行志	州郡志		百官志	舆服志	祥瑞志							
梁书																						
陈书																						
魏书	礼志	乐志	律历志		天象志			食货志	刑罚志		地形志		官氏志		灵征志	释老志						
北齐书																						
周书																						
南史																						
北史																						

续表

志目名称

书名	1	2	3	4	5	6	7	8	9	10	11	12	13	14	15	16	17	18	19	20	21	22
隋书	礼仪志	音乐志	律历志		天文志			食货志	刑法志	五行志	地理志	经籍志	百官志									
旧唐书	礼仪志	音乐志		历志	天文志			食货志	刑法志	五行志	地理志	经籍志	职官志	舆服志								
新唐书	礼乐志			历志	天文志			食货志	刑法志	五行志	地理志	艺文志	百官志	舆服志			仪卫志	选举志	兵志			
旧五代史	礼志	乐志		历志	天文志			食货志	刑法志	五行志	郡县志		职官志					选举志				
新五代史					司天考						职方考											
宋史	礼志	乐志	律历志		天文志		河渠志	食货志	刑法志	五行志	地理志	艺文志	职官志	舆服志			仪卫志	选举志	兵志			

续表

书名	1	2	3	4	5	6	7	8	9	10	11	12	13	14	15	16	17	18	19	20	21	22
															志目名称							
辽史	礼志	乐志		历象志				食货志	刑法志		地理志		百官志				仪卫志		兵卫志	营卫志		
金史	礼志	乐志		历志	天文志		河渠志	食货志	刑法志	五行志	地理志		百官志	舆服志			仪卫志	选举志	兵志			
元史	礼乐志			历志	天文志	祭祀志	河渠志	食货志	刑法志	五行志	地理志		百官志	舆服志				选举志	兵志			
新元史	礼志	乐志		历志	天文志		河渠志	食货志	刑法志	五行志	地理志		百官志	舆服志				选举志	兵志			
明史	礼志	乐志		历志	天文志		河渠志	食货志	刑法志	五行志	地理志	艺文志	职官志	舆服志		仪卫志		选举志	兵志			
清史稿	礼志	乐志		时宪志	天文志		河渠志	食货志	刑法志	灾异志	地理志	艺文志	职官志	舆服志				选举志	兵志		交通志	邦交志

四、"二十六史"类传一览表

书名	诸史沿袭传目																特殊传目
史记	循吏	儒林	酷吏	佞幸	龟策、日者											南越、匈奴、东越、朝鲜、南夷	另有刺客、游侠、滑稽、货殖四传
汉书	循吏	儒林	酷吏			宗室		外戚								匈奴、西域、南夷、南粤王、闽粤王、朝鲜	另有游侠、货殖二传
后汉书	循吏	儒林	酷吏	方术		宗室	宦者	后妃	文苑	独行	逸民	列女				四夷	另有党锢传
三国志								后妃					王公				
晋书	良吏	儒林		艺术		诸子		后妃	文苑	隐逸		列女	孝友	忠义	外戚	四夷（叛逆）	

续表

书名	诸史沿袭传目														特殊传目		
	良吏	儒林	酷吏	恩幸	艺术	皇后	宗室	阉官	文学	隐逸	列女	孝义	节义	外戚	夷蛮诸夷	二凶	特殊传目
宋书	良吏			恩幸		妃嫔	诸子宗室			隐逸		孝义			夷蛮、索虏、索房、胡氏	二凶	
南齐书	良政			幸臣		皇后	宗室		文学	高逸		孝义			魏房		
梁书	良吏	儒林				皇后	宗室		文学	处士		孝行			诸夷		另有止足传
陈书		儒林		恩幸		皇后	宗室		文学			孝行					
魏书	良吏	儒林	酷吏	恩幸	艺术	后妃	宗室	阉官	文苑	逸士	列女	孝感	节义	外戚			
北齐书	循吏	儒林	酷吏	恩幸	方伎	后妃	宗室		文苑					外戚			
周书	良吏	儒林			艺术	皇后	宗室					孝义			异域		

续表

书名	诸史沿袭传目																	特殊传目
南史	循吏	儒林		恩幸		后妃	宗室		文学	隐逸		孝义	节义					夷貊	
北史	循吏	儒林	酷吏	恩幸	艺术	后妃	宗室		文苑	隐逸	列女	孝行	节义	外戚				僭伪附庸	
隋书	循吏	儒林	酷吏		艺术	后妃	宗室		文学	隐逸	列女	孝义	诚节	外戚				东夷、南蛮、西域、北狄	
旧唐书	良吏	儒学	酷吏		方伎	后妃	宗室	宦官	文苑	隐逸	列女	孝友	忠义	外戚				西域、南蛮、北狄、东夷	
新唐书	循吏	儒林	酷吏		方伎	后妃	宗室	宦者	文艺	隐逸	列女	孝友	忠义	外戚	奸臣	叛臣	逆臣	西域、南蛮、北狄、东夷	另有公主一传、藩镇二传
旧五代史						后妃	宗室											外国	另有僭伪、世袭二传
新五代史						家人（含宗室）		宦者	一行				死节					四夷附录	另有死事、杂传、义儿、伶官四传

续表

书名	诸史沿袭传目																			特殊传目
宋史	循吏	儒林		佞幸	方技	后妃	宗室	宦者	文苑	卓行	隐逸	列女	孝义	忠义	外戚	奸臣			外国蛮夷	另有道学、公主二传
辽史	能吏		酷吏		方技	后妃	宗室	宦者佞幸	文学	草行		列女				奸臣	叛臣	逆臣	外纪	
金史	循吏	儒学		佞幸	方技	后妃	宗室	宦者	文艺		隐逸	列女	孝友	忠义	外戚	奸臣	叛臣	逆臣	外国	
元史	良吏	儒林			方技	皇后		宦者			隐逸	列女	孝友	忠义			叛臣	逆臣	外国	另有释老传
明史	循吏	儒林		佞幸	方技	后妃	宗室	宦官	文苑		隐逸	列女	孝义	忠义	外戚	奸臣			西域、外国、土司	另有阉党、流贼二传
新元史	良吏	儒林			方技			宦官			隐逸	列女	孝友	忠义		奸臣	叛臣	逆臣	外国	释老
清史稿	循吏	儒林			艺术	后妃	诸王		文苑		遗逸	列女	孝义	忠义					土司番部属国	畴人

五、编年体历代要籍一览表

成书时代	书名	卷数	编撰者	内容
先秦	汲冢琐语		史官	记商王太丁时事
先秦	百国春秋（鲁春秋、周春秋、燕春秋、宋春秋、齐春秋、晋乘、楚梼杌）		史官	记周王室及当时诸侯国之国史
先秦	春秋		孔子	现存最早编年史，依鲁国年号，记鲁隐公元年（前722）至哀公十四年（前481），共242年历史。
先秦	春秋左氏传		旧传左丘明	简称《左传》，《春秋》三传之一，记事自鲁隐公元年（前722）至鲁哀公27年（前468）
先秦	春秋公羊传		齐公羊高口述，汉公羊寿记录成书	简称《公羊传》，《春秋》三传之一，旨在诠释《春秋》之作
先秦	春秋穀梁传		鲁穀梁赤口述，弟子记录，西汉成书	简称《穀梁传》，《春秋》三传之一，旨在诠释《春秋》之作
先秦	竹书纪年	12篇	史官	记事自黄帝至战国魏襄王二十年（前299），又有《魏春秋》之称，今存二卷

续表

成书时代	书名	卷数	编撰者	内容
西汉	楚汉春秋	9篇	陆贾	记楚汉战争，今存清茆泮林辑本1卷收入《十种古逸书》
东汉	汉纪	30卷	荀悦	又名《前汉纪》，我国第一部编年体断代史，记西汉二百年历史
东汉	吴越春秋	12卷	赵晔	记春秋时期吴越两国历史，今本为6卷
西晋	春秋后传	31卷	乐资	记战国至秦历史，今本存黄奭辑本1卷于《汉学堂丛书》
东晋	后汉纪	30卷	袁宏	记东汉一朝历史。记新莽元凤四年（17）至汉献帝延康元年（220）历史
西晋	晋纪	4卷	陆机	记西晋历史
西晋	晋纪	10卷	曹嘉之	记西晋历史
东晋	晋纪	20卷	干宝	记司马懿当权至晋愍帝共53年历史
东晋	汉晋春秋	54卷	习凿齿	记东汉光武帝至晋愍帝共281年历史
东晋	晋阳秋	32卷	孙盛	记东晋历史
南北朝	续晋阳秋	20卷	宋檀道鸾	记东晋历史
南北朝	晋纪	10卷	宋刘谦之	记东晋历史
南北朝	三十春秋	30卷	梁萧方等	记三国魏齐王嘉平元年（249）至东晋恭帝元熙二年（420）历史

续表

成书时代	书名	卷数	编撰者	内容
南北朝	十六国春秋	100卷	北魏崔鸿	记东晋亡后十六个少数民族政权历史
唐	通历	10卷	马聪	记太古至十七氏,中古五帝王及秦王隋代兴亡史
宋	西汉年纪	30卷	王益之	记西汉历史,清四库馆从《永乐大典》辑出
宋	资治通鉴	294卷	司马光	记周威烈王二十三年(前403)至后周世宗显德六年(959),共1362年历史
宋	续资治通鉴长编	1063卷	李焘	记北宋168年历史
宋	建炎以来系年要录	200卷	李心传	记宋高宗一朝36年史事
宋	三朝北盟汇编	250卷	徐梦莘	记宋徽宗、钦宗、高宗三朝与金人之间历史
宋	五代春秋	2卷	尹洙	上起后梁太祖开平元年(907),下终后周恭帝显德七年(960)
宋	中兴小历	40卷	熊克	记南宋高宗朝史。上起建炎元年(1127),下终绍兴32年(1162)
宋	春秋后传	12卷	陈傅良	此书贯通《春秋》三传,颇多新说
宋	南北征伐编年	23卷	吴曾	记汉献帝至后周世宗南北征伐之事
金	汝南遗事	4卷	王鹗	记金哀宗事。上起天兴二年(1233)六月,下终天兴三年正月

成书时代	书名	卷数	编撰者	内容
明	皇明大政纪	25 卷	雷礼等	记洪武至隆庆大政
明	明季北略	24 卷	计六奇	记清军入关前后 50 年明史
明	明季南略	18 卷	计六奇	记南明史
明	明大政纂要	60 卷	谭希思	记洪武至穆宗十二朝大政
明	大政记	36 卷	朱国桢	记洪武元年(1368)至隆庆六年(1572)共 205 年大政
明	两朝宪章录	20 卷	吴瑞登	记嘉靖元年(1522)至隆庆六年(1572)共 51 年史事
明	大臣谱	16 卷	范景文	记洪武至泰昌朝大臣事迹
明	大事纪续编	77 卷	王圻	上起汉武帝征和四年(前 89),下终宋恭帝德祐二年(1276),共 1365 年历史
明	甲子会记	5 卷	薛应旂	上起黄帝八年,下终明嘉靖四十二年(1563),共 71 年
明	人代纪要	30 卷	顾应祥	上起帝尧甲辰,下终元至正二十四年(1364)史事
明	皇明资治通鉴	14 卷	陈建	上起元顺帝至正十一年(1351),下终明隆庆六年(1572),共 210 年
明	续藏书	27 卷	李贽	记明初至万历历史事
明	皇明从信录	40 卷	陈建	上起元顺帝至正十二年(1352),下终明神宗万历四十八年(1620)

成书时代	书名	卷数	编撰者	内容
明	弘光实录钞	4卷	黄宗羲	记南明史
清	资治通鉴后编	184卷	徐乾学	记宋元两朝史事
清	续资治通鉴	220卷	毕沅	记述宋元两史事,同类书中尤具史料价值

六、纪事本末体历代要籍一览表

成书时代	书名	卷数	编撰者	内容
宋	通鉴纪事本末	42卷	袁枢	纪事本末体创始之作。上起先秦"三家分晋",下终后周"世宗征淮南",以239个标题分记战国至五代的1362年历史
宋	续资治通鉴长编纪事本末	150卷	杨仲良	本书以李焘《续资治通鉴长编》卷帙浩繁,乃分门别类,各有事目,目中复有子目而成书
宋	春秋左氏传事类始末	5卷	章冲	本书取诸国事迹,排比年月,以类相从,前有自序,踵袭板之义例而成书
明	宋史纪事本末	26卷	陈邦瞻	上起太祖建隆元年(960),下终宋赵昺祥兴二年(1279),记两宋三百余年历史

续表

成书时代	书名	卷数	编撰者	内容
明	西夏纪事本末	36卷	张鉴	记西夏史事
明	元史纪事本末	4卷	陈邦瞻	记元朝史事，未及《宋史纪事本末》之赅博
清	绎史	160卷	马骕	上起远古，下止秦朝末年，首太古，次三代，次春秋，次战国。中有别录，附以辩证
清	左传纪事本末	53卷	高士奇	本书因章冲《左传事类始末》而广之，以列国事迹分门别类，较冲书更加清晰、翔实
清	续资治通鉴纪事本末	110卷	李铭汉	记述宋金元四朝历史
清	辽史纪事本末	40卷	李有棠	记辽国史事。本书依据正史并兼采他书，且有"考异"之注
清	金史纪事本末	52卷	李有棠	记金朝史事。本书依据正史并兼采他书，且有"考异"之注
清	明史纪事本末	80卷	谷应泰	上起元正至十二年（1352）朱元璋起兵，下终崇祯十七年（1644），记朱明王朝近三百年史事
清	续明纪事本末	18卷	倪在田	本书仿谷应泰《明史纪事本末》形式，专记南明史事
清	清史纪事本末	80卷	黄鸿寿	上起清太祖努尔哈赤，下终清德宗载湉。记清朝三百年左右史事
清	平定三逆方略	60卷	勒德洪	记平定吴三桂、尚之信、耿精忠三藩史事
清	平定金川方略	32卷	来保	记镇压西南土司史事

续表

成书时代	书名	卷数	编撰者	内容
清	绥寇纪略	12 卷	吴伟业	此书为颂扬清廷武功，记镇压李自成农民起义经过
清	剿平粤匪方略	420 卷	奕䜣	此书为颂扬清廷武功，记镇压太平天国农民起义始末

注：制作"五、六"两表参考文献

1.《四库全书总目》；

2.《增订四库简明目录标注》；

3. 尹达《中国史学发展史》（中州古籍出版社 1985 年）；

4. 陈秉才、高德《中国古代的编年体史书》（人民出版社 1987 年）。

主要参考书目

（汉）司马迁《史记》，中华书局标点本 1959 年

（汉）班固《汉书》，中华书局标点本 1962 年

（刘宋）范晔《后汉书》，中华书局标点本 1965 年

（晋）陈寿《三国志》，中华书局标点本 1959 年

（唐）房玄龄《晋书》，中华书局标点本 1974 年

（齐）沈约《宋书》，中华书局标点本 1974 年

（梁）萧子显《南齐书》，中华书局标点本 1972 年

（唐）姚思廉《梁书》，中华书局标点本 1973 年

（唐）姚思廉《陈书》，中华书局标点本 1972 年

（北齐）魏收《魏书》，中华书局标点本 1974 年

（唐）李百药《北齐书》，中华书局标点本 1972 年

（唐）令狐德棻《周书》，中华书局标点本 1971 年

（唐）魏征《隋书》，中华书局标点本 1973 年

（唐）李延寿《南史》，中华书局标点本 1975 年

（唐）李延寿《北史》，中华书局标点本 1975 年

（后晋）刘昫《旧唐书》，中华书局标点本 1975 年

（宋）欧阳修《新唐书》，中华书局标点本 1975 年

（宋）薛居正《旧五代史》，中华书局标点本 1976 年

（宋）欧阳修《新五代史》，中华书局标点本 1974 年

（元）脱脱《宋史》，中华书局标点本 1985 年

（元）脱脱《辽史》，中华书局标点本 1974 年

（元）脱脱《金史》，中华书局标点本 1976 年

（明）宋濂《元史》，中华书局标点本 1976 年

（清）张廷玉《明史》，中华书局标点本 1974 年

赵尔巽《清史稿》，中华书局标点本 1977 年

（唐）刘知几《史通》（［清］浦起龙《通释》本），上海古籍出版社
　　1978 年

（宋）郑樵《通志》，中华书局 1987 年

（宋）司马光《资治通鉴》，中华书局 1982 年

（清）章学诚《文史通义》，中华书局 1985 年

（清）赵翼《二十二史札记》，中华书局 1984 年

（清）王鸣盛《十七史商榷》，商务印书馆 1959 年

（清）钱大昕《二十二史考异》，商务印书馆 1958 年

（清）钱大昕《十驾斋养新录》，上海书店 1983 年

（清）永瑢等《四库全书总目》，中华书局 1983 年

（清）顾炎武《日知录》（［清］黄汝成《日知录集释》本），花山文艺出
　　版社 1991 年

游国恩等《中国文学史》，人民文学出版社 1979 年

吴泽《中国史学史论集》，上海人民出版社 1980 年

白寿彝《史记新证》，求实出版社 1981 年

李宗邺《中国历史要籍介绍》，上海古籍出版社 1982 年

翦伯赞《中国史纲要》，人民出版社 1983 年

翦伯赞《史料与史学》，北京大学出版社 1985 年

张传玺《中国古代史纲》，北京大学出版社 1985 年

尹达《中国史学发展史》，中州古籍出版社 1985 年

白寿彝《史学概论》，宁夏人民出版社 1985 年

梁启超《中国历史研究法》，上海古籍出版社 1987 年

王锦贵《汉书和后汉书》,人民出版社 1987 年

刘洪涛《中国古代科技史》,南开大学出版社 1991 年

可永雪《史记文学成就论稿》,内蒙古教育出版社 1991 年

二十五史补编委员会《二十五史补编》,中华书局 1995 年

徐兴海等《司马迁与史记论集》,陕西人民出版社 1995 年

袁仲一等《司马迁与史记论集》,陕西人民出版社 1996 年

杨东莼《中国学术史讲话》,东方出版社 1996 年

李学勤《失落的文明》,上海文艺出版社 1997 年

安平秋等《史记论丛》,陕西人民出版社 2004 年

安平秋等《龙门论坛》,华文出版社 2005 年

张大可等《史记研究集成》,华文出版社 2005 年

何忠礼《中国古代史史料学》,上海古籍出版社 2015 年

跋

我国有句老话："人过七十古来稀。"现在的中国已经发生了翻天覆地的变化，特别是在中国业已成为世界第二大经济体的今天，曾经长期流行的"老话"虽然言犹在耳，实则早已成为过去时了。但是，对于年过七旬的人来说，动辄喜欢忆旧的积习，依然是不会轻易改变的铁律。我何止是这一"铁律"中人，比起许多人或许有过之无不及。无论夜深未眠中，还是安然独坐时，回忆闸门一旦开启，各种画面便会天马行空般扑面而来。所谓"画面"，无非过往旧事：幼年憧憬，故乡趣闻，愉悦场景，郁闷镜头，求学片段，治学之路，甚至还会忽隐忽现久违的诸多儿时童趣来。

盘点忆旧序列，当以"治学之路"的出现最为频密。而这个窗口一旦开启，不仅总会出现有关"二十六史"的点点滴滴，还必然会由此牵连出"两人"与"三校"的映像来。"两人"者，何人？一位是王重民先生，一位是刘乃和先生。"三校"者，何校？一个是北京大学，一个是北京师范大学，还有一个是莫斯科大学。

王重民先生是北京大学著名的文献目录学家、版本学家、敦煌学家和图书馆学教育家。1965年，敝人由河南省许昌地区的长葛一中考进北大。从入学之初到1975年王老先生去世前的十年间，我与先生同在一校一系，以后又同在一个教研室。在尤其难忘的1969年，我们这些即将毕业的6514班同学，还曾与先生在北京市平谷县鱼子山区有过长达数月的"三同"（同吃、同住、同劳动）经历。回顾特殊背景下的"十年间",虽然未能系统聆听过先生的课堂讲授,但从恩师那里依然获益良多:不止是治学方向的引领和专业的指导,即便是最基本的"经史子集"的概念解析,以及本人后来长期承担的"目录学"、"中国历史文献目录学"的教学工作,也无不与先生的教诲和影响有密切关联。还应提及一事。我于上世纪八十年代受命筹备的"中国文化史",自从第一批列入北京大学素质教育通选课后,一直是全校文理各专业学生普遍欢迎的课程。恩师生前从未开过此课,乍看似无关联,实则不然。倘若涉足这一领域而无一点源于前人的文化功底,简直难以想象。现在国学大师早已驾鹤西去,但他为后人留下了一笔丰厚的文化遗产,国家社科基金重大项目"《王重民全集》编纂"已于2017年正式启动。作为弟子参与其事,堪称义不容辞。然而终以责任重大心焉惕惕,唯愿竭尽绵薄能报先师教诲。

刘乃和先生是北京师范大学著名的历史学家、文献学家、中国历史文献研究会会长。1971年夏,周恩来总理指示国务院科教组组织编纂一部适应当代急需的新词典,这就是今人熟知的《新华词典》。当年的工作机构设在北京师范大学主楼里,编纂组成员由商务印书馆和相关院校的数十位专家、学者组成,诸如陆宗达、刘乃和、曹先擢、戴乾圜、吴泽炎等学界名流均在其中。敝人每每忆及这一珍贵经历,又总会由此追溯到前一段往事。毕业留校之初,我便参加了《新华字典》和《汉语成语小词典》的修订工作。在游国恩、魏建功、周祖谟、岑麒祥、阴法鲁诸大师所在的修订组中,本人虽然是资历尚浅的小字辈,却是浓厚文化氛围中的最大受益者。更加幸运的是,刚刚结束了这项工作,又适逢编纂《新华词典》的新机遇。在以后长达四年多的岁月里,我从诸位师长身上获益匪浅。回顾这一时期,给我印象最深刻者,首推刘乃和先生。从工作报到第一天起,我与刘先生就被安排于同一个工作室。自此日始,一晃四载有余:座位相对,天天见面,或论学术见解,或议当日新闻,有问必答,交流切磋,亦师亦友,润物无声。何止如此,还有一件意料之外的幸事不期而至:在咫尺之近的身旁书架上,整齐地摆放着心仪已久的"二十六史"。我一向酷爱《史记》《汉书》等正史名篇,虽然北大图书馆也能借阅,但严格的归还期仍感不便。这里则不同,无需手续,无需计时,心之所至,信手拈来,颇有雪中送炭、如鱼得水感受。本人后来常年夜读正史的积习,正是从那个时候养成的。因而但凡提及史学渊源,就会立刻回忆起当年师大那难以忘怀的日日夜夜来。戊戌春,获悉北师大隆重纪念刘乃和先生百年诞辰,可谓百感交集,特撰长文《永远的怀念》(载《绿叶·红烛·春风:刘乃和先生百年诞辰纪念文集》,广西师大出版社 2018 年),聊表对刘先生发自内心的怀念和敬意。

除了北大、北师大外,还有一个难以忘怀的学校——莫斯科大学。从 1991—1992 年间,敝人曾在此处访学一年多时间。在与红场毗邻的莫斯科大学亚非学院里,我曾应邀作了一学期的"中国经典与传统文化"的系列讲座。由于这样的机缘巧合,结识了诸如拉平娜等许多著名的苏联汉学家,并多次做客于他们家中。苏联学者认真研究中国历史和中国传统文化的态度令人感动。最让我震惊的是,在他们家里无一例外地看到了中国的"二十六史",不仅一部部赫然在目,而且全都是整整齐齐摆放在书架最显著的位置上。这一文化现象倘若在国内,自然毫不足怪,但它居然清晰地出现于万水千山之外的异国他乡,这就不能不令人格外激动。出国前,我已经开始了"二十六史"的研究工作,由于这一工程涉及问题太多、太大、太艰巨,偶尔不免滋生底气不足之虞。正是这次的异国他乡之行,尤其是目睹"二十六史"之此情此景,不亚于给我送来了效力极佳的清醒剂,它为坚定我的研究方向注入了不可或缺的特殊定力。

21 世纪初,适值故乡《王氏家谱》续修之际,我曾应命题诗《故乡吟》以感念故土:"悠悠岁月雕胜景,莽莽四野绘画屏。代代自立根何处?源源正气由家风。久久沐浴三春晖,切切感恩实践中。"在今天看来,因"三春晖"以感念故土,自在情理之中;因"治学之路"以感念"两人"、"三校",也同样"自在情理之中"。适值本书即将付梓之际,还应该对学界师长、同仁和朋友们的帮助由衷致敬,对夫人付新和全家人的真诚支持由衷感谢。饮水思源,我还要以最深沉的遗憾永远缅怀难忘的 1991 年,该年八月慈母溘然长逝于故乡,而慈母之子却是浑然不知地置身于万水千山之外的异国他乡……

　　研究"二十六史"是一项非常艰巨的任务。敝人虽然为此常年不懈,竭尽心力,毕竟个人学识能力有限,是故书中失当乃至讹谬之处在所不免。为此,再次真诚欢迎学界师长、友人和读者,或批评以纠谬,或商榷以指正,是为著者至盼。

　　　　　　　　　　　　　　　　　　　　　王锦贵
　　　　　　　　　　　　　　　　　二〇二一年十一月六日